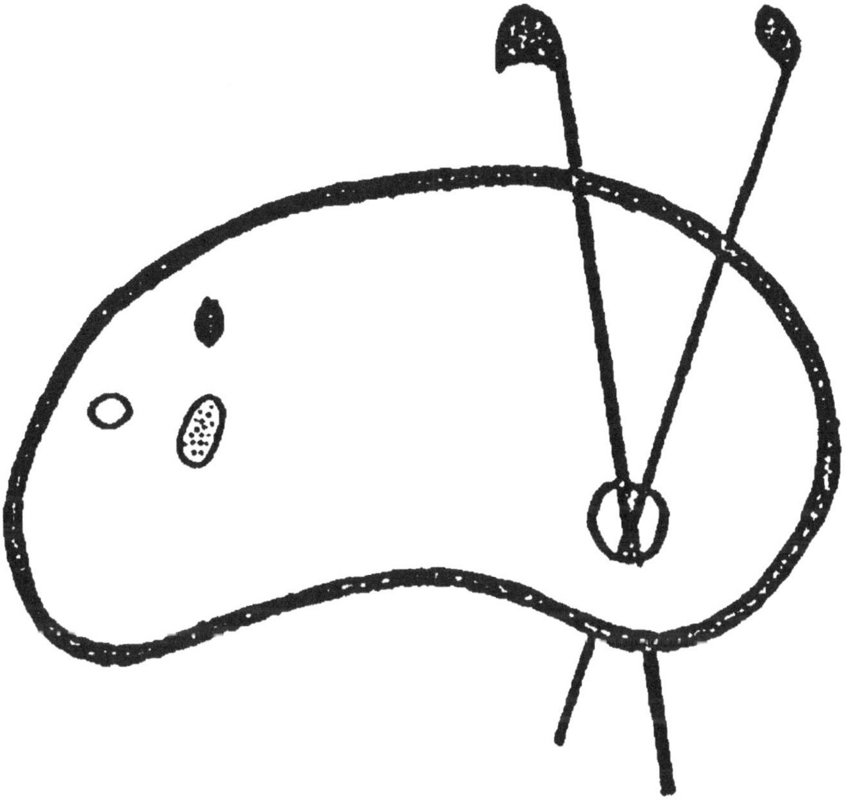

COUVERTURE SUPERIEURE ET INFERIEURE
EN COULEUR

COURS
DE
PHILOSOPHIE

SUIVI DE

L'HISTOIRE DE LA PHILOSOPHIE

EN TRENTE ET UNE LEÇONS

par l'Abbé DAGORNE

Chanoine honoraire de St-Brieuc, Supérieur du Petit-Séminaire de Dinan
et Professeur de Philosophie.

TROISIÈME ÉDITION.

Toutes les Questions du Programme officiel du Baccalauréat
ont leur Solution dans cet Ouvrage.

PARIS

RENÉ HATON, LIBRAIRE-ÉDITEUR

33, RUE BONAPARTE, 33

1881

Tous droits réservés.

René HATON, Libraire-Editeur, 33, rue Bonaparte, Paris.

Géologie et Révélation, ou *Histoire ancienne de la Terre, considérée à la lumière des Faits géologiques et de la Religion révélée*, par le P. Gerald Molloy, Docteur en théologie. Traduit de l'anglais par M. l'abbé Hamard, de l'Oratoire de Rennes, membre de la Société Géologique de France. — Troisième édition française, considérablement augmentée. — Un beau volume in-8, illustré de 43 gravures. — Prix............ 6 fr. »

Cantiques des Communautés et des Paroisses, par M. l'abbé A. Gravier, ancien professeur de littérature et de musique au Petit-Séminaire d'Autrey. — Un beau volume in-18 jésus, revêtu de plusieurs approbations.. 5 fr. »
    Élégamment relié en percaline anglaise, tranche jaspée... 5 fr. 75

    Trois mille exemplaires écoulés en un an indiquent assez le succès qu'ont obtenu les *Cantiques des Communautés et des Paroisses*, par M. l'abbé Gravier. Adoptés par un grand nombre de petits et grands Séminaires, Maisons d'éducation et Communautés religieuses, ces cantiques simples, populaires, mélodieux et très chantants ont obtenu les éloges les plus flatteurs des hommes compétents, tels que : Salvatore Meluzzi, maître de chapelle de Saint-Pierre de Rome, le chevalier Gaëtan Capocci, maître de chapelle de Saint-Jean de Latran, à Rome, etc., et ont été chaleureusement recommandés par NN. SS. l'Évêque de Saint-Dié, l'Archevêque d'Avignon, l'Évêque de Verdun, etc., etc.

    Une amélioration importante a été introduite dans ce recueil. Chaque cantique, quelle que soit la longueur de chants, tient les deux pages, *verso et recto*. En chantant les solos, on a l'air sous les yeux, sans qu'on soit jamais obligé de tourner la page, et toutes les strophes s'adaptent aussi facilement à la musique de la première que si chacune d'elles était notée séparément.

Esquisse de Rome Chrétienne, par Mgr Gerbet, évêque de Perpignan. — Trois beaux volumes in-12............................. 12 fr. »
             On vend séparément le 3ᵉ volume.
Un beau volume in-8................................ 7 fr. 50
Id.   volume in-18 jésus........................ 4 fr. »

Les Quatre Évangiles, traduction nouvelle, accompagnée de notes et de dissertations, par M. l'abbé A. Crampon, chanoine d'Amiens et de Perpignan. — Un volume in-8............................ 7 fr. 50

Les Actes des Apôtres, traduction nouvelle, accompagnée de notes, avec le texte latin en regard, par M. l'abbé Crampon. — Un volume in-8, accompagné d'une carte géographique................. 6 fr. 50

Les Moines et leur influence sociale dans le passé et dans l'avenir, par M. l'abbé F. Martin, missionnaire apostolique, chanoine honoraire de Belley. — Nouvelle édition, deux volumes in-12............. 5 fr. »

Transformation surnaturelle de l'Homme, avant et après la mort, par M. l'abbé Rouillot, prêtre du diocèse de Rennes. — Un vol. in-8. 6 fr. »

Les Monuments Mégalithiques de tous Pays, leur âge et leur destination, par James Fergusson. Traduit de l'anglais par M. l'abbé Hamard. — Un volume in-8 raisin, illustré de 230 gravures.......... 10 fr. »

Auguste Marceau, capitaine de frégate, commandant de *l'Arche-d'Alliance*, par un Père Mariste. — Deux beaux vol. in-12, avec portrait. 6 fr. »

Ouvrages de M. l'abbé PIOGER, membre de plusieurs Sociétés savantes :

Le Monde des infiniment Grands. — Un volume in-12, avec planches. Prix.. 3 fr. »

Le Monde des infiniment Petits. — Un volume in-12, avec planches. Prix.. 2 fr. »

La Vie après la Mort, ou *la Vie future selon la Science*. — 8ᵉ édition. — Un volume in-12.................................. 2 fr. »

COURS

DE PHILOSOPHIE.

COURS

DE

PHILOSOPHIE

SUIVI DE

L'HISTOIRE DE LA PHILOSOPHIE

EN TRENTE ET UNE LEÇONS

par l'Abbé DAGORNE

Chanoine honoraire de St-Brieuc, Supérieur du Petit-Séminaire de Dinan
et Professeur de Philosophie.

TROISIÈME ÉDITION.

Toutes les Questions du Programme officiel du Baccalauréat
ont leur Solution dans cet Ouvrage.

PARIS	*DINAN*
R. HATON, LIBRAIRE-ÉDITEUR	J. BAZOUGE, LIBRAIRE
33, rue Bonaparte,	Imprimeur breveté,
(près Saint-Germain-des-Prés).	Rue de l'Horloge, à Dinan.

Imprimé avec la permission de Monseigneur David, Évêque de Saint-Brieuc et Tréguier.

Nota. — 1° *L'édition de ce Cours (1878) avait été précédée d'une autre sans caractère de publicité (1873). Voilà pourquoi nous appelons troisième la présente édition, dans laquelle nous indiquons les Auteurs consultés.*

2° *Si nous avons cru devoir commencer notre Cours par* l'Ontologie, *les parties de la Philosophie sont assez indépendantes les unes des autres, pour que l'étude de* l'Ontologie *puisse être rejetée après celle de la Logique.*

INTRODUCTION.

PREMIÈRE LEÇON.

Sommaire. — 1. Définition de la Philosophie. — 2. Rapports de la Philosophie avec les autres sciences. — 3. Alliance de la Raison et de la Foi. — 4. Utilité de la Philosophie. — 5. Parties de la Philosophie. — 6. Division de l'Ouvrage.

§ I. — DÉFINITION DE LA PHILOSOPHIE.

I. — **Etymologie.** — La Philosophie, d'après l'étymologie du mot, est l'amour de la sagesse, c'est-à-dire, de la science. Chez les Grecs, on donnait le nom de *sages* à ceux qui se distinguaient par l'étendue et par la profondeur de leurs connaissances. Pythagore, qui vécut peu de temps après les sept sages, substitua au titre de *sage* le nom moins prétentieux de *philosophe*. Dieu seul, à proprement parler, est sage, car seul il possède la science parfaite. L'homme essaie de se rapprocher de Dieu en élargissant le cercle de ses connaissances ; il aime le vrai et le recherche : c'est là pour lui la sagesse.

II. — **Diverses définitions.** — Considérée en elle-même et dans son objet, la Philosophie a été définie de diverses manières. Platon l'a définie *la science du vrai* ; Aristote, *la science des principes* ; Cicéron, *la science des choses divines et humaines* ; l'école scolastique, *la science déduite des premiers principes* ; Descartes, *la connaissance de la vérité par les premières causes* ; Cousin, *la science de Dieu, de l'homme, du monde et de leurs rapports* ; d'autres, *la science des sciences*.

Ces définitions s'accordent en deux points : 1° Elles reconnaissent à la Philosophie le caractère d'une science proprement dite ; 2° Elles lui assignent pour objet spécial, sans le déterminer toujours d'une manière bien précise, ce qu'il y a de plus fondamental dans la connaissance humaine, les principes ; ce qui est à l'origine des choses, les causes.

III. — **Qu'est-ce qu'une science ?** — Toute connaissance n'est pas une science. Qui dit science dit, non la connaissance superficielle et vulgaire d'une chose, mais la connaissance approfondie, raisonnée et complète, qui en découvre la cause, en explique la nature et en montre la fin.

Trois choses sont requises pour constituer une science : 1° des principes *certains* ; 2° des connaissances *déduites* de ces principes par le raisonnement ; 3° *l'enchaînement* de toutes ces déductions, de manière à former un ensemble véritablement un. Aussi peut-on définir une science : *un système de connaissances, liées entre elles et rattachées à des principes certains et communs.*

Si chaque science a ses principes qui l'engendrent et lui servent de base, il est facile de concevoir une science qui, primant toutes les autres, a pour objet spécial les principes des connaissances humaines, les causes suprêmes des choses, et est ainsi comme le fondement de toutes les autres sciences. Cette science existe, et c'est précisément elle qu'on appelle *la Philosophie.*

IV. — **Définition de la Philosophie.** — La Philosophie peut se définir : *La science des choses par leurs premiers principes ou leurs causes suprêmes, acquise par la lumière naturelle de la raison. Scientia rerum, per earum ultimas rationes seu causas, naturali rationis lumine comparata.* (ZIGLIARA.)

1° *La Philosophie est une science.* — On trouve, en effet, dans la Philosophie, les trois éléments constitutifs d'une science proprement dite : 1° Des principes *certains*. Ce sont les vérités premières saisies à la clarté même de leur évidence et formant la base de l'édifice de toutes les connaissances humaines. 2° Des connaissances *déduites*, et on peut même dire que c'est dans ces déductions des vérités premières que réside la Philosophie. 3° Un *enchaînement*, ou lien commun. Il apparaît dans la fin ultime de la Philosophie, qui est la perfection naturelle et le bonheur de l'homme par la connaissance approfondie de la vérité.

2° *La Philosophie est la science des choses.* — De toutes les sciences humaines, la Philosophie est la plus étendue dans son objet. Elle embrasse tout : *l'homme, le monde* et *Dieu.*

Elle étudie l'homme dans sa nature, tout à la fois spirituelle et matérielle, dans son origine, dans le rôle qui lui est assigné au milieu des êtres, dans ses destinées.

Mais l'homme n'aurait pas une connaissance suffisante de lui-même, s'il ignorait le milieu où sa vie s'écoule, et les rapports qui le relient au reste de la création. La Philosophie fixe son attention sur tous ces points.

L'homme lui-même, et *le monde* n'ont pas en eux leur raison d'être. Pour se connaître pleinement lui-même et tout ce qui l'entoure, il est nécessaire qu'il remonte à la cause suprême de tout ce qui existe. La Philosophie élève son intelligence jusqu'à cette cause, qui est le premier et le dernier mot des choses : jusqu'à Dieu, principe éternel du vrai et du bien, en qui elle lui montre la solution à la double question de son origine et de ses destinées.

3° *La Philosophie est la science des choses par leurs premiers principes ou leurs causes suprêmes.* — Elle n'est pas la connaissance détaillée des choses. Elle n'apprend pas à l'homme ce que chaque science lui apprend en particulier. S'il en était ainsi, elle ne serait plus une science spéciale, mais la réunion de toutes les sciences humaines. Son objet à elle, c'est ce qu'il y a tout à la fois de plus fondamental et de plus noble dans les autres sciences, à savoir les principes et les causes. C'est de ce point de vue élevé qu'elle les envisage ; c'est par là qu'elle les unit dans une vaste synthèse.

4° *La Philosophie est une science, acquise par la lumière naturelle de la raison.* — Elle appuie ses raisonnements sur les données mêmes de la raison, et elle diffère ainsi de la Théologie, qui a la Révélation pour règle de ses jugements sur l'existence et sur la nature des choses. Après avoir démontré par la raison, qui préexiste à la foi, la réalité de la Révélation, la Théologie s'appuie sur les enseignements divins, qui ont ajouté aux lumières naturelles. On doit déjà le pressentir, il est nécessaire que la Révélation prête son concours à la Philosophie sur plusieurs questions fondamentales ;

autrement les enseignements de cette dernière seraient non-seulement incomplets, mais propres même à égarer l'esprit.

§ II. — RAPPORTS DE LA PHILOSOPHIE AVEC LES AUTRES SCIENCES.

I. — **Classification générale des Sciences.** — La classification la plus générale des sciences contient deux catégories : les sciences qui s'occupent du monde matériel, et qui sont appelées pour cela *cosmologiques*, et les sciences qui s'occupent du monde spirituel, et qui sont appelées *noologiques*.

Les sciences *cosmologiques* traitent des propriétés abstraites de la matière ou de la matière prise à l'état concret, c'est-à-dire des êtres matériels tels qu'ils s'offrent à nous dans la nature. Les sciences qui ont pour objet les propriétés abstraites de la matière s'appellent *mathématiques*. Celles qui s'occupent des êtres matériels concrets sont appelées *physiques* et *naturelles*, selon qu'elles traitent de la matière inorganique ou organique. Les sciences *mathématiques* ont pour point de départ des axiomes, des définitions, d'où l'on fait sortir par le raisonnement les conséquences qui y sont renfermées. Les sciences *physiques* et *naturelles* ont pour point de départ des faits, de la connaissance desquels l'esprit s'élève aux lois qui les gouvernent et aux causes qui les produisent.

Les sciences *noologiques* comprennent les sciences *métaphysiques* ou *rationnelles* proprement dites, et les sciences *morales*. Les premières ont pour point de départ des principes que la raison saisit et d'où elle descend aux conséquences qu'ils renferment. Les secondes s'élèvent des faits particuliers aux lois générales qui les régissent. Contentons-nous ici de cet aperçu général, qui suffit, nous semble-t-il, pour mettre à même de saisir facilement les rapports de la Philosophie avec toutes les autres sciences.

II. — **Toutes les Sciences se rallient à la Philosophie.** — Toutes les sciences se rallient à la Philosophie par leurs principes qu'elle établit, par leur marche qu'elle dirige, par leurs résultats qu'elle contrôle, et par leur but final qu'elle élève. Si l'on compare une science quelconque à un édifice, on peut dire que la Philosophie est le fondement sur lequel l'édifice repose, le ciment qui en relie les matériaux, le toit qui le protège, le faîte qui le couronne. Elle fournit, en effet, à chaque science son point de départ ; elle la guide dans sa marche en lui prêtant ses méthodes ; elle la protège contre tout écart dangereux en contrôlant ses résultats, et, de plus, elle crée en elle comme une science nouvelle qui l'agrandit, la fait envisager de plus haut, en montre les rapports avec les autres connaissances humaines, et qu'on appelle *la Philosophie* de cette science.

III. — **La Philosophie fournit à chaque Science son point de départ.** — Toutes les sciences, avons-nous dit, ont pour point de départ soit des *principes*, vérités générales, axiomes, définitions, soit des *faits particuliers*.

Mais *les principes* qui servent de fondement aux sciences soit *mathématiques*, soit *métaphysiques*, ces sciences les acceptent sans examen ; elles ne les discutent ni ne les approfondissent. Les définitions qu'elles emploient, elles les formulent sans s'occuper des conditions auxquelles une définition doit satisfaire pour être bonne. Tout cela suppose donc un travail préalable, qui est précisément celui de la Philosophie. C'est elle qui apprend à discerner les axiomes et les principes premiers des vérités qui ont besoin d'être établies, qui donne la raison dernière pour laquelle notre esprit les admet, qui pose les règles des définitions. La Philosophie sert ainsi de préparation et de base à toutes les sciences qui vont de quelques vérités générales et évidentes aux conséquences que ces vérités contiennent. (BÉNARD.)

Quant aux sciences *physiques*, *naturelles* ou *morales*, qui ont pour point de départ des *faits particuliers*, la Philosophie leur rend le même service. Qu'il s'agisse des *faits internes* ou des *faits externes*, pour qu'ils servent de point de départ à une science, il faut tout d'abord que l'existence en soit constatée et que l'observateur ne soit pas dupe d'une illusion. Or, la Philosophie démontre que les divers moyens de connaître mis à la disposition de l'homme peuvent lui donner la certitude ; elle dit à quelles conditions ils la donnent, et par là elle assure le fondement de toutes les sciences expérimentales. — Mais il ne suffit pas de savoir que tels faits existent réellement, il faut encore les bien connaître et pour cela il est nécessaire de les observer. Il appartient à la Philosophie de déterminer les lois de l'observation, comme celles de l'expérimentation, qui, sous une forme ou sous une autre, s'ajoute souvent à l'observation pour la compléter.

Il est donc évident que toutes les sciences tiennent à la Philosophie par leur origine même. Elle préside à leur naissance, elle leur donne la vie, elle en est la mère, dit Cicéron, et si, avec un autre auteur, on compare l'ensemble des sciences humaines à un arbre vigoureux, les autres sciences sont les branches de l'arbre, mais la Philosophie en est le tronc et les racines. (GÉRUZEZ.)

IV. — **La Philosophie guide les Sciences dans leur marche.** — Après avoir présidé à la naissance des sciences, la Philosophie préside à leur développement, en leur prêtant ses méthodes.

Les sciences qui ont des *principes* à leur point de départ, se développent et progressent à mesure que, par le raisonnement, on fait sortir de ces principes généraux les vérités moins générales qui y sont contenues. La méthode applicable à ces sciences est *la méthode déductive*, qui a sa forme régulière dans le syllogisme, dont l'étude est du ressort de la Philosophie.

Les sciences qui partent de *quelques particularités*, pour remonter aux lois générales et aux causes, se développent par *la méthode inductive*. La Philosophie explique la nature et fait connaître les lois de l'induction.

Si, dans l'étude d'une science, on a souvent recours à *l'analogie* et à *l'hypothèse*, la Philosophie enseigne sur quels principes s'appuient l'analogie et l'hypothèse, et quelle valeur on doit leur attribuer.

Si *le témoignage* est invoqué en faveur d'une assertion, la Philosophie apprend à quelles conditions il fait autorité.

V. — **La Philosophie contrôle les résultats des Sciences.** — Ce droit de contrôle lui est acquis par cela même qu'elle préside à leur naissance et à leurs diverses évolutions. C'est à la Philosophie à examiner leurs résultats, pour en peser la valeur et en apprécier la légitimité. Si elles s'égarent, la Philosophie réclame pour les faire rentrer dans leur voie, et leur rappeler que toute science, quel qu'en soit l'objet, ne pouvant avoir pour but que la perfection et le bien de l'homme, ne doit jamais le dégrader ni l'éloigner de sa fin, qui est Dieu même. Une science qui rejette l'influence et le contrôle de la saine Philosophie est convaincue par là même de mensonge, et elle ne peut manquer de conduire l'homme à d'effrayants abîmes.

VI. — **Enfin la Philosophie met le couronnement aux autres Sciences.** — Elle crée, en effet, dans chacune d'elles, comme une science nouvelle, qui porte le nom de Philosophie de cette science, et qui en est comme le complément. Chaque science donne lieu à un ordre de considérations plus élevées, qui, sans être cette science elle-même, l'ont cependant pour objet et en font mieux saisir la beauté et l'importance, en mettant en lumière les rapports qui la rattachent aux autres sciences et à la fin de l'homme. C'est cet ordre de considérations qui constitue la Philosophie de cette science. On conçoit dès lors que toute science doit avoir sa Philosophie. Ainsi il y a l'histoire et la Philosophie de l'histoire, il y a les sciences naturelles et la Philosophie de la nature.

Nous avons suffisamment établi, nous semble-t-il, les relations intimes et nombreuses de la Philosophie avec les autres sciences, pour montrer qu'on lui décerne à bon droit le titre de reine de toutes les sciences humaines.

§ III. — ALLIANCE DE LA RAISON ET DE LA FOI.

Il n'est pas rare, à notre époque, de rencontrer des hommes soi-disant philosophes, qui font de la foi catholique et de la raison deux contradictoires qui s'excluent. Ces hommes ne prouvent qu'une chose, c'est qu'ils n'ont jamais compris ce qu'est la foi et ce qu'est la raison ; car le rejet qu'ils font de la foi, est contradictoire à la raison elle-même.

I. — **Foi humaine.** — La foi, si l'on prend ce mot dans sa signification la plus générale, c'est la croyance à une chose sur le témoignage d'autrui. Bien que nous ne l'ayons pas vu, de nos yeux, nous croyons à l'existence d'un fait qui nous est affirmé par un témoin dont nous ne pouvons suspecter d'aucune manière ni l'intelligence, ni la probité. En admettant ce fait, nous faisons un acte raisonnable, et notre foi est en parfait accord avec notre raison.

II. — **Foi divine.** — Dieu peut communiquer à l'homme soit quelques-uns des mystères de sa nature infinie, soit quelques vérités qui regardent plus directement l'homme, ses devoirs et ses destinées. Le fait de cette communication est attesté et prouvé d'une façon irrécusable. Que nous dit ici la raison ? Elle nous dit que nous devons l'admettre, et qu'en cela, loin de la contredire, nous ne ferons que lui obéir, et nous montrer ses disciples.

III. — **La Foi divine ne contredit pas la Raison.** — Si cette communication divine renferme des enseignements qui dépassent la portée de notre intelligence, quel est encore ici le langage de la raison ? D'un côté, le fait de la Révélation est incontestable ; de l'autre, l'idée que nous avons de la souveraine perfection de Dieu nous montre, dans une complète évidence, qu'il ne trompe pas sa créature et qu'une intelligence bornée n'est pas capable de le comprendre. La raison demande donc que nous donnions un entier assentiment à la Révélation divine, malgré les mystères qu'elle renferme pour notre esprit, sûrs qu'elle ne contient rien qui ne soit absolument vrai et raisonnable. Elle est la première à nous dire qu'elle ne peut faire d'acte plus légitime ni plus noble qu'un acte de foi, sur l'affirmation infaillible de Celui qui est, par son essence même, la souveraine raison.

IV. — **La vraie Philosophie.** — Cette simple considération fait voir que, loin d'être opposées, la foi et la raison, qui toutes les deux émanent de Dieu, s'unissent dans la plus intime alliance pour se communiquer leurs lumières. Toute contradiction est impossible entre les vérités révélées et les vérités connues naturellement. Comme la raison est un don de Dieu aussi bien que la foi, dit Leibnitz, leur combat ferait combattre Dieu contre Dieu. La Révélation étant un fait historique, la vraie Philosophie est donc celle qui interroge la Révélation, interprétée par l'Eglise Catholique, chaque fois que la raison garde le silence ou ne donne qu'une réponse incertaine, ne s'écartant jamais, dans ses solutions, de ses enseignements infaillibles. (FARGES.)

§ IV. — UTILITÉ DE LA PHILOSOPHIE.

La Philosophie peut être considérée relativement aux autres sciences, à l'homme, à la société, à la Religion. A tous ces points de vue, son utilité ne peut être contestée ; les avantages qui en découlent sont en proportion de sa dignité. Nous l'avons déjà étudiée dans ses rapports avec les autres sciences. Esquissons à grands traits les avantages qu'elle procure à l'homme, à la société, à la Religion.

I. — **Utilité de la Philosophie pour l'homme.** — La perfection naturelle de l'homme consiste dans *la connaissance du vrai* et dans *la pratique du bien*. (LIBERATORE).

1° L'étude de la Philosophie est propre à perfectionner *l'intelligence*. Elle *l'éclaire* et elle *la fortifie*.

Elle *l'éclaire*. Par la nature même et par l'étendue de son objet, la Philosophie ne répond-elle pas à l'un de nos besoins les plus nobles, celui, non pas de connaître les choses d'une manière superficielle, mais de nous en rendre compte et d'arriver à la solution des problèmes qui ont pour nous un plus réel intérêt ? Tout ce qu'il y a de plus capable de piquer la curiosité dans les autres branches des connaissances humaines, elle le fait passer sous notre regard, elle le discute et l'établit.

Elle *fortifie* l'intelligence, en lui donnant la vigueur dont elle est susceptible et dont elle a besoin. C'est une gymnastique puissante, qui règle l'imagination, forme le jugement, accoutume à bien raisonner, met en garde contre les surprises de l'erreur, apprend à l'homme à penser par lui-même, en un mot l'arme de toutes pièces pour la lutte. Une intelligence qui ne subit pas cette formation virile, demeure à l'état d'enfance.

2° L'action de la Philosophie sur l'intelligence ne peut manquer de se faire sentir à *la volonté* et de contribuer ainsi à la perfection morale de l'homme. Les questions qu'elle traite, en imprimant à l'âme une direction ascensionnelle, la prédisposent à l'amour de tout ce qui est beau et élevé, de tout ce qui la rapproche de la perfection de son Auteur. Si les saines notions qu'elle donne sur la liberté, sur la loi et ses sanctions, ne rendent pas l'homme vertueux, elles aident sa volonté à résister à l'entraînement des passions.

II. — **Utilité de la Philosophie, au point de vue social.** — Les principes reçus ont une influence décisive au sein des sociétés. La littérature d'un peuple, on l'a dit, est l'expression de ses mœurs. On peut dire avec la même vérité : les mœurs d'un peuple sont l'expression de sa Philosophie. Comme la Philosophie a le redoutable privilège de toucher à la base même des choses, elle est éminemment propre, si elle est saine, à procurer le bien d'une nation, en établissant les esprits dans le vrai. Mais, si elle dénature les éternels principes sur lesquels repose l'ordre social, politique ou domestique, elle doit inévitablement tout bouleverser ; elle élève des générations révolutionnaires.

III. — **Utilité de la Philosophie, au point de vue de la Religion.** — La Philosophie est utile à la Religion révélée de deux manières : 1° Elle établit, contre les rationalistes et les incrédules, le fait de la Révélation divine. 2° Elle réfute les objections des impies contre les dogmes et leur démontre que la raison, sous peine de s'abdiquer elle-même, doit les accepter. Si la Révélation élargit le cercle des connaissances de l'esprit humain, la Philosophie, à son tour, défend et venge la Révélation, ce qui est sa mission tout à la fois la plus belle et la plus obligatoire.

§ V. — PARTIES DE LA PHILOSOPHIE.

I. — **Diverses divisions de la Philosophie.** — En consultant l'histoire, il est facile de se convaincre que, si les études philosophiques ont eu pour le fond le même objet, elles n'ont pas été toujours divisées d'une manière uniforme.

1° *Division ancienne.* — Dans l'antique Grèce, on comprenait, sous la dénomination générale de sagesse ou de Philosophie, toutes les connaissances d'alors. La Philosophie était comme la réunion de toutes les sciences, que chaque savant classait à sa manière, suivant les divers points de vue auxquels il se plaçait.

2° *Division au Moyen-Age.* — Au Moyen-Age, lorsque la doctrine révélée commença d'être présentée sous la forme rigoureuse de l'école, la science universelle se divisa d'une façon plus tranchée en deux branches : d'un côté, la science basée sur la révélation, qui prit le nom de *Théologie* ; de l'autre, la science basée sur les données de la raison naturelle, qui conserva le nom de *Philosophie.* Embrassant toutes les connaissances que l'esprit humain peut acquérir par ses propres lumières, la Philosophie était alors généralement divisée en quatre parties : *la Logique, la Physique, la Métaphysique générale et spéciale, et la Morale.*

3° *Division moderne.* — A partir du XVII° siècle et surtout du XVIII°, les sciences physiques, naturelles et mathématiques ont cessé de faire partie de l'enseignement philosophique. Deux motifs ont amené cette séparation : le développement considérable que ces sciences ont pris avec le temps, et le caractère spécial de la Philosophie, qui est non la réunion, mais la science fondamentale de toutes les sciences humaines. Ce n'est pas que la cosmologie soit exclue des études philosophiques, mais elle y est réduite aux proportions voulues par le caractère même de ces études. Plusieurs en font une partie distincte ; les autres rattachent soit à la Théodicée, soit à l'Ontologie, les questions cosmologiques les plus importantes.

Ainsi restreinte, la Philosophie embrasse trois grands objets et se divise en trois parties : *l'Ontologie, l'Anthropologie* et *la Théodicée*. *L'Ontologie* traite de l'être considéré d'une manière générale, et de ce que les êtres ont de commun entre eux. *L'Anthropologie* est la science de l'homme. Elle devrait faire l'étude du corps et l'étude de l'âme. Mais comme le propre de la Philosophie est de ne considérer les choses qu'au point de vue le plus élevé, elle met de côté l'étude du corps pour ne s'occuper que de l'âme. Bien qu'ainsi réduite, *l'Anthropologie* n'en reste pas moins une partie importante de la Philosophie. Elle comprend *la Psychologie expérimentale et rationnelle,* qui est la science générale de l'âme, considérée dans ses facultés, dans sa nature, dans son origine et ses destinées ; *la Logique,* qui étudie l'âme comme intelligence, et la dirige vers le vrai ; *la Morale,* qui l'étudie comme activité volontaire et libre et la dirige vers le bien par la voie du devoir. Enfin vient *la Théodicée,* qui n'est autre que la science rationnelle de Dieu.

II. — Ordre des parties de la Philosophie. — Les philosophes sont loin d'être d'accord sur l'ordre à observer dans la disposition des parties de la Philosophie.

1° Les uns revendiquent la première place pour *la Logique*. Les raisons qu'ils donnent sont que *la Logique* est une science indépendante de toute autre, puisqu'elle est la législatrice de l'intelligence ; qu'une science, ne pouvant s'édifier et se développer qu'au moyen du raisonnement auquel *la Logique* forme l'esprit, suppose la connaissance préalable de cette dernière.

2° Quelque fondées que soient ces raisons, un assez grand nombre de philosophes, dans ces derniers temps, ont donné la priorité à *la Psychologie*. Un des motifs de cette préférence, c'est le changement qui s'est produit dans le caractère même de la Logique par l'addition de plusieurs questions dont elle ne traitait pas autrefois, et qui semble la mettre davantage sous la dépendance de la Psychologie. On a pensé aussi que si le raisonnement, dont la Logique apprend les diverses formes, est nécessaire à toute science, l'homme dont l'intelligence a reçu le développement ordinaire, possède une logique naturelle bien suffisante pour l'étude de la Psychologie, et même de l'Ontologie, dont plusieurs la font précéder.

3° Quelques-uns sont d'avis que les études philosophiques commencent par *la Théodicée*, parce que : 1° Dieu préexiste à tout le reste ; 2° l'idée de l'infini et par là même de Dieu est la première que notre intelligence acquiert ; 3° la connaissance de Dieu, cause suprême, éclaire toutes les autres connaissances humaines.

On ne peut accepter l'opinion de ces philosophes. 1° Dieu, sans doute, préexiste à tout le reste, comme la cause préexiste à l'effet. Mais l'effet peut nous apparaître avant la cause et nous la faire connaître. C'est en partant des œuvres de Dieu, que nous nous élevons à l'idée de son existence. — 2° La notion de l'infini n'est point la première que notre esprit saisit. Elle fait son apparition en nous avec celle du fini, dont elle est corrélative, mais le point de départ pour notre intelligence est le fini. — 3° Si la connaissance de Dieu éclaire et complète toutes les autres connaissances, elle n'est point chez nous intuitive ; elle a besoin d'être préparée. Entendre autrement les choses serait tomber dans *l'Ontologisme*, dont nous parlerons plus tard, et qui n'est pas sans danger pour l'esprit humain.

— 4° Enfin, d'autres philosophes pensent que l'ordre le plus naturel et le plus logique dans la disposition des parties de la Philosophie, est celui qui répond le mieux à *l'ordre du développement intellectuel et moral de l'homme*. Sans avoir la prétention de trancher la question d'une manière absolue, c'est ce sentiment que nous adoptons, comme l'indiquera la division de notre cours. (FARGES).

§ VI. — DIVISION DE L'OUVRAGE.

I. — **Ordre du développement intellectuel et moral de l'homme.** — La première notion qui vient éclairer l'intelligence humaine est la *notion d'être*. Se l'appliquant à lui-même, l'homme se discerne de tout ce qui l'entoure et éprouve le besoin instinctif de se connaître en ce qu'il y a de *plus intime dans sa nature*. Mais cette première connaissance, qui ne peut être qu'élémentaire et imparfaite, ne lui suffit pas. Son activité le porte à élargir le cercle de ses connaissances. Grâce à ses efforts persévérants, son intelligence acquiert une perfection relative ; il *commence à raisonner*. A mesure qu'il avance dans la connaissance de lui-même et de ce qui l'entoure, il voit d'une manière de plus en plus claire que tout ce qui existe a sa raison d'être, a sa cause. Il s'élève à l'idée de *l'être infini et nécessaire*, de qui tout le reste dépend. Cette idée, la plus haute qu'il puisse atteindre, achève de l'éclairer sur le mystère de son existence, mais en l'éclairant elle lui révèle la ligne qu'il doit suivre, c'est-à-dire, *la loi morale*, qui a son fondement en Dieu même, et qu'il devra observer pour réaliser ses destinées.

II. — **Ordre des parties de l'Ouvrage.** — D'après la considération précédente, qui nous paraît fondée en raison, nous étudierons successivement dans cet ouvrage :

1° *L'Ontologie.* — Nous plaçons *l'Ontologie* au premier rang, non-seulement parce que c'est l'idée d'être que notre intelligence saisit tout d'abord, mais encore parce que l'Ontologie traite de ce qui est commun à tous les êtres, et que, par la généralité de ses principes, elle est la vraie base de la Philosophie. La construction d'un édifice commence par les fondements.

2° *La Psychologie.* — Un des premiers besoins de l'homme est de se connaître lui-même. Après lui avoir exposé la notion de l'être en général, il convient donc que la Philosophie appelle immédiatement son attention sur lui-même, c'est-à-dire, sur son âme, sa nature, et les facultés dont elle est douée.

3° *La Logique.* — Ayant appris, par l'étude de la Psychologie, à connaître les facultés de son âme, l'homme est plus à même d'apprendre à la bien diriger. Il faut connaître l'instrument, selon la pensée de Bossuet, avant d'en étudier les usages. Or, la première faculté de l'âme à étudier d'une manière approfondie, c'est évidemment l'intelligence, dont l'exercice précède en nous celui de la volonté.

4° *La Théodicée.* — De l'imparfait et du contingent, l'intelligence humaine s'élève au parfait et au nécessaire, et par là même à l'idée de Dieu. *La Théodicée* semble donc avoir sa place naturelle après la Logique.

5° *La Morale.* — Dieu étant le fondement de la loi morale, qui ne se conçoit pas en dehors de lui, l'étude de *la Morale* vient logiquement après celle de la Théodicée. Cette place assignée à la Morale a l'inconvénient, nous l'avouons, de scinder l'Anthropologie. Après avoir étudié l'âme en elle-même dans *la Psychologie*, l'avoir étudiée dans *la Logique*, au point de vue de ses relations avec le vrai, il semblerait convenable d'en compléter immédiatement la connaissance par l'étude de *la Morale*, qui a pour objet la direction de la volonté vers le bien. Mais, nous l'avons dit, ce serait étudier les devoirs de l'homme sans avoir fait connaître la source d'où ils émanent, et qui n'est autre que Dieu.

6° *L'Histoire de la Philosophie*, qui montrera et appréciera le mouvement de la pensée humaine, depuis les temps les plus reculés jusqu'à notre époque.

Nota. — I. — Le partage de l'Ouvrage en leçons, pour la plus grande commodité de ceux à qui il est destiné, ne préjudiciera d'aucune manière, soit à l'unité du plan, soit à la liberté de la marche dans la suite des questions à traiter. En nous dispensant de recourir à la nomenclature divisionnaire, *livres, chapitres, articles,* etc., qui peut avoir ses difficultés et ses inconvénients, il nous permet de grouper, dans une même leçon et sous un même sommaire, les questions qui se relient d'une manière plus étroite par leur nature même et qui s'appellent mutuellement.

II. — A ceux qui nous reprocheraient d'avoir commencé notre cours par *l'Ontologie*, nous répondons que la connaissance de l'Ontologie jette une grande lumière sur le reste des études philosophiques, dont elle est la base; que l'Ontologie, réduite à ses principes les plus généraux, ne présente pas à l'intelligence de l'élève des difficultés plus sérieuses que les autres parties de la Philosophie; enfin, que les parties de la Philosophie sont assez indépendantes les unes des autres, pour que l'étude de l'Ontologie puisse être rejetée, soit après celle de la Psychologie, soit après celle de la Logique.

ONTOLOGIE.

DEUXIÈME LEÇON.

Sommaire : 1. Aperçu général sur l'Ontologie. — 2. Universel. — 3. Etre. 4. Possibilité. — 5. Essence. — 6. Existence. — 7. Propriétés de l'Etre.

§ Ier. — APERÇU GÉNÉRAL SUR L'ONTOLOGIE.

I. — **Notion.** — L'Ontologie, ainsi que le mot l'indique, est la science de l'être considéré de la manière la plus générale. Elle n'a point pour objet tel être déterminé, Dieu ou l'âme, par exemple ; elle s'occupe de tous les êtres dans ce qu'ils ont de fondamental et de commun.

On peut définir l'Ontologie : *la partie de la Philosophie qui traite de l'être considéré d'une manière absolue, c'est-à-dire, en lui-même, dans ses propriétés communes, dans la généralité de ses aspects et dans l'universalité de ses rapports.*

Chaque science, il est vrai, étudie l'être ; mais par cela même qu'elle a un objet particulier, elle l'étudie uniquement au point de vue qui lui est propre. L'Ontologie, au contraire, le considère d'une manière générale et dans sa plus large acception. Elle a pour domaine spécial ce qu'il y a de commun à tout ce qui est. *Considerat ea quæ sunt omnium communia tanquam propria sibi.* Aussi, les notions qu'elle donne, revêtent-elles un caractère d'universalité qui lui mérite à bon droit le nom de *Métaphysique générale,* comme étant la science des principes mêmes de la métaphysique.

II. — **Utilité.** — L'utilité de la science ontologique n'échappe à aucun esprit sérieux. Par la généralité de ses notions, elle est la base de la Philosophie, et par là même de toutes les sciences humaines. C'est aux grands principes qu'elle affirme, que nos autres connaissances empruntent leur clarté, leur noblesse et leur solidité. Que pourrions-nous approfondir, et même comprendre, si nous n'avions les notions d'universel, d'être, de substance, de propriétés, de cause, de rapports, etc., qui sont précisément l'objet de l'Ontologie, et dont le besoin se fait incessamment sentir à notre esprit ?

III. — **Division.** — Nous ne pouvons avoir la pensée de faire un traité complet d'Ontologie. Bornant notre enseignement aux notions les plus essentielles, nous parlerons : 1° De l'être et de ses propriétés communes ; 2° de ses aspects généraux ; 3° des rapports généraux des êtres.

§ II. — UNIVERSEL.

L'Ontologie ayant pour objet propre ce qui est commun à tout ce qui est, *considerat omnium communia tanquam propria*, doit donner, tout d'abord, une notion précise de *l'Universel*.

I. — **Notion de l'Universel.** — On entend par *universel* ce qui est commun à plusieurs. *Universale significat unum pluribus commune.* Ainsi les notions d'*être*, de *substance*, de *corps*, etc., sont des notions universelles, car elles expriment ce qui est commun à plusieurs.

II. — **Division de l'Universel.** — Une chose peut être commune à plusieurs de deux manières. Elle peut leur être commune, en ce sens qu'elle convient *également* à chaque individualité ; c'est ainsi que la nature de l'homme est commune à tous les individus qui composent le genre humain. Elle peut leur être commune, en ce sens qu'elle convient à l'un d'une *manière principale et absolue* et aux autres seulement par *similitude et d'une façon relative*. C'est ainsi que la nation d'être convient à Dieu, aux possibles, aux existences contingentes, aux substances, aux accidents, mais elle convient à Dieu d'une manière absolue et à tout le reste par similitude et par relation.

Il y a donc deux sortes d'universel, qu'il faut se bien garder de confondre, à savoir, *l'universel que les philosophes appellent proprement dit*, qui exprime la coordination des êtres en diverses catégories génériques ou spécifiques, comme *animal*, *homme*, et *l'universel transcendantal*, qui est placé en dehors de tout genre et de toute espèce.

III. — **Universel transcendantal.** — On entend par universel transcendantal *ce qui convient, au moins sous quelque rapport, à toutes les choses qui existent ou peuvent exister*. Cet universel n'est resserré dans aucun genre déterminé, et c'est pour cela qu'il est appelé transcendantal. C'est aussi ce caractère d'indétermination qui le différencie de l'universel proprement dit.

La notion *d'être* a le premier rang parmi les transcendantaux. Viennent ensuite les propriétés générales de l'être, *l'unité, la vérité, la bonté et la beauté.*

IV. — **Universel proprement dit.** — De l'universel transcendantal, qui est comme le terme où ses concepts s'arrêtent, notre esprit descend à l'universel proprement dit, c'est-à-dire, aux catégories générales auxquelles se rattachent les êtres. Au sommet de ces catégories lui apparaissent *la substance* et *l'accident*. Il saisit l'être comme existant ou pouvant exister *en soi*, ou comme ne pouvant exister que *dans un autre*. Dans le premier cas, c'est la substance ; dans le second, c'est l'accident. Ce sont là les deux aspects les plus généraux de l'être et comme les deux genres suprêmes dans lesquels il se divise tout d'abord et sous lesquels viennent se placer les genres inférieurs et les espèces. (ZIGLIARA).

§ III. — ÊTRE.

I. — **Notion d'Être.** — La notion d'être n'est pas susceptible d'une définition proprement dite. De toutes les notions que l'esprit humain peut acquérir, elle est la plus simple et la plus étendue. Par sa clarté lumineuse, elle s'impose à notre esprit, qui, sans elle, ne saurait rien comprendre.

On ne définit donc pas la notion d'être, on développe seulement le sens qu'elle présente, quand on dit que l'être est *tout ce qui existe ou peut exister*. Ainsi Dieu, l'homme, un arbre, un acte, un mouvement, une pensée, etc., sont des êtres, dans le sens philosophique du mot. L'idée d'être s'applique non-seulement à tout ce qui existe actuellement, mais encore à tout ce qui peut exister, au *réel* et au *possible*.

L'être, considéré comme tel, est éminemment transcendantal. Il n'est ni genre ni espèce, bien qu'il convienne aux genres, aux espèces et aux individus. Toutefois, il n'est pas affirmé de tout ce qui existe ou peut exister de la même manière et sous le même rapport, comme l'idée générique est affirmée des êtres qui constituent tel genre déterminé. Il en est affirmé par *analogie* (*analogice*), selon l'expression des scolastiques, ce qui revient à dire que, si différentes que soient les choses entre elles, il est un point sur lequel elles se conviennent, c'est qu'elles *sont*, ce qui suffit pour que l'être soit énoncé de toutes *analogiquement*.

II. — **Origine de l'idée d'Être.** — D'après l'enseignement des philosophes les plus remarquables par la sûreté de leur doctrine, l'idée d'être est la première qu'acquiert notre intelligence. Elle est la première *chronologiquement* ; les autres idées viennent à la suite. Dans l'acquisition des connaissances, notre esprit va des notions plus communes aux notions qui le sont moins. Or, que peut-on concevoir de plus commun que l'être, de plus à la portée de notre intelligence, puisque tout en nous et autour de nous est propre à en éveiller en nous l'idée ? L'idée d'être est la première *logiquement*. Elle renferme toutes les autres notions, qui sans elle seraient insaisissables, et toutes les autres notions sont des déterminations plus ou moins complexes de cette idée.

III. — **Néant.** — A la notion d'être, entendue d'une manière générale, est opposée celle de *néant*. Le néant, dit Aristote, est la négation ou l'absence de l'être. Le concept du néant suit le concept de l'être, et par cela même que notre esprit a l'idée d'être, il a l'idée de néant qui lui est opposée, absolument comme lorsqu'il conçoit l'animal raisonnable, il conçoit implicitement l'animal dépourvu de raison.

IV. — **Principe de Contradiction.** — C'est sur cette double notion de l'être et du néant ou non-être, que repose le grand principe de contradiction que nous saisissons intuitivement, à la lumière de l'évidonce, à savoir : *la même chose ne peut être et n'être pas en même temps.*

§ IV. — POSSIBILITÉ.

I. — **Notion de la Possibilité.** — Une chose est possible, lorsque, n'existant pas encore, elle ne répugne pas à l'existence. La possibilité, c'est l'aptitude à l'existence. *Aptitudo ad existentiam.* L'impossible, c'est ce qui non-seulement n'existe pas, mais encore ne peut exister. *Repugnantia ad existendum.*

II. — **Division de la Possibilité.** — La possibilité se divise en *intrinsèque*, qu'on appelle encore *métaphysique* ou *absolue*, et en *extrinsèque*, qui est aussi appelée *relative*. La possibilité relative est *physique* ou *morale*.

L'impossibilité, étant opposée à la possibilité, se divise de la même manière.

1° Possibilité intrinsèque. — La possibilité *intrinsèque* d'un être consiste dans *l'accord entre ses attributs constitutifs.* Le cercle est intrinsèquement possible, parce qu'il y a convenance entre les attributs qui forment le cercle par leur réunion, à savoir, la rotondité de la circonférence, l'égalité des rayons, l'étendue. — *L'impossibilité intrinsèque* consiste dans la contradiction entre les attributs dont on voudrait composer une essence. Le cercle carré est intrinsèquement possible, parce que la rotondité et la quadrature sont deux propriétés qui s'excluent réciproquement.

2° Possibilité extrinsèque. — La possibilité *extrinsèque* d'un être n'est autre que sa *productibilité*, ou le pouvoir pour cet être de passer, sous l'action d'une cause, de la non-existence à l'existence. C'est ainsi que la création d'un autre univers semblable au nôtre est possible. — Une chose est *extrinsèquement impossible*, si la cause capable de lui donner l'existence fait défaut. C'est ainsi que la connaissance de l'essence divine, telle qu'elle est, n'est pas possible à l'âme humaine, si l'on ne considère que ses forces naturelles.

De ces notions, il est facile de conclure : 1° Que *le possible-intrinsèque* est toujours extrinsèquement possible à Dieu, bien qu'il ne puisse être réalisé par une cause créée ; 2° Que *toute impossibi-*

lité intrinsèque entraîne l'impossibilité extrinsèque. L'impossible-intrinsèque est l'absurde et le contradictoire, que la raison parfaite de Dieu repousse essentiellement.

3° **Possibilité physique et morale.** — La possibilité extrinsèque, envisagée du côté des créatures, est *physique* ou *morale*. Une chose est *physiquement* possible, quand, eu égard aux lois qui régissent l'ordre naturel, elle peut être réalisée. Elle est dite *moralement* possible, quand on en considère la réalisation par rapport à la condition et aux lois de la nature morale. — Il y a de même une *impossibilité* physique et une impossibilité morale.

III. — **Dieu peut-il réaliser tous les possibles ?** — A cette question, la raison répond : 1° Il est d'une puissance infinie de pouvoir réaliser tout ce qui est possible. Il n'y a donc aucun être possible, pris en particulier, que Dieu ne puisse produire. 2° Il est également d'une puissance infinie de ne s'épuiser jamais elle-même. Dieu ne réalisera donc jamais toutes les espèces d'êtres ni tous les individus possibles dans chaque espèce, et son pouvoir créateur aura toujours la même fécondité inépuisable. Derrière le monde des possibilités que peut atteindre une intelligence finie, apparaît l'infinie puissance de Dieu, qui peut non-seulement réaliser toutes nos conceptions, mais encore étendre ses œuvres bien au-delà des limites de notre pensée. (BOUEDRON).

IV. — **Différence du Possible et du Néant.** — Le possible, considéré comme tel, est distinct du réel existant ; il est quelque chose d'idéal. Mais il ne s'ensuit pas qu'il est la même chose que le néant. 1° *Le néant* est la négation de l'être et il ne peut être par lui-même l'objet d'un concept de notre esprit. *Le possible*, au contraire, est quelque chose de positif et il se conçoit par lui-même. — 2° Nous distinguons *les possibles* les uns des autres. Il serait absurde de vouloir distinguer *le néant* du néant. — 3° *Le possible* peut arriver à l'existence, ce que nous ne pouvons dire du *néant*. Si le possible est néant actuel, puisqu'il n'existe pas, il l'est d'une manière positive ; mais il n'est pas néant idéal, puisqu'il est possible. Hégel, comme on le verra plus tard, est tombé dans une erreur fondamentale, quand il a confondu *le possible* avec *le néant idéal*. (ZIGLIARA).

§ V. — ESSENCE.

I. — Notion de l'Essence. — Si la possibilité absolue d'un être consiste dans *l'accord de ses attributs constitutifs*, qui le rend apte à l'existence, il est facile de concevoir que ces attributs sont comme le fond même de sa nature, ce qui le fait participer à l'être dans un degré déterminé et permet de le définir. On entend donc par essence *ce sans quoi une chose ne peut absolument être ni être conçue*, autrement *ce qui la constitue dans une espèce déterminée. Id per quod res constituitur in determinatâ specie.* (LIBERATORE).

L'essence est appelée *quiddité*, parce que c'est par elle qu'on répond à la question : *Quid sit res ?* qu'est-ce que cette chose ? Si à la question *qu'est-ce que l'homme ?* on répond que c'est *l'animal raisonnable*, par ces mots *animal raisonnable*, on fait connaître ce que c'est que l'homme, on exprime son essence.

L'essence est la même dans tous les êtres de la même espèce ; aussi l'idée par laquelle notre esprit la conçoit, est-elle par sa nature même *générale*.

II. — Qualités des Essences. — De la notion qui précède, il résulte que les essences sont

1° Composées. — Il n'est point ici question de l'essence de Dieu, qui est très simple et qui exclut toute idée de composition. Dans l'ordre créé, les philosophes scolastiques tiennent pour certain que toutes les essences sont composées de certains principes, unis d'une manière tellement intime qu'un seul venant à faire défaut, l'essence est par là même détruite. Une essence, disent-ils, doit nécessairement avoir quelque chose qui la mette en harmonie avec le reste, sans quoi l'univers manquerait d'unité, et quelque chose qui la distingue, sans quoi tout serait confondu. Aussi enseignent-ils que l'essence est scientifiquement définissable. Or, toute définition se fait par le genre, qui exprime ce que le défini a de commun avec d'autres, et par l'espèce, qui sépare le défini du reste des êtres. D'où ils concluent que les essences des choses créées ne sont pas simples, mais composées.

2° **Indivisibles.** — C'est ce que montre évidemment la définition de l'essence. Si l'on retranche un seul des principes qui la constituent, elle n'est plus elle-même, elle est détruite. Il en est des essences comme des nombres. On ne peut retirer à un nombre une seule unité, qu'il ne cesse d'être ce qu'il était. Si on retire la raison de l'essence de l'homme, on a l'essence non plus de l'homme, mais de l'animal.

3° **Nécessaires et immuables.** — Considérées soit dans l'intellect divin, soit en elles-mêmes et dans les choses, les essences sont immuables et nécessaires. Elles ne dépendent pas, selon la fausse opinion de Descartes, de la libre volonté de Dieu. Dieu ne peut pas faire qu'un être change d'essence, tout en demeurant ce qu'il est. Cet être serait tout à la fois et ne serait pas, ce qui implique contradiction.

4° **Éternelles.** — Une essence n'étant telle que parce qu'elle est composée de certains principes qui la déterminent, a toujours eu et aura toujours besoin des mêmes principes pour être ce qu'elle est. Ainsi, ce n'est pas seulement dans le présent, ou dans le passé, ou dans l'avenir, mais toujours, qu'il est vrai que le triangle est composé de trois angles. (ZIGLIARA).

III. — **Source des Essences.** — Les essences des choses, aussi bien que leur possibilité intrinsèque, ont évidemment leur raison d'être en Dieu, sans lequel il n'y aurait rien de possible ni d'intelligible. Mais on se demande de quel attribut divin elles dépendent.

1° Les essences ne dépendent pas de *la libre volonté* de Dieu, quoi qu'en ait dit Descartes, qui soutient que comme Dieu a voulu librement que les trois angles d'un triangle soient égaux à deux angles droits, ainsi il aurait pu librement vouloir le contraire (*Lett.* 115). Par cela même que les essences sont quelque chose de nécessaire, elles sont indépendantes de la volonté libre de Dieu. Comment Dieu pourrait-il faire que des attributs qui s'accordent par leur propre nature se contredisent, que ceux qui se repoussent mutuellement s'unissent pour former un être, qu'une essence demeure la même, quoique changée, c'est-à-dire, quoique n'étant plus la même? Il ne peut le faire, parce qu'il ne peut le vouloir, et il ne peut le vouloir, parce que le contradictoire répugnant à son intelligence, ne peut jamais être l'objet de sa volonté.

2° Les essences dépendent formellement de *l'intelligence* divine. L'intelligence de Dieu connaît parfaitement son essence et voit par là même toutes les manières dont son être peut être imité. Cet idéal éternel que Dieu se forme des imitations de son être, idéal qui comme tel est objectivement vrai, ce sont les essences des choses et comme les immuables exemplaires de tout l'ordre créé et créable. Les possibles sont possibles, parce que l'intellect de Dieu les conçoit et avec eux les essences réalisables à sa puissance infinie.

3° Les essences dépendent médiatement de *l'essence divine*. Il suit de ce qui vient d'être dit que les essences et les possibles ont leur premier fondement dans l'essence même de Dieu, qui est l'objet premier de la connaissance de son intellect. C'est dans elle et par elle qu'il conçoit toutes les autres essences et les possibles absolus, dont elle est ainsi le principe médiat et la source éloignée. (ZIGLIARA).

IV. — Connaissance des Essences. — Locke enseigne que les essences réelles des choses nous sont absolument inconnues et qu'ainsi la répartition des êtres en genres et en espèces n'est pas établie sur un fondement réel, mais simplement sur les concepts de notre esprit. Il n'est personne qui ne découvre à première vue les conséquences d'une telle doctrine, qui fut celle des Nominalistes anciens et qui est celle des Positivistes modernes.

1° La connaissance des Essences n'est pas parfaite. — Nous devons avouer, avec les philosophes les plus sérieux, que *toutes les essences des choses ne nous sont pas connues*; que la notion des essences réelles *n'est pas pour nous intuitive*, mais déduite des propriétés, que les choses elles-mêmes nous manifestent. Nous accordons même que nous n'avons pas des essences réelles la *connaissance parfaite* qui nous permettrait d'en pénétrer toute la nature intime. Mais ce que nous n'accordons pas, ce qu'on ne peut accorder, c'est que nous n'ayons aucune connaissance des essences réelles des choses.

2° La connaissance des Essences est incontestable. — Prétendre, en effet, que nous ignorons absolument les essences, c'est :

1° *Contredire le sens commun*. N'est-il pas évident que tout homme, quand il répond à qui lui demande ce *qu'est telle chose*, entend désigner la nature réelle de cette chose, ce qui la distingue réellement des autres? Celui qui soutiendrait que, par cette réponse, il exprime une nature purement nominale, sans réalité objective dans la chose même qu'il définit, ne serait-il pas condamné au tribunal du bon sens, même le plus vulgaire?

2° *Démentir toutes les conclusions de l'observation et de l'expérience.* Nous saisissons des différences parfaitement tranchées entre les genres et les espèces. Nous ne confondons jamais l'animal avec la plante, la plante avec la pierre. Qu'est-ce à dire, sinon que notre esprit connaît certaines propriétés, qui sont réellement dans les choses, qui en constituent l'essence ou en découlent nécessairement? La notion des propriétés le conduit par la voie la plus légitime, et même d'une manière nécessaire, à la connaissance de l'essence réelle elle-même.

3° *Enlever à la science sa véritable base et préconiser le scepticisme.* C'est par leur essence, dit saint Thomas, que les choses peuvent être connues de notre intelligence et distribuées selon les genres ou espèces qui leur sont propres. Éliminez la notion des essences, la science des choses devient impossible; toute la connaissance que nous en acquérons a pour objet non des réalités, mais des apparences; affirmer, ce n'est qu'affirmer des apparences. Le doute est dès lors le seul parti que l'esprit humain puisse embrasser.

V. — **Essence physique.** — Quelques philosophes parlent de l'essence qu'ils appellent *physique*, par opposition avec l'essence dont il a été parlé et qu'ils appellent métaphysique. Par essence physique ils entendent *l'ensemble des propriétés qui se trouvent dans un être existant actuellement et le font ce qu'il est dans sa réalité individuelle.* Si l'essence métaphysique est la même dans tous les sujets d'une espèce, l'essence physique varie suivant les individus.

VI. — **Essence et Nature.** — Le mot *nature* offre plusieurs sens.

On entend par *nature* l'ensemble des êtres créés, de ceux-là surtout qui composent le monde matériel. — On emploie souvent le mot *nature* par opposition soit à l'art, soit au surnaturel. — Il est quelquefois synonyme d'essence. C'est ainsi qu'on dit la nature, ou essence de Dieu, la nature ou essence de l'homme.

Lorsqu'on veut exprimer ce qui constitue un être, *essence* est préférable à *nature*, qui a un sens multiple et par là moins précis. (FARGES).

§ VI. — EXISTENCE.

I. — Notion. — L'existence ne peut être définie d'une manière rigoureuse. C'est une notion que l'esprit saisit sans aucun effort, à cause de sa clarté. On entend par existence la réalisation du possible, l'actualité de l'essence, la présence actuelle d'une chose dans l'ordre réel. *Actualitas essentiæ. — Actualis rei præsentia in ordine reali.*

II. — L'Existence est-elle distincte de l'Essence ? — En Dieu, l'existence n'est pas distincte de l'essence. La perfection de l'essence divine s'oppose à ce qu'on la conçoive séparée même un instant de l'existence. Dieu existe nécessairement, et l'état de pure possibilité répugne à son être d'une manière absolue.

Dans les créatures, l'existence, de l'aveu de tous, diffère de l'essence au moins par une distinction de raison. Mais en diffère-t-elle *en réalité* ? Si quelques philosophes confondent l'existence et l'essence dans les êtres créés, nous ne pouvons hésiter à embrasser le sentiment de saint Thomas, qui soutient qu'entre l'essence et l'existence il y a une distinction réelle. L'existence, qui serait réellement la même chose que l'essence, serait *nécessaire et improduite*. Or, l'existence dans les créatures n'est ni nécessaire ni improduite. Avant d'exister, elles étaient déjà, mais à l'état de simple possibilité. L'acte qui de possibles les a rendues actuelles en réalisant leur essence, les a mises dans un état nouveau qui s'appelle existence, et qui est par rapport au premier comme l'acte relativement à la puissance. Dire qu'elle sexistent (*ex sistere, sortir de*), c'est dire qu'elles ont été produites d'après leurs éternels concepts ; leur essence renfermait, non la réalité, mais la possibilité de l'existence. On ne doit donc pas confondre l'existence avec l'essence dans les êtres créés, c'est-à-dire, dans les êtres qui n'existent pas par la vertu de leur essence.

§ VII. — PROPRIÉTÉS DE L'ÊTRE.

Tout être possède trois propriétés : *l'unité, la vérité* et *la bonté*, auxquelles il faut ajouter *la beauté*, qui ne peut en être séparée. Ce qui revient à dire que l'être, par cela seul qu'il est, est *un, vrai, bon* et *beau*.

I. — **L'unité.** — On appelle *un* ce qui est indivis en soi, *indivisum in se*. Ce qui constitue l'unité, c'est l'indivision même de l'être.

1° **L'unité de l'Être.** — Tout être étant, par son essence indivisible, ce qu'il est, possède conséquemment l'unité. Il ne peut être partagé en plusieurs êtres semblables : toute division donnerait des êtres différents du premier, qui ne serait plus. L'homme est un par l'union de l'âme et du corps. Cette unité est détruite, si l'on sépare les éléments qui constituent l'être humain. On a une âme, on a un corps ; on n'a plus l'homme.

L'unité de l'être, outre l'indivision en soi, implique-t-elle la division des autres, et à la définition précédente *indivisum in se*, faut-il ajouter avec quelques philosophes *et divisum à quolibet alio*, et distinct de tout le reste ? Ces derniers mots expriment l'idée d'une chose qui peut résulter de l'unité, mais qui déjà la suppose. Avant toute création, Dieu était un, et pourtant on ne peut pas dire qu'il était distinct du reste, puisque seul il existait. (ZIGLIARA.)

2° **Espèces d'Unité.** — L'unité consistant dans l'indivision, on peut distinguer dans les êtres autant d'espèces d'unité qu'il y a de degrés d'indivision. A savoir :

1° *L'unité de simplicité et l'unité de composition.* — Une chose est *simple* ou *composée*. Si elle est *simple*, elle est non-seulement indivise, mais encore indivisible, comme l'ange, l'âme, Dieu surtout. Si elle est *composée*, elle est actuellement indivise, bien qu'elle soit divisible, comme l'homme, formé de deux substances.

2° *L'unité par soi et l'unité accidentelle.* — On appelle unité *par soi* celle par laquelle une chose est constituée à l'état d'indivision dans sa propre nature, comme l'ange, l'homme. On appelle unité *accidentelle* toute unité de laquelle ne résulte pas l'essence de la chose, comme l'unité artificielle, ou celle qui naît de l'accession d'un accident à la substance.

3° *L'unité naturelle, artificielle, d'agrégation.* — L'unité *naturelle* est celle qui a sa raison d'être dans la nature même des choses et dans les lois qui la régissent. Ainsi on appellera unité naturelle celle qui résulte de l'union de l'âme et du corps dans l'homme. L'unité *artificielle* provient de l'homme, qui peut unir arbitrairement les choses. L'unité d'*agrégation* est celle qui résulte du seul rapport de contiguïté entre des êtres ayant des existences distinctes, comme un amas de pierres.

4° *L'unité individuelle, spécifique et générique.* — L'unité *individuelle* implique l'indivision numérique, comme Paul. L'unité *spécifique* implique l'indivision au point de vue de l'espèce, et l'unité *générique* l'implique au point de vue du genre, comme homme, animal.

3° Identité. — De l'unité naît *l'identité*, que l'on peut définir : *l'accord d'un être avec lui-même. Convenientia rei cum seipsâ.* On distingue deux sortes d'identité : l'identité *physique* et l'identité *morale.* L'identité *physique* existe dans un être qui est dit le même, parce qu'il ne change pas dans sa réalité physique ; telle est l'identité de l'âme. L'identité *morale* convient à l'être qui est regardé comme étant le même, bien que des changements successifs s'opèrent dans les éléments qui le constituent. Telle est l'identité propre au corps humain. On distingue encore l'identité *générique*, l'identité *spécifique* et l'identité *numérique*.

4° Pluralité ou Multitude. — A l'unité, principe du nombre, est opposée la pluralité ou multitude, qui implique la répétition de l'unité. La pluralité ou multitude est définie par saint Thomas : *Ce qui résulte d'unités, dont l'une n'est pas l'autre. Id quod est ex unis, quorum unum non est alterum.* Elle suppose l'unité, sur laquelle elle est fondée.

5° Distinction. — Si la pluralité ou multitude est opposée à l'unité, la distinction est opposée à l'identité. La distinction est *réelle* ou *logique.*

La distinction *réelle* est celle qui est fondée sur la nature des choses. Elle est indépendante de l'esprit qui la conçoit et dont elle précède toute opération. La distinction réelle est *entitative, modale* ou *virtuelle*. La distinction *entitative* est celle qui existe entre deux choses, à savoir entre deux substances, entre une substance et un accident, entre deux accidents. La distinction *modale* est la distinction de la chose et de la manière dont elle est affectée ; telle est la distinction d'un arc et de sa courbure. La distinction *virtuelle* est celle qui convient à un être, un dans son essence, mais doué de plusieurs puissances ou facultés, comme est l'âme humaine.

La distinction *logique* ou *de raison* est celle qui est attribuée à une chose par les concepts de notre intelligence. Si l'objet de cette distinction a son fondement dans la chose, il n'y est pas tel que nous le concevons. C'est ainsi que nous distinguons des attributs en Dieu, bien qu'ils soient en réalité une même chose avec son essence.

II. — **Vérité.** — Si l'unité est la propriété de l'être considéré en lui-même, la vérité et la bonté se réfèrent, l'une à l'intelligence et l'autre à la volonté. La volonté n'embrasse comme bon que ce qui a été préalablement conçu par l'intelligence, comme vrai.

1º **Définition de la Vérité.** — La vérité, considérée d'une manière générale, consiste dans la conformité de l'être et de l'intelligence. *Adæquatio rei ac intellectûs.* Or, un être se réfère à l'intelligence de deux manières, selon qu'elle le produit ou qu'elle le saisit. Dans le premier cas, la vérité naît de la conformité de la chose avec l'idée de l'intelligence ; dans le second, elle naît de la conformité de l'idée de l'intelligence avec la chose. De là, la distinction fondamentale de la vérité, en vérité *ontologique* ou *métaphysique* et en vérité *logique*, ou de *connaissance* ; en vérité *objective* et en vérité *subjective*.

2º **Division de la Vérité.** — De ce qui précède, il suit que la vérité peut être divisée en

1º *Vérité métaphysique.* — La vérité *ontologique* ou *métaphysique*, dite aussi *vérité d'essence*, consiste dans la conformité des choses avec l'idéal que Dieu s'en forme éternellement. Tous les êtres sans exception, actuels ou simplement possibles, ont leurs types dans la pensée divine. Ils répondent avec une admirable perfection à ces éternels exemplaires, et on ne conçoit même pas qu'il puisse en être autrement. Et dès lors qu'ils sont l'expression fidèle de l'idée qui les a conçus, ils sont vrais. On ne peut trouver le faux métaphysique dans les êtres. Si l'être est vrai, le vrai est ce qui est, et *le faux* est ce qui n'est pas. L'être qui ne serait pas vrai, serait impossible.

2° *Vérité logique.* — La vérité *logique* ou *de connaissance* consiste dans la conformité de nos idées avec les choses. Si les idées archétypes qui sont en Dieu préexistent aux choses, les choses préexistent à nos idées. Nous n'avons une connaissance vraie des choses, qu'autant que nos idées en sont la représentation fidèle. A la vérité logique est opposée *l'erreur*, qui consiste dans la non-conformité de l'idée avec son objet.

3° *Vérité morale.* — On doit faire rentrer dans la vérité logique la vérité *morale* ou *d'énonciation*, qui consiste dans la conformité du langage avec la pensée. A cette sorte de vérité est opposé *le mensonge*. L'expression *vérité morale* désigne aussi les principes de l'ordre moral.

3° **La Vérité est-elle une ou multiple ?** — Si l'on considère les choses et l'intelligence humaine relativement à Dieu, cause première et suprême de tout ce qui est, on ne peut refuser d'admettre que les choses et les concepts de notre intelligence tirent leur vérité de la vérité même de Dieu, et qu'ainsi il est une Vérité par laquelle tout le reste est vrai. Mais si l'être des choses, qui constitue leur vérité, est une certaine participation de l'être de Dieu, comme l'enseigne saint Thomas, il en est réellement très distinct, et si la lumière de notre intelligence est une certaine participation de la lumière incréée de Dieu, elle ne se confond nullement avec elle. D'où il faut conclure que chaque être, comme chaque conception de notre intelligence saisissant ce qui est, jouit d'une vérité qui lui est propre. Ainsi, bien que toutes les vérités métaphysiques et logiques aient leur unique fondement en Dieu et soient une vérité relativement à la cause première, elles sont multiples dans les choses comme dans notre intelligence, et elles se comptent par le nombre même des êtres et de nos conceptions. (SANSEVERINO.)

III. — **Bonté.** — La bonté, avons-nous dit, se réfère à la volonté.

1° **Notion de la Bonté.** — Si la vérité des êtres n'est autre chose que leur conformité avec l'idée divine qui les a conçus, leur bonté n'est autre chose que leur accord avec la volonté de Dieu, dont ils reflètent les perfections. La perfection participée qui est en eux, par cela seul qu'ils sont, est le fondement de leur bonté, c'est-à-dire, d'une convenance qui nous plaît et nous attire. Bons en eux-mêmes, puisqu'ils ont leur raison d'être dans la bonté absolue, ils sont bons pour nous et propres à contribuer à notre perfectionnement et à notre bonheur, et c'est pour cela que nous les désirons et les recherchons. Ce qui est bon, le bien, c'est donc ce qui est désirable et désiré de tous. *Bonum est id quod omnia appetunt.*

2° **Divisions du Bien.** — On distingue : 1° Le bien *vrai* et le bien *apparent*. Le bien *vrai* est réellement profitable et il ajoute à la perfection de celui qui l'acquiert. Le bien *apparent* est faux en réalité ; loin de profiter, il nuit à celui qui le recherche. — 2° Le bien *absolu* et le bien *relatif*. Le bien *absolu* est celui qui, considéré en lui-même, dans sa propre perfection, mérite d'être aimé. Le bien *relatif* est celui qui, pour exciter en nous le désir, doit être considéré par rapport à une autre chose. — 3° Le bien *utile*, le bien *délectable* et le bien *honnête*. Le bien *utile* est celui qui est recherché en vue d'un autre bien dont il favorise l'acquisition. Le bien *délectable* est celui qui est recherché à cause du plaisir qu'il procure. Le bien *honnête* est celui qui mérite d'être recherché, non pour une cause qui lui soit étrangère, mais uniquement pour lui-même, comme étant conforme à la raison et en parfaite harmonie avec notre nature. (LIBERATORE.)

3° **Mal.** — Au *bien* est opposé *le mal*. Le *mal* n'est pas une essence. Toutes les essences sont bonnes. *Le mal* est l'absence et mieux *la privation* d'un bien qu'on devait avoir d'après sa nature. Il n'existe pas par lui-même, mais dans un sujet bon par le fond de son être. On le conçoit dans ce sujet, non comme une réalité ajoutée à sa substance, mais comme une limitation de son être privé d'un bien que requérait sa nature.

Quelques Philosophes divisent le mal en *métaphysique*, *physique* et *moral*. Le mal *métaphysique*, à proprement parler, n'existe pas et est même impossible. Ceux qui emploient cette expression entendent par là l'absence d'une plus grande perfection dans les choses créées. Le mal *physique* est celui qui existe dans un être manquant de quelque bien naturel qu'il devait avoir. Le mal *moral* est le défaut de la rectitude obligée dans l'acte d'une volonté libre.

IV. — **Beauté.** — On a donné plusieurs théories du *beau*.

1º **Diverses Théories.** — D'après les Philosophes scolastiques, le beau consiste dans l'harmonie et la juste proportion des parties. *Pulchrum in debita proportione consistit.* L'accord et la proportion dans les formes délectent l'âme humaine, qui y voit comme une image de l'harmonie qui est en elle et de la beauté du Créateur. Si telle en est la nature, le beau implique nécessairement deux choses, la variété et l'unité. Aussi plusieurs Philosophes modernes le définissent-ils : *l'unité dans la variété.* D'autres ont dit que le beau est *la splendeur de l'ordre. Splendor ordinis.* Cette description du beau, généralement attribuée à saint Augustin, qui du moins ressort de l'ensemble de son enseignement, *nihil est ordinatum, quod non sit pulchrum*, renferme la double idée d'unité et de variété, essentielle à l'ordre, et en même temps l'idée d'une intime alliance entre les deux, qui fait l'ordre resplendir.

2º **Théorie de l'Esthétique actuelle.** — D'après l'esthétique actuelle, *le Beau* ne consiste ni uniquement dans *l'idéal*, ni uniquement dans *la forme*. L'idée est, de sa nature, abstraite. Par elle nous saisissons l'essence, la loi, l'unité, la variété, l'ordre des choses. C'est là le premier élément, et comme le fondement du beau. Mais faire consister le beau uniquement dans ce premier élément, c'est le confondre avec le vrai et avec le bien, auxquels, sans doute, il tient d'une manière intime, mais dont il se distingue par quelque chose de caractéristique.

Ce qui caractérise le beau, c'est l'expression même de ce premier élément. Cette expression revêt une forme plus ou moins parfaite, dans laquelle l'alliance de l'unité et de la variété offre plus ou moins d'harmonie : de là, divers degrés dans le beau. La forme est ou accessible aux sens, ou seulement accessible à la raison et purement idéale : de là les diverses espèces du beau. Dans tous les cas, c'est l'intelligence qui le saisit, l'apprécie et le juge. Le beau est ainsi *la fusion harmonieuse de l'idée et de la forme, qui la fait resplendir* : c'est la splendeur qui rayonne de l'ordre, constitué lui-même par l'unité et la variété. Le vrai se *conçoit*, le bien demande à être *réalisé*, le beau se *contemple* et est aimé. Le vrai crée *la science*; le bien, *la morale*; le beau, *l'art* (BÉNARD).

3° **Objet du Beau.** — Le Beau, envisagé dans son objet, est nécessairement fondé sur le vrai et sur le bien, et ne peut jamais être en désaccord avec l'honnêteté. Ce qui blesse l'honnêteté est un désordre et est par là même contradictoire à la raison première de la beauté.

4° **Divisions du Beau.** — On divise le beau : 1° En beau *idéal* et en beau *réel*. On appelle beau *idéal* le type de perfection en un genre que notre intelligence conçoit. Le beau *réel* est dit *sensible* ou *intelligible*, selon qu'il a pour objet les choses corporelles ou les choses intellectuelles et morales. 2° En beau *naturel*, *artificiel* et *moral*. 3° En beau *relatif* et en beau *absolu*. Le beau *absolu* et *parfait* n'est autre que Dieu, qui, par cela même qu'il est la cause suprême de l'ordre intelligible, de l'ordre moral et de l'ordre sensible, est la raison de toutes les beautés que l'œil contemple, qui charment le cœur et que la raison admire. (LIBERATORE.)

5° **Goût.** — On donne le nom de *goût* à la faculté qui, en nous, discerne le beau et l'apprécie. Cette faculté n'est autre que l'intelligence elle-même; et, comme tout homme est doué d'intelligence, tout homme a, dans une certaine mesure, le sentiment du beau. Mais *le goût*, dans ce qu'il a de plus délicat, ne se rencontre pas dans les esprits vulgaires. Il exige non-seulement une âme supérieure, mais encore une âme ornée de toutes les connaissances requises pour porter un jugement sûr dans le genre de beauté qu'il s'agit d'apprécier.

La connaissance et le sentiment du beau sont la source des plus grandes œuvres que l'homme ait réalisées.

TROISIÈME LEÇON.

SOMMAIRE. 1. — Des aspects généraux de l'Être. — 2. Substance. — 3. Suppôt et Personne. — 4. Infini et Fini. — 5. Substance incorporelle et Substance corporelle. — 6. Êtres vivants. — 7. Accidents.

§ I. — DES ASPECTS GÉNÉRAUX DE L'ÊTRE.

Après avoir traité de l'être, considéré d'une manière transcendantale et de ses propriétés communes, nous avons à l'étudier dans les principaux aspects sous lesquels il nous apparaît.

I. — **Substance et Accident.** — Tout être, qu'il existe en réalité ou qu'il soit simplement conçu par notre esprit, est *en soi* ou est en *un autre*. S'il est en soi, nous l'appelons *substance* ; s'il est en un autre, nous l'appelons *accident*. Nous concevons la substance comme quelque chose de permanent et de stable, et l'accident comme quelque chose de transitoire et de changeant.

II. — **Catégories d'Aristote.** — La substance et l'accident sont comme les genres suprêmes, dans lesquels se divise l'être transcendantal. Or, Aristote range en neuf classes tous les accidents qui peuvent affecter la substance. Ces neuf classes, ajoutées à celle de la substance, forment ce qu'on appelle les dix *catégories* d'Aristote, désignées par les Latins sous le nom de *prédicaments*.

Les catégories du Philosophe de Stagire comprennent ainsi : *la substance, la quantité, la qualité, la relation, l'action, la passion, le lieu, le temps, la situation, l'avoir.* Sur tout être substantiel, on peut faire les questions indiquées par les neuf dernières catégories, et lorsqu'il y a été répondu, il n'y a pas lieu à questionner davantage ; tout ce qu'on ajouterait aux solutions données, rentrerait dans l'une ou dans l'autre.

Ne pouvant entrer dans l'étude de toutes ces catégories, nous nous arrêterons aux plus importantes, sur lesquelles nous résumerons l'enseignement scolastique. Dans la présente leçon, après avoir parlé de la substance et de ses principales divisions, nous traiterons de l'accident, considéré d'une manière générale.

§ II. — SUBSTANCE.

I. — **Notion de la Substance.** — La substance se définit : *une chose qui existe en soi. Ens in se existens*. Dans l'ordre créé, la substance n'existe pas sans doute *par soi*, puisqu'elle doit à Dieu d'exister ; mais elle existe *en soi*, n'ayant nul besoin d'être dans un sujet pour exister. La substance (*substare*) est ainsi appelée, parce qu'elle est *le substratum* des accidents ; mais il ne faut pas en conclure, avec Descartes et quelques autres, que c'est là ce qui la constitue proprement. Ce qui la constitue, sa raison d'être comme substance, c'est d'exister en soi et non en autrui.

II. — **Fausses notions de la Substance.** — Toute erreur dans la notion si fondamentale de la substance mène aux conséquences les plus désastreuses.

Descartes a défini la substance : *une chose qui existe de manière à n'avoir besoin d'aucune autre chose pour exister. Rem quæ ita existit, ut nullâ aliâ re indigeat ad existendum.* Partant de cette définition équivoque, Spinoza est tombé dans un monstrueux panthéisme.

D'après Locke, la substance n'est autre chose que *la réunion des qualités que nos sens perçoivent et dont nous ignorons la raison de coexistence*. La confusion de la substance et des accidents l'a fait révoquer en doute l'existence même de la substance. A sa suite, *l'école positiviste* ou nie d'une façon absolue l'objectivité de la notion de substance, ou refuse de l'affirmer. (LIBERATORE).

III. — **Réalité de la Substance.** — La substance n'est point une fiction de notre esprit, comme Locke le donne à entendre, mais elle est une *réalité objective*. En effet :

1° *Le sens commun affirme la réalité objective de la substance.* — Tous les hommes ont la notion de substance, comme ils ont la notion d'accident. De l'aveu de Locke lui-même, nous concevons la substance comme le lien des qualités collectives d'un être : ce qui revient à dire que, dans l'être, nous saisissons deux choses, les qualités et ce qui les unit. — Toutes les langues ont un mot qui exprime la substance et qui diffère absolument pour le sens du terme qui en exprime les qualités. Le substantif n'est-il pas la base du langage ? — On définit la substance, et cette définition n'a rien de commun avec celle de ses qualités. Dès lors, comment admettre que la substance n'a rien de réel, et que ce qui constitue les êtres, ce sont uniquement leurs qualités ?

2° *Admettre la réalité des accidents en niant la réalité de la substance, c'est contredire la raison.* Un accident n'est pas en lui-même, mais en autrui. Reconnaître que les accidents existent et rejeter le *substratum*, qui doit les soutenir, c'est affirmer, par une contradiction choquante, qu'ils ne peuvent être et qu'ils sont. N'est-ce pas détruire du même coup et les accidents et la substance ?

IV. — **Divisions de la Substance.** — Il y a plusieurs sortes de substances, ainsi que nous le démontrerons plus tard. Ici nous indiquerons seulement les grandes divisions de la substance, c'est-à-dire, les aspects généraux de *l'être existant en soi*.

Or, la substance ou l'être existant en soi comprend :

1° La substance *complète* et la substance *incomplète*.

La substance *complète* est celle qui n'appelle aucune autre substance, pour constituer un être dans la réalité de l'existence. La substance complète convient à Dieu, tout d'abord, qui est l'Être *en soi* et *par soi*. Elle convient à certaines substances créées qui sont *en soi*, mais non par soi, et qui ne sont pas destinées, par leur nature, à s'unir à une autre substance, comme *l'ange*.

Remarquons, toutefois, qu'une substance créée peut être dite complète à deux points de vue différents, car elle peut être envisagée sous le rapport de *l'existence substantielle* et sous le rapport de *l'existence spécifique*. L'ange est une substance complète sous ces deux rapports. L'âme humaine est une substance complète sous le rapport de la substance, puisqu'elle peut exister séparée du corps ; mais elle n'est pas complète sous le rapport de l'espèce, puisqu'elle ne constitue l'homme que par son union avec le corps. *Le principe vital* de la brute n'est une substance complète sous aucun de ces rapports.

La substance *incomplète* est celle qui est destinée à s'unir à une autre qu'elle perfectionne et qui la complète elle-même. Elle n'est pas *dans* un autre comme est l'accident, mais elle est *avec* un autre. Ce qu'on a dit de la substance complète, explique, de combien de manières, une substance peut être incomplète.

2° La substance *simple* et la substance *composée*.

La substance *simple* est celle qui ne résulte pas de l'union de plusieurs substances. La notion de cette substance convient avant tout à Dieu, à cause de la simplicité parfaite de sa nature. Elle s'applique aussi à plusieurs substances créées qui ne sont pas composées de parties physiques, comme l'ange, l'âme humaine, l'âme de la brute, etc.

La substance *composée* est celle qui provient de l'union de plusieurs substances incomplètes, comme l'homme, qui est formé d'une âme et d'un corps.

3° La substance *incréée* ou *infinie*, et la substance *créée* ou *finie*.

La substance *incréée* n'est autre que Dieu lui-même. La substance *créée* doit l'existence à la puissance divine qui l'a produite du néant.

Les substances créées sont *corporelles*, *matérielles*, et *immatérielles* ou *spirituelles*.

La substance *corporelle* est celle dont la notion implique de quelque manière *l'étendue* ou *la quantité*; aussi est-elle appelée la substance étendue. Souvent, dans le langage vulgaire, on confond substance *corporelle* et substance *matérielle*, parce qu'en réalité les corps renferment des éléments matériels. Mais, chez les Philosophes, l'expression *substance matérielle* a un sens plus large.

Par substance *matérielle*, les Philosophes entendent non-seulement les corps eux-mêmes, mais encore la substance incomplète, qui est unie à un organisme de telle sorte qu'elle en soit dépendante dans son *être* et dans ses *opérations*. Cette substance incomplète, bien qu'immatérielle par sa nature, est comme immergée dans la matière, et à cause de la dépendance où elle est de l'organisme, elle est appelée matérielle. Telle est l'âme de l'animal.

La substance *immatérielle* ou *spirituelle* est celle qui est complètement séparée de la matière, comme l'ange, et celle qui, bien qu'unie à un organisme pour constituer une espèce d'êtres, est indépendante du corps dans son être et dans ses opérations proprement spécifiques, comme est l'âme humaine. Si elle est dépendante du corps dans les opérations qui lui sont communes avec l'animal, l'âme humaine en est indépendante dans les opérations qui la caractérisent, à savoir, celles de l'intelligence et de la volonté. C'est précisément cette indépendance de la matière et non pas seulement la simplicité dont elle est douée, qui donne, d'après saint Thomas, la raison première de la spiritualité d'une substance. (ZIGLIARA).

V. — **Essence et Substance.** — Si l'on peut dire, enseigne saint Thomas, que la substance est une essence dont le propre est d'exister en soi et non en un sujet, on ne doit pas confondre la substance avec l'essence dans les êtres créés. La notion d'essence a plus d'étendue que celle de substance. L'essence se dit des substances comme des accidents. La substance ne se dit que des êtres qui existent et qui existent en eux-mêmes, et non pas en d'autres. L'essence est indépendante de la réalité actuelle; elle se dit des êtres possibles comme des êtres existants. L'essence métaphysique des êtres contingents est quelque chose de nécessaire et d'éternel. Il n'en est pas ainsi de leur substance, qui a commencé d'être et qui pourrait être anéantie. (LIBERATORE).

§ III. — SUPPOT ET PERSONNE.

I. — **Observation préliminaire.** — Pour faciliter l'intelligence de ce que nous avons à dire du suppôt et de la personne, il est nécessaire de faire voir comment cette question se rattache à celle de la substance.

La substance existe *en soi*, comme nous venons de le dire; c'est ce qui la constitue essentiellement comme substance.

Sous ce concept général de l'être *en soi*, notre esprit saisit diverses manières selon lesquelles l'être substantiel peut exister; il peut être simple, ne renfermant qu'une substance, comme l'ange, ou *composé* de plusieurs substances, comme l'animal, l'homme. Ce second concept de la substance nous donne la notion de *la nature* des êtres selon leurs différences spécifiques. La nature est communicable à tous les individus de la même espèce, bien que chacun ait une existence propre et indépendante.

A ces deux premiers concepts de la substance s'en ajoute donc un autre, qui est comme la perfection ultime de la substance. Si la substance est l'être *en soi*, si l'être en soi apparaît dans des *natures diverses*, la substance ou l'être en soi se montre aussi comme constituant *un être séparé*, incommunicable, ne se confondant avec aucun autre de la même espèce, étant le principe *adéquat* de ses opérations. On donne le nom de *subsistance* à cette manière d'exister de l'être en soi.

Un exemple éclaircira la doctrine que nous venons d'exposer. Le principe vital de la brute est *une substance*. Par son union avec un organisme, il constitue *la nature animale*. La nature animale est à l'état de *subsistance* dans chaque animal, par cela même qu'il a une existence séparée et qu'il est le principe de ses opérations.

On peut définir la subsistance l'état *d'une substance parfaitement complète, principe de ses opérations, incommunicable à une autre.* Or, l'être qui subsiste en soi est dépourvu d'intelligence ou est intelligent. S'il est dépourvu d'intelligence, il est appelé *suppôt*; s'il est intelligent, il prend le nom de *personne*. (ZIGLIARA.)

II. — **Suppôt.** — Ce qui vient d'être dit, donne à entendre quelle est la nature du suppôt.

1° **Notion du Suppôt.** — On définit le suppôt : *une substance parfaitement subsistante, principe adéquat de ses opérations et incommunicable à une autre.* En traitant de *la personne*, nous résoudrons diverses questions, qui regardent le suppôt lui-même.

2° **Axiome relatif au Suppôt.** — *Actiones sunt suppositi.* Les actions appartiennent au suppôt. Cet axiome signifie que, si plusieurs substances concourent à la formation du suppôt, c'est au suppôt et non à ses parties constitutives qu'il faut rapporter les opérations de chacune d'elles. Ainsi on dira : l'animal mange, bien que l'acte de manger soit relatif au corps.

III. — **Personne.** — On peut définir la personne (*per se unum*) : *une substance complète, incommunicable et douée d'intelligence. Naturæ completæ et rationalis individua substantia.*

La notion de la personne s'applique évidemment et tout d'abord à Dieu, qui est l'être parfait, subsistant en lui-même et par lui-même, souverainement intelligent et incommunicable. Tout ce qui constitue la personnalité est en lui d'une manière absolue.

Cette notion convient à la substance spirituelle, qui possède une subsistance complète.

Elle convient à chaque homme, puisque chaque homme est composé d'une âme intelligente et d'un corps.

1° **Union hypostatique.** — L'expression *hypostase* a le même sens que le mot *personne*. On appelle union *personnelle* ou *hypostatique* l'union de deux ou d'un plus grand nombre de substances, qui ont pour terme une seule personne. Il y a union hypostatique entre notre âme et notre corps.

2° **Personnalité et Substance individuelle.** — Il ne faut pas confondre la personne avec la substance individuelle. Toute substance individuelle ne constitue pas une personne. Ce qui fait l'individualité substantielle, c'est la distinction de tout autre et l'existence en soi. Or, ces conditions sont insuffisantes pour la personnalité, qui implique de plus l'intelligence et la subsistance parfaite. Dans l'homme, l'âme est une substance distincte et intelligente, mais elle n'est pas une personne, parce qu'elle est incomplète. A plus forte raison, en est-il ainsi du corps humain.

3° **Distinction réelle de la Personne et de la Nature dans l'Homme.** — Il y a, dans l'homme, une distinction réelle entre la personne et la nature. 1° La nature est *communicable* et la personne ne l'est pas. 2° La nature, comprenant le corps et l'âme, est *le fondement* et le sujet de toutes les facultés humaines, mais elle n'existe réellement et elle n'opère qu'autant qu'elle est constituée dans l'individualité d'une parfaite subsistance. La personne est ainsi *le dernier complément* de la nature. Elle est conçue comme le principe qui la régit et qui opère par elle, mais elle n'en est pas une partie. 3° La nature est ce par quoi l'homme est ce qu'il est spécifiquement : *natura id* *quo quis est quod est*. La personne est ce par quoi il est ce qu'il est individuellement. *Persona id quo quisque est quisque.*

Puisque la nature et la personne sont distinctes réellement, il n'y a aucune impossibilité à ce que la nature humaine soit complétée par une personnalité autre que la personnalité humaine. En Jésus-Christ, la nature divine est unie hypostatiquement à la nature humaine, et ces deux natures existent dans une seule personne divine.

4° **Fausse définition de la Personne.** — Rejetant avec un injuste mépris la définition scolastique de la personne, plusieurs rationalistes de notre temps disent que la personne n'est autre chose que *la nature consciente d'elle-même. Natura sui conscia.* Cette définition renferme d'évidentes absurdités. La conscience par laquelle la nature intelligente se connaît elle-même et ses opérations, loin de constituer la personne, la suppose. Si la personne consistait dans la conscience, l'âme humaine sans le corps serait une personne, et l'homme ne commencerait à être une personne qu'à partir du moment où il a pu avoir conscience de lui-même. (Sanseverino.)

5° **Axiomes relatifs à la Personne.** — *Axiome 1er*. Les actions sont personnelles, c'est-à-dire, doivent être attribuées à la personne, et non aux substances hypostatiquement unies. — *Axiome 2*. L'action participe à la dignité de l'agent. — *Axiome 3*. On affirme de la personne les propriétés des substances qui la constituent.

§ IV. — INFINI ET FINI.

I. — **Notion de l'Infini et du Fini.** — *L'infini* est l'être qui n'est limité d'aucune manière que ce soit. Limites et infini sont contradictoires. *Le fini* est l'être qui est limité de toutes manières, dans sa nature comme dans ses facultés et ses opérations.

On distingue l'infini *relatif* et l'infini *absolu*. L'infini *relatif* n'est autre que l'infini considéré dans un ordre déterminé de perfection. Dans cet ordre, il ne peut y avoir rien au-dessus de lui. On l'appelle aussi infini *secundum quid*. L'infini *absolu*, c'est l'infini en tout ordre de perfection.

II. — Différence entre Infini et Indéfini. — L'infini ne saurait être confondu avec l'indéfini sans la plus grave erreur. L'infini implique l'absence de toutes limites, tandis que par *indéfini* on entend ce qui a des limites, sans qu'il soit possible d'assigner le point où elles s'arrêtent. L'indéfini est ainsi essentiellement fini, mais c'est un fini sans fin déterminable. Il est *fini*, puisqu'il peut augmenter ou diminuer ; il est sans *fin déterminable*, puisqu'il est toujours susceptible de changement. Le changement peut avoir lieu de trois manières : par *addition* ou par *soustraction*, comme dans le nombre ; par *succession*, comme dans le temps et dans le mouvement ; par *division*, comme dans l'étendue.

III. — Différence entre l'Infini et l'Être en général. — La confusion de l'infini et de l'être considéré d'une manière générale conduit directement à l'abîme du Panthéisme. *L'infini*, et il ne s'agit ici que de l'infini absolu, est l'être qui possède toutes les perfections sans aucune limite, être subsistant actuellement et nécessairement en lui-même et par lui-même, être vivant et personnel, dont la nature ne peut être d'aucune manière contenue dans les genres ou les espèces, qui est la raison et la cause de tout ce qui existe ou est possible. *L'être en général* est indéterminé et déterminable tout à la fois ; c'est une notion qui convient aux possibles, comme aux réalités actuelles, au nécessaire comme au contingent, en un mot à tout ce dont on peut dire qu'il *est*. Aucun homme de bon sens ne peut être tenté de confondre la notion de *l'être en général* avec celle de *l'infini*. (ZIGLIARA.)

IV. — Nature de la Notion de l'Infini. — Nous n'avons pas et nous ne pouvons avoir une notion adéquate et parfaite de l'infini, qui n'est et ne peut être parfaitement compris que de lui-même. La connaissance que nous avons des choses finies est loin elle-même d'être parfaite.

1° *Notion positive de l'Infini.* — La notion que nous avons de *l'infini absolu*, est une notion positive, puisqu'elle a pour terme un être positif et réellement existant.

2° *Mode négatif de la notion de l'Infini.* — Si la notion de l'infini absolu est positive, comme est positive la notion du fini, qui, bien que fini, est quelque chose de réel, le mode par lequel notre esprit s'élève à la notion de l'infini est négatif. Nous percevons le fini directement et en lui-même, et ainsi le mode par lequel nous le saisissons, est positif. Mais il n'en est pas ainsi de la connaissance de l'infini. Pour nous en former la notion, nous éliminons les bornes et les imperfections du fini. Notre mode de conception de l'infini est donc négatif. Le terme d'infini, qui sert à exprimer notre concept et qui est négatif par rapport au fini, d'où part notre esprit pour s'élever à Dieu, dit clairement que c'est par l'élimination de toute borne, c'est-à-dire, par le procédé négatif, que s'opère en nous le concept positif de l'infini.

V. — **La notion de l'Infini a-t-elle la priorité dans notre esprit?** — La notion de l'infini et celle du fini étant corrélatives, l'une ne peut exister sans l'autre dans notre esprit. Il faut conclure de là que l'apparition de l'une de ces notions en nous est contemporaine de l'apparition de l'autre.

Toutefois, on doit se demander laquelle de ces notions sert de point de départ à notre intelligence. Est-ce par la négation de l'infini qu'elle connaît le fini, ou bien est-ce par la négation des limites du fini qu'elle s'élève au concept de l'infini?

L'école Cartésienne et les partisans de l'Ontologisme soutiennent que la notion de l'infini a la priorité d'apparition dans notre esprit et qu'elle nous est absolument nécessaire pour l'intelligence du fini. Les Cartésiens admettent l'innéité en nous de l'idée de l'infini et les Ontologistes l'identifient avec l'intuition immédiate de Dieu qu'ils accordent à l'âme humaine.

Contrairement à cet enseignement, les Scolastiques, qui se sont mieux rendu compte de l'homme et du développement de ses connaissances, soutiennent : 1° que notre esprit s'élève de la notion du fini à celle de l'infini, remontant de l'effet à la cause ; 2° que nous connaissons les réalités de l'ordre contingent, sans aucune idée préalable ou simultanée de l'infini lui-même ; 3° que du moment où il connaît l'ordre contingent comme fini et imparfait, notre esprit ne peut manquer de concevoir l'infini. La connaissance du fini, comme tel, comprend deux choses : *L'être et la limitation*. En enlevant toutes les limites, nous atteignons à la notion de l'être infini, bien que nous ne le connaissions pas parfaitement tel qu'il est en lui-même.

VI. — Fausse doctrine de Locke sur la notion de l'Infini. — Si Locke admet, comme les Scolastiques, que la notion de l'infini a chez nous celle du fini pour point de départ, il tombe dans une monstrueuse erreur, quand il veut expliquer comment notre esprit passe de la seconde à la première. Il prétend que c'est en ajoutant le fini au fini, que nous formons le concept de l'infini. Il résulterait de là que la notion de l'infini ne serait que la somme des finis. Il est évident que Locke confond l'infini avec l'indéfini, susceptible de croître par des additions sans terme, mais absolument différent de l'infini.

VII. — Réponse à une objection sur la notion de l'Infini. — Les Cartésiens et les Ontologistes refusent à l'âme humaine, par la nature même de leurs systèmes, la faculté de s'élever de la connaissance du fini à celle de l'infini. Le fini, disent-ils, ne peut contenir l'infini. Donc, de la connaissance du premier, il est impossible d'atteindre à celle du second.

A cette objection, nous répondons : Si le fini ne peut contenir *entitativement* l'infini, parce que celui-ci lui est absolument supérieur par la perfection de son être, on ne peut conclure de là que la connaissance du fini est incapable de nous élever à celle de l'infini. Pour que notre esprit puisse s'élever de l'un à l'autre, il suffit qu'il y ait une relation entre les deux. Or, cette relation existe, dès lors que le fini dépend de l'infini, comme l'effet de la cause. Le fini contient donc *logiquement* l'infini, non pas parfaitement, il est vrai, ce qui est impossible, mais d'une manière imparfaite. Par cela même qu'il contient l'infini d'une manière imparfaite, la connaissance que nous en avons, nous élève non pas à la notion parfaite, mais à la notion imparfaite de l'infini, ce qui suffit pour détruire l'objection.

§ V. — SUBSTANCE INCORPORELLE ET SUBSTANCE CORPORELLE.

La substance créée est *incorporelle* ou *corporelle*. Nous avons donné la notion de cette double substance. La substance incorporelle est totalement indépendante du corps dans son être substantiel et spécifique, comme l'ange ; ou bien elle en est indépendante dans son être substantiel seulement, comme l'âme humaine ; ou, enfin, elle en est dépendante sous le double rapport de la substance et de l'espèce, comme l'âme de la brute. Dans notre cours, nous ne traiterons point de l'ange. Nous parlerons de l'âme humaine dans la Psychologie et de l'âme de la brute dans le paragraphe suivant. La présente étude a *le corps* pour objet.

I. — **Corps.** — On donne le nom de *corps* ou de *substance corporelle* à l'être dont la notion implique de quelque manière *l'étendue* ou *la quantité*. Toutefois, il est constaté par l'expérience que, dans tout corps, à la propriété de l'étendue s'ajoute celle de *l'activité*. Ces deux propriétés ouvrent la voie à la connaissance de la constitution intime de la substance corporelle. On devra admettre dans les corps des principes capables de rendre compte de l'une et de l'autre de ces propriétés, et dès lors il faudra rejeter comme défectueux tout système avec lequel soit l'étendue, soit l'activité des corps serait inexplicable. Il sera facile de voir que le système scolastique sur la composition des corps, est celui qui offre une plus grande probabilité.

II. — **Système Scolastique.** — Les principes constitutifs de tout corps sont *la matière* et *la forme*.

1º **Matière.** — Si la matière n'a d'existence réelle que dans les corps, notre esprit la conçoit en elle-même, non encore déterminée par l'existence actuelle dans un corps, à peu près comme il conçoit, par exemple, la nature humaine en elle-même sans l'actualité de l'individualisation. La matière ainsi conçue est appelée par les Philosophes *matière première* relativement au corps, parce qu'elle est le premier sujet, nécessaire à la constitution du corps. Il est de toute impossibilité qu'un corps existe sans éléments matériels. La matière première n'est point le néant ; c'est une réalité possible, qui par conséquent est apte à passer, par l'acte créateur, de la pure possibilité à la réalité actuelle, mais qui n'existe qu'à partir du moment même où elle entre dans la composition de tel corps, comme la nature humaine, premier sujet de l'être qui s'appelle homme, n'existe d'une existence actuelle que dans l'individu.

2º **Forme.** — La matière est par elle-même indifférente à entrer dans la constitution de tel corps plutôt que de tel autre. Réalisée par l'acte créateur, elle est impuissante, vu son inertie, à constituer un corps par elle seule. *Substance incomplète*, elle appelle nécessairement quelque chose qui vienne s'ajouter aux éléments étendus, pour les actualiser en les unissant et constituer avec eux tel corps déterminé dans son individualité et dans son espèce. Ce quelque chose est une réalité, très différente de la matière, comme dans l'homme l'âme est très différente de l'organisme. C'est ce que les Scolastiques désignent sous le nom de *forme*.

3° **Principes constitutifs des Corps.** — Il suit de là que tout corps est un *composé*, non-seulement parce qu'il contient des éléments étendus et séparables, mais parce qu'il possède un double principe, *la matière* et *la forme*. Cette forme n'a rien d'accidentel ni d'extérieur : aussi est-elle appelée *substantielle*, constituant avec la matière un être substantiel qui se nomme un corps.

Composé de deux principes, l'un *passif* et matériel, l'autre *actif*, tout corps est étendu et possède une activité interne, qui est le fondement de son unité. La matière donne naissance à l'étendue ; de la forme naît l'activité, qui domine et relie les éléments matériels.

4° **Diverses formes substantielles.** — Les formes substantielles varient et sont plus ou moins parfaites selon les espèces de composés, minéraux, végétaux ou animaux. Une forme plus noble renferme les propriétés des formes qui lui sont inférieures.

5° **Composés mixtes.** — Quand un corps se combine avec un autre, il résulte un *composé mixte*, substantiellement différent des corps qui le forment. S'il a ses propriétés spécifiques, il a aussi sa matière et sa forme propres. Les composants sont dans le mixte non en acte, mais en puissance, et le mixte se décomposant, chacun des corps recouvre son intégrité première. (Sanseverino.)

III. — **Atomisme.** — L'*Atomisme* est le système qui soutient que les corps sont uniquement des agrégats d'atomes en mouvement. Ce fut, dans les temps anciens, le système de Démocrite, de Leucippe et d'Épicure, et, dans les temps modernes, celui de Descartes, de Gassendi et de Newton, avec des nuances diverses.

1° Points communs aux divers Systèmes. — Les points suivants sont généralement admis par tous ceux qui ont défendu l'Atomisme : 1° Les corps sont uniquement composés d'atomes. 2° Ces atomes sont de petits corps *étendus*, mais divisibles par leur nature, bien que physiquement insécables. 3° Il n'y a dans les corps aucun principe actif, aucune force, aucune forme substantielle.

2° Critique de l'Atomisme. — La théorie de *l'Atomisme* sur la constitution des corps ne peut être admise. En effet, 1° Dans cette théorie, les principes constitutifs des corps sont des atomes *divisibles*, bien que physiquement insécables. Or, la raison dit assez que les parties primaires des corps doivent être indivisibles par leur nature même. Autrement on aurait un nombre sans unités assignables, un composé sans composants.

Il est vrai que saint Thomas et les Scolastiques enseignent que les corps, par cela même qu'ils sont étendus, sont susceptibles d'une division sans fin. Mais ils n'entendent pas cette divisibilité sans fin à la manière des Philosophes que nous combattons ici. Ils disent avec raison que tout ce qui est étendu, si petit qu'on le suppose, peut être indéfiniment divisé, au moins par la pensée, en parties *proportionnelles*, mais que ces parties *proportionnelles* et inégales ne sont nullement celles qui constituent le corps. Aussi ajoutent-ils que le corps, considéré en soi et dans ses éléments constitutifs, n'est composé que d'un nombre limité de parties *aliquotes* et égales, dont la réunion équivaut au tout, et qu'il n'est pas ainsi divisible d'une façon indéfinie.

2° On ne peut, dans ce système, se rendre compte de l'unité propre à tout corps, qui, quoique divisible en parties, est à l'état d'indivision dans la nature. Où est le principe qui saisit les atomes pour les amener à l'unité individuelle ? — Si l'Atomisme rend inexplicable la formation des individus corporels, il n'explique pas davantage la diversité des espèces et des genres. (SANSEVERINO.)

IV. — Dynamisme. — *Le Dynamisme*, exposé d'abord par Leibnitz, a été ensuite formulé moins illogiquement par le jésuite Boscovich, né à Raguse en 1741.

1° Dynamisme de Leibnitz. — D'après Leibnitz : 1° Les corps ne sont que des agrégats de substances simples, qu'il appelle *monades*.

2° *Les monades* sont indivisibles, inétendues, douées d'appétition ou de perception, mais incapables d'agir les unes sur les autres. 3° Dieu les unit, pour constituer les corps, où elles sont en nombre infini.

2° **Dynamisme de Boscovich.** — Boscovich a fait disparaître du Monadisme de Leibnitz l'infinité des éléments dans chaque corps, et il a remplacé l'appétition et la perception des monades par une force *attractive* et *répulsive*, qui, en les unissant, s'oppose au contact. Par ailleurs, les deux systèmes ne diffèrent pas entre eux. Dans l'un comme dans l'autre, la diversité des corps naît des divers modes d'agrégation des éléments simples, à peu près comme la variété des mots qui composent une langue, vient de la combinaison variée des lettres de l'alphabet.

3° **Critique du Dynamisme.** — Le Dynamisme détruit *la réalité de l'étendue*. De quelque manière qu'on suppose les monades disposées dans un corps, qu'on admette ou qu'on rejette leur jonction immédiate, dès lors qu'elles sont simples et inétendues, elles ne sauraient jamais constituer une véritable continuité, capable de donner l'étendue à un corps. Ce vice du système, indépendamment des autres que nous nous abstenons de faire ressortir, montre ce qu'on doit en penser, malgré l'appui de quelques noms illustres. Par une voie opposée à celle de l'Atomisme pur, il mène à l'absurde et doit être rejeté.

V. — **Atomisme chimique et dynamique.** — 1° **Atomisme chimique.** — L'*atomisme chimique*, tel que la science l'admet de nos jours, peut se ramener à quelques points principaux. 1° Il y a deux sortes de corps : *les simples,* qui jusqu'ici n'ont offert aux plus minutieuses recherches que des éléments homogènes, qu'on n'a pu résoudre en éléments plus simples ; *les composés,* qui sont formés des simples. 2° Les particules ultimes, auxquelles on arrive en divisant un corps, s'appellent *atomes primitifs*. On les confond assez souvent avec les molécules, bien que, dans le langage scientifique, molécule signifie un groupe d'atomes. Les atomes, ainsi que le mot le dit, sont insécables, ou du moins considérés comme tels, quoiqu'ils aient de l'étendue. 3° Dans le corps simple, il y a un principe d'unité, différent des éléments matériels, auquel on donne le nom de force de *cohésion*. 4° Dans le corps, composé ou mixte, il y a un principe d'unité différent de la force de cohésion, c'est la force d'*affinité*, qui unit entre eux les éléments hétérogènes. 5° Si l'on fait l'analyse du corps composé, la force d'affinité est détruite, et chacun des corps simples reparaît avec ses éléments homogènes qu'unit de nouveau la force de cohésion, et avec toutes ses propriétés.

2° **Atomisme dynamique.** — L'*Atomisme dynamique*, dit Liberatore, admet tout ce qu'enseigne le système précédent, en y ajoutant quelque chose. D'après l'Atomisme dynamique, les éléments primaires des corps ne sont pas seulement étendus, mais ils sont *essentiellement* doués d'une certaine activité, qui se manifeste par la résistance.

3° **Critique de l'Atomisme chimique et dynamique.** — La théorie de l'*Atomisme chimico-dynamique* ne rend pas compte de la composition des corps simples et des corps mixtes.

1° Cette théorie est défectueuse relativement *aux corps simples*. Il est une vérité incontestable, c'est que la diversité des propriétés accuse la diversité des principes dans les choses. Or, si l'on ne croit pas devoir admettre l'identité des corps, le système en question ne dit rien de leur *différence spécifique*. Il ne dit pas non plus si l'activité et l'étendue, qu'il reconnaît dans tout corps simple, viennent d'un même principe ou de principes différents.

2° Cette théorie est défectueuse relativement *aux corps mixtes*. Dans les corps mixtes, les composants ne conservent pas les propriétés dont ils jouissaient avant la combinaison. C'est ainsi que l'eau n'a point les propriétés de l'oxygène et de l'hydrogène, dont elle est composée. Dans une pareille combinaison, y a-t-il un changement *substantiel* ou un simple mélange ? Les défenseurs du système soutiennent qu'il n'y a point de changement substantiel, mais que les propriétés de l'oxygène et de l'hydrogène sont neutralisées dans l'eau et qu'une neutralisation analogue a lieu dans toutes les combinaisons chimiques. Mais on leur demandera toujours comment ces combinaisons donnent naissance à des corps, qui ont des propriétés absolument différentes des propriétés des composants, si un changement substantiel ne s'est accompli.

§ VI. — ÊTRES VIVANTS.

I. — **La Vie.** — En contemplant le spectacle que la création offre à ses regards, l'homme ne tarde pas à remarquer que, parmi les êtres qui l'environnent, les uns ne sont mis en mouvement que sous l'action d'une cause qui leur est étrangère, tandis que les autres se meuvent eux-mêmes. Ceux-là ne vivent pas et ceux-ci sont vivants. Le concept de la vie renferme ainsi l'idée de mouvement. Mais qu'est-ce que ce mouvement ? Qu'est-ce que la vie ?

Sa Définition. — A proprement parler, dit saint Thomas, un être est dit vivant, lorsqu'il se meut lui-même selon l'espèce de mouvement qui convient à sa nature. *Viventia quæ se ipsa secundum aliquam speciem motûs movent.* On appelle vivant ou animé, dit Cicéron, l'être ébranlé par un mouvement à lui et procédant de l'intérieur. *Motu cietur interiore et suo.* Cette double description que la sagesse antique et la sagesse chrétienne donnent de la vie, montre : 1° Que la vie est en réalité dans le mouvement. Là où commence le mouvement, commence la vie, qui finit aussi avec lui. 2° Que la vie, toutefois, n'existe pas dans tout ce qui est mû, mais uniquement dans les êtres qui ont en eux-mêmes le principe de leurs mouvements et de leurs opérations. 3° Enfin, que la vie change de nature et se manifeste diversement selon les êtres et la fin qu'ils ont à atteindre. Elle n'est pas dans la plante ce qu'elle est dans l'animal, ni dans l'animal ce qu'elle est dans l'homme. Mais, à tous ses degrés et sous toutes les formes qu'elle revêt, elle est une activité en exercice, et une activité immanente.

II. — **Principe de la Vie.** — La vie dans les êtres où elle se manifeste, a nécessairement une cause. Admettre des opérations sans un principe capable de les produire, serait une évidente absurdité, et ce principe doit être dans l'être vivant lui-même, qui diffère essentiellement, par ses propriétés comme par ses opérations, de celui qui n'a pas la vie. Quel est donc ce principe ?

1° **La Matière ne peut être le principe de la Vie.** — La conséquence rigoureuse de la notion que nous avons donnée de la vie, c'est que la matière n'en peut être le principe. La matière est *inerte* par sa nature, et la vie s'affirme par le mouvement intrinsèque de l'être. — Si la matière était le principe de la vie, toute substance corporelle serait vivante, ce qui est évidemment faux.

2° **Le Principe vital, dans les êtres vivants, est très distinct des Forces chimiques, physiques et mécaniques.** — Sans doute, ces forces font sentir leur action dans les corps organisés comme dans la matière inorganique, mais elles ne produisent pas la vie. Si, en effet, la vie était le résultat de ces forces agissant sur les éléments minéraux, combinés dans des proportions déterminées, la chimie, qui connaît ces éléments et les lois de leurs combinaisons, pourrait faire des corps vivants. Cette science, nous le savons, a réussi à produire quelques substances organiques des moins composées. Nous ne répugnons pas même à supposer qu'elle pourra un jour effectuer toutes les combinaisons que la nature nous offre dans les corps organisés. Mais il est un résultat auquel la science n'arrivera jamais avec les lois physiques et chimiques, à savoir, la disposition harmonique des diverses parties de chaque organe et des organes entre eux, pour constituer un tout intégral dans l'unité d'une même fin : sans quoi la vie ne se conçoit pas.

Et lors même que, par impossible, ce résultat serait atteint, le corps ainsi formé par le chimiste serait encore à l'état de matière inerte, à l'état de cadavre sans vie. Les forces physiques et chimiques, qui sont propres aux éléments minéraux, ne dépassent point, même dans les substances organiques, les limites où elles sont renfermées dans la matière brute ; et tout au plus elles y opèrent d'après des lois déterminées qui leur sont étrangères. La vie, au contraire, se révèle dans l'être qui la possède par des propriétés d'un nouveau genre, par des fonctions à part et des opérations spéciales, qui, de l'aveu même des hommes les plus éminents dans les sciences naturelles, n'ont aucune analogie avec les effets physico-chimiques du règne minéral. Il faut donc conclure que, dans le corps vivant, ni les forces physiques et chimiques, ni l'organisme qu'elles contribuent à former et à conserver, ne sont la source de sa vie, et qu'il y a en lui un autre agent, un *principe vital*. (LIBERATORE.)

3° **Nature du Principe vital.** — Le principe vital, dans tous les êtres vivants, est une substance *simple, incorporelle, indivisible*. Il est la forme substantielle de l'être corporel auquel il donne la vie. Source de toutes ses opérations vitales, il influe sur toutes les autres forces élémentaires, qui lui servent comme d'instruments pour réaliser la fin que le Créateur lui a assignée.

III. — **Différences entre les Corps vivants et les Corps non vivants.** — Pour se convaincre de plus en plus que la vie ne peut être attribuée à la matière et aux diverses forces chimiques, mécaniques et physico-chimiques qui agissent sur elle, il suffit d'étudier la différence parfaitement tranchée qui existe entre les corps vivants et les corps dépourvus de vie. Ils diffèrent les uns des autres :

1° *Par la composition.* — Les corps bruts sont formés d'éléments simples ou d'éléments composés, selon les lois des combinaisons chimiques. Les corps vivants sont composés d'un petit nombre d'éléments, dont la combinaison présente des proportions différentes de celles qui se montrent toujours dans les combinaisons chimiques des corps bruts.

2° *Par la structure.* — Le corps brut n'offre que des molécules unies par simple apposition ou sous forme de cristaux. Le corps vivant offre des cellules et des tissus diversement disposés, selon que l'exigent les diverses fonctions de l'organisme.

3° *Par la nutrition.* — Les corps bruts croissent par des additions successives, provenant des circonstances externes dans lesquelles ils sont placés. Les corps vivants se nourrissent par une opération propre qui renouvelle leur constitution intime, expulsant les éléments désormais inutiles et s'assimilant par *intus-susception* ceux qui doivent entretenir leur organisme.

4° *Par la production.* — Les corps inorganiques sont formés d'après les lois physiques et chimiques, soit par la nature, soit par l'homme. Les corps organiques, au contraire, ne procèdent que des corps vivants, par voie de génération. (ZIGLIARA.)

IV. — **Degrés de la Vie.** — La vie se manifeste à trois degrés différents, qui sont loin d'avoir la même perfection. Elle est végétative, animale et raisonnable.

1° Vie végétative. — La vie végétative est la vie propre aux plantes. Elle a trois opérations ou fonctions principales. En vertu de l'activité qui est en elles et qui est due au principe vital, les plantes se *nourrissent*, *se développent* et *engendrent* leurs semblables.

2° Vie animale. — L'animal a une vie d'un ordre plus élevé que la vie de la plante. Le principe vital, qui est en lui, accomplit les trois fonctions de la vie végétative, à la manière qui lui est propre, ce qui donne déjà à l'animal une supériorité marquée sur la plante. A ces fonctions, la vie animale en ajoute d'autres plus élevées, qui la caractérisent. L'animal a des *sensations*. Quoi qu'en aient pensé Descartes, Malebranche et quelques autres, qui n'ont vu dans l'animal qu'un pur *automate*, l'expérience et le sentiment commun affirment qu'il est doué de la faculté de sentir. L'animal a des *perceptions*. A quoi reviendrait pour lui la faculté d'éprouver des sensations, s'il ne pouvait connaître ? Mais sa puissance cognitive ne s'exerce que sur le sensible et le particulier. — L'animal possédant *l'appareil de la locomotion* peut, par un mouvement spontané, se transporter d'un lieu dans un autre, mais ses actes n'ont aucun caractère de moralité.

3° Vie raisonnable. — Au-dessus de ces deux vies est la vie raisonnable, qui consiste dans l'activité volontaire. C'est la vie propre à l'homme. Elle s'unit en lui aux deux autres, et elle compte trois opérations qui n'appartiennent qu'à elle. L'homme *comprend*, il *raisonne* et il *veut librement*. Les fonctions de ces trois vies ont dans l'homme un seul principe, qui est l'âme.

4° Fixité des limites entre les trois Vies. — Les trois degrés de vie que nous avons signalés, constituent trois classes qui diffèrent par leur essence même, et entre lesquelles il y a conséquemment d'infranchissables barrières que Dieu lui-même a posées. Le végétal, dans toutes ses reproductions successives, ne peut donner jamais que le végétal. L'animal sera toujours à une incommensurable distance au-dessous de l'homme, et l'homme, créé de Dieu être raisonnable, et non pas, comme on a osé le dire, progéniture perfectionnée de l'animal, demeurera le roi de la création visible.

§ VII. — ACCIDENTS.

Tous les êtres sont *substance* ou *accident*. Après avoir parlé de la substance, nous avons à traiter des accidents de la substance, que nous considérons ici d'une manière générale.

I. — **Nature de l'Accident.** — S'il convient essentiellement à la nature de la substance d'exister *en soi*, il convient à celle de l'accident de *n'être pas en soi*, et conséquemment *d'être dans un autre, comme dans son sujet*. Telles sont, par exemple, la quantité et la qualité qui n'existent pas en elles-mêmes, mais seulement dans quelque substance. Il résulte de cette notion que l'inhérence actuelle à la substance n'est pas de l'essence même de l'accident, mais simplement une conséquence de son essence, comme la réception de l'accident n'est pas de l'essence elle-même de l'être substantiel, mais une suite de son essence.

II. — **Division des Accidents.** — Généralement, on divise les accidents en *absolus* et en *modaux*.

1° Accidents absolus. — On entend par accidents absolus ceux qui affectent immédiatement la substance, comme la quantité, le mouvement, la chaleur, etc.

2° Accidents modaux. — Les accidents modaux sont ceux qui modifient directement les accidents absolus, et par leur intermédiaire la substance elle-même. Telle est la courbure d'une baguette, courbure qui affecte directement la quantité, et par suite la baguette elle-même.

Que l'accident soit absolu ou modal, il sert de base à une distinction *réelle* entre la substance et ce qui l'affecte de quelque manière.

III. — **Distinction réelle de l'Accident et de la Substance.** — L'accident modifie la substance, il la fait passer à un état nouveau, il y ajoute ou enlève quelque chose. Il faut donc reconnaître que l'accident est réellement distinct de la substance, et que l'être substantiel d'une chose ne doit pas être confondu avec son être accidentel. Si ces deux êtres n'étaient pas distincts, mais étaient identiques, on pourrait dire que la même chose est ajoutée à elle-même, est enlevée à elle-même, ce qui est absurde.

Si l'on demande quelle est la nature de cette distinction entre l'accident et la substance, nous répondrons que, dans tous les cas, elle est *réelle*, lors même qu'elle est simplement modale, puisque l'état de l'être substantiel est réellement modifié.

IV. — **Différence entre Mode et Accident.** — Mode (*modus*) réveille l'idée de mesure. En s'ajoutant à la substance soit immédiatement, soit médiatement, comme nous l'avons expliqué, l'accident l'affecte de telle ou telle manière, met en elle dans une mesure plus ou moins grande ce qui n'y était pas. Par exemple, le mouvement dans un corps sera plus ou moins rapide. Ce corps sera plus ou moins chaud, plus ou moins grand. Ce sont ces diverses manières dont les accidents affectent la substance, qu'on appelle modes.

C'est donc à tort que plusieurs Philosophes modernes soutiennent que les accidents ne sont que les modes de la substance. Les modes n'étant pas distincts des choses, il résulterait de la doctrine de ces Philosophes que les accidents n'auraient point une réalité propre et ne pourraient jamais et d'aucune manière être séparés de la substance.

V. — **Les Accidents peuvent exister séparés de la Substance qui leur est propre.** — La contradiction seule répugne à la puissance divine. Mais, puisque les accidents sont réellement distincts de la substance, l'existence de ces accidents en dehors de la substance n'implique aucune contradiction. On doit donc admettre comme une vérité incontestable que Dieu peut conserver, dans l'existence, des accidents qui ne sont inhérents à aucune substance. Dans ce cas, ils ne subsistent pas par eux-mêmes, ce qui est le propre de la substance ; mais ils sont soutenus par Dieu, dont la puissance tient lieu du sujet. Les effets, dit saint Thomas, dépendent beaucoup plus de la cause première que de la cause seconde. Cause première de la substance et des accidents, Dieu peut, par sa puissance infinie, conserver des accidents en leur soustrayant la substance par laquelle ils étaient maintenus dans l'existence, comme il peut produire, sans le concours des causes naturelles, les autres effets que la nature présente à notre admiration.

VI. — **Axiomes concernant la Substance et le Mode.** — *Axiome 1er.* Point de mode sans substance. Cet axiome est ordinairement désigné sous le nom de *principe de substance.*

Axiome 2. Le mode d'existence est de même nature que la substance, ou le mode d'être est de la nature de l'être.

QUATRIÈME LEÇON.

SOMMAIRE. — 1. Qualité. — 2. Quantité. — 3. Rapports des Êtres. — 4. Temps. — 5. Espace. — 6. Causes.

Nous avons parlé des *accidents* en général. Nous devons maintenant en exposer les principales espèces. Or, on peut ranger en trois classes principales les accidents de la substance : ils modifient la substance en elle-même, comme *les qualités*, ou ils l'étendent, comme *la quantité*, ou bien ils la réfèrent à quelque chose, comme *les rapports*. Nous avons donc à parler de *la qualité*, de *la quantité*, des *rapports*, et par là même du *temps* et de *l'espace*. Nous y ajouterons une considération sur *les causes*.

§ I. — QUALITÉ.

I. — **Notion de la Qualité.** — Saint Thomas a défini la qualité : *un accident qui modifie la substance en elle-même. Accidens modificativum substantiæ in se ipsâ.* C'est ainsi que la science modifie l'intelligence, en la rendant docte et éclairée d'ignorante qu'elle était. La qualité a ainsi pour effet de compléter et de perfectionner la substance, tant dans son être lui-même que dans ses opérations.

II. — **Propriétés de la Qualité.** — Aristote réduit à trois les propriétés de la qualité. 1° La qualité *a son contraire*, c'est-à-dire, une autre qualité capable de la détruire soit positivement, soit négativement, avec laquelle elle est incompatible. 2° Elle est susceptible *de croître ou de diminuer*. 3° Elle est le fondement *de la similitude ou de la dissemblance*. On appelle semblables les choses en qui on reconnaît une même qualité.

III. — Développement de la Qualité. — Un des principaux développements de la qualité, c'est *l'habitude*. Nous la mentionnerons seulement ici, nous réservant d'en traiter dans la Psychologie.

§ II. — QUANTITÉ.

I. — Notion de la Quantité. — La quantité est un accident qui modifie la substance qu'elle affecte, en l'étendant. *Accidens extensivum substantiæ in partes.* La quantité est un accident, puisque la notion de substance n'implique par elle-même ni étendue ni parties ; la substance, c'est l'être en soi. Si une substance est étendue, dans cette substance la quantité est donc un accident, c'est-à-dire, quelque chose qui vient s'ajouter au concept même de la substance.

II. — Essence de la Quantité. — Ce qui constitue essentiellement la quantité dans la substance, c'est évidemment l'étendue. Or, notre esprit conçoit l'étendue *dans la substance elle-même*, avant de la concevoir par rapport au lieu qu'occupe la substance étendue. Ce second concept convient, sans doute, à la substance étendue, mais il ne lui convient que secondairement, ce qui revient à dire que si une substance occupe un lieu, est impénétrable et mesurable, c'est que, tout d'abord, elle est étendue *en soi*, elle a la quantité. D'où il suit logiquement que ce qui constitue l'essence de la quantité, ce n'est pas l'étendue de la substance relativement au lieu, mais l'étendue de la substance en elle-même. Si, de fait, ces deux sortes d'étendue s'accompagnent *naturellement*, la raison s'oppose à ce qu'on les confonde, et, par là même, à ce qu'on regarde comme impossible l'existence de la première, qui constitue l'essence de la quantité, sans la seconde, qui n'en est que la conséquence.

III. — Distinction réelle de la Quantité et de la Substance corporelle. — Si la quantité ou l'étendue convient à la substance corporelle, on ne peut conclure que l'essence d'un corps consiste dans son étendue actuelle ; ce serait confondre la substance avec l'un de ses accidents. *Prius est esse quàm esse quantum.* Tout corps, il est vrai, existe avec une quantité déterminée, et, cependant, par sa nature même, il est indifférent à telle quantité ou à telle autre. Or, quand un être est indifférent à une chose, il faut en conclure que cette chose ne constitue pas son essence, et, s'il la possède, on doit en chercher la raison en dehors de son essence elle-même. D'où il suit que l'étendue déterminée dont tout corps est affecté, ne provient pas de l'essence même du corps, mais d'un principe qui en est distinct, c'est-à-dire de l'accident, de la quantité, qui, étant essentiellement étendu, détermine l'étendue de la substance. (ZIGLIARA.)

§ III. — RAPPORTS DES ÊTRES.

Tout se relie dans les œuvres de Dieu, où l'on voit éclater une variété surprenante dans une unité plus surprenante encore. Aucun être n'est isolé, mais, plutôt, tous les êtres ont entre eux de nombreuses et admirables relations. Ce sont ces rapports qui forment l'harmonie de l'univers. Qui ne les saisirait pas, ne connaîtrait point le plan divin de la création. Il importe donc de s'en former au moins une idée générale.

I. — **Notion du Rapport.** — On explique plutôt qu'on ne définit rigoureusement le rapport, en disant qu'il est la manière d'être d'une chose relativement à une autre. *Respectus unius entis ad aliud.* Le rapport n'est pas un être substantiel. Il n'existe pas à la façon d'une substance, dont le propre est d'exister en elle-même et non dans quelque sujet. Il a un mode d'être *accidentel*. Il suppose la substance qui lui sert de *substratum*, et sans laquelle il ne serait pas. Aussi est-il compté au nombre des accidents de la substance, qui ont été précédemment énumérés. Il diffère de tous les autres accidents en ce que, non seulement il est dans la substance comme dans son sujet, ainsi que les autres accidents, mais en ce qu'il fait que la substance se réfère à quelqu'autre chose.

Cette première notion montre que trois choses sont à considérer dans le rapport : *le sujet, le terme* et *le fondement. Le sujet* est le point de départ de la relation ; c'est l'objet même qui est référé à un autre. *Le terme* est l'objet auquel se rapporte le premier. *Le fondement* de la relation est la raison pour laquelle *le sujet* se réfère au *terme.*

II. — Origine des Rapports. — Cette question n'est rien moins que fondamentale en Philosophie. Tout esprit droit devra reconnaître que les rapports ont leur fondement dans la nature même des choses. Le créé, le contingent, l'imparfait se rapporte par le fond même de son être à l'incréé, au nécessaire, au parfait, ou il n'a plus sa raison d'être, et alors c'est l'athéisme, c'est-à-dire, l'absurde et le néant. Les rapports ont donc leur première raison d'être en Dieu même, à qui tout se rapporte et sans qui, non-seulement il n'y aurait aucun rapport existant ou simplement possible, mais sans qui rien ne serait.

III. — Réalité des Rapports entre les Êtres contingents. — Pour nous renfermer dans la limite des existences contingentes, nous disons qu'il y a entre elles des relations réelles, indépendantes de l'esprit humain qui les saisit, et qui, conséquemment, ont leur source originelle dans le plan éternellement conçu par le Créateur. Dans la création, Dieu ne pouvait se proposer une autre fin que lui-même : la raison et la foi le proclament. Le premier caractère de son plan est donc l'Unité. S'il a créé des êtres qui non seulement sont distincts numériquement, mais encore qui diffèrent entre eux par leur essence spécifique, tous, sans exception aucune, avec leurs propriétés et leurs aptitudes, concourent à une même fin. On conçoit donc qu'il doit y avoir et qu'il y a entre eux des rapports, qui tiennent à leur nature même et que l'homme est impuissant à changer. Ce sont ces relations que les philosophes désignent sous le nom de rapports *réels*. Les nier, ce serait nier la sagesse de Dieu, ce serait détruire la science, qui est principalement basée sur la connaissance des rapports entre les êtres, ce serait ouvrir la plus large porte au scepticisme.

IV. — Conditions du Rapport réel. — Les rapports réels réunissent quatre conditions : 1° Le sujet doit être une réalité et non un être fictif. 2° Le fondement, d'où naît la relation, doit être réellement dans le sujet. 3° Le terme que la relation atteint, doit exister actuellement. 4° Le sujet doit être réellement distinct du terme, autrement tout rapport réel serait impossible. La relation réelle, dit saint Thomas, consiste *in ordine rei ad rem*. Elle est appelée *mutuelle*, lorsque le terme se rapporte au sujet comme le sujet se rapporte au terme, bien que des mots différents soient employés pour l'exprimer. Telle est la relation entre le père et le fils. Elle est appelée *paternité* dans le père, et *filiation* dans le fils, quoiqu'elle soit une même relation mutuelle. La relation est dite *non mutuelle*, lorsque son fondement naturel n'existe que dans l'un des extrêmes du rapport. Telle est la relation de création qui existe entre Dieu et les êtres qu'il a tirés du néant. Ces êtres se rapportent à Dieu, mais Dieu ne se rapporte pas à ses créatures.

V. — **Rapport logique.** — Outre les rapports *réels* entre les êtres, il y a les rapports *logiques*, ou *de raison*. On entend par là les rapports que notre intelligence forme elle-même entre ses concepts, et qui n'existent pas dans les choses. Lorsque, par exemple, dans l'étude du même être, nous rapportons le premier concept que nous nous sommes formé à celui que nous nous en formons plus tard, la relation n'existe évidemment qu'entre nos idées. Aussi saint Thomas dit-il que le rapport *logique* consiste *in ordine intellectuum*.

§ IV. — TEMPS.

I. — **Notion du Temps.** — Tous les êtres contingents sont soumis à des modifications et à des changements qui se succèdent. Lorsqu'une manière d'être finit, une autre commence, pour être bientôt remplacée à son tour, de sorte que la série de ces vicissitudes mesure la durée même des existences contingentes. Dans ces vicissitudes il y a donc *l'avant* et *l'après*, relativement à l'être qui en est le sujet ; il ne les subit pas toutes à la fois, mais l'une après l'autre. Au moyen de l'expérience, nous saisissons la modification qui précède et la modification qui suit, *l'avant* et *l'après ;* mais l'expérience par elle-même ne peut nous dire rien autre chose. S'emparant des données de l'expérience, notre intelligence les compare, elle en saisit le lien, elle en forme comme un tout dont les parties se succèdent sans interruption, et elle s'élève ainsi à *la notion du temps*.

II. — **Définitions du Temps.** — Les Scolastiques définissent le temps : *la mesure du mouvement* (c'est-à-dire, des mutations qui se font dans l'être contingent) *selon l'avant et l'après. Mensura motûs* *secundum prius et posterius.* Dans le concept du temps, notre esprit fait abstraction de la nature des mutations, pour ne les considérer qu'au point de vue de l'antériorité et de la postériorité. Voilà pourquoi, selon la remarque de saint Thomas, nous ne pouvons concevoir le temps, que nous ne concevions par là même l'idée d'écoulement et de mouvement continu.

Leibnitz a défini le temps : *l'ordre des successifs, en tant que successifs dans les existences contingentes,* ordo successivorum quatenus successivorum. Le sens de cette définition ne diffère pas ou diffère peu du sens de la définition scolastique. On appelle *successifs* deux phénomènes, dont l'un commence lorsque l'autre finit. L'idée de succession entre dans l'idée que tout le monde a du temps. La succession des siècles est le temps ; les siècles sont une succession d'années, les années une succession de jours, et les jours une succession de parties plus petites dans la durée des êtres. L'idée de succession entre si bien dans l'idée du temps, que nous l'apprécions, à mesure qu'il s'écoule, par des successions régulières, par le mouvement régulier de l'aiguille sur le cadran de l'horloge. (BOUËDRON.)

III. — **Ce que n'est pas le Temps.** — La doctrine qui vient d'être exposée fait voir que : 1° Le temps n'est pas une substance, ainsi que l'avaient rêvé les philosophes de la secte d'Epicure, qui voyaient dans le temps une réalité substantielle, ayant son existence propre et distincte.

2° Le temps n'est pas l'éternité même de Dieu, comme l'a enseigné Clarke. Dieu étant immuable par son essence, la notion de temps est exclue de l'idée que nous en devons avoir.

3° Le temps n'est point une pure conception de notre esprit, ainsi que Kant le soutient. Ce philosophe ne voit dans le temps qu'un phénomène tout subjectif, dont notre âme est affectée dans ses rapports externes, mais qui n'a aucun fondement dans les choses.

IV. — **Ce qu'est le Temps en réalité.** — Le temps est quelque chose de très réel, bien qu'il ne soit pas une réalité substantielle. Il est essentiellement *un rapport,* et, comme tous les autres rapports, il suppose l'existence des substances contingentes, sans lesquelles il ne serait pas. Le concept que nous en avons n'est donc pas purement subjectif, mais il a un fondement réel et objectif, dans les choses créées et dans les changements dont elles sont *le sujet.*

V. — Division du Temps. — On distingue le temps *réel* et le temps *possible* ou *abstrait*. Le temps *réel* est la relation de succession dans les êtres contingents qui existent. Le temps *possible* ou *abstrait* est la relation de succession conçue dans des êtres purement possibles.

Dans le temps réel il y a *le présent, le passé* et *l'avenir*.

Le présent étant la fin du passé et le commencement de l'avenir, est indivisible. Si le présent, dit saint Augustin, était toujours le présent, il n'y aurait plus de temps : ce serait l'éternité. Le présent, considéré dans le temps, est quelque chose de variable et de mobile ; c'est un instant qui passe sans cesse, et qui par cela même est presque insaisissable. Aussi saint Thomas a-t-il dit que le temps est l'instant présent, mais l'instant présent qui marche et s'écoule toujours. *Fluxus ipsius nunc.* Le passé et l'avenir sont essentiellement relatifs au présent.

VI. — Temps et Eve (œvum). — L'ève (œvum) diffère du temps et de l'éternité et tient comme le milieu entre les deux. L'éternité n'a ni commencement ni fin ; l'ève a un commencement, mais n'a pas de fin ; le temps a un commencement et une fin. *L'éternité* exprime la durée de l'être parfait et nécessaire ; *l'ève*, celle des créatures qui ne sont pas sujettes au changement dans leur être, et *le temps*, celle des créatures dont l'être est soumis au changement.

§ V. — ESPACE.

I. — Notion de l'Espace. — De même qu'il y a entre les êtres contingents des rapports de succession qui mesurent leur durée et que nous appelons le temps, de même il y a entre eux des rapports de coexistence, et ces rapports de coexistence se conçoivent même dans une substance matérielle, relativement à ses diverses parties. Les corps sont placés à des distances plus ou moins grandes les uns des autres ; les uns sont au-dessus, les autres au-dessous. Notre intelligence saisit ces situations relatives des corps, dont l'existence nous est attestée par les sens, et elle acquiert ainsi la notion d'espace.

Nous concevons l'espace comme une capacité qui contient en elle tous les corps ; nous donnons le nom de *lieu* à la portion de cette capacité qui est occupée par un corps, et le nom de *vide* à la partie où il n'y a aucun corps.

II. — **Nature du Concept de l'Espace.** — Le concept de l'espace n'est ni purement subjectif ni purement objectif ; il est en même temps l'un et l'autre.

1° D'abord il est *objectif*, c'est-à-dire, il est fondé sur l'existence réelle des corps, de leurs dimensions, de leurs positions les uns par rapport aux autres. Tout cela est réel et nous est attesté par la perception expérimentale. Or, c'est précisément sur ces réalités substantielles qu'est originairement basé le concept d'espace. Supprimez les corps, vous supprimez par là et leurs dimensions et leurs situations relatives. Le concept d'espace *réel* n'a plus de raison d'être ; il est détruit. Le concept d'espace a donc son fondement dans une réalité objective.

2° Mais ce que la perception expérimentale nous fait connaître serait insuffisant pour former en nous, par lui seul, la notion d'espace. A l'expérience doit venir s'ajouter le travail *subjectif* de l'intelligence. S'emparant des données isolées que l'expérience lui fournit, l'intelligence les compare et en saisit les rapports. Elle se forme l'idée des dimensions et des distances des corps : elle les apprécie et les mesure. En un mot, elle complète, par ce travail qui lui est propre, la notion d'espace. Retranchez cette opération de l'intelligence, vous connaîtrez des êtres matériels, qui, bien que reliés entre eux dans le plan du Créateur, vous apparaîtraient isolés et sans lien. On doit donc reconnaître que la notion d'espace est tout à la fois *objective* et *subjective*, qu'elle a son fondement dans les choses, mais qu'elle se complète par l'intelligence.

Souvent on semble donner à l'espace une objectivité complète et distincte. On dit qu'il est étendu et divisible ; on lui applique les trois dimensions de l'étendue. Ce que nous venons de dire sur la nature de la notion d'espace et sur la manière dont nous l'acquérons, explique à tout esprit droit comment tout cela doit s'entendre.

III. — **Définition de l'Espace.** — La notion d'espace est une notion de rapport entre les existences contingentes. C'est là l'idée qu'en conçoit toute intelligence éclairée et saine. Aussi est-ce là qu'aboutit, en définitive, ce qu'en ont dit les Philosophes les plus recommandables. L'idée d'espace accompagne en nous l'idée de corps, qu'elle suit toutefois, et dont elle est inséparable. Si nous concevons un corps en particulier, nous le concevons composé de parties ayant entre elles des relations de position et de distance, et nous le mesurons en appréciant mathématiquement les distances qui séparent les parties extrêmes de sa surface. Si, étendant nos conceptions, nous embrassons l'univers dans son ensemble, nous le concevons avec les corps qui le constituent et leurs rapports de position et de distance. Nous mesurons la distance qui les sépare. Nous avons l'idée d'un espace plus étendu, que nous concevons pouvoir être plus étendu encore, si de nouveaux corps existaient en dehors des limites actuelles de l'univers.

Nous croyons donc pouvoir adopter la définition que Leibnitz donne de l'espace, en la dépouillant, toutefois, des idées accessoires qu'il y a mêlées et qui sont dues à sa théorie des monades. L'espace est, d'après lui, *l'ordre des coexistants en tant que coexistants. Ordo coexistentium quatenus coexistentium.* En autres termes, l'espace est *la relation que Dieu a voulue entre les choses coexistantes, par cela même qu'il a voulu qu'elles coexistent.* Les êtres matériels ne peuvent se pénétrer. Dès lors donc qu'ils existent ensemble, ils existent les uns à côté des autres. Une relation naît de leur coexistence même, relation que notre intelligence saisit et par laquelle elle s'élève au concept de l'espace.

IV. — **Opinions erronées sur l'Espace.** — 1° La plupart des Philosophes de l'antiquité ont regardé l'espace comme une réalité objective et substantielle, existant de toute éternité, infinie et nécessaire, indépendante des corps et même de Dieu. Une telle opinion a sa réfutation dans son absurdité même.

2° Clarke, Newton et quelques autres ont vu dans l'espace l'immensité même de Dieu. L'immensité en Dieu ne se distinguant pas de son essence, l'espace serait ainsi l'essence divine elle-même. Cette opinion ouvre la porte au panthéisme. Le concept de l'espace, divisible et changeant avec les corps et leurs relations, n'est évidemment, d'aucune manière, applicable à Dieu.

3° Descartes enseigne que l'essence des corps consiste dans l'étendue, et que l'espace est l'étendue même des corps. D'après lui, le vide ne peut être ni être conçu. Si l'espace est l'étendue même des corps, et si l'étendue est à son tour l'essence des corps, l'espace ne se distingue plus des corps ni les corps de l'espace. Si le vide est impossible, comment expliquer le mouvement des corps avec l'impénétrabilité de la matière ?

4° Kant refuse à l'espace toute réalité objective, d'une façon absolue. C'est un pur phénomène psychologique, qui ne répond à rien d'extérieur. Cette opinion nie la réalité objective des corps.

V. — **Division de l'Espace.** — On distingue l'espace *réel*, et l'espace *possible* ou *abstrait*. L'espace *réel* n'est autre que la relation actuelle, qui est en réalité, et que notre esprit conçoit entre les êtres coexistants. L'espace *possible* ou *abstrait* est la relation des coexistences possibles. Dieu peut créer de nouveaux êtres et de nouveaux mondes. En les concevant comme possibles, nous les concevons comme devant donner naissance à de nouvelles relations possibles, et nous nous formons l'idée d'un espace *abstrait* et indépendant de toutes les actualités de l'existence.

VI. — **L'Espace n'est pas infini.** — L'espace n'est pas infini. L'espace réel ayant son fondement dans les corps créés et finis, est *créé* et *fini* lui-même. L'espace *possible* est indéfini ; c'est un fini possible, mais sans fin, attendu que Dieu peut toujours ajouter aux réalités actuelles, sans épuiser jamais sa fécondité créatrice.

VII. — **Notion du Lieu.** — Le lieu est un espace compris dans des limites déterminées. Ces limites sont réelles ou idéales, selon qu'elles circonscrivent des corps réels ou possibles. Aristote a défini le lieu : *Ejus quod continet terminus immobilis primus*. (Sanseverino.)

Il n'y a qu'un moyen de déterminer un lieu et d'indiquer la place qu'une chose occupe dans l'espace, c'est de faire connaître les relations de contiguïté ou de distance qui existent entre ce lieu et d'autres lieux connus, entre l'objet et d'autres objets dont la position n'est pas ignorée. Cette observation ne nous montre-t-elle pas de mieux en mieux que la notion d'espace est une notion de rapport ?

VIII. — **Présence d'un Corps dans un lieu.** — Lorsqu'on dit que tel corps est dans un lieu, on entend par là que chaque partie de ce corps occupe une partie de l'espace que contient le lieu ; et, en considérant le lieu, selon la définition d'Aristote, comme les limites enveloppantes du corps, on dit que le corps est dans le lieu d'une manière *circonscrite*.

IX. — **Mode de Présence des Esprits dans les lieux.** — La substance spirituelle, n'ayant pas d'étendue, n'est pas dans un lieu à la manière des corps. Cependant, elle peut être réellement dans un lieu, comme est l'âme humaine, qui réside dans le corps et non en dehors du corps qui lui est uni. Elle est tout entière dans le tout et tout entière dans chaque partie du corps, qui limite son action immédiate. Etant la forme substantielle du corps et non d'un organe seulement, elle est tout entière dans le corps, dit saint Thomas. Mais elle est, ajoute-t-il, la forme substantielle du tout, sans laisser d'être la forme substantielle de toutes ses parties ; il faut donc reconnaître qu'elle est tout entière dans chacune de ses parties.

Quand on dit que les substances spirituelles ne se localisent pas, on ne veut pas dire, ce qui serait absurde, qu'elles ne peuvent être dans un lieu ; il faut bien qu'elles soient quelque part. On veut dire seulement qu'étant simples par leur nature, elles ne peuvent être conçues dans un lieu comme occupant par division de parties les diverses parties du lieu. Elles y sont par leur essence substantielle et indivisible ; et comme elles sont douées de puissances réelles, qui peuvent s'exercer, mais qui évidemment ont des limites, leur lieu, c'est la sphère même de leur action immédiate. (LIBERATORE.)

§ VI. — CAUSES.

Avant de parler de la cause, qui ne peut évidemment produire son effet qu'autant qu'elle a *le pouvoir d'agir*, il est nécessaire de bien préciser le sens de ces deux mots : *puissance* et *acte*, qui reparaissent si souvent dans un cours de Philosophie.

I. — **Puissance et Acte.** — Ces deux mots sont assez souvent employés dans le sens de possibilité et d'existence. Avant qu'un être existe, on dit qu'il est en puissance, *in potentiâ*, c'est-à-dire, qu'il est possible ; et lorsqu'il reçoit l'existence, on dit qu'il devient actuel, qu'il est *in actu*. Ainsi entendue, la puissance n'est point une réalité ; c'est un concept de notre intelligence. Ce n'est point la signification que nous donnons à cette expression. Par puissance, nous entendons ici une réalité, une force capable d'agir, un pouvoir ; et, comme telle, la puissance se rapporte à l'acte.

1° **Définitions de la Puissance et de l'Acte.** — On peut définir la puissance : *le principe prochain d'une opération à laquelle il est apte par sa nature même*. On l'appelle *le principe prochain*, pour la distinguer de la substance elle-même qui en est douée et qui est la cause principale de l'acte. Par opération, on entend l'acte *qui émane de la puissance*, que cet acte se produise au dehors ou qu'il demeure dans la puissance, comme la pensée. Nous ajoutons : *à laquelle il est apte par sa nature ;* sans cela, le principe de l'opération ne pourrait pas être proprement appelé une puissance.

2° **Puissance active et Puissance passive.** — La puissance est *active* ou *passive*. La puissance *active* est celle qui peut faire quelque chose. Elle a ainsi le caractère de la cause efficiente dont nous parlerons bientôt. La puissance *passive* est celle qui est capable de recevoir en elle-même un changement, d'être modifiée par une cause étrangère. Une puissance est en même temps *active* et *passive*, lorsqu'elle reçoit elle-même l'acte dont elle est le principe.

3° **L'Acte fait connaître la Puissance.** — La puissance s'affirme et se fait connaître par les opérations qui lui sont propres. Bien qu'elle préexiste à l'acte, celui-ci, qui n'est autre que l'exercice même de la puissance, nous est connu tout d'abord, et c'est de l'acte que nous nous élevons au concept de la puissance qui en est le principe. La diversité des actes accuse la diversité des puissances, et, lorsque le même agent produit des actes qui diffèrent par leur nature, c'est une preuve irrécusable qu'il est doué de facultés qui ne diffèrent pas moins entre elles.

Plus l'être contingent a de puissances, plus il est parfait. Toutefois, la puissance, par cela même qu'elle n'a son complément que dans l'acte qui en procède, est une marque évidente d'imperfection. L'activité absolue est le propre de Dieu.

Axiomes relatifs à la Puissance et à l'Acte. — Axiome 1. — *Ab actu ad posse valet consecutio.* Cet axiome a deux sens également vrais. De l'actualité de l'existence on conclut légitimement à la possibilité. — L'acte prouve l'existence de la puissance qui le produit.

Axiome 2. — *Actus prior est potentiâ.* Dans l'être contingent, la puissance précède l'acte. Mais, comme personne ne peut donner ce qu'il n'a pas, les êtres qui ont des puissances d'abord et des actes ensuite, doivent avoir au-dessus d'eux un être qui est l'activité toujours en acte, et qui, en donnant à leurs puissances de produire des actes, leur communique à elles-mêmes l'actualité de l'existence.

II. — **Cause et Effet.** — La *cause* ne doit pas être confondue avec le *principe*.

1° **Principe et Cause.** — La notion de principe est plus étendue que celle de cause : toute cause est principe, mais tout principe n'est pas cause. On entend par principe *ce dont une chose procède*. *Id à quo aliquid procedit.* L'âme humaine est le principe de ses pensées. Dans la Trinité, le père est principe du fils. La cause implique l'idée de dépendance d'une chose par rapport à une autre, ce que n'implique pas le principe. Elle renferme encore l'idée de production de ce qui dépend d'elle, tandis que le principe n'éveille que l'idée d'origine. L'effet est dépendant de la cause et produit par elle. La cause est, relativement au principe, comme l'espèce relativement au genre.

2° **Définitions de la Cause et de l'Effet.** — La cause se définit : *le principe qui, par son influence, détermine la production d'une chose insuffisante par elle-même à exister*. D'où il suit que l'effet est *ce qui est produit par l'influence d'un autre*. Ces définitions font voir que la nature de la cause est distincte, au moins numériquement, de la nature de l'effet, et que la cause a sur l'effet, sinon la priorité de temps, du moins la priorité de nature.

3° **Divisions de la Cause.** — Aristote et les Scolastiques, à sa suite, distinguent quatre sortes de causes, qui apparaissent dans tout effet produit par un être contingent : la cause *efficiente*, la cause *matérielle*, la cause *formelle* et la cause *finale*. Pour produire un effet, il faut un être réel, et cet être devient cause *efficiente* de l'effet, quand, par son influence, il le fait passer de la possibilité à l'actualité de l'existence. Pour produire son effet, l'être a besoin d'une matière préexistante, sans laquelle il serait impuissant à agir, et c'est pour cela qu'on donne au sujet employé par la cause efficiente le nom de cause *matérielle*. Mais, sous l'action de la cause efficiente, la matière subit une modification, revêt une forme qu'elle n'avait pas, et dont le type n'était que dans la pensée de la cause efficiente. Ce qui fait que la matière sert à produire tel effet déterminé, s'appelle cause *formelle*. L'idéal conçu est réalisé ; on donne le nom de cause *exemplaire* à cet idéal, d'après lequel opère la cause efficiente. Enfin, l'agent a en vue quelque bien qu'il désire. Le bien, qui sert de mobile à la cause efficiente dans son action, s'appelle cause *finale*.

III. — **Cause efficiente.** — On entend par cause efficiente : *le principe extrinsèque* qui, par son action réelle, produit une nouvelle existence. La cause efficiente est dite *principe extrinsèque*, parce qu'elle donne à l'effet un être distinct d'elle-même. Elle produit l'effet par son action réelle ; c'est d'elle que part le mouvement, et ainsi elle se distingue de la cause finale, à laquelle l'action est rapportée comme à son terme.

1° Division de la Cause efficiente. — La cause efficiente est : 1° *Principale* ou *instrumentale*.— La cause *principale* est celle qui agit par sa propre vertu, de manière à ce que l'effet lui soit attribué. — La cause *instrumentale* n'agit pas par elle-même, mais elle opère sous l'influence de la cause principale. — 2° *Prochaine* ou *éloignée*. La cause *prochaine* influe immédiatement sur l'effet ; la cause *éloignée* influe sur l'effet par l'intermédiaire de quelque autre cause. — 3° *Physique* ou *morale*. La cause *physique* est celle qui, directement, par son action propre, produit l'effet, comme le feu, par exemple, produit la combustion. La cause *morale* est celle qui, par des moyens *moraux*, comme promesses ou menaces, influe sur l'effet. — 4° *Univoque* ou *équivoque*. La cause *univoque* produit un effet qui lui est spécifiquement semblable. La cause *équivoque* produit un effet qui lui est inférieur en nature.

2° Réalité objective de la Notion de Cause efficiente. — La notion de cause efficiente est une des fondamentales notions de l'esprit humain. Nous la puisons dans l'expérience externe et interne, et dans le raisonnement. L'expérience nous met sous les yeux des êtres, des faits, des phénomènes qui se succèdent. Notre intelligence ne tarde pas à saisir entre eux le rapport de causalité. Un être n'existait pas, il n'y a qu'un instant, et voici qu'il existe. Comment est-il parvenu à l'existence ? La raison nous dit que le néant ne peut se changer lui-même en être et s'enrichir du privilége de l'existence ; car ce serait se créer soi-même, ce qui implique contradiction. Il faut donc que ce qui n'existait pas précédemment, et qui actuellement existe, ait été déterminé à l'existence par quelque cause. Puis notre âme se connaît elle-même active et capable de poser des actes ou de s'en abstenir. Cette connaissance qu'elle acquiert d'elle-même et de ses propres opérations, fait briller à ses yeux, dans une incontestable clarté, avec la notion de cause, le grand principe de causalité, à savoir : *tout ce qui se fait a sa cause, tout effet prouve la cause qui le produit.*

La notion de cause et le principe de causalité qui en découle, ne sont donc pas des fictions de notre intelligence. Ils sont fondés sur la réalité même des choses et sur la réalité des rapports qu'elles ont entre elles, d'après le plan du Créateur.

Nier le principe de causalité dans l'ordre physique, ce serait enlever à l'univers l'explication seule raisonnable de son existence, et rendre inintelligibles les phénomènes dont il est incessamment le théâtre. Nier le principe de causalité dans l'ordre moral, récuser à la volonté humaine toute influence causatrice sur les actes qu'elle produit, ce serait détruire la responsabilité, le mérite et le démérite avec leurs éternelles sanctions ; ce serait saper l'ordre moral par sa base même. (LIBERATORE.)

3° **Sujet de la Causalité.** — Qui peut être cause ? Dieu évidemment, et tout d'abord. Il est la cause des causes, et, sans lui, il n'y aurait aucune cause efficiente.

Mais dans l'ordre créé, qui est cause efficiente ?

1° *Les substances spirituelles* et l'âme humaine conséquemment sont réellement des causes efficientes. Pour ne parler que de l'âme humaine, il est évident qu'on ne peut lui refuser le caractère de cause efficiente, sans aller contre le témoignage de la conscience qui l'affirme hautement, et sans attaquer la liberté humaine qui n'existerait pas, si l'âme ne pouvait se poser comme cause.

2° *Les corps eux-mêmes*, dans l'ordre qui leur est propre, sont de vraies causes efficientes. C'est là le témoignage du *sens commun* qui, sans hésiter, attribue à des causes corporelles beaucoup de phénomènes qui se remarquent tous les jours dans la création. Quel est l'homme qui n'attribue la combustion au feu, le mouvement de la locomotive à la vapeur ? C'est là encore le témoignage de *l'expérience externe* la plus constante. Les choses sensibles avec lesquelles nous sommes en rapport, ne sont-elles pas les causes des sensations que nous éprouvons ? En douter, ne serait-ce pas ouvrir la voie au doute sur l'existence même des corps ? (LIBERATORE.)

4° **Erreurs sur la Cause efficiente.** — Les vérités les plus importantes sont généralement celles qui ont été le plus violemment attaquées, et dont l'esprit d'erreur s'est le plus acharné à fausser la notion. Il n'est donc pas étonnant que le principe de causalité ait été altéré dans les théories de plusieurs Philosophes.

1° Locke a altéré la notion de cause, en la faisant découler uniquement de l'expérience. D'après lui, l'antériorité constitue la causalité ; un tel enseignement détruit la notion de cause, qui implique et l'antériorité de la cause, et la dépendance de l'effet.

2° Les Occasionalistes, à la suite de Malebranche, ont vu dans les créatures des êtres dépourvus de toute activité, ne pouvant agir les uns sur les autres, incapables d'une opération quelconque se produisant au dehors. D'après eux, les créatures ne sont que des occasions de l'action de Dieu, qui seul opère tous les effets. Les Occasionalistes les plus *rigides* étendent cette absurde théorie aux âmes elles-mêmes.

3° Leibnitz multiplie les causes outre mesure. Non-seulement tout être, mais toute monade est active, est une force capable d'agir, mais dont l'activité se concentre dans son sein.

4° La Philosophie allemande doit en grande partie ses aberrations panthéistes soit à la négation de la réalité objective du principe de causalité, soit à la fausse interprétation de ce principe.

5° **De la Connaissance de l'Effet peut-on s'élever à la Connaissance de la Cause ?** — Puisque tout effet a sa cause, la connaissance de l'effet, considéré comme tel, ne peut manquer d'élever notre esprit à l'idée d'une cause efficiente et elle nous démontre l'existence de cette cause de la façon la plus péremptoire. Non-seulement l'effet connu nous donne la certitude de l'existence de la cause, mais encore il nous en fait connaître, de quelque manière, la nature. L'effet est une existence concrète ; il jouit par là même de certaines propriétés, qui existent dans sa nature. Or, la nature et les propriétés de l'effet proviennent de la cause, sans laquelle l'effet n'existerait ni dans sa nature, ni dans ses propriétés. La connaissance de l'effet fait donc connaître de quelque manière la nature de la cause. Nous disons *de quelque manière*, car si l'effet est proportionné à la cause, comme cela a lieu dans les causes *univoques*, par l'effet on peut connaître la nature et les propriétés spécifiques de la cause, et si l'effet n'est pas proportionné à sa cause, comme on l'a dit des causes *équivoques*, on peut connaître par l'effet que la cause possède d'une manière éminente et plus parfaite ce qui est en lui. (ZIGLIARA.)

6° **Axiomes relatifs à la Cause efficiente.** — Axiome 1. — *Nullus effectus sine causâ*. Tout effet suppose une cause. C'est la formule même du principe de causalité.

Axiome 2. — *Causa in se continet quidquid perfectionis est in effectu*. La cause contient en elle tout ce qu'il y a de perfection dans l'effet.

Axiome 3. — *Causa causæ est causa causati*. A la première cause appartient tout ce qui émane de l'effet, devenu cause à son tour. (FARGES.)

IV. — **Cause finale.** — Nous n'ajouterons rien à la notion générale qui a été donnée de la cause *matérielle* et de la cause *formelle*, dont l'étude présente moins d'intérêt et d'utilité.

1° **Notion de la Cause finale.** — La cause finale est *le but que la cause efficiente se propose en agissant. Id cujus gratiâ aliquid fit.*

2° **Division de la Fin.** — La fin est *prochaine*, *éloignée* ou *ultime* et *dernière*. La fin *prochaine* est le but que l'agent se propose d'atteindre tout d'abord. La fin *éloignée* est le but qu'il se propose d'atteindre par l'intermédiaire de la fin prochaine ; lorsque la fin *éloignée* se rapporte elle-même à une fin ultérieure, elle n'est qu'un moyen et elle revêt le caractère d'une fin *intermédiaire*. La fin *ultime*, ou dernière, est le but suprême que l'agent a en vue. Tout le reste, il ne le veut qu'à cause de ce but, mais ce but, il le veut pour lui-même, comme étant le terme de son opération.

On distingue encore la fin de *l'œuvre* et la fin de *l'agent*. La fin de *l'œuvre* est le but auquel l'œuvre se rapporte par sa nature même, indépendamment de l'intention de celui qui la fait. La fin de *l'agent* est le but même que l'agent se propose, que l'œuvre s'y rapporte ou non par sa nature.

3° **Dans la Nature, tous les Êtres agissent pour quelque fin.** — En effet, l'expérience constate que chaque être tend à telle action plutôt qu'à telle autre et produit des effets déterminés, ce qui n'aurait pas lieu, si les êtres étaient abandonnés au hasard. Il faut donc reconnaître que tous les êtres ont une fin et qu'ainsi la nature est l'œuvre d'une intelligence, qui n'est autre que Dieu.

Si tous les êtres tendent à une fin, ils y tendent de deux manières fort différentes. Les uns y tendent d'une manière fatale, ou par instinct : ce sont les substances destituées de toute connaissance, comme les corps, ou les êtres dépourvus d'intelligence, comme les animaux. Les autres y tendent avec liberté et par choix, comme l'homme. (LIBERATORE.)

4° **Quelle fin se propose l'Être intelligent ?** — Tout agent, doué d'intelligence, se propose dans ses actes une fin *ultime*, et cette fin ne peut être que le bien, seul capable de mettre en mouvement sa volonté libre. Toutefois, comme l'être fini peut se tromper dans le jugement qu'il porte sur la bonté de la fin qu'il a en vue, il arrive qu'il poursuit souvent le bien apparent à la place du bien absolu.

5° **Prédominance de la Cause finale.** — Dans l'ordre des causes qui concourent à un effet, la cause finale tient le premier rang, bien qu'elle soit la dernière, si l'on considère l'exécution. C'est elle, en effet, qui détermine la cause efficiente à agir. Si vous la supprimez, vous enlevez à l'acte sa raison d'être.

6° **Connaissance de la Cause finale.** — L'âme humaine puise la première notion de finalité en elle-même, dans la conscience de ses actes réfléchis. Elle voit et elle constate qu'elle se propose un but, et, dès lors, la finalité s'offre à elle comme le mode d'action essentiel à toute cause intelligente. Mais en constatant qu'elle se propose un but, elle voit dans une parfaite évidence qu'elle adapte à ce but ses moyens d'action ; toute cause intelligente doit procéder de la même manière. D'où elle conclut que partout où elle reconnaîtra de la mesure, des proportions, un harmonieux ensemble de choses propres à conduire à un but, ce qui constitue *l'ordre, apta dispositio plurium ad finem*, elle devra affirmer l'existence d'un plan arrêté, d'une cause finale. (BOSSUET.)

7° **Corrélation de la Cause finale et de la Cause efficiente.** — La cause finale est corrélative de la cause efficiente, sans laquelle elle ne se concevrait pas. Elle la suppose et elle la prouve, en même temps qu'elle explique son action. Le principe de finalité est donc comme le complément du principe de causalité. Le principe de causalité rend compte du fait des existences contingentes, et le principe de finalité en dit le pourquoi.

8° **Importance du Principe de finalité.** — Le principe de finalité ne doit donc jamais être perdu de vue, et il a une application réellement scientifique à tous les objets des connaissances humaines. Il a mis sur la voie de précieuses découvertes et aidé à la solution d'importants problèmes. L'abus qu'on a pu en faire, pour assurer le triomphe à des systèmes préconçus, n'infirme et ne peut infirmer la valeur de l'argument des *causes finales*, qui est ainsi appelé, parce qu'il repose sur ce principe. C'est donc à tort que Descartes et Bacon, sans rejeter absolument le principe de finalité, réprouvent l'application qu'on en peut faire aux sciences naturelles, et traitent de téméraire et de stérile la recherche des causes finales.

L'importance du principe de finalité vient de ce que la connaissance de la fin d'un être procure des données aussi solides que lumineuses, pour en bien apprécier la nature. Étant ordonné à une fin déterminée, il doit nécessairement avoir une nature proportionnée à cette fin, et, conséquemment, la connaissance de la fin ne peut manquer d'éclairer sur la nature elle-même de l'être. (LIBERATORE.)

Le principe de *finalité*, comme celui de causalité, a de nos jours d'ardents agresseurs dans les Positivistes, qui, ne voulant voir dans l'univers que des *faits* et des *lois*, écartent soigneusement toute question de *cause* ou de *principe*.

9° **Axiomes relatifs à la Cause finale.** — Axiome 1. — Qui veut la fin veut les moyens.

Axiome 2. — Les moyens doivent être proportionnés à la fin.

PSYCHOLOGIE

CINQUIÈME LEÇON.

SOMMAIRE : 1. Notions préliminaires sur la Psychologie. — 2. Psychologie et Physiologie. — 3. Caractère scientifique de la Psychologie. — 4. Division de la Psychologie. — 5. Diverses Théories des Facultés de l'Ame. — 6. Harmonie des Facultés de l'Ame. — 7. Développement des Facultés de l'Ame.

§ I. — NOTIONS PRÉLIMINAIRES SUR LA PSYCHOLOGIE.

I. — **Définition de la Psychologie.** — La Psychologie est *la science de l'âme humaine, étudiée en elle-même et d'une manière générale, avec les lumières naturelles de la raison*. L'étude de l'âme, soit comme être raisonnable, soit comme être libre, donne naissance à des sciences spéciales et distinctes, qui forment deux autres parties de la Philosophie : *la Logique* et *la Morale*. *La Psychologie* a un caractère spéculatif et elle est la base de l'Anthropologie. *La Logique* et *la Morale* sont des sciences pratiques.

II. — **Point de Départ des Etudes psychologiques.** — La connaissance approfondie de l'âme est le but que poursuit le psychologue. Mais, quel sera le point de départ de ses investigations ? Nous ne saisissons pas notre âme dans son *essence* tout d'abord. Pour pénétrer jusqu'à sa nature intime, nous avons besoin de connaître les *facultés* dont elle est douée, et ces facultés elles-mêmes se manifestent à nous par les *opérations* ou *faits* qui les affirment. Toute étude psychologique, pour être bien ordonnée, doit donc partir des faits qui révèlent les opérations de l'âme, pour remonter aux facultés qui en sont la source et arriver ainsi à son essence elle-même. Alors, on est à même d'en bien saisir la nature, de se rendre compte de son origine et de ses destinées, et de pénétrer un peu le mystère de son union avec le corps.

III. — Importance de la Psychologie. — Se connaître soi-même, afin de voir ses destinées dans une clarté plus lumineuse et de mieux comprendre la portée de ses obligations, c'est bien la science importante et nécessaire. Or, c'est là précisément la science que les études psychologiques préparent et commencent en nous. En nous apprenant à bien connaître l'âme, elles facilitent la solution des graves questions qui se posent inévitablement devant l'intelligence humaine, dans les autres parties de la Philosophie.

§ II. — PSYCHOLOGIE ET PHYSIOLOGIE.

L'étude psychologique, avons-nous dit, part des faits qui se passent en nous et par lesquels notre âme s'affirme. Or, nous sommes le théâtre de faits très nombreux et très divers : *respiration, sensation, détermination libre*, etc. Tous ces faits nous révèlent-ils également l'*existence* et la *nature* de l'âme ?

I. — Tout Fait vital dans l'Homme révèle en lui l'Existence de l'Ame. — Nous prenons l'expression *fait vital* dans le sens le plus large, comme signifiant tout phénomène qui accuse dans l'homme l'existence de la vie, à un degré quelconque, depuis la vie végétative, qui lui est commune avec la plante, jusqu'à la vie intellectuelle, qui lui est commune avec l'ange. Aucun fait vital, nous l'avons vu dans l'Ontologie, ne peut avoir son principe, soit dans la matière brute, soit dans la matière organisée, soit dans les forces physiques, chimiques ou mécaniques qui agissent au sein de la matière organisée, c'est-à-dire, du corps. Tous les faits vitaux qui s'accomplissent en nous proclament donc qu'il y a en nous un principe différent de toutes ces choses, *une âme*.

II. — Tout Fait vital dans l'Homme révèle de quelque manière la Nature de l'Ame. — Tous les faits vitaux dont nous sommes le théâtre ne nous révèlent pas avec la même clarté la nature supérieure de notre âme ; mais tous ils nous aident à la connaître, en nous la montrant comme une substance très distincte du corps et des forces qui agissent sur la matière. Préalablement à toute classification des faits qui se passent en nous, nous sommes donc autorisés à dire que la connaissance de l'un de ces faits, à quelque ordre qu'il appartienne, non-seulement nous affirme l'existence de l'âme, mais nous en montre de quelque manière la nature. (ZIGLIARA.)

III. — **Classification des Faits dont l'Homme est le théâtre.** — On peut, nous semble-t-il, ranger en trois classes les faits qui se passent dans l'homme. Les uns ont pour sujet unique *le corps*, mais le corps que l'âme informe et vivifie, comme *la digestion, la respiration, la circulation du sang*. D'autres ont pour sujet commun *l'âme et le corps*, substantiellement unis, mais l'âme en est le principe unique ; ils sont appelés *mixtes*, comme *la sensation*. Les autres ont l'âme pour unique sujet, comme *la connaissance intellectuelle, la volition*. On donne le nom de *physiologiques* aux faits de la première classe. Ceux de la seconde et de la troisième sont appelés *psychologiques*, bien qu'ils méritent ce nom à des degrés différents.

IV. — **Différence entre les Faits physiologiques et les Faits psychologiques.** — Les faits *physiologiques* diffèrent des faits *psychologiques* :

1° *Par leur nature*. Les faits *physiologiques* revêtent toutes les formes de l'étendue, comme la matière, à laquelle ils se rapportent, et se traduisent par des déplacements de molécules et par les changements qui s'opèrent dans l'organisme humain. Les faits *psychologiques* excluent absolument toute idée d'étendue et de mouvement moléculaire.

2° *Par le théâtre* où ils s'accomplissent. Les phénomènes *physiologiques* s'accomplissent exclusivement dans la matière organisée, et on ne conçoit même pas qu'il puisse en être autrement. Les phénomènes *psychologiques* s'accomplissent dans une substance immatérielle, dans l'âme. Les phénomènes *psychologiques* proprement dits ont l'âme pour théâtre exclusif. Les phénomènes *mixtes* ont l'âme pour théâtre premier et nécessaire ; ce n'est que secondairement et par participation que le corps en est le sujet.

3° *Par leur fin*. Les premiers ont pour fin immédiate la conservation du corps, par l'entretien et la nutrition de ses diverses parties. Les seconds ont pour fin la vie intellectuelle et morale, à laquelle ils se rapportent soit d'une manière directe et exclusive, comme la connaissance intellectuelle et la volition, soit d'une manière moins directe et moins exclusive, comme la sensation. La fin morale de l'homme est tellement supérieure à son être physique, qu'elle exige quelquefois le sacrifice de la vie naturelle.

4° Par *les moyens* de les connaître. Les faits *physiologiques* ne peuvent être connus que par les sens extérieurs, et le plus souvent il est nécessaire que les sens soient aidés par des instruments qui en augmentent la puissance. L'étude ne s'en fait qu'au détriment des organes, où ces phénomènes s'accomplissent. Les faits *psychologiques*, au contraire, même ceux que nous avons appelés *mixtes*, échappent aux sens extérieurs et aux instruments les plus subtils. C'est la conscience qui les saisit, et elle les saisit aussitôt qu'ils se produisent, sans aucun intermédiaire, comme sans altération de l'être humain.

V. — **Psychologie et Physiologie, Sciences distinctes et unies dans l'homme.** — La conséquence qui ressort de ce qu'on a dit des faits *psychologiques* et des faits *physiologiques*, dont l'homme est le théâtre, c'est que l'homme est par là même l'objet de deux sciences parfaitement distinctes, qu'il est impossible d'identifier, sans aller contre la raison. Les limites de chacune sont nettement tracées. L'une revendique ce qui ne se découvre qu'à la conscience, et l'autre, ce qui est accessible à l'observation externe. — Toutefois, elles ne doivent pas être absolument isolées, car elles se complètent l'une l'autre. Les fonctions de la vie intellectuelle peuvent subir les influences de la vie organique et les actes de la vie organique, s'accomplissent sous l'influence de l'âme. (BÉNARD.)

§ III. — CARACTÈRE SCIENTIFIQUE DE LA PSYCHOLOGIE.

I. — **Trois choses nécessaires à toute Science.** — Pour constituer une science, trois choses sont nécessaires : 1° des *vérités certaines*, servant de point de départ ; 2° des *connaissances tirées* par le raisonnement de ces vérités certaines ; 3° l'*enchaînement* de l'ensemble, de manière à produire l'unité.

II. — **La Psychologie réunit les conditions d'une Science.** — Les trois conditions d'une science quelconque se rencontrent dans la Psychologie.

1° **La Psychologie a la Certitude du Point de Départ.** — Les études psychologiques ont pour point de départ des faits, uniquement perçus par la conscience, *pensées*, *plaisirs*, *douleurs*, *actes de la volonté*. Ces faits sont tout aussi réels que ceux du corps, et il est impossible d'en contester l'existence, sans qu'aussitôt la certitude des faits physiologiques et de tous les faits externes soit ébranlée. L'observation ne nous donne la certitude des faits soit physiologiques, soit externes, qu'au moyen de la pensée que cette observation éveille en nous et de la conscience que nous avons de la réalité de notre pensée. Il est donc nécessaire d'admettre la réalité des faits psychologiques, ou bien il faut rejeter toute science basée sur l'observation.

2° **La Psychologie satisfait à la seconde condition d'une Science.** — Elle tire, par le raisonnement, des conséquences certaines des faits réels que l'observation a constatés. De ces faits, elle s'élève à la connaissance des puissances de l'âme, comme des phénomènes de la nature la physique s'élève aux lois et aux causes de ces phénomènes. Pourquoi l'induction, dont personne n'est tenté de contester la légitimité, quand il s'agit de formuler les lois de la matière, n'aurait-elle pas la même valeur, quand il s'agit des faits psychologiques et des facultés de l'âme ?

Mais la méthode inductive n'est pas seule employée dans la Psychologie. Partant des vérités auxquelles il est arrivé par l'induction, le psychologue fait sortir de ces vérités, au moyen du raisonnement déductif, d'autres vérités qui y sont renfermées. En cela il imite le mathématicien, qui déduit les conséquences d'une proposition établie. Il faut donc le reconnaître, à ce second point de vue, la Psychologie est une science proprement dite.

3° **La Psychologie satisfait à la troisième condition d'une Science.** — La troisième condition d'une science ne peut être refusée à la Psychologie, dans laquelle toutes les questions dont elle traite, se relient dans un ensemble plein d'harmonie.

III. — **Méthode psychologique.** — Si les phénomènes psychologiques sont aussi réels que les phénomènes qui ont le corps ou le monde extérieur pour théâtre, il est aussi facile, sinon plus facile, de les saisir et de les bien connaître. La méthode d'observation qui leur est appliquée, est légitime et complète. Elle comprend trois facultés ou opérations qui peuvent, sans crainte, soutenir la comparaison avec tous les procédés de l'observation externe.

1° Le premier moyen de l'observation psychologique, c'est *la conscience*, qui n'est autre que l'âme se connaissant elle-même, sachant qu'elle pense, quand elle pense, qu'elle éprouve une modification, quand elle l'éprouve. Quel homme, s'il conserve le sens commun, pourrait renier ce premier moyen et dire qu'il ne connaît pas ce qui se passe en lui? Toutefois, ce moyen serait à lui seul insuffisant, pour nous donner une connaissance sérieuse et approfondie de nous-mêmes, à cause de la rapidité des phénomènes psychologiques. La conscience appelle donc à son aide un autre moyen.

2° Le second moyen, c'est *la mémoire*, qui conserve et peut rappeler les faits que la conscience a saisis imparfaitement à leur rapide passage. Mais la conscience et la mémoire ne constitueraient encore qu'une méthode d'observation défectueuse, si elles n'étaient accompagnées d'un troisième moyen, qui ne fait pas défaut à notre âme.

3° Le troisième moyen, c'est *la réflexion*, par laquelle l'âme se reporte à loisir sur les faits dont la conscience a été le théâtre et que la mémoire a conservés. Rien ne manque donc à l'observation psychologique, pour en faire une méthode aussi légitime et aussi infaillible que la méthode d'observation externe. Si, dans son application, elle peut rencontrer des obstacles, ils ne sont pas plus difficiles à surmonter, et souvent même ils le sont moins, que les obstacles que rencontre l'observation externe elle-même. (BÉNARD.)

IV. — **Vérification de l'Observation interne.** — Mais, dira-t-on peut-être, l'observation interne étant individuelle, par sa nature même, est impossible à vérifier. Cette assertion est absolument fausse, d'abord parce que la nature est la même chez tous les hommes, puis parce que le psychologue peut contrôler ses observations personnelles par celles que d'autres Philosophes ont faites sur eux-mêmes.

§ IV. — DIVISION DE LA PSYCHOLOGIE.

I. — **Divers Points de Vue sous lesquels l'Âme peut être considérée.** — L'âme humaine peut être considérée à trois points de vue, à savoir: dans ses opérations et ses facultés, dans son union avec le corps, enfin en elle-même, c'est-à-dire, dans sa nature, son origine et ses destinées.

II. — **Psychologie expérimentale et Psychologie rationnelle.** — *La Psychologie expérimentale* étudie l'âme aux deux premiers points de vue que nous venons d'indiquer. Elle observe et classe les faits de l'âme, pour arriver à la connaissance de ses facultés. Elle traite des facultés de l'âme en général et en établit l'existence. Elle traite ensuite de chacune de ces facultés en particulier et elle en expose les caractères distinctifs. Cette étude la conduit naturellement à l'examen de l'union de l'âme avec le corps. La méthode employée dans ces questions est plus généralement la méthode d'observation, et voilà pourquoi cette partie de la Psychologie est appelée Psychologie expérimentale. Elle prépare le travail propre à la Psychologie rationnelle.

La Psychologie rationnelle, s'appuyant sur les données de l'expérience, approfondit la nature de l'âme et en démontre la spiritualité. Elle en étudie l'origine et elle en établit les immortelles destinées. Cette partie de la Psychologie est appelée rationnelle, parce que la méthode qu'elle emploie principalement, c'est la méthode rationnelle proprement dite, c'est-à-dire, le raisonnement déductif.

La Psychologie se termine par une *étude comparative* de l'homme et de l'animal, étude éminemment propre à faire comprendre de mieux en mieux la supériorité de l'homme.

§ V. — DIVERSES THÉORIES DES FACULTÉS DE L'AME.

Avant d'exposer les diverses théories des facultés de l'âme et d'en faire la critique, quelques notions préliminaires sont de la plus haute importance.

I. — **Nature des Facultés de l'Ame.** — Bien que l'âme, dit saint Thomas, soit *le principe premier* de la vie, elle accomplit ses diverses opérations par les énergies qui sont en elle. On donne à ces énergies le nom de *puissances* ou de *facultés*. L'essence de l'âme est le principe éloigné et médiat de ses actes ; les facultés en sont le principe immédiat et prochain.

Le mot *faculté*, d'après l'étymologie (*facere*), réveille l'idée d'un pouvoir d'agir, mais d'un pouvoir résidant dans une substance maîtresse d'elle-même. Pour qu'un pouvoir d'agir soit une faculté, il faut que l'être qui le possède, en ait la libre direction, au moins dans une certaine mesure. Le pouvoir d'agir ou de pâtir, qu'on ne dirige pas, est une *capacité*, une *propriété*, une *fonction*. La matière a des propriétés, l'animal des fonctions, l'homme a des facultés.

On entend donc par facultés de l'âme *les pouvoirs qui la rendent capable de tel ou tel acte, apte à tel ou tel genre d'opération*. Ce n'est pas que tous les pouvoirs de l'âme méritent également ce nom. On remarque dans quelques-uns un caractère prononcé de passivité. Mais comme l'âme est douée de la prérogative de se diriger elle-même, on donne même à ces derniers le nom de facultés. (BOUÉDRON.)

II. — **Distinction des Facultés de l'Ame et de son Essence.** — Dans tout être contingent, *l'être* et *l'agir* ne doivent jamais être confondus. Il y aurait dans cette confusion une grave et périlleuse erreur. Les facultés de l'âme sont donc réellement distinctes de son essence. Ajoutez à cela qu'il y a hiérarchie entre elles et qu'elles dépendent les unes des autres, ce qui, évidemment, ne pourrait avoir lieu, si elles étaient l'essence même de l'âme.

III. — **Les Facultés de l'Ame découlent de son Essence.** — Quoique distinctes de son essence, toutes les facultés de l'âme en émanent. Parmi ces facultés, il en est qui opèrent sans le concours des organes du corps, et il en est d'autres que l'âme n'exerce que par le moyen des organes. Les premières sont dans l'âme seule, comme dans leur sujet ; les secondes sont dans tout le composé humain. Mais ces dernières elles-mêmes découlent de l'essence de l'âme, comme de leur principe.

IV. — **Les Facultés de l'Ame sont distinctes entre elles.** — Distinctes de son essence, les facultés de l'âme sont distinctes entre elles. Sans cela, la diversité des actes qu'elles produisent serait absolument incompréhensible. Des actes spécifiquement distincts, comme celui de sentir et celui de comprendre, ne peuvent venir du même principe immédiat. Il faut donc que les pouvoirs qui y donnent lieu, aient entre eux une distinction réelle, bien que résidant dans le même sujet. Ce sont, dit saint Thomas, comme des instruments différents, au moyen desquels l'âme, bien qu'une et simple, exerce son activité. (Sanseverino.)

V. — **La Distinction des Facultés n'altère pas la simplicité de l'Ame.** — Les facultés de l'âme ne sont pas des *entités* substantielles, venant s'ajouter à l'essence de l'âme pour en faire un tout composé de parties séparables. Ce sont les pouvoirs d'une seule et même essence, qui, simple et indivisible en elle-même, a plusieurs manières de se manifester. L'essence de l'âme est le principe premier de tous ses actes. Quelles que soient les facultés qui s'affirment par des opérations spécifiquement distinctes, elles ne sont au fond, dit Bossuet, que la même âme, qui reçoit divers noms, à cause de la diversité de ses opérations.

VI. — **Pluralité des Facultés de l'Ame.** — La nature de l'âme humaine montre assez et à première vue qu'elle doit avoir des facultés diverses. Substance spirituelle, mais intimement unie à un corps avec lequel elle forme un seul être, qui s'appelle l'homme, elle ne peut manquer d'avoir tous les moyens nécessaires pour se mettre en relations avec l'ordre intelligible et avec l'ordre sensible. On doit donc affirmer, sans qu'il soit besoin d'un examen ultérieur, qu'il y a chez elle *pluralité* de pouvoirs.

VII. — **Principe pour déterminer le Nombre des Facultés de l'Ame.** — Comment déterminer d'une manière précise le nombre des facultés de l'âme? Où ce nombre, et par suite la distinction des facultés de l'âme, ont-ils leur fondement? Quelle en est la première raison? Les Philosophes scolastiques répondent que c'est dans la diversité même des objets que l'âme humaine, d'après le plan du Créateur, est destinée à atteindre. Il l'a adaptée, par les facultés mêmes dont il l'a enrichie, à ces divers objets. Quand l'âme exerce quelque faculté, son acte se rapporte à un objet, sans lequel il n'aurait pas lieu. C'est donc par les objets auxquels ils se rapportent que nous connaissons la nature de nos actes, et c'est par nos actes que nous nous élevons à la connaissance des facultés de notre âme. D'où il faut conclure que, si la diversité de nos facultés est basée sur la diversité des objets avec lesquels notre âme est destinée à avoir des relations, nous pouvons légitimement arriver à connaître et à compter nos facultés, par l'étude des faits dont notre âme est le théâtre.

VIII. — **Classification des Faits psychologiques et des Facultés de l'Âme, d'après les Philosophes modernes.** — 1° Classification des Faits psychologiques. — On procède, dans la classification des faits psychologiques, absolument comme l'on procède, quand il s'agit, dans une science expérimentale quelconque, de grouper les faits qui en sont l'objet, pour les rapporter à leurs causes : ce qui revient à dire qu'on doit classer les faits psychologiques d'après *les caractères de similitude* et *d'opposition* qu'ils offrent à l'observation et à l'analyse. On formera ainsi autant de groupes qu'il y a de faits psychologiques à présenter des caractères opposés. Or, l'étude attentive des phénomènes dont notre âme est le théâtre, nous découvre :

1° *Des faits affectifs*, c'est-à-dire, des faits dont les caractères distinctifs et parfaitement tranchés sont *la passivité* et *la subjectivité*. Telles sont les diverses impressions de plaisir ou de douleur; tels sont les sentiments de joie ou de tristesse. L'âme *les subit*, mais elle ne les produit pas d'une manière immédiate et directe. Ces impressions dépendent de quelque chose qui a préalablement agi sur les organes ou sur les facultés de l'âme, dont l'exercice est indépendant des organes corporels. Elles sont donc *passives*. Elles sont aussi *subjectives ;* elles ne franchissent pas les limites de l'âme. Bien qu'elles aient leur cause, elles ne répondent pas à une réalité objective, prise en dehors de l'âme. (BÉNARD.)

2° *Des faits cognitifs.*— Ils ont trois caractères qui les distinguent, à savoir : *l'illumination de l'âme, l'objectivité* et *l'invariabilité.* Les phénomènes affectifs sont aveugles par eux-mêmes et ils sont muets sur la cause qui y a donné naissance, sur sa nature et ses propriétés. Les faits cognitifs seuls *l'éclairent* et préparent les faits volontaires. Non-seulement ils supposent une cause, mais ils ont encore un *objet* auquel ils répondent et dont ils sont l'expression. Cet objet peut être dans l'âme ou en dehors de l'âme, réellement existant ou simplement possible, peu importe ; tout fait cognitif implique un objet à connaître et un sujet qui en acquiert le concept. Enfin, *l'invariabilité* est un troisième caractère des faits cognitifs. Les faits affectifs sont sujets à une grande mobilité. Ils sont loin d'avoir les mêmes nuances chez tous les individus ; les impressions qui les accompagnent n'ont pas de fixité régulière dans le même homme. Il n'en est pas ainsi des faits cognitifs. Si, sur certains points, la connaissance est flottante et indécise, parce que l'évidence fait défaut, et s'il y a diversité d'opinions entre les hommes il est des vérités universelles et d'incontestables principes qui apparaissent à toutes les intelligences et toujours de la même manière, et fixent la mobilité de l'esprit humain. Les faits affectifs s'évanouissent et les connaissances demeurent.

3° *Des faits actifs*, c'est-à-dire, des faits qui nous apparaissent comme un déploiement de force causatrice de la part de notre âme. On y remarque trois caractères qui les distinguent des précédents. D'abord, notre âme s'y révèle comme une *cause efficiente*, ayant l'initiative de ses opérations. De plus, ces faits sont *libres*, ceux-là, du moins, qui sont volontaires, n'ayant pas le caractère de *fatalité*, qui apparaît dans les faits affectifs ou cognitifs. Si je prends une détermination, j'ai sans doute un motif mais ce motif ne m'entraîne pas irrésistiblement. Enfin, et c'est une conséquence de leur liberté, ils sont *personnels*, caractère qui n'existe pas dans les autres faits psychologiques. Aussi n'est-on directement responsable que de ces faits, qui sont comme l'œuvre suprême de l'âme humaine, dont ils épuisent toute la fécondité. Pour que nous soyons responsables des autres faits, il est nécessaire qu'ils dépendent dans leur cause d'un fait volontaire, ou que le fait volontaire vienne s'y ajouter de quelque manière.

4° *Des faits moteurs*, c'est-à-dire, des faits qui révèlent une action de l'âme sur l'organisme, pour y produire les divers mouvements nécessaires à l'accomplissement de ses desseins. Ils ne rentrent dans aucune des catégories jusqu'ici mentionnées. C'est à tort que quelques Philosophes les ont confondus avec les faits volontaires. Une volition est un fait inorganique par sa nature. L'expérience, d'ailleurs, constate que les mouvements de l'organisme sont souvent indépendants de la volonté. (Sanseverino.)

2° **Classification des Facultés de l'Ame.** — La conclusion à tirer de ce qui précède, c'est que l'âme, offrant à l'observation quatre groupes de faits distincts, possède *quatre facultés primaires*, qui les expliquent et qui en sont les principes immédiats, à savoir : *la sensibilité, l'intelligence, l'activité et la faculté locomotrice*. Exposer ces facultés dans leur ensemble, en faire connaître la nature d'une manière générale et montrer comment elles se subdivisent en facultés secondaires, c'est ce qu'on appelle *faire la théorie* des facultés de l'âme humaine.

3° **Que faut-il penser de cette Classification ?** — Toute bonne classification doit satisfaire à deux conditions exigées par la raison elle-même, c'est-à-dire, être *adéquate* et *irréductible*. On entend par là qu'elle doit embrasser tous les faits, sans exception, et que les catégories dans lesquelles elle les range, ne peuvent rentrer l'une dans l'autre. Or, telle est, au jugement des Philosophes modernes, la classification que nous venons d'exposer.

1° *Elle est adéquate*. — Que j'examine, disent-ils, ce qui se passe en moi présentement, que j'interroge mon état antérieur, en remontant aussi loin que mes souvenirs le permettent, que je sonde tous les secrets de mon âme, il m'est impossible de découvrir un seul fait qui échappe à cette classification. Bien plus, je ne conçois pas comme possible l'apparition dans mon âme d'un phénomène qui n'appartienne pas à l'une ou à l'autre de ces catégories.

2° *Elle est irréductible*. — Les faits qui forment ces quatre catégories, ont des caractères si évidemment différents, et même opposés, qu'il est impossible de les confondre. Une émotion de plaisir ou de douleur, de joie ou de tristesse, n'est ni une idée, ni une détermination, ni un mouvement organique. Une idée n'est ni un plaisir ou une douleur, bien qu'elle puisse y donner lieu, ni une détermination, bien qu'elle en soit cause, d'après l'adage, *nihil volitum quin præcognitum*, ni un mouvement organique, puisque le propre de l'idée est de saisir les choses et non de porter vers elles. La détermination n'est ni le plaisir ou la douleur, qu'elle peut combattre, ni l'idée, qu'elle suit librement, ni un fait moteur, qui peut s'accomplir d'une façon indélibérée. Enfin, le fait moteur n'est ni une sensation, contrairement à laquelle l'homme peut diriger ses mouvements, ni une idée ou une détermination, comme le prouve ce que nous venons de dire.

IX. — **Théorie des Facultés de l'Ame d'après les Scolastiques.** — 1° Divergence entre les Scolastiques et les Philosophes modernes. — La théorie des facultés de l'âme, d'après les Philosophes modernes, diffère de celle des Scolastiques, principalement sur le point de la sensibilité. Les Philosophes modernes font de *la sensibilité physique* une faculté purement passive et subjective, qu'ils distinguent de la connaissance sensible, tandis que les Scolastiques l'identifient avec la connaissance sensible elle-même. D'après ces derniers, sentir, c'est connaître à la manière de l'animal. La sensation accompagne ou, pour mieux dire, produit toute connaissance sensible. Là où la sensation finit, là aussi la connaissance sensible s'arrête. La sensation, dit Zigliara, est une connaissance vraie et proprement dite. *Sensatio est vera et propriè dicta cognitio.*

D'après les Philosophes modernes, la sensibilité se subdivise en sensibilité physique et en sensibilité intellectuelle et morale. Les Philosophes scolastiques, qui identifient la sensibilité physique avec la connaissance sensible, font rentrer la sensibilité morale dans les passions qui ont pour moteur chez l'homme, non pas seulement l'appétit sensitif, comme nous le dirons plus tard, mais encore les facultés supérieures de l'âme.

Les Philosophes modernes, comme les Scolastiques, admettent que la connaissance sensible diffère absolument de la connaissance intellectuelle. La première a pour objet ce qui affecte les sens ; la seconde a pour objet l'ordre intelligible. La première est commune à l'animal et à l'homme ; la seconde est la prérogative de l'homme et des êtres purement spirituels.

2° Division des Facultés de l'Ame, d'après les Scolastiques. — Dans la division des facultés de l'âme, les Scolastiques ne perdent pas de vue les deux ordres de choses avec lesquels l'homme est en rapport par sa nature même, l'ordre *sensible* et l'ordre *intelligible*. Il est doué de facultés pour connaître l'ordre sensible et l'ordre intelligible et pour se porter vers l'un et vers l'autre. Il a ainsi des facultés *cognitives* et des facultés *appétitives*.

Les facultés *cognitives* se ramifient en deux grandes classes : les facultés *cognitives-sensitives*, qui appartiennent à l'homme et à l'animal, et les facultés *cognitives-intellectuelles*, qui ont pour objet ce qui n'affecte pas les sens et conviennent à l'homme sans convenir aux êtres qui lui sont inférieurs. Cette division des facultés cognitives tranche, d'une façon saisissante, la différence entre l'homme et la brute, au point de vue de la connaissance.

Les facultés *appétitives* se ramifient pareillement en deux grandes classes : les facultés *appétitives-sensitives*, qui conviennent à l'homme et à l'animal, et les facultés *appétitives-intellectuelles*, qui conviennent à l'homme. Cette division des facultés appétitives (*appétit et volonté*), ne tranche pas d'une façon moins nette la différence de l'homme et de la brute, au point de vue de l'activité. (ZIGLIARA.)

Les Philosophes scolastiques reconnaissent la faculté *locomotrice*.

Si quelques-uns de ces Philosophes expriment en autres termes la division des facultés de l'âme, si, par exemple, ils divisent ces facultés en *sensitives* et en *intellectuelles*, il est évident que leur théorie est pour le fond celle qui vient d'être exposée. Nous regrettons de ne pouvoir adapter complètement notre *cours* à cette théorie, qui, à notre avis, est de beaucoup la meilleure.

X. — **Quelques autres Théories des Facultés de l'Ame.** — 1° *Platon* admettait dans l'âme humaine comme deux éléments, l'un divin, qui est la raison, et l'autre mortel, qui est l'appétit, et il enseignait que ces deux éléments sont unis par un troisième, désigné sous le nom d'énergie, qui doit obéir à la raison, mais qui peut être entraîné par l'appétit. Cette classification des facultés de l'âme se rapproche de celle qui est aujourd'hui adoptée par plusieurs Philosophes, mais elle n'est pas complète.

2° *Condillac*, dont le système sera exposé dans l'histoire de la Philosophie, ramène toutes les opérations de l'âme à la sensation. Ce système, évidemment faux, qui veut expliquer par un seul pouvoir toutes les opérations de l'âme, même les plus opposées, a préparé la transition du sensualisme au matérialisme le plus grossier.

3° Quelques Philosophes ont multiplié outre mesure, sans raison suffisante et contrairement à toutes les données de l'observation la plus attentive, les facultés de l'âme.

§ VI. — HARMONIE DES FACULTÉS DE L'AME.

Une par sa nature spirituelle et multiple par ses facultés, qui s'unissent sans se confondre, l'âme humaine est une des plus resplendissantes images de la divinité. Ses pouvoirs s'harmonisent, pour faire un admirable concert à la louange du Créateur et porter l'homme vers ses immortelles destinées.

I. — **Fonctions de la Sensibilité.** — Placé aux limites de deux mondes, dont il est le nœud par sa double substance, l'homme est mis en relation avec ces deux ordres de choses par les facultés dont son âme est douée. La sensibilité établit ses premiers rapports avec l'ordre matériel, et en faisant naître en lui des plaisirs ou des douleurs, des attraits ou des répugnances, elle l'avertit de ce qu'il doit rechercher ou fuir dans l'intérêt de la vie animale, qui est comme le fondement et la condition première des autres vies supérieures qui sont en lui. Mais l'abus de la sensibilité est possible

II. — **Fonctions de l'Intelligence.** — Dans ses relations avec l'ordre sensible, l'homme a besoin d'être éclairé et dirigé. Aussi possède-t-il une lumière naturelle, l'intelligence, qui le met à même de connaître ses obligations et par suite l'usage qu'il peut licitement faire des créatures qui l'entourent. En lui apprenant ce qu'il est et ce qu'il doit devenir, elle lui ouvre la voie de sa fin.

III. — **Fonctions de la Volonté.** — Pour que l'homme réalise sa fin, il ne suffit pas qu'il la connaisse elle-même et la voie propre à l'y conduire. Il faut encore qu'il se porte vers sa fin par de généreux efforts. L'intelligence appelle donc chez lui une autre faculté ; c'est l'activité, mais l'activité libre. Aussi, en le dotant de l'intelligence qui fait briller devant lui sa fin, Dieu lui a-t-il donné la volonté, afin qu'il y tende par des efforts personnels. Il n'accomplira pas ses destinées à la manière passive des êtres qui l'environnent, mais il en sera l'arbitre, et, s'il le veut, il sera l'artisan de son bonheur futur.

IV. — **Fonctions de la Faculté locomotrice.** — Puisque l'âme humaine est unie à un corps, qui est comme l'intermédiaire obligé entre elle et le reste de la création visible, il n'aurait pas suffi que ce corps lui servît seulement à recevoir les impressions venant du dehors. Il fallait encore qu'elle pût agir sur ses organes et s'en servir comme d'instruments dociles, dans ses relations actives avec les autres êtres. Ce pouvoir indispensable à la perfection de l'homme, c'est la faculté locomotrice, par laquelle il accomplit extérieurement les desseins qu'il a conçus.

V. — **Harmonie des Facultés de l'Ame troublée par la déchéance originelle.** — Dans le principe, les facultés de l'âme humaine étaient dans une harmonie parfaite et formaient entre elles un admirable concert. La déchéance originelle est venue troubler cet accord. Ce qui flatte la sensibilité n'est plus toujours avoué par l'intelligence et trop souvent ce que la raison commande est violé par la volonté. C'est à l'homme à rétablir l'accord entre les facultés de son âme, autant du moins que cela est possible, et il le rétablira, en dirigeant toujours, malgré les entraînements de la nature, son activité libre et ses actes extérieurs, conformément à la saine raison. C'est là le noble travail de la vie ; c'est là le devoir. Là est pour l'homme le mérite ; là est pour lui le secret du bonheur.

§ VII. — DÉVELOPPEMENT DES FACULTÉS DE L'AME.

I. — **Origine contemporaine des Facultés de l'Ame.** — Les facultés de l'âme tenant à sa nature même, existent en elle simultanément et dès l'origine. Destinées à se compléter mutuellement, elles s'unissent sans se confondre jamais et conspirent à leur développement réciproque. Ce développement, toutefois, ne s'opère que peu à peu, comme celui de l'organisme, qui n'est pas sans influence sur l'âme et sur lequel, à son tour, l'âme exerce une action incontestable.

II. — **Les Facultés de l'Ame ne se manifestent pas en même temps.** — La sensibilité physique, l'activité spontanée et la faculté locomotrice accusent leur présence dans l'homme, d'une manière quelconque, dès le début de la vie. Les nobles facultés, qui font de l'homme un être intelligent et responsable, ne s'affirment que plus tard, et ce n'est qu'après une éducation assez longue qu'elles atteignent à une perfection relative, dont le terme n'est pas assignable.

III. — **Quel est le point de départ de l'Éducation intellectuelle ?** — Qu'on se garde bien de penser que l'éducation de l'intelligence a pour point de départ et pour moyen premier et nécessaire l'enseignement social par la parole ou par les signes arbitraires. L'âme humaine doit à elle-même, à l'énergie dont elle est douée, son premier développement intellectuel, et ce développement commence dès lors qu'elle est mise en relation, par l'intermédiaire des sens, avec le milieu où elle vit. Faite pour connaître le sensible et l'intelligible, pour s'élever à l'intelligible en partant du sensible et comprendre le sensible par l'intelligible, elle doit ouvrir en même temps ses regards à ces deux ordres de choses et en acquérir en même temps, d'une façon plus ou moins confuse, les premières notions. Si elle ne se rend pas compte tout d'abord de ces germes de connaissance, aucun esprit sérieux ne peut, nous semble-t-il, en contester l'existence en elle, lorsque l'enseignement social commence son œuvre. Sans cette éducation primitive, l'enseignement social serait impossible, car il serait incompris.

SIXIÈME LEÇON.

SOMMAIRE : 1. Notion de la Sensibilité. — 2. Division de la Sensibilité. — 3. Sensibilité physique. — 4. Sensibilité morale. — 5. Différence entre la Sensibilité physique et la Sensibilité morale, entre la Sensation et le Sentiment.

Après avoir constaté l'existence de plusieurs facultés dans l'âme humaine, il est nécessaire d'étudier ces facultés en particulier. C'est ce que nous nous proposons de faire, avant d'aborder la question de l'union de l'âme et du corps.

§ I. — NOTION DE LA SENSIBILITÉ.

I. — **Définition de la Sensibilité.** — Considérée d'une manière générale, la sensibilité est définie par les philosophes modernes : *la faculté d'éprouver des émotions*. Si l'émotion est agréable, elle s'appelle *plaisir* ; si elle est pénible, elle s'appelle *douleur*.

II. — **Y a-t-il des Emotions indifférentes ?** — On s'est demandé s'il y a des émotions indifférentes, c'est-à-dire, des émotions qui n'apportent à celui qui en est le sujet ni plaisir, ni douleur.

1° Divergence de Sentiments entre les Philosophes. — La plupart des philosophes n'admettent pas la possibilité d'émotions indifférentes. Toute émotion, disent-ils, fait passer l'homme d'un état à un autre état. La modification qu'il éprouve, lui cause nécessairement du plaisir ou de la douleur. Contrairement à cette opinion, les philosophes écossais, principalement, soutiennent que toutes les modifications que l'homme subit, ne le font pas jouir ou souffrir, et qu'il est des émotions indifférentes.

2° Ces Sentiments divers ne pourraient-ils pas se concilier ? — L'expérience démontre qu'il est des émotions qui *semblent indifférentes*, et à l'occasion desquelles l'homme ne jouit ni ne souffre d'une manière appréciable, bien qu'il éprouve une modification. Sans attribuer cette indifférence à *la nature* même des émotions, n'en trouverait-on pas l'explication soit dans *l'habitude* même de les éprouver, soit dans *la disposition* particulière sous l'empire de laquelle on les subit? Le plaisir et la douleur s'émoussent avec le temps. Une forte application de l'esprit ne dissimule-t-elle pas une impression, qui, dans une autre circonstance, serait remarquée?

Il est bon d'observer que la même cause, suivant les circonstances et le mode de son action, peut nous faire ressentir des émotions contraires et nous apporter un plaisir ou une souffrance.

III. — **Plaisir et Douleur.** — Si toute émotion apporte avec elle le plaisir ou la douleur, il devient nécessaire, pour se bien rendre compte de la sensibilité, de savoir en quoi *le plaisir* et *la douleur* consistent.

Le plaisir, considéré dans un être quelconque, est *ce qui est conforme à sa nature*, et la douleur, *ce qui lui est contraire*. Le plaisir a sa raison première dans la sagesse même de Dieu, qui est l'auteur de la nature, et la douleur ne se conçoit pas dans l'homme au sortir des mains créatrices. La déchéance primordiale peut seule rendre raison de la présence de la douleur dans l'âme humaine.

Le plaisir n'est pas *le bien* et la douleur n'est pas *le mal*. L'homme peut prendre pour réel un bien qui n'est qu'apparent, en sorte que le plaisir devient pour lui un mal véritable. Il y a des plaisirs *légitimes* ; ce sont ceux qui s'accordent avec la fin de l'homme. Mais aussi il y a des plaisirs *illicites ;* ce sont ceux qui écartent l'homme de sa fin. Par contre, la douleur, qui est opposée à sa nature primitive, devient pour lui un bien réel, lorsqu'il sait la subir courageusement, pour atteindre sa fin.

IV. — **La Sensibilité n'est pas une Faculté purement passive.** — Quelque prononcé que soit le caractère de passivité que, de nos jours, on donne aux phénomènes affectifs, on doit reconnaître que la faculté qui en est la source, n'est pas purement passive. 1° Elle est, sans doute, *passive*, puisque c'est par elle que l'homme reçoit l'impression produite par les divers ordres de réalités avec lesquels il est en rapport. Mais elle n'est nullement passive à la manière de la cire qui reçoit une empreinte, ni même à la manière de la plante qui éprouve un choc, mais qui n'est pas douée de la vie sensitive.

2° Le sujet en qui cette faculté existe est *vivant*, non-seulement de la vie sensitive, mais encore de la vie raisonnable. Il est donc facile de concevoir que l'impression reçue dans sa faculté affective donne immédiatement naissance à une réaction, qui serait inexplicable, si cette faculté n'était que passive. Les faits par lesquels la sensibilité s'affirme sont accompagnés de plaisir ou de douleur, comme nous l'avons dit, mais le plaisir et la douleur disposent l'homme à agir. La sensibilité unit ainsi à son premier caractère de passivité un caractère d'activité qui n'a point échappé aux Scolastiques, et qu'aucun philosophe sérieux ne peut refuser d'admettre. Voilà pourquoi elle est donnée comme la source des appétits qui se manifestent dans l'animal et dans l'homme. (ZIGLIARA).

V. — **La Sensibilité est la Source des Appétits.** — A peine l'homme a-t-il éprouvé une émotion (que cette émotion vienne de l'ordre sensible ou de l'ordre moral, peu importe), qu'un mouvement réactif se manifeste en lui. Si l'émotion est agréable, immédiatement et d'une façon toute spontanée, il se sent incliné à rechercher la cause de sa jouissance. Si, au contraire, l'émotion est pénible, il se sent incliné à fuir ce qui lui occasionne une souffrance. Ce sont ces inclinations indélibérées, mises en lui par l'Auteur même de sa nature, qu'on appelle *appétits* (*petere ad*).

Ainsi les appétits tiennent à la sensibilité, puisqu'ils sont provoqués par le plaisir ou par la douleur; mais, par leur nature même, ils appartiennent à l'activité. La sensibilité en est la source, et comme la sensibilité, dans l'homme, est excitée par l'ordre physique ou par l'ordre intellectuel et moral, c'est-à-dire, par *le bien délectable*, connu par les sens, et par *le bien absolu*, connu par l'intelligence, il y a en lui deux sortes d'appétits très distincts, à savoir : *l'appétit sensitif* et *l'appétit intellectuel*. L'appétit sensitif, qui répond à la sensibilité physique, lui est commun avec la brute et l'incline vers *le bien délectable*; l'appétit intellectuel, qui répond à la noble prérogative de l'intelligence, dont il est doué, à l'exclusion de la brute, l'incline vers *le bien absolu*.

Des appétits naissent *les passions*, qui en sont comme les mouvements, et que la raison doit régler et diriger conformément à la fin de l'homme. Nous parlerons des appétits et des passions, quand nous traiterons de l'Activité.

VI. — Différence entre la Sensibilité et l'Activité spontanée. — Ce qui vient d'être dit, suffit pour montrer les rapports de similitude et de différence qui existent entre la sensibilité et l'activité spontanée. Ces deux facultés existant simultanément dans le même principe vivant et simple, ont nécessairement entre elles des rapports très intimes, bien qu'elles ne puissent être confondues sans erreur. Les faits affectifs, comme les faits d'activité purement spontanée, sont fatals, la cause de ces faits étant posée. Si je suis en présence du feu, j'éprouve fatalement l'impression de la chaleur, et, fatalement, je me sens incliné vers la cause de cette impression agréable. Toutefois, ce qui prédomine dans le fait affectif, c'est le caractère de passivité, bien que certaine activité ne lui soit pas étrangère, puisqu'il s'accomplit dans un être vivant et sensible, tandis que ce qui caractérise le fait spontané, c'est une propension à se mouvoir pour rechercher ou pour fuir la cause de l'impression éprouvée.

Si la sensibilité a quelque caractère de ressemblance avec l'activité spontanée, il n'est pas besoin de faire remarquer qu'elle diffère absolument de l'activité réfléchie et libre, qui est le propre de l'être intelligent.

VII. — La Sensibilité est-elle une Faculté proprement dite ? — D'après les Scolastiques, la sensation étant une connaissance proprement dite, le pouvoir de sentir est une véritable faculté. Mais, si l'on entend la sensibilité à la manière des philosophes modernes, doit-on lui conserver le nom de faculté ?

Pour qu'un pouvoir d'agir, nous l'avons dit, soit une faculté, il faut que l'être qui le possède, en ait la libre direction. Or, la sensibilité échapperait-elle à la direction de la raison et de la volonté, au point de ne pas mériter le nom de faculté ? Ce serait une erreur de le croire. Sans doute, la sensibilité n'est pas directement soumise à l'empire de la volonté éclairée de la raison. Mais, quoi qu'il en soit, la volonté peut l'atteindre et la discipliner de quelque manière. Que ne peut pas une volonté énergique et persévérante contre les impressions de la douleur et des plus cuisants chagrins ? Est-ce que l'habitude ne modifie pas tellement la sensibilité physique elle-même, qu'elle arrive jusqu'à rendre agréable ce qui, tout d'abord, provoquait une répugnance qui semblait invincible ? Est-ce qu'il n'est pas possible d'éloigner telle ou telle cause, qui agit sur la sensibilité de l'âme ? Est-ce que la sensibilité morale, qui suppose l'action préalable de l'intelligence et de la volonté pour entrer elle-même en exercice, ne peut pas être modifiée de bien des manières, s'affaiblir ou s'accroître, devenir délicate à l'excès ou s'oblitérer presque totalement ? Il faut donc reconnaître que nous exerçons sur notre sensibilité une domination suffisante pour voir en elle une faculté proprement dite.

§ II. — DIVISION DE LA SENSIBILITÉ.

I. — **Trois Aspects de la Sensibilité.** — La sensibilité se présente à nous sous trois aspects, selon les trois sortes de causes qui l'excitent. Notre âme jouit ou souffre par suite d'une commotion produite dans l'un des organes de nos sens, par suite d'une connaissance acquise ou d'une détermination de notre volonté. De là trois sortes de sensibilité : la sensibilité *physique*, la sensibilité *intellectuelle* et la sensibilité *morale*.

Le plus souvent, ces trois sortes de sensibilité sont ramenées à deux, suivant que les organes du corps concourent ou ne concourent pas à faire entrer la sensibilité en exercice. On donne le nom de *sensibilité physique* à la première, et, à la seconde, celui de *sensibilité morale*.

II. — **Sensibilité propre à la Brute.** — La division de la sensibilité en *physique* et en *morale* répond aux deux ordres de choses avec lesquels l'homme est en relation par sa double substance, l'ordre *sensible* et l'ordre *intelligible*. La sensibilité *physique* ne suppose dans le sujet où elle est, qu'un principe vivant et sensible, mis en rapport, au moyen d'un organisme matériel auquel il est substantiellement uni, avec la création visible. C'est la sensibilité qui convient à l'animal, dont toutes les opérations sont circonscrites dans le particulier, le sensible et le contingent. La sensibilité *morale* suppose dans son sujet l'intelligence et la volonté. Elle ne s'éveille en lui qu'à la suite de ces deux facultés supérieures, qui lui ouvrent l'ordre intelligible et lui font connaître la vérité et le bien. Parmi les êtres visibles, elle est le propre de l'homme.

§ III. — SENSIBILITÉ PHYSIQUE.

I. — **Définition de la Sensibilité physique.** — La sensibilité physique peut se définir : *la faculté d'éprouver des émotions, à la suite de l'ébranlement produit dans les organes des sens par les objets matériels.* Le phénomène auquel cette faculté donne lieu en entrant en exercice, se nomme *sensation*.

L'étude de la sensibilité physique, d'après la définition même de cette faculté, appelle l'attention du philosophe : 1° sur *les sens ;* 2° sur *leurs organes ;* 3° sur *la génération de la sensation.*

II. — **Sens.** — La sensibilité physique est destinée, dans la pensée du Créateur, à apporter à l'homme les impressions de tout l'ordre créé sensible. Or, l'ordre créé sensible, si étendu et si varié, ne l'atteint pas de la même manière, et, si les facultés primaires de l'âme ont leur raison d'être dans la diversité même de leurs objets, il est nécessaire d'admettre *à priori* que la sensibilité physique se ramifie en autant de facultés secondaires, que le demande l'ordre sensible lui-même, dont elle doit recevoir les impressions. La sensibilité physique renferme ainsi plusieurs facultés, qui sont désignées sous le nom de *sens*.

On divise les sens en sens *externes* et en sens *internes*.

III. — **Sens externes.** — Les sens externes, connus aussi sous le nom de *sens organiques*, ont dans le corps des organes apparents qui leur correspondent et qui en sont comme les instruments. Ils sont au nombre de cinq : la vue, l'ouïe, l'odorat, le goût et le toucher.

Le sens de *la vue* l'emporte sur les autres, dit Aristote, à cause de l'étendue de son objet et des connaissances variées auxquelles il donne lieu. Après lui vient le sens de *l'ouïe*, doué d'une merveilleuse efficacité pour exciter de douces émotions dans l'âme. C'est par lui que nous recevons la parole. Il est ainsi tout à la fois un lien social et le moyen le plus prompt pour l'enseignement. *L'odorat* et *le goût*, qui est moins subtil que l'odorat, sont plus spécialement destinés aux fonctions de la vie animale ; ils président à la respiration et à la digestion. *Le toucher* est le moins parfait de tous les sens, bien qu'il soit, dit saint Thomas, le fondement de toute la sensibilité extérieure. Par le moyen de ces cinq sens, l'âme humaine peut entrer en relation avec tout l'ordre matériel, à la condition, toutefois, que cet ordre l'atteigne par l'intermédiaire des organes du corps.

Si l'on voulait classer les sens, au seul point de vue de l'utilité du corps, il faudrait les ranger dans un ordre presque inverse de celui que nous venons d'indiquer. On devrait placer au premier rang le toucher, qui met l'homme en communication avec les objets dont il a besoin; puis le goût et l'odorat, qui lui font discerner ce qui est utile ou nuisible à sa nutrition, et en dernier lieu la vue et l'ouïe.

IV. — **Sens internes.** — Il est impossible de nier l'existence des sens internes, sans lesquels la vie sensitive ne s'expliquerait pas. Les choses qui affectent présentement les sens externes, ne suffisent pas à l'animal, pour entretenir en lui la vie. Il faut qu'il puisse se mouvoir vers les choses *absentes*, qui n'affectent pas actuellement son organisme; qu'il discerne l'utile du nuisible; ce qui ne peut avoir lieu qu'au moyen des sens internes.

On doit compter, avec les Scolastiques, au nombre des sens internes : *l'imagination reproductrice, la mémoire sensible* et *le sens interne proprement dit*. Les sens internes sont communs à l'animal et à l'homme, mais ils sont plus parfaits dans l'homme que dans l'animal, bien que, sous le rapport de quelques sens externes, certains animaux l'emportent sur nous.

Nous parlerons de l'imagination reproductrice et de la mémoire sensible, en traitant des facultés cognitives de l'âme humaine. Ici nous dirons un mot seulement du sens interne.

Qu'est-ce que *le sens interne proprement dit* ? Les Scolastiques et les Philosophes modernes ne s'accordent pas sur ce point. Les Scolastiques entendent par *sens interne*, ou sens commun (*sensorium commune*), le sens destiné à réunir les données de tous les autres sens, pour les discerner et pourvoir d'une manière efficace à la conservation de la vie animale.

Les Philosophes modernes entendent par *sens interne* le sens même par lequel l'âme est mise en relation avec son propre corps. Il faut bien, disent-ils, que l'âme sente le corps auquel elle es unie, pour qu'elle puisse sentir ensuite, par l'intermédiaire de son corps, les impressions qui lui viennent du reste du monde matériel. Ce sens n'a pas d'organe apparent ; son organe, à lui, c'est une partie du système nerveux, qui étend ses multiples ramifications dans le corps entier. Ce sens est proprement le sens de la vie animale. C'est lui qui donne naissance aux diverses émotions par lesquelles notre âme est informée des différents besoins du corps. C'est à ce sens que se rapportent les sensations de la faim, de la soif, du rassasiement, des douleurs internes.

V. — **Organes.** — Si le sens est la faculté même de sentir, l'organe en est l'instrument.

1° **Les Organes diffèrent des Sens.** — Il n'y a rien de matériel dans le sens qui appartient à l'âme. L'organe, au contraire, est matériel, puisqu'il n'est autre que la partie du corps spécialement ordonnée pour mettre l'âme en rapport avec l'objet qui provoque la sensation.

2° **Trois Parties dans chaque Organe.** — L'organe est composé de trois parties distinctes : 1° une *extérieure*, qui est l'organe proprement dit, comme l'œil ; 2° une *centrale*, le cerveau ; 3° une *intermédiaire*, reliant ces deux parties extrêmes, les nerfs. Les organes et les nerfs varient selon les différents sens, tandis que la partie centrale est la même pour tous. Quelque dissemblables que soient les appareils organiques des sens, quelque diverses que soient leurs destinations, on doit reconnaître qu'il n'y a dans le corps humain qu'un organe de la sensibilité physique, c'est l'ensemble du système nerveux. Un en lui-même, le système nerveux présente une admirable variété. Par ses épanouissements divers à la surface du corps, il constitue les organes spéciaux des différents sens, et ces organes, chacun à leur manière, paient fidèlement leur tribut à l'âme, qu'ils mettent en possession de toute la création visible.

VI. — **Génération de la Sensation.** — La génération de la sensation n'est pas sans mystère pour l'esprit humain. Les deux substances qui composent l'homme, y concourent.

1° **Condition de la Sensation.** — La sensation est un phénomène mixte, et elle a pour sujet immédiat le composé humain. Pour qu'elle se produise, il faut que préalablement quelque organe soit ébranlé. La nécessité de l'ébranlement organique, pour préparer l'exercice des sens, est hors de conteste. Mais comment le mouvement est-il transmis de la partie extérieure de l'organe au cerveau ? Pour résoudre cette question, on a formulé diverses hypothèses, que nous indiquerons seulement : 1° l'hypothèse *des esprits animaux*, soutenue par Descartes, par Bossuet, etc. ; — 2° l'hypothèse de la *vibration des nerfs* ; — 3° l'hypothèse du *fluide nerveux*, circulant des organes où les nerfs s'épanouissent, au cerveau, où ils prennent naissance. Mais, quel que soit le mode de transmission d'un bout à l'autre de l'appareil, l'ébranlement organique est un phénomène physiologique, s'opérant par quelque mouvement moléculaire qui ne fait que préparer la sensation.

2° **Genèse de la Sensation dans l'Âme.** — L'ébranlement du cerveau ayant eu lieu, le phénomène de la sensation se produit dans l'homme, c'est-à-dire, dans l'âme et dans le corps. Or, comment à la suite du mouvement organique, l'âme ressent-elle instantanément une impression ? Comment, à son tour, l'âme rend-elle le corps participant de son état ? Ce sont là des questions qui tiennent au mystère même de l'union de l'âme et du corps, que la science n'a point résolues, bien que les faits soient irrécusables.

3° **Analyse de la Sensation.** — Considérée en elle-même, la sensation est simple, comme tout phénomène psychologique, et, dès lors, elle ne peut être soumise à l'analyse. Mais, considérée dans ce qui la prépare et dans le sujet immédiat qui l'éprouve, elle offre trois faits distincts : 1° un *fait physique*, c'est-à-dire, un objet matériel placé dans les conditions voulues pour ébranler quelqu'un de nos organes ; — 2° des *faits physiologiques*, qui se succèdent rapidement dans l'appareil organique, jusqu'au cerveau ; — 3° un *fait psychologique-mixte*, c'est-à-dire, la sensation, qui se produit dans l'âme et à laquelle l'âme fait participer le corps.

VII. — **Siége de la Sensibilité physique.** — Il résulte de ce qu'on vient de dire, que, si la faculté de sentir appartient radicalement l'âme, sans laquelle la sensation serait absolument impossible, elle a pour sujet immédiat et pour siége, non pas l'âme seulement, mais le composé humain. Ce n'est pas l'âme seule, c'est l'organisme animé, c'est l'animal qui sent.

VIII. — **Localisation des Sensations.** — L'âme humaine est tout entière dans le corps qu'elle informe et tout entière dans chacune de ses parties. Quelque incontestable que soit ce principe, il n'expliquerait pas comment les sensations de plaisir et de douleur se localisent, c'est-à-dire, sont rapportées à une partie déterminée de l'organisme, si l'âme seule en était le sujet immédiat. Si nous rapportons une sensation à telle partie du corps, c'est qu'en réalité nous l'éprouvons dans cette partie, et pour que nous l'éprouvions dans cette partie, il faut que le corps participe à l'impression de l'âme.

On doit reconnaître, en même temps, que l'âme est l'unique source *première et médiate* de la sensation dans le composé humain. Une preuve éclatante de cette vérité, c'est que bien que les organes diffèrent entre eux, à tel point, que ce qui ébranle un organe, n'a aucune action sur les autres, la conscience nous atteste que le même *moi* éprouve les diverses sensations de couleur, de son, d'odeur, de saveur et de figure dont l'homme est le théâtre.

§ IV. — SENSIBILITÉ MORALE.

I. — **Définition de la Sensibilité morale.** — *La sensibilité morale est la faculté qu'a l'âme humaine d'éprouver des émotions, qui ont leur cause immédiate dans l'ordre intelligible.* Cet ordre, qui n'est point accessible aux sens physiques, que l'animal ne connaît pas et qu'il est incapable d'atteindre, apporte à l'âme intelligente et libre de l'homme *la vérité* et *le bien.* La possession de la vérité est pour elle une jouissance ineffable ; l'absence de la vérité la fait souffrir et provoque en elle les désirs les plus ardents. Le bien, pour lequel elle a reçu la liberté, lui plaît et la délecte ; et le mal, lorsqu'elle le commet, fait naître en elle le remords et le repentir.

II. — **Existence de la Sensibilité morale.** — L'existence de la sensibilité morale dans l'homme est absolument incontestable. Si, comme l'animal, l'homme éprouve des plaisirs et des douleurs, qui ont leur cause unique dans l'ordre sensible agissant sur les organes, n'est-il pas évident que l'ordre supérieur de *la vérité* et *du bien absolus*, qu'il saisit par l'intelligence, produit dans son âme de nobles et profondes émotions? Si l'appétit sensitif a sa source dans les émotions de la sensibilité physique, l'appétit supérieur, appelé intellectuel, parce qu'il suppose l'exercice de l'intelligence, a sa source dans les émotions de la sensibilité morale. Quiconque s'étudie lui-même, ne peut manquer de voir qu'il y a en lui des plaisirs et des douleurs qui ne se confondent nullement avec les plaisirs et les douleurs physiques.

III. — **Supériorité de la Sensibilité morale sur la Sensibilité physique.** — Ce qui vient d'être dit de la nature de la sensibilité morale, montre combien elle est supérieure à la sensibilité physique. Dans l'homme, la sensibilité physique lui est commune avec l'animal, et la sensibilité morale lui est commune avec les êtres purement spirituels.

Bien que très distinctes, ces deux sortes de sensibilité ne sont pas isolées dans l'homme. La sensibilité morale donne naissance à des émotions, qui ne sont pas sans influence sur la sensibilité physique, comme la sensibilité physique est la source d'émotions dont l'action s'étend aux puissances supérieures de l'âme, et par là même à la sensibilité morale. L'une a l'âme pour sujet immédiat, et l'autre, le composé humain.

Les émotions dont cette sensibilité supérieure est la source féconde, s'appellent *plaisirs* ou *douleurs*, *affections*, et plus ordinairement *sentiments*.

IV. — **Domaine de la Sensibilité morale.** — La sensibilité morale occupe une large place dans la vie humaine. Le domaine en est fort étendu.

La sensibilité morale, nous semble-t-il, peut être envisagée à trois points de vue, dont l'ensemble forme comme la synthèse de cette faculté. On peut la considérer : 1° dans *les causes* qui la provoquent et l'excitent ; 2° dans *la variété des affections* qu'elle produit ; 3° dans *les actes* auxquels elle donne lieu, par l'intermédiaire des passions, qu'elle met en jeu, aussi bien que la sensibilité physique. Nous l'étudierons ici aux deux premiers points de vue, qui se rattachent d'une manière plus intime aux caractères généraux de la sensibilité, remettant à parler du troisième, qui se relie à l'activité, lorsque nous parlerons des passions.

Si la Philosophie scolastique ne traite pas en particulier de la sensibilité morale, c'est qu'elle l'identifie avec les passions, dont elle expose la théorie avec autant de clarté que de profondeur.

1° **Causes de la Sensibilité morale.** — Les causes qui excitent en nous la sensibilité morale, se comptent par les divers ordres de choses avec lesquels notre âme *intelligente* et *libre* est en rapport. Nous allons les esquisser.

1° **Ordre matériel.** — La connaissance de l'ordre matériel est pour l'homme une source abondante d'émotions, dont la nature diffère essentiellement des émotions qui sont dues à la sensibilité physique. Nous devons l'avouer ; le monde de la matière nous occasionne des sensations analogues à celles qu'il produit dans l'animal dépourvu de raison. La lumière, la chaleur, l'arbre que ses yeux rencontrent, tous les phénomènes sensibles l'affectent physiquement, comme ils nous affectent nous-mêmes. Mais chez l'animal, ne cherchez rien au delà de cette impression purement organique. Chez nous, au contraire, ces émotions de la sensibilité physique provoquent les recherches de l'intelligence. Bientôt la beauté de l'ensemble et des parties nous apparaît. Nous saisissons les relations des êtres, les rapports que nous sommes destinés à avoir avec eux, les avantages dont ils peuvent être pour nous la source à tous les points de vue, et aussi ce que nous avons à en redouter. Cette connaissance devient la source d'affections diverses, de plaisirs ou de douleurs, qu'on ne peut confondre avec les sensations qui nous sont communes avec l'animal.

2° **Ordre Psychologique.** — Si l'intelligence du monde extérieur, en révélant à notre âme d'innombrables magnificences, lui cause des émotions en rapport avec sa nature spirituelle, elle puise en elle-même, dans la connaissance de ses facultés et de leur vivante harmonie, une matière plus féconde encore à des émotions non moins vives et plus élevées. — Mais, en même temps, elle comprend sa faiblesse, elle voit la limite de ses pouvoirs ; elle apprécie et elle juge ses douleurs physiques elles-mêmes. Et ce nouvel ordre de connaissances ne peut manquer d'avoir un retentissement profond dans sa sensibilité morale.

3° **Ordre intelligible.** — Par delà l'ordre expérimental extérieur et intérieur, notre âme s'élève à l'ordre intelligible de la vérité absolue, du bien parfait, de Dieu. C'est la partie la plus haute de ses connaissances, et celle par là même qui développe en elle les émotions les plus puissantes et les sentiments les plus élevés.

4° **Ordre moral et libre.** — Si l'ordre intelligible procure à notre âme des connaissances et des émotions que l'animal ignore, il nous révèle en même temps le bien absolu vers lequel nous devons tendre incessamment, les obligations qui nous incombent, l'usage que nous devons faire de notre liberté. Ces nouveaux horizons qui apparaissent aux yeux de notre intelligence, ne peuvent manquer d'éveiller en nous de sublimes aspirations. Par son accomplissement ou par sa violation, le devoir est pour nous une source de douces satisfactions ou de cuisants remords. On le voit donc, le champ des causes qui provoquent la sensibilité morale dans l'âme humaine, est fort étendu.

2° **Variété des Affections morales.** — Comme les causes qui agissent sur la sensibilité morale sont nombreuses, elles donnent naissance à des affections très variées, qu'il ne serait guère possible d'énumérer.

Plusieurs Philosophes classent ces affections en trois catégories, à savoir, les affections qui ont pour objet *les personnes*, celles qui ont pour objet *les choses*, et celles qui se rapportent aux *conceptions purement rationnelles*. Quelque imparfaite qu'elle puisse être, nous adopterons cette classification.

1° **Affections qui ont pour objet les Personnes.** — On entend par là tous les sentiments que nous éprouvons, soit à *notre égard*, soit à l'égard de nos semblables.

Des sentiments qui se réfèrent à *nous-mêmes* par leur nature, naissent toutes les inclinations qui nous portent à rechercher notre bien propre, soit physique, soit intellectuel, soit moral. Toutes ces inclinations sont bienveillantes. Dieu, dans sa sagesse, a disposé de telle sorte le fond de notre nature, que nous ne pouvons pas nous haïr nous-mêmes. Nous sommes fatalement enclins à la recherche de notre bien, et alors même que nous nous trompons dans le choix des moyens qui sont laissés à notre libre arbitre, c'est encore notre bien que nous avons en vue.

Les sentiments qui se rapportent à *nos semblables*, engendrent les inclinations, qui influent sur nos relations avec eux. Telles sont les inclinations qui se manifestent au sein de la famille, et qui diffèrent selon la position de chacun des membres : affection paternelle ou maternelle, filiale, fraternelle. Aux affections *domestiques* s'ajoutent les affections *patriotiques*, dont l'objet est plus étendu, et les affections *philanthropiques*, qui répondent à un objet plus étendu encore, à la famille humaine, considérée d'une manière générale.

Inclinations sympathiques et antipathiques. — Toutes les inclinations que nous ressentons à l'égard de nos semblables, devraient être *sympathiques* et bienveillantes ; quelquefois, cependant, elles sont tout opposées. D'où proviennent donc les inclinations malveillantes et *antipathiques* ? Pour résoudre la question, il faut se rappeler que le premier mouvement de l'âme humaine, pour rechercher ou pour fuir un objet quelconque, a son point de départ dans l'impression agréable ou pénible que cet objet, ou l'idée qu'elle s'en forme, lui a causée. Si l'impression a été défavorable, elle sera portée à s'en éloigner et à le haïr. Si l'impression lui a causé une jouissance, elle sera portée à le rechercher et à l'aimer. Dans l'un et l'autre cas, ces inclinations de l'âme ont besoin, comme on le dira plus tard, d'être réglées conformément à la saine raison et aux enseignements de la foi.

2° Affections qui ont pour objet les Choses. — Lorsque la raison nous a fait connaître les avantages qui peuvent nous revenir de la possession d'une chose, l'estime qu'en font nos semblables, cette connaissance met en nous des sentiments qui nous portent à la désirer et à employer les moyens de l'acquérir. Ces sentiments diffèrent de l'impression physique que la vue de la chose peut produire en nous, et ils en diffèrent, parce qu'ils sont éclairés par l'intelligence. Tels sont les sentiments qui nous poussent à désirer la richesse, les récompenses, le succès, la science, la gloire, en un mot, tout ce à quoi on attache du prix dans la société des hommes.

3° **Affections qui se rapportent aux Conceptions purement rationnelles.** — Ces affections, qui ont leur cause dans un ordre que notre intelligence est seule capable d'atteindre, sont le sentiment du *vrai*, du *bien* et du *beau*, et *le sentiment religieux*.

Sentiment du Vrai. — Notre âme, qui n'est douée d'intelligence que pour connaître, se complaît naturellement dans la vérité, comme elle souffre de l'erreur et déteste le mensonge. La jouissance que la possession de la vérité lui cause, fait naître en elle une noble passion, *l'amour du vrai*. Cet amour l'incline à dire la vérité et à croire comme vrai ce que rapportent les autres, deux propensions admirables, qui ont, sans doute, besoin d'être dirigées, mais qui sont la base du témoignage oral ou historique, et l'un des premiers fondements de société entre les hommes.

Sentiment du Bien. — Ce sentiment, appelé aussi sentiment moral, naît de la connaissance du bien et du mal, et de leur différence essentielle. Douée de la liberté, uniquement pour pratiquer le bien, notre âme aime naturellement le bien comme le vrai. Elle admire la vertu et elle méprise le vice. Le sentiment moral est si profondément établi dans la nature raisonnable, qu'il ne s'éteint pas, du moins entièrement, même chez l'homme le plus pervers.

Sentiment du Beau. — Tout ce qui est beau nous plaît et nous attire ; tout ce qui a le caractère de la difformité et de la laideur nous répugne. Le sentiment du beau est une source de perfectionnement moral pour l'homme, qu'il excite à la vertu. Les beaux-arts lui doivent leur inspiration et leurs progrès.

Sentiment Religieux. — Enfin, au-dessus de tous ces sentiments, est le sentiment religieux, le plus noble dont l'âme humaine soit capable. Lorsque, par notre raison, nous avons saisi l'existence d'un Être suprême, le sentiment religieux, tout aussi naturel que ceux du vrai, du bien et du beau, dont Dieu est l'éternel principe, naît dans notre âme et nous dispose à l'aimer, à l'adorer et à lui rendre le culte qu'il mérite.

§ V. DIFFÉRENCE ENTRE LA SENSIBILITÉ PHYSIQUE ET LA SENSIBILITÉ MORALE, ENTRE LA SENSATION ET LE SENTIMENT.

I. — **Différence entre la Sensibilité physique et la Sensibilité morale.** — L'enseignement qui a été exposé, montre la différence parfaitement tranchée qui sépare la sensibilité morale de la sensibilité physique.

1° La sensibilité physique est une faculté *organique* ; la sensibilité morale est une faculté *inorganique*.

2° La sensibilité physique se rapporte directement à *l'ordre sensible*, dont elle reçoit les impressions par l'intermédiaire des organes ; la sensibilité morale se rapporte directement à *l'ordre intelligible*, dont elle reçoit les impressions par l'intermédiaire de l'intelligence, qui ouvre cet ordre à notre âme. Pour que l'ordre sensible nous cause des émotions morales, il est nécessaire qu'à la connaissance de cet ordre par les sens, ce qui constitue la connaissance propre à l'animal, vienne s'ajouter la connaissance par l'intelligence, qui élève et perfectionne la première.

3° La sensibilité physique, bien qu'elle ait son origine dans l'âme, a pour siége le composé vivant, l'animal ; la sensibilité morale réside exclusivement dans l'âme intelligente et libre.

4° La sensibilité physique appartient à la brute et à l'homme ; la sensibilité morale appartient à l'homme et aux êtres spirituels.

II. — **Différence entre la Sensation et le Sentiment.** — La sensation et le sentiment diffèrent :

1° *Par leur cause.* — La sensation a pour cause immédiate une modification organique, occasionnée par l'action d'un objet matériel. Elle est indépendante de tout acte intellectuel, et la même dans l'homme que dans la brute. — Le sentiment, au contraire, a une cause extra-sensible, saisie par l'intelligence. Il est susceptible de se modifier avec nos idées et avec les dispositions de notre volonté, tandis que la sensation demeure la même dans les diverses phases de la vie. — Les causes qui les provoquent agissant en même temps sur nous, la sensation et le sentiment coexistent en nous sans se confondre.

2° *Par leur sujet.* — Le sujet de la sensation est le composé humain ; l'âme est le sujet unique du sentiment.

3° *Par leur nature.* — Quoique souvent on se serve des mêmes expressions pour rendre les émotions physiques et les émotions psychiques, elles n'en sont pas moins de nature très différente. Où est l'homme qui soit tenté de confondre le plaisir que lui a causé le parfum d'une fleur, avec le sentiment qu'il éprouve après avoir accompli son devoir, ou bien la douleur occasionnée par le contact d'un corps brûlant, avec la douleur que fait naître en lui la mort d'une personne aimée ?

4° *Par la localisation*, qui a lieu dans la sensation, et à laquelle le sentiment est absolument étranger. L'organisme animé étant le sujet immédiat de la sensation, toute sensation est nécessairement localisée dans quelque partie du corps. Il n'en est pas et il ne peut en être ainsi du sentiment, dont l'âme est l'unique sujet, et qui n'affecte point l'organisme.

SEPTIÈME LEÇON.

Sommaire : 1. Notion de l'Intelligence. — 2. Perception externe. — 3. Perception interne. — 4. Perception intellectuelle. — 5. Mémoire. — 6. Imagination.

§ I. — NOTION DE L'INTELLIGENCE.

I. — **Définition de l'Intelligence.** — D'après les Philosophes modernes, on entend par intelligence *la faculté de connaître, considérée d'une manière générale*. Les Scolastiques donnent au mot intelligence (*intus legere*) un sens moins large, le réservant pour exprimer la connaissance de l'ordre intelligible. La connaissance expérimentale, interne et externe, qui est commune à l'homme et à l'animal, ils l'appellent *connaissance sensible*, et ils désignent sous le nom de *connaissance intellectuelle* celle qui est propre à l'homme, c'est-à-dire, la connaissance de ce qui ne frappe pas les sens.

L'intelligence, d'après les Philosophes modernes, c'est donc la faculté de connaître à tous ses degrés ; ils l'appellent aussi *entendement*. La raison qui les fait élargir la signification de ce mot, c'est que l'homme saisit l'ordre sensible lui-même d'une manière supérieure à la connaissance de l'animal. Il s'en rend compte ; il en a l'intelligence.

L'intelligence, ou faculté de connaître, réveille l'idée d'une lumière qui éclaire. Elle est comme le soleil de l'âme.

Les faits auxquels la faculté de connaître donne naissance, sont désignés sous les noms divers de *faits cognitifs*, *faits intellectuels*, *connaissances*, *notions*, *pensées*, *perceptions*, *idées*, *jugements*, etc., expressions toutes de nature à montrer la différence de l'intelligence et de la sensibilité.

II. — **Divisions de l'Intelligence.** — Notre faculté de connaître a pour objet l'ordre *sensible* et l'ordre *intelligible*. Le premier est aussi appelé ordre *contingent* et ordre *expérimental*, et le second, ordre *nécessaire* ou ordre *rationnel*. De là deux pouvoirs dans notre intelligence, ou deux perceptions : *la perception expérimentale* et *la perception intellectuelle*.

La perception expérimentale, ainsi appelée de la méthode qu'elle emploie, comprend *la perception externe*, par laquelle nous connaissons les réalités contingentes en dehors de nous, et *la perception interne*, par laquelle nous prenons connaissance de nous-mêmes. Mais, dans l'ordre contingent, nous trouvons *le particulier* et *l'universel*. La perception expérimentale, qui nous est commune avec l'animal, n'atteint que *le particulier*, qui seul frappe les sens. *L'universel*, ne pouvant être saisi par les sens, appartient à la perception intellectuelle.

Il faut donc reconnaître trois sortes de perceptions : 1° la perception *expérimentale-externe*; 2° la perception *expérimentale-interne*; 3° la perception *intellectuelle*, dont l'objet dépasse la portée des sens et n'est atteint que par l'intelligence.

Mais notre intelligence ne se borne pas à connaître le monde matériel, le monde psychologique et le monde intelligible ; elle se rappelle encore *le passé*. De plus, elle peut utiliser les données des sens, de la conscience et de la raison, conservées par la mémoire, pour former des *combinaisons nouvelles*, et créer ainsi à sa manière, c'est-à-dire, elle a le pouvoir de *se souvenir* et le pouvoir d'*imaginer*.

D'où il suit que notre faculté générale de connaître renferme cinq facultés spéciales, qui méritent d'être considérées à part, à savoir :

1° La perception externe, qui a pour objet *l'ordre matériel*.

2° La perception interne, qui a pour objet *le moi*.

3° La perception intellectuelle, qui a pour objet *l'universel* et *le nécessaire*.

4° La mémoire, qui a pour objet *les faits dont nous avons eu conscience*.

5° L'imagination, qui a pour objet ou *l'image des faits sensibles qui nous ont affectés*, ou *les combinaisons nouvelles de notre esprit*.

III. — **Opérations de l'Intelligence.** — Les multiples facultés de l'intelligence atteignent leur objet par les *actes* ou *opérations* qui leur sont propres, et qu'il est nécessaire d'approfondir, si l'on veut se rendre compte de la prérogative que l'âme humaine possède de s'unir la vérité objective par la connaissance qu'elle en acquiert. Notre âme ne crée pas la vérité, mais elle en fait la conquête et elle la reçoit pour en nourrir son intelligence. Nous avons donc à nous occuper des actes ou opérations indispensables pour que nos pouvoirs cognitifs atteignent leur objet.

IV. — **Génération de la Connaissance dans l'Intelligence.** — A l'étude des facultés et des opérations de l'intelligence, doit s'ajouter une autre étude non moins importante, c'est celle de l'origine même et de la génération des connaissances dans l'esprit humain. Or, cette génération s'opère par les *idées*, qui font passer d'une manière toute spirituelle dans notre intelligence les divers objets de nos facultés cognitives. C'est par là que nous terminerons nos considérations sur l'intelligence.

V. — **Intelligence et Raison.** — Il n'y a dans l'âme humaine qu'une seule faculté de connaître, mais, comme cette faculté remplit des fonctions diverses, elle est désignée par différents noms. On l'appelle généralement *raison*, quand on l'envisage dans ses fonctions supérieures. Est-ce à dire pour cela que l'intelligence, considérée comme perception intellectuelle, se confond avec la raison ? La faculté de connaître est appelée *intelligence*, dit saint Thomas, comme pénétrant la nature intime des choses, et raison (*ratio*, *moyen*), comme recherchant la vérité par les moyens qui lui sont propres. D'où il faut conclure qu'intelligence et raison expriment deux fonctions différentes du même pouvoir : l'une par laquelle notre esprit saisit et comprend une vérité *intuitivement* et sans procédé discursif, et l'autre par laquelle il arrive à la vérité au *moyen du raisonnement*. (ZIGLIARA.)

VI. — **L'Intelligence est-elle une Faculté passive ?** — Il n'est aucune puissance de l'âme qui ne soit vitale et qui n'ait par là même quelque opération. Si l'activité se tirait des opérations, toutes les puissances de l'âme seraient actives. Mais ce n'est point ainsi que la chose doit s'entendre. Pour juger de l'activité ou de la passivité d'une puissance, il faut la considérer *relativement à son objet*. L'objet subit-il l'influence de la puissance? est-il changé par son action, ou même émane-t-il d'elle? Dans ce cas, la puissance est dite active. C'est ainsi que les puissances végétatives de l'âme, qui transforment les aliments en nourriture, sont rangées par saint Thomas parmi les puissances actives. La volonté, qui prend une détermination, pose un acte, est, à plus forte raison, une puissance active.

Mais la puissance subit-elle l'influence de l'objet? celui-ci en est-il le moteur? Alors la puissance est dite passive. Or, n'est-ce pas ici, précisément, le caractère de l'intelligence, par rapport à son objet? Elle n'est à son égard ni cause efficiente ni cause influante, mais plutôt elle en reçoit en elle-même l'idée, qui la modifie. D'où il faut conclure que notre intelligence est une faculté passive dans le sens qui a été expliqué. (ZIGLIARA.)

§ II. — PERCEPTION EXTERNE.

1. — Définition de la Perception externe. — La perception externe est *la faculté de connaître, à l'aide des organes des sens, les objets corporels*. On l'appelle *perception des sens*, parce qu'elle a pour instruments indispensables les sens et les organes qui leur répondent.

Quand un objet corporel a produit un ébranlement dans l'un de nos organes, et que cet ébranlement est arrivé jusqu'au cerveau par l'intermédiaire des nerfs, notre âme éprouve une émotion qui la fait sortir de l'état où elle était. Elle se porte vers la cause qui l'a modifiée, dans le but de la connaître, et ce dernier fait, qui ne peut d'aucune manière être confondu avec les phénomènes précédents, est un acte de la perception externe.

Dans la perception externe, les organes sont aussi indispensables qu'ils le sont pour le phénomène de la sensation physique. Le plus souvent, le même organe qui a servi à la sensation sert à la perception.

La sensation *accompagne* toujours la perception externe, qui ne se conçoit pas autrement. Là où la sensation finit, la perception externe s'arrête. Tout travail cognitif qui franchit ces limites vient d'un pouvoir supérieur à la perception sensible.

La perception externe est tellement dépendante de l'ébranlement organique que, si un organe fait défaut, les sensations et les connaissances dont il est l'instrument n'ont pas lieu. L'aveugle de naissance n'a pas la notion des couleurs.

II. — **La Perception externe est une Faculté multiple.** — Envisagée comme perception externe, notre faculté cognitive possède autant de moyens spéciaux ou *facultés secondaires*, pour connaître l'ordre corporel, qu'il y a de sens externes distincts dans notre sensibilité physique.

La perception externe comprend donc cinq pouvoirs, qui répondent aux cinq sens organiques et qui diffèrent entre eux, comme les sens eux-mêmes, par la nature de leur objet et aussi par la richesse des connaissances dont ils sont la source.

III. — **Objet de la Perception externe.** — La perception externe, s'exerçant par les organes des sens, ne peut évidemment avoir pour objet que quelque chose de corporel, c'est-à-dire, qui soit de nature à produire une impression sur notre organisme. Elle a donc pour objet :

1° **Les Qualités sensibles des Corps.** — Les qualités sensibles sont aussi désignées sous la dénomination de *propriétés relatives*, parce qu'on entend par là les propriétés qu'ont les corps de faire naître en nous des sensations déterminées, comme la sensation de la chaleur ou celle de la couleur. Si l'on prend ces qualités pour les *effets* qu'elles produisent, elles sont en nous et non pas dans les corps ; mais, si on les prend pour les *causes* qui provoquent en nous des impressions, elles sont en réalité dans les corps eux-mêmes. Nous les saisissons par la perception externe, et nous les affirmons avec certitude.

2° **Les Réalités substantielles et individuelles.** — Les qualités que nous saisissons par la perception externe sont des qualités à l'état concret et déterminé, existant dans un sujet particulier. En connaissant ces qualités, nous ne pouvons manquer de connaître, de quelque manière, la réalité substantielle qui en est le sujet. Cette réalité est pour nous sensible accidentellement (*per accidens*). (Sanseverino.)

La perception externe est incapable, par elle-même, de nous donner la connaissance de *l'universel*, qui ne tombe pas sous les sens et qui est avec le nécessaire l'objet de la perception intellectuelle. Par la perception externe, nous connaissons les individus qui se sont offerts à notre observation, mais nous n'acquérons pas la notion de genre ou d'espèce. Ce n'est point par la perception externe, mais par la raison s'appuyant sur les données de l'expérience, que nous nous élevons à l'idée de *l'essence métaphysique* des réalités matérielles.

Divers Genres de Sensibles. — Terminons cette considération sur l'objet de la perception externe par un mot sur les divers genres de sensibles. Les choses sensibles n'affectent pas nos sens de la même manière : de là *le sensible propre, le sensible commun* et *le sensible par accident*. On entend par sensible *propre* ce qui ne peut avoir d'action que sur un sens, comme le son, qui n'est accessible qu'à l'ouïe. On entend par sensible *commun* ce qui peut être saisi par plusieurs sens, parce qu'il est le fondement de plusieurs sensibles propres, comme l'étendue. Enfin, le sensible *par accident* est ce qui par soi n'ayant pas d'action sur les sens, leur est cependant accessible par son union avec le sensible propre ; c'est ainsi que le lait est visible à l'œil à cause de sa blancheur.

IV. — La Perception externe saisit directement l'Objet et non l'Image. — La Genèse de la connaissance de l'ordre corporel dans l'âme humaine n'est pas sans importance, au point de vue de la certitude.

De toutes les théories émises sur ce point, la théorie Scolastique est la seule qui soit avouée de la saine raison.

1° **Théorie Scolastique sur la Genèse de la Connaissance de l'ordre corporel.** — La faculté de connaître ne peut atteindre son objet qu'en s'unissant à lui de quelque manière. Le connu, dit saint Thomas, est dans le connaissant. *Cognitum est in cognoscente*. Or, l'objet matériel ne peut être dans la faculté cognitive que par *lui-même* ou par *l'image immatérielle*, qui en est la représentation. Il n'y entre pas lui-même, la chose est par trop évidente. Il y entre donc par son image, et c'est cette union de la faculté cognitive avec l'objet par sa représentation, qui produit sur le champ en elle le merveilleux phénomène de la connaissance.

2° **Vrai sens de cette Théorie.** — Cette théorie signifie-t-elle que nous percevons directement l'image et que nous n'avons qu'une connaissance médiate des corps? C'est le contraire qui est la vérité. Notre faculté cognitive, d'après les Scolastiques, atteint directement les corps eux-mêmes et elle les perçoit selon le mode de connaissance propre à sa nature. Or, ce mode de connaissance, propre à l'âme, consiste à s'en former une représentation immatérielle, dans l'acte même de la perception. Elle ne va pas de l'image à l'objet, mais c'est sur l'objet même, immédiatement perçu par elle, qu'elle s'en crée une image par son activité propre, image qui demeure en elle lorsque le corps a cessé d'agir sur ses sens, et qui sera la forme de sa pensée, pour se souvenir de cette réalité matérielle. (SANSEVERINO.)

La théorie Scolastique qui met l'âme, unie substantiellement au corps, en rapport *immédiat* avec le monde matériel, assure la certitude de la perception externe, en écartant les graves inconvénients des théories formulées par plusieurs Philosophes anciens et modernes, que nous ne ferons qu'indiquer.

V. — **Théories erronées de la Perception externe.** — Nous en signalerons trois principales :

1° **Théorie des Idées-Images.** — Cette théorie, émise dans les temps anciens par Démocrite et Epicure, a été ressuscitée avec des variantes, dans les temps modernes, par Locke et par l'école Cartésienne. D'après cette théorie, la perception des corps est *médiate*, s'accomplissant au moyen d'images, selon les uns, *matérielles*, qui se dégagent des corps et pénètrent dans nos organes, *immatérielles*, selon les autres, qui les attribuent soit à l'âme, soit à Dieu. Si l'âme n'est en rapport immédiat qu'avec ses propres modifications, produites par les images des corps, comment aura-t-elle la certitude des réalités extérieures ? (SANSEVERINO.)

2° **Théorie de la Vision en Dieu.** — Inventée par Malebranche, cette théorie a été reproduite, de nos jours, par les Ontologistes. Nous l'apprécierons plus tard, en montrant qu'elle converge au Panthéisme.

3° **Théorie Écossaise.** — Reid, qui en est l'auteur, n'affirme pas le rapport immédiat de l'âme, qui forme avec le corps un tout substantiel et vivant, avec les réalités matérielles, dans l'acte de la perception. Pour lui, percevoir un corps, c'est en *concevoir* la figure et *croire* à son existence présente. Mais percevoir c'est plus que concevoir, c'est connaître actuellement une réalité qui nous est présente. Aussi, n'est-il pas étonnant que de cette théorie défectueuse de la perception, le Philosophe écossais conclue à la simple croyance, et non à la certitude de l'existence de l'objet perçu.

VI. — **Conditions de la Perception externe.** — La perception externe a ses lois. Elle implique trois sortes de conditions qui regardent *l'objet* même de la connaissance : *le corps*, qui en est l'instrument, et *l'âme*, qui en est le sujet.

1° **Conditions du côté de l'Objet.** — La perception externe, ayant pour objet les corps, exige non-seulement l'existence d'un corps, mais encore sa présence. Cette présence s'entend de son action sur l'organe du sens auquel il se rapporte.

2° **Conditions du côté du Corps.** — Les conditions du côté du corps consistent dans les faits physiologiques, que nous avons précédemment décrits, et qui sont au nombre de trois : ébranlement d'un organe, occasionné par l'objet matériel ; transmission de cet ébranlement par le moyen des nerfs ; enfin, impression du cerveau. Il faut en outre que l'organe soit dans son état normal ; autrement, la perception s'accomplirait d'une façon défectueuse et propre à induire en erreur.

3° **Conditions du côté de l'Ame.** — La première condition, du côté de l'âme, c'est qu'elle éprouve une émotion qui la modifie dans sa sensibilité. Mais cette condition ne suffit pas, pour que la perception externe ait lieu. Il faut encore que l'âme remarque cette émotion, et par suite soit attirée vers l'objet qui lui a signalé sa présence. Une préoccupation qui l'absorbe, neutralise pour elle l'effet de la sensation et, en l'empêchant d'y être attentive, empêche la perception d'avoir lieu, bien que toutes les autres conditions aient été remplies. (BÉNARD.)

VII. — **Analyse de l'Acte même de la Perception externe.** — Si l'acte de la perception externe est simple en lui-même, on doit reconnaître qu'il est complexe sous le rapport des conditions qui le préparent et qu'ainsi il est susceptible d'être analysé. L'analyse de cet acte fait ressortir la différence qui existe, d'après les Philosophes modernes, entre la sensation et la connaissance sensible.

On remarque dans l'acte de la perception externe : 1° Un fait *physique*, agissant sur l'organisme ; — 2° des faits *physiologiques*, s'accomplissant dans l'organisme ; — 3° un *premier fait psychologique*, une émotion sensible, ayant pour sujet l'âme et le corps ; — 4° un *second fait psychologique*, qui appartient à la faculté cognitive. L'âme a *senti* et elle *connaît*.

VIII. — **Localisation des Perceptions externes.** — L'âme étant tout entière présente dans les divers organes du corps auquel elle est substantiellement unie, jouit ou souffre dans ses organes. Voilà pourquoi elle localise ses sensations. La perception externe venant à la suite de la sensation, étant même accompagnée de la sensation et s'accomplissant par les organes du corps, appartient à tout le composé humain et se localise comme la sensation elle-même. C'est dans les organes du corps que l'âme perçoit les choses extérieures. Elle voit dans l'œil, elle entend dans l'oreille, elle touche dans la main. Dans chacun de ces organes, s'achève le genre de perception qui s'y rapporte. (LIBERATORE.)

IX. — **Erreurs des Sens.** — Les erreurs dans lesquelles nous pouvons tomber au sujet des phénomènes externes, ne doivent point être attribuées aux sens. A proprement parler, dit Bossuet, il n'y a point d'erreur dans le sens, qui fait tout ce qu'il doit et qui le fait d'une manière fatale. C'est à l'entendement, qui doit juger les organes eux-mêmes, à tirer les conséquences nécessaires et convenables, et, s'il se laisse surprendre, c'est lui qui se trompe. Le bâton plongé à moitié dans l'eau nous apparaît brisé par le milieu ; il ne peut nous apparaître autrement, d'après les lois de la réfraction de la lumière. Nos yeux et le sens de la vue nous le montrent tel que la nature le leur offre. Si nous jugeons qu'il est brisé par le milieu, c'est notre entendement qui se trompe, en ne tenant pas compte du milieu par lequel nous arrivent les rayons lumineux. Ainsi en est-il de toutes les autres erreurs qui sont communément et à tort attribuées aux sens.

X. — **Éducation des Sens, ou plutôt de l'Intelligence.** — Pour éviter l'erreur dans les jugements qu'il porte sur l'ordre matériel, notre entendement a besoin d'apprendre à se servir des données des sens. Cette éducation de l'entendement se fait par l'expérience et par l'étude. C'est ainsi que nous apprenons à juger sainement de l'éloignement des corps, de leur distance respective, de leur forme extérieure, et à ne pas nous laisser tromper par les premières impressions des sens. (BÉNARD.)

XI. — **Connaissances provenant de la Perception externe.** — La perception externe donne lieu dans l'homme à deux ordres de connaissances, qu'il faut se bien garder de confondre. Le *premier ordre* de connaissances est commun à l'animal et à l'homme. Il ne dépasse pas les limites de l'expérience et de la portée des sens, s'arrêtant là où s'arrête l'impression sensible. Les connaissances de ce premier ordre sont les connaissances *propres* de la perception externe. Toutes les autres connaissances qui viennent s'y ajouter, sont dues à une faculté supérieure, à la raison elle-même, agissant sur les données de la perception externe. Si elles supposent ces données, elles n'en constituent pas moins un *second ordre* de notions, très différentes des premières, que l'homme seul peut atteindre. Citons un exemple. Un tableau frappe mes regards. Par la perception externe j'en saisis les divers personnages et les couleurs. Mais c'est par la raison que j'en apprécie la beauté. Nous nous bornons à cette observation qui n'est point à perdre de vue, si l'on veut bien discerner dans les sciences expérimentales la part de l'expérience elle-même de celle de la raison.

Maintenant esquissons les connaissances qui proviennent de la perception externe, sans en indiquer le caractère *expérimental* ou *rationnel*. Chaque sens donne lieu à des connaissances plus ou moins étendues, selon le genre de relations qu'il établit entre notre âme et le monde corporel.

1° **Rôle du Tact.** — Le tact, qui est le sens fondamental, a pour organes toutes les parties du corps, et plus particulièrement la main. Il est pour notre faculté de connaître l'instrument d'un grand nombre de perceptions. Par lui nous acquérons la connaissance : 1° de la dureté ou de la mollesse des corps, de la solidité ou de la fluidité, de la ténacité, c'est-à-dire, de la résistance sous les diverses formes qu'elle peut avoir dans les corps ; 2° du poids des corps, et par suite de la pesanteur ; 3° de l'étendue sous ses trois dimensions ; 4° de la forme extérieure des corps, de leur situation relative, du mouvement ; 5° enfin, du sec ou de l'humide, du chaud ou du froid, et par là de la température.

2° **Rôle de la Vue.** — Bien que les perceptions de la vue semblent se confondre en certains points avec celles du tact, elles en diffèrent cependant. Nous devons à la vue la connaissance : 1° des couleurs ; 2° de l'étendue, considérée sous deux de ses dimensions. Cette étendue visuelle diffère de l'étendue tangible, qui a les trois dimensions ; 3° de la position et des mouvements, soit apparents, soit réels des corps ; 4° de l'ensemble des riches tableaux qu'offre la nature ; 5° de la beauté sensible.

3° **Rôle de l'Ouïe.** — L'ouïe est le sens propre de l'entendement, ainsi qu'on l'a dit avec raison. C'est grâce à ce sens que nous avons la connaissance des sons et que nous sommes à même d'en apprécier l'acuité, la gravité, le ton et le timbre. C'est par lui que la parole de nos semblables apporte à notre âme les trésors de science et de nobles sentiments que d'autres âmes recèlent. Si les sons de la voix humaine affectent notre sensibilité physique, notre intelligence saisit la relation de ces sons avec les idées dont ils sont les signes arbitraires, et elle comprend ce qu'a voulu lui dire une autre intelligence servie comme elle par des organes. Le sens de l'ouïe est ainsi un des premiers instruments de la perfectibilité humaine.

4° **Rôle de l'Odorat et du Goût.** — Le rôle de l'odorat et du goût, particulièrement affectés aux fonctions de la vie animale, est beaucoup moins étendu. C'est par ces sens que notre âme acquiert la connaissance des odeurs et des saveurs, avec leurs variétés presque innombrables.

§ III. — PERCEPTION INTERNE.

I. — Notion de la Perception interne. — L'âme humaine ne connaît pas seulement les choses sensibles qui agissent sur elle du dehors par l'intermédiaire des organes ; elle se connaît encore elle-même. C'est cette *faculté de se connaître et de saisir ses propres affections* qu'on appelle d'une manière générale *perception interne*.

1° **La Perception interne a pour point de départ le Sens intime.** — La perception interne, nous semble-t-il, a pour point de départ le sens intime, comme la perception externe a pour point de départ la sensation. Il faut que l'âme sente les modifications qui l'affectent, pour se connaître elle-même. On donne le nom de sens intime à *la faculté par laquelle l'âme est informée de ce qui se passe chez elle*. Cette information est une préparation à la connaissance intime, comme la sensation organique est une préparation à la perception externe.

Les Scolastiques, qui identifient la sensation organique avec la connaissance sensible, identifient le sens intime et la conscience psychologique, et ils réservent le mot de conscience pour désigner la conscience morale. La plupart des Philosophes modernes font du sens intime et de la conscience psychologique deux facultés distinctes, comme ils font deux facultés distinctes de la sensibilité organique et de la perception externe.

2° **La Perception interne s'accomplit par la Conscience psychologique et par la Réflexion.** — C'est ce que nous établirons, en exposant la méthode d'observation psychologique. Mais la réflexion ou le retour de l'âme sur les modifications dont elle a été une première fois affectée, suppose nécessairement la mémoire.

Ainsi, *sens intime, conscience, mémoire, réflexion*, voilà ce qui constitue dans son ensemble la perception interne. Nous n'avons pas à revenir sur *le sens intime*, dont la notion a été exposée.

II. — Nature de la Conscience psychologique. — On définit la conscience psychologique : *la faculté que notre âme possède de connaître actuellement ses modifications*. Non-seulement nous sentons et nous connaissons, dit Zigliara, mais encore nous savons que nous sentons et que nous connaissons. C'est là la conscience psychologique *(secum scire)*. Par la conscience l'âme prend connaissance d'elle-même et se discerne de tout ce qui n'est pas elle. La conscience, c'est l'âme sachant qu'elle sent, pense ou veut, lorsqu'elle sent, pense ou veut en réalité.

III. — **Conscience sensitive et Conscience intellective.** — La conscience a pour *objet*, non pas seulement les actes auxquels les sens participent, *sensation, connaissance sensible, appétit sensitif*, et qui sont désignés pour cela sous la dénomination d'*actions sensitives*, c'est-à-dire, propres à l'être doué de la vie sensitive, mais encore les actes de la vie supérieure de l'homme, *sentiments moraux*, *connaissances intellectuelles*, *volitions*, qui sont appelés *actions intellectives*, c'est-à-dire, propres à l'être doué d'intelligence et de liberté.

Il faut donc admettre deux facultés dans la conscience psychologique, et ce sont ces deux facultés, parfaitement distinctes, qui sont appelées, l'une *conscience sensitive*, et l'autre *conscience intellective*. La première est commune à l'homme et à la brute ; la seconde ne convient qu'à l'homme. La première, comme la seconde, atteste ce qui se passe présentement dans l'âme : c'est là son domaine exclusif, comme le domaine exclusif de la perception externe, ce sont les phénomènes extérieurs qui ont affecté notre sensibilité organique. Toutes les connaissances internes qui s'ajoutent aux connaissances propres de la conscience psychologique, sont l'œuvre de la raison agissant sur ces données. Ainsi, c'est la raison qui apprécie la nature des affections psychiques, qui en connaît les causes, qui en saisit les rapports. La fonction propre de la conscience psychologique est d'attester d'une manière certaine la présence de ces affections diverses, à mesure qu'elles apparaissent en nous.

IV. — **Relations de la Conscience et des autres Facultés.** — La notion que nous venons de donner de la conscience, fait voir qu'elle accompagne nos autres facultés dans leur exercice. Elle est l'infaillible et conscient témoin de leurs opérations.

1° **Les autres Facultés appellent la Conscience.** — Si une faculté était isolée de la conscience, elle serait pour nous absolument comme si elle n'existait pas et nous demeurerait inconnue. Toutes les facultés qui sont en nous, ayant pour raisons d'être notre perfection et notre bonheur, supposent ainsi nécessairement la conscience, sans laquelle le plan du Créateur ne pourrait ni se concevoir, ni s'expliquer. Nous ne concevons pas que nous puissions sentir, penser, vouloir, nous souvenir, si nous ne sommes pas conscients de nos sensations, de nos pensées, de nos volitions et de nos souvenirs.

2° **La Conscience suppose les autres Facultés.** — En effet, sans elles, la conscience ne se concevrait pas et serait impossible. Ce serait une conscience sans objet, c'est-à-dire, inconsciente, ce qui n'est rien moins qu'une contradiction. Si la conscience ne perçoit pas seulement les faits psychologiques, si elle arrive jusqu'à la substance de l'âme, qui en est le principe aussi bien que le sujet, c'est par la connaissance des faits qu'elle peut y atteindre. D'où il suit que tout phénomène psychologique cessant, l'âme serait incapable de se connaître elle-même.

V. — **La Conscience est une Faculté distincte.** — Si la conscience accompagne les autres facultés dans leur exercice, gardons-nous de la confondre avec elles ou de penser qu'elle n'est que le mode essentiel de leurs opérations. La conscience est une faculté spéciale, ayant un objet différent des objets des autres facultés et des actes distincts des leurs.

1° *L'objet* de la conscience est actuel et purement subjectif ; son rôle s'accomplit présentement et uniquement dans l'intérieur du moi. Nos autres facultés ont un objet pris en dehors du moi, bien que leurs opérations aient leur retentissement au fond de notre âme. L'objet de la perception externe, c'est le monde matériel ; l'objet de la raison embrasse l'universel et l'ordre purement intelligible ; l'objet du désir, c'est le bien délectable ; l'objet de la volonté, c'est le bien absolu. La mémoire a pour objet les faits qui ont antérieurement modifié l'âme et qui ont leur raison en dehors du moi. La réflexion elle-même a un objet qui ne permet pas de la confondre avec la conscience, du moins avec la conscience directe. Elle s'exerce sur des faits qui ont déjà apparu à la conscience ; elle tient les regards de l'âme fixés sur ces faits, qu'il s'agit d'approfondir ; notre âme a conscience de ses propres réflexions.

2° Les *actes* de la conscience sont distincts des actes des autres facultés. Il est vrai, puisque la conscience accompagne une faculté dans son exercice, son acte est mêlé par là même à l'acte de l'autre faculté. Il s'y mêle, en nous le révélant à nous-mêmes. Autre chose est de vouloir, par exemple, et autre chose de savoir qu'on veut. Il faut donc reconnaître que la conscience est réellement une faculté distincte, mais qui, toutefois, n'est au fond que la faculté de connaître appliquée à l'âme elle-même.

VI. — **Réflexion.** — On définit la réflexion : *la faculté que notre âme possède de se replier sur elle-même, pour mieux connaître les phénomènes déjà perçus par la conscience, que la mémoire a conservés et rappelle*. L'être libre est seul capable de revenir sur ses propres pensées. La réflexion est tout à la fois le fruit et la preuve de sa liberté, en même temps qu'elle est pour lui un moyen aussi indispensable qu'efficace de se bien connaître.

Plusieurs auteurs divisent la conscience en *directe* et en *réflexe*, donnant par là à entendre que la faculté de réfléchir est plutôt un mode de la conscience qu'un pouvoir distinct. On ne doit pas, nous semble-t-il, confondre la faculté de réfléchir avec la simple advertance du phénomène, qui constitue proprement la conscience. Dans l'acte de la réflexion, nous l'avons dit, l'âme est de nouveau consciente d'une affection passée et elle est consciente de sa réflexion elle-même. La faculté de réfléchir est donc une faculté distincte de la conscience. En tout cas, elle ne peut être confondue avec la conscience telle qu'elle existe dans l'animal, qui est incapable de réflexion.

VII. — **Méthode d'Observation interne.** — L'observation interne, qui a son point de départ dans le sens intime, comme l'observation externe a son point de départ dans la sensation, s'accomplit par *la conscience*, par *la mémoire* et par *la réflexion*.

1° **Conscience.** — La conscience éveillée par le sens intime est le premier moyen et l'indispensable condition de la connaissance de nous-mêmes. Toutefois, elle ne pourrait, par elle seule, nous donner qu'une connaissance fort imparfaite, quelque attentifs que nous soyons aux phénomènes dont elle nous rend conscients. Ces phénomènes se succèdent avec rapidité, et bien que nous les saisissions au moment où ils se produisent, à quoi aboutirait cette connaissance passagère, si nous ne pouvions conserver ces phénomènes, les faire revivre et les examiner de nouveau à loisir ?

2° **Mémoire**. — La mémoire, dont nous parlerons bientôt, conserve l'âme à elle-même dans les modifications sensitives et intellectives qu'elle éprouve. Mais, on le conçoit, elle ne suffirait pas pour achever la connaissance de nous-mêmes, commencée par la conscience.

3° **Réflexion**. — Il faut donc que nous puissions revenir sur les modifications passées de notre âme, que la mémoire n'a pas laissées s'évanouir. Nous y revenons par la réflexion, qui les approfondit.

VIII. — **Objet propre de la Perception interne.** — La perception interne a pour objet : 1° *les modifications* sensitives et intellectives de l'âme ; 2° *la substance* de l'âme. En saisissant ses propres modifications, l'âme saisit du premier coup sa propre substance et elle se connaît comme étant elle-même le sujet de ses affections. Ces diverses affections ne sont autre chose que l'âme elle-même sentant, pensant, arrêtant une détermination. Il est impossible qu'en prenant conscience de ces affections, qui sont l'âme elle-même, diversement modifiée, elle ne se connaisse elle-même comme une réalité substantielle et vivante. Pour arriver à cette connaissance, le raisonnement ne lui est pas nécessaire, comme l'ont prétendu quelques Philosophes, qui, en voulant assimiler d'une manière complète l'observation psychologique à la perception externe, ne remarquent pas qu'ici c'est celui qui observe, qui est en même temps l'objet de l'observation. (SANSEVERINO, ZIGLIARA.)

Si l'âme connaît sa substance, par cela même qu'elle a conscience des faits qui s'accomplissent en elle, elle ne connaît pas pour cela ce qu'elle est en elle-même, c'est-à-dire, son *essence* et ses propriétés. C'est peu à peu, par l'exercice et le développement de ses facultés intellectuelles, lorsqu'elle a pu saisir la différence qui existe entre elle et les autres êtres, qu'elle parvient à cette dernière connaissance. Ici le raisonnement est nécessaire, car la connaissance n'est pas intuitive, mais médiate.

IX. — **Connaissances rationnelles provenant de la perception interne.** — Si les données de la perception externe sont pour nous la source de précieuses connaissances que l'intelligence seule peut atteindre, la perception interne, en nous découvrant le spectacle plus admirable encore de notre âme et de ses actes, contribue à nous élever à d'importantes et fondamentales notions, que nous allons exposer.

1° **Idée de Cause.** — La notion de causalité a son principal fondement dans notre conscience. *La perception externe*, il est vrai, comme nous l'avons dit dans l'Ontologie, est propre à faire naître dans notre esprit l'idée de cause. Nous apercevons autour de nous des phénomènes qui se succèdent et qui ne sont point sans raison d'être. Nous affirmons qu'ils ont une cause, mais cette cause est plus ou moins voilée pour nous. Il ne nous est pas donné de pénétrer au sein d'une cause étrangère, pour la saisir dans l'acte même de quelque opération causatrice.

Mais il est une cause que nous connaissons immédiatement, dont nous sentons et voyons l'influence sur les faits dont notre âme est le théâtre, et cette cause n'est autre que nous-mêmes. Qui ne reconnaît être la cause des déterminations qu'il prend et des projets qu'il exécute ? Les faits de la conscience élèvent ainsi notre intelligence à la notion de causalité ; et cette notion, nous en faisons l'application au monde extérieur. C'est à son image que nous concevons les autres causes, et des imperfections mêmes que nous découvrons dans notre nature, bien que capable d'être cause, nous nous élevons à l'idée de la cause suprême, infinie et parfaite, c'est-à-dire, de Dieu.

2° **Idée d'Unité.** — La perception externe n'apporte à notre intelligence aucune unité réelle. Elle nous offre bien des corps à l'état d'indivision actuelle, mais composés et divisibles. Pour trouver l'unité concrète, qui non-seulement se distingue du reste, mais encore ne peut d'aucune manière se confondre avec ce qui n'est pas elle-même, il faut que nous rentrions en nous-mêmes.

Au milieu des multiples phénomènes qu'il découvre en lui, chacun a la conscience de l'unité et de l'indivisibilité de sa personne. Qu'il éprouve une émotion agréable ou pénible, qu'il agrandisse le cercle de ses connaissances, qu'il intime sa volonté, qu'il évoque ses souvenirs, toujours il voit que ces faits se rattachent à un principe, résistant à toute division possible, et que ce principe, c'est lui-même. C'est donc dans notre conscience que nous puisons la première notion d'unité vivante et réelle, et c'est d'après ce type que nous concevons les autres unités, que nous offre l'ordre contingent. Mais nous ne tardons pas à reconnaître que l'unité du *moi* est elle-même imparfaite, et de cette unité imparfaite, quoique réelle, notre raison s'élève à l'idée de l'unité parfaite, qui n'est autre que Dieu lui-même.

3° **Idée de Fin.** — C'est encore dans l'étude de nous-mêmes que nous puisons la première notion de la cause finale. En étudiant nos déterminations, nous voyons sans peine qu'elles ont toujours un motif, et par là même une fin arrêtée. La finalité nous apparaît comme le mode d'action propre à notre nature intelligente, et nous concevons que tel doit être aussi le mode d'action de tout être intelligent et libre, et conséquemment de Celui que notre raison a reconnu comme la cause suprême et l'unité parfaite.

C'est ainsi que la connaissance de nous-mêmes contribue, plus puissamment encore que la connaissance du monde matériel, à porter notre esprit vers les conceptions plus hautes et les réalités plus sublimes, que la raison seule peut atteindre et qui sont l'objet de la perception rationnelle.

§ V. — PERCEPTION INTELLECTUELLE.

I. — **Différence entre la Perception intellectuelle et la Perception expérimentale.** — Ce que les Philosophes modernes appellent perception intellectuelle, les Scolastiques l'appellent intelligence. Les premiers opposent la perception intellectuelle à la perception expérimentale; les seconds opposent l'intelligence aux sens. Quelque différents que soient les termes, les uns et les autres s'accordent sur la nature de cette faculté supérieure dont nous abordons l'étude et qui, au point de vue de la connaissance, établit une différence radicale entre l'homme et la brute.

La perception externe a pour objet les corps et leurs qualités sensibles. Les phénomènes de notre vie intime, les actes et la substance de notre âme sont l'objet de *la perception interne.* Les objets de cette double perception expérimentale sont limités dans leur existence, sujets au changement, et nous comprenons que, s'ils existent, ils pourraient ne pas exister. En un mot, par la perception expérimentale, considérée comme telle, nous ne sommes mis en relation qu'avec *le sensible, le particulier* et *le contingent.*

Mais notre âme a le pouvoir merveilleux de franchir les limites de ces deux premières perceptions. Elle conçoit ce qui *n'affecte ni les organes du corps ni la sensibilité physique,* et bien que l'ordre visible qui l'entoure ne lui offre que des existences individuelles, variables et contingentes, elle conçoit *l'universel, l'absolu, le nécessaire.* C'est ce pouvoir qui est désigné par le nom de *perception intellectuelle.* On l'appelle encore *intelligence pure,* parce que les sens n'ont pas de part à ses nobles opérations, *perception rationnelle ou raison,* parce que le raisonnement, qui est la prérogative de l'être doué d'une intelligence imparfaite, contribue puissamment à agrandir le champ de ses connaissances.

II. — **Notion de la Perception intellectuelle.** — La perception intellectuelle est *la faculté qu'a l'intelligence humaine de s'élever à l'universel et au nécessaire, par une opération qui lui est propre, en s'appuyant sur les données de la perception expérimentale.* Les derniers mots de cette définition demandent à être expliqués.

L'acte purement intellectuel ne s'accomplit pas dans l'homme, comme dans l'être spirituel, qui n'est point uni à un organisme. Celui-ci atteint directement l'intelligible. Il n'en est pas ainsi de notre âme, à cause de son union substantielle avec le corps. L'objet propre et direct de la connaissance humaine, enseignent les Scolastiques, c'est *le sensible.* Ce n'est qu'en partant du sensible, que nous pouvons acquérir la connaissance de l'intelligible. *Cognitio nostra hoc ordine progreditur,* dit saint Thomas, *ut primo incipiat in sensu, secundo perficiatur in intellectu.*

Si le sensible est comme le point d'appui de l'âme humaine pour s'élancer vers les réalités de l'ordre intelligible, elle s'élève à ces réalités par une *opération* exclusivement propre à l'intelligence, à laquelle ne participent d'aucune manière les organes et les sens.

III. — **Comment s'opère le passage de la Connaissance sensible à l'Intelligible? — Acte de l'Intellection.** — 1° Pour bien saisir comment notre âme passe de la connaissance du sensible à celle de l'intelligible, commençons par remarquer avec les Scolastiques que, dans tout fait de connaissance sensible, elle se forme une représentation ou *image* de l'objet perçu. Cette image devient un fait psychologique, c'est-à-dire, un fait qui affecte l'âme et est placé directement sous le regard de sa faculté cognitive inorganique, nous voulons dire, l'intelligence.

2° Or, cette image est évidemment l'expression de deux choses, qui se trouvent dans l'objet qu'elle représente, à savoir, *les qualités individuelles de cet objet et son essence métaphysique*. Le premier de ces éléments est particulier et sensible, et voilà pourquoi la perception expérimentale l'a saisi et en donne la représentation fidèle ; mais là s'arrête son rôle. Pour que l'âme saisisse le second élément, qui est caché à l'expérience et à l'imagination reproductrice, il est nécessaire qu'elle le dégage de tous les caractères individuels qui l'enveloppent. Alors elle le verra dans sa réalité pure ; elle connaîtra ce qu'il est dans sa nature spécifique et sera à même de le définir par son essence. C'est là précisément l'œuvre propre de l'intelligence.

3° Dans cette œuvre, qui a pour résultat la connaissance intellective, appelée autrement l'idée, qui est universelle de sa nature, l'intelligence humaine nous apparaît comme *active* et *passive*. Elle nous apparaît comme *active*, non pas en ce sens qu'elle produit elle-même l'objet de sa connaissance, mais en ce sens qu'elle le dégage de ce qu'il a de sensible et d'individuel. Elle nous apparaît comme *passive*, car elle reçoit la vérité, mais elle la reçoit en la comprenant. Elle se forme une représentation purement intelligible de l'essence de l'objet, et c'est par l'union de cette représentation avec elle-même, que se produit en elle le phénomène de l'intellection.

4° C'est cette double fonction de l'intelligence, que les Scolastiques désignent si bien par *intellect agent* et *intellect possible*. L'image sur laquelle l'intelligence opère pour atteindre l'objet qui lui est propre, est appelée par eux *espèce sensible*, et ils donnent le nom *d'espèce intelligible* à l'idée de l'essence, que l'intelligence saisit. L'image est particulière, mais l'idée est universelle, représentant une espèce ou un genre. Si le particulier est l'objet propre de la perception expérimentale, l'universel est l'objet propre de la perception intellectuelle.

IV. — **Objet de la Perception intellectuelle.** — Notre âme atteint l'objet de la perception intellectuelle soit *immédiatement*, soit *médiatement*. Cet objet, qui constitue ses principales richesses, est fort étendu et il ne se révèle pas à elle dans sa totalité de la même manière, ni en même temps.

1° **Essences métaphysiques des Choses sensibles.** — L'objet immédiat et direct de la connaissance intellective de l'âme humaine, dans sa condition présente, ce sont les essences métaphysiques des choses sensibles. Forme substantielle du corps, elle n'acquiert ses premières idées qu'en les dégageant des images du sensible. Les objets sensibles existent, il est vrai, individuellement, mais, tout individuels qu'ils sont, ils ont une essence spécifique, générique ou transcendantale qui leur est commune avec d'autres. Saisir, en faisant abstraction des qualités individualisantes, l'idée de cette essence, c'est avoir la connaissance de l'universel, c'est entrer dans le domaine de l'intelligible. Tel est l'acte premier et immédiat de l'intelligence humaine, considérée comme telle.

Remarquez que cette perception de l'universel est immédiate, et non le résultat d'un raisonnement. Pendant que notre faculté cognitive expérimentale connaît l'objet sensible par l'image individuelle qu'elle s'en forme, notre intelligence en saisit aussitôt l'essence et s'en approprie l'idée. C'est ainsi que s'acquièrent les premières notions, qui sont la base de toutes nos connaissances intellectuelles, comme les notions d'être, d'essence, de genre, etc.

Si, par la connaissance sensible, nous atteignons le particulier tout d'abord, l'universel nous est connu par une connaissance intellective avant le particulier. Nous n'avons l'intelligence du particulier que par l'universel, qui nous en révèle la nature intime et nous met à même de dire ce qu'il est.

2° **Nature ou Essence de l'Ame humaine.** — La perception expérimentale, comme nous l'avons dit, est impuissante à nous donner la connaissance de la nature intime de l'âme. Dans la vie présente, notre âme ne se connaît pas dans son essence d'une manière intuitive. Elle connaît son essence par les raisonnements qu'elle fait sur ses actes et sur les facultés dont elle est douée.

3° **Réalités purement intelligibles.** — Les réalités purement intelligibles sont l'objet le plus élevé de la perception intellectuelle. On les appelle purement intelligibles ou *suprasensibles*, parce qu'elles sont absolument supérieures à la perception expérimentale. Ces réalités suprasensibles sont *les principes de la morale, les vérités nécessaires, l'ordre absolu*, etc... *Dieu*, enfin.

Les notions générales, qui ont leur fondement dans l'ordre contingent et sensible, et surtout la connaissance de notre âme spirituelle, aident puissamment notre intelligence à s'élever à la connaissance de cet ordre supérieur. Elle n'a pas besoin pour cela de la Révélation, ainsi que l'ont prétendu les Traditionalistes. Elle s'élève à ces hautes réalités par le raisonnement et elle s'en démontre l'existence. Pour qu'elle puisse aller ainsi de l'ordre sensible à l'ordre intelligible, il suffit qu'il y ait entre ces deux ordres, quelque différents qu'ils soient, une *connexion logique*. Or, cette connexion existe, et elle est même facile à saisir. Voilà pourquoi notre âme, douée du pouvoir de connaître l'intelligible, s'élève sans effort de l'un à l'autre, comme nous l'avons dit, en traitant, dans l'Ontologie, de la connaissance de l'infini et de la cause efficiente.

V. — **Perfection donnée aux Connaissances expérimentales par les Connaissances intellectuelles.** — Si l'expérience fournit à l'âme son point de départ pour monter jusqu'aux conceptions rationnelles et aux vérités de l'ordre intelligible, il faut reconnaître que ces conceptions et ces vérités, qui sont sa vraie lumière, modifient en les éclairant et en les élevant toutes ses connaissances expérimentales. L'homme connaît ce qui est en dehors de lui et il se connaît lui-même, non pas à la manière de l'animal, mais comme il convient à l'être doué de la raison. Il ne connaît pas seulement ; il se rend compte des choses. Il a l'intelligence du particulier, du fini, de l'imparfait ; il sait ce que c'est, et il le sait, parce qu'il a la notion de l'universel, de l'infini et du parfait. Tous les grands principes que son intelligence saisit et les conséquences que sa raison en tire, jettent en lui d'abondantes lumières, et, à la faveur de ces lumières, il est à même d'apprécier sa grandeur et de pénétrer, au moins un peu, le plan de la création, où se reflètent les invisibles perfections de son

Auteur. C'est ainsi que toutes les perceptions dont l'âme humaine est capable s'unissent, pour donner à son intelligence l'aliment qu'elle réclame, la vérité, et la guider dans sa marche vers ses destinées.

§ V. — MÉMOIRE.

I. — **Notion de la Mémoire.** — La mémoire est *la faculté que possède l'âme de conserver et de rappeler ses modifications passées*. Si, par la conscience, l'âme se saisit elle-même dans le moment présent, par la mémoire elle se saisit dans le passé. Il faut remarquer, toutefois, que, dans cette résurrection du passé, la mémoire ne rappelle pas et ne rend pas présents à l'âme, de la même manière, tous les phénomènes antérieurs. Elle fait revivre les phénomènes cognitifs. Quant aux faits sensibles ou actifs : sensations, sentiments, déterminations, dont l'âme a été le théâtre, elle ne les renouvelle pas par elle-même, mais seulement elle en reproduit l'idée.

II. — **Réminiscence et Souvenir.** — La mémoire ne rappelle pas toujours avec la même perfection nos modifications passées. Quelquefois nous nous les rappelons en partie seulement, et, avec ce souvenir incomplet, nous essayons de reconstituer dans son intégrité notre connaissance ancienne. On donne le nom de *réminiscence* à ce produit imparfait de la mémoire. Dans les autres cas, la mémoire fait revivre intégralement une connaissance qu'elle détermine avec netteté et précision. L'acte de la mémoire se nomme alors *souvenir*.

III. — **Mémoire Sensitive et Mémoire Intellective.** — La mémoire *sensitive* conserve et rappelle les faits passés de la vie sensitive. Cette mémoire est nécessaire à la conservation de l'être doué de sensibilité. Il faut que cet être, après avoir expérimenté le nuisible et l'utile, en garde le souvenir, afin qu'à l'occasion il recherche l'un et évite l'autre. La mémoire sensitive existe dans l'animal et dans l'homme, mais, dans l'homme, elle est perfectionnée par la mémoire intellective.

La mémoire *intellective* conserve et rappelle les faits passés de la vie intellectuelle. Elle convient à l'homme et non à l'animal. Il est bon d'observer que, si, dans la mémoire sensitive, *la prétérition* embrasse l'objet connu et l'acte de la connaissance, elle ne regarde que l'acte, dans la mémoire intellective, attendu que l'objet de la connaissance intellectuelle, comme de la mémoire, qui répond à cette connaissance, ne varie pas et est indépendant du temps. (SANSEVERINO.)

IV. — **Théorie de la Mémoire.** — La mémoire est sans contredit une des facultés les plus mystérieuses de l'âme. Pour qu'elle rappelle à l'âme les phénomènes dont elle a eu conscience, il faut évidemment qu'elle les conserve. Comment se fait cette conservation ? Comment s'opère ce retour ? Deux questions qui méritent d'attirer l'attention du psychologue et que nous allons étudier.

1° **Merveille de la Conservation des Connaissances.** — Les connaissances que nous avons acquises, ainsi que l'idée des autres faits accomplis dans notre âme, se conservent en nous ; c'est là une vérité qui n'a pas besoin d'être prouvée. Tous ces phénomènes semblent s'évanouir, lorsque de nouveaux phénomènes les remplacent dans notre conscience, et, en effet, ils disparaissent, nous les perdons de vue, nous cessons d'en être affectés. Puis, quand ils apparaissent de nouveau aux regards de notre âme, ils n'ont point le caractère de l'inconnu, qui se révèle une première fois ; nous les reconnaissons. Où est ce trésor de nos souvenirs, auquel chaque jour, chaque instant ajoute de nouvelles richesses, sans que nous nous sentions jamais surchargés ? La question de la conservation de nos connaissances a été diversement résolue.

2° **Explication Physiologique.** — Les uns ont tenté d'expliquer physiologiquement cette conservation, et ils ont enseigné avec Malebranche et Descartes que nos connaissances laissent des empreintes durables dans notre cerveau, et que c'est par ces empreintes que la permanence de nos connaissances s'explique. Sans énumérer ici toutes les raisons qu'on peut alléguer contre cette hypothèse, nous dirons seulement qu'elle ne peut expliquer la conservation des connaissances intellectuelles, qui n'ont pas fait d'impression sur l'organisme.

3° **Explication Psychologique.** — D'autres ont formulé une hypothèse purement psychologique. D'après eux, l'âme ne perd rien de ce qu'elle a une fois connu. Seulement, elle n'a pas constamment conscience de toutes ses richesses. Ses connaissances demeurent comme ensevelies dans les ténèbres, jusqu'à ce qu'une lumière les en retire et les présente à ses regards. Cette lumière, c'est la réflexion, qui, se portant sur tel souvenir, plutôt que sur tel autre, le met en évidence. Quand la réflexion cesse, le souvenir disparaît de nouveau, jusqu'à ce que la réflexion vienne encore l'éclairer, pour le replacer sous les yeux de l'âme et l'en rendre une seconde fois consciente. D'après cette hypothèse, toute la difficulté porte non sur la conservation elle-même des connaissances, mais sur leur rappel, c'est-à-dire, sur les causes qui peuvent déterminer l'âme à se replier sur tel souvenir, plutôt que sur tel autre, pour le remettre en lumière par la réflexion.

4° **Explication Scolastique.** — Les Scolastiques n'expliquent pas de la même manière la conservation des connaissances sensibles et celle des connaissances intellectuelles. — 1° Les connaissances sensibles laissent quelque chose dans l'âme et dans le corps, qui ont contribué à leur acquisition. *La mémoire sensitive est de même nature que la faculté qui a une première fois acquis la connaissance*, et ainsi elle a besoin du corps pour entrer en exercice. — 2° Les connaissances intellectuelles se conservent uniquement dans l'intelligence, qui les a acquises, par une opération qui lui est exclusivement propre. Elles sont en elle à l'état d'habitude, et c'est ce qui constitue la mémoire intellective ; mais l'âme n'en a pas toujours l'intelligence actuelle. Pour qu'elle en ait la connaissance actuelle, il faut qu'elle se replie sur elle-même par la réflexion. (SANSEVERINO.)

Mais le corps n'a-t-il aucune part à la conservation de nos connaissances intellectuelles ? Il n'y a évidemment aucune part directe. Toutefois, il est bon d'observer que le corps contribuant indirectement à l'acquisition première des connaissances intellectuelles, puisque notre âme a besoin du sensible pour saisir l'intelligible, on ne peut guère lui refuser la même influence indirecte sur la mémoire qui garde ces connaissances. Toujours est-il que l'état du corps, la lésion des organes, l'âge, la maladie ont très souvent une action marquée sur cette faculté, soit pour oblitérer la connaissance, soit du moins pour en empêcher le rappel.

V. — Rappel de nos Connaissances. — La seconde fonction de la mémoire a pour objet le rappel de nos connaissances soit sensibles, soit intellectuelles.

1° *Occasion du Rappel de nos Connaissances.* — Nous nous souvenons du passé à l'occasion du présent. Un fait sensible, cognitif ou volontaire qui se passe actuellement dans notre âme, nous rappelle les faits dont elle a été antérieurement le théâtre et provoque sur ces faits la réflexion de notre intelligence. D'où il suit que, pour se rendre compte du rappel de nos connaissances, il faut savoir ce qu'on entend par *association des idées*. Nous employons ce terme consacré par l'usage, en faisant observer que ce qui se dit de l'association des idées a, dans l'homme, son application à toutes les connaissances sensibles.

2° *Association des idées.* — L'association des idées n'est autre chose que *la liaison des phénomènes psychologiques*, liaison qui suppose évidemment la conservation des phénomènes passés. Cette faculté qu'a l'âme d'unir un fait psychologique à un autre, de se reporter de l'un à l'autre, de ce qu'elle perçoit actuellement à ce qu'elle a perçu précédemment, n'est pas sans quelque analogie avec cette force merveilleuse, connue sous le nom d'attraction, qui sollicite les molécules de la matière à se rapprocher et à s'unir. L'association des idées renferme donc trois choses : un fait présent, un fait passé, un rapport entre les deux. Or, les rapports qui relient les faits présents aux faits passés peuvent être très nombreux et les philosophes les ont classés de diverses manières. Parmi ces rapports, les uns sont *naturels* et les autres *arbitraires*.

1° *Rapports naturels.* — Les rapports naturels sont ceux qui découlent de la nature même des faits et des choses. Or, la nature établit deux sortes de rapports entre les choses : les uns qui s'imposent en quelque sorte *nécessairement* à notre esprit par un enchaînement logique, les autres qui ont un caractère de *contingence*. Dans la première classe des rapports naturels rentrent les rapports entre la cause et l'effet, entre le principe et la conséquence, entre la fin et les moyens. Dans la seconde classe rentrent les rapports de *ressemblance* : ainsi les princes de la poésie française rappellent les princes de la poésie latine et de la poésie grecque ; le siècle de Louis XIV rappelle le siècle d'Auguste ; les rapports *d'opposition* et *de contraste* : ainsi le gouvernement d'un tyran fait penser au gouvernement modéré et équitable ; les rapports *de contiguïté* dans le temps ou dans le lieu : ainsi, lorsque deux faits ont la même date, le souvenir de l'un provoque le souvenir de l'autre, etc., etc.

2° *Rapports arbitraires.* — Les rapports arbitraires sont ceux qui sont créés par l'homme lui-même. Tels sont les rapports qui existent entre les mots et les idées ; tels sont encore ceux qui servent de base aux diverses mnémotechnies, inventées pour aider la mémoire à se souvenir ; tels sont enfin les divers moyens que l'on emploie pour faciliter le retour d'une idée et éviter un oubli. L'association des idées explique donc la seconde fonction de la mémoire, le rappel de nos connaissances.

3° **Influence de l'Association des idées.** — L'association des idées exerce une haute influence sur les jugements, et par suite sur la conduite de l'homme. Elle est comme la vie de l'intelligence, et la différence entre un esprit et un autre est due en grande partie aux rapports d'idées auxquels l'un et l'autre se sont accoutumés. Elle est le principe générateur de l'habitude, qui sera bonne ou mauvaise, selon l'association d'idées qui a présidé à sa formation et à son développement. Les associations illégitimes d'idées sont pour l'homme une source trop féconde de préjugés et de faux calculs ; elles alimentent ses passions, le prédisposent à une monomanie déraisonnable et contribuent à son malheur.

VI. — **Analyse du Souvenir.** — Si le souvenir est simple en lui-même, on y découvre, toutefois, en le soumettant à une observation intelligente, trois choses qui sont comme les conditions de son existence : 1° *Antériorité* de la première apparition dans notre âme du phénomène qui est l'objet du souvenir ; sans cela le phénomène serait non plus un souvenir, mais une connaissance toute nouvelle. 2° *Laps de temps*, plus ou moins long, écoulé depuis cette première apparition. Sans cela nos divers souvenirs seraient rapportés d'une manière indéterminée au passé et nous sembleraient contemporains. 3° *Idée de notre identité personnelle.* Nous voyons que le sujet qui se rappelle en nous, est celui-là même en qui s'est précédemment accompli le phénomène qui est l'objet du souvenir.

VII. — **Qualités de la Mémoire.** — La mémoire est loin d'être la même chez tous les hommes. Les uns retiennent facilement les idées, les autres les mots, d'autres les dates, les lieux, les personnes, les images et les figures. L'habitude ajoute beaucoup à ces dispositions naturelles. Quelles que soient ces divergences, on peut ramener à trois les qualités d'une bonne mémoire. Ces qualités répondent aux trois actes de la mémoire, qui *apprend*, *retient* et *se rappelle*. Ce sont *la facilité*, *la ténacité* et *la promptitude*. La mémoire facile acquiert sans peine ce qu'on lui confie ; la mémoire tenace retient fidèlement ce qu'elle a une fois acquis ; la mémoire prompte ou présente rappelle le souvenir au moment du besoin. Ces trois qualités se trouvent rarement réunies dans le même individu. Il est démontré par l'expérience que celui qui apprend avec plus de peine retient mieux ce qu'il a acquis.

VIII. — **Culture de la Mémoire.** — Comme les autres facultés de l'homme, la mémoire est susceptible de perfectionnement : *augetur curâ, negligentiâ intercidit*, dit Quintilien. Les moyens de perfectionner la mémoire sont pris dans sa nature même et dans ses lois. 1° Une *attention* forte et soutenue, qui applique l'esprit à l'objet d'une étude, grave cet objet plus profondément dans la mémoire et contribue, lorsqu'elle se transforme en habitude, au développement de cette faculté. 2° Si à cette attention s'unit un *exercice* sérieux et répété par lequel on s'efforce de dresser la mémoire à retenir ce qu'on lui confie, pour le restituer au moment voulu, cette faculté acquerra une plus grande aptitude à saisir et à se rappeler. 3° Un *ordre méthodique* dans les éléments du souvenir, l'enchaînement logique des idées, l'esprit de classification dans les connaissances qu'on acquiert, sont autant d'auxiliaires puissants qui servent à perfectionner la mémoire. 4° A cela viennent s'ajouter les mnémotechnies, ou *moyens artificiels* inventés pour aider cette faculté, qui répugnent d'ordinaire aux bons esprits et dont l'usage doit être sinon exclu, du moins fort restreint dans l'éducation.

IX. — **Rôle important de la Mémoire.** — Maintenant que nous connaissons la mémoire dans sa nature intime, il nous sera facile d'apprécier l'importance du rôle qu'elle remplit et la multiplicité des relations qu'elle a avec nos autres facultés.

1° La mémoire a *les rapports les plus intimes avec nos autres facultés cognitives*, et elle est nécessairement liée à celles dont l'exercice implique pluralité et succession de phénomènes, comme le jugement, le raisonnement inductif ou déductif, etc.

2° Sans elle *la réflexion* et *le langage* seraient impossibles.

3° Sans elle encore nous serions impuissants à affirmer notre identité personnelle et *toute responsabilité morale* s'évanouirait.

4° Non-seulement elle nous conserve et nous rappelle les connaissances acquises, mais elle contribue directement à *la formation* de plusieurs idées que nous ne pourrions avoir sans elle, idées de temps, de succession, de progrès, etc., idées qui supposent la comparaison de deux termes et par là même le souvenir du passé.

En un mot, la mémoire est une condition indispensable de la vie intellectuelle et morale. En reliant le passé au présent, elle procure à l'homme les éléments du progrès et le met à même de préparer les succès de l'avenir.

§ VI. — IMAGINATION.

I. — **Notion générale de l'Imagination.** — Imagination vient d'image. L'image est la représentation sensible, incorporelle et particulière d'un objet corporel. Cette représentation accompagne en nous la perception actuelle des corps ou, pour mieux dire, c'est par cette représentation mentale, que notre âme formule la connaissance qu'elle acquiert des corps, dans ses relations immédiates avec eux. La connaissance sensible révèle donc dans notre âme le pouvoir de représenter ce qu'elle connaît par des images.

Toutefois, ce pouvoir imaginatif qui s'exerce dans l'acte même de la perception sensible, n'est pas ce qu'on appelle *l'imagination* proprement dite. Nous pouvons prolonger la représentation sensible au dedans de nous-mêmes, lorsque les sens externes et les organes ont cessé tout exercice ; nous pouvons même la reproduire et la reproduire encore. C'est cette faculté qui est désignée sous le nom d'imagination ou de fantaisie.

Mais notre âme ne connaît pas seulement le sensible ; elle connaît aussi l'intelligible et elle peut s'élever au concept du parfait, de Dieu. Cet ordre de choses n'étant pas accessible aux sens, n'est pas susceptible d'être exprimé, selon la vérité de sa nature et de sa perfection, par des représentations sensibles. Cependant notre âme peut-t-elle tenter et tente-t-elle en réalité d'exprimer d'une manière sensible ce que son intelligence a saisi dans cet ordre supérieur ? Elle le peut et elle le tente. Dans ce noble travail, elle fait appel aux images les plus propres à rendre l'idéal qu'elle a conçu. C'est là ce qu'on appelle dans les philosophies modernes, par un terme plus ou moins impropre, *imagination créatrice*.

Nous avons donc à parler de l'imagination *reproductrice* et de l'imagination *créatrice*.

II. — **Imagination reproductrice**. — L'imagination reproductrice, appelée aussi *fantaisie* (de *fantôme* ou *image*), peut se définir : *la faculté de se représenter sous une forme sensible les objets qui ont précédemment affecté les sens*. Elle est appelée reproductrice, parce que son rôle est de reproduire ; elle n'invente pas. Il est évident que l'animal n'est pas dépourvu de cette faculté.

1° **L'imagination reproductrice diffère de la perception externe**. — Si l'imagination a quelque rapport avec la perception externe, puisqu'elle la suppose, l'accompagne et est elle-même une sorte de perception mentale, elle en diffère en ce que la perception des sens exige l'exercice actuel des organes et des sens, tandis que l'imagination continue de percevoir les objets par leurs images, lorsque l'exercice des sens et des organes a cessé.

2° **L'imagination reproductrice diffère de la mémoire**. — Si elle a des rapports avec la mémoire, sans laquelle elle n'existerait pas, elle ne peut se confondre avec elle. En effet, le propre de la mémoire est de faire refluer les phénomènes passés vers le présent, pour en rendre l'âme une nouvelle fois consciente, et le propre de l'imagination est de revêtir ces phénomènes d'une forme sensible quelconque, sans laquelle nous ne pourrions les saisir. De plus, la mémoire a pour objet, d'une manière générale, toutes les connaissances que notre âme a acquises, qu'elles se rapportent aux choses sensibles ou aux choses purement spirituelles, tandis que la représentation du sensible est le rôle propre et naturel de l'imagination reproductrice.

III. — **Objet de l'Imagination reproductrice.** — L'imagination reproductrice a pour objet *propre et direct* la représentation sensible des corps. Il n'y a, en effet, que les choses corporelles à pouvoir être représentées, selon la réalité de leur nature, par une figure ou image, qui en est comme la photographie.

1° Toutefois, par suite de l'union substantielle de l'âme avec le corps, l'ordre intelligible est l'objet *indirect* de l'imagination, et l'expérience constate que l'intelligence humaine, dans ses actes les plus spirituels, est toujours associée à l'imagination. La connaissance du sensible étant pour nous, dans la vie présente, la condition de la connaissance de l'intelligible, nous transportons à cet ordre supérieur, inaccessible aux sens, ce qui ne convient proprement qu'à l'autre. Dans ce cas, l'imagination n'est pas reproductrice au sens qui a été expliqué ; elle n'est pas non plus créatrice ; elle est simplement un auxiliaire dont notre esprit a besoin dans ses conceptions les plus immatérielles. Mais, qu'on le remarque bien, ce n'est qu'un auxiliaire, et le pouvoir de comprendre dépasse de beaucoup les représentations toujours limitées de l'imagination. Quelle que soit l'image qui s'offre à mon esprit, quand je pense à Dieu, l'idée que j'ai de Dieu excède de tout point cette image.

2° Si l'imagination emprunte son nom au sens de la vue, par lequel nous saisissons les tableaux variés que l'ordre matériel offre à nos regards, qu'on se garde bien de conclure qu'elle ne s'exerce pas à l'endroit de nos autres perceptions sensibles.

IV. — **Théorie de l'Imagination reproductrice.** — Il ne s'agit pas ici de la genèse des images, qui se fait dans l'acte même de la perception sensible, images qui sont d'autant plus vives que l'impression produite par les objets de cette perception est plus profonde. Mais il s'agit d'expliquer le retour de ces images en nous, dans l'absence des objets qu'elles représentent, soit à l'état de veille, soit dans le sommeil.

1° Le retour des images, à l'état de veille, s'explique, d'après les philosophes qui ont le mieux approfondi la question, par *l'association des connaissances sensibles*. L'impression que nous ressentons présentement, réveille en nous l'image d'une impression semblable que nous avons précédemment éprouvée. A la vue d'une personne qui a quelque ressemblance avec une autre que je connais, l'imagination reproduit en moi le portrait de cette dernière. Alors même que le retour de l'image est le fait de notre volonté libre, on doit reconnaître encore que c'est de l'impression présente que notre volonté prend occasion ordinairement, pour réveiller en nous l'image d'impressions analogues. Une image reproduite peut être, à son tour, l'occasion du retour de plusieurs autres, avec lesquelles elle a quelque rapport.

2° Le sommeil, dit saint Thomas, après Aristote, est *l'immobilité et l'enchaînement des sens. Immobilitas ac vinculum sensûs.* Il provient de la fatigue engendrée par la vie sensitive, mais il n'atteint pas l'intelligence.

Entre le sommeil et la veille, il y a un état mitoyen qui se rapproche plus ou moins de l'un ou de l'autre, appelé semi-veille, ou semi-sommeil. C'est dans cet état qu'arrive *le rêve*, qui consiste dans la reproduction d'images sensibles en nous. Quelle est la cause du rêve? Le rêve, dit Zigliara, peut provenir de deux causes. Il est souvent une suite des impressions éprouvées à l'état de veille. Il en reste quelque chose dans l'organisme, surtout si elles ont été vives et prolongées, et dès lors il n'est pas étonnant qu'elles se reproduisent dans l'imagination.

Mais il arrive aussi que, dans le repos, l'homme éprouve, par suite soit du travail de la digestion, soit de la position du corps, etc., une impression semblable à celle qui est excitée en lui, à l'état de veille, par quelque objet. Dans ce cas, l'imagination reproduit, d'une manière plus ou moins imparfaite, la représentation de cet objet, et cette première image peut contribuer au retour de beaucoup d'autres, plus ou moins incohérentes, mais entre lesquelles, cependant, il y a une certaine relation.

V. — **Imagination créatrice.** — Quel que soit le sens à donner à ces mots: *imagination créatrice*, d'après les philosophes modernes, il faut constater tout d'abord, pour demeurer dans la vérité, que par elle-même l'imagination ne crée ni n'invente, à proprement parler. Elle a pour fonction de peindre par des couleurs plus ou moins vives ce que nos facultés cognitives ont saisi ; là se borne son rôle. Elle peint nos connaissances sensibles ; ses images sont pour l'âme humaine une condition de la connaissance de l'universel, qui est inaccessible aux sens ; elles l'aident dans le concept des réalités purement intelligibles, ainsi que nous l'avons vu. Il nous reste à dire que c'est à l'imagination encore qu'elle a recours, pour exprimer ses plus hautes conceptions de l'ordre immatériel. On donne à l'imagination, considérée à ce point de vue, le nom d'imagination créatrice. Mais, même dans ce cas, son rôle se réduit à revêtir d'une forme expressive l'idéal que l'intelligence seule a pu découvrir et contempler. Elle n'est créatrice que des couleurs et de leurs combinaisons variées.

1° **Définition de l'Imagination créatrice.** — D'après ce qui vient d'être dit, on peut, nous semble-t-il, définir l'imagination créatrice : *la faculté d'exprimer sous une forme saisissante l'idéal conçu par l'intelligence.* On l'appelle la faculté des *Beaux-Arts*, parce que les œuvres qu'elle produit sont propres à exciter dans l'âme le sentiment du beau. Or, il y a dans le beau deux éléments, l'un invisible, l'autre sensible, le vrai et l'expression qui le fait resplendir, *l'idéal et la forme.*

2° **Idéal.** — L'idéal est le type de la perfection en un genre ; c'est l'idée la plus parfaite sous laquelle une chose se conçoit. Il est fourni par la raison pure, et non par la perception expérimentale, qui n'offre que l'individuel, le concret et l'imparfait. C'est sur cet idéal, qui n'est pas, toutefois, la perfection *absolue*, que l'artiste tient son esprit fixé comme sur l'original, qu'il s'agit pour lui d'exprimer par les formes sensibles les plus propres à en rendre toute la perfection.

3° **Forme sensible.** — Cette forme est fournie par la perception expérimentale, et elle varie selon les aspects sous lesquels l'idéal s'est révélé. L'artiste fait appel aux couleurs, aux sons, au ciseau, aux richesses du langage humain, pour rendre ce qu'il a vu et le rendre d'une façon aussi saisissante que possible. L'idéal, c'est l'âme ; la forme, c'est le corps, et de même qu'il y a entre l'âme et le corps une étroite union, qui fait du corps une manifestation vivante de l'âme, ainsi la forme doit-elle s'adapter à l'idéal, de manière à en être la vivante expression. C'est précisément dans cette fusion intime de l'expression et de l'idéal, que consiste la perfection de toute création artistique. Elle est le résultat du *goût* et de *l'inspiration*.

4° **Goût et Inspiration.** — Pour incorporer une pensée à une forme sensible, de manière à éveiller le sentiment du beau, *le goût* et *l'inspiration* sont nécessaires. *Le goût* est un discernement délicat et exquis qui guide le jugement de l'artiste dans le choix de l'idée qui doit être comme le fond de son œuvre, puis dans le choix et l'arrangement de la forme. Mais si parfait que soit le goût d'un artiste, il lui manquerait une chose indispensable pour communiquer la vie à son œuvre, si l'inspiration, comme un souffle fécondant et créateur, ne se faisait sentir à lui. *L'inspiration* n'est autre chose que l'exaltation du sentiment, un amour enthousiaste qui fait en quelque sorte l'âme de l'artiste passer dans son œuvre, pour la faire vivre et respirer. Toute œuvre de laquelle l'inspiration est absente, est froide et sans vie.

Telle est l'imagination créatrice, dans le rôle supérieur qui lui a mérité son nom. Ajoutons, avec quelques auteurs, qu'on peut encore donner le nom d'imagination créatrice à la faculté d'associer des tableaux et des images et de créer ainsi des *êtres fictifs*, qui ne répondent à rien de réel. Cette sorte d'imagination créatrice, qui aboutit le plus souvent à des productions bizarres, dont les éléments existent, toutefois, dans la nature, revient suivant nous à l'imagination reproductrice, qui a toujours besoin d'être réglée par la raison, dans l'association des impressions sensibles.

VI. — **Utilité et Dangers de l'Imagination reproductrice et créatrice.** — L'exposé que nous venons de faire de l'imagination dans son double rôle, en montre suffisamment les incontestables avantages. Nécessaire au perfectionnement de l'âme humaine, elle est pour elle la source féconde des plus légitimes jouissances. Elle contribue à la production des chefs-d'œuvre dans tous les genres et elle aide puissamment à la pratique du devoir. Mais, pour qu'elle atteigne son but, conformément aux desseins de la sagesse créatrice, il est nécessaire que l'homme la subordonne à la saine raison.

L'imagination, en effet, lorsque la raison ne la règle pas, devient dangereuse et funeste au double point de vue de *l'intelligence* et de *la volonté*. Elle est l'auxiliaire nécessaire de l'esprit humain dans ses conceptions universelles et intelligibles ; mais il faut que la raison fasse bien comprendre à l'homme que ces conceptions ne se mesurent pas aux fantômes limités de l'imagination et qu'il y aurait erreur profonde à ne vouloir rien admettre en dehors de ces fantômes, qui ont leur première raison d'être dans les réalités matérielles. Au point de vue de la volonté et des bonnes mœurs, qui ne voit que l'imagination, dont la raison ne tient plus les rênes, est propre, par les tableaux qu'elle dessine et par les productions littéraires et artistiques qu'elle enfante, à éveiller et à alimenter les passions ?

VII. — Influence des causes physiques sur l'imagination reproductrice et créatrice. — Plus peut-être que les autres facultés de l'homme, l'imagination subit l'influence du corps et des causes physiques qui peuvent agir sur le corps. Ainsi : 1° Elle est modifiée par l'âge. Dans l'enfant, elle est volage, vive dans l'adolescent, modérée dans l'âge mûr, froide dans la vieillesse. 2° Elle est dépendante du tempérament, de l'état de santé ou de maladie, de la manière de vivre. 3° Le climat sous lequel on vit, agit puissamment sur elle. Une atmosphère d'une température plus froide ou plus chaude, un ciel serein ou couvert de nuages, l'aspect plus ou moins riant des lieux qu'on habite, toutes ces causes et plusieurs autres du même genre influent sur l'imagination.

HUITIÈME LEÇON.

Sommaire : 1. Opérations de l'Intelligence. — 2. Attention. — 3. Comparaison. — 4. Abstraction. — 5. Généralisation. — 6. Jugement. — 7. Raisonnement.

§ I. — OPÉRATIONS DE L'INTELLIGENCE.

L'étude que nous avons faite de nos facultés cognitives, désignées sous le nom général d'intelligence, montre combien est vaste le champ que l'esprit humain peut explorer. Les diverses perceptions sont les sources premières de toutes nos connaissances. Mais ces connaissances, quelque étendues qu'elles soient, demeureraient à l'état rudimentaire, si notre esprit, après les avoir acquises, était incapable de les approfondir, de les relier les unes aux autres, d'en faire sortir toutes les richesses qu'elles renferment, en un mot, de les mettre en œuvre. Or, il peut faire ce travail et il n'a besoin pour cela que de sa faculté de connaître, susceptible de se perfectionner et, en se perfectionnant, d'étendre et de transformer ses connaissances. C'est ce qu'elle accomplit par les *opérations* qui lui sont propres et qu'il s'agit pour nous d'étudier présentement.

Nous avons à traiter de l'*attention*, de la *comparaison*, de l'*abstraction*, de la *généralisation*, du *jugement* et du *raisonnement*.

§ II. — ATTENTION.

1. — **Définition de l'Attention.** — L'attention *(tendere ad)* est *la direction de notre esprit sur un objet pour le mieux connaître*. Elle modifie nos facultés cognitives en concentrant leurs forces et en

les mettant dans la disposition voulue, pour bien connaître dans une circonstance déterminée. Ce qu'elle ajoute à l'acte propre de chacune d'elles, c'est un effort qui persévère et qui ordinairement est commandé par la volonté.

II. — **Influence de la Volonté sur l'Attention.** — La volonté exerce un grand empire sur nos facultés cognitives, et le plus souvent il dépend d'elle de les fixer sur un point ou de les en détourner. C'est ce qui a fait quelques philosophes ranger l'attention parmi les opérations de l'activité et la confondre avec la volonté.

Bien qu'on puisse être très attentif et ne pas comprendre, l'attention, nous semble-t-il, doit être regardée non comme un acte de la volonté, mais comme une opération de l'intelligence. Il est question de mieux connaître ; c'est donc la faculté elle-même de connaître et non une autre qui concentre ses énergies sur le point qui est l'objet de son étude. Si elle agit sous l'influence de la volonté qui lui ordonne de se fixer sur tel point déterminé, elle agit par une opération qui lui est propre.

Il faut aussi remarquer que souvent l'attention se produit sans le concours de la volonté, et même malgré elle. Lorsqu'un objet nous frappe et nous captive dès qu'il s'offre à nous, notre esprit s'y reporte et une longue lutte est quelquefois nécessaire pour l'en détourner. (BÉNARD).

III. — **Nécessité de l'Attention.** — La notion de l'attention fait voir que l'attention est indispensable à l'intelligence pour qu'elle atteigne son complet développement et accomplisse avec succès ses autres opérations.

1° *L'Attention est nécessaire au complet développement de l'Intelligence.* — Quel que soit l'ordre de réalités qui lui apparaît, notre intelligence est incapable, sans l'attention, d'en acquérir une connaissance véritable et sérieuse. S'agit-il de la perception externe, sans l'attention, nous voyons, mais nous ne regardons pas ; nous entendons, mais nous n'écoutons pas. Le physicien est attentif aux phénomènes de la nature. Il acquiert la science de la matière et de ses lois, à laquelle demeure étranger le vulgaire, témoin cependant des mêmes phénomènes, qu'il voit, mais n'observe pas. S'agit-il de la perception intime, n'est-ce pas l'attention qui arrête le regard de l'âme sur elle-même et la met à même de sonder les secrets de sa nature, de son origine et de ses destinées ? S'agit-il de la perception rationnelle, l'attention la perfectionne et transforme la connaissance plus ou moins imparfaite que la raison donne à tout homme des premiers principes, de Dieu, des règles de la morale en autant de sciences sublimes, qui font la gloire de l'esprit humain.

2° **L'Attention est nécessaire au succès des autres opérations de l'Intelligence.** — Nécessaire au développement complet de nos diverses facultés cognitives, l'attention ne l'est pas moins au succès de leurs opérations. Comment, sans elle, notre esprit pourrait-il comparer, juger, raisonner, mettre de l'ordre dans ses connaissances ? L'esprit inattentif marche au hasard et s'expose aux plus funestes méprises.

3° **Il faut discipliner son esprit à l'Attention.** — On le voit, il est de la plus haute importance d'apprendre de bonne heure à fixer son esprit par une attention soutenue. Il est vrai, l'attention n'est pas le principe de nos connaissances, et ce n'est pas elle qui nous rend intelligents. Mais elle est l'une des premières conditions du succès dans tous les genres d'étude, et l'on doit reconnaître que les différences qui se remarquent entre les esprits, tiennent beaucoup à la facilité plus ou moins grande, naturelle ou acquise par l'habitude, avec laquelle ils se laissent discipliner à une attention forte et sérieuse. Ce qui caractérise l'esprit superficiel, c'est presque toujours le défaut d'attention. Ne faisant qu'effleurer les choses, il les saisit imparfaitement et ses connaissances n'ont ni solidité ni profondeur.

IV. — **Obstacles à l'Attention.** — Il y a deux obstacles à l'attention : *la distraction* et *la préoccupation*. La distraction détourne l'esprit de l'objet qu'il examinait. Lorsqu'elle devient habituelle, elle produit la dissipation. La préoccupation empêche l'esprit de se porter à son objet, ou du moins de s'y adonner entièrement, parce qu'une autre pensée absorbe son attention.

§ III. — COMPARAISON.

I. — **Notion de la Comparaison.** — La comparaison est comme une double ou multiple attention.

1° **Définition de la Comparaison.** — On définit la comparaison : *Une opération par laquelle notre esprit met en regard deux ou plusieurs objets, afin d'en saisir les rapports de similitude ou de dissemblance, et finalement de les mieux connaître.* Acte intellectuel par sa nature, la comparaison n'est pas d'ordinaire indépendante de la volonté.

2° **La Comparaison diffère de la simple attention et de la perception.** — Si l'attention modifie l'esprit dans la perception d'une propriété, la comparaison le modifie dans la perception d'un rapport entre deux êtres, mais elle n'est pas la perception même du rapport. La perception confuse du rapport peut précéder le travail de la comparaison qui l'élucide ; d'autres fois, la comparaison prépare, s'il y a lieu, la découverte de rapports dont l'existence n'était pas soupçonnée.

II. — **Règles de la Comparaison.** — Deux règles doivent guider l'intelligence dans la comparaison : 1° N'omettre aucun des rapports qui existent réellement entre les choses qu'elle rapproche ; 2° N'en supposer arbitrairement aucun.

III. — **Rôle important de la Comparaison.** — Quiconque réfléchit à la nature de l'intelligence humaine, à ses bornes, à l'impuissance où elle est d'avoir une connaissance parfaite des choses, comprendra que la comparaison ne nous est si familière que parce qu'elle est en réalité un besoin et une nécessité pour nous. Par le rapprochement qu'elle établit entre les objets dont elle nous fait mieux sentir les rapports de similitude et de dissemblance, elle nous en donne une idée plus nette et plus précise. Si nous ne pouvons pas bien saisir un objet dans sa nature intime, en étudiant les propriétés qui le distinguent d'un autre mieux connu, nous évitons facilement la confusion, qui parfois serait une erreur fondamentale.

Nous définissons les choses précisément par les ressemblances qu'elles ont avec d'autres et par les différences qui les en séparent. La définition est basée sur un travail comparatif.

La comparaison, en faisant sortir notre esprit de l'examen de l'individuel, le prépare à la généralisation par l'abstraction. Elle est la condition des jugements que nous portons sur les rapports, et par suite de nos raisonnements eux-mêmes.

§ IV. — ABSTRACTION.

I. — Notion de l'Abstraction. — Pour bien comprendre la nature de l'abstraction, il est nécessaire de savoir ce qu'on entend par être concret.

1° **Être concret.** — Un être se présente à nous, d'abord tout entier, c'est-à-dire à l'état concret, avec sa substance et ses propriétés. Les propriétés sont unies à la substance dans laquelle elles résident et elles sont unies entre elles. C'est l'ensemble de toutes ces choses qui constitue l'être tel qu'il nous est offert par la nature. Aussi nos premières notions sont-elles concrètes.

Mais notre intelligence ne tarde pas, à cause même de sa faiblesse qui ne lui permet pas de saisir plusieurs choses simultanément, à éprouver le besoin de considérer isolément ce qui est uni en réalité, d'examiner les propriétés sans la substance, et même chaque propriété à part. C'est là précisément l'abstraction, qui, à la bien prendre, n'est qu'un mode de l'attention.

2° **Définition de l'Abstraction.** — On définit l'abstraction : *une opération par laquelle notre esprit isole une des choses unies dans un objet, pour la considérer à part.* Ainsi nous isolons par la pensée les propriétés de la substance ou la substance des propriétés ou bien les propriétés les unes des autres. Il va sans dire que cette séparation purement mentale n'altère d'aucune manière l'unité ou la simplicité de l'objet.

II. — **L'Abstraction, procédé familier à notre esprit.** — L'abstraction n'est point un acte compliqué et difficile. Il n'en existe guère qui soit plus familier à notre âme, considérée comme intelligence. Doués des sens par lesquels s'opère en nous la perception matérielle, nous ne pouvons ne pas abstraire ; chaque sens nous découvre une qualité spéciale. La vue ne perçoit que la couleur, l'ouïe que les sons, le goût que la saveur.

Notre intelligence n'abstrait pas moins naturellement dans la manière dont elle conçoit les réalités spirituelles et l'ordre intelligible. La perception interne, comme la perception intellectuelle, donne lieu à une série d'abstractions. (BÉNARD).

III. — **Rôle de l'Abstraction.** — Le rôle de l'abstraction est important et étendu.

1° **Rôle de l'Abstraction dans les Sciences.** — L'abstraction est pratiquée dans toutes les sciences : ce sont les vérités abstraites et générales qui les constituent à proprement parler, selon l'adage : *De particularibus non est scientia*. L'individu, le phénomène particulier et l'être concret n'y figurent que dans leurs rapports avec leur genre ou leur espèce, ou avec les lois qui les régissent.

Si un ordre particulier de connaissances porte le nom de sciences abstraites, c'est que ces sciences s'exercent exclusivement sur des abstractions, sans en faire d'une façon immédiate et nécessaire l'application aux réalités concrètes.

Le même objet envisagé sous des aspects différents, que notre esprit saisit au moyen de l'abstraction, donne naissance à des sciences très différentes entre elles. Combien de sciences, par exemple, s'occupent de la matière ? Mais parce que chacune la considère à un point de vue spécial, qu'elle abstrait et isole de tout le reste, elle forme une science qui ne peut se confondre avec aucune autre.

2° **Rôle de l'Abstraction dans les Jugements et le Langage.** — Si important que soit le rôle de l'abstraction dans les sciences, il ne l'est pas moins dans les jugements que nous portons et dont l'une des idées au moins est abstraite. Le langage lui-même, non-seulement dans ses règles générales, mais encore dans les expressions qu'il emploie, ne se concevrait pas sans le pouvoir d'abstraire.

§ V. — GÉNÉRALISATION.

I. — Définition de la Généralisation. — On peut définir la généralisation : *une opération par laquelle notre esprit, ayant connu par l'abstraction les propriétés essentielles d'un être, étend cette notion à tous les êtres qui lui sont semblables*. Cette notion s'appelle notion généralisée.

II. — Comment s'opère la Généralisation ? — Si l'abstraction fournit au travail généralisateur de notre esprit un de ses éléments indispensables, cet élément abstrait en appelle un autre, qui est saisi par la perception expérimentale, s'aidant de la comparaison.

La nature, en effet, nous offre des individualités, qui sont, il est vrai, distinctes entre elles, mais dont chacune a des caractères de ressemblance avec plusieurs autres. Les hommes, par exemple, sont des individualités distinctes, et cependant il est facile de reconnaître qu'ils se rapportent tous et sont reliés par une certaine unité *essentielle*, qui s'appelle la nature humaine. Qui connaît donc ce qui constitue essentiellement la nature dans un homme, à savoir, l'union d'une âme raisonnable et d'un corps, a une notion abstraite, applicable à tous les individus de même nature. Ce que nous disons des hommes doit se dire des autres êtres en qui la nature est semblable. Notre esprit généralise de la même manière la notion de leurs diverses catégories, et, en comparant entre elles ces notions générales, d'après leurs similitudes ou leurs différences, il peut s'élever aux conceptions les plus universelles, dont il a été question dans l'Ontologie.

III. — Degrés de la Généralisation. — Il y a donc des degrés dans la généralisation, dont l'objet peut être plus ou moins étendu. La notion la plus générale, au-dessous de l'ordre transcendantal, se nomme *genre*, et la notion moins générale se nomme *espèce*. Mais, dans la notion de genre et dans celle d'espèce, il y a des degrés.

1° On distingue le genre *suprême* et le genre *infime*, et entre les deux les genres *subalternes*. Le genre *suprême* est celui qui vient

GÉNÉRALISATION.

immédiatement après les notions transcendantales, n'a au-dessus de lui aucun genre et ne peut être espèce. Le genre *infime* est celui qui ne renferme que des espèces. Les genres *subalternes* sont ceux qui ont au-dessus et au-dessous d'eux d'autres genres, et qui présentent ainsi le double caractère de genre et d'espèce.

2° On distingue de même les espèces en *suprêmes*, *infimes* et *subalternes*. Les espèces suprêmes sont immédiatement renfermées dans le genre suprême. Les espèces infimes ne renferment que des individus. Les espèces subalternes ont au-dessus et au-dessous d'elles d'autres espèces. Les espèces suprêmes et subalternes présentent ainsi le double caractère de genre et d'espèce. L'espèce proprement dite est celle qui ne peut être genre et ne renferme que des individus.

3° On appelle *genre prochain* le genre dans lequel une espèce rentre immédiatement, et *genre éloigné* celui qui est au-dessus du genre prochain relativement à l'espèce.

IV. — **Coordination des Genres et des Espèces.** — D'après Porphyre, les genres et les espèces, parmi les existences substantielles, peuvent être coordonnés de la manière suivante :

1
Substance

2
Corporelle.   *Incorporelle.*
3
Corps.

4
Organique.   *Inorganique.*
5
Vivant.

6
Sensible.   *Insensible.*
7
Animal

8
Raisonnable.   *Dépourvu de raison.*
9
Hommes.
Pierre, Paul, *individus de l'espèce humaine.*

V. — Compréhension et Extension de la Notion généralisée. — Toute notion généralisée d'*espèce* ou de *genre* peut être considérée au point de vue des propriétés abstraites qui la constituent et des objets semblables, plus ou moins nombreux, auxquels elle convient. De là ce qu'on appelle *la compréhension* et *l'extension* de cette notion.

1° *La compréhension* n'est autre chose que les propriétés mêmes que l'idée générale renferme, qui lui sont essentielles, dont aucune ne peut être retranchée sans que l'idée soit détruite. Ainsi la notion générale d'homme renferme l'idée d'une âme raisonnable et celle d'un corps organisé auquel l'âme est unie. Chacun de ces éléments entre dans la notion comme partie essentielle.

2° *L'extension* ou *étendue*, c'est l'application de la même notion à tous les objets semblables auxquels elle convient. Ainsi la notion d'homme a pour extension l'humanité entière.

3° La compréhension et l'extension de la même notion généralisée sont *en raison inverse* l'une de l'autre. Plus il y a de propriétés renfermées dans la notion, moins il y a d'êtres auxquels elle est applicable, comme le montre le tableau précédent.

VI. — Importance de la Généralisation. — Si nous n'avions le pouvoir de connaître l'universel et de généraliser, il n'y aurait pour nous que des individus et des faits isolés. Toute perception serait particulière. Nous ne connaîtrions pas l'homme, mais des hommes, en raison du nombre des individus que nous aurions observés. Dès lors, il n'y aurait pas pour nous de science, puisque ce qui constitue avant tout une science, ce sont les généralités, les principes, les axiomes, les lois. Aussi regarde-t-on à bon droit la généralisation comme l'un des actes les plus caractéristiques de l'intelligence, comme l'opération qui établit une des premières différences entre l'homme et l'animal, qui ne perçoit que le particulier.

VII. — Universaux. — En parlant de la généralisation, nous ne pouvons nous dispenser de dire un mot des *universaux*.

1° **Notion des Universaux.** — On a donné le nom d'*universaux* aux notions générales de *genre*, d'*espèce*, de *différence*, de *propre* et d'*accident*.

1° **Genre.** — La notion de genre est une notion tellement générale qu'elle en renferme d'autres qui, elles aussi, sont générales, bien que d'une moindre étendue. Cette notion convient ainsi à plusieurs *spécifiquement* distincts.

2° **Espèce.** — La notion d'espèce est une notion générale, mais renfermée dans une autre plus étendue. Telle est l'idée de triangle-rectangle par rapport à celle de triangle. La notion d'espèce, considérée comme telle, convient à plusieurs *numériquement* distincts.

3° **Différence.** — On appelle *différence* le premier attribut essentiel que chaque espèce comprend de plus que le genre. Quand un genre a plusieurs espèces, il faut nécessairement que l'idée de chaque espèce comprenne quelque chose qui ne soit pas compris dans l'idée du genre. Par exemple, l'idée générale de triangle est un genre, l'idée de triangle-rectangle est une espèce, et cette espèce renferme de plus que le genre l'idée d'un angle droit, ce qui constitue la différence de cette espèce.

4° **Propre.** — On appelle *propre* un attribut essentiellement lié à celui qui constitue la différence, attribut qui convient à toute l'espèce et à elle seule. Par exemple, dans le triangle-rectangle, le carré du grand côté est équivalent aux carrés des deux autres, propriété qui convient exclusivement au triangle qui a un angle droit. Le propre découle nécessairement de l'essence, et en cela il diffère de l'accident.

5° **Accident.** — *L'accident* est ainsi appelé parce qu'il n'est pas de l'essence de la chose à laquelle il est attribué. L'idée d'un accident est capable de représenter tous les objets dans lesquels il existe. Ainsi, l'idée de prudent représente tous les hommes prudents, comme l'idée de blanc représente tous les corps blancs.

2° **Controverse au sujet des Universaux.** — Les Universaux ont été l'objet de vives et longues discussions au Moyen-Age. L'Ecole était partagée en trois camps : *les réalistes* ou réaux, *les nominalistes* ou nominaux, et *les conceptualistes*. Les premiers soutenaient que les idées universelles répondent à des réalités ou entités existant objectivement, indépendamment des conceptions de l'esprit. Les seconds enseignaient que les idées universelles ne répondent pas à des réalités et qu'elles n'existent que dans les mots qui les expriment, *flatus vocis*. Les troisièmes, avec lesquels se confondirent bientôt les nominalistes, soutenaient que les Universaux n'étaient ni des mots seulement, ni des choses, mais des conceptions de l'esprit.

3° **Vraie Solution de la Controverse.** — La vraie solution de la controverse a été donnée par saint Thomas, qui, dans la notion universelle, distingue la matière et la forme, en autres termes, la compréhension et l'étendue. Sous le rapport de la matière ou de la compréhension, l'idée universelle répond à une réalité, et, pour employer le langage de ce grand philosophe, existe *à parte rei*, objectivement. Sous le rapport de la forme ou de l'étendue, elle est une conception de l'esprit, qui, après avoir abstrait, généralise ; elle existe *à parte intellectus*, subjectivement. L'esprit ne crée pas les éléments de la compréhension de l'idée universelle ; mais il les trouve dans les individualités de la nature. Il s'empare de ces éléments et les généralise, les appliquant à tous les êtres semblables, existants ou possibles. Tel est, nous semble-t-il, le dernier mot sur la question des Universaux.

§ VI. — JUGEMENT.

I. — **Notion du Jugement.** — On peut définir le jugement : *une opération par laquelle notre esprit affirme qu'une chose est ou n'est pas*. Que le jugement porte sur l'existence ou sur la manière d'être de l'objet, il affirme qu'une chose est ou n'est pas.

II. — **Analyse du Jugement.** — Si le jugement, considéré en lui-même, est un acte très simple, il suppose des conditions qui sont susceptibles d'être analysées. Ces conditions sont au nombre de trois, et elles résultent de la nature même du jugement, *formé de deux idées*, que notre esprit unit ou sépare, dont l'une est appelée *sujet* et l'autre *attribut* ou *prédicat*.

1° La première condition préalable au jugement, c'est *la connaissance du sujet et de l'attribut*. Notre esprit ne peut unir ou séparer par un jugement ce qu'il ignore. 2° La seconde condition, c'est *la comparaison* du sujet et de l'attribut, dans le but de savoir la nature du rapport qui existe entre eux. 3° La dernière condition, c'est la perception de la convenance ou de la disconvenance du sujet et de l'attribut. Ces trois conditions remplies, l'esprit est à même de porter un jugement.

III. — **Différence entre le Jugement et la Perception.** — Le jugement diffère de la perception, qu'il suppose, toutefois, et qui l'accompagne toujours. Par la perception, nous connaissons l'existence d'un être, et, par le jugement, nous l'affirmons. Le jugement nous est aussi naturel et aussi familier que la perception elle-même, mais il ne peut être confondu avec elle.

De même, si notre esprit saisit, par la comparaison de deux objets, le rapport qui les relie, c'est par le jugement qu'il l'affirme. La simple perception du rapport est une condition du jugement, et non pas le jugement lui-même.

IV. — **Le Jugement ne dépend pas de la Volonté.** — Quoi qu'en ait pensé Descartes, le jugement n'est point un acte produit par la volonté.

La volonté contribue à *préparer* le jugement, en prolongeant l'attention ou en faisant reprendre un examen interrompu ; mais ce n'est point elle qui donne son assentiment à la vérité et qui l'affirme. Lorsque l'évidence apparaît à notre esprit, elle s'impose à nous d'une manière irrésistible, indépendamment de notre volonté. Nous ne sommes pas libres d'accorder ou de refuser notre assentiment à la vérité, dont la clarté nous subjugue. Nous y adhérons sans crainte d'être trompés, nous en sommes certains. La certitude n'appartient pas à la volonté, mais elle est l'acte suprême de l'intelligence, dans ses rapports avec la vérité.

Une autre preuve que l'assentiment à la vérité est l'œuvre, non de la volonté, mais de l'intelligence, c'est qu'avec la volonté la mieux décidée et la plus opiniâtre, nous n'arrivons pas toujours à la connaissance certaine de la vérité sur la question qui nous occupe. (BÉNARD).

V. — Diverses Divisions de nos Jugements. — On peut envisager le jugement au point de vue de l'esprit qui le porte et au point de vue de l'objet sur lequel le jugement est porté.

1° Au point de vue de *l'esprit qui le porte*, le jugement est prudent ou téméraire. Il est *prudent*, quand il est porté après un examen diligent des deux termes ; il est *téméraire*, dans le cas contraire.

2° Au point de vue de *l'objet*, le jugement est : 1° *analytique* ou *synthétique*. Il est *analytique*, quand l'attribut est identique au sujet ou y est contenu nécessairement. Par exemple : Dieu est juste, l'âme humaine est intelligente et libre. Le jugement fait comme l'analyse du sujet. Le jugement analytique est aussi appelé *nécessaire* ou *en matière nécessaire*. — Il est *synthétique*, quand l'attribut convient de fait au sujet, bien qu'il en soit séparable. Par exemple : plusieurs hommes sont savants. Ce jugement est aussi appelé *contingent*, ou *en matière contingente*.

2° *Immédiat* ou *médiat*. Il est *immédiat*, quand l'esprit, par la seule comparaison du sujet et de l'attribut, voit sur-le-champ qu'ils se conviennent ou qu'ils ne se conviennent pas. — Il est *médiat*, quand il est le résultat d'un raisonnement, qui a mis en lumière la convenance ou la disconvenance de l'attribut et du sujet. — Les jugements immédiats sont aussi appelés *primitifs*, et les jugements médiats sont appelés *secondaires*. — Il est évident que les jugements médiats rentrent de quelque manière dans les jugements immédiats qui en sont le principe.

§ VII. — RAISONNEMENT.

I. — Notion générale du Raisonnement. — L'esprit humain ne peut atteindre, d'une manière immédiate et intuitive, toutes les vérités qu'il lui est donné de connaître. Il arrive à plusieurs par une voie indirecte, en partant de celles qu'il connaît déjà. C'est cette manière de procéder, qu'on appelle raisonnement.

Le raisonnement, considéré en général, peut se définir : *une opération par laquelle notre esprit conclut un jugement d'un autre jugement, c'est-à-dire, une vérité d'une autre vérité.*

Le raisonnement a lieu par *induction*, par *déduction* ou par *analogie*. Il nous suffira ici de faire connaître ces diverses formes du raisonnement, qui ont leur place naturelle dans *la logique*.

II. — **Raisonnement par Induction.** — Le raisonnement par *induction* consiste à s'élever de faits particuliers et évidents aux lois qui régissent tous les faits semblables. Il a pour caractère distinctif de passer du particulier au général, en se basant sur ce principe incontestable, à savoir, que l'ordre créé est gouverné par des lois constantes et universelles. Le raisonnement inductif a son application dans toutes les sciences qui ont des faits pour point de départ.

III. — **Raisonnement par Déduction.** — Le raisonnement par *déduction* consiste à faire sortir d'un principe général les conséquences qu'il renferme. Il a pour caractère distinctif de descendre du général au particulier. Il a son application dans toutes les sciences qui ont pour point de départ des principes, des axiomes, des vérités générales.

IV. — **Raisonnement par Analogie.** — Le raisonnement par *analogie* consiste à conclure des ressemblances observées et constatées entre deux objets ou deux ordres de choses à des ressemblances non encore observées. Il a pour caractère distinctif de conjecturer que les choses qui se ressemblent sous certains rapports doivent se ressembler sous d'autres rapports. Il s'appuie, pour passer des ressemblances constatées aux ressemblances non encore observées sur cette croyance, que l'ordre créé est régi par un petit nombre de lois simples et universelles. L'analogie n'est ainsi qu'une induction commencée.

V. — **Marche uniforme de l'Esprit humain dans tout Raisonnement.** — De quelque manière que notre esprit raisonne, il va toujours du mieux connu au moins connu, et sous ce rapport toutes les formes du raisonnement se ressemblent. Toutes encore elles sont des moyens indirects et détournés pour arriver à la connaissance des vérités qui n'apparaissent pas tout d'abord à notre esprit.

VI. — **Le Raisonnement prouve la Faiblesse et la Force de l'Esprit humain.** — Le raisonnement prouve la faiblesse de notre intelligence, qui ne peut saisir directement toutes les vérités. Dieu, intelligence parfaite, n'a nullement besoin de recourir au raisonnement ; il se connaît et il connaît toutes choses par intuition. Il n'en est pas ainsi de l'homme, et c'est pour cela qu'il est défini *l'animal raisonnable*.

Mais il faut aussi avouer que, si le besoin de raisonner accuse l'imperfection de notre faculté de connaître, nous pouvons par le raisonnement agrandir sans cesse le cercle de nos connaissances et ajouter de nouvelles richesses au trésor de notre esprit.

NEUVIÈME LEÇON.

Sommaire : 1. Notion générale de l'Idée. — 2. Division des Idées. — 3. Origine des Idées. — 4. Notions et Vérités premières.

§ I. — NOTION GÉNÉRALE DE L'IDÉE.

Nous avons étudié l'intelligence humaine dans ses *facultés* et dans ses *opérations*. Elle saisit son objet, c'est-à-dire, elle connaît, soit directement et d'une manière intuitive, soit d'une manière indirecte et par le raisonnement. Il nous reste à l'étudier dans la génération même de la connaissance, qui lui est propre, appelée pour cela connaissance intellective, dont nous n'avons dit qu'un mot, en parlant de la perception intellectuelle, et qui différencie d'une façon si tranchée la connaissance de l'homme de celle de la brute. Nous avons à traiter *de l'idée*, par laquelle s'opère l'alliance de la vérité objective avec notre intelligence.

I. — **Nature de l'Idée.** — Le mot *idée*, dit la Logique de Port-Royal, est du nombre de ceux qui sont si clairs qu'on ne les peut expliquer par d'autres mots, car il n'y en a point de plus clairs et de plus simples.

Ce mot, qui vient du grec (*idein, eidos*), signifie voir. Dire qu'on a l'idée d'une chose, c'est dire qu'on la voit intellectuellement, qu'on la comprend, qu'on en a saisi l'essence métaphysique. Si, dans la connaissance sensible, nous nous formons l'image d'un corps dans l'acte même de sa perception, de même, dans la connaissance intellective, notre esprit saisit l'intelligible en s'en formant la représentation qui convient à sa nature. C'est cette représentation qui est connue sous le nom d'espèce intelligible, ou idée. Ainsi l'idée est la forme purement intellectuelle de notre connaissance de l'intelligible.

II. — **L'Idée n'est pas une Substance.** — L'idée n'est point quelque chose de substantiel ; c'est une modification accidentelle de notre intelligence, dans laquelle elle existe à la manière de l'habitude.

Quel que soit l'objet auquel elle se rapporte, l'idée est essentiellement immatérielle, inaccessible aux sens, et ne doit d'aucune manière être confondue avec l'image qui l'accompagne dans notre esprit.

III. — **Différence entre l'Idée et l'Image.** — L'idée diffère absolument de l'image. Bien que les deux s'unissent dans notre esprit, quand nous pensons soit à l'ordre sensible, soit à l'ordre purement intelligible, comme nous l'avons expliqué, l'idée l'emporte autant sur l'image que la faculté cognitive propre à une âme intelligente l'emporte sur la faculté cognitive de la brute.

Pour bien faire saisir cette différence, empruntons l'exemple dont Bossuet s'est servi. Avoir l'idée du triangle, dit-il, c'est savoir ce que c'est que le triangle, indépendamment de tout ce qui n'est qu'accidentel, espèce, grandeur, etc. Se former l'image d'un triangle, c'est s'en représenter un déterminé.

Par sa nature, *l'image* est particulière, ne représentant qu'un individu de l'ordre sensible, tandis que *l'idée*, par sa nature même, est universelle et représente des choses que la perception sensible ne peut atteindre.

L'objet de *l'image* est changeant ; l'objet de *l'idée* est invariable.

IV. — **L'Idée est-elle l'objet de notre Connaissance intellective ?** — Cette question, qui n'est pas sans importance, a besoin d'être précisée, pour être résolue avec netteté.

Demander si l'idée est l'objet de notre connaissance intellective, c'est demander si ce que nous comprenons, ce sur quoi nous portons des jugements et nous raisonnons, ce sont nos idées ou les réalités objectives dont elles sont en nous les représentations idéales. On ne peut d'aucune manière admettre que l'idée est l'objet direct de notre connaissance intellective et que c'est à elle, comme à son terme, que l'acte de l'intellection s'arrête. L'objet direct de la connaissance dont nous parlons, c'est *l'intelligible*, distinct de l'idée que notre esprit s'en forme, et qu'il serait incapable de se former, si l'intelligible ne lui était présent.

Ainsi, quand nous disons que nous avons *l'idée de la justice*, nous entendons par là qu'autre est l'idée et autre la justice, dont nous disons avoir l'idée, et, quand nous parlons de cette vertu, la justice elle-même, et non son idée, est le terme auquel se reporte notre esprit. Soutenir que l'idée est le terme de notre connaissance intellective, ce serait affirmer une chose absurde, à savoir, que l'intellection peut avoir lieu dans notre esprit sans objet.

Il faut remarquer, toutefois, que, lorsque nous réfléchissons à nos idées, pour en étudier la nature, nos idées sont, dans ce cas, l'objet direct et le terme des actes de notre intelligence. (ZIGLIARA).

§ II. — DIVISION DES IDÉES.

I. — **Fondement de la Division des Idées.** — Dans le fait de la connaissance intellective, il est facile de discerner trois choses : *l'intelligence*, qui est le sujet de la connaissance, *l'intelligible*, qui en est l'objet, et *l'idée*, qui est comme le lien entre le sujet et l'objet, puisque c'est par elle que l'intelligence se forme la représentation purement spirituelle de l'intelligible, au moment où elle le saisit.

Les idées peuvent donc être considérées au point de vue de *l'objet* et au point de vue du *sujet* : les deux aspects donnent lieu à d'importantes divisions.

II. — **Idées considérées au point de vue de l'Objet.** — Les essences métaphysiques des choses sont l'objet des idées. Par leur nature, les idées sont représentatives, et par là même objectives.

Envisagées *objectivement*, c'est-à-dire, du côté de l'objet connu qu'elles représentent, les idées se divisent :

1° En idées *positives* et en idées *négatives*. L'idée *positive* exprime quelque entité, comme l'idée de vie. L'idée *négative* exprime le manque d'une entité quelconque, comme l'idée de mort. L'idée positive est exprimée par un mot qui est toujours positif pour le sens, bien qu'il puisse renfermer une négation, comme *lumière*, *immortel ;* de même l'idée négative est exprimée par un mot toujours négatif quant au sens, bien qu'il puisse être positif en lui-même, comme ténèbres.

2° En idées *contingentes* et en idées *nécessaires.* Les idées *contingentes* sont celles qui se rapportent à des objets dont nous pouvons supposer la non-existence, ou le changement, sans tomber dans l'absurde et le contradictoire, comme l'idée de couleur.

Les idées *nécessaires* sont celles dont l'objet est tel qu'on ne peut, sans absurdité, en supposer la non-existence ou la variation. Il y a deux sortes de *nécessaire* : le nécessaire *absolu* et le nécessaire *hypothétique.* Le nécessaire absolu n'est autre que Dieu lui-même, sans qui rien n'existerait et même ne serait possible. On donne, toutefois, dans un sens plus large, le nom de nécessaire absolu à ce qui est nécessairement lié avec l'essence divine, comme les vérités nécessaires et les essences possibles des choses. Le nécessaire hypothétique suppose la création et convient à l'ordre contingent lui-même. Il a pour objet les rapports qui ne peuvent manquer d'exister entre les êtres contingents et Dieu, ou bien entre un être contingent et un autre être contingent lui-même, comme les rapports d'effet et de cause, de filiation et de paternité.

3° En idées *abstraites* et en idées *concrètes.* L'idée *abstraite* désigne une chose isolée de l'objet en qui elle existe ; telles sont les idées de substantialité, de grandeur, d'humanité, d'animalité, etc. L'idée *concrète* désigne la même chose, mais comme existant dans un objet déterminé ; telles sont les idées d'être substantiel, de corps grand, etc.

4° En idées de *substance,* de *mode* et de *substance modifiée.* Cette division donnée par la Logique de Port-Royal revient à la division précédente.

5° En idées *générales* ou *universelles,* en idées *particulières* et en idées *singulières.* L'idée *générale* désigne une chose qui convient à plusieurs, au moins sous quelque rapport : telle est l'idée de substance, d'homme, de végétal, etc. Elle est dite générale, parce qu'elle est applicable, au moins de quelque manière, à tous les sujets qu'elle embrasse. Ainsi l'idée de substance est une idée générale applicable à tous les êtres substantiels, esprits et corps, bien qu'elle ne leur convienne pas à tous de la même manière. Les genres et les espèces sont exprimées par des idées générales.

L'idée *particulière*, comme le mot l'indique, désigne une partie indéterminée des sujets de l'idée générale qui la renferme. L'idée générale est prise sans restriction ; accompagnée d'une restriction quelconque, elle devient particulière.

L'idée *singulière* désigne un individu déterminé, à qui seul elle convient. Bien que l'universel soit l'objet propre et direct de notre intelligence, nous avons non-seulement la connaissance sensible, mais encore la connaissance intellective, et conséquemment *l'idée du singulier matériel*. Toutefois, cette connaissance intellective du singulier dans les choses matérielles, est *indirecte* et *accidentelle*. Notre intelligence ne peut considérer directement, par l'acte qui lui est propre, l'universel dans un objet sensible, sans saisir indirectement et d'une manière accidentelle l'individualité de laquelle elle l'abstrait. L'a-t-elle abstrait, elle le lui applique tout d'abord, en retournant à l'image qu'elle en a conservée, dit saint Thomas, et dès lors elle sait ce qu'est l'objet sensible, elle en a l'idée.

III. — Idées considérées au point de vue du Sujet. — Considérer les idées au point de vue du sujet connaissant, c'est-à-dire, de notre intelligence, c'est examiner de quelle manière les objets qu'elles représentent se manifestent à nous. Ainsi envisagées, les idées se divisent :

1° En idées *claires* et en idées *obscures*. L'idée est dite *claire*, lorsque nous en saisissons l'objet avec netteté. On peut avoir l'idée claire de *l'existence* d'une chose, sans avoir celle de sa nature. — L'idée est dite *obscure*, quand nous ne sommes pas à même, vu les circonstances ou la faiblesse de notre esprit, d'en bien connaître l'objet. Telle est l'idée que nous avons d'un objet, qui est vu de loin. — Une idée obscure peut devenir claire pour le même homme. Pour deux individus différents, le même objet peut donner lieu à une idée claire et à une idée obscure.

2° En idées *distinctes* et en idées *confuses*. L'idée est dite *distincte*, lorsque nous connaissons avec précision ce qui discerne son objet de tout le reste. Nous avons une idée distincte de l'orgueil, si nous savons ce qui caractérise ce vice dans sa nature spécifique et le différencie des autres. L'idée distincte ne peut manquer d'être claire, mais l'idée claire n'est pas toujours distincte. — L'idée est dite *confuse*, quand nous ne voyons pas clairement en quoi consiste son objet, ce qui nous expose à la méprise. L'idée obscure est à plus forte raison confuse.

3° En idées *vraies*, et en idées *fausses* ou *erronées*. — L'idée est dite *vraie*, lorsqu'elle est la représentation fidèle et adéquate de l'objet. Elle est dite *fausse* ou *erronée* dans le cas contraire.

Il n'est pas nécessaire de faire remarquer que la fausseté, l'obscurité et la confusion qui peuvent exister dans plusieurs de nos idées, tiennent soit à la faiblesse native de notre esprit, soit à l'emploi défectueux des moyens de connaître qui sont à notre disposition.

§ III. — ORIGINE DES IDÉES.

I. — **Point de la Controverse entre les Philosophes.** — Peu de questions ont été plus chaudement agitées et plus diversement résolues par les philosophes, que celle de l'origine des idées.

La difficulté porte sur les idées proprement dites, qui ont pour objet l'universel, l'ordre moral et nécessaire, c'est-à-dire, des choses intelligibles, et par là même incapables d'affecter nos sens. La nature offre des individualités à notre perception expérimentale, et nous avons l'idée de l'universel. Nous sommes environnés d'êtres contingents, limités et imparfaits ; nous sommes nous-mêmes des êtres imparfaits, limités et contingents, et nous avons l'idée du parfait, de l'infini, du nécessaire. Comment ces idées pénètrent-elles dans l'âme humaine ? Sont-elles dues uniquement à l'expérience ? sont-elles dues uniquement à la raison ? sont-elles dues au concours de l'expérience et de la raison ?

Principaux Systèmes sur l'Origine des Idées. — Les systèmes inventés pour expliquer l'origine des idées reviennent, avec des variantes plus ou moins accusées, à trois principaux : *l'empirisme*, qui fait dériver toutes les idées de l'expérience : *l'idéalisme* ou *rationalisme*, qui les fait venir de la raison sans la participation de l'expérience, et le système *scolastique*, qui les attribue au concours de l'expérience et de la raison. Discutons succinctement ces systèmes, avant de donner la solution définitive.

III. — Empirisme.

On entend d'une manière générale par empirisme le système des philosophes qui attribuent toutes les connaissances humaines à la seule perception expérimentale. Par suite de la divergence des opinions, l'empirisme peut se diviser en *matérialisme*, en *sensualisme* et en *empirisme proprement dit*.

1° Matérialisme. — *Le matérialisme*, niant le principe spirituel dans l'homme, attribue toutes ses connaissances aux opérations de l'organisme. Dans l'antiquité, le matérialisme eut pour principaux défenseurs Démocrite et Épicure, qui enseignaient que la connaissance des choses est produite en nous par des atomes volatils qui se détachent des objets et pénètrent dans nos organes.

Dans les temps modernes, Thomas Hobbes, qu'on peut regarder comme le coryphée des matérialistes, enseigne que toutes nos connaissances ne sont que des opérations de notre organisme, provenant de la sensation.

Au point de vue de l'origine des connaissances humaines, le matérialisme se confond avec le sensualisme, puisqu'il les fait toutes dériver de la perception externe.

2° Sensualisme. — *Le sensualisme* reconnaît dans l'homme l'existence d'un principe spirituel, en qui réside tout d'abord la faculté de sentir, mais il n'admet d'autre origine à nos idées que les sens. A son origine, l'âme humaine est comparable à une tablette sur laquelle n'est tracé aucun caractère. C'est uniquement par les sens externes que les connaissances lui viennent, et les données des sens, diversement combinées, rendent compte de toutes ses conceptions, même les plus hautes. D'après ce système, il n'y a dans notre intelligence rien qui n'ait d'abord affecté nos sens. *Nihil in intellectu, quod prius non fuerit in sensu.*

3° Empirisme proprement dit. — *L'empirisme proprement dit* joint les données du sens intime à celles des sens externes, pour expliquer comment les idées se forment en nous; mais il se confond avec le sensualisme, en attribuant à l'expérience seule l'origine de toutes les connaissances humaines. Il a compté plusieurs partisans dans les temps modernes. Nous indiquerons les trois principaux :

1° *Locke.* — D'après ce philosophe, toutes nos connaissances viennent de *la sensation* et de *la réflexion.* Par la faculté de sentir, l'âme sait tout ce qui est en elle et en dehors d'elle-même. Par la réflexion, elle élabore les connaissances ainsi acquises, elle les développe et en fait sortir les conceptions les plus élevées.

2° *Condillac.* — Simplifiant le système de Locke, Condillac ramène toutes nos connaissances à une source unique, la sensation. Son système est connu sous le nom de système de *la sensation transformée.*

3° *Laromiguière.* — En essayant de combattre la doctrine de Condillac, Laromiguière est retombé dans le système de Locke. D'après lui, toutes nos connaissances viennent de *l'attention,* agissant comme pouvoir actif sur les données de *la sensation.*

Tous ces systèmes ont le vice radical de confondre la connaissance sensitive avec la connaissance intellective, et d'identifier ainsi l'intelligence avec les sens.

4° Réfutation de l'Empirisme. — L'empirisme est une *erreur évidente* et *pleine de dangers.* Si la perception expérimentale contribue, comme nous l'avons déjà dit, à nos connaissances intellectuelles, il est absolument faux de dire que la perception expérimentale, même suivie de la réflexion ou de l'attention, s'exerçant sur ses données, produit en nous *les idées.*

1° Incompétence de la Perception expérimentale. — Par la perception *externe,* nous saisissons les corps, et rien de plus. Nous les connaissons à la manière de l'animal, et cette connaissance a pour limites infranchissables le sensible et le particulier, seuls capables d'ébranler notre organisme. La perception externe, qui ne met en nous que l'image du particulier et du sensible, est donc incapable par elle-même de nous donner l'idée de l'universel et de l'intelligible pur, qui ne frappent aucun de nos organes et n'affectent aucun de nos sens.

La perception *interne* n'est pas moins impuissante. Les phénomènes qu'elle nous révèle sont particuliers et variables, comme les phénomènes externes, et ils n'offrent aucun des caractères de nos idées.

2° **Incompétence de la Réflexion et de l'Attention.** — La réflexion et l'attention, s'exerçant sur les données de la perception externe ou interne, n'ont et ne peuvent avoir d'autre effet que de rendre plus claire la connaissance que nous en avons déjà. Si la perception expérimentale est la source unique de nos premières connaissances, avec la réflexion et l'attention, nous pouvons mieux connaître, mais nous ne connaîtrons jamais que le sensible, le particulier et le variable : ce qui revient à dire que l'ordre intelligible demeurera fermé pour nous.

3° **Dangers de l'Empirisme.** — L'empirisme ouvre devant l'esprit humain d'insondables abîmes. 1° Il détruit toutes les sciences qui ne sont pas fondées sur l'expérience. Ces sciences, en effet, sont appuyées sur des vérités métaphysiques et sur des principes qui sont inaccessibles à la perception expérimentale. — 2° Il détruit les sciences expérimentales elles-mêmes, desquelles il doit retrancher, s'il est logique, tout ce qui n'affecte pas la sensibilité, les notions générales, les lois, c'est-à-dire, ce qui constitue ces sciences. — 3° Il implique contradiction. Dans ce système, l'universel, les essences, les causes ne peuvent être que des mots vides de sens ; et pourtant il les fait intervenir, sous un nom ou sous un autre, comme des réalités certaines, chaque fois qu'il formule une science. — 4° Enfin, il a pour conséquence ultime l'athéisme, auquel il mène inévitablement. N'est-ce pas là, d'ailleurs, qu'ont été conduits *les Positivistes* de nos jours, qui, se basant uniquement sur l'expérience, ont eu le courage d'être logiques jusqu'au bout ? (LIBERATORE).

IV. — **Idéalisme.** — Contrairement à l'empirisme, *l'idéalisme* n'accorde aucune part à l'expérience dans la génération des idées.

L'idéalisme comprend *l'innéisme* et *l'ontologisme*. Ces deux systèmes diffèrent, en ce que le premier admet l'innéité des idées dans notre âme, tandis que le second soutient que la raison en est la cause efficiente. Ils s'accordent en ce qu'ils rejettent l'un et l'autre la participation de l'expérience. Nous ne parlerons ici que de l'innéisme.

L'innéisme n'a pas été entendu de la même manière par tous les partisans de ce système. Signalons seulement quatre théories.

1° *Platon.* — D'après ce philosophe, les âmes ont existé, avant d'être unies à des corps, dans une condition plus parfaite, où il leur a été donné de contempler la vérité pure et de puiser dans cette contemplation les *idées*. Dans l'état présent, ces connaissances supérieures sont comme endormies en elles, et pour que leur intelligence s'y reporte, elle a besoin d'être excitée par l'ordre sensible, qui est une grossière image de l'ordre nécessaire. Les idées, dans ce système, qui admet faussement la préexistence des âmes, sont des *réminiscences* d'un état antérieur.

2° *Descartes*. — Tout en rejetant la théorie platonicienne sur la préexistence des âmes, Descartes divise nos idées en *adventices*, *factices* et *innées*. Les adventices nous viennent par la perception expérimentale. Les factices sont le fruit des opérations de notre âme sur les connaissances qu'elle possède. Les innées sont infuses dans l'âme au moment de sa création. Mais ces dernières, qui sont les idées proprement dites, ayant pour objet l'ordre intelligible, sont tout d'abord à l'état d'habitude et latentes dans l'âme. Elles sont comparables aux caractères gravés sur une table, mais recouverts d'une couche de cire, qui ne peuvent être lus, qu'autant que la cire est enlevée. Pour que notre âme remarque le trésor qui est en elle, il faut que le nuage qui le lui dérobe soit dissipé, et il est dissipé par l'*attention* réflexe, qui est provoquée en elle par quelque impression venant du dehors.

3° *Leibnitz*. — Leibnitz partage le sentiment de Descartes sur l'innéité de nos idées, en le généralisant. D'après lui, notre âme a en elle-même, dès son origine, toutes les idées sur lesquelles s'exercera plus tard sa faculté de connaître, mais elles sont en elle comme une esquisse, comme une ébauche, comme des linéaments imparfaits, à peu près comme les veines qui, dans un bloc de marbre, dessineraient la forme humaine. C'est à l'expérience et à l'enseignement à perfectionner cette connaissance primitive et confuse et à développer ces germes d'idées.

4° *Rosmini*. — Rosmini ne reconnaît comme innée en nous que l'idée d'être, qui rend compte de toutes nos autres connaissances et sans laquelle le développement de l'intelligence humaine serait inexplicable. Mais il ne précise point la nature de cette idée. Il semble cependant, par l'ensemble de sa doctrine, qu'il entend par là l'idée abstraite de l'être en général, et c'est ce qui fait Sanseverino lui demander comment notre esprit peut avoir *à priori* l'idée abstraite d'être, sans connaître ce qui donne lieu à cette abstraction.

5° **Critique générale de l'Innéisme.** — Les limites de cet ouvrage ne permettent pas de faire la critique détaillée de ces diverses théories de l'Innéisme. Nous nous bornerons aux observations suivantes :

1° L'opinion de Platon sur la préexistence des âmes ne peut être admise, comme nous le verrons en traitant de l'origine de l'âme.

2° L'examen des divers systèmes de l'Innéisme montre qu'ils ne s'appuient sur aucune preuve sérieuse.

3° L'Innéisme attaque et détruit presque totalement l'activité de l'intelligence humaine, en lui refusant le pouvoir de se porter par elle-même vers l'intelligible, de se l'unir et de s'en former le concept. Toute son activité consiste à saisir actuellement, sous l'influence d'une cause extérieure, les idées qu'elle porte en elle et qui ne font qu'une même chose avec son essence.

4° L'Innéisme n'est-il pas propre à ébranler la certitude de nos connaissances intellectuelles ? Dans ce système, l'esprit ne saisit pas directement l'intelligible lui-même ; il s'y élève seulement par l'idée qui est en lui et à la formation de laquelle il est absolument étranger.

5° Pourquoi supposer dans l'âme des idées toutes faites, lorsqu'il est facile et plus naturel d'expliquer l'apparition des idées en nous par l'activité intellectuelle de notre âme, capable de saisir l'intelligible, en usant des pouvoirs mis à sa disposition ? (SANSEVERINO.)

V. — **Ontologisme.** — Le point fondamental de l'Ontologisme consiste à affirmer que l'âme humaine a, dans la vie présente, *l'intuition immédiate de Dieu*. Il a revêtu diverses formes. Nous en indiquerons deux seulement.

1° **Ontologisme de Malebranche.** — Ce philosophe fait dériver *toute la connaissance humaine* de la vue de Dieu. « *L'âme humaine*, dit-
» *il, est en relation intime avec Dieu. Elle le voit ; elle voit ce qui*
» *est en lui, et comme en Dieu sont les exemplaires de toutes les*
» *choses, l'âme ne peut avoir l'intelligence des choses que parce*

» *qu'elle en voit en Dieu les idées.* » D'où il conclut que Dieu seul est intelligible par lui-même, et que les autres choses ne nous sont intelligibles que par la lumière, dans laquelle Dieu lui-même les connaît. C'est ainsi que, dans l'univers, si le soleil était l'unique corps lumineux, il serait seul visible par lui-même, et nous ne verrions les autres corps que par la lumière même du soleil.

2° **Ontologisme modéré.** — L'Ontologisme modéré, qui a été embrassé par plusieurs écrivains de notre siècle, admet les points suivants :

1° Nous avons l'intuition immédiate de l'infini, c'est-à-dire, des attributs divins et des idées éternelles existant en Dieu.

2° C'est en Dieu immédiatement que nous saisissons *l'universel*, qui est nécessaire et immuable.

3° Le *singulier* est l'objet immédiat de la connaissance sensible et il est perçu en lui-même. Les arguments des défenseurs de ce système sont ceux mêmes de Malebranche. (ZIGLIARA.)

3° **Réfutation de l'Ontologisme.** — Quelque belles que soient les théories de ses défenseurs, l'Ontologisme même modéré ne peut être admis.

1° La vision immédiate de l'essence ou des attributs de Dieu n'est point de la condition de l'esprit humain dans la vie présente. La distance infinie qui sépare Dieu de l'être créé s'oppose à ce que celui-ci, avec ses seules forces naturelles, ait ici-bas l'intuition immédiate de Dieu.

2° L'intuition immédiate de Dieu produit dans l'être qui en jouit la félicité parfaite. La distinction que les Ontologistes essaient d'établir entre l'intuition qu'ils appellent rationnelle et la vision béatifique de l'autre vie, n'a aucun fondement solide.

3° Si l'Ontologisme était la vérité, l'existence de Dieu serait d'évidence immédiate et il n'y aurait pas lieu à la démontrer, comme le font les théologiens et les philosophes.

4° La manière dont nous pensons à Dieu, montre que loin d'en avoir l'intuition directe, nous n'en avons pas même la connaissance immédiate. Nous accompagnons toujours l'idée de Dieu de représentations empruntées à l'ordre sensible, preuve que c'est de l'ordre créé que notre esprit s'élève à Dieu, comme il s'élève de l'effet à la cause.

5° Enfin, l'Ontologisme, tel surtout qu'il a été exposé par Malebranche, tendant à l'identification de l'intelligence humaine avec l'intelligence divine, favorise le panthéisme.

Tout catholique doit être soigneusement en garde contre les théories de l'Ontologisme. A plusieurs reprises, l'Eglise Romaine l'a formellement improuvé. Le 18 septembre 1861, elle a déclaré dangereuse la proposition suivante : *Immediata Dei cognitio, habitualis saltem, intellectui humano essentialis est, ita ut sine eâ nihil cognoscere possit, siquidem est ipsum lumen intellectuale.* A la même date, elle a rejeté comme n'étant pas sûre cette autre proposition : *Omnes aliæ ideæ nont sunt nisi modificationes ideæ quâ Deus tanquam ens simpliciter intelligitur.* (LIBERATORE, GRANDCLAUDE, ZIGLIARA.)

VI. — **Traditionalisme.** — Tout en s'éloignant des systèmes qui viennent d'être exposés, *le Traditionalisme* se rapproche du sensualisme par quelque côté. Le point commun à toutes les formes du traditionalisme, c'est d'affirmer que, sans la Révélation divine et par suite sans l'enseignement social, notre intelligence est incapable de s'élever soit à l'ordre intelligible considéré d'une manière absolue, soit seulement à une partie plus ou moins restreinte de cet ordre.

1° *Traditionalisme rigide.* — De Bonald est l'auteur du traditionalisme proprement dit, que nous appelons traditionalisme rigide, par opposition aux systèmes subséquents qui l'ont modifié. Ce philosophe se proposait de renverser le rationalisme, en établissant l'absolue nécessité de la Révélation divine dans le principe, et, ensuite, de l'enseignement par la parole, écho de cette Révélation primitive, pour faire de l'homme un être *actuellement intelligent.* D'après lui, l'âme humaine est absolument incapable de s'élever à l'intelligible, à moins d'être enseignée ; c'est l'enseignement divin, à l'origine, et puis l'enseignement humano-divin qui ouvre cet ordre aux regards de son intelligence. Et comme l'enseignement se fait par la parole, la parole est comme la clef de l'ordre intelligible. En un mot, la parole est aux connaissances intellectuelles, ce que l'impression des sens est aux connaissances que nous partageons avec l'animal. (ZIGLIARA.)

2º Traditionalisme mitigé. — Le traditionalisme mitigé offre plusieurs nuances. — Bonnetty est un des premiers qui ont voulu mettre quelque tempérament au *Bonaldisme pur*. Il restreint la nécessité de l'enseignement aux seules vérités de *l'ordre métaphysique et moral*, c'est-à-dire, de l'ordre purement intelligible. — Ventura, qui n'est pas toujours parfaitement d'accord avec lui-même, n'exige la révélation divine et l'enseignement externe que pour *les idées de Dieu et de l'immortalité de l'âme, et pour la connaissance distincte des devoirs moraux*. D'autres demandent l'enseignement par la parole ou par les signes qui la remplacent, seulement pour *le premier usage de l'intelligence*.

3º Réfutation du Traditionalisme. — Le traditionalisme repose sur ces deux assertions : 1º Pour que l'esprit humain ait la connaissance intellective d'une chose quelconque, il a besoin de l'image sensible qui répond à cette chose. Ainsi, pour saisir l'universel, il a besoin de l'individu sensible dont il connaît la nature universelle : pour avoir, par exemple, la connaissance intellective de *la plante*, il faut qu'il ait la connaissance sensible d'*une plante*. Or, les choses purement spirituelles n'ayant aucune image sensible à leur répondre, pour que notre intelligence les saisisse, elle a besoin de l'enseignement extérieur, qui tient lieu de l'image. 2º La disproportion qui existe entre l'ordre sensible et l'ordre purement spirituel est telle, que notre esprit ne peut connaître ce dernier en s'appuyant sur l'autre ; il faut qu'il en soit instruit.

Voici notre réponse : 1º *Le point de départ du traditionalisme est faux*. — Ce système part de la supposition exprimée dans la seconde assertion, qui contient, à notre avis, toute la raison d'être du traditionalisme, à savoir, que l'intelligence humaine est absolument incapable de s'élever de la connaissance de l'ordre sensible à la connaissance de l'ordre métaphysique et moral. Cette assertion a été précédemment réfutée, quand nous avons démontré que, de la connaissance des choses sensibles, et surtout de la connaissance d'elle-même, notre âme peut s'élever à la connaissance plus ou moins parfaite des choses supra-sensibles.

2º *Le Traditionalisme dénature la saine doctrine sur l'intervention de l'Image dans la Connaissance intellective*. — A la manière dont il explique le phénomène de l'intellection, c'est l'image ou la parole qui nous donne par elle-même la connaissance de l'intelligible. Si la connaissance du sensible (l'image par là-même) est pour nous la condition de la connaissance de l'intelligible; si quelque image accompagne notre esprit dans ses fonctions les plus élevées, l'intellection n'en est pas moins un acte exclusivement propre à notre intelligence, que l'image n'explique pas.

3° *Le Traditionalisme donne à la parole une puissance qu'elle n'a pas.* — *Pour parler sa pensée*, dit de Bonald, *il faut penser sa parole.* Cette assertion donne à entendre que c'est la parole qui livre l'intelligible à la connaissance de notre esprit. Mais la parole est un signe arbitraire qui ne porte pas nécessairement avec lui la connaissance de la chose qu'elle exprime. Pour que la parole, qui, après tout, n'est qu'un son frappant l'oreille, soit comprise, il est nécessaire, préalablement, d'avoir l'idée de la chose qu'elle exprime, de connaître la langue qui est parlée et le rapport conventionnel de la parole avec l'idée. S'il en était autrement, nous comprendrions une langue quelconque, la première fois qu'elle est parlée devant nous. La parole ne produit pas, elle éveille simplement l'idée dans celui qui l'entend. — Comment donc soutenir que c'est la parole qui ouvre à l'homme l'ordre intelligible et fait de lui un être intelligent ?

4° Enfin, *le Traditionalisme ébranle la certitude.* — Dans ce système, l'enseignement est nécessaire à l'homme, pour qu'il atteigne aux vérités qui sont le fondement de l'ordre métaphysique et moral : existence de Dieu, immortalité de l'âme, distinction du bien, du mal (*traditionalisme le plus mitigé*), vérités dont l'ignorance réduirait l'homme au niveau de l'animal. Le traditionalisme fait donc de la foi au témoignage *le précédent de la raison*. Ce n'est plus l'être intelligent qui reçoit et apprécie le témoignage divin ou humain, mais c'est ce témoignage qui lui procure la prérogative de l'intelligence et de la raison. En renversant les bases de la polémique chrétienne, ce système met l'homme dans l'impossibilité de justifier ses croyances. Et puisque c'est sur la foi au témoignage que s'élève l'édifice de ses connaissances métaphysiques et morales, il détruit du même coup et la raison et la foi.

C'est donc à bon droit que l'Église Catholique, protectrice de la foi et de la raison, a improuvé le traditionalisme, en exigeant que ses défenseurs souscrivent, entre autres, ces deux propositions : 1° Le raisonnement peut prouver avec certitude l'existence de Dieu, la spiritualité de l'âme et la liberté de l'homme. 2° L'usage de la raison précède la foi et il y conduit à l'aide de la révélation et de la grâce. Un des décrets dogmatiques du Concile du Vatican enseigne que Dieu, principe et fin de toutes choses, peut être certainement connu par la lumière de la raison humaine, au moyen des choses créées. (GRANDCLAUDE, ZIGLIARA.)

VII. — **Système Scolastique.** — Nous avons exposé le système scolastique sur le phénomène de l'intellection, c'est-à-dire, sur la manière dont notre esprit connaît l'intelligible. Il n'y a plus ici qu'à tirer les conclusions de ce système, pour faire connaître l'enseignement des Scolastiques sur l'origine des idées.

1° **Conclusions de la Doctrine Scolastique sur l'Origine des Idées.** — Ces conclusions peuvent être ramenées aux suivantes :

1° L'intelligence est la vraie cause efficiente des idées, par lesquelles elle se représente l'intelligible au moment même où elle le saisit. *Ipsa anima*, dit saint Thomas, *in se similitudines rerum format.*

2° Dans la formation de ses *premières idées*, l'intelligence est dépendante de la perception sensible. Il faut que les sens lui fournissent la matière dont elle a besoin pour se former elle-même ses premières idées. Cette matière, c'est l'image de l'individuel, d'où elle abstrait l'idée universelle, en saisissant l'essence métaphysique de l'objet perçu. C'est ainsi que s'acquièrent toutes nos premières idées générales.

3° Dans ce concours qu'elle prête à l'intelligence, la perception sensible n'est point *la cause efficiente* de la connaissance intellectuelle. Il serait inexact de dire qu'elle n'en est que *l'occasion*. Elle est plus que l'occasion, elle est *la condition indispensable* de nos premières idées.

4° Après s'être formé, avec le concours de la perception sensible, ses premières idées, notre intelligence s'élève, par sa vertu propre, au moyen des connaissances déjà acquises, vers les autres réalités intelligibles. Elle synthétise, elle analyse, elle juge, elle raisonne, elle étend ainsi peu à peu le domaine de ses connaissances, et l'objet de ses connaissances, elle ne le crée pas, elle ne l'imagine pas, mais elle le saisit par l'acte qui lui est propre et s'en forme l'idée.

5° Dans l'état présent, l'intelligence humaine n'accomplit aucun acte sans le concours simultané de l'imagination. Or, l'imagination suppose nécessairement la perception sensible. D'où il faut conclure finalement que la connaissance sensible est, de plus près ou de plus loin, la condition de toutes nos connaissances intellectuelles. (ZIGLIARA, LIBERATORE.)

2° **Appréciation du Système Scolastique.** — Aucun esprit sérieux ne peut hésiter à donner la préférence au système scolastique sur tous ceux qui ont été précédemment exposés. Il mérite cette préférence pour trois raisons principalement :

1° Le système scolastique explique l'origine des idées, de manière à éviter les excès des deux systèmes extrêmes, *l'empirisme* et *l'idéalisme*. En confondant la raison avec l'expérience, *l'empirisme* la dénature et la dégrade ; loin de résoudre la question de l'origine des idées, il la rend inintelligible et ouvre la voie aux plus funestes erreurs. *L'idéalisme*, en ne tenant aucun compte de l'expérience, oublie que l'homme est composé d'une double substance, et que ces deux substances, hypostatiquement unies pour ne former qu'un seul être personnel, doivent contribuer à l'acquisition de ses connaissances. Le système scolastique tient le milieu entre ces deux extrêmes. Sans jamais confondre l'expérience et la raison, il se garde bien de les isoler, et, faisant avec intelligence la part de chacune, il les unit dans la génération des connaissances humaines.

2° Le système scolastique s'accorde parfaitement avec ce qu'un *examen attentif nous apprend de nos connaissances*. Les idées que notre intelligence se forme des réalités immatérielles ne sont pas indépendantes de la perception expérimentale et des représentations sensibles. Que l'homme manque d'un sens, il n'a aucune idée de l'ordre de choses qui correspond au sens dont il est privé. Dans notre langage, nous unissons journellement l'ordre sensible à l'ordre intelligible. Les termes dont nous nous servons pour exprimer ce qui est purement spirituel, sont empruntés des choses matérielles. Comment rendre raison de tous ces faits incontestables, si l'expérience n'avait sa part nécessaire dans la génération de nos idées, si les sens n'étaient la condition indispensable de l'exercice et du développement de notre intelligence ?

3° Enfin, le système scolastique est *conforme à la nature humaine*, consistant dans l'union d'un corps avec une âme, qui en est la forme substantielle. Il résulte de cette union, que la raison humaine est une force intelligente subsistant dans une force sensitive, et conséquemment ayant pour opération propre et distinctive de chercher et de concevoir l'intelligible dans l'image sensible. *Propria operatio ejus est intelligere intelligibilia in phantasmatibus.* (LIBERATORE).

C'est ainsi que l'intellect et les sens concourent au développement moral de l'homme. Si, d'un côté, les sens sont la condition de l'exercice de l'intellect, de l'autre, l'intellect élève et perfectionne la connaissance des sens. Si les sens sont incapables, sans l'intervention de l'intellect, de nous faire connaître l'essence métaphysique des choses, de même, sans l'intervention des sens et de l'expérience, qui servent de point d'appui à l'intelligence, la valeur objective de ses conceptions rationnelles ne serait pas suffisamment assurée.

§ IV. — NOTIONS ET VÉRITÉS PREMIÈRES.

I. — **Notions premières.** — On entend par *notions premières* les notions qui précèdent les autres dans notre âme, que les autres supposent nécessairement, qui sont, ainsi, comme la base de toutes nos connaissances et le fondement de notre intelligence.

1° **Division des Notions premières.** — Il serait difficile de donner la liste complète des notions qui, les premières, éclairent notre âme et nous aident à connaître tout le reste. Les philosophes sont peu d'accord, quand il s'agit d'en faire la classification.

Puisque notre âme, par suite de son union avec la substance matérielle, est faite pour connaître tout d'abord ce qui affecte les sens et s'élever de là aux choses intelligibles, il nous semble logique d'admettre qu'elle *ouvre en même temps ses regards à ces deux ordres de réalités.* Son point de départ est le sensible ; mais sitôt que la connaissance du sensible lui arrive, elle saisit autre chose que ce qui affecte sa sensibilité, c'est-à-dire, l'intelligible. L'élément sensible lui est connu directement par la perception expérimentale. L'élément intelligible, c'est l'intelligence qui le saisit, soit d'une manière immédiate, plus ou moins obscure tout d'abord, soit par un raisonnement facile, qui présuppose le concept immédiat de l'intelligible.

2° **Principales Notions premières.** — Avec plusieurs philosophes, nous croyons pouvoir ranger les notions suivantes parmi les notions premières :

1° Notion d'Être. — Cette notion étant la plus simple et la plus commune, convenant à tout ce qui existe ou peut exister, au contingent et au nécessaire, est la *première* que notre âme saisit par l'intelligence, dès lors qu'elle est mise en relation par la perception sensible avec les êtres contingents. *Statuere nobis licet*, dit Sauseverino, *primam notionem quam intellectus acquirit, esse notionem entis.*

2° Notion de Corps et d'Espace. — En même temps que nous acquérons la notion de corps, par la perception expérimentale, nous saisissons celle d'espace par l'intelligence. Ces deux notions sont corrélatives, et il est impossible que l'expérience nous fournisse la notion de corps, sans que notre intelligence s'élève à l'idée d'espace.

3° Notion de Mode et de Substance. — C'est par l'expérience que nous percevons les modes et les qualités relatives des êtres, et par notre intelligence nous concevons la substance dans laquelle existent ces modes et ces qualités. Si l'expérience ne nous donnait la notion qui lui est propre, notre intelligence ne s'élèverait pas à l'idée de substance.

4° Notion de Succession et de Temps. — Notre âme acquiert par l'expérience des sens et de la conscience la notion de changement et de succession, et par la raison elle conçoit immédiatement la notion du temps, c'est-à-dire, du rapport qui relie les changements successifs dans les existences contingentes.

5° Notion d'Effet et de Cause. — Par la perception expérimentale nous saisissons des réalités et des phénomènes qui n'existaient pas, il y a un instant, et qui maintenant existent. Mais nous ne pouvons les saisir sans nous enquérir de la manière dont ils sont produits, et par notre raison nous nous élevons à la notion de cause. De même notre conscience nous révèle une foule de phénomènes dont nous nous sentons la cause. Mais en sentant que nous sommes cause, nous nous sentons cause bornée, imparfaite et finie, et notre raison conçoit sans peine au-dessus de cette cause seconde une autre cause plus parfaite et s'élève à l'idée de la cause première.

6° **Notion du Fini et de l'Infini.** — Tout ce que notre âme perçoit autour d'elle dans le monde physique et en elle-même, au moyen de l'expérience des sens et de la conscience, est limité dans son étendue, dans ses qualités, dans sa durée. Mais du moment où son intelligence conçoit le fini, comme tel, elle saisit par la raison ce qui est *logiquement* dans le fini, à savoir, l'être sans limite, l'être infini. Sans la notion du fini, celle de l'infini n'existerait pas en nous. La première est, non la cause efficiente, mais la condition de la seconde. Ces deux notions nous apparaissent simultanément.

7° **Notion du Bien délectable et du Bien absolu.** — Notre âme connaît par la perception expérimentale le bien délectable, qui affecte sa sensibilité. Mais elle ne peut connaître le bien contingent, sans que dans peu son intelligence s'élève au bien qui lui est propre, au bien absolu, qui fait appel à sa volonté.

II. — **Vérités premières.** — On entend par *vérités premières* les jugements qui sont en nous la base des autres jugements. Ces jugements impliquent les notions premières, sans lesquelles ils n'existeraient pas ; ils supposent aussi une certaine élaboration de ces notions par l'intelligence qui les a conçues. Ainsi, pour affirmer le principe de causalité : *il n'y a point d'effet sans cause*, il faut non-seulement que je sache ce que c'est qu'effet, ce que c'est que cause, mais encore que je saisisse la relation des deux.

1° **Caractères des Vérités premières.** — Les vérités premières ont pour caractères distinctifs d'être : 1° *Évidentes* d'elles-mêmes. L'esprit les saisit sans effort. — 2° *Universelles*. Elles sont vraies dans tous les temps et dans tous les lieux, et sont connues de tous. — 3° *Nécessaires*. Il nous est impossible de concevoir qu'elles ne soient pas, car elles nous apparaissent comme basées sur la nature même des choses. — 4° *Absolues*. Elles ne dépendent nullement de notre entendement, qui les saisit. (BARBE.)

2° **Les Vérités premières constituent le Sens commun.** — Les vérités premières constituent le sens commun. Tous les hommes les entendent ; tous s'appuient sur elles pour raisonner, pour induire, pour parler. « Ces vérités, dit Bossuet, et toutes celles que j'en déduis, par un raisonnement certain, subsistent indépendamment de tous les temps. En quelque temps que je mette un entendement humain, il les connaîtra, mais en les connaissant, il les trouvera vérités, il ne les fera pas telles. Quand tout ce qui se fait par les règles des proportions, c'est-à-dire, tout ce que je vois dans la nature, serait détruit, excepté moi, ces règles se conserveraient dans ma pensée et je verrais clairement qu'elles seraient toujours bonnes et toujours véritables, quand moi-même je serais détruit avec le reste. Si je cherche où et en quel sujet elles subsistent éternelles et immuables comme elles sont, je suis obligé d'avouer un être où la vérité est éternellement subsistante et où elle est toujours entendue ; et cet être doit être la vérité même et doit être toute vérité. C'est de lui que la vérité dérive dans tout ce qui est et ce qui entend hors de lui. »

3° **Principales Vérités premières.** — Les vérités premières se rapportent, comme les notions premières, à l'ordre contingent et à l'ordre nécessaire. Elles expriment les conditions nécessaires de toutes les existences et de toutes les relations des êtres ; elles en sont comme le droit premier et naturel. Ce sont elles qui forment comme la base de toutes les sciences expérimentales et rationnelles. L'ordre moral, comme l'ordre matériel, y est soumis. Ces vérités sont connues sous le nom de *principes* ou d'*axiomes*. Tels sont les principes suivants :

1° *Principe de contradiction.* — La même chose ne peut pas être et n'être pas, dans les mêmes conditions et en même temps.

2° *Principe de substance.* — Toute manière d'être suppose une substance.

3° *Principe de causalité.* — Il n'y a point d'effet sans cause.

4° *Principe des causes finales.* — Tout être a une fin.

5° *Principe de l'ordre moral.* — Il y a une différence essentielle entre le bien et le mal. Il faut faire le bien et éviter le mal.

6° *Principe de l'ordre physique.* — Le monde est régi par des lois universelles et constantes. (BARBE.)

Nous nous bornons à énoncer ici quelques-uns de ces principes. La plupart ont été longuement exposés dans l'Ontologie ; les autres viendront nécessairement dans le cours de l'ouvrage.

DIXIÈME LEÇON.

Sommaire : 1° Activité ou Faculté appétitive. — 2° Activité spontanée. Faculté appétitive-sensitive. — 3° Activité volontaire ou Appétit rationnel. — 4° Liberté. — 5° Erreurs sur la Liberté. — 6° Habitude. — 7° Faculté locomotrice.

§ Ier. — ACTIVITÉ OU FACULTÉ APPÉTITIVE.

I. — **Notion de l'Activité ou de la Faculté appétitive.** — L'activité ou, comme disent les Scolastiques, la faculté appétitive, considérée d'une manière générale, consiste dans *le pouvoir de produire des actes*, c'est-à-dire, *de se porter vers le bien vrai ou apparent*. L'activité diffère spécifiquement de la faculté de connaître, qui a le vrai pour objet. Par la faculté cognitive, nous attirons, en quelque sorte, vers nous, l'objet connu, et par l'activité nous sommes portés vers ce qui a provoqué notre amour. (Zigliara).

II. — **Étude de l'Activité de l'Âme.** — Nous n'avons pas besoin de réfléchir longtemps, pour nous convaincre que notre âme est essentiellement active. Elle agit sur le corps qui lui est uni et par lui sur tout ce qui l'entoure. Mais ce n'est là, toutefois, que la manifestation extérieure de son activité. — Pour connaître la merveilleuse faculté d'agir dont l'âme est douée, il faut se replier sur soi-même, afin de l'étudier dans son âme elle-même, qui en est le principe. Or, à chaque instant, notre âme a la conscience des efforts qu'elle fait, des déterminations qu'elle prend, des projets qu'elle forme. Notre sens intime nous atteste donc, par un témoignage dont l'évidence ne peut d'aucune manière être contestée, que nous sommes des êtres actifs par eux-mêmes, et non des êtres mus à la manière des corps, mis en mouvement par une force qui leur est étrangère.

III. — **Caractères de l'Activité.** — Envisagée dans l'homme, l'activité ou la faculté appétitive s'offre à nous avec deux caractères parfaitement tranchés : la *spontanéité* et la *volonté*. Tantôt nous agissons sans nous rendre compte de notre acte ; notre pouvoir d'agir prend alors le nom *d'activité spontanée*, de *spontanéité*. Le plus souvent nous agissons avec conscience de notre acte ; notre pouvoir d'agir, éclairé par l'intelligence, se nomme alors *activité volontaire, volonté*.

Faut-il ajouter, avec quelques auteurs modernes, un troisième caractère, *la liberté ?* Mais, par cela même qu'elle agit avec connaissance de cause, notre âme n'est point irrésistiblement entraînée ; elle demeure pleinement maîtresse de sa détermination, et dans son acte elle n'obéit qu'à elle-même. Ce troisième caractère ne se distingue donc pas de la volonté. L'être qui veut ce qu'il connaît, le veut librement. La liberté n'est point quelque chose qui soit séparable de l'intelligence et de la volonté ; ce n'est point, comme quelques-uns le donnent à entendre, un pouvoir qui vient se surajouter à la volonté et à l'intelligence. C'est l'intelligence et la volonté concourant à un acte. L'acte qui procède d'une volonté délibérée est toujours libre.

On entend quelquefois dire qu'au ciel les bienheureux aiment Dieu *volontairement*, et non pas *librement*. Cette manière de parler n'est propre qu'à fausser la vraie notion de la liberté, car elle donne à entendre que la liberté consiste dans le pouvoir de se détourner de sa fin. Or, la liberté est précisément tout le contraire ; elle consiste dans le noble pouvoir de se diriger *soi-même* vers sa fin. Au ciel, où le bienheureux est en possession de sa fin, sa liberté participe à la perfection de son intelligence et de sa volonté, et c'est parce qu'elle est parfaite, qu'il ne s'éloignera jamais de sa fin. Chez lui l'amour de Dieu est libre, aussi bien que volontaire.

D'où il suit qu'on doit ramener à deux seulement les caractères de l'activité ou de la faculté appétitive : elle est *spontanée* ou *volontaire*.

IV. — **Division de l'Activité.** — Il résulte de ce qu'on vient de dire, que l'activité se divise en activité *spontanée* et en activité *volontaire*.

Cette division revient à celle des scolastiques, qui divisent la faculté appétitive en *faculté appétitive-sensitive* et en *faculté appétitive-rationnelle*.

§ II. — ACTIVITÉ SPONTANÉE. — FACULTÉ APPÉTITIVE-SENSITIVE.

I. — **Notion de l'Activité spontanée.** — *L'activité spontanée* n'est autre que le pouvoir d'agir qui n'est pas éclairé par l'intelligence. L'acte de cette faculté suppose, toutefois, une connaissance, mais une connaissance à laquelle la délibération est étrangère. Il n'est point à confondre avec le mouvement de l'être dépourvu de toute connaissance, qui subit l'influence d'une force. La spontanéité de l'animal se portant vers ce qui a flatté en lui les sens, n'est pas la spontanéité du corps que l'aimant attire. La dernière n'implique aucune connaissance ; la première implique une connaissance irréfléchie. (ZIGLIARA.)

L'activité spontanée se manifeste dans *l'instinct*, dans *l'appétit sensitif* et dans *la passion*.

II. — **Instinct.** — L'instinct est un *penchant naturel qui nous pousse à produire, sans réflexion et d'une manière uniforme, dans les mêmes circonstances, certains actes, destinés surtout à notre conservation physique.*

1° **Caractères de l'Instinct.** — Ce qu'on remarque dans l'instinct, c'est : 1° *La fatalité.* L'impulsion instinctive est irrésistible, marchant directement à son but et sans choix de moyens. Cette fatalité porte le sceau de la sagesse profonde du Créateur, qui a pourvu au bien-être de son ouvrage. 2° *L'inconscience* ou *l'irréflexion.* C'est une conséquence de la fatalité. Le mouvement qui emporte irrésistiblement ne peut être ni calculé, ni réfléchi, et n'a nul besoin de l'être. 3° *L'impersonnalité.* L'instinct est plutôt la propriété de l'espèce que de l'individu. Il porte à des actes absolument uniformes tous les individus de la même espèce. 4° *La spécialité.* Il varie selon les diverses espèces d'êtres vivants ; chacune ayant sa destination particulière, atteint son but par l'instinct qui lui est propre. 5° *L'infaillibilité.* Il arrive à ses fins déterminées avec une précision et une perfection que l'on trouve rarement dans les œuvres de l'intelligence humaine. (BÉNARD.)

2° **Utilité de l'Instinct.** — L'instinct est chez nous, comme chez les animaux, la source de nombreux avantages. Destiné à suppléer l'activité intelligente, il apparaît dans une foule de circonstances, où l'intelligence ne pourrait pas subvenir efficacement à nos besoins. Il se montre dans les actes dont la répétition est si fréquente, que l'esprit le plus actif serait dans l'impossibilité d'intervenir, chaque fois qu'il est utile ou nécessaire qu'ils soient renouvelés. Chez l'animal, le domaine de l'instinct est beaucoup plus étendu que chez l'homme, qui a la raison pour l'éclairer. (BÉNARD.)

3° L'Instinct décroît-il chez l'Homme à mesure que son Intelligence se développe ? — Les propensions naturelles qui constituent l'instinct sont les mêmes, pour le fond, dans tous les individus de l'espèce humaine, et elles demeurent les mêmes à tous les âges. Toutefois, elles ne se produisent pas chez tous de la même manière, et dans le même homme elles se manifestent diversement, selon que la raison a plus ou moins d'empire, selon que l'intelligence se développe ou s'affaiblit. Ceux qui ont le mieux approfondi notre nature, n'hésitent pas à affirmer que l'influence de l'instinct dans la vie humaine est en proportion inverse du développement de l'intelligence et de l'empire que celle-ci exerce sur la volonté.

III. — **Appétit Sensitif.** — L'appétit sensitif est *l'inclination naturelle qui porte l'homme à rechercher le bien délectable, saisi par les sens.* Il diffère ainsi de l'appétit rationnel, autrement dit volonté, qui est le propre de l'être raisonnable et porte cet être vers le bien absolu, que l'intelligence seule peut connaître.

1° Division de l'Appétit Sensitif. — L'appétit sensitif n'éveille pas seulement en nous un attrait ou une répugnance en présence du bien ou du mal sensibles ; mais il nous dispose encore et nous excite à lutter contre les obstacles qui s'opposent à la jouissance de l'un ou à l'éloignement de l'autre. De là cette division connue de l'appétit sensitif en appétit *concupiscible* et en appétit *irascible*.

2° L'Appétit Sensitif est-il soumis à la Raison ? — Dépourvue de toute lumière supérieure qui puisse la diriger dans ses relations avec ce qui flatte ou offense les sens, la brute obéit irrésistiblement à l'appétit sensitif. Mais il n'en est pas ainsi de l'homme, chez qui l'appétit sensitif est soumis à l'empire de la raison et de la volonté. Pour qu'il cède à l'attrait ou à la répugnance qui se fait sentir, il faut qu'il y consente dans ses facultés supérieures : l'appétit sensitif est par lui-même incapable de l'entraîner. *Appetitus inferior*, dit saint Thomas, *non sufficit movere, nisi voluntas consentiat*. Ce n'est pas à dire, toutefois, que l'homme, même quand il écoute la raison comme il le doit, puisse étouffer à son gré l'appétit sensitif, la cause qui l'excite étant posée. Mais il est toujours en son pouvoir de ne pas accorder aux mouvements indélibérés de l'appétit l'assentiment de la volonté. (ZIGLIARA).

3° **L'Appétit Sensitif est-il l'unique Source des Passions ?** — Saint Thomas enseigne que la raison de la passion se trouve plus proprement dans l'appétit sensitif que dans l'appétit intellectif. *Magis propriè in appetitu sensitivo quàm in intellectivo passionis ratio invenitur.* Ces paroles permettent de conclure que l'appétit sensitif n'est pas, au jugement de l'illustre docteur, l'unique source des passions dans l'homme. L'expérience ne permet à personne de douter, dit Sanseverino, que la colère, par exemple, est excitée ou accrue par des motifs que la raison seule est capable de saisir. *Quilibet experitur iram ex diversis rationis momentis concitari vel augeri.*

Pour résoudre d'une manière adéquate la question de l'origine des passions, il faut donc unir à la sensibilité physique et à l'appétit sensitif la sensibilité morale, qui suppose l'exercice de l'intelligence et les appétits qui lui correspondent. Grâce à l'union intime qui existe entre les facultés de l'âme, la sensibilité morale, qui est l'œuvre de la raison, agit par l'intermédiaire de l'imagination sur l'appétit sensitif lui-même, et produit dans le corps le changement qui accompagne toujours la passion. *Ratio, mediâ virtute imaginativâ, appetitum sensitivum in diversa trahere potest.*

IV. — **Passion.** — La passion est ainsi appelée, parce qu'elle produit un changement dans l'état du corps.

1° **Définition de la Passion.** — On peut définir la passion : *un mouvement de l'âme, qui, touchée du plaisir ou de la douleur ressentie ou imaginée dans un objet, le poursuit ou s'en éloigne.*

Cette définition montre la relation qui existe entre *les appétits* de l'âme, *les émotions* sensibles, physiques ou morales, d'où ils naissent, et *les passions* qu'ils engendrent. Les appétits sont des attraits ou des répugnances en éveil ; ils sont entraînants ou faibles, en raison de l'émotion ressentie. A leur tour, ils déterminent dans l'âme des mouvements en rapport avec leur nature, et ces mouvements se font sentir à l'organisme lui-même. Ces mouvements sont appelés *passions* dans l'homme, qui a le pouvoir de les régler, et ils conservent le nom d'*appétits* dans l'animal, qui les suit fatalement.

2° Nature de la Passion. — Par elles-mêmes, les passions ne sont ni bonnes ni mauvaises, moralement. Ce sont de puissantes énergies dont l'homme doit user pour le bien, mais dont il peut user pour le mal. Soumises à la raison, qui a besoin, pour le succès, des secours surnaturels du Ciel, elles donnent naissance à de sublimes vertus. Abandonnées à elles-mêmes, elles précipitent l'homme dans le vice.

3° Direction de la Passion. — La saine raison condamne la doctrine qui, comme celle d'Epicure, fait consister le bonheur dans la satisfaction des passions. Elle rejette la doctrine stoïcienne, qui, proscrivant les passions, comme essentiellement mauvaises, place la vertu dans un calme impossible à la nature humaine. Ce qu'elle veut, c'est que l'homme dirige ses passions. Or, diriger ses passions, c'est les faire servir à l'accomplissement du devoir, en leur donnant un objet conforme aux desseins du Créateur. Pour cela, il est nécessaire d'en réprimer courageusement les écarts et de les maintenir dans de justes limites. Cette œuvre de direction, de laquelle dépend l'avenir de l'homme, est aisée, quand elle commence aux années de sa jeunesse.

La passion dont la raison ne tient plus les rênes, est nécessairement désordonnée et mauvaise par là-même. Elle devient *violente*, poursuivant avec ardeur, au mépris des réclamations de la conscience, la jouissance qu'elle a goûtée, et la poursuivant à cause d'elle-même. Elle devient *exclusive*, c'est-à-dire que pour se satisfaire à l'aise, elle tend à captiver ou même à étouffer les autres inclinations, pour régner dans un absolutisme plus complet. Ce qu'il y a de plus funeste, c'est qu'elle se transforme en *habitude*, par la répétition des actes coupables, et il est difficile d'en rompre les liens. Pour en secouer le joug, une volonté résolue, qui manque d'ordinaire à l'esclave d'une passion invétérée, est absolument nécessaire ; et encore la volonté la plus énergique, si elle est abandonnée à ses seules ressources naturelles, échouerait-elle dans cette entreprise.

4° Classification des Passions. — On a classé les passions de diverses manières. Nous donnons la préférence à la classification que Bossuet lui-même a adoptée, à la suite des Scolastiques et des anciens, et qui ainsi a pour elle la sanction des siècles, si elle n'a pas toute la perfection désirable.

Dans cette classification, on compte onze passions, qui sont rapportées à l'appétit *concupiscible* et à l'appétit *irascible*, ce qui n'exclut pas, comme nous l'avons fait observer, les causes supérieures aux sens, qui peuvent agir sur l'appétit sensitif.

L'appétit *concupiscible* n'a besoin, pour être excité, que de la présence ou de l'absence de son objet, qui est le bien ou le mal sensibles.

L'appétit *irascible* suppose une difficulté à vaincre, soit pour acquérir le bien connu, soit pour éviter le mal redouté. Selon que cette difficulté apparaît comme possible ou comme impossible à surmonter, elle donne naissance à des passions différentes. (ZIGLIARA.)

5° Passions de l'Appétit Concupiscible. — Les passions que l'appétit concupiscible engendre sont au nombre de six. Elles sont opposées deux à deux.

1° *Amour*. — L'amour est le principe du mouvement de l'être vers la fin qui lui convient. *Principium motûs tendentis in finem amatum.* Il est *sensitif* ou *intellectif*, selon qu'il est excité par l'appétit sensitif ou par l'appétit intellectif. Le premier est commun à l'homme et à l'animal ; le second est le propre de l'homme.

Les causes de l'amour sont, dit Zigliara, *le bien, la connaissance* et *la ressemblance*. Le bien, qui est l'objet propre de l'amour, en est la cause. Mais le bien n'attire vers lui, qu'autant qu'il est saisi de quelque manière. La connaissance sensible est le principe de l'amour sensitif ; la connaissance intellective est le principe de l'amour supérieur, qui lui correspond. La ressemblance entre deux êtres est pour ces êtres une cause d'amour, mais elle peut être accidentellement un principe de haine.

2° *Haine*. — A l'amour est opposée la haine. Si ce qui convient à un être, revêt à ses yeux le caractère d'un bien et provoque son amour, ce qui lui répugne a pour lui le caractère d'un mal et excite sa haine. Ainsi la haine consiste dans *le désaccord de l'appétit avec l'objet* qu'on a saisi comme ne convenant pas ou comme nuisible.

La cause de la haine, c'est l'amour. On ne hait que ce qui est opposé à ce qu'on aime, et cette opposition est la raison de la haine.

3° *Désir.* — L'amour, lorsque son objet est absent, excite le désir de le posséder. Le désir a les mêmes causes que l'amour.

4° *Aversion.* — La haine, lorsque l'objet odieux est absent, nous porte à l'éviter et à empêcher qu'il ne nous approche. Elle donne ainsi naissance à l'aversion ou à la fuite.

5° *Joie.* — La joie est la complaisance dans le bien aimé, que l'on possède. Elle diffère de la délectation, qui implique la jouissance sensible, commune à l'animal et à l'homme, tandis que la joie a pour objet ce qui est désiré conformément à la raison. Il faut reconnaître, toutefois, que, chez l'être raisonnable, la joie peut s'ajouter à la délectation.

La joie est excitée par des causes nombreuses, comme *l'espérance, le souvenir, les actions d'autrui, l'admiration*, etc. Elle dilate le cœur; elle produit le désir de son objet, lorsque la mémoire le rappelle; elle perfectionne les opérations.

6° *Tristesse.* — La tristesse est une sorte de douleur, comme la joie est une sorte de délectation. Si la douleur est occasionnée par le mal qui affecte les sens externes, la tristesse provient du mal saisi par les sens internes ou par l'intelligence.

La présence d'un mal, le désir d'un bien futur et le regret d'un bien enlevé excitent en nous la tristesse. Cette passion affaiblit l'aptitude de l'intelligence pour apprendre, débilite les opérations et nuit à la santé. (ZIGLIARA.)

6° **Passions de l'Appétit irascible.** — Les passions de l'appétit irascible ont tout à la fois leur source et leur terme dans les passions de l'appétit concupiscible. Les passions qui se rapportent à l'appétit irascible, sont au nombre de cinq.

1° *Espérance.* — L'espérance est une passion qui a pour objet le bien, dont la possession future est possible, quoique difficile.

L'espérance naît de l'amour du bien qui en est l'objet, et à son tour elle produit l'amour de celui qui rend possible l'acquisition du bien espéré. — Elle soutient le courage et elle augmente l'ardeur dans l'action.

2° *Désespoir.* — A l'espérance est opposé le désespoir, qui naît dans l'âme, lorsque l'acquisition du bien aimé est regardée comme impossible. Si l'espérance porte vers l'objet, par la pensée qu'on peut le posséder, le désespoir en éloigne par la raison contraire.

3° *Crainte.* — La crainte est la passion qui naît dans l'âme, à la pensée d'un mal futur, difficile à éviter.

La crainte est causée par *l'amour* et par *la faiblesse.* On craint la privation d'un bien et la crainte est en raison de l'amour de ce bien. — La faiblesse, qui est un obstacle à la résistance énergique au mal dont on est menacé, est une source de crainte.

La crainte produit une sorte de contraction morale et physique. Elle enchaîne toutes les puissances. Elle porte d'une façon exagérée à prendre conseil. Quand elle est plus forte, elle se traduit par le tremblement de l'organisme (*Tremor*). Par le trouble qu'elle excite, elle empêche l'accomplissement normal des opérations de l'âme et du corps.

4° *Audace.* — A la crainte est opposée l'audace, qui porte à affronter le péril, par l'espérance de la victoire. Ce qui alimente l'espérance, alimente cette passion, qui doit se prémunir contre la témérité.

5° *Colère.* — La colère est causée par le concours de plusieurs passions. Elle complète le mouvement de l'âme, pour repousser avec toute la force dont elle est susceptible, le mal qui la menace. (DE BOYLESVE.)

La colère est provoquée par ce qui revêt à nos yeux le caractère d'une injustice. Or, quelqu'un peut violer notre droit soit par ignorance, soit sous l'action d'une passion, soit à dessein et par calcul. L'injustice commise de cette dernière manière excite surtout la colère, car elle provient du mépris. La colère, considérée en soi, est juste, si elle a pour but la réparation d'une injustice certaine. (ZIGLIARA.)

7° **L'Amour est la Source des Passions.** — Après avoir énuméré ces onze passions, Bossuet enseigne qu'on peut les ramener à l'amour, qui les renferme ou les excite toutes. Otez l'amour, dit-il, il n'y a plus de passions ; et posez l'amour, vous les faites naître toutes.

8° **Autres Classifications des Passions.** — Descartes ne reconnaît que sept passions, qui ne sont autres que les six passions de l'appétit concupiscible, auxquelles il ajoute l'admiration. Spinoza compte seulement trois passions, *le désir*, *la joie* et *la tristesse*. D'autres font venir les passions de trois sources : les inclinations *personnelles*, qui ont pour objet notre propre personne ; les inclinations *sociales*, qui ont pour objet les autres hommes ; les inclinations *morales*, qui ont leur objet dernier en Dieu. Si cette dernière classification paraît plus régulière que les autres, elle ne semble pas de nature à mieux faire connaître les divers mouvements de l'âme humaine.

§ III. — ACTIVITÉ VOLONTAIRE OU APPÉTIT RATIONNEL.

I. — **Notion de l'Activité volontaire.** — Outre l'activité spontanée ou l'appétit sensitif, dont nous venons d'exposer la nature et de faire connaître le domaine, il y a dans l'homme une activité qui n'a rien de fatal. Ici l'homme a l'initiative de ses actes. Il agit avec connaissance de cause ; non-seulement il pose l'acte, mais il le veut, il sait qu'il le veut et pourquoi il le veut, il le pose par choix, avec la conscience de pouvoir s'en abstenir. Cet acte est un produit réfléchi et librement consenti du principe d'activité qui est en lui. Ce principe, c'est *la volonté*, que les scolastiques appellent *appétit intellectif* ou *rationnel*, parce que cet appétit est éclairé par l'intelligence.

II. — **Définition de la Volonté.** — La volonté est *la faculté de se diriger avec réflexion vers le bien connu par l'intelligence*. *Inclinationem consequentem apprehensionem intellectivam dicimus voluntatem.* (ZIGLIARA.)

Il résulte de cette définition : 1° que *le bien* est l'objet de la volonté, comme le vrai est celui de l'intelligence. Or, le bien, objet de notre volonté, est celui que l'intelligence montre comme notre propre bien. Ce n'est qu'à cette condition qu'il peut agir sur notre volonté et l'exciter à se mettre en mouvement pour se le procurer. Cela ne signifie pas, toutefois, que la volonté humaine ne peut s'attacher au mal et se porter à un acte mauvais. Elle peut faire le mal, mais ce qu'elle poursuit alors, c'est encore son bien propre, non pas ce qui est bon en soi, mais ce que l'intelligence lui montre comme bon pour elle. Nous ne pouvons jamais vouloir ce que nous jugeons être notre mal : une telle disposition serait contre nature.

2° Que nous ne *sommes pas entraînés fatalement* vers le bien connu. Lorsque l'intelligence nous a montré dans un objet quelconque le caractère d'un bien pour nous, à l'instant même nous nous sentons disposés à l'aimer et à nous porter vers lui. Mais cette sorte d'entraînement n'est pas irrésistible. A notre gré, nous pouvons soit arrêter ce premier élan indélibéré, soit y consentir. C'est par ce refus ou par cet assentiment, qui demeure toujours en notre pouvoir, que se produit l'acte volontaire et moral.

3° Que la volonté est *le pouvoir souverain de l'âme*. Bien qu'elle agisse à la suite de l'intelligence, qui l'éclaire, la volonté est en nous la faculté maîtresse qui gouverne tout le reste. Les autres puissances se rapportent à la volonté, ou pour en préparer les déterminations, ou pour les exécuter. C'est sous son influence directe que l'homme avance vers ses destinées ou s'en éloigne. Voilà pourquoi l'on dit que c'est *la volonté surtout qui fait l'homme*.

III. — **Différence entre la Volonté et le Désir.** — Ce serait une erreur fondamentale de confondre la volition avec le désir. Cette confusion, qui ne peut venir que d'une analyse infidèle des phénomènes psychologiques, implique de graves conséquences au point de vue moral.

Le désir est tellement *distinct* de la volonté, que fréquemment il arrive de désirer des choses pour lesquelles on ne se détermine pas, et de se déterminer pour un parti qui n'est pas conforme aux désirs. Nous sentons en nous-mêmes le pouvoir de nous résoudre dans le sens de nos désirs ou dans le sens opposé.

Le désir aspire *instinctivement* à la possession de l'objet qui plaît davantage. La volonté fait son choix. Quelquefois, il est vrai, le désir nous entraîne à vouloir ; mais, parce qu'il exerce quelque influence sur la volonté, il ne l'absorbe pas.

Nier la distinction de la volonté et du désir, ce serait attaquer la liberté humaine, la responsabilité, et par là même la vie morale dans ce qui la constitue essentiellement. La vertu, c'est le triomphe de la volonté sur le désir aveugle, et le vice, le triomphe du désir déréglé sur la volonté, au mépris de la raison.

IV. — **Actes de la Volonté.** — Les actes de la volonté sont ou *élicites* ou *commandés*.

On entend par *élicites* les actes que la volonté produit d'une manière directe et immédiate. Prendre une détermination, refuser son consentement, désavouer les entraînements de la sensibilité, ce sont là autant d'actes élicites, qui relèvent uniquement de la volonté, éclairée de l'intelligence.

On entend par *commandés* les actes que la volonté n'accomplit pas directement elle-même, mais qu'elle impose aux autres puissances, comme l'action d'étudier, de parler, ou une œuvre extérieure quelconque.

Cette distinction des actes de la volonté a une importance souveraine.

V. — **La Volonté est-elle libre dans ses Actes commandés ?** — Les actes *commandés* ne sont que les manifestations de la volonté, et non la volonté elle-même. Bien qu'elle demeure en pleine possession d'elle-même, la volonté peut être extérieurement contrainte et empêchée d'exécuter ce qu'elle a résolu. Elle n'a donc pas une liberté parfaite, relativement aux actes qu'elle ne produit pas elle-même.

La volonté, par rapport aux actes *commandés*, peut être contrariée par la violence ou la coaction. Mais la violence, quelle qu'elle soit, n'atteint point la volonté dans les actes qui lui sont propres.

VI. — **La Volonté est-elle libre dans ses Actes élicites ?** — Dans les actes qui lui appartiennent immédiatement, la volonté est libre, ce qui signifie que non-seulement elle en a l'initiative et le choix, mais encore qu'elle les achève et les consomme en tant que volitions. Aucune force extérieure ne peut la contraindre à vouloir ou à ne pas vouloir malgré elle. Le sanctuaire de sa liberté est inviolable et inaccessible à toutes les violences du dehors.

Mais si, dans ses actes élicites, la volonté est à l'abri de toute violence ou coaction, est-elle à *l'abri de toute force nécessitante*, et jouit-elle de *la liberté de nécessité* ? A cette question, on doit répondre, avec les scolastiques : 1° que la volonté ne peut rien vouloir malgré elle ; 2° que la volonté humaine veut nécessairement la félicité. Mais cette nécessité qui incline l'homme à la recherche de sa fin, qui est la félicité, tient à l'essence même de sa nature et ne répugne pas à sa volonté, dit saint Thomas. *Nec necessitas naturalis repugnat voluntati.* Sa volonté recherche aussi invinciblement la félicité, que son intelligence s'attache aux premiers principes. A ce point de vue, la volonté ne fait qu'un avec la nature. 3° Mais que la volonté humaine, aspirant nécessairement à la félicité, y tend par *les moyens de son choix*. Aucune nécessité ne la contraint dans ses mouvements vers le bonheur. Dieu l'a mise entre les mains de son conseil, et les puissances les plus énergiques de sa grâce ne la forcent jamais à vouloir. L'âme humaine aura éternellement ce qu'elle aura voulu.

VII. — **Analyse de l'Acte volontaire.** — Rien n'est plus propre que l'analyse de l'acte volontaire, pour bien faire comprendre la différence profonde qui sépare la volonté de la spontanéité. Si la volition, considérée en elle-même, est absolument simple, elle est préparée et elle a des suites. Cet ensemble de choses fait de l'acte volontaire un acte complexe, et dès lors susceptible d'être soumis à l'analyse.

Cette analyse offre quatre faits principaux :

1° **Connaissance du But à atteindre.** — La fin est la première chose qui se présente à celui qui va poser un acte. La vue de la fin établit une première différence entre l'acte libre et l'acte spontané. A la connaissance de la fin s'ajoute dans l'âme la conscience de son pouvoir d'agir. Elle se possède, elle s'équilibre en quelque sorte, elle se prépare.

2° **Délibération.** — Mais avant d'user de son pouvoir d'agir, l'âme tient conseil avec elle-même. Elle pèse les motifs que lui proposent tour à tour le plaisir, l'intérêt et le devoir. Elle examine le pour et le contre ; elle étudie les moyens qui pourront la mener le plus efficacement à son but. En un mot, elle *délibère*.

3° **Détermination.** — Après ces premiers actes, qui ne sont qu'une préparation plus ou moins prochaine à la volition proprement dite, l'âme se détermine pour ou contre, ou bien, si elle n'est pas suffisamment éclairée, elle remet sa décision à plus tard. C'est la détermination qui constitue proprement le vouloir libre, parce que c'est dans cet acte que se consomme l'adhésion de la volonté.

4° **Exécution.** — La détermination a son complément extérieur dans l'action. Remarquons, toutefois, que lors même que l'action ne se réalise pas, pour une cause quelconque, le fait psychologique de la volition n'en existe pas moins. Aussi est-ce la détermination elle-même qui constitue avant tout la responsabilité, au tribunal de la conscience morale.

§ IV. — LIBERTÉ.

I. — **Notion de la Liberté.** — Précédemment, nous avons dit que l'être doué d'intelligence et de volonté est nécessairement libre. Saint Thomas définit la liberté humaine : *la faculté de choisir les moyens propres à conduire à la fin. Facultas electiva mediorum servato ordine finis.* La liberté consiste ainsi dans le pouvoir intrinsèque de se déterminer, en vertu de son propre choix.

Or, le choix peut se faire entre deux actes contradictoires, comme *agir* ou *ne pas agir*, ou entre deux actes contraires, comme *aimer* et *haïr*. Dans le premier cas, la liberté est dite de *contradiction*. Dieu étant parfaitement maître de produire ou de ne pas produire au dehors sa puissance, a la liberté de contradiction. Dans le second cas, la liberté est dite liberté de *contrariété*. L'homme a la liberté de contrariété ; il peut faire le bien et faire le mal. La liberté de contradiction n'implique aucune imperfection par elle-même ; la liberté de contrariété implique la possibilité de la défaillance dans l'être où elle se trouve.

II. — **Essence de la Liberté.** — L'homme pouvant choisir entre deux actes contradictoires et entre deux actes contraires, on se demande dans lequel de ces choix réside essentiellement la liberté.

Pour qu'un être soit libre, il est nécessaire et il suffit qu'il soit maître de ses actes. Or, dit saint Thomas, on est maître de ses actes par le seul pouvoir de les poser ou de s'en abstenir, bien qu'on n'ait pas la faculté de faire le contraire. La liberté de contradiction, qui se meut uniquement dans le bien, renferme donc toute l'essence de la liberté.

III. — **Le Pouvoir de faire le Mal n'est pas de l'Essence de la Liberté.** — Prétendre que le pouvoir de faire le mal est essentiel à la liberté de l'homme, ce serait mettre la liberté en opposition directe avec la fin à laquelle elle doit tendre. L'homme est libre, pour avancer par un effort personnel vers ses destinées, et non pour pouvoir, s'il le veut, s'en écarter. La faculté de s'éloigner de sa fin, en commettant le mal, est le triste apanage de sa nature imparfaite, mais n'est point la liberté. Si l'intelligence humaine peut tomber dans l'erreur, qui osera dire que la faculté de se tromper est essentielle à l'intelligence? Le pouvoir de mal faire est plutôt un vice de la liberté, vice qui accuse l'imperfection de l'homme, sans lui donner le droit de choisir entre le mal et le bien.

IV. — **Preuves de la Liberté humaine.** — L'homme a la faculté de se résoudre par choix, sans être jamais irrésistiblement entraîné ou contraint, soit par une force extérieure, soit par une force intérieure. L'évidence de cette assertion peut être confirmée par les considérations suivantes :

1° **Témoignage de la Conscience.** — Que chacun de nous, dit Bossuet, s'écoute et se consulte soi-même, il sentira qu'il est libre, comme il sentira qu'il est raisonnable. Tout homme sensé qui se consulte et s'écoute, dit Fénelon, porte au-dedans de soi une décision invincible en faveur de sa liberté.

La conscience affirme notre liberté d'une triple manière, *avant* que nous nous déterminions à agir, *au moment* de notre détermination, *après* que nous avons agi. *Avant* de nous déterminer à faire ou à ne pas faire un acte, nous tenons conseil avec nous-mêmes, nous délibérons, et, après avoir pesé tous les motifs, nous sentons en nous le pouvoir de nous résoudre pour un parti ou pour l'autre. Tous les faits psychologiques qui préparent en nous la détermination et l'acte qui la suit, sont autant d'attestations évidentes de notre liberté. *Au moment* où nous nous déterminons et où nous posons l'acte que nous avons arrêté, le sens intime nous dit, avec la même évidence, que nous avons le pouvoir de nous déterminer autrement, de vouloir et de faire autre chose. *Après* que nous avons agi, nous éprouvons ou une satisfaction ou un remords, phénomènes moraux absolument inexplicables, car ils n'auraient aucune raison d'être, dans un être qui n'est pas maître de ses actes et n'a pas agi avec liberté.

2° Témoignage du Genre humain. — Que tous les peuples aient admis la liberté de l'homme, c'est ce qui est démontré, de la manière la plus péremptoire, par l'usage aussi constant qu'universel des récompenses décernées pour certains actes, et des châtiments infligés pour certains autres, aussi bien que par les législations. Si l'homme n'est pas libre, il est inutile et déraisonnable de lui imposer des lois. Obéissant irrésistiblement à la force qui le pousse, comme la pierre à l'influence de la pesanteur, il suivra l'impulsion qui lui est communiquée et à laquelle il lui est impossible de se soustraire.

Si tous les peuples ont cru à la liberté de l'homme, remarquez que cette croyance, loin d'être favorable aux passions mauvaises et de pouvoir s'expliquer par elles, leur est contraire, car elle n'est propre qu'à en comprimer les excès La liberté implique la faculté, et non le droit de choisir entre ce qui est bien et ce qui est mal. Le dogme de la liberté admis, l'homme est constitué responsable de tous ses actes, et l'on conçoit sans peine qu'une telle responsabilité est un frein pour les passions.

Il est vrai, quelques voix discordantes se sont élevées contre cette imposante autorité du genre humain. Mais qu'on prenne la peine d'étudier les arguments toujours sophistiques des agresseurs de la liberté humaine, les motifs de leur négation, le but qu'ils ont en vue, et il sera facile de reconnaître que leurs attaques, loin d'infirmer, corroborent le dogme de la liberté, car elles eurent toujours pour point de départ et pour cause les plus pervers instincts de notre nature.

3° La Négation de la Liberté mène à l'Absurde. — Nier la liberté, c'est se mettre en contradiction : 1° *Avec les idées fondamentales de la raison*. Si l'homme n'est pas libre, comment expliquer la présence, au sein de la race humaine, de l'idée du devoir, de l'idée du droit et de tous les sentiments et jugements qui naissent de ces notions fondamentales et qui ont pour objet la vertu et le vice, le mérite et le démérite, la récompense et le châtiment, la louange et le blâme ? Tous ces jugements et ces sentiments perdent leur sens naturel et n'ont plus de raison d'être.

2° *Avec l'ordre moral.* — Si l'homme n'est pas libre, il n'y a pas de moralité possible, toute distinction entre le bien et le mal disparaît et l'homme n'a aucune responsabilité. « Otez la liberté, dit Fénelon, toute la vie humaine est renversée. Si les hommes ne sont pas libres dans ce qu'ils font de bien et de mal, le bien n'est plus le bien et le mal n'est plus le mal. Otez la liberté, vous ne laissez sur la terre ni vice, ni vertu, ni mérite. Les récompenses sont ridicules et les châtiments sont injustes et odieux. » Sans la liberté, les maux de la vie présente sont une énigme inexplicable, la croyance aux récompenses pour les uns et aux châtiments pour les autres dans une vie future, croyance aussi vieille que le genre humain, croule par sa base même; les scélérats émérites, les monstres que l'histoire a justement flétris, et dont le nom est devenu synonyme de cruauté et d'infamie, doivent être mis sur la même ligne que les héros, qui se sont signalés par leurs vertus et par le dévouement au bien de leurs semblables.

3° *Avec l'ordre social.* — Si l'homme n'est pas libre, la société civile n'a aucun fondement. La société civile repose sur les lois, en tant que ces lois créent une obligation réelle. Or, la négation de la liberté non-seulement enlève aux lois leur caractère obligatoire, mais encore rend toute législation opposée à la saine raison et à la justice. Toutes ces conséquences, qui découlent logiquement et nécessairement de la négation de la liberté, on est contraint de les admettre, malgré leur révoltante absurdité, ou bien il faut reconnaître que la liberté existe.

V. — ERREURS SUR LA LIBERTÉ.

Parmi les agresseurs de la liberté humaine, les uns la nient ou en proclament l'exercice impossible, les autres en exagèrent la nature. Les premiers sont *les fatalistes* proprement dits et *les déterministes*. Les seconds ont donné naissance de nos jours au faux système connu sous le nom de *libéralisme*. Nous avons à les réfuter.

I. — **Fatalisme.** — On entend par fatalisme le système qui prétend que tout, soit dans l'ordre des faits physiques, soit dans l'ordre des actes de la volonté humaine, arrive par nécessité.

1° **Fatalisme dans les Temps anciens.** — Le fatalisme faisait le fond de la plupart des religions et des systèmes philosophiques de l'antiquité. Personne n'ignore, par exemple, l'importance qu'avait chez les Grecs le dogme du destin, puissance aveugle qui enchaînait les actions des divinités et des hommes au joug de la plus inexorable nécessité.

2° Fatalisme dans les Temps modernes. — Malgré les lumières répandues par le Christianisme dans les intelligences, sur la Providence divine et ses relations avec l'homme, les doctrines fatalistes se sont reproduites, à diverses époques, sous différents noms. On les retrouve dans les enseignements de Luther, de Calvin et de Jansénius. Hobbes, qui ramène la volonté au simple désir, Spinoza, qui admet que toute cause agit nécessairement, Hume et, généralement, tous ceux qui ont embrassé le matérialisme, sont fatalistes.

3° Objections des Fatalistes. — Nous ne pouvons discuter ici toutes les objections que les fatalistes ont formulées contre la liberté humaine. Bornons-nous à réfuter celles qu'ils tirent de l'impossibilité prétendue de concilier la liberté humaine avec les attributs de Dieu, surtout avec sa *prescience* et avec son *domaine*.

4° Objection des Fatalistes tirée de la Prescience divine. — Dieu, disent les fatalistes, connaît toutes les actions des hommes, et ces actions se réaliseront telles qu'il les voit de toute éternité. Donc l'homme n'est pas libre.

Nous répondrons aux fatalistes : 1° Que lors même qu'il serait impossible, à cause des bornes de l'esprit humain, de concilier philosophiquement la liberté de la créature raisonnable avec la prescience divine, ce ne saurait être un motif de rejeter l'une ou l'autre de ces vérités. L'homme est libre : le sens intime le montre dans toutes les clartés de l'évidence. Dieu connaît toutes les actions de ses créatures, sans quoi sa science ne serait pas parfaite et il ne serait pas dès lors l'être parfait. Cette vérité est aussi évidente que la première aux yeux de notre raison. « Or, dit Bossuet, la vérité
» ne détruit point la vérité, et quoiqu'il se pût bien faire que nous
» ne sussions pas trouver les moyens d'accorder ces choses (*le libre*
» *arbitre et la prescience divine*), ce que nous ne connaîtrions pas,
» dans une matière si haute, ne devrait pas affaiblir en nous ce que
» nous en connaissons si certainement. » Lorsque deux vérités

sont claires, la difficulté de bien saisir le rapport qui les unit, ne peut autoriser à les nier toutes les deux ou à nier l'une pour conserver l'autre. « La première règle de notre logique, » dit toujours Bossuet, « c'est qu'il ne faut jamais abandonner les vérités une fois
» connues, quelque difficulté qui survienne, quand on veut les con-
» cilier ; mais qu'il faut au contraire, pour ainsi parler, tenir tou-
» jours fortement comme les deux bouts de la chaîne, quoiqu'on ne
» voie pas toujours le milieu par où l'enchaînement se continue. »

Nous répondrons : 2° Que si Dieu prévoit les actes libres, il ne contraint pas pour cela la volonté humaine. De son regard éternel, qui embrasse l'avenir aussi bien que le passé, il voit l'homme agissant dans le temps, avec toutes les facultés dont il le gratifie, et par là même avec la liberté. L'homme n'agira pas, parce que Dieu a vu ses actes, mais Dieu a vu les actes de l'homme, parce que l'homme les accomplira et les accomplira librement. Cette vue de Dieu n'impose à la volonté humaine ni nécessité, ni contrainte. Est-ce qu'à chaque instant nous n'avons pas la conscience de notre libre arbitre dans l'acte que nous posons présentement, bien que notre raison nous affirme que cet acte n'a pu échapper à la prescience divine ?

5° Objection des Fatalistes tirée du Domaine divin. — Dieu, disent les fatalistes, s'est proposé un but dans la création. Si ce but n'est pas atteint, que deviennent la sagesse et la puissance de Dieu ? Or, la liberté de l'homme contrarierait le plan divin. Il faut donc conclure que la liberté humaine n'existe pas.

La liberté humaine se concilie parfaitement avec le plan de Dieu, et par là même avec son souverain domaine. Dieu avait son plan dans la création, et ce plan se réalisera ; mais dans ce plan, Dieu a fait entrer la liberté, dont il gratifiait l'homme. Or, comme l'homme abusant de la liberté, qui ne lui a été donnée que pour le bien et pour son bonheur, peut contrarier transitoirement la volonté divine, le plan suprême et définitif de Dieu est, et il devait l'être, supérieur à toutes les atteintes de la malice de la créature libre. L'ordre de *la justice* embrasse et enveloppe celui de *la liberté*, mais sans l'étouffer jamais.

La révolte des créatures libres ne les rend point indépendantes, et, malgré elles, Dieu arrive à ses fins. Quand il veut, il met un terme à leur action malfaisante, pour les soumettre aux châtiments sans fin de l'autre vie. Ces châtiments eux-mêmes ne détruiront pas la liberté dans ces créatures coupables, pas plus qu'ils n'éteindront en elles l'intelligence et la volonté. Seulement, ils les mettront hors d'état de troubler désormais l'ordre voulu, en même temps qu'ils attesteront la suprématie du domaine de Dieu sur tous les êtres. Il faut donc reconnaître que, si le souverain domaine de Dieu laisse intacte la liberté de l'homme, la liberté de l'homme, à son tour, n'est nullement contradictoire avec le souverain domaine de Dieu.

II. — **Déterminisme.** — Le déterminisme est une sorte de fatalisme, comme il est facile de le voir.

1° **Nature du Déterminisme.** — Le fatalisme nie la liberté en soumettant l'homme à une force extérieure, qui le pousse irrésistiblement ; aussi est-ce des attributs mêmes de Dieu qu'il tire ses objections contre cette noble prérogative. Le déterminisme attaque la liberté d'une autre manière, en assujettissant la volonté humaine à la tyrannie des forces intérieures qui agissent sur elle, et il va puiser ses objections dans l'âme elle-même ; voilà pourquoi il est appelé *fatalisme psychologique*. D'après ce système, l'homme n'est pas libre, parce qu'il est entraîné dans ses actes par une nécessité intérieure qui ne lui laisse pas le choix. L'influence des passions ou celle des motifs, c'est-à-dire, l'influence de la sensibilité ou celle de l'intelligence le détermine fatalement.

2° **Influence des Passions sur la Volonté.** — Ceux qui attribuent tous les actes de l'homme aux passions, enseignent qu'il est fatalement déterminé au bien ou au mal, par les conditions mêmes de sa nature. Est-il né avec des passions généreuses ou faciles à diriger, il sera vertueux : est-il né avec des instincts pervers, il sera vicieux.

Personne ne peut contester l'influence de la sensibilité et des passions sur les actes de l'homme, sur ses déterminations. La pratique du bien n'est pas également facile à tous les hommes. Mais il y a loin de là à l'anéantissement de la liberté. Ici il suffit d'invoquer le témoignage de sa conscience, pour se convaincre que l'attrait du plaisir, flattant la sensibilité, et la violence de la passion ne nous enlèvent pas la liberté. La conscience nous affirme que notre volonté, aux prises avec une passion qui la sollicite, demeure libre, et une preuve qu'elle demeure libre, c'est que, très souvent nous agissons contrairement à la passion. Les vertus les plus héroïques ne se rencontrent-elles pas assez fréquemment avec l'inclination naturelle au vice la mieux prononcée ?

Il n'est qu'un cas où la passion puisse détruire la liberté, c'est celui où elle enlève par sa violence l'usage de la raison. Encore dans ce cas, si l'on veut examiner ce qui a préparé cette surexcitation extraordinaire, qui produit une sorte d'aliénation, on reconnaîtra que presque toujours la cause en a été voulue et librement posée.

3° **Influence des Motifs sur la Volonté.** — D'après les autres partisans du système que nous combattons, à savoir, *les déterministes proprement dits*, la volonté humaine subit toujours l'influence nécessitante des motifs. « Nous n'agissons jamais sans motifs, disent-ils ; telle est la loi de notre volonté intelligente. Si nous agissions sans motifs, l'intelligence nous serait inutile. La volonté se meut irrésistiblement sous l'action des motifs qui l'inclinent du même côté, et, s'ils sont opposés, elle suit le plus fort. Il en est d'elle comme de la balance, qui incline du côté où la charge est plus lourde. » Un des plus chauds défenseurs du déterminisme a été Leibnitz, qui a cru possible, mais bien à tort, la conciliation du déterminisme avec la liberté.

4° **Réfutation du Déterminisme proprement dit.** — Nous accordons aux déterministes que l'homme est toujours mu par quelque motif, dans les actes qu'il pose comme être raisonnable. On ne doit pas admettre, nous semble-t-il, l'opinion de certains philosophes, d'après lesquels l'homme se résout sans motif dans quelques circonstances. Si le motif n'est pas toujours apparent, si quelquefois même il est difficile de s'en rendre compte, on ne peut affirmer qu'il n'existe pas.

Si l'homme n'agit point sans motif, est-ce à dire pour cela que *les motifs l'empêchent d'être libre* dans ses déterminations ? Mais ne serait-ce pas tourner contre sa liberté même, précisément ce qui en est une des meilleures preuves ? A quoi bon connaître et peser les motifs d'agir d'une façon plutôt que d'une autre, si l'acte devait être fatal ? — Le motif est non la cause efficiente, mais simplement *la condition de la résolution* que prend la volonté. Pour produire un acte, notre âme a besoin d'être éclairée. Les motifs que l'intelligence fournit, sont la lumière qui lui découvre les voies dans lesquelles elle peut s'engager. Ils sont comparables à un avis ou à un ordre, qui lui laisse toute sa liberté. Elle est maintenant à même de prendre une résolution éclairée et morale ; mais c'est la volonté qui l'arrêtera et en sera par là même la cause efficiente. (BÉNARD.)

Objection. — La volonté, dit-on, cède toujours et fatalement *au motif le plus fort*. — Mais comment alors expliquer la répugnance avec laquelle, dans beaucoup de cas, nous prenons notre parti ? — Et puis qu'est-ce qui donne à un motif la prépondérance sur les autres ? Répondre avec les déterministes que c'est parce qu'il entraîne la volonté, c'est ne point résoudre la question et tomber dans un évident sophisme. Ne doit-on pas plutôt reconnaître que c'est la volonté elle-même qui, par son libre choix, rend un motif prépondérant et plus fort ? — Si quelque motif pouvait avoir par lui-même une invincible prépondérance, ce devrait être, sans nul doute, celui qui nous sollicite dans le sens de nos véritables intérêts. Or, l'expérience prouve que souvent nous nous déterminons contrairement à nos intérêts, malgré les réclamations de la raison et de la conscience. Tout infini qu'il est, Dieu n'a pas toujours la préférence dans notre cœur. (BARDE.) — Il faut donc rejeter le déterminisme comme une erreur évidente, qui enlève à la volonté son activité propre et fausse la notion de ses rapports avec l'intelligence.

III. — **Libéralisme.** — Si le fatalisme et le déterminisme attaquent la liberté humaine, en la proclamant impossible ou en l'étouffant, le libéralisme l'attaque d'une façon diamétralement opposée, puisqu'il en exagère la vraie notion et fait de la créature libre un être indépendant.

1° **Vice radical du Libéralisme.** — Le vice radical du *libéralisme* consiste à ériger en droit absolu ce qui n'est qu'une faculté dans l'être raisonnable. D'après ce système, la liberté n'est plus seulement *le pouvoir*, mais *le droit* de choisir. Et comme l'homme a le pouvoir, et non le droit, de choisir entre le bien et le mal, entre la vérité et l'erreur, qui ne voit d'un premier regard les insondables abîmes auxquels le libéralisme conduit nécessairement ? Si l'être raisonnable use d'un droit, chaque fois qu'il choisit et se détermine, s'il peut légitimement tout faire, uniquement parce qu'il le peut, si la loi suprême de son activité n'est autre que la puissance même d'agir, la différence entre la vérité et l'erreur, entre le bien et le mal, entre la vertu et le vice n'existent plus, l'autorité disparaît et devient impossible, les instincts les plus pervers de la nature sont conviés à se satisfaire ; c'est la plus étrange confusion dans les idées et dans les choses, c'est le bouleversement et la ruine de tout ordre social et religieux.

2° **Libertés modernes.** — Les libertés, qu'on appelle modernes, *liberté de conscience, liberté de religion, liberté des cultes, liberté de la presse*, etc..., sont entachées du vice du libéralisme. Le démêlé avec l'école libérale ne porte pas sur la question de savoir si ces libertés peuvent être tolérées dans certaines circonstances particulières, mais sur la question de savoir si elles doivent être regardées comme des *droits*, auxquels il ne soit pas permis de déroger. (ZIGLIARA.)

3° **La Liberté humaine est dépendante.** — Dans l'exercice de son activité, l'homme doit tenir compte de sa fin, puisque c'est pour qu'il réalise sa fin, que l'activité lui a été donnée. Aussi est-ce avec raison que saint Thomas fait intervenir l'idée de la fin à atteindre dans la définition de la liberté humaine. La liberté a sa loi suprême dans *le devoir*, qui trace les limites dans lesquelles l'activité libre a *le droit* de s'exercer. Loin de l'opprimer, l'autorité et la loi la protègent, en même temps qu'elles ouvrent à l'être libre la voie de ses destinées.

Le libéralisme, dont nous ne parlerons pas plus longuement, mène, par une route opposée, à tous les résultats désastreux qu'enfante la négation même de la liberté.

§ VI. — HABITUDE.

Si l'activité de l'âme humaine a son épanouissement complet dans l'acte libre, cette faculté bien dirigée trouve dans l'habitude la forme suprême de sa perfection. Aussi Bossuet a-t-il défini la vertu : l'habitude du bien. Pour mieux connaître cette troisième puissance de l'âme, il ne sera donc pas inutile de parler de l'habitude.

I. — **Définition de l'Habitude.** — Dieu, par sa puissance, peut produire dans les facultés de la créature les dispositions qui proviennent de l'habitude. Dans ce cas, l'habitude est dite *infuse*, la coopération de l'homme n'y étant pour rien. Nous ne parlerons ici que de l'habitude qui est le fruit de l'exercice, et qui, pour cela, est appelée *acquise*. On la définit : *une disposition stable, acquise par la répétition des mêmes actes, inclinant à agir et facilitant l'opération*.

Il résulte de cette définition, que : 1° l'habitude *n'est point dans l'âme une faculté nouvelle*, mais quelque chose qui vient s'ajouter, à la manière de l'accident, aux puissances de l'âme, pour en rendre les opérations plus faciles. — 2° L'habitude est une disposition acquise. Elle diffère ainsi de l'instinct, qui est une disposition ou inclination fatale de la nature par rapport à *une chose* (*ad unum*). — 3° L'habitude incline à produire les actes souvent répétés qui l'ont développée et donne plus de facilité pour les accomplir. Aussi, quand elle a acquis certain degré de perfection, est-elle appelée avec juste raison une seconde nature. C'est comme un instinct d'un genre nouveau, qui porte à agir avec uniformité, sans effort et même avec plaisir. (LIBERATORE.)

II. — **Diverses Habitudes.** — L'intelligence et la volonté sont, à proprement parler, les seules puissances de l'âme humaine qui aient besoin de l'habitude et qui en soient capables. Mais comme ces puissances peuvent agir, dans une certaine mesure, sur la puissance sensitive et sur la puissance motrice, ces deux dernières sont susceptibles d'être disciplinées par l'habitude. D'où il suit que nous devons reconnaître dans l'âme autant de sortes d'habitudes que de puissances. (SANSEVERINO.)

1° **Habitudes intellectuelles.** — Elles perfectionnent l'intellect possible, en le rendant plus apte et plus prompt à saisir les choses dans leur forme intelligible.

2° **Habitudes morales.** — Elles affermissent la volonté contre les attraits du bien délectable, quand il ne s'accorde pas avec la loi, et lui facilitent la pratique des vertus.

3° **Habitudes passives de la Sensibilité.** — Bien qu'elle ne soit pas complètement maîtresse des émotions de la sensibilité, la volonté les domine assez pour n'être jamais irrésistiblement entraînée, et même pour en affaiblir les exigences et en obtenir une docilité relative. L'habitude des jouissances ou des souffrances, soit physiques, soit morales, les diminue et les émousse en quelque façon. Le plaisir continu engendre la satiété et provoque le dégoût. Quand le plaisir n'est goûté que par intervalles, l'habitude le rend plus vif et l'inclination se fortifie avec le temps. (BÉNARD).

4° **Habitudes physiques.** — Elles sont comme l'éducation du corps et, en donnant plus de souplesse aux membres, les disposent à exécuter d'une manière plus parfaite les volontés de l'âme.

III. — **Génération de l'Habitude.** — Les habitudes se forment par la répétition des mêmes actes. Dans cette formation, les facultés de notre âme sont tout à la fois actives et passives. Elles s'exercent, et en s'exerçant, elles acquièrent ce qu'elles n'avaient pas. Ordinairement, un seul acte ne suffit pas pour faire naître une habitude; il la commence seulement. Lors même que les dispositions naturelles ne seraient pas favorables à l'habitude que l'on veut contracter, un exercice persévérant modifiera avantageusement la puissance de l'âme qui en est le sujet.

IV. — **Développement de l'Habitude.** — L'habitude croît en intensité par la répétition des actes qui lui sont propres : elle peut atteindre un développement dont la limite n'est pas assignable. Si l'énergie des actes nouveaux surpasse ou égale celle des actes qui l'ont créée, l'habitude s'affermit de plus en plus. Au contraire, elle tend à diminuer, à mesure que les actes auxquels elle donne lieu, s'accomplissent avec moins d'ardeur.

V. — **Cessation de l'Habitude.** — L'habitude acquise s'affaiblit et finit par être détruite de plusieurs manières : 1° Par la cessation des actes qui l'ont fait naître. On prépare cette cessation, quelquefois difficile à obtenir du premier coup, en diminuant graduellement le nombre des actes. 2° Par des actes positivement contraires à l'habitude contractée. Ces actes tendent à établir, dans les puissances de l'âme, des dispositions qui se substituent aux précédentes en les détruisant, et ils les détruisent d'autant plus vite, qu'ils ont plus d'intensité et qu'on les répète plus souvent. (SANSEVERINO).

VI. — **Rôle important de l'Habitude.** — L'habitude exerce une haute influence dans la vie humaine. Sans elle, nos facultés n'acquerraient jamais leur entier développement, et nous ne saurions nous servir ni pour la science, ni pour la vertu, ni pour le travail et l'industrie, ni pour nos relations sociales par la parole, des ressources et des instruments que Dieu a mis à notre disposition. L'exercice, dit Pline, est le maître par excellence en toute chose. *Usus efficacissimus omnium rerum magister.* (BÉNARD.)

Lorsque la saine raison la dirige, l'habitude devient un *puissant auxiliaire de l'éducation*, qui consiste à former l'homme à de bonnes habitudes.

Mais l'habitude compromet le succès de l'éducation, quand elle se contracte au détriment de la conscience et du devoir. Le vice n'est que l'habitude du mal. La perversité acquise, plus terrible que la perversité de nature, est sur la terre le plus grand châtiment du vice, comme le plus grand malheur. (BÉNARD.)

VII. — **L'Habitude n'enlève pas la Liberté.** — L'habitude peut incliner l'homme à faire des actes sans réflexion, indélibérés, comme sont les produits de l'instinct ; c'est ainsi que le musicien, qui a l'habitude d'un instrument, exécute des mouvements purement mécaniques, sans y penser. Mais même alors, l'habitude, étant le fruit d'une cause librement posée, est imputable à l'homme. En dehors de ces cas, l'habitude, tout en inclinant à l'acte et en le rendant plus aisé, n'enlève pas la réflexion. Jamais donc la responsabilité n'est détruite par suite de l'habitude, même la plus invétérée.

Si la responsabilité, et par là même la liberté, disparaissaient sous l'action de l'habitude, il s'ensuivrait que le scélérat devient d'autant moins coupable qu'il avance davantage dans la voie du mal, et même que la multiplicité de ses injustices finit par le justifier. Une telle théorie, qui ne tend à rien moins qu'à enlever au vice, comme à la vertu, ce qui fait le principal démérite de l'un et le plus grand mérite de l'autre, est réfutée par ses conséquences mêmes.

§ VII. — FACULTÉ LOCOMOTRICE.

I. — *Notion de la Faculté locomotrice.* — On entend par faculté locomotrice *le pouvoir qu'a l'homme de mouvoir son corps.* Ce pouvoir lui est commun avec l'animal.

II. — *Erreurs sur la Source des Mouvements corporels.* — 1° *Les matérialistes,* qui n'admettent pas l'existence de l'âme, attribuent tous les mouvements qui se remarquent dans le corps humain, soit à la disposition de ses parties, soit à certaine force inhérente à l'organisme.

2° Plusieurs philosophes, à la suite de *Platon,* attribuent les mouvements corporels à *l'âme seule.*

3° *Leibnitz* attribue les mouvements corporels à *l'harmonie préétablie* par le Créateur entre le corps et l'âme. En vertu de cette harmonie, ces mouvements correspondent fidèlement aux sentiments et aux pensées de l'âme.

4° Malebranche ne voit dans l'âme que la cause occasionnelle des mouvements du corps, qui sont produits directement par Dieu. (SANSEVERINO.)

III. — *Doctrine Scolastique sur la Source des Mouvements corporels.* — Pour bien résoudre la question des mouvements corporels, il ne faut pas perdre de vue que l'union de l'âme et du corps est *subs-*

tantielle. D'après cet incontestable principe, on doit attribuer avec les scolastiques les mouvements corporels *au composé humain tout entier.*

1° **Les Mouvements corporels ne peuvent être attribués au Corps seul.** — Le mouvement dans l'être qui se meut lui-même, est évidemment une opération vitale qui ne peut émaner que d'un principe vivant. Or, le corps, considéré comme tel, n'est pas vivant. Si la vie était de l'essence de l'être qui s'appelle un corps, tous les corps seraient vivants, ce qui n'est pas. La vie du corps humain a donc un autre principe que le corps lui-même. D'où il est nécessaire de conclure qu'on ne peut placer dans le corps la cause de ses mouvements.

2° **L'Âme est-elle le Principe adéquat des Mouvements corporels ?** — L'âme, dit saint Thomas, est le principe de tout mouvement dans le corps qu'elle anime. Retranchez l'âme, vous supprimez le mouvement. Elle n'est pas, cependant, d'une façon adéquate, la source des mouvements corporels, c'est-à-dire que, pour qu'elle exerce son action *locomotrice*, il faut que le corps soit apte à la recevoir. Cela suppose, du côté de l'âme, une faculté spéciale, et, du côté du corps, un appareil préparé pour le mouvement. (SANSEVERINO.)

Qu'on se garde de conclure de là que l'âme n'a d'action sur le corps qu'à partir du moment où il est déjà organisé. Il est évident que l'organisation du corps s'accomplit sous l'influence immédiate d'un principe immatériel, agissant sur les éléments mis à sa disposition, et conformément au plan et aux lois du Créateur.

3° **La Faculté locomotrice est un Pouvoir mixte.** — La faculté locomotrice étant, comme on vient de le dire, une faculté organique, appartient au composé humain tout entier, qui en est le sujet adéquat. Les mouvements corporels sont communs à l'âme et au corps. Ce n'est ni l'âme seule, ni le corps seul, mais *l'être vivant tout entier*, qui se meut.

IV. — **La Faculté locomotrice diffère de la Volonté.** — Ce serait une erreur de confondre la faculté locomotrice avec la volonté, comme l'ont fait quelques auteurs de nos jours.

Si le mouvement corporel et l'acte volontaire *n'étaient pas dis-*

tincts, si vouloir remuer le corps et le mouvoir en réalité étaient la même chose, jamais ces deux actes ne pourraient être séparés ni énoncés l'un sans l'autre. Mais, est-ce que l'expérience ne prouve pas que la volonté est quelquefois impuissante à mouvoir le corps? Le nouveau-né est incapable d'un acte volontaire, et cependant la faculté motrice signale sa présence en lui. — Le mouvement corporel ne cesse pas toujours à l'ordre de la volonté. — La réflexion est étrangère à beaucoup de mouvements qui se produisent presque à chaque instant chez nous.

Tous ces faits incontestables montrent assez qu'on doit se garder de confondre la volonté avec la faculté locomotrice. L'acte de la volonté est indépendant des organes; mais l'acte de la faculté locomotrice s'accomplit avec les organes corporels.

V. — **Influence de la Volonté sur la Faculté locomotrice.** — Bien que la volonté n'ait pas un empire absolu sur la faculté locomotrice, elle l'atteint par l'intermédiaire des puissances sensitives, qui ont des relations plus immédiates avec le corps. Elle provoque l'imagination et la mémoire; elle éveille l'appétit sensitif et donne ainsi l'impulsion à la faculté motrice, qui, à son tour, met en mouvement les membres du corps. (SANSEVERINO).

ONZIÈME LEÇON.

Sommaire : 1° Psychologie rationnelle. — 2° Substantialité de l'Ame. — 3° Simplicité de l'Ame. — 4° Identité de l'Ame. — 5° Spiritualité de l'Ame. — 6° Réfutation du Matérialisme. — 7° Immortalité de l'Ame. — 8° Origine de l'Ame.

§ Ier. — PSYCHOLOGIE RATIONNELLE.

I. — **Coup d'œil rétrospectif.** — Jusqu'ici, nous avons étudié l'âme humaine dans les faits dont elle est le principe et dans les facultés dont elle est douée. De la connaissance des faits qui s'accomplissent journellement en nous, il a été facile de nous élever, au moyen de la méthode inductive, à celle des pouvoirs, qui en sont la cause efficiente. Ces pouvoirs ont été approfondis dans leurs caractères distinctifs, dans leur rôle et dans leurs relations. L'étude expérimentale de l'âme est achevée.

II. — **L'Etude rationnelle de l'Ame est basée sur l'Etude expérimentale.** — Il s'agit maintenant de connaître en elle-même la force qui est tout à la fois le principe et le sujet de nos facultés. Qu'est-elle, considérée dans sa nature et dans ses destinées ? Quelle est son origine ? Comment est-elle unie au corps ? Telles sont les graves questions qui nous restent à approfondir et qui n'intéressent pas moins la science que la morale et la religion elle-même. C'est par le raisonnement que nous en chercherons la solution, en partant des données fournies par la psychologie *expérimentale*, qui est comme la base de la psychologie *rationnelle*.

§ II. — SUBSTANTIALITÉ DE L'AME.

I. — **Existence dans l'Homme d'un Principe vivant.** — Qu'il y ait dans l'homme un principe vivant, qui *sent, connaît, veut et meut* le *corps*, c'est ce dont il est impossible de douter. L'existence de ce principe est attestée de la manière la plus irrécusable par notre propre conscience et par le sens commun. Le matérialiste lui-même n'est pas tenté de nier cette vérité, qui s'impose par son évidence même.

II. — **Quelle est la Nature de ce Principe vivant ?** — Ce principe est-il distinct du corps, ou bien est-ce le corps lui-même ? Ici l'accord cesse entre *les matérialistes* et *les spiritualistes*.

Les matérialistes ne veulent voir dans l'homme absolument que la matière organisée, avec laquelle ils prétendent tout expliquer, même la vie intellectuelle et morale.

Les spiritualistes, au contraire, affirment avec raison que le principe vivant dans l'homme est, par sa nature même, distinct du corps auquel il est uni. Ils l'appellent âme, parce qu'il anime le corps et est dans l'homme le principe de toute vie.

C'est cette solution spiritualiste, la seule vraie, que nous nous proposons de mettre en parfaite lumière. Commençons par établir *la substantialité* de l'âme humaine.

III. — **L'Ame humaine est une Substance.** — Tout être, nous l'avons dit, est substance ou accident. Il faut reconnaître, avant même d'en avoir discuté la nature, que l'âme humaine doit être rangée parmi les êtres substantiels et non parmi les êtres accidentels.

Ce qu'on appelle l'âme humaine, en effet, c'est le principe constitutif de l'homme, c'est-à-dire, ce par quoi l'homme diffère spécifiquement de la brute, de la plante et des êtres inanimés. Or, un tel principe ne peut évidemment être qu'une substance. Autrement il serait nécessaire d'admettre que l'homme ne diffère qu'accidentellement de la brute. Mais qui ne reculerait devant une telle conclusion ?

L'âme est le théâtre des opérations que nous avons étudiées dans la Psychologie expérimentale. Si elle n'était pas une substance, il faudrait dire, ce qui est absurde, qu'un être purement accidentel peut comprendre, vouloir, exécuter une détermination. — Si les phénomènes psychologiques se succèdent, la conscience atteste de la façon la plus invincible que le principe de ces phénomènes persévère. Il faut donc qu'il ait une existence substantielle.

§ III. — SIMPLICITÉ DE L'AME.

1. — Nature de la Simplicité de l'Ame. — Nous venons de voir que l'âme est une substance. Mais il y a des substances simples et des substances composées. Il s'agit de savoir si l'âme, considérée en elle-même, est simple ou composée de parties essentielles physiques, comme l'homme, la brute, ou de parties intégrantes, comme les substances étendues, c'est-à-dire, les corps.

L'âme est une substance essentiellement simple, et cette simplicité exclut toute idée non-seulement de division, mais encore de divisibilité et même d'étendue.

II. — La Simplicité de l'Ame exclut de la Notion de sa Substance toute idée de Parties et de Division. — La simplicité substantielle de l'âme nous est attestée :

1° *Par la Conscience.* — Chacun de nous voit clairement que tous les faits internes, dont il est le théâtre, s'accomplissent dans le même *moi* et appartiennent à une même force indivisible. Qu'il s'agisse des émotions physiques ou morales, des connaissances expérimentales ou rationnelles, des déterminations arrêtées librement ou des actes indélibérés et des divers mouvements du corps, nous disons invariablement : *je* sens, *je* connais, *je* comprends, *je* veux, *je* désire, *je* marche. Où trouver un seul homme qui songe à s'exprimer et qui puisse s'exprimer autrement ? Il y a dans ce langage, fidèle écho des affirmations de la conscience, une logique inexorable et une démonstration triomphante en faveur de *la simplicité* substantielle du moi. Le sentiment que nous avons de notre unité individuelle se refuse à toute idée de fractionnement et de division. (SANSEVERINO, BÉNARD.)

2° *Par l'impossibilité d'attribuer à un principe composé de parties les opérations psychologiques.* — Il est une vérité incontestable, c'est que *l'opération suit la nature de l'être. Operatio sequitur esse.*

Si, de la nature d'un être, on peut conclure à la nature de ses opérations, on peut, de même, remonter des opérations à la nature de l'être. Or, l'examen d'une opération psychologique quelconque montre avec pleine évidence qu'on ne peut, sans absurdité, l'attribuer à un principe composé de parties. Bornons-nous à signaler les phénomènes de la connaissance sensible, la moins élevée de toutes nos connaissances.

La connaissance sensible est impossible à expliquer, si le principe connaissant n'est pas simple. Cette connaissance, en effet, a pour premier caractère *l'unité essentielle*, qui implique *la simplicité* et exclut *la multiplicité*. Il est vrai que l'objet sur lequel s'exerce la faculté de connaître le sensible, est composé de parties ; il est vrai encore que les organes corporels sont la condition indispensable de la connaissance, et, malgré cela, la connaissance que nous acquérons d'un être matériel n'a rien qui ressente la composition. Il faut donc que ce qui connaît en nous le sensible soit simple.

Si le principe qui connaît le sensible n'était pas simple, la connaissance, suivant la nature du principe, ne serait pas simple et elle serait multiple. Supposez le principe connaissant composé de parties, ou bien ces parties se partagent la connaissance de l'objet, ou bien chacune en a la connaissance totale : deux suppositions également absurdes. D'après *la première*, notre connaissance serait fractionnée et éparse dans le principe pensant, qui n'aurait pas la connaissance totale de l'objet. D'après *la seconde*, la notion de l'objet serait multiple, selon les parties du composé connaissant. Il suffit d'émettre de telles suppositions pour les réfuter par là même. (Sanseverino).

3° *Par le sentiment universel du genre humain.* — Il n'est aucune langue vivante ou morte qui n'offre, à l'endroit de l'homme, deux séries d'expressions, réveillant, l'une l'idée de substance composée, et l'autre de substance essentiellement simple. Si tous les phénomènes de la vie physique, de la vie intellectuelle et de la vie morale ont pour principe la substance composée, le corps, comment comprendre que tous les peuples aient un langage qui donne à entendre précisément le contraire et affirme dans le composé humain la présence d'une substance simple. Cette dualité d'expressions ne prouve-t-elle pas que tous les peuples ont été frappés de la même vérité évidente et ont reconnu dans l'homme, outre l'organisme, une substance différente du corps par la simplicité de sa nature ?

III. — **La Simplicité de l'Ame humaine exclut l'idée d'étendue dans sa Substance.** — L'âme humaine est capable de réflexion. Elle peut se replier sur elle-même par la pensée, de manière à s'embrasser tout entière. Mais le sujet composé de parties, comment pourrait-il se replier sur lui-même ? N'a-t-il pas, dans son étendue même, un obstacle insurmontable à cet acte, qui ne se conçoit que dans une substance simple ? (LIBERATORE, ZIGLIARA).

§ IV. — IDENTITÉ DE L'AME.

I. — **Nature de l'Identité de l'Ame.** — L'identité de l'âme est une conséquence rigoureuse de son unité substantielle et de sa simplicité. L'âme demeure toujours la même, *sans aucune altération dans sa substance*, et ainsi l'identité dont elle jouit, est bien différente de celle du corps.

Le corps n'est pas identique dans ses éléments constitutifs, qui sont soumis à une rénovation incessante. S'il conserve la même forme apparente, la même disposition des parties, en un mot, ce qui paraît au dehors, le reste change. C'est tout le contraire dans le principe pensant, dont les modifications changent et se succèdent, mais dont la substance reste la même.

II. — **Preuves de l'Identité de l'Ame.** — L'identité de l'âme nous est affirmée par *la conscience*, aidée de *la mémoire* et de *la réflexion*, ces trois facultés qui, comme nous l'avons dit, constituent la méthode d'observation psychologique. Au moyen de ces trois facultés, je saisis clairement que, quelles que soient les modifications qui se produisent dans mon intérieur, tout ne change pas en moi.

Si loin que je reporte mes *souvenirs* dans le passé, je suis convaincu que ce qui sent, pense, veut, vit et produit le mouvement dans mon corps aujourd'hui, est précisément ce qui sentait, pensait, voulait, vivait, et communiquait la vie à mon corps, à quelque instant que ce soit du passé. Les sentiments ont pu se modifier, les idées, sur beaucoup de points, être remplacées par d'autres idées, les caprices du jeune âge faire place à des résolutions mûrement posées, une démarche ferme succéder aux premiers pas chancelants, peu importe, je vois que tous ces faits se sont accomplis et s'accomplissent dans le même sujet, substantiellement identique; c'est à moi-même et à moi seul que je les rapporte, dans ma pensée comme dans mon langage.

A l'heure *présente*, j'éprouve une satisfaction ou un remords d'un acte fait il y a longtemps. Il faut donc que je sois au fond le même être.

Bien plus, si je porte ma pensée vers *l'avenir*, je vois également que c'est moi-même, et non un autre, qui recueillerai la récompense ou subirai le châtiment de mes œuvres actuelles, bonnes ou mauvaises. C'est ainsi que l'identité du principe pensant m'est attestée d'une façon irréfragable, et que m'est attestée, en même temps, l'incommensurable distance qui le sépare du corps. (BÉNARD).

§ V. — SPIRITUALITÉ DE L'AME.

I. — **Vraie Notion de la Spiritualité.** — Toute substance simple et identique n'est pas pour cela spirituelle, selon le sens rigoureux du mot. On entend par spirituel un être subsistant par lui-même et indépendant du corps dans ses opérations spécifiques. Ainsi, l'âme de la brute n'est pas une substance spirituelle, bien qu'elle soit simple, car, dans ses opérations spécifiques, elle est assujettie au corps.

II. — **Preuves de la Spiritualité de l'Ame humaine.** — Pour démontrer que l'âme humaine est spirituelle, il faut prouver qu'elle produit des actes qui dépassent toutes les forces de la matière. C'est là l'objet de la thèse présente.

1° *L'âme humaine comprend et veut.* — La nature d'une action manifeste la nature du principe qui en est la cause efficiente. Or, les actes spécifiques de l'âme humaine, à savoir, les actes *intellectifs* et *volontaires*, sont indépendants de la matière. Par ces actes, l'âme se replie complètement sur elle-même, ce dont un être corporel est incapable. Elle les produit en dehors de toute condition d'espace, ce que ne peut faire un être corporel, dont l'action s'accomplit dans un lieu déterminé.

Les actes de la vie intellective, qui sont les actes spécifiques de l'âme humaine, ne dépendent donc pas et ne peuvent dépendre de la matière, qui y demeure absolument étrangère. Il faut donc que le principe de ces actes, c'est-à-dire, l'âme, soit indépendant du corps dans son être lui-même ; autrement, de tels actes lui seraient impossibles.

2° *L'Ame humaine connaît des choses essentiellement spirituelles.* — Elle a l'idée de Dieu, l'idée de substances purement spirituelles, qui n'ont rien de commun avec la matière. Or, comment expliquer de telles idées, si le principe qui les conçoit n'est lui-même spirituel ?

Toute puissance est nécessairement proportionnée à son objet, comme le prouve l'expérience. Il faut donc que l'être qui conçoit le spirituel, soit doué de spiritualité ; sans quoi ce concept serait absolument impossible. Comment, en effet, cet être, s'il était dépendant de l'organisme dans ses opérations, saisirait-il les réalités qui, par leur nature même, sont incapables d'agir sur des organes matériels ? Ce que nous connaissons par l'intermédiaire de nos organes, c'est uniquement le matériel. Si nous connaissons quelque chose en dehors de cet ordre qui seul affecte les sens, c'est une preuve irrécusable que notre âme est spirituelle.

3° *La manière dont l'âme humaine connaît les choses corporelles est une preuve de sa spiritualité.* — Les choses corporelles, considérées en elles-mêmes, sont *singulières* et *sujettes au changement.* L'être qui ne les connaît que par l'intermédiaire des sens et des organes, connaît uniquement ce qui affecte les organes et les sens, c'est-à-dire, les individus et les changements qu'ils subissent. *L'universel*, soit espèce, soit genre, et *l'immutabilité des essences* lui échappent absolument, parce que l'universel et les essences ne peuvent se saisir par les sens. Si donc nous connaissons dans les corps autre chose que les individus eux-mêmes avec leurs changements, si nous saisissons l'universel dans le singulier et l'immuable dans le contingent, c'est qu'en nous le principe pensant est élevé au-dessus de la condition de l'ordre matériel, ne dépend point de l'organisme dans les opérations qui le caractérisent, c'est-à-dire, est spirituel.

4° A toutes ces preuves, on peut ajouter *le témoignage* du *genre humain*, qui, contrairement aux matérialistes, a reconnu dans l'homme non-seulement l'existence d'un principe vivant différent de l'organisme, comme dans l'animal, mais encore d'une nature spirituelle. (ZIGLIARA.)

La réfutation du matérialisme ne fera que confirmer par de nouveaux arguments l'importante thèse de la spiritualité de l'âme.

§ VI. — RÉFUTATION DU MATÉRIALISME.

I. — **Notion du Matérialisme.** — *Le matérialisme* est le système qui nie, dans l'homme, la présence de tout principe distinct de l'organisme et des forces ou propriétés inhérentes à la matière. S'il admet tous les phénomènes internes que le spiritualisme attribue à l'âme comme à la vraie cause qui les produit et les explique, il les rapporte uniquement à la matière organisée par laquelle il prétend en rendre compte d'une manière parfaite.

Cette doctrine, enseignée par quelques philosophes de l'antiquité, tels que Leucippe, Démocrite, Epicure et Lucrèce, qui l'a préconisée dans ses poésies, a rencontré plusieurs partisans dans les temps modernes. Nous pouvons citer Helvétius, qui, dans son livre : *De l'Esprit*, enseigne que toutes nos facultés reviennent à la sensibilité physique, exclusivement due à notre organisme ; Cabanis, qui, dans son traité : *Des Rapports du Physique et du Moral de l'Homme*, établit que toute moralité découle de la sensibilité, qui vient uniquement des nerfs; Broussais, qui, dans son ouvrage : *De l'Irritation et de la Folie*, essaie de démontrer que ce qu'on appelle âme n'est autre chose que l'organisme du corps humain, etc., etc.; l'école positiviste contemporaine, qui, rejetant le dogme de la création et l'existence de toute cause extra-matérielle, essaie de rendre compte de l'universalité des choses par la matière qu'elle affirme être éternelle et par l'indépendance absolue des forces qui lui sont inhérentes.

Pour réfuter le matérialisme, nous discuterons d'abord *les principaux arguments* dont il s'appuie et nous en exposerons ensuite *les désastreuses conséquences*.

II. — **Arguments du Matérialisme.** — Les arguments inventés par les défenseurs du matérialisme, pour établir leur erreur, ne sont que d'évidents sophismes, comme il sera facile de nous en convaincre.

1° **Argument tiré des Rapports du Physique et du Moral.** — L'expérience, disent les matérialistes, montre partout que le moral dépend du physique. Les facultés intellectuelles et morales de l'homme suivent chez lui les lois de l'organisme ; tout croît et décroît avec le corps. Donc, il n'y a dans l'homme que l'organisme.

Cet argument est faux au double point de vue de *l'expérience* et de *la logique*.

1° *Cet argument est faux au point de vue de l'expérience.* — Tout en admettant la relation intime du moral et du physique dans l'homme, nous nions que le moral dépende du physique d'une manière absolue. Les faits les mieux constatés et très nombreux montrent, tous les jours, qu'il y a des hommes précoces, dont l'intelligence n'attend pas l'entier développement des organes, comme il y en a qui conservent l'usage de leurs facultés intellectuelles et morales, au milieu des ruines de l'organisme.

L'expérience la plus journalière démontre encore que, si le physique agit sur le moral, *le moral n'agit pas moins réellement sur le physique*. On ne peut nier les prodiges de la volonté dans des corps chétifs. Combien de fois n'a-t-on pas admiré l'énergie morale de certains hommes, usés physiquement par la fatigue ou par la maladie ?

Si le matérialiste s'autorise de l'influence du physique sur le moral, pour nier l'âme, que répondrait-il à celui qui nierait le corps, parce que le moral exerce une influence incontestable sur le physique ? Ce serait un autre sophisme, également condamnable. L'union étroite de l'âme et du corps suffit parfaitement pour expliquer comment l'état de l'une des substances du composé humain influe sur l'autre, et cette influence réciproque, la Philosophie spiritualiste l'a toujours admise et défendue.

2° *Cet argument est faux au point de vue de la logique.* — Le physique agit sur le moral ; cela est certain et personne ne le nie. Or, de ce fait, que conclut le matérialiste ? Il conclut que c'est le corps qui est la cause efficiente du moral dans l'homme. Il convertit ainsi un rapport de simple dépendance, qui est encore réciproque, en un rapport de causalité. La logique ne permet jamais une telle substitution. Puisque le moral influe sur le physique, il serait tout aussi juste de conclure que l'âme produit le corps, puisqu'elle est une cause. La seule conclusion que la logique avoue, c'est que l'âme et le corps sont étroitement unis et que cette union suffit pour rendre compte des rapports mutuels du physique et du moral dans l'homme.

2° **Argument tiré des Propriétés inconnues de la Matière.** — S'appuyant sur l'assertion de Locke, qui prétend que Dieu, puisqu'il est tout-puissant, peut donner à la matière la faculté de penser, les matérialistes ont fait ce raisonnement : « On ne connaît pas toutes les » propriétés de la matière. Puisque l'homme pense, on doit » admettre que la faculté de penser est au nombre des propriétés » inconnues de la matière. »

Nous répondrons que les propriétés *connues* de la matière s'opposent absolument à ce que l'on compte la faculté de penser parmi ses propriétés encore *inconnues*. Que l'on confronte la liste des *attributs du corps*, dressée par les physiciens et les naturalistes les plus distingués, avec celle des attributs du *principe pensant*, dressée par les philosophes et les moralistes les plus habiles. Cette comparaison montrera, dans une clarté parfaite, non-seulement qu'il n'entre aucun attribut du *corps* dans l'idée du *moi pensant*, et aucun attribut du *moi pensant* dans l'idée du *corps*, mais encore que tous leurs attributs respectifs se combattent et se repoussent. Le corps est composé de parties, tandis que le principe pensant est substantiellement *un et simple* ; le corps change et se renouvelle dans ses éléments constitutifs, tandis que le principe pensant est *toujours le même* ; le corps est inerte, indifférent par lui-même au mouvement comme au repos, tandis que le principe pensant est doué d'*activité libre*. Il est donc impossible que la faculté de penser soit un attribut du corps. Bien que tout-puissant, Dieu ne peut faire le contradictoire et l'absurde. Il ne peut faire, que ce qui est composé soit simple, que l'inertie soit l'activité libre : ce qui, cependant, aurait lieu, si la matière devenait pensante.

3° **Argumentation de l'Ecole Matérialiste contemporaine.** — L'école positiviste, du moins la plus avancée, a fait, de nos jours, entrer dans une nouvelle phase l'erreur matérialiste qu'elle décore du nom de science, en lui donnant les plus larges proportions. Elle ne recule ni devant les affirmations les plus contradictoires, ni devant les négations les plus audacieuses.

D'après cette école, la matière est l'être nécessaire et l'unique substance. Par les propriétés qu'elle possède, propriétés nécessaires et indépendantes comme elle, la matière est la cause efficiente des diverses combinaisons de ses propres éléments. De ces combinaisons proviennent les corps inorganiques et les divers degrés de vie dans les corps organisés. Les différences qui se remarquent entre les êtres sont dues uniquement à la variété des combinaisons des éléments matériels. Ainsi tout a sa raison d'être dans la matière et ses propriétés.

On le voit par cet exposé, tout incomplet qu'il est, l'erreur matérialiste contemporaine est comme la synthèse de toutes les erreurs. Tous les principes, affirmés par la saine raison et par la Révélation, y sont niés effrontément ou dénaturés de la façon la plus étrange. Dieu est banni de son œuvre, que l'on voudrait expliquer sans lui, en le remplaçant par la matière.

L'erreur matérialiste contemporaine, attaquant les vérités fondamentales, a sa réfutation dans le cours entier de Philosophie, qui a précisément pour but d'établir les vérités qu'elle essaie d'ébranler et de détruire. Nous ne pouvons donc entreprendre ici de la réfuter en détail et nous nous bornerons à faire aux partisans de cette doctrine les questions suivantes :

1º *Comment concilier les combinaisons de la matière, qui est inconsciente, de l'aveu des positivistes, avec l'harmonie de l'univers, où éclate de toutes parts la préordination d'une cause intelligente?* Toutes les explications essayées sont marquées au coin de l'absurde. Le grand fait de la finalité dans la nature confond le principe positiviste de l'indépendance de la matière et de ses propriétés, en ne permettant de voir en elles que des effets qui accusent une cause et comme « les ouvrières préordonnées par une intelligence créatrice. » (PESNELLE.)

2º *Comment concilier le système positiviste avec la liberté de l'homme qui délibère et veut par choix?* — Ce système est basé sur l'évolution purement aveugle des éléments de la matière, s'accomplissant sous l'action fatale des forces qui lui sont inhérentes. La négation du libre arbitre dans un être quelconque découle logiquement de la théorie matérialiste. Aussi l'école en question nie-t-elle le libre arbitre dans l'homme ; mais par là elle vient se heurter à un obstacle formidable, nous voulons dire, le fait même de la liberté humaine, que chacun peut constater à tout instant et de la façon la plus irrécusable.

3° *Comment, dans le système positiviste, rendre compte de la vie même à son plus bas degré, telle qu'elle est dans la plante ?* — Les corps organiques ont une prérogative que les corps inorganiques ne possèdent pas, celle de *la vie*. Or, de ce que les corps organiques, soumis à l'analyse, présentent les mêmes éléments matériels que les corps inorganiques, l'école positiviste conclut que les végétaux sont le produit plus perfectionné des forces de la matière et qu'ainsi c'est la matière qui enfante la vie. — Mais nous demandons à cette école comment ce qui n'a pas la vie peut la produire, comment les forces chimiques communiqueraient à quelques-unes de leurs combinaisons ce qu'elles n'ont pas par elles-mêmes.

Dans les végétaux tout se fait avec une entente merveilleuse, qui montre que les forces chimiques, aveugles et inconscientes de leur nature, exécutent un dessein préconçu.

Si la vie ne tient qu'à des conditions purement chimiques et physiques, se rencontrant par hasard, comment se fait-il que le chimiste, qui peut remplir ces conditions aussi bien que le hasard, ne voit jamais les forces chimiques produire la vie, ni aucun organisme ? (PESNELLE.)

4° *Comment, à fortiori, rendre compte avec le système positiviste de la vie supérieure à celle de la plante, la vie dans l'animal et de la vie supérieure à celle de l'animal, la vie dans l'homme ?* — Si les forces chimiques sont les conditions du jeu de l'organisme vivant, elles n'en sont pas la cause organisatrice. — Est-ce que la finalité organique dans l'animal n'est pas plus saisissante encore que dans le végétal ? — Comment, dans l'homme, faire sortir des combinaisons chimiques de la matière l'intelligence immatérielle et expliquer la pensée par le mouvement vibratoire des atomes du cerveau ? Le matériel n'est-il pas évidemment incapable de produire l'immatériel ?

III. — **Conséquences du Matérialisme.** — Un système peut se réfuter par les conséquences qui découlent de ses principes. Énonçons seulement celles qui sortent logiquement des doctrines matérialistes.

1° *En morale*, c'est le fatalisme. Si tout dans l'homme a sa cause efficiente dans l'organisme, la liberté ne se conçoit même pas. Toutes les idées qui servent de base à la morale, l'idée du devoir, celles de la responsabilité, du mérite, du démérite, etc., sont inexplicables dans ce système.

2° *En politique*, c'est le règne de la force. Aussi la théorie du droit du plus fort a-t-elle été professée par tous les matérialistes conséquents.

3° *En religion*, c'est la négation de la vie future, et par là même l'athéisme. Quelle que soit leur conduite dans la vie présente, le même sort attend tous les hommes, puisque tout finit pour eux avec la vie organique.

4° *En histoire*, c'est le fatalisme avec toutes ses conséquences. L'histoire de l'homme n'est plus qu'une branche de *l'histoire naturelle*, les causes physiques expliquent tout et la responsabilité des individus disparaît.

5° *Dans l'éducation*, c'est le sensualisme le plus dégoûtant, sacrifiant ou subordonnant le perfectionnement moral de l'homme à son développement et à son bien-être physiques.

6° *Dans les sciences*, c'est l'empirisme, soumettant tout à l'observation et à l'expérience des sens. Est-ce que, même dans les sciences physiques et naturelles, toute connaissance vient de la perception externe, comme de sa cause productrice? Puis, comment appliquer le procédé expérimental aux sciences mathématiques et aux sciences rationnelles? Les principes et les axiomes qui servent de base à ces sciences ne se saisissent d'aucune manière par l'observation sensible.

De telles conséquences, et beaucoup d'autres que nous taisons, montrent avec évidence tout ce qu'il y a de faux et d'absurde dans le système qui nie l'âme, et elles font du matérialisme la doctrine la plus dégradante et la plus funeste à tous les points de vue que l'esprit d'erreur, sous l'influence des passions, ait formulée dans le cours des siècles. (Bénard.)

§ VII. — IMMORTALITÉ DE L'AME.

I. — **Notion de l'Immortalité.** — On appelle *immortel* l'être qui continue de vivre perpétuellement, c'est-à-dire, sans fin. Or, un être peut perdre la vie, soit par *la possibilité*, qui tient à sa nature, de se décomposer et de se corrompre, soit par *l'action de Dieu*, qui, l'ayant créé, peut le faire rentrer dans le néant.

Il suit de là qu'un être peut être immortel de deux manières : *intrinsèquement* ou *extrinsèquement*. Il est *intrinsèquement* immortel, lorsqu'il n'a en lui-même aucune cause de dissolution. Il est *extrinsèquement* immortel, si Dieu n'en veut pas l'anéantissement. L'être créé qui n'a pas en lui-même de principe de dissolution, dépend, toutefois, de la souveraine puissance de la cause première, et ainsi il pourrait ne pas exister perpétuellement. Mais, la volonté de Dieu étant toujours conforme à ses attributs, on conçoit qu'il peut y avoir et qu'il y a des êtres dont Dieu ne voudra pas l'anéantissement. (Sanseverino).

Ces principes rappelés, nous disons que *l'âme humaine est intrinsèquement et extrinsèquement immortelle.*

II. — **L'Ame humaine est intrinsèquement immortelle.** — Dire que l'âme humaine jouit de l'immortalité intrinsèque, c'est affirmer :

1° Qu'elle ne peut cesser d'être ce qu'elle est dans son existence actuelle, par *décomposition*, à la manière d'un corps. Substance simple et spirituelle, elle est, par sa nature même, à l'abri du travail de désagrégation qui se manifeste dans les substances composées de parties, lorsqu'elles se corrompent.

2° Qu'elle ne peut s'anéantir elle-même par *un acte de sa volonté*. Le pouvoir d'anéantir est égal au pouvoir de créer, qui implique la puissance infinie elle-même. Ce n'est point par elle-même qu'elle existe ; elle ne peut par elle-même rentrer dans le néant.

3° Que la dissolution du corps *n'entraîne point la destruction de l'âme* et n'autorise d'aucune manière à en conclure la destructibilité. Quand l'âme se sépare du corps, le composé humain seul cesse d'exister, mais ses éléments subsistent toujours. La matière corporelle subit des transformations et entre dans des combinaisons nouvelles.

Comment donc supposer que l'âme, spirituelle et intelligente, serait détruite dans l'acte même qui la sépare de l'organisme? Pour qu'une telle supposition pût avoir quelque caractère de vraisemblance, il faudrait démontrer que l'âme, séparée du corps, ne peut vivre de la vie qui est propre à sa nature. Or, le contraire n'est-il pas évident? L'âme est douée de facultés qui n'ont pas une connexion nécessaire avec le corps. Est-ce que comprendre, vouloir, se déterminer librement, sont des actes qui exigent nécessairement un organisme? La sensibilité elle-même, bien qu'assujettie dans ce qu'elle a de physique aux organes corporels, pendant la vie présente, se conçoit très bien indépendamment du corps, puisque le principe de la sensibilité est dans l'âme elle-même. On ne peut donc légitimement conclure de la dissolution du corps à la destruction d'un principe qui peut vivre sans lui. L'âme jouit donc de l'immortalité *intrinsèque*.

Mais, nous l'avons donné à entendre, toutes les preuves qui militent en faveur de cette sorte d'immortalité, n'établissent pas d'une manière absolue que l'âme est réellement immortelle. Il faut prouver qu'elle a l'immortalité *extrinsèque*, c'est-à-dire, que Dieu ne veut ni ne voudra jamais l'anéantir.

III. — **L'Âme humaine est extrinsèquement immortelle.** — Dieu n'anéantira pas l'âme humaine. Il ne peut vouloir l'anéantir, car une telle volonté serait contradictoire avec ses éternels attributs. Développons les preuves sur lesquelles repose ce dogme capital.

PREMIÈRE PREUVE. — Sagesse et Bonté de Dieu en regard des Aspirations de l'Âme humaine. — La raison dit assez qu'il ne peut y avoir disproportion entre les aspirations naturelles d'un être et sa fin; autrement, l'auteur de cet être ne serait ni bon, ni sage.

Or, *l'intelligence* de l'homme a soif de la vérité, et ce besoin de connaître qui la tourmente, loin d'être apaisé par les conquêtes qu'elle peut faire dans les divers ordres des sciences, n'en devient que plus impérieux. Toutes les connaissances qui lui sont accessibles, dans l'état présent, ne répondent nullement à son désir de savoir, qui demeure toujours inassouvi. — Naturellement aussi, *la volonté* de l'homme aspire au bonheur, et ce désir du bonheur, les jouissances de la terre sont impuissantes à le satisfaire. Par delà toutes les félicités que peut lui apporter la vie présente, l'homme aspire à une félicité plus réelle, c'est-à-dire, à la félicité parfaite sous le rapport de la plénitude et de la durée. — A côté de ces désirs de la science et de la félicité parfaites, il y a en nous des instincts invincibles, des sentiments et des espérances qui nous emportent vers un avenir sans fin. La seule idée de l'anéantissement répugne à notre raison et à notre nature.

Ces tendances de l'âme humaine sont des faits incontestables, évidents et universels. Ou ces tendances sont *sans objet*, ou bien elles seront *satisfaites*. Admettre qu'elles sont *sans objet*, ce serait faire de Dieu, qui est la sagesse et la bonté infinies, un être sans sagesse et sans amour, qui se joue de ses créatures, en les trompant dans leurs plus invincibles aspirations. La raison repousse cette conclusion blasphématoire. — Il faut donc reconnaître l'existence d'une autre vie, dans laquelle ces aspirations seront *pleinement satisfaites*, dans l'interminable jouissance de leur objet.

SECONDE PREUVE. — Justice de Dieu en regard des sanctions de la Loi morale dans la Vie présente. — Puisque Dieu est la justice même, il doit à tous les bons et à tous les méchants des récompenses et des châtiments en rapport parfait avec leurs œuvres. Or, la rétribution selon les œuvres de chacun n'a pas lieu et ne peut avoir lieu, suivant l'équité, dans la vie présente. Les quatre sanctions de la loi morale ici-bas, à savoir, la sanction de la conscience, la sanction sociale, la sanction naturelle, la sanction providentielle, ne sont ni *universelles*, ni *proportionnées*, comme nous le démontrerons plus tard. Souvent le juste expire dans le malheur, et l'impie termine dans la prospérité une carrière de crimes.

Ce désordre appelle nécessairement *une autre vie*, dans laquelle Dieu puisse rendre à chacun la justice qu'exige la perfection de son être. La justice parfaite de Dieu, confrontée avec les imperfections de la sanction de la loi morale ici-bas, prouve donc que l'âme survit à la dissolution du corps.

Mais, pour compléter cette preuve, il faut montrer que la justice demande que la survivance de l'âme, soit juste, soit coupable, *n'ait pas de fin*.

1° *La justice demande que l'âme juste persévère sans fin dans l'existence, après l'épreuve de la vie présente.* — Il est impossible, en effet, de concevoir aucune raison qui puisse porter Dieu à l'anéantir et à mettre fin à son bonheur. Cette âme a été fidèle au devoir, elle a aimé son Auteur : de son côté, Dieu l'aime. La raison répugne, de la manière la plus absolue, à supposer que Dieu éteigne, à un moment donné, l'existence de cette âme.

Et puis, si le bonheur du juste ne devait être qu'un bonheur éphémère, ce ne serait plus le bonheur parfait auquel il aspire, en vue duquel il se condamne aux rigueurs de la vertu. La félicité parfaite, dit saint Augustin, implique l'idée d'une félicité que l'homme ne peut perdre malgré lui. La justice divine demande donc que l'âme juste jouisse sans fin de l'existence.

2° *La justice demande que l'âme coupable persévère sans fin dans l'existence, après l'épreuve de la vie présente.* — L'immortalité de l'âme coupable ne découle-t-elle pas déjà comme une conséquence de l'immortalité reconnue de l'âme juste ? Autrement, il faudrait admettre deux catégories d'âmes raisonnables, au point de vue de la permanence dans l'existence, ce qui ne se concevrait pas. Comment, d'un autre côté, concevoir que Dieu anéantisse l'âme coupable. Quand aurait lieu cet anéantissement ?

L'anéantissement aurait-il lieu, *lorsque l'âme est encore coupable* ? Mais, alors, loin de la punir selon son démérite, Dieu la soustrairait aux exigences de sa justice. L'anéantissement n'est point une peine. Ce qui a démérité dans l'âme coupable, c'est la volonté et non la nature. La justice demande donc que le châtiment atteigne la volonté elle-même, en l'affligeant dans la nature dont elle a librement abusé. Or, dit saint Thomas, si l'existence était enlevée à l'âme coupable, l'acte qui éteindrait subitement l'être en elle, n'affligerait pas la volonté, dont il rendrait même la punition impossible.

L'anéantissement aurait-il lieu, lorsque l'âme coupable aurait subi une peine suffisante, c'est-à-dire, *lorsqu'elle serait devenue juste* ? Mais la raison et la justice ne repoussent-elles pas également cette supposition ?

Dans *la Morale*, nous établirons que les châtiments de l'autre vie sont éternels, aussi bien que les récompenses. Cette question ne doit pas être confondue avec l'immortalité de l'âme que l'éternité des peines suppose. N'ayant à démontrer ici que l'immortalité de l'âme, nous avions seulement à faire voir que la justice de Dieu s'oppose à ce qu'il anéantisse dans l'autre vie soit l'âme juste, soit l'âme coupable. Concluons donc que l'âme humaine conservera perpétuellement l'existence.

TROISIÈME PREUVE. — Croyance du Genre humain. — Le genre humain a, *constamment et universellement*, admis une vie future, à laquelle il n'assigne aucun terme, et a cru à l'immortalité des âmes. Les philosophes, les poëtes et les historiens fournissent des preuves irrécusables de cette croyance, en même temps qu'ils relatent, dans leurs écrits, des rites et des usages qui la supposent. Appuyés sur le consentement de toutes les nations, dit Cicéron dans ses *Tusculanes*, nous croyons que les âmes vivront toujours. *Permanere animos arbitramur consensu omnium nationum*. Virgile dit de Thésée : *Sedet æternumque sedebit infelix Theseus*.

Si tous les peuples n'ont pas eu sur cette vérité l'abondance de lumière dont nous sommes redevables à la Révélation, si les passions ont même porté quelques sectes philosophiques soit à nier l'existence de l'âme, soit à en rejeter l'immortalité, il est un fait acquis à l'histoire, fait évident et incontestable, c'est que l'idée de l'immortalité de l'âme a toujours existé au sein de la race humaine. Les attaques partielles, dirigées contre ce dogme fondamental, en sont elles-mêmes une excellente preuve. Or, l'accord du genre humain sur un point de doctrine, propre à contrarier les mauvais penchants de la nature, a une grande autorité, comme nous le dirons plus tard, car il prouve une vérité qui s'impose à tous les esprits, et par là même une vérité de laquelle on ne peut douter raisonnablement.

QUATRIÈME PREUVE. — A toutes les preuves de l'immortalité de l'âme, données par la raison humaine, vient s'ajouter *le témoignage suprême* de la Révélation divine, qui affirme, avec une clarté parfaite, que toutes les âmes, justes ou coupables, vivront éternellement.

§ VIII. — ORIGINE DE L'AME.

Après avoir approfondi la nature de l'âme, nous devons en étudier l'origine. D'où vient l'âme ? Discutons les réponses qui ont été données à cette question.

I. — **L'Ame humaine ne vient point de la Génération spontanée.** — On entend par génération spontanée *l'évolution progressive de la matière, s'élevant d'elle-même, en vertu des propriétés qui lui sont inhérentes, de l'état brut et inorganique à la vitalité et successivement à la vie raisonnable, telle qu'elle apparaît dans l'homme.*

Telle est, d'après l'école matérialiste de nos jours, l'origine de l'âme humaine, bien que ses principaux représentants ne s'accordent pas, d'une manière parfaite, dans leurs théories. Nous avons suffisamment montré tout ce qu'il y a d'absurde dans une telle opinion, quand nous avons réfuté le matérialisme contemporain.

II. — **L'Ame humaine n'est pas une Emanation de la Substance divine.** — Penser que l'âme humaine est une émanation de la substance divine, comme l'ont cru les philosophes de l'antiquité, ce serait prêter à l'âme la nature divine elle-même, ainsi que le fait le panthéisme. Mais l'idée que la raison nous donne de la parfaite simplicité et de l'immutabilité absolue de la substance divine, dit assez que notre âme, douée de plusieurs puissances, dont aucune n'est parfaite, théâtre de changements continuels, n'a rien de commun avec la nature de Dieu. (SANSEVERINO.)

III. — **Que faut-il penser du Traducianisme ?** — Considéré d'une manière générale, le Traducianisme est le système qui enseigne que *l'homme tout entier est engendré par l'homme.*

On distingue le Traducianisme *corporel* et le Traducianisme *spirituel*. Le Traducianisme *corporel* voit dans la matière la cause efficiente de l'âme. C'est l'enseignement déjà réfuté de tous les matérialistes. Le Traducianisme *spirituel*, appelé aussi *Générationisme*, admet que les âmes humaines viennent de l'âme du premier homme, qui seule aurait été créée de Dieu. Si cette opinion a obtenu les sympathies de quelques savants, elle est rejetée par les docteurs catholiques et par les philosophes les plus sérieux. (ZIGLIARA.)

IV. — L'Ame humaine vient de Dieu par création. — Tel est le sentiment presque unanimement adopté par les théologiens et par les philosophes catholiques, bien que l'Eglise ne se soit pas prononcée sur ce point. La dignité de l'âme humaine les a portés à repousser le Traducianisme spirituel, et à confesser que toutes les âmes, comme celle d'Adam, et comme celle de Jésus-Christ, sont immédiatement créées de Dieu.

L'âme humaine, disent-ils, est *spirituelle* et *immortelle*. Comme *spirituelle*, elle a des opérations spécifiques qui sont indépendantes du corps. Comme *immortelle*, elle survit à la dissolution de l'organisme qui lui était uni. Il faut donc qu'elle soit indépendante du corps et de la génération corporelle, dans son existence elle-même, c'est-à-dire, qu'elle reçoive l'être par création.

V. — Préexistence des Ames. — Quelques philosophes de l'antiquité, entre autres, Socrate et Platon, ont prétendu que les âmes ont existé tout d'abord dans une vie plus parfaite, loin de toute communication avec la matière, et que c'est en punition de fautes commises qu'elles ont été condamnées à vivre dans un corps comme dans une prison.

Origène, tout en admettant la création des âmes, a accepté par ailleurs les opinions de la philosophie païenne sur la préexistence des âmes et la cause de leur union à des corps mortels.

D'après Leibnitz, toutes les âmes ont été créées à l'origine même du monde, mais, comme l'union à un corps est exigée par leur nature, elles ont été immédiatement unies à des corps en germe, en attendant qu'elles viennent animer des corps humains, qui ne sont qu'une sorte de transformation de leurs corps primitifs.

L'hypothèse de la préexistence des âmes, de quelque manière qu'elle ait été présentée, n'est appuyée sur aucun fondement solide. Rien ne requiert cette préexistence, ou de la part de Dieu, ou du côté de notre nature. Ni la conscience, ni la mémoire de l'homme ne l'autorisent à penser que son âme a existé, avant d'être unie à son corps actuel. On doit donc rejeter la supposition de cette préexistence. (SANSEVERINO).

VI. — **Quand a lieu la Création de l'Ame humaine ?** — Le sentiment communément reçu des philosophes et des théologiens catholiques, c'est que Dieu crée l'âme raisonnable au moment où il l'unit au corps apte à la recevoir et à lui servir d'instrument. *Statim cùm corpus est dispositum*, dit saint Thomas, *infunditur à Deo anima-rationalis*. Quand est-ce que cette aptitude se manifeste ? c'est une question sur laquelle les auteurs ne sont pas d'accord.

DOUZIÈME LEÇON.

Sommaire : 1° Union de l'Ame et du Corps. — 2° Unité de l'Ame dans l'Homme. — 3° Siège de l'Ame. — 4° Définition de l'Homme. — 5° Animal. — 6° Différence entre l'Homme et l'Animal.

§ Ier. — UNION DE L'AME ET DU CORPS.

Nous avons à étudier ici deux questions : 1° la nature de l'union de l'âme et du corps ; 2° l'influence mutuelle de ces deux substances.

I. — **Nature de l'Union de l'Ame et du Corps.** — Pour bien comprendre la nature de l'union de l'âme et du corps, il est nécessaire de connaître les diverses sortes d'union qui peuvent exister entre deux substances. Or, deux substances peuvent être unies *accidentellement, personnellement* et *essentiellement*.

L'union est dite *accidentelle*, lorsque de cette union ne résulte ni une essence nouvelle, ni une communication d'actions entre les substances. Telle est l'union de la main et de l'instrument dont elle se sert. — L'union est dite *personnelle*, lorsqu'entre les substances, il y a unité et communication d'actions, de telle sorte que les actions des deux substances appartiennent au suppôt dans lequel elles sont unies. Telle est l'union de la nature divine et de la nature humaine dans la personne du Verbe. — L'union est dite *essentielle*, lorsque de cette union résulte non-seulement une communication d'actions entre les substances, mais encore une nature spécifique, qui est constituée par les substances unies. Telle est l'union de la forme substantielle et de la matière. (Zigliara.)

Il s'agit de savoir auquel de ces trois genres d'union appartient l'union de l'âme et du corps.

1° **L'Union de l'Ame et du Corps n'est point une Union accidentelle.** — L'âme n'est point unie au corps, comme le pilote au navire qu'il dirige, selon l'opinion de Platon, que de Bonald semble avoir adoptée. L'union de l'âme et du corps est beaucoup plus intime, comme le proclament suffisamment le sentiment commun et le langage du genre humain à l'endroit de l'homme.

2° **L'Union de l'Ame et du Corps est une Union tout à la fois essentielle et personnelle.** — De l'union de l'âme et du corps, dit saint Thomas, résulte en chacun de nous une double unité, celle de *la nature* et celle de *la personne*. — Considérés séparément, l'âme et le corps sont, sans doute, des substances très distinctes, mais des substances incomplètes. En s'unissant, elles se complètent mutuellement et constituent une nature spécifique, la nature humaine. — Mais ces deux substances ne peuvent s'unir, sans donner naissance à un être personnel, à qui, comme la conscience l'atteste, les opérations des deux substances sont attribuées. On dit de l'homme qu'il se nourrit, qu'il croît, qu'il comprend, qu'il veut.

L'âme est unie au corps comme la forme substantielle à la matière. Aussi est-elle dite, comme elle l'est en réalité, *la forme substantielle du corps humain*, auquel elle est unie par elle-même et d'une manière immédiate.

II. — **Influence mutuelle de l'Ame et du Corps.** — L'influence mutuelle de l'âme et du corps est un fait de conscience, que personne ne peut contester. Mais, quelle est bien la nature de cette influence, c'est la question qu'il s'agit d'approfondir.

1° **Principe pour apprécier les Théories émises en cette matière.** — Plusieurs théories ont été formulées sur la nature de l'influence mutuelle des deux substances qui composent l'homme. Pour les bien apprécier, il ne faut pas perdre de vue que l'union de l'âme et du corps étant une union personnelle et essentielle, il y a dans l'homme *unité de personne* et *unité de nature*. Tout système qui, en essayant d'expliquer l'influence des deux substances, ébranle ou détruit cette unité substantielle, doit être considéré comme faux et doit être rejeté.

2° **Théorie de l'Influx physique.** — D'après les défenseurs de cette théorie, qui trouve un puissant appui dans les principes de la Philosophie sensualiste de Locke, il y a réaction entre l'âme et le corps. L'âme agit directement sur le corps, et le corps agit directement sur l'âme, bien que chacune de ces substances conserve ses opérations propres, qui ne se communiquent point à l'autre.

Si le système de l'influx physique, appelé aussi des causes efficientes, écarte la plupart des erreurs auxquelles conduisent d'autres systèmes, il dénature la vérité à l'endroit des relations de l'âme et du corps et *il en attaque l'union substantielle et personnelle*. Ce système, en effet, enseigne que le corps peut agir sur l'âme, comme l'âme elle-même agit sur le corps. Il fait donc de l'âme et du corps deux substances complètes, qui, tout en ayant une existence isolée, opèrent l'une sur l'autre. Que devient dès lors l'unité substantielle de la personnalité humaine? Sans doute, il existe une relation entre l'âme et le corps, mais cette relation a toute sa raison d'être dans l'âme elle-même, qui donne au corps d'être un corps humain, et qui est le principe de toutes les opérations organiques. (Sanseverino.)

3° **Théorie de l'Occasionalisme.** — La théorie de l'occasionalisme ou des causes occasionnelles, diffère de la théorie de l'influx physique ou des causes efficientes, comme la cause occasionnelle d'un fait quelconque diffère de sa cause efficiente. Cette théorie, qui a Malebranche pour auteur, enseigne que l'âme et le corps sont par eux-mêmes dépourvus de toute faculté de s'influencer réciproquement, mais que, cependant, puisque l'expérience constate que les opérations de l'âme et les mouvements du corps se correspondent, il est nécessaire de reconnaître une cause à cette correspondance. Cette cause n'est autre que Dieu, qui, à l'occasion de telle opération de l'âme, produit tel mouvement dans l'organisme, et à l'occasion de tel mouvement de l'organisme, détermine dans l'âme une opération analogue. Dans ce système, il n'y a aucune relation directe entre l'âme et le corps; les opérations et les mouvements de ces deux substances ne sont pas les vraies causes, les causes efficientes, comme l'enseigne le système précédent, des opérations et des mouvements analogues qui leur correspondent.

Dieu, sans doute, est la cause universelle de tous les phénomènes de la nature. Mais le philosophe doit rechercher les causes particulières et prochaines des choses, et c'est même dans cette recherche que la science consiste. L'occasionalisme mériterait donc d'être rejeté, par cela seulement qu'il adopte une méthode impuissante à enfanter une connaissance vraiment scientifique. Mais, de plus, ce système ne détruit-il pas non-seulement l'union substantielle, mais toute union quelconque de l'âme avec le corps? Ici les parties du composé humain ne sont pas unies dans leurs opérations, ne coopèrent pas, ce qui rend impossible l'union dite accidentelle ; à plus forte raison, elles ne sont pas unies dans leur être lui-même pour constituer une seule substance, complète et personnelle, puisqu'elles demeurent étrangères l'une à l'autre. Nous demandons aux occasionalistes ce que devient, dans leur système, la personnalité humaine. (SANSEVERINO.)

4° **Théorie de l'Harmonie préétablie.** — La théorie de l'harmonie préétablie est due à Leibnitz. Partant de ce qu'il regarde comme une vérité démontrée, à savoir, que l'âme et le corps ne peuvent d'aucune manière agir l'un sur l'autre, mais répugnant à admettre la doctrine de l'occasionalisme de Malebranche, il enseigne que Dieu dispose l'âme et le corps dans chaque homme, de sorte que, sans influer l'une sur l'autre, ces deux substances exécutent des opérations et des mouvements en parfaite harmonie. Il en est d'elles, sous ce rapport, à peu près comme de deux horloges qui marchent simultanément et dont les aiguilles marquent constamment la même heure.

Le système de Leibnitz ne diffère pas essentiellement de celui des causes occasionnelles. Ils reposent tous deux sur le même principe : une substance finie ne peut pas agir comme cause efficiente sur une autre substance. L'harmonie préétablie offre donc tous les inconvénients de l'occasionalisme. Ce système détruit l'unité substantielle de l'homme, que Leibnitz affirme cependant dans plusieurs passages de ses écrits. Il détruit même toute unité accidentelle, puisque les opérations de l'âme et les mouvements du corps s'accomplissent isolément, bien qu'avec harmonie. De plus, avec ce système, il est difficile, sinon impossible, de comprendre et d'expliquer comment l'homme peut être libre dans ses opérations intimes et dans les actes qu'il produit au dehors.

5° **Théorie du Médiateur plastique.** — Ce système, qui appartient aux anciens philosophes grecs, a été renouvelé par Cudwort, philosophe anglais du XVIIe siècle. Il y a dans l'homme de nombreuses opérations qui ne peuvent être attribuées au corps, parce qu'elles ne sont pas des mouvements mécaniques, ni à l'âme, parce qu'elle ne sait comment elles s'accomplissent dans le corps, disent les partisans de ce système. Il faut donc admettre, concluent-ils, qu'il existe dans l'homme une nature ou substance, tenant le milieu entre l'âme et le corps et participant des deux, qui leur sert de lien et de moyen de communication. C'est cette substance mixte qu'ils ont appelée *médiateur plastique*, des fonctions mêmes qu'ils lui attribuent.

Un tel système se réfute de lui-même. L'idée d'un médiateur corporel et incorporel tout à la fois, intelligent et incapable de connaître, doué des propriétés opposées de l'esprit et de la matière, ne se conçoit pas et est évidemment absurde. Ajoutez à cela que, loin de résoudre les difficultés des philosophes qui l'ont inventée, cette hypothèse les accroît et n'explique d'aucune manière l'union de l'âme et du corps. (SANSEVERINO.)

6° **Doctrine Scolastique.** — La doctrine de saint Thomas sur l'influence mutuelle de l'âme et du corps repose sur ces deux principes incontestables : 1° *L'âme et le corps sont unis dans l'être véritablement un, tout à la fois personnel et essentiel, du composé, qui est l'homme ;* 2° *Toutes les forces vitales qui sont dans l'homme, viennent de l'âme et ont leur raison d'être dans son essence.*

De ces principes, il est facile de tirer les conséquences qui y sont renfermées et qui expriment la nature même de l'influence mutuelle des deux substances du composé humain.

1° L'âme influe réellement et physiquement sur le corps, auquel elle donne d'être un corps humain.

2° Le corps, par cela même qu'il est informé par l'âme, n'est pas sans quelque influence sur elle, puisque, moyennant l'être spécifique qu'il reçoit de l'âme, il complète la nature humaine.

3° L'influence mutuelle des deux substances se fait surtout sentir dans les actions mixtes, qui, tout en provenant de l'âme en principe, sont cependant du composé humain, comme les actions de la vie végétative et de la vie sensitive. Mais il faut reconnaître que l'âme étant la source de toutes les facultés qui se manifestent dans l'homme, les puissances sensitives ne sont pas sans action sur les puissances intellectives, qui, à leur tour, influent sur les puissances inférieures.

4° Si l'influence de l'âme sur le corps vient de l'âme elle-même, il n'en est pas ainsi de l'influence du corps sur l'âme. Pour être exact, quand on parle de l'influence du corps, il serait mieux de dire que c'est l'âme qui, par le moyen du corps qu'elle informe, agit sur elle-même. (ZIGLIARA.)

7° **Conclusion.** — Parmi tous les systèmes émis sur la nature de l'influence mutuelle de l'âme et du corps, il est aisé de reconnaître la supériorité de l'enseignement scolastique. Si cet enseignement n'explique pas le mystère de l'alliance des deux substances, mieux que toutes les autres théories, il rend compte de la nature des relations dont l'homme est le sujet, et sauvegarde en lui l'unité substantielle de la personne.

III. — **Limites de l'Influence mutuelle de l'Ame et du Corps.** — De l'union substantielle de l'âme et du corps, il résulte que l'âme est dépendante du corps et le corps dépendant de l'âme ; mais cette dépendance n'est pas absolue.

1° **Dépendance de l'Ame.** — La dépendance de l'âme humaine, relativement au corps, n'a pour objet que l'exercice de ses facultés. Or, toutes les facultés de l'âme n'entrent pas en exercice de la même manière. Quelles sont donc les facultés de l'âme humaine, qui, dans leur exercice, dépendent directement de l'organisme corporel ? Quelles sont les facultés qui n'en dépendent pas ?

On peut répondre, d'une manière générale : 1° Que, dans l'exercice des *facultés qui lui sont communes avec l'âme de la brute*, l'âme humaine est dépendante du corps d'une manière directe. Telles sont la sensibilité physique, l'activité spontanée, la perception expérimentale, l'imagination et la mémoire sensibles. — 2° Que, dans l'exercice *de ses facultés spécifiques*, l'âme humaine est indépendante du corps. Telles sont les facultés de l'entendement, de la volonté, de la sensibilité morale, de la mémoire intellective. — 3° Que, si les facultés spécifiques de l'âme humaine ne dépendent pas du corps dans les actes qui leur sont propres, il faut reconnaître qu'elles en subissent indirectement l'influence. Elles entrent en exercice à la suite des puissances plus rapprochées du corps. C'est du sensible que notre âme s'élève à l'intelligible, et voilà pourquoi elle ne peut s'affranchir, d'une manière complète, de toute représentation sensible, même dans ses plus hautes conceptions. Toutes ses opérations portent le sceau de son alliance avec le corps.

2° **Dépendance du Corps.** — Le corps, à son tour, subit l'influence de l'âme soit d'une manière directe, soit d'une manière indirecte. Il subit, *d'une manière directe*, l'influence des facultés qui sont communes à l'âme humaine et à celle de l'animal. Quant aux facultés spécifiques de l'âme raisonnable, elles ne sont pas sans action sur le corps, mais cette action l'atteint par *l'intermédiaire des facultés inférieures*. Qui ne sait que les habitudes intellectuelles et morales de l'âme modifient profondément l'organisme et y laissent des empreintes que le temps n'efface qu'avec peine ?

§ II. — UNITÉ DE L'AME DANS L'HOMME.

I. — **Chaque Homme a une Ame raisonnable.** — La doctrine enseignée sur l'origine de l'âme humaine, montre que les âmes raisonnables se multiplient par le nombre des individus qui composent le genre humain. Ce serait tomber dans l'erreur du philosophe Averroës et des défenseurs du Panthéisme idéaliste, de dire qu'il n'y a dans tous les hommes qu'une seule âme intelligente, bienque chacun ait un principe sensitif. La conscience suffit pour faire justice d'une telle opinion. Si, en effet, une seule âme raisonnable existait pour tous les hommes, il n'y aurait pour tous qu'une seule et même conscience intellective, et les pensées de chacun seraient connues de tous les autres. Qui ne voit que de telles conséquences sont repoussées par le bon sens et par l'expérience ?

II. — **L'Ame raisonnable est-elle l'unique Principe de Vie dans l'Homme ?** — L'homme comprend comme les purs esprits, sent comme l'animal et végète comme la plante. Il a ainsi la vie végétative, la vie animale et la vie intellectuelle. Ces vies procèdent-elles de trois principes différents, ou bien d'un seul principe, c'est-à-dire, de l'âme raisonnable?

III. — **Il n'y a pas dans l'Homme trois Principes de Vie.** — Le système qui admet dans l'homme trois principes de vie et qui est connu sous le nom de *Tridynamisme*, doit être rejeté comme une erreur. Nous n'établirons pas une thèse spéciale pour le combattre Il aura sa réfutation dans la réfutation même du vitalisme et dans la thèse qui démontrera que l'âme raisonnable est l'unique principe de vie dans l'homme.

IV. — **Il n'y a pas dans l'Homme deux Principes de Vie.** — Le système qui admet dans l'homme deux principes de vie, est connu sous le nom de *Dyodynamisme* ou de *Vitalisme*.

1º **Notion du Vitalisme.** — Tous les partisans du vitalisme s'accordent à reconnaître dans l'homme deux principes de vie, mais ils se divisent en deux camps, quand il s'agit d'assigner à chacun de ces principes les fonctions qui lui reviennent. Les *uns* disent qu'il y a dans l'homme, outre l'âme raisonnable, un principe vital, analogue à celui qui existe dans la plante. A l'âme raisonnable ils attribuent les fonctions de la vie intellective et celles de la vie sensitive ; au principe vital ils attribuent les fonctions de la vie organique, que ce principe produit et régit séparément. — Les *autres* avec Gunther soutiennent qu'il y a dans l'homme, outre l'âme raisonnable qui ne remplit que les fonctions de la vie intellective, un principe végétativo-sensitif, qui produit tous les actes de la vie sensitive et de la vie organique.

2º **Motifs sur lesquels s'appuie le Vitalisme.** — On allègue principalement deux arguments en faveur du vitalisme.

1º Le premier argument est tiré de *l'inconscience* de l'âme raisonnable relativement aux phénomènes de la vie organique. L'âme, dit-on, n'a pas conscience de la circulation du sang, du travail de la nutrition, etc. Il faut donc que ces actes soient régis par un principe différent de l'âme. — 2º Le second argument est tiré de l'antagonisme qui existe au sein de la nature humaine. Les tendances et les attraits de la vie sensitive sont souvent en lutte avec les obligations de la vie raisonnable. Cette lutte ne prouve-t-elle pas qu'il y a deux principes d'action dans l'homme ?

3° *Réfutation du Vitalisme*. — Nous réfuterons le vitalisme, si nous montrons que *les motifs* sur lesquels il s'appuie ne sont pas fondés en raison, qu'il est contredit par *le témoignage de la conscience* et *par le sens commun*, qu'il détruit *la notion de l'homme*, et offre les plus grands dangers au point de vue moral.

1° *Les motifs du vitalisme ne sont pas fondés en raison.* — L'âme raisonnable est *inconsciente* des phénomènes de la vie organique. Prise d'une manière générale et absolue, cette assertion est évidemment *erronée*. Il est faux que nous n'ayons aucun sentiment ni aucune conscience de ce qui appartient chez nous à la vie organique. N'avons-nous pas le sens intime des états de notre corps, de la santé et de la maladie ? Les fonctions du corps s'accomplissent-elles péniblement, avec lenteur, d'une façon anormale ? Le malaise et la douleur nous en avertissent. — Si la vie organique, si la vie animale elle-même ont des phénomènes dont nous sommes inconscients, est-ce qu'il n'en est pas ainsi de la vie intellectuelle ? Notre âme ne produit-elle pas des actes dont elle n'a pas conscience, du moins d'une manière nette et distincte ?

L'antagonisme, qui est incontestablement en nous, n'a-t-il pas son explication dans la dégradation originelle, qui est également incontestable ? Vivant dans un corps, notre âme déchue est attirée vers le bien délectable qui flatte les sens, et en même temps elle est attirée vers le bien absolu par la raison qui l'éclaire. — D'ailleurs, l'âme qui veut être fidèle au devoir et accomplir ses destinées, n'a-t-elle donc à lutter qu'avec les impressions de la vie sensitive ? (BÉNARD.)

2° *Le vitalisme est contredit par le témoignage de la conscience et par le sens commun.* — La conscience atteste de la façon la plus irrécusable, qu'en chacun de nous, c'est *le même moi* qui comprend, sent et digère. Le langage du genre humain, qui a sa raison d'être dans ce témoignage intime, ne fait qu'en confirmer l'autorité. Où trouver un homme, qui, dans sa manière de s'exprimer, n'attribue pas à un seul *moi personnel* toutes les actions qui s'accomplissent en lui ? Le vitalisme, en supposant dans l'homme deux principes substantiellement distincts et indépendants, va donc à l'encontre du sens commun et du témoignage de la conscience.

3° *Le vitalisme détruit la notion de l'Homme.* — S'il y a dans l'homme deux principes substantiels distincts, les actes de l'un ne peuvent appartenir ni être rapportés à l'autre. L'homme n'est plus alors une personne, mais deux substances complètes, ayant chacune leurs opérations propres. Son unité substantielle est détruite et il ne doit plus être défini *l'animal raisonnable*. Il n'a pas le droit d'affirmer comme siennes les opérations des différentes vies qui sont en lui.

4° *Le vitalisme offre les plus grands dangers au point de vue moral.* — Nous n'insistons pas sur cette considération, qui a, nous semble-t-il, le caractère de l'évidence.

V. — **L'Âme raisonnable est dans l'Homme l'unique Principe de Vie.** — On donne le nom de *Monodynamisme* ou d'*Animisme* à la doctrine qui soutient avec raison qu'il n'y a dans l'homme qu'un seul principe de vie, l'âme raisonnable, à laquelle appartiennent tous les actes soit de la vie organique, soit de la vie animale, soit de la vie intellectuelle. L'animisme n'est pas seulement une opinion acceptable, mais la vérité même sur la question qui nous occupe. En effet :

1° La vérité de l'animisme est une *conséquence rigoureuse de la fausseté du vitalisme*, que nous avons réfuté.

2° S'il ne faut pas *multiplier les êtres sans raison suffisante*, on ne doit pas admettre dans l'homme deux principes, dès lors que l'âme raisonnable rend compte de tous les faits dont l'homme est le théâtre. Ces faits, sans doute, sont divers, mais cette diversité n'est nullement contradictoire à l'unité du principe. Pour que le même principe produise des actes distincts et même dissemblables, il suffit qu'il soit doué de facultés différentes.

Si l'âme *comprend* et *veut*, c'est parce qu'elle possède deux facultés très distinctes, bien qu'appartenant l'une et l'autre à la vie intellective. La même âme raisonnable peut donc être et est en réalité le principe des opérations de la vie animale et de la vie organique.

3° L'animisme est le *seul enseignement qui s'accorde avec les principes précédemment exposés* sur la nature de l'unité, tout à la fois personnelle et essentielle, qui existe dans l'homme. Si l'union des substances garde toujours son mystère, on voit du moins que cette union constitue un seul être spécifiquement complet et personnel, tandis que les systèmes qui reconnaissent dans l'homme plus d'un principe, introduisent en lui un *dualisme* qui donne naissance à des difficultés insolubles et fausse même la vraie notion de l'homme.

4° A toutes ces raisons qui établissent la vérité de l'animisme, s'en ajoute une autre plus forte encore, pour le catholique, c'est que l'animisme paraît être la seule véritable et légitime interprétation de l'enseignement de l'Eglise sur le point en question, et conséquemment ne peut être rejeté sans erreur dans la foi. *Nec proindè sine errore in fide possit negari.* (Pie IX, 1860.)

IV. — **Que faut-il penser de l'Organicisme?** — L'organicisme, connu aussi sous le nom de *vitalisme chimique*, est le système qui attribue à la matière et aux forces ou propriétés qui lui sont inhérentes, la vie organique, la vie animale et la vie intellectuelle. D'après les défenseurs de ce système, il n'y a point et il ne saurait y avoir de principe vital qui ne soit identique à la matière organisée. C'est évidemment le matérialisme, que nous avons précédemment réfuté. (Bénard.)

§ III. — SIÈGE DE L'AME.

I. — **Notions préliminaires.** — Une chose peut être dans une autre d'une manière *circonscrite* (*circumscriptive*) ou d'une manière délimitée (*définitive*). Une chose est dans une autre, d'une manière *circonscrite*, lorsque ses diverses parties correspondent aux diverses parties de celle qui la contient et qui en est appelée le lieu. Une chose est dans une autre ou dans un lieu, d'une *manière délimitée*, lorsqu'elle est là réellement et non pas ailleurs, bien qu'elle ne soit pas circonscrite par le lieu.

Le *corps* est dans un lieu d'une manière délimitée et d'une manière circonscrite tout à la fois. L'*âme* est dans le corps d'une manière délimitée. Telle âme est et agit dans un corps déterminé et non pas dans un autre. Elle a un théâtre d'action ; c'est ce qu'on appelle *improprement* son lieu, puisqu'elle n'y est pas à la manière d'une substance corporelle. (ZIGLIARA.)

Remarquons, de plus, qu'une chose peut être quelque part selon *la totalité de son essence*, sans y être selon la *totalité de ses pouvoirs*. Une chose est quelque part selon la *totalité de son essence*, quand elle est dans l'endroit en question selon toute sa substance physiquement prise. Elle est quelque part par *puissance*, lorsqu'elle y agit de quelque manière, et si elle y déploie toute sa puissance d'agir, on dit qu'elle est là selon la totalité de sa vertu ou de ses pouvoirs. C'est ainsi qu'on peut dire que le prince est dans tous ses états selon la plénitude de sa puissance, bien qu'il ne soit substantiellement que dans un lieu déterminé.

II. — L'Ame est tout entière dans tout le Corps, selon la totalité de son essence. — La vérité de cette proposition 1° est affirmée par *le témoignage de la conscience*. Nous savons, en effet, par la conscience, que notre âme éprouve également et sur le champ même la sensation, dans une partie quelconque du corps. Mais cela ne serait pas, si elle n'existait que dans une partie déterminée ; ce serait dans cette partie, et non ailleurs, que s'accomplirait le phénomène de la sensation.

2° Découle de ce qu'*elle est la forme substantielle du corps*. Elle donne au corps entier, et non pas au corps considéré dans l'une ou dans l'autre de ses parties, d'être un corps humain. Il faut donc qu'elle soit unie au sujet entier qu'elle informe. Autrement notre corps ne devrait pas être appelé un corps humain.

III. — L'Ame est tout entière dans chaque partie du Corps. — Par cela même qu'elle est la forme substantielle du corps, l'âme est dans chacune de ses parties. Mais, d'un autre côté, elle est essentiellement simple. Il faut donc qu'elle soit par la totalité de sa substance dans chacune des parties du corps humain.

IV. — L'Ame est dans chaque partie du Corps par quelque pouvoir, et non par la totalité de ses pouvoirs. — C'est ce que prouve le témoignage évident de la conscience. Si l'âme vivifie le corps entier, elle n'exerce pas dans chaque partie du corps tous les pouvoirs dont elle est douée. Mais elle voit dans un organe, elle entend dans un autre, etc. Elle exerce dans un organe le pouvoir qui y répond et auquel cet organe est adapté. (SANSEVERINO.)

§ IV. — DÉFINITION DE L'HOMME.

I. — Personnalité humaine. — On a défini la personne : *une substance complète, incommunicable et douée d'intelligence. Naturæ completæ et rationalis individua substantia.*

L'homme étant composé d'une âme et d'un corps, *la personnalité humaine* n'est constituée ni par l'âme seule, ni par le corps seul, mais elle est constituée par l'union de ces deux substances incomplètes dans un individu. L'âme, sans doute, lui fournit ses principaux éléments et en est la condition première. Mais comme le corps est, soit d'une manière directe, soit d'une manière indirecte, indispensable aux opérations de l'âme dans l'état présent, il fait partie intégrante de la personne humaine. D'où il suit que, dans la définition de l'homme, il est nécessaire de tenir compte de l'âme et du corps et de leur union substantielle.

II. — Diverses Définitions de l'Homme. — On a donné plusieurs définitions de l'homme. Nous signalerons les principales en les appréciant.

1° L'homme a été défini : *l'animal raisonnable.* Généralement reçue des philosophes anciens et modernes, cette définition satisfait aux conditions exigées pour une définition scientifique.

1° Elle exprime *le genre prochain (animal)*, c'est-à-dire, la catégorie d'êtres visibles dans laquelle l'homme rentre tout d'abord, et *la différence spécifique (raisonnable)*, c'est-à-dire, l'attribut essentiel qui, séparant l'homme de son genre prochain et de la classe d'animaux chez qui l'intelligence est absente, caractérise l'espèce qui lui est propre. Cette définition montre aussi la différence qui existe entre l'intelligence de l'homme et celle des êtres qui lui sont supérieurs. Raisonner est le caractère distinctif de l'intelligence humaine.

2° Elle convient au *seul défini (soli definito).* En dehors de l'homme, il n'est aucun être à qui elle soit applicable.

3° Elle convient au *défini entier (toti definito)*, embrassant l'homme dans ses deux substances et exprimant d'une manière exacte la nature de l'union qui existe entre elles. Elle fait clairement entendre que, dans l'homme, l'âme accomplit, outre les actes que la raison lui rend exclusivement propres, toutes les fonctions que remplit dans l'animal le principe vital, uni à son organisme, et qu'elle est *la forme substantielle du corps humain.*

Quelques-uns ont reproché à cette définition de mettre trop en relief la partie la moins noble de notre être, en faisant rentrer l'homme tout d'abord dans la classe des animaux. Le reproche, nous semble-t-il, n'est ni juste, ni fondé. Cette définition, par l'ordre même des termes, exprime l'ordre des connaissances de l'esprit humain qui s'élève du sensible à l'intelligible.

2° De Bonald définit l'homme : *une intelligence servie par des organes.* Cette définition établit d'une manière tranchée la différence qui existe entre le pur esprit et l'homme, entre l'homme et l'animal. Mais elle n'exprime pas suffisamment la nature de l'union des deux parties du composé humain. Elle fait trop envisager le corps, uniquement comme un instrument au service de l'âme, tandis qu'il est une partie intégrante de notre être.

Ce que cette définition ne dit pas et ne donne pas même à entendre, c'est que l'âme et le corps sont si étroitement unis, que tous les deux constituent une seule nature dans l'unité de la personne humaine. Leur union n'est pas accidentelle, comme serait l'union de l'instrument et de celui qui en fait usage, mais substantielle, sans confusion toutefois du principe spirituel et de l'organisme, qui demeurent parfaitement distincts.

3° Bossuet définit l'homme : *une substance intelligente, née pour vivre dans un corps et lui être intimement unie.* Cette définition est plus précise que celle qui a été donnée par de Bonald et elle dit mieux la nature de l'union des deux parties constitutives de l'homme, sans l'exprimer cependant avec la lucidité et l'exactitude de la première définition. Elle a sur celle-ci l'avantage de mieux faire ressortir ce qu'il y a de plus noble en nous, mais elle ne donne pas suffisamment à entendre dans quelle dépendance est l'âme relativement au corps, et finalement elle dit moins bien, en beaucoup plus de paroles, ce qu'est l'homme en réalité.

4° On a défini l'homme *l'animal religieux.* Bien qu'il y ait un abîme, selon la remarque d'un écrivain célèbre, entre les deux mots qui la composent, cette définition dit ce qui fait la prééminence principale de l'homme sur la brute, ce qui élève le plus haut son intelligence et sa volonté, la connaissance et l'amour de son Auteur. A la bien prendre, elle diffère peu de la première. A l'aide de la raison, l'homme découvre l'existence de Dieu et reconnaît l'obligation de lui rendre un culte.

§ V. — ANIMAL.

I. — Importance de l'Etude de l'Animal. — La question de l'âme des bêtes a une haute importance en philosophie ; elle donne des armes pour ou contre l'erreur matérialiste, selon la solution adoptée. Direz-vous que l'animal n'est qu'un pur automate ? Alors toutes les facultés qu'il est impossible de lui dénier, ne seront que les propriétés de la matière organique. Si la matière grossièrement organisée est capable des opérations qui se remarquent dans l'animal, pourquoi une organisation plus délicate n'accomplirait-elle pas dans l'homme les fonctions les plus hautes de la nature raisonnable ? Ce serait le triomphe du *matérialisme*. L'animal, au contraire, a-t-il une âme parfaitement distincte des organes, et principe de ses opérations ? Vous avez là un argument solide pour appuyer le dogme du *spiritualisme*.

II. — Existence de l'Ame des Bêtes. — Quelques philosophes de l'antiquité ont enseigné que les bêtes n'ont pas d'âme. Un très grand nombre de cartésiens ont embrassé ce sentiment, et ils l'ont embrassé, paraît-il, parce qu'ils n'ont pas su distinguer entre *la simplicité* de l'âme et sa *spiritualité*. Ne voulant pas, avec raison, admettre que l'âme de la brute est spirituelle, ils ont pris le parti d'en nier l'existence. D'après eux, la brute est un pur *automate*, n'ayant ni sensation ni connaissance, et se mouvant par un effet de son organisation spéciale. C'est là une évidente et dangereuse erreur.

1° **Les Bêtes ont une Ame sensitive.** — On ne peut raisonnablement refuser aux bêtes une âme sensitive, s'il est vrai qu'elles sentent et qu'elles connaissent. Or, comment refuser aux bêtes la sensibilité physique et la connaissance qui l'accompagne ?

1° Ne pas admettre que la bête sent et connaît, c'est contredire *le sentiment commun* du genre humain.

2° La bête a des *organes semblables aux nôtres*. Quelle pourrait être la destination de ces organes, s'ils ne servaient chez elle, comme chez nous, à recevoir l'impression des objets extérieurs et à acquérir la connaissance de ces objets ?

3° *L'expérience* constate, de la manière la plus irrécusable, des phénomènes de sensation dans la brute, comme dans l'homme. Ou il faut nier ces phénomènes dans l'homme, ou il faut les admettre dans la brute.

4° Les phénomènes de sensation externe ne sont pas les seuls qui apparaissent dans la brute. Les faits les plus évidents démontrent qu'on ne peut lui refuser *la mémoire sensitive, l'imagination reproductrice*, la faculté de *discerner* l'utile du nuisible. Comment expliquer ces phénomènes dans un être qui ne serait qu'un automate inanimé ? (ZIGLIARA.)

2° Les Opérations de la Vie sensitive dans la Brute ne peuvent être attribuées aux forces physiques, chimiques et mécaniques qui agissent sur les éléments de l'Organisme. — Dans la réfutation du matérialisme, nous avons suffisamment prouvé que ces forces sont absolument impuissantes à produire la vie et par là même la sensation et la connaissance.

III. — **Nature de l'Ame des Bêtes.** — Si la brute vit et sent, c'est qu'elle possède un principe essentiellement distinct de l'organisme et des forces qui agissent sur la matière.

1° Ce principe, source de toutes les opérations vitales et de tous les pouvoirs qui signalent leur présence dans la brute, est une substance *simple* et *indivisible*, ainsi que nous l'avons précédemment démontré.

2° Mais ce principe n'est pas une substance *spirituelle*. Qui dit substance spirituelle, dit substance *indépendante du corps*, quant à son existence et quant à ses opérations propres et spécifiques. Or, l'âme de la brute est dépendante du corps sous le rapport de l'existence et sous le rapport de toutes ses opérations. Il n'est aucune opération de l'animal qui ne soit sous l'influence directe de l'organisme.

3° Ce principe, n'étant pas une substance spirituelle, *n'est ni intelligent, ni libre*. Il est de la nature de l'être intelligent de saisir l'essence des choses et par là même de connaître *l'universel*. De cette connaissance de l'universel, suit comme conséquence nécessaire, pour l'être intelligent, la liberté du choix dans les actes de sa volonté. Or, l'expérience constate, de la manière la plus évidente, que les opérations des animaux sont absolument uniformes dans la même espèce. Tous les sujets d'une espèce obéissent fatalement au même instinct; tous sont déterminés *ad unum*, comme parlent les Scolastiques. C'est là une preuve manifeste qu'ils ne possèdent ni l'intelligence ni la raison.

4° Ce principe ne *subsiste pas par lui-même*. Dépendant de l'organisme dans toutes ses opérations, il en est dépendant dans son existence elle-même, selon l'adage : *operatio sequitur esse*. L'âme de la bête ne peut subsister séparément du corps. (LIBERATORE.)

IV. — **Destinée de l'Ame des Bêtes.** — L'âme des bêtes étant simple et indivisible par sa nature, ne peut périr par décomposition. Est-elle anéantie ? Le sentiment de saint Thomas, et généralement des Scolastiques, c'est que Dieu n'anéantit rien de ce qu'il a créé. *Dicendum est quod nihil omnino in nihilum redigetur*. D'un autre côté, l'anéantissement suppose une chose qui a un être propre, qui peut subsister par soi. Or, l'âme des bêtes n'ayant aucune raison d'être que dans le composé animal, n'a pas un être qui lui soit propre. Que le composé entre en dissolution, l'âme qui en était la forme et dont toutes les facultés étaient dépendantes de l'organisme, cesse par là même d'exister. Aussi saint Thomas, qui enseigne que Dieu n'anéantit aucune créature, enseigne-t-il que l'âme des bêtes est mortelle et qu'elle périt par la dissolution même du composé, dont les éléments sont saisis par d'autres formes.

Si, avec quelques philosophes, on admet que l'âme des bêtes ne périt pas, on doit confesser qu'étant incapable de mérite et de démérite, elle n'est susceptible ni de récompense, ni de châtiment.

§ VI. — DIFFÉRENCE ENTRE L'HOMME ET L'ANIMAL.

I. — **Méthode à suivre dans l'Etude comparative de l'Homme et de l'Animal.** — Dans l'étude comparative de l'homme et de l'animal, deux excès sont à éviter. On doit se garder de refuser à l'animal ce

qui lui revient et de lui trop accorder. Ce double excès sera facile à prévenir, si l'on suit la méthode que Bossuet a tracée, quand il a dit : « Il n'y a rien de meilleur pour bien juger les animaux, que
» de s'étudier soi-même auparavant ; car, encore que nous ayons
» quelque chose au-dessus de l'animal, nous sommes animaux et
» nous avons l'expérience, tant de ce que fait en nous l'animal, que
» de ce que font le raisonnement et la réflexion. C'est donc en nous
» étudiant nous-mêmes, et en observant ce que nous sentons, que
» nous devenons juges compétents de ce qui est hors de nous et
» dont nous n'avons pas d'expérience. » Il résulte de ces paroles de Bossuet que tout ce qui, chez nous, tient au raisonnement et à la réflexion doit être refusé à l'animal. Entrons dans quelques détails, qui nous feront de mieux en mieux sentir la supériorité de l'âme humaine. (BÉNARD.)

II. — **L'Homme et l'Animal sous le rapport de la Sensibilité.** — On doit reconnaître, nous l'avons vu, que l'animal est doué de la *sensibilité physique*. Il éprouve des jouissances et des douleurs. Ses mouvements et ses cris, variant selon les circonstances, expriment les émotions diverses de la sensibilité. Mais cette sensibilité ne dépasse pas chez lui les limites des besoins physiques et des impressions organiques.

L'animal n'a et ne peut avoir rien de ce qui tient à la *sensibilité intellectuelle et morale*, cette sensibilité supérieure ne pouvant être excitée que par des causes auxquelles l'animal est absolument incapable d'atteindre. Tout ce qui chez lui paraît s'en rapprocher, a son unique raison d'être dans les plaisirs et les souffrances physiques.

III. — **L'Homme et l'Animal sous le rapport de la Connaissance.** — La faculté d'éprouver des sensations de plaisir et de douleur ne se conçoit pas dans un être qui ne pourrait connaître ce qui se passe en lui.

1° *Perception externe.* — L'animal connaît par les sens les objets extérieurs et il donne à chaque instant des marques non équivoques de cette connaissance. Il est même des animaux chez qui certains sens organiques sont plus parfaits que chez l'homme ; ce sont les sens plus particulièrement nécessaires à leur conservation et au rôle qui leur est assigné dans la création.

2° **Sens internes.** — L'animal ayant la faculté de saisir le sensible au moment où ses organes sont ébranlés, peut en faire revivre la représentation et il est ainsi doué de *l'imagination reproductrice*.

Dans le même ordre de choses il jouit de *la mémoire*; il reconnaît les personnes qu'il a vues, la maison de son maître, les routes qu'il a parcourues.

La sensibilité physique, jointe aux facultés cognitives dont nous venons de parler, explique comment l'animal est capable *de discerner* l'utile du nuisible, et susceptible *d'une certaine éducation*, bien qu'il ne raisonne pas.

3° **Langage.** — L'animal possède dans ses cris un langage naturel qui est compris de ses semblables, mais qui n'a d'autre objet que sa propre conservation ou celle de ses semblables.

Voilà les seules connaissances que l'étude la plus approfondie permette d'accorder à l'animal. Qui ne voit, dès lors, l'abîme qui le sépare de l'être raisonnable?

4° **Perception rationnelle.** — La perception rationnelle est absolument étrangère à l'animal, qui ne peut connaître que *le sensible et le particulier*, c'est-à-dire, ce qui affecte quelqu'un de ses organes.

Il n'a aucune idée de *l'universel*, du *nécessaire*, de *l'ordre moral*, de ce qui, en un mot, ne tombe pas directement sous les sens.

Il ne *réfléchit pas* sur ses connaissances, et voilà pourquoi il n'est susceptible d'aucune science proprement dite. Toutes ses connaissances sont directes; il ne peut ni progresser ni inventer.

Les autres opérations de l'âme intelligente sont, à plus fortes raisons, étrangères à l'animal. Il ne *juge pas*. Il ne *raisonne pas*. Si l'on remarque en lui certaine induction, qui le fait attendre un objet à la suite d'un autre, c'est que ces objets s'étant déjà offerts à lui dans le même ordre de succession, ont laissé en lui des images qui se sont associées, de telle sorte que le premier de ces objets se présentant de nouveau, renouvelle l'image de celui qui l'a suivi. Mais il y a loin de là au raisonnement inductif, qui s'élève de l'étude comparative de phénomènes perçus par les sens à la loi qui les régit, et que l'intelligence est seule capable de saisir. (BÉNARD).

IV. — **L'Homme et l'Animal sous le rapport de l'Activité.** — L'animal a *l'activité spontanée*. Il a des instincts, et ces instincts sont d'autant plus nombreux qu'il n'a pas l'intelligence pour l'éclairer.

Il éprouve des *appétits*, qui tous ont leur source dans les émotions de la sensibilité physique.

Il est susceptible de *contracter des habitudes* et d'être dressé à des mouvements réguliers, qui font de l'animal un précieux auxiliaire de l'homme.

Dépourvu d'intelligence, l'animal *n'a point de liberté* et il ne se détermine point par choix. La convenance qu'il met dans ses opérations, n'est point le résultat d'un calcul, mais d'un entraînement aveugle. Il n'y a dans les animaux, dit Bossuet, ni art, ni réflexion, ni invention, ni liberté; mais moins il y a de raison en eux, plus il y en a dans celui qui les a faits.

LOGIQUE.

TREIZIÈME LEÇON.

SOMMAIRE. — 1° Aperçu général sur la Logique. — 2° Vérité. — 3° États de l'Esprit humain relativement à la Vérité. — 4° Moyens d'arriver à la Vérité. — 5° Critérium suprême de la Vérité, ou Evidence. — 6° Tout moyen de connaître donne-t-il l'Evidence, et par suite la Certitude ?

§ Ier. — APERÇU GÉNÉRAL SUR LA LOGIQUE.

I. — **Objet de la Logique.** — Pour bien saisir l'objet précis de la logique, il faut se rappeler que dans ses relations avec ce qui est, c'est-à-dire, avec le vrai, il y a comme deux mouvements très distincts dans l'intelligence humaine. Ou notre intelligence atteint les choses *d'une manière intuitive et directe*, ou elle les atteint *d'une manière indirecte et discursive*, en partant de ce qu'elle connaît déjà.

Notre intelligence peut atteindre certaines choses d'une manière intuitive et directe, soit dans *leur existence*, soit dans *leurs qualités*. Elle en saisit et en affirme immédiatement l'existence, la nature, les qualités, et n'a besoin, pour cela, de recourir à aucun procédé discursif. Les vérités ainsi connues sont le fondement de toute la science humaine.

Mais il est beaucoup de choses que notre intelligence ne peut atteindre, soit dans leur existence, soit dans leurs qualités ou manières d'être, d'une façon intuitive et directe. Elle y arrive par une voie indirecte. La logique a précisément pour objet *la direction de l'esprit humain dans ces relations discursives avec le vrai*. Ces relations ont leurs lois ; la logique les enseigne et apprend à les appliquer.

II. — **Définition de la Logique.** — Dans ses relations discursives avec le vrai, l'intelligence humaine est appelée plus proprement raison. On peut donc définir la Logique, avec saint Thomas : *La science qui dirige les actes mêmes de la raison et apprend ainsi à l'homme à raisonner méthodiquement, facilement et sûrement. Scientia per quam homo in ipso actu rationis ordinate, faciliter et sine errore procedat.* Il ressort de cette définition que la Logique est tout à la fois une science et un art. (SANSEVERINO.)

III. — **Caractère de la Logique.** — Les philosophes sont loin d'être d'accord sur le vrai caractère de la Logique. Les uns ne veulent y voir qu'une *science*, qui nous révèle les lois de la pensée dans les opérations discursives de notre intelligence ; les autres n'y voient qu'un *art*, qui discipline notre esprit dans ses évolutions du connu vers l'inconnu. Il nous semble plus conforme à la vérité de dire, en nous appuyant sur la définition des Scolastiques, que la Logique est en même temps une science et un art. La science est *spéculative*, l'art est *pratique*. Ces deux caractères n'apparaissent-ils pas dans la Logique ?

1° *La Logique est une Science.* — La Logique, en effet, enseigne les lois fondamentales de la pensée, dans son mouvement discursif vers le vrai. Elle les met en lumière, et, au besoin, elle les établit et les prouve, mais elle ne les crée pas, car ces lois sont basées sur la nature même de l'esprit humain.

L'étude des lois de la pensée perfectionne *la Logique naturelle*, qui est dans tout homme, et sans laquelle l'usage de la raison ne se concevrait pas. Eclairé par cette étude, l'esprit se rend compte des procédés qu'il emploie et de la certitude de ses connaissances discursives ; il est à même de les démontrer et de les défendre. C'est donc à juste titre que le nom de *science* est donné à la Logique.

2° *La Logique est un Art.* — La Logique est aussi un *art*, et même, comme on l'a dit, l'art par excellence, *ars artium*. L'art consiste essentiellement dans un ensemble de règles, propres à rendre habile dans un genre de travail. En étudiant l'esprit humain dans ses rapports discursifs avec la vérité, les penseurs qui nous ont devancés ont formulé en règles claires et sûres leur expérience personnelle. L'observation de ces règles discipline l'esprit, et si elle n'ajoute pas à sa portée naturelle, elle lui apprend à raisonner avec plus de rigueur et de méthode et à se prémunir plus facilement contre l'erreur. La Logique réduit ainsi en pratique la science des lois naturelles de la pensée allant du connu à l'inconnu, et, à ce point de vue, on peut l'appeler avec Bossuet *l'art de raisonner.*

IV. — **Division de la Logique.** — Puisque la Logique a pour objet de diriger la raison dans sa marche vers le vrai, il est une question dont elle doit s'occuper tout d'abord : c'est celle de la puissance même de la raison, relativement à la vérité. Notre raison peut-elle saisir le vrai, de manière à être certaine de n'être pas dupe d'une illusion ? Peut-elle y parvenir dans les divers ordres de connaissances dont l'esprit humain est capable ? A quel signe discerne-t-elle la vérité de l'erreur ? Approfondir ces divers points, c'est traiter l'importante et fondamentale question de *la certitude*, qui, avant tout, doit fixer l'attention du logicien sérieux. Cette première partie de la Logique est désignée par plusieurs sous le nom de *Critique.*

La question de la certitude résolue, la Logique, pour justifier son nom d'*art de raisonner*, doit faire connaître les diverses voies par lesquelles l'esprit humain, quel que soit l'objet de ses recherches, peut arriver à la vérité. Lui exposer ces voies, qui ne sont autres que le procédé *inductif*, le procédé *déductif* et le *témoignage*, en lui enseignant les règles dont il ne doit pas s'écarter, pour éviter l'erreur, c'est ce qu'elle fait, en traitant de *la méthode* à suivre dans la recherche et dans la démonstration de la vérité. Cette seconde partie est connue sous le nom de *Dialectique*.

La *Certitude* et *la Méthode*, en autres termes, *la Critique* et *la Dialectique*, tels sont les deux grands objets, telles sont les deux parties de la Logique. A ces deux questions viendra s'ajouter celle du *Langage*, qui contribue si puissamment au perfectionnement de l'esprit humain, et qui lui est un indispensable instrument pour transmettre les connaissances qu'il a acquises.

§ II. — VÉRITÉ.

Le vrai est l'objet propre de notre âme, considérée comme intelligence, et le but de la Logique est de diriger notre intelligence dans ses rapports discursifs avec le vrai. Il sera donc utile, au début de cette partie de la Philosophie, de donner une notion précise de la vérité.

I. — **Qu'est-ce que la Vérité ?** — La vérité peut être considérée au point de vue de l'objet même de notre connaissance et au point de vue de l'esprit qui saisit et affirme cet objet. Considérée sous le premier rapport, elle est appelée *objective ;* considérée sous le second rapport, elle est dite *subjective*.

1° *Vérité objective.* — La vérité *objective*, c'est *ce qui est*, quel que soit l'ordre de réalités qu'on envisage. Elle consiste dans la conformité des choses avec l'intelligence divine qui les a conçues. Chaque être exprime fidèlement l'idée créatrice qui en est le type, et par là même tout ce qui existe est vrai. C'est là ce qu'on appelle aussi la vérité *métaphysique*, dont il a été question dans l'Ontologie.

2° *Vérité subjective.* — La vérité *subjective* consiste dans l'exacte connaissance des choses. C'est, suivant la définition de saint Thomas, la conformité de l'acte intellectuel avec ce qui est en réalité. *Veritas est adæquatio rei et intellectûs*. Notre connaissance est vraie à la condition de correspondre à un objet réel et de lui attribuer ce qu'il a, en lui refusant ce qu'il n'a pas. La vérité *subjective*, sous peine de n'être plus la vérité, suppose nécessairement la vérité *objective*, qui en est le fondement et l'unique raison d'être.

II. — **La Logique traite de la Vérité subjective.** — La Logique ne s'occupe que de *la vérité subjective*, c'est-à-dire, des relations de notre intelligence avec ce qui est. Cette vérité est aussi appelée *Logique*, parce qu'elle est considérée comme saisie par la raison.

Mais notre esprit saisit la vérité par la simple *connaissance* qu'il en a, et il affirme la vérité par *le jugement* qu'il porte. La vérité *logique* s'entend-elle de l'un et de l'autre de ces deux actes très distincts ? Ce n'est que d'une manière imparfaite et dans un sens très large, que *la vérité logique* s'entend de *la simple connaissance* ou *appréhension* de ce qui est. Cette simple connaissance se rapporte, d'ailleurs, en nous au jugement et elle le prépare. Dans le sens rigoureux du mot et d'une manière parfaite, *la vérité logique* ne s'entend que du *jugement*, porté soit intuitivement, soit à la suite d'un raisonnement inductif ou déductif, ou bien d'un témoignage, *jugement* par lequel on affirme d'un sujet un attribut qui lui convient en réalité. (SANSEVERINO.)

III. — Erreur logique. — A *la vérité subjective* est opposée *l'erreur logique*, qui consiste dans la contradiction du jugement porté par l'intelligence avec la vérité objective.

1° On peut tomber dans l'erreur de *deux manières*, en unissant dans son jugement ce qui est séparé dans la réalité objective, ou en séparant ce qui est uni. Nier la conformité de choses qui sont conformes, ou affirmer l'identité de choses qui ne sont pas identiques, c'est commettre une erreur logique, c'est-à-dire, unir ou séparer, contrairement à la vérité, un sujet et un attribut.

2° Lorsque l'esprit humain se trompe, il *s'exerce sur quelque vérité objective*, mais le jugement qu'il porte n'est pas l'expression fidèle de ce qui est. Lacordaire dit avec raison que ce qui a fait le succès de certains systèmes erronés, c'est le peu de vérité qu'ils contiennent. Un système absolument faux est d'une impossibilité évidente, attendu que le faux, opposé à la vérité *objective*, c'est le néant, c'est-à-dire, ce qui n'est pas et ne peut être l'objet d'un concept pour notre intelligence.

§ III. — ÉTATS DE L'ESPRIT HUMAIN RELATIVEMENT A LA VÉRITÉ.

Si la vérité est l'aliment de l'intelligence humaine, on ne doit pas conclure de là que notre intelligence connaît ou peut connaître toutes les vérités, ni que les vérités qu'elle connaît s'offrent toutes à ses regards de la même manière. Ce serait oublier que l'homme, être imparfait, porte dans tous les pouvoirs de son âme, même les plus nobles, le sceau de l'imperfection. Notre intelligence peut donc être dans différents états relativement à la vérité.

ÉTATS DE L'ESPRIT HUMAIN RELATIVEMENT A LA VÉRITÉ.

I. — **Ignorance.** — Notre esprit peut être dans *l'ignorance* par rapport à une vérité. C'est ce qui a lieu, lorsque nous n'avons pas l'idée de cette vérité, dont nous ne soupçonnons pas même l'existence.

II. — **Doute.** — Le doute est *l'état de l'esprit qui demeure en suspens entre deux jugements contradictoires, sans pouvoir se résoudre.* Il est *positif* ou *négatif.* Il est *positif*, lorsque les deux assertions sont appuyées de motifs qui se contrebalancent et ne permettent point d'incliner d'un côté, plutôt que de l'autre. Il est *négatif*, lorsqu'il y a de part et d'autre absence de tout motif, ou que les motifs sont si faibles qu'ils ne méritent pas d'être pris au sérieux. (LIBERATORE.)

III. — **Opinion ou Probabilité.** — L'opinion est *l'état de l'esprit qui donne son assentiment à une proposition, avec la crainte que la vérité ne soit dans la proposition contradictoire.* Ici, comme dans le doute, l'esprit est en présence de deux jugements opposés, mais, ce qui n'a pas lieu dans le doute, il embrasse l'un de ces jugements, le regardant comme fondé sur des motifs assez graves pour mériter l'assentiment d'un homme prudent. Ces motifs n'excluent pas toute crainte d'erreur, mais ils sont tels, qu'il n'y a pas de témérité à les suivre, et c'est pour cela qu'on les appelle *probables.* Ils font sortir du doute, mais sans donner la certitude.

1° *Degrés de la Probabilité.* — La probabilité est ainsi entre le doute et la certitude, mais ce n'est point quelque chose de fixe entre ces deux extrêmes. On conçoit qu'il puisse y avoir bien des degrés entre le doute et la certitude, et qu'un sentiment soit faiblement probable, assez probable, probable ou très probable, selon la valeur des motifs intrinsèques ou extrinsèques qui l'appuient. La probabilité d'un sentiment peut bien n'être pas la même aux yeux de plusieurs, qui n'ont pas les mêmes lumières ni les mêmes données pour l'apprécier. Elle est même susceptible de croître ou de s'affaiblir pour le même homme, selon les nouvelles connaissances qu'il acquiert.

2° *Comparaison de deux jugements probables.* — Quand on compare deux opinions contradictoires entre elles, on dit que l'une est plus ou moins probable que l'autre, d'après les raisons plus ou moins fortes qui militent en sa faveur. Une opinion fondée sur des raisons très sérieuses, lorsque surtout la contradictoire n'a pour elle que des motifs assez faibles, est voisine de la certitude. Mais, quel que soit le degré de probabilité auquel on arrive, dès lors qu'il reste quelque crainte d'erreur, on n'aura pas la certitude, qui diffère essentiellement de la probabilité.

3° *Syllogisme probable.* — On entend par syllogisme probable le syllogisme dont une prémisse ou les deux prémisses sont des jugements probables. La conclusion n'excède pas les limites de la probabilité.

IV. — **Certitude.** — On définit la certitude : *la ferme adhésion de l'esprit à une vérité, sans aucune crainte d'erreur.* Si l'opinion, même la mieux fondée, n'est pas exempte de quelque doute, la certitude exclut le doute de la manière la plus absolue, et établit l'esprit dans une sécurité complète. L'homme voit qu'il est en possession de la vérité et il s'y repose.

1° *Trois choses à considérer dans la Certitude.* — La définition qui vient d'être donnée montre que trois choses sont à considérer dans la certitude, pour en avoir une notion exacte, à savoir, *le sujet*, *l'objet* et *le motif*. *Le sujet*, c'est l'intelligence humaine qui reçoit la vérité et y donne son adhésion ; *l'objet*, c'est ce que l'intelligence saisit par l'un de ses moyens de connaître ; *le motif*, c'est ce qui la détermine à donner son adhésion, sans lui laisser aucune crainte fondée de se tromper. Ce motif n'est autre, comme on le verra bientôt, que l'évidence objective, que tout moyen de connaître doit produire, pour engendrer en nous la certitude.

2° *La Certitude est-elle quelque chose de subjectif ?* — Prise en elle-même, la certitude est subjective ; elle existe en nous et est un état de notre esprit. Toutefois, les philosophes parlent assez généralement non-seulement de la certitude subjective, mais encore de la certitude *objective*. Par certitude objective, ils entendent *l'objet à connaître présent à notre esprit et entraînant sa ferme adhésion*. La certitude objective ne diffère pas de l'évidence objective, qui est la raison même de l'adhésion de notre intelligence à la vérité. Pour éviter la confusion des idées et des termes, il serait préférable de n'employer le mot *certitude*, que pour exprimer l'état de l'esprit s'attachant à l'objet connu sans crainte d'erreur, et le mot *évidence*, que pour désigner l'objet même de la connaissance, s'offrant à l'esprit avec une clarté qui subjugue son assentiment. La certitude conserverait ainsi le caractère subjectif qui lui convient d'après sa définition elle-même, et l'évidence conserverait, de son côté, le caractère objectif, qui ressort de la définition qui en sera donnée plus tard.

3° *La Certitude admet-elle des degrés ?* — Demander si la certitude admet des degrés, c'est demander si la certitude d'une vérité peut être plus grande que la certitude d'une autre. Pour résoudre cette question, il est bon de remarquer que la certitude, d'après la définition reçue, implique deux choses, à savoir, *l'exclusion de toute crainte d'erreur* et *la ferme adhésion de l'esprit à la vérité*. Sous le rapport de *l'exclusion de toute crainte d'erreur*, qui en est comme l'élément négatif, toutes les certitudes sont égales. Si cette exclusion n'avait pas lieu d'une manière complète, la certitude n'existerait pas. Sous le rapport de *la ferme adhésion de l'esprit*, la certitude est susceptible de degrés, c'est-à-dire que l'assentiment de l'esprit à la vérité, qui est comme l'élément positif de la certitude, peut avoir une intensité plus ou moins grande. L'expérience n'apprend-elle pas que les vérités d'évidence immédiate subjuguent notre intelligence, avec plus de force, que celles qui doivent leur évidence au raisonnement ?

4° *Diverses Espèces de Certitude.* — *La nature de l'objet* connu avec certitude par notre intelligence, et *le caractère du procédé* par lequel nous acquérons la certitude, ont porté les philosophes à distinguer dans la certitude plusieurs espèces, dont il importe de se bien rendre compte.

1° Considérée au point de vue de *la nature de l'objet connu*, la certitude est *métaphysique, physique* ou *morale*.

La certitude *métaphysique* a pour objet les vérités absolues et les rapports qui offrent un caractère de nécessité. Ainsi, il est métaphysiquement certain qu'un *Être nécessaire existe*, que *le tout est plus grand que l'une de ses parties*, qu'*il n'y a point d'effet sans cause*. Le jugement opposé à un jugement métaphysiquement certain répugne absolument et toujours à la raison.

La certitude *physique* a pour objet les lois de l'ordre matériel. Si ces lois, considérées en elles-mêmes, ne sont pas nécessaires, elles ont un caractère de fixité et elles ne peuvent être dérangées que par un miracle de la puissance divine. Ainsi, il est physiquement certain que l'éclipse annoncée par un habile astronome aura lieu.

La certitude *morale* est fondée sur la nature de l'esprit humain et sur le caractère général de l'homme. Ainsi je suis certain, d'une certitude morale, qu'un homme jouissant de sa raison ne s'exposera pas, sans motif, au péril évident de perdre la vie. Bien que les lois morales n'aient pas l'immutabilité de l'ordre métaphysique, le jugement qui s'appuie sur elles n'en a pas moins une entière certitude, chaque fois qu'il est constaté que ces lois ont été observées. Plusieurs témoins affirment un fait qui s'est passé sous leurs yeux. Je puis m'assurer que ces témoins n'ont pas été dupes d'une illusion et qu'ils ne me trompent pas. Le fait, dès lors, est certain pour moi, et je ne puis raisonnablement en douter.

2° Considérée au point de vue du *caractère du procédé*, par lequel l'esprit humain l'acquiert, la certitude est *immédiate* ou *médiate*. La certitude *immédiate* est celle qui est produite en nous, sans qu'il soit besoin d'un intermédiaire entre notre esprit et la vérité objective qui s'impose à lui par son évidence même. Elle naît de l'intuition de la vérité et de la simple interprétation des termes qui l'expriment.

La certitude *médiate* s'obtient par un intermédiaire, qui donne à une vérité inconnue ou encore obscure pour nous, la clarté voulue pour entraîner son assentiment. Cet intermédiaire, c'est *le raisonnement* soit déductif, soit inductif, ou *le témoignage* soit divin, soit humain. Ainsi, toutes les vérités dont nous sommes certains, nous les atteignons par *l'intuition* immédiate, par *le raisonnement* ou par *le témoignage*.

5° *Priorité de la Certitude immédiate.* — La certitude immédiate précède en nous la certitude médiate, qui la suppose nécessairement. D'où il est déjà facile de pressentir que toute la certitude humaine repose sur un fondement unique, et que tous les motifs de certitude aboutissent finalement à un seul.

6° *Syllogisme démonstratif.* — On entend par syllogisme démonstratif l'argumentation qui tire une conclusion de deux prémisses certaines et évidentes. Nous parlerons plus tard de la démonstration.

§ IV. — MOYENS D'ARRIVER A LA VÉRITÉ.

1. — **Les Moyens d'arriver à la Vérité sont nombreux.** — Nous arrivons à la possession de la vérité, par les divers moyens de connaître que Dieu a mis à notre disposition et que nous avons longuement exposés dans la Psychologie. Tous ces moyens peuvent produire en nous *la certitude* dans les différents ordres de réalités auxquels ils répondent, et si l'un d'eux était impuissant à nous la donner, on n'en concevrait pas la raison d'être.

Quelques philosophes divisent les moyens que nous avons d'arriver à la vérité en *intrinsèques* et en *extrinsèques*. Par moyens *intrinsèques*, ils entendent toutes nos facultés cognitives, et, par moyens *extrinsèques*, le témoignage divin ou humain.

II. — **Comment nos moyens de connaître produisent-ils en nous la Certitude de leur objet ?** — Nos moyens intrinsèques ou extrinsèques de connaître produisent en nous la certitude de leur objet, quand ils nous le montrent avec cette clarté qui subjugue l'assentiment de l'intelligence et exclut toute crainte d'erreur. C'est ce qui a lieu, chaque fois que le moyen de connaître aboutit à *l'évidence*.

§ V. — CRITÉRIUM SUPRÊME DE LA VÉRITÉ, OU ÉVIDENCE.

I. — **Existence d'un Critérium suprême de la Vérité.** — L'existence d'un critérium (*moyen de juger*) suprême et universel de la vérité est incontestable et peut être affirmé *à priori*. Toutes les certitudes, en effet, ont cela de commun, qu'elles excluent la crainte de l'erreur et qu'elles entraînent l'assentiment de l'intelligence. Or, le même effet ne peut être produit que par la même cause. Il faut donc que, chaque fois que notre esprit adhère à une vérité sans aucune crainte d'erreur, il soit frappé du même signe, qui lui enlève la crainte d'errer et détermine son assentiment. Quel est ce signe ?

II. — **Nature du Critérium suprême de la Vérité.** — Le critérium suprême de la vérité n'est autre que *le motif* qui engendre définitivement en nous la certitude. Ou ce motif vient du *sujet connaissant*, c'est-à-dire, de notre esprit, ou il vient de *l'objet connu.* Il est évident qu'il ne vient pas de notre esprit. Est-ce que la conscience n'atteste pas qu'il ne dépend nullement de nous, dans un cas déterminé, d'avoir la certitude et de sortir du doute ? Notre esprit ne crée pas la vérité des choses, mais il la reçoit et il l'affirme.

Le motif qui engendre la certitude en nous, vient de l'objet qui apparaît et est présent à notre esprit. Or, la présence de l'objet à notre esprit, de manière à entraîner notre assentiment et à exclure toute crainte d'erreur, c'est précisément ce qu'on appelle *évidence.* (ZIGLIARA.)

III. — **Définition de l'Évidence.** — L'école a défini l'évidence : *fulgor quidam veritatis, mentis assensum rapiens.* L'évidence, c'est la clarté qui accompagne l'objet saisi par nos facultés cognitives et le montre si manifestement, que nous l'affirmons sans hésitation aucune. Ce que la lumière physique est aux corps qu'elle rend visibles, l'évidence l'est à la vérité qu'elle rend indubitable à notre esprit.

IV. — **L'Évidence, prise objectivement, est la Raison suprême et unique de la Certitude.** — L'évidence, prise objectivement, satisfait à toutes les conditions du critérium suprême de la vérité.

Tout d'abord, elle est *la raison* de la certitude. Il est impossible qu'une vérité nous soit objectivement présente, c'est-à-dire, nous soit évidente, sans qu'immédiatement la certitude naisse dans notre esprit, comme il est impossible que nous soyons certains d'une vérité dont l'existence objective n'a rien d'évident pour nous. Quelque grand que soit l'empire de la volonté sur l'intelligence, jamais la volonté ne peut contraindre l'intelligence à donner son adhésion, sans crainte d'erreur, à ce qui n'est pas objectivement évident pour cette dernière, pas plus qu'elle ne saurait l'empêcher d'adhérer à ce qui porte le caractère de la vérité objective.

Elle est la raison *suprême et dernière* de la certitude. Si l'on demande pourquoi je suis certain d'une vérité, après avoir exposé les motifs qui me la font admettre, je répondrai que j'en suis certain, parce que je vois clairement qu'elle est et qu'elle ne peut être, sinon d'une façon absolue, du moins relativement aux circonstances, autre que je la vois. Et si l'on insistait en demandant pourquoi je l'affirme sans hésitation ni doute, je n'aurais plus de raison à donner, sinon que, semblable à la lumière qui, en rendant les corps visibles, est visible de soi, l'évidence est intelligible par elle-même, en rendant la vérité qu'elle éclaire intelligible pour mon esprit.

Elle est la raison *unique* de la certitude. Quel que soit le moyen par lequel mon intelligence acquiert la connaissance d'une vérité, ce moyen ne me donne la certitude, qu'en produisant l'évidence.

Il résulte de là que les systèmes philosophiques qui placent le critérium suprême de la vérité soit dans les moyens *intrinsèques*, soit dans les moyens *extrinsèques* de connaître et non dans l'évidence objective, doivent être rejetés comme des erreurs. (ZIGLIARA.)

V. — **Diverses Espèces d'Évidence.** — L'évidence peut être considérée sous deux rapports, à savoir, sous le rapport de *l'objet* de la connaissance, et sous le rapport du *mode* suivant lequel elle détermine notre adhésion à l'objet connu, en excluant toute crainte d'erreur.

1° Considérée sous le rapport de *l'objet de la connaissance*, l'évidence se divise comme la certitude dont elle est le fondement, en *métaphysique*, *physique* et *morale*, selon que le motif qui montre clairement la vérité est basé sur l'essence des choses ou sur des rapports nécessaires, sur les lois de l'ordre physique ou bien sur la constitution morale de l'homme.

2° Considérée sous le rapport *du mode*, suivant lequel elle détermine notre adhésion, en excluant toute crainte d'erreur, l'évidence est *immédiate* ou *médiate*, *intrinsèque* ou *extrinsèque*.

1° *Evidence immédiate*. — L'évidence *immédiate* est aussi appelée *intuitive*, *directe*, ou *à priori*. Une vérité est dite d'évidence immédiate, lorsque par elle-même, sans intermédiaire, par le seul énoncé de la proposition qui l'exprime, elle se montre à notre esprit avec une clarté qui subjugue son assentiment. Telle est l'évidence des axiomes, des faits de conscience, des phénomènes perçus par les sens, etc.

2° *Evidence médiate*. — L'évidence *médiate* est aussi appelée *discursive*, *indirecte* ou *à posteriori*. Une vérité est dite d'évidence médiate, lorsqu'elle ne devient évidente et certaine pour nous que grâce à un intermédiaire, à un moyen qui lui donne la clarté voulue pour entraîner notre adhésion. Un théorème de géométrie ne m'est une vérité évidente qu'à la suite de la démonstration qui m'en est faite.

Les vérités d'évidence immédiate s'offrent toujours à notre esprit avec la même clarté. Il n'en est pas ainsi des vérités qui ne sont que d'évidence médiate et dont l'éclat peut s'affaiblir en nous.

3° *Evidence intrinsèque.* — L'évidence est dite *intrinsèque*, lorsque la clarté, qui rend une vérité manifeste, tient à la nature même de cette vérité, qu'elle soit connue immédiatement, par intuition, ou médiatement, par le raisonnement.

4° *Evidence extrinsèque.* — L'évidence est dite *extrinsèque*, lorsqu'elle vient à la vérité objective du témoignage digne de foi qui l'affirme. Dans ce cas, la vérité elle-même n'est pas évidente, à proprement parler. Le témoignage met pour nous l'existence de cette vérité hors de doute ; nous l'affirmons et la croyons sans crainte d'erreur. Ce qui est évident ici, c'est que le témoignage ne nous trompe pas et que la vérité, qui en est l'objet, doit être crue.

§ VI. — TOUT MOYEN DE CONNAITRE DONNE-T-IL L'ÉVIDENCE, ET PAR SUITE LA CERTITUDE ?

Tous nos moyens de connaître peuvent nous donner l'évidence et par suite la certitude. Mais tous n'atteignent pas leur objet de la même manière, et dès lors on conçoit que, s'ils sont propres à produire en nous la certitude, ils ne la font pas tous naître par la même sorte d'évidence. Il ne sera donc pas sans intérêt de les étudier à ce nouveau point de vue. Or, la vérité nous arrive par trois voies, à savoir, *la perception rationnelle, la perception expérimentale* et *le témoignage*.

I. — **Certitude de la Perception rationnelle.** — Précédemment, nous avons dit quel est l'objet de la perception rationnelle. Nous atteignons cet objet de deux manières, suivant la nature des vérités que nous sommes capables de connaître par nous-mêmes, c'est-à-dire, par *l'intuition* ou par *le raisonnement*, soit *inductif*, soit *déductif*, en autres termes, par *l'intelligence* ou par *la raison*.

1° *Certitude de l'Intelligence.* — La certitude de l'intelligence est une certitude immédiate, qui s'obtient par la vue claire et directe de la vérité qui en est l'objet. C'est de cette manière que nous saisissons les premiers principes, qui ne sont susceptibles d'aucune démonstration, et qui nous aident à démontrer les vérités qui d'elles-mêmes ne nous sont pas évidentes. Ces principes nous apparaissent dans une si vive lumière, que notre intelligence ne peut ni les rejeter, ni même en douter un instant. Dans les jugements qui lui sont propres, l'intelligence *ne peut être sujette à l'erreur* et cette infaillibilité provient, dit saint Thomas, du rapport nécessaire de convenance ou de disconvenance qui, dans ces jugements, existe entre l'attribut et le sujet.

2° *Certitude de la Raison.* — Prenant pour point de départ ce qui est connu d'une manière indubitable, notre raison arrive, au moyen du procédé inductif ou du procédé déductif, à des vérités si rigoureusement liées à celles d'où elle est partie, qu'elle les saisit clairement et les affirme sans crainte d'erreur.

La raison humaine est-elle *infaillible dans les jugements médiats* qu'elle porte? Avec les Scolastiques on doit reconnaître que, dans ses jugements médiats, la raison ne se trompe pas *de soi*, mais qu'elle peut *accidentellement* tomber dans l'erreur. Elle ne se trompe pas *de soi*, puisque par sa nature intrinsèque elle est ordonnée pour la vérité; mais elle peut *accidentellement* errer, par suite d'une cause qui empêche l'exercice normal du raisonnement.

La raison est infaillible, quand elle tire *les conséquences prochaines* qui sortent comme d'elles-mêmes des premiers principes. Mais elle peut errer et de fait elle erre quelquefois, en allant des premiers principes à leurs *conséquences éloignées*, de vérités évidentes à d'autres qui ne le sont pas, lorsque ce mouvement exige une assez longue suite d'opérations. Il en est ainsi pour les faits que le témoignage lui apporte, si elle n'est pas attentive à vérifier les conditions du témoignage.

3° *La Certitude de l'Intelligence et de la Raison est-elle démontrable?* — Il est impossible de démontrer d'une manière rigoureuse la légitimité de l'intelligence et de la raison pour nous mettre en possession de la vérité objective et nous donner la certitude.

Une telle démonstration supposerait un principe fourni par l'intelligence et déjà reconnu comme certain, pour lui servir de fondement. D'un autre côté, il est impossible d'attaquer la légitimité de l'intelligence et de la raison, d'une manière sérieuse, car l'attaque serait elle-même une preuve que l'intelligence et la raison peuvent donner la certitude. C'est donc là un fait qui s'affirme au nom de la raison et de l'évidence elle-même.

II. — **Certitude de la Perception expérimentale.** — Cette certitude a pour objet *les faits psychologiques présents* ou *passés*, et *les faits externes*.

1° *Certitude de la Conscience.* — La conscience nous donne la perception claire et *immédiate* des modifications présentes de notre âme, et dès lors nous les affirmons avec une parfaite certitude. Que j'éprouve une douleur, que je prenne une résolution, que je trouve la solution d'une question qui me préoccupait, je suis certain de ces faits, qu'il n'est pas besoin de me démontrer à moi-même. Je les saisis à leur apparition même sur le théâtre de ma conscience ; ils se confondent avec moi-même, et je ne puis sans absurdité en demander d'autre preuve que l'évidence même de leur existence.

La certitude de la conscience est *indémontrable* par cela même qu'elle est fondée sur l'évidence intuitive. Pour démontrer que je suis certain de ma pensée, je ne pourrais me servir que de ma pensée elle-même. Si la certitude de la conscience est indémontrable, elle ne peut être niée sans contradiction. Celui qui la nierait ne pourrait le faire qu'au nom des attestations mêmes de sa conscience, ce qui revient à dire qu'en la niant il l'affirmerait.

Ne pas reconnaître la légitimité de la conscience pour nous donner la certitude, c'est ébranler la certitude tout entière. C'est par la conscience que nous connaissons les actes et l'existence de toutes nos facultés, et par suite notre existence personnelle. Si ses affirmations n'avaient rien de certain, la certitude nous serait d'une impossibilité absolue.

2° *Certitude de la Mémoire.* — La mémoire a pour fonction de rappeler le passé, et elle peut le rappeler d'une manière si précise et si claire qu'il soit évident pour nous que notre souvenir n'a rien de trompeur. Nous donnons un assentiment entier à ce souvenir, et nous affirmons, sans crainte d'erreur, le fait dont il nous rend une nouvelle fois conscients. La certitude de la mémoire est, comme celle de la conscience, une certitude immédiate, produite par l'évidence même de la véracité du souvenir.

La légitimité de la mémoire, comme moyen d'avoir la connaissance certaine du passé, ne peut être démontrée. Elle s'affirme au nom de l'évidence et du bon sens. On ne peut non plus l'attaquer sans se contredire. Celui qui nie la réalité d'une modification antérieure, que sa mémoire lui rappelle, doit être sûr, ou sa négation serait déraisonnable, qu'il ne l'a pas éprouvée et qu'il en a éprouvé une autre ; mais il ne peut avoir cette dernière certitude que par sa mémoire elle-même.

Pour infirmer la légitimité de la mémoire, on objecte *les infidélités et les erreurs du souvenir*. Cette objection n'a rien de sérieux. En donnant la mémoire comme capable d'enfanter en nous la certitude par l'évidence du souvenir, on ne dit pas que l'homme ne puisse abuser de ce moyen de connaître, pour tomber dans l'erreur. Mais quand il y a erreur en ce point, c'est que, dans le jugement qu'il porte, il va au delà des données évidentes que la mémoire lui fournit. Chaque fois que nous affirmons comme certain le fait que nous rappelle un souvenir clair et distinct, notre mémoire est un moyen infaillible de certitude.

Ne pas admettre la mémoire comme moyen légitime d'arriver à l'évidence et à la certitude, ce serait introduire le doute dans le domaine presque entier des connaissances humaines.

3° *Certitude de la Perception externe.* — La perception externe nous donne la certitude des faits saisis par nos sens, et elle nous la donne, parce qu'elle produit en nous l'évidence immédiate de ces faits. Sans nier d'une manière absolue la certitude du témoignage des sens, Descartes l'a compromise, en faisant de cette certitude, contrairement au sens commun et à l'expérience, une certitude de raisonnement. L'homme n'est sûr de l'existence des corps, d'après ce philosophe, qu'autant qu'il s'élève à l'idée de la véracité de Dieu, qui ne peut le tromper, en mettant en lui la propension à croire à la réalité des corps. Qu'ai-je besoin de raisonner, pour être certain de l'existence d'un corps que j'ai sous les yeux, que je touche de mes mains ?

Le témoignage des sens qui a lieu dans les conditions exigées par la raison, pour que la valeur en soit garantie, *ne trompe pas*, et le jugement qui se renferme dans les données de ce témoignage est vrai et certain. Ces conditions sont : 1° Que l'organe soit sain et dans son état normal ; 2° que l'organe et les sens soient appliqués à l'objet qui leur est propre et qui doit être à leur portée ; 3° qu'il soit tenu compte du milieu qui sépare l'objet de l'organe. C'est à la raison à juger de ces conditions. Il n'est pas une erreur du jugement, prononçant sur les données des sens, qui ne vienne de ce qu'on n'a pas pris garde à quelqu'une de ces conditions.

III. — **Certitude du Témoignage.** — Le témoignage nous affirme soit des *faits* que nous n'avons pas vus, soit des *vérités* jusque-là voilées pour nous ou même impossibles à découvrir par les seules forces de notre esprit. Le témoignage est *divin* ou *humain*.

1° *Certitude du Témoignage divin.* — Le témoignage est *divin*, lorsque Dieu manifeste quelque chose à la créature. On donne le nom de Révélation à cette manifestation divine.

Une Révélation est un fait qui entre dans le domaine de l'histoire et dont le caractère divin est susceptible de devenir objectivement évident pour notre intelligence. Le fait d'une Révélation est-il constaté, toutes les vérités qui en sont l'objet, sont par là même mises hors de doute, quelque supérieures qu'elles soient à la portée de l'esprit borné de l'homme. Par cela même que la divinité de la manifestation nous est évidente, il est évident pour nous que les vérités révélées *doivent être crues* et qu'en les croyant nous sommes à *l'abri de l'erreur*. C'est après ce travail de la raison qui nous a rendu la Révélation objectivement évidente et nous en a donné la certitude, que vient l'acte de foi aux vérités révélées. Si nous croyons ces vérités, sans pouvoir en pénétrer les profondeurs, c'est avec la certitude absolue qu'en les admettant, nous ne sommes pas dupes de l'erreur.

2° *Certitude du Témoignage humain.* — Le témoignage *humain* est celui qui a l'homme pour auteur. Revêtu des conditions que la raison exige et qui seront exposées plus loin, il offre à notre esprit une véracité objectivement évidente, qui nous rend certains du fait relaté, nous montrant que nous ne pouvons refuser de le croire, sans aller contre la raison elle-même.

C'est ainsi que tous nos moyens de connaître nous permettent de saisir l'évidence objective des réalités auxquelles ils se rapportent et peuvent engendrer en nous la certitude.

QUATORZIÈME LEÇON.

SOMMAIRE. — 1. Faux Systèmes sur la Certitude. — 2. Dogmatisme rationaliste. — 3. Probabilisme. — 4. Scepticisme.

§ Ier. — FAUX SYSTÈMES SUR LA CERTITUDE.

I. — **Trois États de l'Esprit humain relativement aux Vérités qui s'offrent à lui.** — Notre esprit peut être dans trois états différents, à l'égard des vérités qui s'offrent à lui. Il peut en être *certain*, les tenir pour *probables* ou en *douter*.

Nous sommes certains de toutes les vérités qui se manifestent à nous avec le caractère de l'évidence. Il en est d'autres qui n'ont pas ce caractère d'évidence et sur lesquelles nous ne pouvons avoir qu'une opinion plus ou moins fondée. A l'égard des autres, nous demeurons en suspens, nous abstenant de juger, parce que la lumière fait défaut pour nous tirer du doute.

II. — **Vrai Système sur la Question de la Certitude.** — De ce qu'on vient de dire, il résulte que tout système vrai, sur le point fondamental de la certitude, doit admettre en même temps, mais par rapport à des objets différents, ces trois états de l'esprit humain. Tel est le système que nous avons exposé et qui est ordinairement désigné sous le nom de *Dogmatisme*. La raison, d'après les dogmatiques, est assez puissante pour avoir la connaissance certaine de plusieurs vérités, mais elle ne connaît pas toutes les vérités.

III. — **Systèmes erronés sur la Question de la Certitude.** — Par là même, un système sera convaincu de fausseté dans la question qui nous occupe, si, rejetant la coexistence des divers états de l'esprit humain par rapport à la vérité, il en reconnaît un à l'exclusion des autres, ou si, admettant cette coexistence, il n'assigne pas aux différents états de notre esprit leurs véritables limites. Ce sont là précisément les vices des systèmes dont nous allons parler. Ou ils font de l'un des trois états indiqués la forme exclusive de l'esprit humain, sa manière d'être par rapport à la vérité, ou bien ils le dénaturent. Ce sont *le Dogmatisme rationaliste, le Probabilisme* et *le Scepticisme.*

§ II. — DOGMATISME RATIONALISTE.

I. — **Notion du Dogmatisme rationaliste.** — Nous entendons par *Dogmatisme rationaliste* le système de ceux qui exagèrent outre mesure la puissance de la raison humaine et prétendent qu'elle n'a d'autres limites que l'intelligibilité même des choses. D'après ces philosophes, notre raison peut arriver par elle-même à l'évidence et à la certitude de toutes les vérités. Sa loi, c'est le progrès indéfini.

Dans ce système, toute idée de Révélation est soigneusement écartée. La Révélation est regardée comme inutile, sinon comme impossible, et la raison ne doit en tenir aucun compte, même en ce qui concerne le culte à rendre à Dieu. Se suffisant à elle-même, elle doit rejeter, comme indigne de sa nature indépendante, toute lumière qui n'émane pas d'elle seule, aussi bien que toute loi qu'elle n'a pas formulée.

II. — **Réfutation du Dogmatisme rationaliste.** — Le Dogmatisme rationaliste doit être rejeté comme une évidente erreur, parce qu'il exagère démesurément les forces de l'esprit humain, et parce qu'il repousse tout enseignement surnaturel venant de Dieu.

1° **Le Dogmatisme rationaliste exagère démesurément les forces de l'Esprit humain.** — 1° Ce système est *la déification de l'esprit humain,* à qui il concède une puissance qui ne peut appartenir qu'à l'intelligence parfaite, c'est-à-dire, à Dieu.

2° Il combat *le témoignage le plus invincible de la conscience et du sens commun,* qui attestent à chaque homme la faiblesse de son esprit, ses limites et ses doutes.

3° Il est condamné *par l'expérience des siècles*, qui montre les nombreuses contradictions dans lesquelles les hommes sont tombés sur beaucoup de points. Si la raison pouvait toujours avoir l'évidence et la certitude, l'erreur n'existerait pas et la divergence des opinions serait impossible.

4° Il *implique contradiction*. — De l'aveu des partisans de ce système, la raison est indéfiniment perfectible. Elle est donc finie. Mais, si elle est finie, elle est absolument incapable de connaître tout l'intelligible et d'avoir la science parfaite. Il y a donc des vérités qui la dépassent et auxquelles elle n'atteindra jamais, en dépit de tous ses efforts.

2° Le Dogmatisme rationaliste doit être condamné, parce qu'il repousse la Révélation. — 1° Ce système refuse à Dieu *le droit d'intervenir* auprès de sa créature, pour lui intimer ses volontés et accroître en elle la somme des connaissances. N'est-ce pas là une prétention insensée, aussi attentatoire à l'autorité de Dieu que funeste à l'homme ? Comment supprimer à Celui qui a créé l'homme le droit de lui imposer des lois, de lui déterminer le culte qu'il exige, d'ajouter à ses connaissances naturelles des vérités que l'homme n'aurait pu découvrir ? Ne serait-ce pas limiter Dieu dans l'exercice de ses pouvoirs les plus légitimes ? Autant vaudrait nier son existence.

2° Il rejette la Révélation, sous prétexte qu'elle *impose des mystères* à la foi de la raison humaine. Mais, si la Révélation contient des mystères, est-ce que la nature n'offre pas des mystères que l'homme ne peut expliquer et qu'il admet sans hésitation ? — Quand l'existence d'une vérité mystérieuse est affirmée par une autorité infaillible, ce serait contredire la raison de la rejeter, parce qu'on ne la pénètre pas. La raison est donc la première à proclamer qu'elle ne doit pas se constituer indépendante à l'égard de Dieu, quand il lui révèle des vérités supérieures à sa portée naturelle, et qu'ainsi il y a obligation pour elle de les croire.

§ III. — PROBABILISME.

I. — Notion du Probabilisme. — Le Probabilisme, en Philosophie, est un système qui tient comme le milieu entre le Dogmatisme rationaliste et le Scepticisme. Il soutient que l'homme, ne pouvant avoir l'évidence, en est réduit à des conjectures. Il rejette donc la certitude, mais sans vouloir aller jusqu'au doute, il s'en tient à l'opinion. Il n'y a pour lui que des vraisemblances. Dans tous les jugements qu'elle porte, même sur les vérités les plus évidentes, la raison humaine ne peut jamais être sûre de ne pas se tromper et elle n'atteint ainsi qu'une probabilité plus ou moins fondée. Ce système fut celui de *la Nouvelle Académie* ; il a été soutenu par Arcésilas et par Carnéade, chez les Grecs, et par Cicéron, chez les Romains.

II. — Réfutation du Probabilisme. — Le Probabilisme est un scepticisme qui essaie de se dissimuler. Il se contredit lui-même et il mène à des conséquences désastreuses.

1° Le Probabilisme se contredit lui-même. — Le Probabilisme confine l'esprit humain dans les vraisemblances et les probabilités, lui interdisant le droit d'affirmer une vérité comme indubitable. Il nie ainsi l'évidence objective, sur laquelle la certitude repose ; mais il est moins logique que le Scepticisme lui-même dans la conclusion qu'il tire de cette négation. Le Scepticisme conclut au doute, tandis que le Probabilisme maintient la probabilité et la vraisemblance. Il y a une choquante contradiction à admettre la probabilité et la vraisemblance, tout en rejetant d'une manière absolue l'évidence objective et avec elle, la certitude.

Qu'est-ce, en effet, que *la vraisemblance* ? Une opinion *vraisemblable*, bien qu'elle puisse être fausse, a des caractères de similitude avec le jugement *vrai*. Mais, comment celui qui professe l'impossibilité de connaître le vrai, d'une manière certaine, peut-il appeler vraisemblable une seule de ses opinions ? Le terme de comparaison lui manque ; puisqu'il n'a pas et ne peut avoir la notion certaine du vrai, il ne s'entend pas lui-même, quand il prétend être dans le vraisemblable.

Qu'est-ce que *la probabilité* ? Une opinion probable est une opinion qui se rapproche plus ou moins de la certitude. La notion de la probabilité suppose nécessairement celle de la certitude, comme l'appréciation d'une distance quelconque implique la connaissance du point fixe et déterminé auquel se rapporte la mesure. Celui donc qui n'admet pas que sa raison puisse jamais être certaine de la vérité, ne peut, sans absurdité, dire qu'il a sur une question une probabilité plus grande ou moins grande, car ce serait dire qu'il est plus rapproché ou moins rapproché de l'inconnu. Considéré au point de vue théorique, le Probabilisme est donc insoutenable. (Zigliara.)

2° **Le Probabilisme mène à des conséquences désastreuses.** — Si l'on considère le Probabilisme au point de vue *pratique*, c'est-à-dire, au point de vue du devoir et des destinées de l'homme, on se convaincra facilement qu'il aboutit aux plus désastreuses conséquences. — 1° Si l'homme ne peut avoir que des probabilités, sans jamais posséder la certitude, les devoirs, même les plus sacrés, ne sont jamais pour lui que des *hypothèses*. La morale tout entière aura le même caractère. — 2° La conduite de l'homme, dans la vie présente, n'a d'autre règle que *le peut-être* ; et avec une règle si inconsistante, qui peut-être n'a aucun fondement, que devient le courage en présence des difficultés de la vertu ? — 3° Les destinées elles-mêmes de l'homme n'offrent *aucune garantie*. Que deviendra l'homme ? A-t-il à espérer une récompense ? Doit-il craindre un châtiment ? Son âme est-elle immortelle ? Dieu lui-même existe-t-il ? Ce sont là autant de problèmes dont la solution ne sera jamais certaine. (Bénard.)

3° **Conclusion.** — On le voit donc, le Probabilisme n'est au fond qu'un véritable scepticisme qui craint de se démasquer, mais qui mène inévitablement aux mêmes conséquences pratiques que le scepticisme proprement dit. Il faut même reconnaître que la réserve feinte dans laquelle il se renferme, est propre à faire illusion à des esprits peu éclairés et le rend plus dangereux que le système qui a le courage de son doute. Puisque le Probabilisme rejette la certitude comme le scepticisme, la réfutation que nous allons faire du scepticisme atteint le probabilisme lui-même, car, en réprouvant le doute absolu, elle établit l'existence de la certitude.

§ III. — SCEPTICISME.

I. — Notion générale du Scepticisme. — Le Scepticisme (*examen, recherche*) est *le système qui met en doute la légitimité de nos pouvoirs cognitifs, et par suite l'objectivité de nos connaissances*. D'après ce système, notre esprit ne peut avoir ni la certitude, ni même la probabilité, sur un point quelconque. S'il tente d'approfondir ce point, la certitude s'évanouit et la probabilité elle-même est ébranlée. Il n'est donc pas autorisé à affirmer ; il ne peut nier non plus, car nier, c'est juger et par là même admettre la légitimité de nos moyens de connaître. Le seul parti sage à prendre, d'après le sceptique, c'est de ne se prononcer ni pour ni contre, c'est-à-dire, de douter.

Si le Scepticisme ne nie pas *la subjectivité* des phénomènes qui se passent en nous et sont attestés par le sens intime, il prétend que ces phénomènes ne prouvent pas l'existence de leur objet et qu'ainsi la transition du subjectif à l'objectif, pour affirmer ou nier ce dernier, est illégitime. Toute la discussion avec les sceptiques a donc pour but de faire voir qu'ils sont dans l'erreur, en doutant de la réalité objective de nos connaissances, et par là même de la légitimité des moyens que nous avons pour arriver au vrai avec certitude.

II. — Deux Sortes de Scepticisme. — On distingue deux sortes de sceptiques : *les uns*, qui révoquent en doute la légitimité de tous nos moyens de connaître, et par suite la réalité objective de toutes nos connaissances, *les autres*, qui n'ont en suspicion que quelques-uns de nos moyens de connaître et doutent de la certitude des connaissances qui nous arrivent par ces moyens. De là le Scepticisme *universel* et le Scepticisme *particulier*.

III. — Scepticisme universel. — Le Scepticisme universel est *hypothétique* ou *absolu*. Nous approfondirons plus tard le Scepticisme hypothétique, dans l'étude du doute méthodique de Descartes. Il n'est question présentement que du Scepticisme absolu.

Le Scepticisme *universel absolu* est appelé *subjectif* par quelques-uns et il est appelé subjectif, non parce qu'il révoque en doute l'existence du moi et des faits intérieurs, mais parce qu'il soutient, d'une manière générale, que ces faits donnent seulement lieu de se demander s'ils répondent à des réalités objectives.

Le Scepticisme universel a compté, chez les anciens et chez les modernes, plusieurs partisans que fera connaître l'histoire de la Philosophie.

IV. — **Réfutation générale du Scepticisme universel absolu.** — Le Scepticisme universel est absurde et implique une évidente contradiction. A quoi reviennent, en effet, les assertions du sceptique : *Il faut douter de tout. — Rien ne peut nous être connu d'une manière certaine*, sinon à celle-ci : *Il est certain qu'il faut douter de tout. — Il est certain que rien ne peut nous être connu d'une manière certaine ?* N'est-il pas évident qu'en voulant nier la certitude, il l'affirme ? On pourrait lui proposer le dilemme de Clément d'Alexandrie : Ou votre assertion est vraie, ou elle est fausse. Si elle est vraie, il y a donc quelque chose d'objectivement vrai et de certain pour vous. Si elle est fausse, tout votre système croule par là même et la vérité reste debout.

V. — **Réfutation des Arguments du Scepticisme universel.** — Sous quelque forme que le Scepticisme universel se soit produit, il n'a jamais eu à formuler que les mêmes objections contre la légitimité des connaissances humaines. Il ne sera pas sans utilité de réfuter en détail les principales objections qu'il met en avant contre la certitude, et que Sextus Empiricus réduit à trois, l'une tirée de *la raison elle-même*, l'autre des *objets* dont elle juge, et une troisième de *la contradiction des opinions humaines*.

1° **Argument tiré de la Nature de la Raison elle-même.** — La raison, dit le sceptique, ne peut se démontrer à elle-même sa propre légitimité comme moyen d'arriver certainement au vrai. Il faudrait, nonseulement qu'elle eût un signe infaillible pour discerner la vérité, mais encore qu'elle en prouvât l'infaillibilité. Et comment pourraitelle le faire, puisqu'il s'agit du critérium suprême de la vérité ? Sur quel fondement baserait-elle sa démonstration ? Ce critérium aurait besoin d'être démontré par un autre principe, celui-ci par un autre ; et ainsi indéfiniment. La raison n'atteint donc jamais le point d'appui dont elle a besoin pour être sûre de la vérité. Ainsi, elle doit demeurer dans le doute.

Réponse à ce premier argument. — Le sceptique qui raisonne de la sorte, devrait remarquer : 1° qu'il *se contredit lui-même.* En essayant de se soustraire à l'évidence objective, ce criterium suprême de la vérité contre lequel est dirigé son raisonnement sophistique, il la reconnaît et il la proclame. A quoi revient, en effet, son argument, sinon à dire que tout raisonnement, pour engendrer en nous la certitude, doit reposer sur un principe infaillible ? Mais nous lui demandons pourquoi il admet cette vérité, que nous admettons comme lui, et qui fait le fond même de toute son argumentation. Il ne l'admet qu'au *nom de l'évidence.* Il voit si clairement que toute démonstration doit reposer sur un principe qui n'a pas besoin d'être prouvé, qu'il consent à rejeter tout le reste, plutôt que de douter de cette vérité. Comment donc se fait-il qu'admettant l'évidence objective comme base de son système, il la rejette, par ailleurs, chaque fois qu'elle se produit avec une autorité non moins imposante ? Est-ce qu'il n'y a pas d'autres principes aussi évidents que celui dont il abuse d'une façon si étrange ?

2° *Qu'il confond l'Intelligence avec le Raisonnement.* — Le raisonnement n'est que l'opération secondaire de l'intelligence humaine et il voudrait en faire l'opération principale, et même unique. Il est des vérités que notre intelligence saisit intuitivement, qui ne doivent ni ne peuvent être démontrées, parce qu'elles se montrent d'elles-mêmes, et qui sont la base nécessaire de toute démonstration. Le sceptique nie les vérités d'intuition, pour se donner le droit de rejeter celles qui ont besoin d'être prouvées. Il admettrait la certitude médiate, dit-il, et il repousse la certitude immédiate sans laquelle l'autre est absolument impossible. N'est-ce pas là un évident sophisme ?

3° *Qu'il fait de l'Homme un être inexplicable.* — D'après le principe du Scepticisme, l'homme n'aurait l'intelligence que pour douter, sans pouvoir jamais saisir la vérité objective d'une manière certaine, ni porter un jugement. Mais ne serait-il pas alors un être vraiment étrange, capable de comprendre et n'ayant l'intelligence de rien, pas même de son doute, qui implique contradiction, un être plus imparfait dans sa nature spécifique que le dernier des êtres de la création ?

4° *Que son système, absurde en théorie, ne l'est pas moins en pratique.* — Une doctrine doit s'apprécier par ses conséquences et ses fruits. Si le Scepticisme, considéré au point de vue de son application à la conduite de la vie humaine, est d'une évidente impossibilité, n'est-ce pas là une preuve éclatante de l'absurdité des principes qu'il professe ? (BÉNARD.)

2° **Argument tiré des Objets de notre Connaissance.** — Pour que l'homme ait la certitude de quelque chose, dit le sceptique, il est nécessaire qu'il connaisse parfaitement l'objet vers lequel se porte son intelligence. Or, qu'on examine les divers objets que notre esprit essaie de saisir, on voit qu'ils renferment des mystères impénétrables. L'homme sage doit donc renoncer à toute affirmation et se concentrer dans le doute.

Réponse à ce second argument. — Nous reconnaissons avec le sceptique que la *nature*, l'*homme*, *Dieu*, en un mot, les divers objets que notre intelligence peut atteindre, contiennent pour elle des secrets qu'elle ne pénètrera jamais, et même nous confessons qu'elle est incapable de tout comprendre. Mais, ce que nous affirmons également, c'est qu'il n'est nullement nécessaire de tout connaître pour connaître certainement quelque chose.

Pour savoir certainement que j'existe, que celui à qui je parle existe, il ne m'est pas nécessaire de connaître tous les hommes. Pour connaître certainement une chose, il n'est pas nécessaire que je puisse en connaître toutes les propriétés ni en sonder tous les secrets. Bien que fini, mon esprit saisit d'une manière certaine l'existence de l'être infini et s'en forme une idée claire et nette, qu'il ne confond avec aucune autre.

Si le dogmatisme rationaliste exagère jusqu'à l'absurde la puissance de la raison humaine, il n'y a pas une moindre absurdité à exagérer sa faiblesse au point de lui refuser toute connaissance certaine. Dès lors que j'ai une intelligence bornée, je ne puis tout savoir ni savoir le tout de rien, mais dès lors que je suis une intelligence, je dois et je puis savoir quelque chose, l'intelligence n'ayant pu m'être donnée uniquement pour douter.

3° Argument tiré des Contradictions des Opinions humaines. — Bien que l'esprit de l'homme soit borné et le vrai difficile à connaître, dit encore le sceptique, la certitude ne serait pas impossible, si les hommes s'accordaient dans leurs jugements. Mais qui ne connaît les contradictions des opinions humaines? Quand a-t-on vu deux peuples, deux générations, deux hommes s'entendre, même sur des questions qui semblent fondamentales ou qui sont données comme telles par plusieurs? — Le même homme n'est-il pas souvent en désaccord avec lui-même? La raison lutte contre les sens. N'arrive-t-il pas à la raison de se combattre elle-même? Les pouvoirs cognitifs de l'homme se trompent, quelquefois se contredisent. Il n'y a donc rien de certain d'une manière absolue. L'homme sage doit douter de tout.

Réponse à la première partie de ce troisième argument. — Quelque contradictoires que soient les jugements des hommes, ils ne le sont pas en tout point. Il est des vérités qui s'imposent à la raison humaine par leur évidence même, qu'aucun esprit sain ne peut refuser d'admettre et qui échappent ainsi à la mobilité des opinions et des systèmes. Interrogez sur ces vérités des hommes qui ne se sont jamais vus, et de tous vous recevrez la même réponse. Ils semblent, dit Fénelon, avoir été instruits par le même maître.

Que, sur ces points, *le langage de quelques-uns ne s'accorde pas avec le témoignage général*, ce que nous ne refusons pas d'admettre, quelle conclusion peut-on raisonnablement en tirer? Tout d'abord, le langage des contradicteurs est-il bien l'expression sincère de leur pensée intime? C'est ce dont il est permis de douter. — Mais, alors même qu'il en serait ainsi, cette divergence de sentiments ne prouverait pas contre la légitimité de la certitude humaine; car, à ceux qui se basent sur cette divergence, pour rejeter la certitude, nous pourrions dire : Pour admettre une vérité comme indubitable, vous voulez être certains que le genre humain est d'accord sur cette vérité. Mais, comment pouvez-vous le savoir autrement que par votre raison individuelle? Vous admettez donc la puissance de votre raison, pour vous donner la certitude du désaccord du genre humain. Si vous admettez, sur ce point, la légitimité de la raison pour vous mettre en possession du vrai, vous n'avez pas le droit de la rejeter, quand il s'agit de choses non moins évidentes que le désaccord du genre humain.

A côté de cette partie invariable des jugements humains, il y a, nous l'avouons, une partie mobile, pour laquelle les plus saines intelligences sont en désaccord. Ce désaccord, qui cesse en beaucoup de points avec le temps, par suite des efforts multipliés dont il est la cause ou l'occasion, ne prouve évidemment rien contre la certitude. Les plus zélés défenseurs de la certitude et des droits légitimes de la raison humaine n'ont jamais prétendu que nous pouvons être certains de tout.

Réponse à la seconde partie de ce troisième argument. — Quant aux luttes que les diverses facultés de connaître se livrent dans le même homme, elles sont plus apparentes que réelles. Les témoignages de nos sens sont divers, et il ne peut en être autrement, puisque nos sens sont différents, mais ils ne sont pas pour cela contradictoires. L'objet de la connaissance des sens n'est pas l'objet de nos connaissances intellectuelles. Si l'entendement saisit ce que les sens n'ont pu nous découvrir, il y a sans doute diversité dans nos connaissances ; mais où est encore ici la contradiction ?

Si nous pouvons mal user quelquefois de nos facultés de connaître, on n'est pas autorisé, pour cela, à conclure, d'une manière absolue, que nous nous trompons toujours ? Si notre esprit peut errer, n'est-il pas évident que, dans beaucoup de cas, l'erreur lui est impossible, et que, lorsque nous prenons les précautions voulues par la saine raison, il ne se trompe jamais ? L'imperfection de nos facultés cognitives doit nous tenir en garde contre l'erreur, nous porter à juger avec prudence, c'est l'unique conclusion à tirer. Mais conclure que toujours nous devons nous retrancher dans le doute, ce serait un illogisme évident et destructeur de la raison humaine.

C'est ainsi que les objections des sceptiques ne résistent pas à l'examen de la saine raison ou, pour mieux dire, se détruisent d'elles-mêmes, car elles impliquent de choquantes contradictions.

VI. — **Scepticisme particulier.** — On appelle *Scepticisme particulier* tout système erroné sur la certitude, qui ne rejette pas directement toute la réalité objective de nos connaissances, et prétend respecter la légitimité de quelques-uns de nos moyens de connaître, en réprouvant les autres. Mais, comme la raison est au fond la même dans tous nos jugements, et que nos facultés sont solidaires les unes des autres, révoquer en doute la légitimité de l'un de nos moyens de connaître, c'est ébranler l'édifice entier de la certitude. Le Scepticisme particulier, quand on en presse les conséquences, aboutit au Scepticisme universel.

Le Scepticisme particulier s'est produit sous diverses formes, suivant les temps. Il s'est essayé à une sorte de progrès, afin d'ébranler davantage la certitude et de mieux détruire la raison, d'après l'aveu de Hume lui même, par de plus subtils raisonnements. Aux objections anciennes, les sceptiques ont substitué, avec certain art, ce qu'ils appellent la critique de la raison ou l'examen analytique de nos facultés de connaître. Sous des noms différents, on retrouve toujours les mêmes objections surannées et les mêmes erreurs. Signalons quelques-uns de leurs systèmes.

1° Scepticisme de Kant. — Le système de Kant sur la certitude est plus généralement désigné sous le nom d'*idéalisme critique* ou de *criticisme*. D'après ce philosophe allemand, *l'expérience subjective* constitue toute la connaissance humaine, et c'est uniquement par *la critique de la raison pure*, c'est-à-dire, par l'analyse de la pensée elle-même, indépendamment de toute expérience externe, que nous pouvons apprécier la valeur de nos facultés cognitives relativement au vrai.

Partant de ce faux principe, Kant entreprend la critique des phénomènes internes du moi ; mais ne voulant les étudier que dans le domaine de la conscience, sans tenir compte de leur cause objective, il en vient à les regarder comme des *formes purement subjectives* de la pensée, comme les lois invariables de notre nature intelligente. Dès lors, notre pensée ne se règle plus sur les choses ; c'est plutôt notre pensée qui les règle, en les faisant entrer dans ses moules. Ce que les choses sont en elles-mêmes, dans leur objet, indépendamment de nous, l'esprit humain ne peut le savoir. Elles sont pour nous *ce que nous les pensons*. Le passage du subjectif à la réalité objective ne nous est pas possible, et ainsi il n'y a pour notre esprit aucune vérité objectivement certaine.

Pour échapper au Scepticisme, auquel mène sa critique de la raison pure, Kant est réduit à recourir à ce qu'il appelle *la raison pratique*, ou *le jugement*. Seule, d'après lui, la raison pratique nous donne la certitude que la raison spéculative est absolument impuissante à procurer. Un tel système aboutit ainsi à une évidente contradiction, qui accuse la fausseté du point de départ. Comment établir *à priori* la puissance des facultés cognitives de l'homme, en mettant de côté l'expérience externe, sans laquelle l'homme, loin de connaître ses pouvoirs, ne saurait même pas son existence ? Le caractère scientifique que Kant a donné à son système en fait, tout contradictoire qu'il est, une des erreurs les plus périlleuses sur la question de la certitude. (SANSEVERINO).

2° Scepticisme idéaliste. — Quelles qu'en soient les formes diverses, le *Scepticisme idéaliste* a pour caractère, tout en maintenant la certitude de la raison pure, d'ébranler ou de détruire, par des attaques plus ou moins directes, la certitude expérimentale, basée sur la perception des sens.

Tel est le Scepticisme de Berkeley, qui, en combattant le matérialisme, a soutenu que l'homme, ne connaissant les corps que par l'intermédiaire de leurs images, ne peut avoir la certitude de leur existence. Il croit même voir une contradiction entre la notion de corps et celle de substance, de sorte qu'il en vient jusqu'à nier la possibilité de l'existence des corps. Les représentations sensibles qui nous inclinent à croire qu'il y a des corps, sont, d'après lui, directement produites dans notre âme par Dieu lui-même. — Il suit de ce système que Dieu tiendrait l'homme dans une illusion permanente et invincible, ce qui répugne absolument à la raison.

3° Scepticisme empirique. — Admettant la certitude qui vient de la perception expérimentale, l'Empirisme ébranle ou nie la certitude de la perception rationnelle. Avec des nuances diverses, c'est le système des *sensualistes* et des *matérialistes*, dont nous avons parlé en traitant de l'origine des idées. Il a sa réfutation dans la thèse qui établit la certitude de la perception rationnelle et dans celle qui détruit les arguments du Scepticisme universel.

4° Fidéisme. — On entend généralement par *Fidéisme* le système de ceux qui infirment outre mesure la valeur de la raison humaine, en soutenant que la certitude a son critérium suprême, non pas dans l'évidence objective saisie par la raison, mais *dans l'autorité*. Le Fidéisme ne nie pas l'existence de la certitude, mais il en déplace la base, et par là il l'ébranle, ou plutôt il la ruine entièrement. Sous quelque forme qu'il se soit produit, il aboutit finalement à cette assertion, à savoir, que *l'homme, par les seules forces de sa raison, est incapable de connaître le vrai avec certitude, et qu'il a besoin pour cela du témoignage divin.* Or, ce témoignage divin se manifeste soit dans la Révélation, soit dans l'accord du genre humain, soit dans l'enseignement social. De là trois ramifications du Fidéisme, connues sous les noms de *Scepticisme théologique* ou *Révélationisme*, de *Sens commun* et de *Traditionalisme*.

1° Scepticisme théologique. — D'après ce système, qui a compté Pascal et Huet, évêque d'Avranches, parmi ses défenseurs, la Révélation, dont l'Eglise catholique est l'interprète fidèle, est l'unique fondement de la certitude, et notre raison n'est à l'abri du doute que par la foi dans la parole divine.

Réfutation du Scepticisme théologique. — Le Scepticisme théologique, appelé aussi *mystique*, est *faux* dans son principe et *contradictoire* dans sa preuve. — 1° Il est *faux* dans son principe, attendu que la Révélation n'est pas le seul moyen capable de mettre l'esprit humain en possession de l'évidence objective, et par là même de la vérité. Indépendamment de la Révélation, notre intelligence a la connaissance certaine de plusieurs vérités, même fondamentales, telles que l'existence de Dieu, la spiritualité et la liberté de l'âme, la distinction du bien et du mal, et elle les démontre par les preuves les plus irrécusables. Cette doctrine est confirmée par le Concile du Vatican (1870), dont l'un des canons est conçu en ces termes : « Si » quelqu'un dit que le Dieu unique et véritable, notre Créateur et » Maître, ne peut pas être connu avec certitude par la lumière » naturelle de la raison humaine, au moyen des choses qui ont été » créées, qu'il soit anathème. »

2° Il *est contradictoire dans sa preuve.* — Ce système rejette la raison, comme moyen d'arriver au vrai, et il s'appuie sur elle. Qui peut faire connaître à l'homme l'existence d'une Révélation et les vérités qu'elle renferme ? N'est-ce pas la raison ? Pour qu'il ajoute foi aux vérités qui lui sont proposées de la part de Dieu, n'est-il pas nécessaire que le fait de la Révélation lui soit constaté d'une manière indubitable ? Il faut donc reconnaître à la raison le pouvoir d'arriver, par ses forces natives, à la connaissance certaine de la vérité : autrement, ni le fait de la Révélation ne pourrait être constaté, ni la foi aux vérités révélées ne serait justifiable. (SANSEVERINO.)

2° Sens commun, ou Lamennaisianisme. — Le consentement général, selon Lamennais, doit être regardé comme l'expression de la Révélation divine. Il est pour nous, dit-il expressément, le sceau de la vérité ; il n'y en a point d'autre. La raison *individuelle* seule ne peut s'assurer de la vérité, car tous les moyens de connaître, sens, sentiment ou évidence et raisonnement, mis à notre disposition, peuvent nous tromper. Pour acquérir la certitude qui exclut le doute, il faut que la raison individuelle cherche hors d'elle-même le critérium de la vérité, sa règle de croyance, et cette règle, c'est la raison *générale*, c'est-à-dire, l'accord du jugement humain sur un objet, le sens commun.

Réfutation du système du Sens commun. — Ce système est :
1° Faux *dans ses principes*. L'homme n'a en lui-même aucun moyen de certitude ; l'unique règle de certitude pour lui, c'est l'autorité. Ces deux assertions, qui résument tout le système, sont également fausses. La fausseté de la première découle, comme conséquence rigoureuse, de la thèse par laquelle nous avons établi la légitimité de nos moyens individuels de connaissance, qui tous sont propres à nous donner l'évidence. La seconde assertion, qui place uniquement dans l'autorité ou le consentement commun la règle de la certitude, est fausse par là même. Si le témoignage des autres est un moyen d'avoir la certitude sur plusieurs points, il n'est pas le seul moyen de certitude. Qu'avons-nous besoin de connaître le sentiment général des hommes, pour être certains de notre existence et de toutes les vérités qui nous sont évidentes d'elles-mêmes ou que nous atteignons par le raisonnement ?

2° *Contradictoire dans ses preuves.* — Ce système rejette et admet en même temps la raison *individuelle* comme capable de connaître sûrement la vérité. Comment chaque homme peut-il connaître le sentiment de ses semblables, et par suite savoir ce que pense le genre humain, autrement que par sa propre raison ? Mais, si la raison *individuelle* est impuissante à acquérir la certitude, comment pourra-t-elle être certaine de son accord avec le genre humain? Et si elle ne peut être certaine de cet accord, *la raison générale* sera impuissante elle-même à lui donner la certitude.

3° *Désastreux dans ses conséquences.* — La conclusion dernière et logique d'un tel système, c'est le scepticisme universel, la destruction de la science et le rejet de toute religion révélée. (FARGES.)

[3° **Traditionalisme.** — Si le système du *sens commun* fait de l'accord du genre humain l'unique critérium de la vérité, *le Traditionalisme* place dans l'enseignement social l'origine première de la connaissance, et par là même la raison de la certitude humaine, comme nous l'avons dit dans la Psychologie.

Réfutation du Traditionalisme. — La démonstration précédemment faite de la fausseté du Traditionalisme, au point de vue de l'origine des idées, nous dispense de le combattre au point de vue de la certitude. Un système qui est impuissant à expliquer l'origine d'un ordre de connaissances, est impuissant par là même à en établir la certitude.

5° **Rationalisme.** — Le Rationalisme, appelé aussi *Naturalisme*, est l'opposé du fidéisme. Il rejette la Révélation divine comme moyen de certitude, et il n'admet comme certaines que les vérités accessibles aux forces naturelles de la raison. Nous l'avons réfuté, en traitant du *Dogmatisme rationaliste*.

6° **Scepticisme historique.** — On appelle ainsi le système qui attaque la certitude du témoignage historique. Il est *général* ou *particulier* : *général*, s'il ébranle ou nie toute certitude historique ; *particulier*, s'il n'attaque que la certitude d'une classe de faits. Le Scepticisme historique a plus particulièrement pour objet l'autorité du témoignage humain qu'il infirme ou rejette, tandis que le Rationalisme s'attaque au témoignage de Dieu lui-même.

QUINZIÈME LEÇON.

Sommaire. — 1° Notion de la Méthode en général. — 2° Procédés de la Méthode. Analyse. Synthèse. — 3° Règles de la Méthode. — 4° Opérations liées à la Méthode. Définition. Division. Classification.

§ Ier. — NOTION DE LA MÉTHODE EN GÉNÉRAL.

La vérité existe. Notre esprit peut la connaître et en acquérir la certitude. Mais comment parvient-il à la connaissance certaine de la vérité qui n'est pas évidente d'elle-même ? Telle est la question importante dont il s'agit de chercher ici la solution. Nous avons donc à traiter de *la Méthode*.

I. — Définition de la Méthode. — La méthode (*route vers*) est la voie que suit l'esprit humain pour arriver à la vérité qu'il ignore, en partant de celle qu'il connaît. On peut la définir : *l'ensemble des procédés employés pour découvrir les vérités qui ne sont pas évidentes d'elles-mêmes*. Les vérités évidentes s'imposent à notre esprit immédiatement et sans aucun procédé discursif. Nous n'avons point à exposer ici comment se produit en nous l'évidence, question qui a été précédemment résolue.

Mais comment, des vérités évidentes, notre esprit arrive-t-il à la connaissance certaine de celles qui n'ont pas le même caractère d'évidence ? Résoudre cette question, c'est étudier *la Méthode*.

II. — Nécessité de la Méthode. — La nécessité de la Méthode est fondée sur *la nature de la vérité* et sur *la faiblesse de l'esprit humain*.

1° *Nécessité de la Méthode, fondée sur la nature de la vérité.* — Que nous considérions chaque être isolément ou que nous considérions les êtres dans leur ensemble et dans leurs rapports, partout nous découvrons un ordre admirable.

Chaque être nous présente plusieurs propriétés constitutives, qui lui servent comme d'éléments. Ces propriétés sont intimement unies, dépendent les unes des autres et découlent de l'essence de l'être.

Si nous considérons les êtres dans leur ensemble, nous remarquons entre eux un enchaînement, des relations, un plan suivi.

Or, nos pensées, et par suite nos discours et nos écrits, doivent être l'expression fidèle des choses, pour être conformes à la vérité. L'ordre qui existe dans les êtres, pris isolément et dans leur ensemble, doit exister dans les opérations de notre esprit, qui essaie de les saisir ou de les faire connaître. Mais cet ordre reproduit dans nos pensées, qu'est-ce autre chose que la Méthode ?

2° *Nécessité de la Méthode, fondée sur la faiblesse de l'esprit humain.* — Telles sont les bornes de notre intelligence, que nous ne pouvons qu'avec peine embrasser plusieurs choses d'un seul regard et en saisir l'enchaînement. Quand le développement d'une vérité exige une série de propositions et de raisonnements, il ne produit en lui la lumière, qu'à la condition d'être conduit avec ordre et clarté, c'est-à-dire, avec méthode. L'expérience ne prouve-t-elle pas que le défaut de méthode est souvent la principale cause de l'insuccès de plusieurs bons esprits ?

Nous devons donc voir dans la Méthode *l'auxiliaire nécessaire* de l'esprit humain ; ce n'est, toutefois, qu'un auxiliaire, qui ne crée pas le talent, mais qui aide seulement à le développer et à l'élever davantage. En éclairant l'esprit, elle le dirige et l'empêche de s'égarer. Elle ajoute même à ses forces natives, en lui épargnant de longues et fatigantes recherches, qui, peut-être, ne le conduiraient pas ou ne le conduiraient que difficilement à son but. On peut dire que la Méthode réforme, jusqu'à un certain point, l'esprit qui s'en fait une habitude ; elle le prémunit contre beaucoup d'erreurs, si naturellement il n'est pas droit, mais sans pouvoir le redresser d'une manière complète.

III. — **Méthode générale ou naturelle.** — Quel que soit son point de départ dans la recherche de l'inconnu, notre esprit marche invariablement à l'aide de deux opérations qui lui sont familières et indispensables. Il unit ou il sépare ; il analyse ou il synthétise. Ces deux opérations sont corrélatives, inséparables l'une de l'autre. Elles constituent par leur union la Méthode *générale*, qui forme comme le fond de toutes les méthodes particulières, et qu'on appelle souvent Méthode *naturelle*, parce qu'elle est la marche que tout esprit droit suit naturellement, quel que soit l'objet de ses travaux intellectuels, pour parvenir à la découverte ou à la démonstration de la vérité.

Pour bien connaître la Méthode, considérée d'une manière générale, il est nécessaire d'étudier, comme on va le faire, *les procédés* qu'elle suit et *les règles* qui la dirigent.

§ II. — PROCÉDÉS DE LA MÉTHODE. — ANALYSE, SYNTHÈSE.

La Méthode générale a deux procédés : *l'analyse* et *la synthèse*.

I. — **Analyse.** — L'analyse (*décomposition*) est *le procédé par lequel l'esprit décompose un tout en ses parties*, par exemple, une question en ses différents cas, une chose en ses propriétés ou ses éléments, afin d'examiner la question ou la chose dans ses détails, et de la bien connaître. Toutes les fois que l'esprit procède par division et considère quelque particularité, il analyse.

II. — **Synthèse.** — La synthèse (*composition*) est *le procédé par lequel l'esprit décompose un tout au moyen de ses parties*, c'est-à-dire, réunit les solutions particulières d'une question, pour avoir la solution générale, ou recombine un objet avec les propriétés ou les éléments séparés par l'analyse. Chaque fois que l'esprit procède par composition et considère quelque généralité, un tout, il synthétise.

III. — **Union de l'Analyse et de la Synthèse.** — Notre esprit procède toujours par *analyse* ou par *synthèse*. Il va du tout à la partie, ou de la partie au tout ; du général au particulier, ou du particulier au général. Il n'a pas d'autres ressources pour saisir et pour démontrer la vérité.

Bien qu'il y ait une différence tranchée entre l'analyse et la synthèse, qui sont en sens inverse, ces deux opérations sont tellement unies et inséparables, que, dans tout travail intellectuel, elles apparaissent alternativement, soit d'une manière explicite, soit d'une manière implicite.

Lorsque la question est *développée*, l'analyse et la synthèse s'y montrent manifestement. Toujours, en effet, la question est divisée en ses cas, en ses difficultés et divers points de vue, et est examinée dans ses détails : ce qui constitue *l'analyse*. Toujours aussi on y trouve quelque principe général, quelque vue d'ensemble, une solution définitive qui résume toutes les solutions particulières : ce qui constitue *la synthèse*.

Lorsque la question est *succinctement* traitée, les deux opérations y apparaissent encore, quoique d'une façon moins évidente. On y descend à quelques particularités, on affirme quelques principes, c'est-à-dire, on analyse ou on synthétise. (BÉNARD).

IV. — **Priorité de l'Analyse.** — Régulièrement, l'esprit humain commence par *l'analyse ;* mais le besoin d'analyser suppose une synthèse préconçue confusément. Les objets s'offrant à lui dans leur forme concrète, c'est pour lui une nécessité de les diviser, de les considérer à leurs divers points de vue, dans leurs éléments et leurs propriétés, pour en avoir une connaissance approfondie. Le philosophe, dans l'étude de l'âme, considère séparément les phénomènes dont sa conscience est le théâtre et les pouvoirs dont ils émanent, c'est-à-dire, il analyse, comme le fait le physicien dans l'étude de la nature.

Mais, à la suite de l'analyse, vient *la synthèse*, qui réunit les divers travaux de l'analyse, pour mettre l'esprit en pleine possession de la vérité. C'est ainsi que le philosophe procède par synthèse, quand, réunissant toutes les données fournies par l'étude des phénomènes et des facultés de l'âme, il conçoit la personnalité humaine, vivante, une, intelligente et libre. C'est ainsi que le physicien procède par synthèse, quand, au moyen de l'hydrogène et de l'oxygène, il recompose l'eau.

V. — **Diverses Formes de l'Analyse et de la Synthèse.** — Les définitions que nous en avons données montrent que l'analyse et la synthèse revêtent diverses formes, et ces formes dépendent du caractère même des sciences dans lesquelles elles sont employées. Dans les sciences expérimentales, leur forme diffère de celle qu'elles ont dans les sciences rationnelles.

1° Dans toutes les sciences *expérimentales*, l'analyse et la synthèse ne procèdent pas uniformément. Selon l'objet de ces sciences, elles offrent un caractère *positif* ou *abstrait*. Dans les sciences physiques et naturelles, la décomposition qui se fait par l'analyse est réelle, puisque les éléments des corps sont séparés ; la synthèse réunit ces éléments pour recomposer les corps. Dans les sciences noologiques, le travail analytique s'opère par *abstraction*, et la synthèse consiste à envisager dans leur ensemble et dans leurs rapports les facultés ou les forces que l'analyse a étudiées isolément.

2° Dans les sciences *rationnelles*, l'analyse et la synthèse ont pour objet des questions à étudier et à résoudre, des propositions à établir, des erreurs à démasquer et à combattre, des causes à rechercher au moyen des effets. L'esprit procède analytiquement, chaque fois qu'il décompose une idée complexe, pour l'envisager dans ses détails ; il procède synthétiquement, lorsqu'il tire la conclusion générale de ses examens isolés, lorsqu'il groupe autour d'une assertion les preuves qui doivent en faire ressortir la vérité ou la fausseté.

VI. — **Confusions regrettables sur l'Analyse et la Synthèse.** — Il n'est pas toujours facile de bien saisir le passage de l'analyse à la synthèse, ou de la synthèse à l'analyse, et par là même il n'est pas aisé de voir, dans certains cas, si l'on procède par analyse ou par synthèse. Quelques auteurs donnent comme exemple d'analyse ce qui est donné par d'autres comme exemple de synthèse. Cette confusion vient, nous semble-t-il, de ce que ces auteurs n'ont pas su distinguer assez nettement *l'analyse* et *la synthèse* proprement dites, considérées comme simples opérations, telles que nous venons de les décrire, et *les Méthodes particulières*, dont nous parlerons plus tard, et qui sont appelées l'une analytique, l'autre synthétique, du nom de l'opération qui leur sert de point de départ.

L'analyse proprement dite divise, comme le mot l'indique, un tout quelconque en ses parties, allant du général au particulier.

La Méthode analytique, appelée aussi inductive, a pour point de départ une analyse, et pour but à atteindre une synthèse. En employant cette méthode, l'esprit va du particulier au général, des phénomènes à leurs lois, des effets à leurs causes.

La synthèse proprement dite recompose, comme le mot l'indique, le tout divisé par l'analyse, allant du particulier au général.

La Méthode synthétique, appelée aussi déductive, a pour point de départ une synthèse, quelque généralité, et pour but la connaissance d'une vérité moins générale. Dans cette méthode, l'esprit va du général au particulier, du principe à la vérité qu'il renferme, de la cause à l'effet, de l'essence aux propriétés.

C'est faute d'avoir fait cette distinction importante que plusieurs sont tombés dans d'évidentes contradictions sur les deux procédés de la Méthode générale.

§ III. — RÈGLES DE LA MÉTHODE.

Descartes a formulé quatre règles pour la direction de l'esprit dans l'emploi des deux procédés corrélatifs de la Méthode générale. Nous allons les apprécier.

Première règle. — « Ne recevoir aucune chose pour vraie,
» qu'on ne la reconnaisse évidemment être telle ; éviter soigneuse-
» ment la précipitation et la prévention ; ne comprendre rien de
» plus en ses jugements que ce qui se présente si clairement et si
» distinctement que l'on n'ait aucune occasion de le mettre en
» doute. »

C'est là le point de départ de toutes les opérations de l'esprit humain, et par suite de toute méthode inductive ou déductive. Cette règle fait, avec raison, de l'évidence le critérium de la vérité. Mais, pour éviter les conséquences désastreuses que l'on pourrait tirer et qui ont été tirées de cette règle, il est nécessaire d'entendre l'évidence dans le sens qui a été précédemment exposé.

Deuxième règle. — « Diviser chacune des difficultés qu'on exa-
» mine en autant de parcelles qu'il se peut et qu'il est requis, pour
» les mieux résoudre. »

Cette seconde règle concerne *l'analyse*, première opération de l'esprit, allant d'une vérité évidente à la recherche d'une autre vérité. Celui qui ne sait pas séparer et examiner isolément tous les cas et toutes les difficultés d'une question, n'arrivera pas à une solution exacte.

Troisième règle. — « Conduire par ordre ses pensées, en com-
» mençant par les objets les plus simples et les plus aisés à con-
» naître, pour monter peu à peu, comme par degrés, jusqu'à la
» connaissance des plus composés, et supposant même de l'ordre
» entre ceux qui ne se précèdent point naturellement les uns les
» autres. »

Cette troisième règle regarde la synthèse, qui, venant à la suite de l'analyse, s'empare de ses données, les compare et les réunit pour s'élever à la connaissance scientifique de ce qui est plus général.

Cette règle, comme il est facile de le voir, a deux parties. Dans *la première*, Descartes demande que les pensées soient conduites par ordre, allant des objets les plus simples, les plus aisés à connaître, les plus rapprochés de nous, à ce que l'esprit saisit plus difficilement. Le concret s'offrant à nous tout d'abord, la première condition, pour le bien connaître, est de recourir à l'analyse. Recueillant les lumières fournies par ce travail préalable, notre esprit remonte à l'objet dont il n'avait qu'une notion confuse et cette fois il en a une connaissance nette et précise. La synthèse achève ce que l'analyse avait commencé.

Dans *la seconde partie* de cette règle, Descartes veut qu'on suppose de l'ordre entre les objets qui ne se précèdent point naturellement les uns les autres. Si, dans la pensée de l'auteur, il ne s'agit que d'aider la mémoire par cet ordre arbitraire et fictif, nous ne pouvons pas le blâmer. Mais, puisqu'il trace les règles à suivre pour arriver à la connaissance certaine des vérités non évidentes, il ne peut avoir la mémoire uniquement en vue. La recommandation, contenue dans cette seconde partie, doit être suivie avec discrétion dans la recherche de la vérité : autrement il en résulterait un véritable danger pour l'esprit humain. Deux choses qui se suivent dans la durée, peuvent n'avoir entre elles qu'un rapport de succession. La transformation de ce rapport en un rapport de causalité serait un véritable sophisme.

Quatrième règle. — « Faire partout des dénombrements si entiers
» et des revues si générales, qu'on soit sûr de ne rien omettre. »
Cette dernière règle exprime le contrôle de l'analyse et de la synthèse, l'une par l'autre ; c'est le moyen efficace de s'assurer qu'on n'a pas commis d'erreur.

Insuffisance des Règles cartésiennes. — Si ces règles, entendues comme nous venons de les expliquer, sont un guide sûr pour l'esprit humain dans la recherche de la vérité, on doit reconnaître qu'elles sont insuffisantes. Descartes semble isoler d'une manière complète la raison de chaque homme. Il ne dit pas un mot de l'autorité ni de l'histoire, comme si l'autorité ne pouvait nous donner la certitude, comme si l'histoire de la Philosophie, en nous exposant les conséquences auxquelles ont abouti les recherches des siècles passés, n'était pas propre à nous prémunir contre l'erreur. Cette lacune n'a pas peu contribué à faire du système de Descartes, selon la prévision de Bossuet, un système dangereux, qui a été plus nuisible qu'utile au triomphe de la vérité.

§ IV. — OPÉRATIONS LIÉES A LA MÉTHODE.

Trois opérations sont essentiellement liées à la Méthode et d'un fréquent usage dans la recherche de la vérité : *la définition, la division* et *la classification*.

I. — **Définition.** — Quel que soit l'objet de ses recherches, l'esprit humain rencontre souvent des choses dont il est nécessaire de bien préciser la nature et des termes qui ont besoin d'être expliqués. On entend par définition *la brève explication du sens d'un mot ou de la nature d'une chose*. Il y a ainsi une double définition, celle du *mot* et celle de *la chose*.

1° Définition du Mot. — La définition du mot est aussi appelée définition *nominale*.

1° *Tous les Mots ne sont pas définissables.* — Si certains mots ont besoin d'être définis, la raison dit assez que tous les mots ne sont pas définissables. Il y a des mots qui ont par eux-mêmes toute la clarté voulue pour être immédiatement et parfaitement compris, comme il y a des notions évidentes d'elles-mêmes qui ne peuvent être démontrées et qui servent à démontrer les autres. Si tout mot devait être défini avant d'avoir cours dans le langage humain, le langage serait impossible, une définition ne pouvant se faire qu'au moyen des mots. On ne définit que les termes qui offrent quelque obscurité.

2° *But de la définition du Mot.* — La définition du mot a pour but, en expliquant le sens du mot, de bien déterminer l'objet qu'il exprime. Ce n'est pas que la définition du mot exprime toujours les propriétés essentielles de la chose qu'il signifie, ce qui est le propre de l'autre définition ; mais il la discerne, d'une manière précise, de tout ce qui lui est étranger. Il est des définitions qui sont tout à la fois *nominales* et *réelles*. Euclide a défini l'angle : *la rencontre de deux lignes droites sur un même plan*. Cette définition désigne si nettement l'idée que nous avons de l'angle, que c'est tout ensemble une définition du mot et de la chose.

La définition nominale atteint son but en expliquant le mot obscur par des mots mieux connus, et conséquemment plus clairs. Si le mot est dérivé ou composé, souvent elle n'a pas de moyen plus efficace pour en faire bien saisir toute la portée, que de remonter à la source d'où il émane ou de mettre en lumière les éléments qui le composent. Quelquefois un mot n'est bien défini que par la définition même de la chose qu'il exprime : alors la définition est tout à la fois nominale et réelle.

3° *Deux sortes de définition du Mot.* — La définition du mot est *particulière* ou *commune*, selon qu'elle exprime le sens que tel homme ou le commun des hommes adopte.

La définition *particulière* ne doit être employée que dans un but d'utilité. Les discussions viennent souvent de ce que les deux parties n'attachent pas le même sens à un terme. La difficulté disparaît par la déclaration bien nette du sens qu'on y donne. — Il y a des termes *équivoques*, qui se prêtent à des significations assez différentes. Si l'on n'a pas soin, soit dans une conversation, soit dans un écrit, de préciser laquelle de ces significations on adopte, il en résultera de l'obscurité, et presque inévitablement on ne sera pas bien compris. Lorsque le sens d'un terme équivoque a été fixé, on ne doit pas, dans le cours de la même discussion ou du même travail, y donner un autre sens.

La définition *commune* détermine le sens généralement reçu et consacré par l'usage. Ce sens doit être respecté par quiconque compose une grammaire ou un dictionnaire, dans les définitions qu'il donne. Sans cela, il y aurait bientôt une regrettable et funeste confusion de langage et d'idées au sein d'un peuple parlant la même langue.

2° Définition de la Chose. — La définition de la chose est aussi appelée définition *réelle*.

1° *But de la définition de la Chose.* — La définition de la chose a pour but d'en faire connaître la nature. Or, une chose nous est connue par ses propriétés, qui sont *essentielles* ou *accidentelles*. Il y a ainsi deux sortes de définition de la chose, *l'une* qui la fait connaître par ses propriétés essentielles et qui est appelée pour cela définition essentielle ou proprement dite, *l'autre* qui la fait connaître par ses propriétés essentielles et accidentelles et qui est appelée *description*. La seule définition essentielle constitue *la définition scientifique*, dont nous parlons ici.

2° *Eléments de la définition scientifique de la Chose.* — La définition scientifique doit exprimer deux propriétés essentielles, *le genre prochain* et *la différence spécifique*. La connaissance de ces deux propriétés suffit pour qu'une chose soit parfaitement discernée de tout ce qui n'est pas elle-même.

Le genre prochain exprime les attributs qui sont communs à l'objet défini avec les choses auxquelles il ressemble; *la différence* exprime l'attribut qui lui est spécifiquement propre. Ainsi, le trapèze sera bien défini : *un quadrilatère dont deux côtés seulement sont parallèles*. Cette définition rattache *le trapèze* au quadrilatère, qui est le genre prochain. Mais, dans ce genre, il y a plusieurs espèces. A laquelle de ces espèces appartient *le trapèze* ? C'est ce que dit le reste de la définition, qui exprime la différence spécifique. (FARGES.)

3° *Qualités de la définition scientifique.* — La définition scientifique de la chose doit 1° *Être claire*, puisque son but est d'en faire connaître la nature. Pour qu'elle ait la clarté, il est nécessaire, non-seulement qu'elle exprime nettement le genre prochain et la différence spécifique, mais encore qu'elle soit conçue en termes parfaitement connus ou expliqués. 2° *Convenir au défini tout entier, toti definito.* 3° *Être propre au seul défini, soli definito.* — Il y a alors réciprocité, c'est-à-dire que, sans altérer la vérité du jugement émis, on peut renverser la proposition, en mettant l'attribut à la place du sujet et le sujet à la place de l'attribut, car il y a équation entre la chose à définir et la chose définie. Ainsi, on dira également : *l'homme est un animal raisonnable*, ou *l'animal raisonnable est un homme.*

4° *Objet de la définition scientifique.* — De ce que nous venons de dire de la définition essentielle des choses, il résulte : 1° Qu'on ne peut définir scientifiquement qu'une idée générale composée, c'est-à-dire, exprimant une idée relativement à ce qui est au-dessus d'elle ; 2° Que le genre suprême ne se définit pas, étant une idée qui ne se décompose pas et qui se connaît par elle-même ; 3° Que l'individu, ajoutant à l'espèce sa propre individualité, ne peut être défini. On le fait connaître par son espèce et par les qualités propres qui le distinguent des autres individus de la même espèce. C'est la description proprement dite. (LOGIQUE DE PORT-ROYAL.)

II. — Division. — Considérée d'une manière générale, *la division est la distribution du tout en ses parties. Distributio totius in partes.*

1° Plusieurs sortes de tout. — On distingue le tout *physique*, composé de parties intégrantes qui le forment par leur réunion, comme le corps humain formé de plusieurs organes ; le tout *métaphysique*, ou être simple, mais doué de plusieurs facultés distinctes, comme l'âme humaine ; le tout *logique*, appelé aussi *potentiel*, composé de plusieurs parties subjectives, qui s'enferment les unes les autres, comme le genre, contenant sous lui les espèces. Les deux premiers, formés de parties ou de facultés intégrantes, c'est-à-dire, essentielles soit à constituer le tout dans sa propre nature, soit à le compléter, sont appelés *totum* par les Latins, et le dernier est appelé *omne*. De là deux sortes de division : *la partition* et *la division proprement dite*.

2° **Partition.** — La partition ou division du tout (*totum*) consiste dans la distribution du tout en ses parties intégrantes ou en ses facultés. La règle unique de la partition, c'est le dénombrement exact des parties ou facultés qui entrent dans la compréhension de l'objet.

3° **Division proprement dite.** — La division du tout (*omne*) consiste dans la distribution d'un genre en ses espèces. Nous n'avons à nous occuper que de la division entendue de cette manière.

4° **Règles de la Division.** — Pour être légitime, la division doit être : 1° *Entière*, c'est-à-dire, embrasser toutes les parties dont se compose le tout. Sans cela, le tout ne serait pas en réalité divisé ; on en exprimerait seulement quelques parties, sans donner une idée complète de l'ensemble.
2° *Distincte*, c'est-à-dire, avoir des membres qui ne soient pas identiques, mais des membres objectivement distincts, dont aucun ne rentre même partiellement dans un autre. Sans cela, on n'atteindrait pas le but de la division, qui est de faire connaître distinctement les diverses parties du tout.
3° *Immédiate*, c'est-à-dire, distribuer le tout en ses parties plus générales, tout d'abord, pour passer aux parties immédiatement subjectives, sans omettre aucun membre intermédiaire. (BÉNARD).

5° **Bien diviser est d'une importance souveraine.** — L'habitude de bien diviser constitue *l'esprit méthodique*, aussi nécessaire dans l'étude des diverses connaissances que l'homme peut acquérir, que dans l'enseignement.

Elle est une condition indispensable *du progrès* dans une science quelconque, que l'on ne possède bien qu'autant que l'ensemble, avec ses grandes lignes, se dessine clairement à l'esprit.

Platon disait que celui qui saurait bien diviser serait à ses yeux comme un être divin dont il voudrait suivre les traces. *Qui rectè partiri sciat, ejus ego vestigia ut Dei cujusdam sequar.*

Toutefois, il faut se mettre soigneusement en garde contre la manie des subdivisions trop multipliées, qui, au lieu de soulager, surchargent la mémoire et enfantent une sorte de confusion dans l'intelligence. (ZIGLIARA.)

III. — **Classification.** — A la division se rattache *la classification*, qui est comme la synthèse de plusieurs divisions effectuées dans le même ordre de choses.

1° **Définition de la Classification.** — On peut définir la classification : *la distribution hiérarchique des diverses parties d'un tout, selon leurs ressemblances et leurs différences.* Toute classification suppose nécessairement : 1° *des ressemblances* entre les objets, sans quoi il serait impossible de former des catégories ; — 2° *des différences*, sans quoi la distribution du tout n'aurait aucune raison d'être ; — 3° *une hiérarchie*, qui subordonne les diverses catégories les unes aux autres et les relie ainsi dans une synthèse.

2° **Deux Procédés de Classification.** — La classification peut se faire *analytiquement* ou *synthétiquement*, selon qu'on remonte graduellement des catégories infimes aux plus élevées et au tout, ou qu'on suit une marche inverse.

1° *Classification analytique.* — Si l'on procède analytiquement, on groupe, au moyen de l'observation et de la comparaison, tous les objets à classifier, d'après leurs ressemblances, en négligeant leurs différences, et l'on compose ainsi plusieurs catégories, dont chacune ne renferme que des individualités. Ne tenant compte encore que des ressemblances constatées entre ces catégories infime, on forme de nouveaux groupes plus étendus, et ces groupes constituent un degré supérieur dans la classification qui s'effectue. Les premières catégories, par exemple, étaient des *variétés* ; les catégories du degré supérieur sont des *espèces.* Par une série d'opérations analogues, on s'élèvera ainsi aux catégories qui ont le plus d'étendue, et finalement à la notion suprême, qui embrasse toutes les catégories et tous les individus. La classification sera achevée.

2° *Classification synthétique.* — Quand on procède synthétiquement, on part du tout pour arriver aux catégories infimes, en passant successivement par des catégories de moins en moins étendues, qui sont subordonnées les unes aux autres en vertu même de leurs caractères de ressemblance.

3° **Deux Sortes de Classification.** — Toute classification repose sur les caractères communs que l'observation a fait découvrir entre un certain nombre d'êtres. Or, ces caractères sont de deux sortes : les uns sont apparents et accidentels, les autres sont essentiels et tiennent d'une manière intime à la nature même des êtres. De là deux sortes de classification : *la classification artificielle* et *la classification naturelle.*

1° *Classification artificielle.* — La classification artificielle, fondée sur des caractères extérieurs, sur des propriétés accidentelles, que l'esprit le plus vulgaire peut saisir, a servi comme de préparation à la classification naturelle. Bien qu'elle ait l'avantage d'aider la mémoire et de favoriser l'esprit méthodique dans des études dont l'objet est complexe, elle n'a pas par elle-même de valeur scientifique : elle est seulement un acheminement vers la science. Telle est la classification des plantes par les fleurs, ou la classification des animaux par la couleur ou par la chaleur du sang. Telle serait encore la classification des ouvrages d'une bibliothèque, selon leur format, la nature des questions dont ils traitent et les langues dans lesquelles ils sont écrits.

2° *Classification naturelle.* — La classification naturelle est basée sur les caractères essentiels des êtres, dont elle suppose une étude approfondie. Parmi ces caractères essentiels, il en est un reconnu comme plus fondamental, qui est en quelque sorte la source des autres. C'est d'après ce caractère que sont formés les groupes du degré supérieur. Les groupes des degrés inférieurs sont déterminés par des caractères de moins en moins importants, jusqu'aux groupes infimes de *l'espèce* avec ses variétés.

Telle est la classification du règne animal, par Cuvier. Ce naturaliste a basé sa classification sur le système nerveux, qu'il regarde comme le caractère le plus fondamental de ce règne. Il a donc divisé le règne animal en quatre embranchements, selon les diverses organisations du système nerveux, dans les animaux, à savoir, *les vertébrés*, *les mollusques*, *les articulés* et *les rayonnés*. Chaque embranchement a été subdivisé en classes, en ordres, etc., d'après des caractères de moins en moins importants.

4° Importance de la Classification naturelle. — La classification naturelle se recommande par elle-même. Non-seulement elle aide la mémoire et répand une grande lumière sur la science, mais elle est la science elle-même dans ses traits saillants, dans ses principes fondamentaux, et comme l'expression fidèle du plan du Créateur, dans lequel l'unité s'allie à la variété et la variété à l'unité, pour constituer par des ressemblances qui rapprochent et des différences qui éloignent, une synthèse pleine de beauté et d'harmonie.

5° Règles de la Classification naturelle. — Pour être bien faite, la classification doit être : 1° *Adéquate*, c'est-à-dire, embrasser l'ordre entier des objets à classer ; — 2° *Irréductible*. Aucune catégorie ne doit rentrer dans une autre ; — 3° *Basée* sur des caractères essentiels et fondamentaux ; — 4° *Graduée*, c'est-à-dire, former une série progressive par l'importance même des caractères qui lui servent de base, en allant des groupes infimes aux plus élevés, de telle sorte que l'esprit puisse facilement monter ou descendre l'échelle. Cette dernière qualité est surtout requise dans la classification, qui embrasse de nombreuses subdivisions.

SEIZIÈME LEÇON.

Sommaire : 1° Méthodes particulières. — 2° Méthode inductive. — 3° Application de la Méthode inductive aux Sciences cosmologiques. — 4° Application de la Méthode inductive aux Sciences noologiques. — 5. Analogie. — 6° Hypothèse.

§ Ier. — MÉTHODES PARTICULIÈRES.

Nous venons d'exposer la notion de la méthode, en la considérant d'une manière générale dans ce qui la constitue essentiellement, abstraction faite de la nature des vérités qui sont l'objet des recherches de l'esprit humain. Il s'agit maintenant d'étudier les modifications qu'elle subit dans son application, et qui donnent naissance aux méthodes particulières.

I. — **Deux Méthodes particulières.** — Partant des vérités évidentes, dont il est certain, notre esprit travaille à élargir le cercle de ses connaissances, et dans ce travail il divise et il unit, il analyse et il synthétise. Or, ces deux opérations, bien que se prêtant un mutuel et nécessaire concours dans toutes les investigations de l'intelligence humaine, donnent naissance à deux méthodes particulières, qui diffèrent entre elles comme ces deux opérations qui leur servent de base et qui leur donnent leur nom. Ce n'est pas, toutefois, que ces deux méthodes soient absolument séparables : elles sont unies comme *l'analyse* et *la synthèse*. Elles doivent leur caractère distinctif et leur dénomination à la prédominance du procédé soit *analytique*, soit *synthétique*.

II. — **Noms divers des deux Méthodes particulières.** — Les noms de *méthode analytique* et de *méthode synthétique* ne sont pas les seuls que portent les méthodes particulières.

1° **Noms de la Méthode analytique.** — La méthode *analytique* est ainsi appelée, parce qu'elle a l'analyse pour point de départ et pour fondement. Elle est encore appelée : 1° *Méthode inductive* ou *induction*, parce que des opérations auxquelles l'analyse a donné lieu et des lumières que ces opérations ont apportées, on infère une vérité générale, on conclut une loi ; 2° *Méthode expérimentale*, parce qu'elle est applicable aux sciences d'observation et que l'expérience en est le point d'appui nécessaire ; 3° *Méthode à posteriori*, parce qu'elle remonte de l'effet qui suit à la cause qui précède ; 4° *Méthode d'invention*, car elle est le procédé premier de l'esprit humain, cherchant à découvrir la vérité et à se bien rendre compte des choses. (FARGES.)

2° **Noms de la Méthode synthétique.** — La méthode *synthétique* est ainsi appelée, parce qu'elle a pour point de départ et pour base une vérité générale, une synthèse. Elle est encore appelée : 1° *Méthode déductive*, car du principe d'où elle part, elle déduit une vérité moins générale, elle tire la conséquence qu'il renferme ; 2° *Méthode rationnelle*, parce qu'elle est applicable aux sciences dites de raisonnement et que, dans ses opérations, elle part d'un principe que l'intelligence seule peut saisir ; 3° *Méthode à priori*, parce qu'elle va de la cause qui précède à l'effet qui suit, des principes à leurs conséquences, de la nature d'un être à ses propriétés ; 4° *Méthode d'enseignement ou de démonstration*, parce qu'elle est un moyen efficace et prompt, pour transmettre aux autres les connaissances scientifiquement formulées et mettre en lumière la vérité contenue dans un principe incontestable.

III. — **Différences de la Méthode analytique et de la Méthode synthétique.** — L'étude comparative des noms donnés à la méthode analytique et à la méthode synthétique met dans le jour le plus parfait les différences qui existent entre ces deux méthodes.

IV. — **Méthode d'Autorité.** — En employant les deux méthodes que nous venons d'indiquer, l'homme accroît le trésor de ses connaissances par des efforts personnels. Mais il n'est pas livré à ses seules ressources individuelles. Grâce au *témoignage*, il peut connaître des faits qui ne se sont pas accomplis sous ses yeux ou des vérités que par lui-même il n'aurait pas découvertes. A la méthode *analytique* et à la méthode *synthétique* s'ajoute donc la méthode d'*autorité*. Nous exposerons successivement ces trois méthodes.

§ II. — MÉTHODE INDUCTIVE.

I. — **Notion de la Méthode inductive.** — Il y a deux sortes d'induction, l'induction *complète* et l'induction *incomplète*. (ZIGLIARA.)

L'induction *complète* consiste *à conclure de toute une espèce ce qui est affirmé ou nié de tous les individus isolément.*

L'induction incomplète peut se définir : *un procédé par lequel, de l'observation de quelques faits particuliers, l'esprit humain infère la cause qui produit et la loi qui régit tous les faits semblables.*

L'induction incomplète est *l'induction proprement dite des modernes*, dont nous avons à traiter. Dans ce procédé, l'esprit passe de jugements portés sur quelques objets ou quelques faits examinés à un jugement général, qu'il applique à tous les objets et à tous les phénomènes de la même espèce. La loi qu'il n'a vérifiée que dans quelques faits, il l'érige en loi universelle étendant à tous ce qu'il a constaté pour quelques-uns seulement. Il conclut que ce qui est vrai dans les cas soumis à son examen, dans un lieu et dans un temps, est vrai pour tous les cas analogues, dans tous les lieux et dans tous les temps.

A première vue, un tel procédé paraît étrange et même suspect. Il est nécessaire d'en établir la légitimité.

II. — **Légitimité et valeur de la Méthode inductive.** — Nous n'avons pas à démontrer la légitimité de l'induction *complète*. Il est évident que ce qu'on affirme avec vérité de chaque individu, peut être affirmé avec certitude de l'espèce, que les individus composent.

Quant à l'induction *incomplète*, qui est l'induction telle qu'on l'entend aujourd'hui, elle tire sa valeur scientifique et la certitude de ses conclusions de deux sources, du *principe rationnel*, qui en est la base *générale*, et du *bon usage de l'expérience*, qui fait l'application du principe.

1° *Principe rationnel de la Méthode inductive.* — Le principe, en vertu duquel notre esprit peut légitimement passer de quelques jugements particuliers à un jugement universel, est appelé rationnel, parce que c'est la raison qui le saisit, en partant des données de l'expérience. Il n'est autre que *le principe d'ordre*, formulé de plusieurs manières : « *Les mêmes causes physiques produisent constamment les mêmes effets,* » ou : « *Les lois de la nature sont universelles et constantes.* » C'est sur ce principe, mis en pleine lumière dans l'Ontologie, que repose, comme sur un inébranlable fondement, la généralisation qui a lieu dans la méthode inductive, à la suite de l'observation attentive de quelques faits.

De *l'universalité* des lois de la nature, il résulte qu'étant connue pour quelque point de l'espace, une loi est connue par là même pour tous les points de l'espace. De *la stabilité* de ces mêmes lois, il résulte qu'étant connue pour quelque point de la durée, une loi est connue par là même pour tous les points de la durée. Les mêmes faits sont régis par les mêmes lois, et la régularité des faits accuse des lois permanentes et générales.

2° **Bon Usage de l'Expérience.** — Le principe rationnel ne saurait donner, par lui seul, à l'induction une valeur scientifique et en garantir les conclusions dans un cas particulier. Toute induction a pour objet une *loi spéciale*; mais, cette loi spéciale ne peut être saisie qu'à la suite de l'examen des faits que nous avons sous les yeux. Par cet examen, nous constatons que les êtres étudiés offrent les mêmes propriétés et les mêmes caractères, et nous en concluons qu'ils sont régis par la même loi. Nous appuyant sur le principe rationnel, nous étendons la loi constatée à tous les êtres semblables. Mais, on le voit sans peine, la légitimité de cette conclusion définitive, qui est l'induction elle-même, dépend, pour un cas déterminé, du *bon usage de l'expérience*. (BÉNARD.)

3° **Toute Induction légitime doit pouvoir être ramenée à un Raisonnement syllogistique.** — Il suit de ce qu'on vient de dire qu'une induction tire sa valeur du syllogisme sous-entendu qui lui sert de fondement. Le principe rationnel est *la majeure* du syllogisme ; la vérité découverte par l'expérience en est *la mineure*, et l'induction définitive en est *la conclusion*. Citons un exemple : « *Les lois de la nature sont universelles et constantes. Or, l'expérience constate que les corps étudiés tombent avec une vitesse égale dans le vide. Donc, tous les corps doivent être soumis à la même loi et tombent avec une égale vitesse dans le vide.* » L'universalité de la majeure et la vérité de la mineure rendent légitime et certaine l'affirmation universelle de la conclusion. (ZIGLIARA.)

III. — **Opérations de la Méthode inductive.** — Le procédé inductif comprend quatre opérations principales : *l'observation*, *l'expérimentation*, *la comparaison* et *l'induction finale*.

1° Observation. — Le premier pas, dans l'emploi du procédé inductif, consiste à observer le phénomène ou fait qu'on a sous les yeux ou dont on a conscience. L'observation est *une attention prolongée de l'esprit, qui se fixe sur un phénomène externe ou interne, dans le but de le bien connaître*. On observe les phénomènes externes ou physiques au moyen des sens et de leurs organes, aidés au besoin d'instruments qui en augmentent la portée et la délicatesse. On observe les phénomènes internes dont on a conscience par la réflexion, aidée de la mémoire.

1° *Analyse de l'Observation.* — L'observation embrasse nécessairement plusieurs actes, dont les principaux sont : 1° L'attention, qui dirige l'esprit vers l'objet à étudier ; 2° la distinction, qui fait l'esprit discerner cet objet de tout ce qui n'est pas lui ; 3° l'analyse, qui le décompose en autant de parties qu'il est nécessaire pour en faciliter l'examen ; 4° l'examen de chacune de ces parties, qui est l'observation proprement dite ; 5° Enfin, la synthèse ou recomposition de l'objet, qui donne à l'esprit une vue d'ensemble sur cet objet.

2° *Qualités de l'Observation.* — Pour être bonne et conduire à des résultats certains, l'observation doit être : 1° patiente ; 2° complète, sans omettre aucun détail du fait ; 3° impartiale, c'est-à-dire, ne rien supposer et être faite sans esprit de système.

2° **Expérimentation.** — L'observation est-elle insuffisante? il faut recourir à l'expérimentation, lorsqu'elle est possible.

1° *Nature de l'Expérimentation.* — L'expérimentation provoque le retour du phénomène qu'on veut étudier, ou elle le modifie, et par là elle offre à l'esprit un puissant secours dans la recherche des lois du monde physique. Elle est même nécessaire, dans certaines sciences, comme la Physique et la Chimie, qui doivent une partie de leurs découvertes aux expériences faites par les savants.

Dans les sciences morales qui ont un caractère expérimental, la réflexion renouvelée et une étude plus approfondie sont une véritable expérimentation.

2° *Règles de l'Expérimentation.* — Bien que le succès de l'expérimentation, dans l'ordre physique, dépende surtout de la sagacité de celui qui l'emploie, il est bon qu'elle soit *guidée*, selon la parole de Bacon, c'est-à-dire, qu'elle soit faite suivant certaines règles dont l'observation permet d'apprécier d'une manière sûre les résultats obtenus. Il faut : 1° Apporter le plus grand soin à procurer la précision des instruments ; 2° varier les expériences, les cas et les circonstances ; 3° contrôler l'analyse par la synthèse. (BÉNARD.)

3° **Comparaison.** — Pour arriver à l'induction, il ne suffit pas de se livrer à des observations et à des expériences isolées. Il faut encore comparer attentivement tous les résultats obtenus, afin de s'assurer s'ils sont identiques. Des résultats différents, si nombreux qu'ils soient, ne peuvent évidemment mener à une conclusion générale.

4° **Induction finale.** — Lorsque l'observation, les expériences et la comparaison des résultats obtenus s'accordent dans des conclusions identiques, il y a lieu à tirer la conclusion définitive et à formuler la loi générale du phénomène étudié. C'est là l'induction proprement dite. C'est ainsi que se sont formées peu à peu les diverses sciences qui ont pour objet l'étude de la matière. C'est à ce procédé que sont dues beaucoup de connaissances dans l'ordre moral lui-même.

IV. — **Règles de la Méthode Inductive.** — On peut réduire à trois principales les règles qui doivent présider à l'induction, pour en garantir la certitude.

Première règle. — Les observations et les expériences doivent être faites avec une attention sérieuse et en nombre suffisant, pour qu'il soit constant que de nouvelles recherches donneraient le même résultat. Cette règle doit être suivie avec une exactitude d'autant plus scrupuleuse, que c'est sur ce premier travail que reposent toutes les autres opérations du procédé inductif.

Deuxième règle. — La comparaison des résultats doit les trouver constamment identiques. Si les résultats, sans être tous disparates, ne sont pas identiques constamment, une conclusion générale est par là même interdite.

Troisième règle. — L'induction, dans la conclusion générale qu'elle tire, dans la loi universelle qu'elle formule, ne doit pas aller au delà de ce que permet la nature des données obtenues dans les opérations préparatoires. — Si les données obtenues permettent de formuler avec certitude la loi précise qu'elles révèlent, elles n'autorisent pas à en affirmer une plus étendue.

V. — **Induction socratique.** — Outre l'induction que nous venons de décrire et qui a été connue de tous temps, bien qu'on lui donne le nom de Bacon, qui en a seulement formulé les lois et encore d'une façon imparfaite, il est une autre induction, dite *induction socratique* ou *dialectique platonicienne*, qui consiste à s'élever du contingent au nécessaire, du fini à l'infini.

L'induction socratique et l'induction proprement dite sont, pour le fond, une même opération de notre esprit, qui a la faculté merveilleuse de saisir l'intelligible dans le sensible, le nécessaire dans le contingent, l'universel dans le particulier, c'est-à-dire, d'atteindre à des vérités qui dépassent la portée de la perception expérimentale.

§ III. — APPLICATION DE LA MÉTHODE INDUCTIVE AUX SCIENCES COSMOLOGIQUES.

I. — **Double Objet des Sciences cosmologiques.** — L'étude du monde matériel offre aux investigations de l'esprit humain deux ordres de choses, parfaitement distincts : *le concret* et *l'abstrait*. Les sciences cosmologiques se divisent donc en deux parties : les sciences qui ont pour objet *le concret*, et qui sont appelées *sciences physiques et naturelles*, et les sciences qui ont pour objet *l'abstrait*, et qui sont appelées *sciences mathématiques*. Aux premières s'applique la méthode *inductive* et aux secondes la méthode *déductive*, dont il sera question plus tard.

II. — Sciences physiques et naturelles. — L'objet commun aux sciences physiques et naturelles, ce sont les corps, à l'état concret où la nature nous les présente. Toutefois, elles ne les étudient pas au même point de vue. Les sciences *physiques*, quel que soit le nom particulier de chacune d'elles, s'occupent de la matière inorganique, des lois qui président aux mouvements des corps et à leur composition. Les sciences *naturelles* s'occupent de la matière organique, de la structure et du développement des corps organisés. Quelques-unes de ces sciences ont un caractère mixte.

Quel que soit le point de vue auquel ces diverses sciences étudient les êtres matériels, elles ont cela de commun qu'elles *partent toutes des phénomènes ou faits particuliers*, pour s'élever aux lois générales qui régissent ces faits ou phénomènes. Dès lors, il est facile de reconnaître qu'une même méthode leur est applicable, tout d'abord, à savoir, *la méthode inductive* ; mais *la méthode déductive* ne leur est point étrangère.

III. — Méthode inductive dans les Sciences physiques et naturelles. — L'application de la méthode inductive aux sciences physiques et naturelles se réduit aux points suivants, qu'il suffira d'indiquer d'une façon sommaire : 1° Il est nécessaire d'*observer* les phénomènes matériels, en se servant pour cela des moyens naturels et artificiels d'observation dont l'homme peut disposer ; 2° Au besoin, et lorsque cela est possible, l'expérimentation, qui n'est qu'une observation prolongée, doit être employée ; 3° Lorsque les faits sont connus par l'observation, et par l'expérimentation, qui la complète, on doit les comparer attentivement, afin de les mettre en ordre par une classification légitime ; 4° Une fois les faits connus et classés, le physicien et le naturaliste s'élèvent aux lois qui les régissent, par l'induction, qui les affirme d'une manière certaine.

Lorsque l'étude des phénomènes matériels n'aboutit pas à une solution certaine, c'est-à-dire, à un *jugement inductif*, elle peut permettre, selon les cas, de constater des *analogies* ou de formuler des *hypothèses*.

IV. — **Méthode déductive dans les Sciences physiques et naturelles.** — La méthode inductive n'est pas seule employée dans les sciences physiques et naturelles. On y fait assez souvent usage de la déduction. Ainsi, lorsqu'une loi a été constatée, le savant en déduit les conséquences qu'elle renferme, et dont il fait lui-même, ou du moins prépare l'application pratique ; la déduction sert encore à la vérification des hypothèses.

§ IV. — APPLICATION DE LA MÉTHODE INDUCTIVE AUX SCIENCES NOOLOGIQUES.

I. — **Principales Sciences noologiques.** — Les sciences noologiques ont pour objet le monde spirituel, qui, plus encore que le monde matériel, doit provoquer les ardentes recherches de l'esprit humain. Ici, le champ est vaste, et nous ne pouvons avoir la pensée de le décrire dans son entier. Les principales sciences qui appartiennent à cet ordre supérieur de nos connaissances sont :

1° *La Théologie*, qui, s'appuyant sur l'enseignement révélé, s'occupe de Dieu, de l'homme, du monde et de leurs rapports.

2° *La Philosophie*, qui traite de Dieu, de l'homme, du monde et de leurs rapports, en se basant sur les données de la raison.

3° *La Morale*, qui traite des éternels principes de l'honnête, ayant leur fondement en Dieu, d'où elle fait découler les devoirs de l'homme.

4° *Le Droit*, qui traite plus particulièrement des droits, comme la morale traite plus particulièrement des devoirs. Il se divise en droit *naturel*, fondé sur l'essence même des choses, et en droit *positif*, établi par la volonté libre du *législateur divin* ou *humain*. Le droit humain comprend le droit *ecclésiastique* et le droit *civil*.

5° *La Politique*, qui a pour objet le gouvernement des peuples, et étudie les moyens de les rendre meilleurs et plus heureux.

6° *La Jurisprudence*, qui a pour objet la science pratique du droit et des lois qui régissent une société.

7° *L'Economie sociale*, qui cherche à développer la prospérité matérielle d'un peuple, sans perdre de vue ses intérêts moraux.

8° *La Pédagogie*, qui a pour objet le développement intellectuel, et surtout la formation du cœur et du caractère de l'enfance et de la jeunesse.

9° *L'Histoire*, qui raconte les événements, en étudie les causes et en expose les résultats.

10° *L'Esthétique*, qui a pour objet l'étude du beau dans la nature, dans la littérature et dans les arts.

11° *L'Ontologie*, qui traite de l'être en général. Bien qu'elle embrasse, par sa nature même, les sciences noologiques et les sciences cosmologiques, elle doit être rangée parmi les premières, tant à cause de leur supériorité évidente sur les autres, que du perfectionnement incontestable que les études ontologiques procurent à l'esprit humain.

Ces sciences sont généralement désignées sous le nom de *sciences morales*, du but même où elles tendent, qui est le développement et la perfection de l'homme moral, soit comme individu, soit comme famille, soit comme société.

II. — **Division des Sciences noologiques au point de vue de la Méthode.**
Au point de vue de la méthode, les sciences noologiques peuvent se diviser en trois classes. Ce qui domine dans quelques-unes, c'est le caractère *expérimental* ; dans quelques autres, c'est le caractère *rationnel* ; dans la plupart, ce sont *ces deux caractères*. D'où il résulte que la méthode à suivre, ce sera, pour les premières, *la méthode inductive* ; pour les autres, *la méthode déductive* ; pour la plupart, tantôt *l'une des méthodes*, tantôt *l'autre*, selon la nature des questions à étudier, et aussi selon le point de vue où l'on se place pour les approfondir. Dans toutes ces sciences, *la méthode d'autorité* est, sur beaucoup de questions, un auxiliaire indispensable, dont le concours ne doit pas être écarté.

III. — **Méthode inductive dans les Sciences morales.** — Dans l'étude des sciences morales, où le caractère *expérimental* domine, qui partent de faits, pour remonter aux lois et aux causes, comme la *Psychologie expérimentale*, la *Théodicée expérimentale*, et dans les questions des sciences mixtes, qui offrent le même caractère, il faut employer *la méthode inductive*, telle que nous l'avons précédemment exposée, en tenant compte de l'objet de ces sciences. Veut-on, par exemple, appliquer la méthode inductive à la Psychologie expérimentale ? On devra :

1° *Observer* attentivement les faits dont l'âme est le théâtre ; 2° *Revenir* sur ces faits par la réflexion et une méditation profonde, ce qui constitue une véritable *expérimentation morale*; 3° *Les classer* d'après leurs ressemblances et d'après leurs différences, comme l'ont fait tous ceux qui ont voulu acquérir une connaissance approfondie de l'âme ; 4° Enfin, s'élever par *l'induction*, de ces faits connus et classés, à leurs causes efficientes. C'est en suivant ce procédé que les psychologues, après avoir constaté quatre classes de faits dans l'âme humaine, ont conclu avec certitude que notre âme possède quatre pouvoirs très distincts.

IV. — Analogie et Hypothèse dans les Sciences noologiques. — Dans les sciences morales, comme dans les sciences physiques et naturelles, il n'est pas toujours possible d'arriver sur-le-champ aux conclusions affirmatives et certaines de *l'induction*. Dans ce cas, le recours à *l'analogie* est chose très légitime. C'est ce que fait le philosophe, quand, pour mettre l'excellence de l'âme humaine en plus grande lumière, il la compare à ce qui est au-dessous et à ce qui est au-dessus d'elle, au principe vital de la brute et à Dieu, éclairant ainsi l'un par l'autre ces trois ordres de choses.

L'hypothèse elle-même n'est nullement étrangère aux sciences dont nous parlons, comme le prouvent les divers systèmes dont nous avons eu déjà l'occasion de faire la critique.

§ V. — ANALOGIE.

I. — Notion de l'Analogie. — Le mot *analogie (rapport entre)* signifie ressemblance entre deux êtres, deux faits ou deux ordres de choses. Le procédé connu sous ce nom est ainsi appelé, parce que l'esprit, dans le jugement conjectural qu'il porte, s'appuie sur des ressemblances constatées. L'analogie est donc *un procédé par lequel, de ressemblances observées entre deux êtres, deux espèces, deux ordres de choses, on conclut à l'existence de ressemblances non encore constatées.*

Cette définition fait sentir l'affinité qui existe entre l'induction et l'analogie, tout en montrant la différence tranchée de ces deux procédés.

II. — **Différences de l'Analogie et de l'Induction.** — L'analogie a certaine affinité avec l'induction, et quelques philosophes ont cru pouvoir l'appeler une *induction commencée*. Toutefois, elle est loin de se confondre avec l'induction, dont elle diffère de plusieurs manières essentielles, à savoir :

1° *Dans son principe.* — L'analogie repose sur ce principe fondamental, que *la nature est régie par un petit nombre de lois générales*, desquelles découlent toutes les autres. C'est ce principe qui autorise la hardiesse de ses conclusions, quand, d'une ressemblance constatée, elle conjecture une ressemblance qu'elle n'a pas observée.

2° *Dans sa marche.* — L'induction s'élève des faits qu'elle étudie à la cause qui les enfante et à la loi qui les régit, tandis que l'analogie, de certaines similitudes reconnues entre deux êtres, entre le végétal et l'animal, par exemple, entre l'âme et le corps, entre l'ordre moral et l'ordre physique, conclut à des similitudes plus nombreuses et plus générales. L'induction va du particulier au général, de l'individu à l'espèce, des espèces au genre, par une marche lente durant laquelle elle observe scrupuleusement les phénomènes, tandis que l'analogie, qui n'est qu'une tendance plus ou moins fondée vers la généralisation, va d'un ordre de phénomènes à un autre ordre de phénomènes, par un élan plein de hardiesse et de rapidité.

3° *Dans la valeur de ses conclusions.* — Si l'induction procède lentement, elle va sûrement à son but. Quand elle a saisi d'une manière évidente la vraie cause ou la loi d'un phénomène, elle l'affirme avec certitude. L'analogie, au contraire, ne dépasse pas, dans ses conclusions, les limites d'une probabilité plus ou moins fondée, selon le nombre et le caractère des ressemblances sur lesquelles elle appuie ses conjectures. (BÉNARD).

III. — **Règles de l'Analogie.** — Deux règles principales sont à observer dans l'emploi de l'analogie. 1° L'analogie doit appuyer ses conclusions sur des similitudes importantes et nombreuses, pour n'être pas téméraire. — 2° La valeur de ses jugements doit être appréciée par le caractère même des ressemblances qui les ont motivés. Plus ces ressemblances paraissent se rapprocher de la nature des choses, plus le jugement, qui en est la suite, offre de probabilité.

IV. — **Usage et Abus de l'Analogie.** — On ne peut méconnaître l'utilité de l'analogie, mais il ne faut pas s'aveugler sur ses dangers.

1° *Utilité de l'Analogie.* — L'analogie est d'un usage journalier dans le commerce de la vie, et elle est la source d'un grand nombre de jugements. Notre imagination se plaît dans les analogies et les comparaisons, et elle multiplie facilement les rapports. De là l'emploi fréquent de *la métaphore* dans l'éloquence et dans la poésie. Dans la science, l'analogie est un moyen assez fécond de découvertes.

2° *Dangers de l'Analogie.* — Quelque incontestable qu'en soit l'utilité, l'analogie peut devenir, si l'on ne sait pas en user avec discrétion, une cause fréquente d'erreurs. Nous saisissons beaucoup plus facilement les ressemblances apparentes que les différences réelles, et en nous laissant aller au penchant naturel de notre esprit pour l'analogie, nous nous exposons à des conjectures hasardées. L'homme sérieux ne doit donc admettre les analogies qu'avec réserve et après un examen judicieux.

§ VI. — HYPOTHÈSE.

I. — **Notion de l'Hypothèse.** — L'induction, fût-elle secondée par de puissantes analogies, n'arrive pas toujours, d'une manière certaine, à la connaissance de la vérité. Aussi n'est-il pas rare de voir l'homme, impatient d'expliquer les secrets de la nature, se livrer à des suppositions. L'hypothèse est *la supposition probable d'une cause, pour rendre compte des phénomènes dont la vraie cause est inconnue.* Elle est ainsi une *induction provisoire*, que l'on admet, en attendant que la vérité se fasse jour.

II. — **Avantages de l'Hypothèse.** — L'hypothèse, qui a été en usage chez les anciens, comme elle l'est chez les modernes, présente d'incontestables avantages, et plus d'une fois elle a mis l'esprit humain sur la voie des plus importantes découvertes.

On peut même dire que l'hypothèse est un *besoin* de notre intelligence bornée, qui, après les investigations les plus actives, n'arrive pas toujours à saisir, d'une manière certaine, la cause dont elle a poursuivi la découverte. S'appuyant sur ce principe incontestable, que *tout a sa raison d'être et sa fin*, elle essaie alors de trouver une explication plausible aux phénomènes qu'elle étudie, et elle formule une hypothèse. Cette hypothèse a pour effet de concentrer sur le point en question l'attention des savants, qui, avec le temps, pourront, soit vérifier l'hypothèse, soit découvrir ailleurs la vérité cherchée, et enrichir ainsi le trésor des connaissances humaines.

Ce n'est pas seulement dans les *sciences d'observation, cosmologiques ou morales*, que l'hypothèse a son application. Elle n'est pas sans utilité dans les sciences de raisonnement et dans les mathématiques elles-mêmes.

L'hypothèse est donc bonne en elle-même, et c'est à tort que quelques philosophes, de concert avec Bacon, ont été d'avis de la proscrire du domaine de la science. Mais il est nécessaire que des règles sûres en éclairent et en dirigent l'emploi. (BÉNARD).

III. — **Abus de l'Hypothèse.** — Quelque évidents qu'en soient les avantages, l'hypothèse peut donner lieu à de graves inconvénients. On a fait aux anciens le reproche d'avoir donné quelquefois à l'hypothèse le caractère d'une vérité évidente et d'y avoir subordonné l'expérience, au lieu de soumettre à l'expérience l'hypothèse elle-même.

Regarder l'hypothèse comme une vérité qui *n'a plus besoin d'être prouvée*, ce serait un abus condamnable, car ce serait remplacer la science, qui doit être l'expression même de la vérité, par ce qui n'en aurait que l'apparence. Ce serait un abus tout aussi répréhensible d'avoir un *recours trop fréquent* à l'hypothèse, ou de ne pas savoir user de discernement dans le choix qu'on en fait.

IV. — **Règles de l'Hypothèse.** — Dans *le choix*, comme dans *l'appréciation* et *la vérification* d'une hypothèse, la saine raison demande qu'on ne perde pas de vue les règles suivantes :

1° L'hypothèse doit être *choisie*, de manière à rendre compte de tous les faits observés, au moins dans leurs principales circonstances.

2° L'hypothèse doit être regardée comme *plus ou moins probable*, selon qu'elle satisfait à un plus ou à un moins grand nombre de circonstances.

3° Si l'hypothèse est *surprise en contradiction*, soit avec un nouveau phénomène, soit avec quelque circonstance importante des phénomènes dont elle était donnée comme la cause probable, elle doit être rejetée comme fausse. A plus forte raison doit-il en être ainsi, lorsqu'en dehors de l'hypothèse, on trouve, d'une manière certaine, la solution cherchée.

Quand il est prouvé qu'une hypothèse satisfait clairement à toutes les circonstances des faits, et surtout qu'il est impossible d'y donner une autre explication, l'hypothèse cesse alors d'être une supposition probable et devient une véritable induction.

DIX-SEPTIÈME LEÇON.

SOMMAIRE : 1° Méthode déductive. — 2° Point de départ de la Méthode déductive. — 3° Eléments du Raisonnement déductif. — 4° Nature du Syllogisme. — 5° Règles du Syllogisme.

§ Ier. — MÉTHODE DÉDUCTIVE.

I. — **Notion de la Méthode déductive.** — On peut définir la méthode déductive : *un procédé par lequel on fait sortir d'une vérité évidente et générale une vérité moins générale, qui y est renfermée.* Dans ce procédé, l'esprit va du général au particulier, comme, dans l'induction, il va du particulier au général : c'est ce qu'on appelle *le raisonnement proprement dit.*

II. — **Nécessité de la Méthode déductive.** — Un esprit plus parfait que le nôtre n'aurait pas besoin de recourir au procédé déductif, pour porter un jugement, car il verrait immédiatement le rapport de convenance ou de disconvenance des deux idées qui s'offrent à lui. Tous ses jugements seraient intuitifs. Mais, à cause des bornes de notre intelligence, nous sommes souvent réduits, avant d'unir ou de séparer deux idées, à suspendre momentanément notre jugement, jusqu'à ce que le vrai rapport de ces deux idées nous ait apparu dans une lumière parfaite.

Pour obtenir la lumière indispensable, avant d'affirmer la convenance ou la répugnance des deux idées en question, nous sommes obligés d'appeler à notre aide une *troisième idée*, avec laquelle nous confrontons tour à tour *les deux autres,* dont nous ne voyons pas parfaitement le rapport. Eclairé par cette double comparaison, notre esprit est à même de se prononcer par un jugement définitif, qui affirme ou nie que les deux idées conviennent entre elles. (LOGIQUE DE PORT-ROYAL.)

§ II. — POINT DE DÉPART DE LA MÉTHODE DÉDUCTIVE.

I. — **En quoi s'accordent le point de départ de la Méthode déductive et celui de la Méthode inductive.** — *La déduction,* aussi bien que *l'induction,* part du connu pour rechercher l'inconnu. Si la première part du général et l'autre du particulier, il faut reconnaître que la marche de l'une et celle de l'autre sont également *logiques,* car si l'universel est *logiquement* contenu dans le singulier, le singulier est *logiquement* contenu dans l'universel. Il est aussi légitime de descendre de la cause à l'effet que de remonter de l'effet à la cause, d'aller du principe à la conséquence que de la conséquence au principe. (ZIGLIARA.)

II. — **Divers points de départ de la Méthode déductive.** — Si la méthode déductive a pour caractère distinctif de partir toujours de quelque chose de général, il faut remarquer que cette généralité du point de départ offre diverses nuances, qu'un philosophe ne doit pas ignorer. C'est ou un *principe évident et nécessaire,* c'est-à-dire, un *axiome,* ou une *conclusion générale* que l'induction a formulée, ou une *définition.*

1° Axiome. — L'axiome est le premier point de départ de la méthode déductive.

1° *Notion de l'Axiome.* — On entend par axiome *une vérité évidente d'elle-même et nécessaire,* deux qualités qui distinguent l'axiome de toutes les autres vérités et lui sont essentielles. Une vérité évidente d'elle-même n'est pas un axiome, à moins que notre esprit, en la concevant clairement, ne voie avec la même clarté qu'elle a un caractère de nécessité. On reconnaît, ainsi que l'enseigne *la*

Logique de Port-Royal, qu'une proposition est un axiome, quand, avec un peu d'attention, on saisit sans peine que l'attribut est identique au sujet, on y est nécessairement contenu.

2° *Règles de l'Axiome.* — A proprement parler, les axiomes ne sont susceptibles d'aucune règle, à cause du caractère d'intuitivité qui leur est inhérent. Cependant, dans l'usage qu'on en fait, on doit se garder de perdre de vue : 1° Qu'il ne faut prendre pour axiomes que des vérités nécessaires et d'une évidence incontestable ; 2° Qu'il ne faut pas ranger, parmi les vérités à démontrer, celles qui ont par elles-mêmes la clarté de l'évidence ; 3° Que, dans une démonstration, il ne faut appuyer son raisonnement que sur des axiomes reconnus comme tels par l'adversaire ; autrement, on aurait à prouver la vérité qui sert de principe à la démonstration. Si le principe de la démonstration est contesté par celui que vous voulez convaincre, il rejettera la conclusion ; mais, si vous partez d'une vérité qu'il reconnaît pour évidente et incontestable, il devra se rendre à votre raisonnement bien conduit, sous peine de se contredire lui-même.

2° *Conclusion générale de l'Induction.* — Les conclusions générales auxquelles aboutit le procédé inductif, sont la base de nombreux raisonnements par déduction, qui font sortir de ces vérités les conséquences qu'elles renferment.

3° *Définition.* — La définition réelle a, dans le raisonnement déductif, la valeur des principes évidents. Nous n'avons point à parler ici de la définition, dont il a été traité précédemment.

A tous ces points de départ du procédé déductif, il faut ajouter les vérités qui ont été démontrées par ce procédé et qui, à leur tour, peuvent servir de bases à de nouveaux raisonnements.

§ III. — ÉLÉMENTS DU RAISONNEMENT DÉDUCTIF.

I. — **Nature du Raisonnement déductif.** — Raisonner, dit Bossuet, c'est prouver une chose par une autre plus claire. On peut définir le raisonnement : *une opération par laquelle l'esprit humain tire d'un jugement général et évident un autre jugement moins général,* *au moyen d'un jugement intermédiaire, qui sert de lien aux deux premiers. Le raisonnement opère ainsi sur les jugements, comme le jugement sur les idées.*

II. — Trois Choses dans le Raisonnement déductif. — La définition qui vient d'en être donnée, fait voir que le raisonnement déductif contient trois choses, à savoir : 1° *Des idées*. Il en contient trois : *deux* dont le rapport affirmatif ou négatif n'est pas évident, et une *troisième*, qui leur sert de terme commun de comparaison. — 2° *Des jugements*. Il en contient aussi trois. Dans *les deux premiers*, l'idée choisie pour terme de comparaison est confrontée avec celles dont le rapport est en question, et dans *le troisième*, qui est la conclusion des deux autres, ce rapport est exprimé par l'affirmation ou par la négation de la convenance des idées qui ont donné lieu au raisonnement. — 3° *Un enchaînement logique* entre les jugements et les idées.

Les idées et les jugements sont comme *la matière* du raisonnement déductif. L'enchaînement logique en est comme *la forme substantielle* ; il en fait l'âme et la vie.

III. — Expression du Raisonnement déductif. — Considéré en lui-même, le raisonnement déductif est une opération purement mentale. Exprimé par la parole, il prend le nom de *syllogisme*. Le *syllogisme* devra donc reproduire les trois éléments que nous avons constatés dans le raisonnement déductif. Ainsi il contiendra : 1° *Trois termes*, expressions des trois idées ; 2° *Trois propositions*, expressions des trois jugements ; 3° Enfin, s'il est légitime, il y aura entre ces propositions et ces termes un *enchaînement logique*, de telle sorte que la proposition dernière sera la conclusion rigoureuse de celles qui précèdent.

Le syllogisme a donc, lui aussi, une *matière* et une *forme*. *La matière*, ce sont les termes et les propositions. *La forme*, c'est l'enchaînement logique, qui donne au syllogisme sa légitimité et sa force. L'exacte observation des règles du raisonnement syllogistique en assure la légitimité. (SANSEVERINO).

Avant d'étudier le syllogisme en lui-même et dans sa législation, il est nécessaire de l'étudier dans sa matière et de donner sur les *termes* et sur *les propositions* les notions essentielles à l'intelligence du procédé syllogistique.

IV. — **Termes relativement au Syllogisme.** — La première chose à étudier dans le syllogisme, ce sont les termes.

1° *Ce qu'on entend par termes dans le Syllogisme.* — On appelle termes, dans le syllogisme, les mots qui expriment *le sujet* et *l'attribut* d'un jugement. *Terme* se dit indistinctement du *substantif*, qui est sujet, et de *l'adjectif*, qui est attribut. Ainsi, dans cette proposition : *les hommes sont mortels, hommes* et *mortels* sont appelés les deux termes de la proposition, que le verbe est destiné à mettre en rapport.

2° *Étendue du terme.* — Le terme a l'étendue de l'idée qu'il exprime. Il est *général* ou *particulier*. Il est *général*, quand il est pris dans toute son étendue, c'est-à-dire, quand il désigne tous les objets auxquels il est applicable. Ainsi, dans ces propositions : *les animaux sont mortels ; — l'ange n'est pas mortel*, les deux sujets *animaux* et *ange* sont pris dans toute leur étendue ; les termes qui les expriment sont généraux. De même l'attribut *mortel* de la seconde proposition est général, attendu qu'aucun être mortel n'est ange.

Le terme est *particulier*, lorsqu'il n'est pas pris dans toute son étendue et qu'il désigne seulement, d'une manière indéterminée, quelques-uns des objets auxquels il est applicable. Ainsi, dans ces propositions : *Quelques hommes sont savants ; — les hommes sont des êtres raisonnables*, le sujet et l'attribut de la première sont des termes particuliers, et il en est ainsi de l'attribut de la seconde, attendu que les hommes ne sont pas les seuls êtres doués de raison.

Le terme *individuel* ou *singulier* exprime l'idée d'un seul individu déterminé.

3° *Compréhension du terme.* — Le terme a la compréhension de l'idée qu'il exprime.

4° *Terme incomplexe ou complexe.* — Le terme, comme l'idée, est *incomplexe* ou *complexe*. Il est *incomplexe*, quand il n'a pas de complément, et qu'il a par lui seul un sens achevé ; il est *complexe* dans le cas contraire. Ainsi, dans cette phrase : *l'homme de bien est estimé*, le sujet *homme de bien* est un terme complexe, et l'attribut *estimé* un terme incomplexe.

V. — **Propositions relativement au Syllogisme.** — La proposition, comme le jugement qu'elle énonce, a trois éléments : *le sujet*, le *verbe*, et *l'attribut* ou *prédicat*. Le verbe énonce le rapport de convenance ou de disconvenance qui existe entre l'attribut et le sujet ; il les unit ou il les sépare ; il affirme ou il nie. Le verbe est ainsi *la forme* de la proposition, et les deux termes, sujet et attribut, en sont la matière. Pour procéder avec ordre dans l'étude assez compliquée des propositions, nous parlerons d'abord de leurs *propriétés*, puis de leurs *espèces*.

1° **Propriétés des Propositions.** — On peut diviser les propriétés des propositions en *absolues* et en *relatives*. Les propriétés absolues sont celles qui conviennent aux propositions, considérées *isolément*. Les propriétés relatives sont celles qui appartiennent aux propositions, considérées dans *leur relation* avec d'autres.

1° **Propriétés absolues des Propositions.** — Les propriétés absolues d'une proposition naissent de sa forme et de sa matière. Sous le rapport de la forme, la proposition est *affirmative* ou *négative* ; sous le rapport de la matière, elle est *générale* ou *particulière*. La propriété qui vient de la forme s'appelle *qualité* de la proposition. La propriété qui vient de la matière s'appelle *quantité*.

Qualité. — La qualité d'une proposition, c'est sa forme affirmative ou négative. A ce point de vue, toutes les propositions se divisent en deux grandes catégories : ou elles unissent l'attribut au sujet, ou elles l'en excluent.

Quantité. — La quantité d'une proposition, c'est son extension, qui est *générale* ou *particulière*. Or, l'extension d'une proposition dépend uniquement de celle du sujet. La proposition est dite *générale* ou *particulière*, selon que le sujet lui-même est un terme général ou particulier.

Si le sujet était un terme *individuel*, ne convenant qu'à tel être déterminé, la proposition serait dite individuelle ou singulière. Comme le sujet est pris ici dans toute son extension, on regarde la proposition individuelle comme rentrant dans la proposition générale.

Ainsi, au point de vue de la quantité, toutes les propositions se divisent en deux grandes catégories : elles sont *générales* ou *universelles*, ou elles sont *particulières*.

Qualité et Quantité réunies. — Envisagées au double point de vue de la qualité et de la quantité, les propositions sont de quatre sortes : affirmatives universelles, affirmatives particulières, négatives universelles et négatives particulières. Ces quatre sortes de propositions sont désignées par l'Ecole au moyen des quatre voyelles A, E, I, O.

A. Affirmative universelle. — *Les animaux sont mortels.*
E. Négative universelle. — *Les vices ne rendent pas heureux.*
I. Affirmative particulière. — *Quelques savants sont orgueilleux.*
O. Négative particulière. — *Quelques pauvres ne sont pas secourus.*

Règles importantes. — L'union de la qualité et de la quantité, qui sont inséparables dans une proposition quelconque, peut donner lieu à certaines difficultés sur l'étendue des termes qui paraissent dans le syllogisme. Il ne sera donc pas inutile d'avoir sur ce point important les règles que l'expérience a formulées. Quatre de ces règles regardent les propositions affirmatives, et deux de ces règles les propositions négatives.

Règles concernant les Propositions affirmatives. — *Première règle.* — *L'attribut d'une proposition affirmative, soit générale, soit particulière, est affirmé du sujet, selon toute l'extension du sujet.* — Ainsi, dans cette proposition : *les animaux sont mortels*, l'attribut *mortels* est affirmé du sujet *animaux*, selon toute l'étendue de ce sujet, ce qui revient à dire qu'il n'est aucun animal qui ne soit mortel. De même, dans cette proposition particulière : *quelques savants sont orgueilleux*, l'attribut *orgueilleux* est affirmé d'un certain nombre de savants, nombre indéterminé, il est vrai. Mais, si cette proposition est vraie, il y a quelques savants à être orgueilleux, et tous les savants ne sont pas orgueilleux.

Deuxième règle. — *L'attribut d'une proposition affirmative, soit générale, soit particulière, n'est affirmé du sujet que selon une partie de son extension, et il est pris particulièrement.* — L'extension de l'attribut d'une proposition affirmative dépasse l'extension propre du sujet ; il est donc pris, dans cette proposition, selon une partie de son étendue. Dans cette proposition : *les animaux sont mortels*, l'attribut *mortels* est un terme particulier. L'idée exprimée par ce mot est resserrée et appliquée à une seule catégorie d'êtres. Il y a des êtres mortels qui ne sont pas des animaux dans le sens direct du mot. L'homme, qui est plus qu'un animal, peut mourir, la plante peut mourir. Cette deuxième règle ne souffre qu'une exception, qui est l'objet de la règle suivante.

Troisième règle. — *L'attribut d'une Proposition affirmative est affirmé du sujet, selon toute son extension, lorsque la Proposition est réciproque.* — Cette réciprocité a lieu dans une définition. Dans ce cas, l'étendue de l'attribut est égale à celle du sujet, et l'attribut étant affirmé du sujet est affirmé par là même selon toute son étendue. Ainsi, dans cette proposition : *l'homme est un animal raisonnable*, l'attribut *animal raisonnable* est affirmé du sujet dans toute son étendue, ce qui revient à dire que tout animal raisonnable est homme.

Quatrième règle. — *L'attribut d'une Proposition affirmative est affirmé du sujet, selon toute sa propre compréhension.* — Affirmer, c'est mettre l'attribut dans le sujet; il faut donc que tout ce qui constitue l'attribut convienne au sujet. Ainsi, quand je dis : *la patience est une vertu*, je reconnais et j'affirme par là que tout ce qui constitue la vertu doit appartenir à la patience.

Règles concernant les Propositions négatives. — *Première règle.* — *L'attribut de la proposition négative, soit générale, soit particulière, est nié du sujet, selon toute sa propre extension.* — L'attribut est nié du sujet, parce qu'une de ses propriétés au moins répugne au sujet. Donc, tous les êtres semblables répugnent au sujet et en doivent être niés. Quand je dis : *l'homme n'est pas un ange*, j'affirme qu'aucun des anges n'est homme et que l'homme n'est aucun des anges.

Deuxième règle. — *L'attribut d'une Proposition négative quelconque peut n'être pas nié du sujet selon toute sa compréhension.* — Pour que l'attribut répugne au sujet, il suffit qu'une seule de ses propriétés essentielles soit incompatible avec le sujet. Ainsi, dans l'exemple précité : *l'homme n'est pas un ange*, toutes les propriétés de l'ange ne sont pas incompatibles avec la nature humaine. (LOGIQUE DE PORT-ROYAL).

2° Propriétés relatives des Propositions. — Les propriétés relatives des propositions sont *l'opposition* et *la conversion.*

1° Opposition des Propositions. — L'opposition, considérée d'une manière générale, se définit *l'affirmation et la négation, portant* sur le même attribut et le même sujet, considérés sous le même rapport. *Affirmatio et negatio ejusdem de eodem secundum idem.* Cette définition a besoin d'être expliquée.

Deux propositions peuvent donner lieu, suivant la qualité et la quantité, à quatre sortes d'opposition, bien qu'ayant les mêmes termes. Elles peuvent être opposées : 1° en qualité et en quantité tout à la fois ; 2° en qualité seulement, lorsqu'elles sont générales ; 3° en qualité seulement, lorsqu'elles sont particulières ; 4° en quantité seulement. Elles sont appelées, suivant le genre d'opposition, *contradictoires, contraires, sous-contraires* et *subalternes*. La figure suivante aidera à comprendre ces diverses oppositions. (FARGES.)

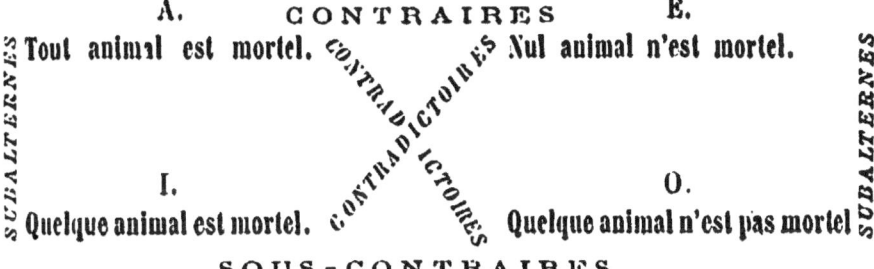

Propositions contradictoires. — On entend par *contradictoires* deux propositions telles que la négation de l'une suffit pour détruire l'affirmation de l'autre, et réciproquement. C'est ce qui a lieu, quand elles sont opposées en qualité et en quantité, comme ces deux propositions : *Tout homme est juste ; quelque homme n'est pas juste.* Cette seconde proposition étant vraie, détruit par là même la première.

Lois des Propositions contradictoires. — 1° *Deux propositions contradictoires ne peuvent être vraies en même temps.* — 2° *Deux propositions contradictoires ne peuvent être fausses en même temps.* — D'où il suit que si la vérité ou la fausseté de l'une est démontrée, la fausseté ou la vérité de l'autre est par cela même invinciblement établie.

Contradiction de deux Propositions singulières. — Bien que deux propositions *singulières* ne puissent être opposées en quantité, elles sont évidemment contradictoires, dès lors que l'une nie ce que l'autre affirme. Le même attribut étant nié et affirmé du même individu, il est impossible que l'affirmation ne soit pas vraie, si la négation est fausse, et réciproquement.

Propositions contraires. — On entend par *contraires* deux propositions opposées, dont l'une affirme du sujet pris dans toute son étendue ce que l'autre nie du même sujet pris dans toute son étendue. C'est ce qui a lieu lorsque les deux propositions sont universelles et opposées en qualité. L'une de ces propositions ne se borne pas à détruire simplement l'affirmation ou la négation de l'autre. Elle va bien au-delà ; elle va même aussi loin que possible, puisqu'elle affirme ou nie ce que l'autre nie ou affirme d'un *seul et même tout*. (SANSEVERINO.)

Lois des Propositions contraires. — 1° *Deux propositions contraires ne peuvent être vraies en même temps.* — 2° *Deux propositions contraires peuvent être en même temps fausses en matière contingente.* — Il y a, en effet, nécessairement entre les deux une proposition particulière, dans laquelle peut être la vérité, qui n'est ni dans l'une ni dans l'autre des propositions générales. — 3° *Deux propositions contraires ne peuvent être en même temps fausses en matière nécessaire.* — Dans la proposition en matière nécessaire, l'attribut convient ou répugne au sujet, en vertu même de la nature intime de ce dernier. Donc, si la proposition qui affirme la convenance ou la répugnance de l'attribut est fausse, la proposition contraire ne peut manquer d'être vraie. Ainsi, les propositions contraires qui suivent ne peuvent pas être fausses toutes les deux : *Les âmes humaines sont immortelles ;* — *les âmes humaines ne sont pas immortelles.* (SANSEVERINO).

Propositions sous-contraires. — On entend par sous-contraires deux propositions particulières, qui ne diffèrent qu'en qualité, par exemple : *quelques hommes sont savants; quelques hommes ne sont pas savants.* A proprement parler, dit saint Thomas, il n'y a pas d'opposition entre les sous-contraires, attendu que l'attribut n'est pas nié ou affirmé du même sujet.

Lois des Propositions sous-contraires. — 1° *Deux propositions sous-contraires ne peuvent être fausses en même temps.* — 2° *Deux propositions sous-contraires peuvent être en même temps vraies, en matière contingente.* — 3° *Deux propositions sous-contraires ne peuvent être en même temps vraies en matière nécessaire.* (ZIGLIARA.)

Propositions subalternes. — On entend par subalternes deux propositions qui ont même qualité et qui diffèrent en quantité. Elles peuvent être toutes deux vraies ou toutes deux fausses en même temps : la particulière peut être seule vraie. De la vérité de l'universelle découle nécessairement la vérité de la particulière. S'il est vrai que *tous les corps sont pesants*, il est vrai par là même que quelque corps est pesant. De la fausseté de la particulière suit la fausseté de l'universelle. Mais la vérité de la particulière n'entraîne pas la vérité de l'universelle, pas plus que la fausseté de l'universelle n'entraîne la fausseté de la particulière, en matière contingente.

2° **Conversion des Propositions.** — La conversion d'une proposition consiste dans *la transposition mutuelle du sujet et de l'attribut, sans que la vérité de la proposition en soit altérée, ni la qualité changée.*

Toute proposition énonce l'identité totale ou partielle, ou la non identité de l'attribut avec le sujet. Il est évident que l'identité ou la non identité subsiste dans quelque sens qu'on l'énonce, et c'est ce qui rend possible et rationnelle la conversion des propositions.

Règle de la Conversion. — La grande règle à suivre dans la conversion des propositions est de ne point changer l'extension des termes, bien que la quantité de la proposition puisse être modifiée.

Deux Sortes de Conversion. — On distingue deux sortes de conversion : la conversion *simple* et la conversion *par accident*; la conversion simple est celle qui a lieu sans que la quantité de la proposition soit changée. La conversion *par accident* est celle dans laquelle la quantité de la proposition est modifiée.

La proposition universelle négative et la proposition particulière affirmative se convertissent *simplement*. Ainsi, l'universelle négative : *nul homme n'est ange*, se convertira en l'universelle négative : *nul ange n'est homme*. La particulière affirmative : *quelque homme est savant*, se convertira en la particulière affirmative : *quelque savant est homme*.

La proposition universelle affirmative se convertit *par accident*. Ainsi, l'universelle affirmative : *les hommes sont des êtres mortels*, se convertira en la particulière affirmative : *quelques êtres mortels sont hommes.* L'attribut de cette dernière proposition a toute l'étendue qu'il avait comme sujet dans la première.

La proposition particulière négative ne peut se convertir, car le sujet qui est particulier changerait d'extension, en devenant attribut d'une proposition négative.

3° **Espèces de Propositions.** — La proposition peut être :

1° *Vraie* ou *fausse*, selon que le rapport énoncé entre ses termes existe ou n'existe pas.

2° *Absolue* ou *modale.* La proposition est dite *absolue*, quand elle affirme ou nie simplement le rapport de l'attribut et du sujet. Elle est dite *modale*, quand elle énonce de quelle manière l'attribut se rapporte ou ne se rapporte pas au sujet. On distingue quatre manières suivant lesquelles ce rapport peut avoir lieu : *le nécessaire, le contingent, le possible* et *l'impossible.*

3° *Simple* ou *composée.*, selon qu'il n'y a dans la proposition qu'un sujet et qu'un attribut, ou qu'il y a soit plusieurs sujets, soit plusieurs attributs, ou plusieurs sujets et plusieurs attributs à la fois.

4° *Complexe* ou *incomplexe*, selon que le sujet ou l'attribut, ou tous les deux en même temps sont des termes complexes ou des termes incomplexes.

5° *Principale* ou *incidente.* La proposition *principale* a un sens complet par elle-même. La proposition *incidente* est *explicative* ou *déterminative*, selon qu'elle peut ou qu'elle ne peut pas être supprimée sans nuire au sens de la proposition principale.

6° *Causale*, quand elle exprime la cause d'une affirmation ou d'une négation ; *conditionnelle*, quand elle contient une condition ; *disjonctive*, quand elle renferme au moins deux parties séparées par une particule disjonctive, entre lesquelles il n'y a pas de milieu ; *discrétive*, quand elle porte des jugements différents, en marquant cette différence par les mots : *mais, néanmoins*, ou autres semblables.

§ IV. — NATURE DU SYLLOGISME.

Après avoir fait connaître *la matière éloignée et prochaine* du syllogisme, c'est-à dire, *les termes* et *les propositions* dont il est composé, nous avons maintenant à étudier la mise en œuvre de ces éléments, la manière dont ils sont logiquement unis, ce qui constitue *la forme* du syllogisme.

I. — Définition du Syllogisme. — Le syllogisme est *un groupe de trois propositions, dont la dernière est déduite de la première, au moyen de la seconde, qui en montre le rapport.*

II. — Explication relative aux Termes du Syllogisme. — Le syllogisme contient trois *termes*, comme le raisonnement trois *idées*, à savoir : *le grand, le petit* et *le moyen. Le grand* et *le petit* sont appelés *extrêmes.*

Le grand terme est *l'attribut* de la proposition qui donne lieu au syllogisme. *Le petit* terme est *le sujet* de la même proposition. Cette proposition prend le nom de *question*, avant que le syllogisme soit formulé; et c'est à bon droit qu'on l'appelle ainsi, puisqu'on ne voit pas tout d'abord si les deux termes se conviennent ou se repoussent. Pour éclaircir ce doute, on a recours au syllogisme, et, dans le syllogisme, *la question* occupe la troisième place et prend le nom de *conclusion. Le grand extrême* est ainsi appelé, à cause de l'extension de l'attribut, plus grande que celle du sujet; on voit par là pourquoi l'autre est appelé *petit extrême.*

Le moyen est le terme auquel on compare les extrêmes, pour en connaître le rapport.

Chacun de ces termes paraît deux fois dans le syllogisme. *Le grand* terme paraît dans la première proposition et dans la conclusion ; *le petit* terme dans la seconde proposition et dans la conclusion ; *le moyen*, dans les deux premières propositions.

III. — Explication relative aux Propositions du Syllogisme. — Le syllogisme contient trois propositions, comme le Raisonnement, trois jugements.

La proposition dans laquelle *le grand terme* est comparé au moyen s'appelle *majeure* et occupe le premier rang dans le syllogisme. La proposition dans laquelle *le petit terme* est comparé au moyen s'appelle *mineure* et occupe le second rang. Ces deux premières propositions s'appellent *prémisses*.

La proposition dans laquelle *le grand terme* est affirmé ou nié du *petit terme* s'appelle conclusion et occupe le dernier rang dans le syllogisme.

Soit pour exemple : *Tout animal est mortel.*
Or, l'homme est un animal.
Donc, l'homme est mortel.

Homme est *le petit* terme ; *mortel* est *le grand* terme; *animal* est le terme *moyen*. *Tout animal est mortel* est *la majeure ;* le grand terme y est comparé au moyen. *L'homme est un animal* est *la mineure ;* le petit terme y est comparé au moyen. *L'homme est mortel* est *la conclusion ;* le grand terme y est affirmé du petit terme.

IV. — **Conséquence dans le Syllogisme.** — La conséquence est, à proprement parler, *la forme substantielle* et la vie du syllogisme. On entend par conséquence le lien logique des deux prémisses entre elles et avec la conclusion. Dans la seconde prémisse, elle est exprimée par la conjonction *or*, qui la relie à la première, et, dans la conclusion, par la conjonction *donc*, qui relie la conclusion aux deux prémisses.

Il ne faut pas confondre *la conséquence* avec *le conséquent*, qui n'est autre que la conclusion elle-même. La conséquence est légitime, lorsque les règles du syllogisme ont été observées, et le conséquent peut être faux : ce qui a lieu, lorsque le raisonnement, quoique irréprochable sous le rapport de la conséquence, part d'un principe faux. La conséquence peut être illogique, bien que le conséquent soit vrai.

V. — **Fondement du Syllogisme.** — On appelle fondement du syllogisme *les principes mêmes* sur lesquels il s'appuie et qui assurent la valeur de la conclusion **affirmative** ou **négative**. Ces principes sont au nombre de deux.

Principe du Syllogisme affirmatif. — Deux choses égales ou identiques à une troisième, sont identiques ou égales entre elles.

Principe du Syllogisme négatif. — Deux choses, dont l'une seulement est égale ou identique à une troisième, ne sont pas égales ou identiques entre elles.

§ V. — RÈGLES DU SYLLOGISME.

La légitimité du raisonnement syllogistique, considéré comme tel, dépend de l'observation des règles de cette sorte d'argumentation.

I. — **Législation Aristotélicienne du Syllogisme.** — Aristote est regardé comme le législateur du syllogisme, dont il a tracé les principales règles. Ses commentateurs y ont fait quelques additions, mais sans rien changer pour le fond à la doctrine de ce grand philosophe. Ils ont formulé en huit vers latins le code du syllogisme. Quatre de ces règles concernent les termes, et quatre les propositions.

1° *Règles des termes du Syllogisme.* — Les règles des termes sont au nombre de quatre.
1° *Terminus esto triplex, medius majorque minorque.*
2° *Latiùs hos quàm præmissæ conclusio non vult.*
3° *Nunquam contineat medium conclusio fas est.*
4° *Aut semel aut iterùm medius generaliter esto.*

Première règle. — *Terminus esto*, etc. — Cette règle découle de la nature même du syllogisme, qui consiste à affirmer que deux termes se conviennent ou non, selon qu'ils conviennent tous les deux à un troisième, ou que l'un convenant, l'autre ne convient pas à ce même troisième. Il ne faut donc que trois termes.

Deuxième règle. — *Latius hos*, etc. — D'après la nature même du syllogisme, la conclusion doit découler des prémisses, et par conséquent elle doit y être contenue. Or, si un terme avait plus d'étendue dans la conclusion que dans les prémisses, il est évident que la conclusion ne serait point renfermée dans les prémisses.

Troisième règle. — *Nunquam contineat*, etc. — Le moyen terme ne doit jamais paraître dans la conclusion. En effet, il n'est employé que comme terme de comparaison. Son rôle s'accomplit et s'achève dans les prémisses. La conclusion unit ou sépare les deux extrêmes.

Quatrième règle. — *Aut semel*, etc. — Le terme moyen doit être pris dans toute son étendue, au moins une fois. En effet, si le moyen était pris deux fois particulièrement, comme le terme particulier est indéterminé, il ne serait pas constant qu'il exprime la même catégorie d'êtres dans chacune des prémisses, et que les deux extrêmes ont le même terme de comparaison. Il pourrait ainsi arriver qu'il y eût quatre termes dans le syllogisme, contrairement à la première règle.

Exemple. — L'arbre est une substance ; l'animal est une substance. Conclura-t-on que l'animal est un arbre ? Le terme moyen, *substance*, est pris deux fois particulièrement, et il n'exprime pas la même espèce de substance dans les deux prémisses.

Remarque importante. — De la deuxième règle et de la quatrième il suit, par une conséquence rigoureuse, que les prémisses du syllogisme doivent toujours avoir un terme universel de plus que la conclusion.

2° **Règles des Propositions du Syllogisme.** — Les règles des propositions sont au nombre de quatre.
1° *Utraque si præmissa negat, nihil indè sequetur.*
2° *Ambæ affirmantes nequeunt generare negantem.*
3° *Pejorem sequitur semper conclusio partem.*
4° *Nil sequitur geminis ex particularibus unquam.*

Première règle. — *Utraque si*, etc. — Quand les deux prémisses sont des propositions négatives on ne peut en rien conclure. En effet, de ce que le grand terme et le petit terme ne conviennent ni l'un ni l'autre au moyen, ce qui a lieu lorsque les deux prémisses sont négatives, il ne résulte ni que les deux extrêmes conviennent entre eux, ni qu'ils ne conviennent pas. Toute conclusion devient impossible.

Exemple. — Les anges ne sont pas mortels ; les hommes ne sont pas des anges. Avec ces seules données, on ne peut conclure ni que les hommes sont mortels, ni qu'ils ne le sont pas.

Deuxième règle. — *Ambæ affirmantes*, etc. — Deux prémisses affirmatives ne peuvent mener à une conclusion négative. En effet, lorsque les prémisses sont affirmatives, chacun des extrêmes convient au moyen. Les extrêmes conviennent donc entre eux et la conclusion doit être affirmative.

Troisième règle. — *Pejorem sequitur*, etc. — La conclusion suit toujours la partie faible, c'est-à-dire, est négative ou particulière, lorsqu'il y a dans les prémisses une proposition particulière ou négative, et est en même temps négative et particulière, lorsqu'il y a dans les prémisses, tout à la fois, une proposition négative et une proposition particulière.

1° Si l'une des prémisses est *négative*, évidemment la conclusion doit être négative. Dans ce cas, l'un des extrêmes convient, et l'autre ne convient pas au moyen. En vertu même de l'un des principes fondamentaux du syllogisme, les extrêmes ne conviennent point alors entre eux, et il est nécessaire de conclure négativement.

2° Si l'une des prémisses est *particulière*, les deux étant affirmatives, la conclusion ne peut être qu'une proposition particulière affirmative. Elle ne peut être qu'affirmative par la règle deuxième, *Ambœ affirmantes*. Elle ne peut être que particulière, en vertu du corollaire que nous avons tiré des règles concernant les termes. Si, en effet, dans le cas supposé, la conclusion était une proposition générale, elle aurait un terme universel, les prémisses n'en ayant qu'un seul.

3° Enfin, si dans les prémisses, il y a tout à la fois une proposition *négative* et une proposition *particulière*, la conclusion, en vertu des deux explications précédentes, devra être en même temps négative et particulière.

Quatrième règle. — *Nil sequitur*, etc. — Deux prémisses particulières ne donnent lieu à aucune conclusion. En effet, ou elles sont toutes deux affirmatives, ou elles sont toutes deux négatives, ou l'une est affirmative et l'autre négative. Si elles sont toutes deux affirmatives, le moyen est pris deux fois particulièrement ; d'où il suit qu'on ne peut rien conclure. Si elles sont toutes deux négatives, on a démontré que dans ce cas aucune conclusion n'est possible. Enfin, si l'une est affirmative et l'autre négative, la conclusion devrait être négative, mais alors elle aurait un terme universel, les prémisses n'en ayant qu'un seul. Elle ne serait donc pas légitime.

II. — **Règle des Modernes.** — Plusieurs philosophes, tout en acceptant les règles des anciens, en ont diminué le nombre et ont supprimé les moins importantes.

La Logique de Port-Royal propose de réduire à *une seule* toutes les règles du syllogisme. « *Dans tout syllogisme*, dit-elle, *l'une des prémisses doit contenir la conclusion, et l'autre doit la faire voir.* Cette règle, qu'on a appelée *règle des Modernes*, est exacte et vraie. Elle rend compte du mécanisme du syllogisme, mais elle est un moyen bien peu pratique d'en vérifier la légitimité. Souvent il est plus difficile d'en constater l'observation, que de reconnaître si le raisonnement est bon ou mauvais, d'après les règles d'Aristote.

L'observation des règles que nous avons exposées assure la légitimité du syllogisme, c'est-à-dire, l'enchaînement logique de ses propositions. Mais elle ne donne pas pour cela la vérité au conséquent, qui sera faux avec une argumentation irréprochable, quant à la forme, si cette argumentation est basée sur une erreur.

DIX-HUITIÈME LEÇON

Sommaire : 1. Figures du Syllogisme. — 2. Modes du Syllogisme. — 3. Espèces du Syllogisme. — 4. Syllogismes irréguliers. — 5. Syllogisme démonstratif. — 6. Usage de la Forme syllogistique. — 7. Application de la Méthode déductive aux Sciences.— 8. Application de la Méthode déductive et de la Méthode inductive à la même Science.

§ I. — FIGURES DU SYLLOGISME.

I. — **Notion des Figures syllogistiques.** — On appelle *figures* du syllogisme *les dispositions diverses du terme moyen et des termes extrêmes dans les prémisses.*

II. — **Nombre des Figures syllogistiques.** — Quatre dispositions du terme moyen relativement aux termes extrêmes sont possibles, et par là même le syllogisme compte *quatre figures.* Le moyen peut être sujet de la majeure et attribut de la mineure ; il peut être attribut dans les deux prémisses ; il peut être sujet dans les deux prémisses ; enfin, il peut être attribut de la majeure et sujet de la mineure.

L'Ecole, désignant le sujet (*subjectum*) par *sub*, et l'attribut (*prædicatum*) par *præ*, a exprimé les quatre figures du syllogisme dans ce vers :

Sub-præ, tum præ-præ, tum sub-sub, denique præ-sub.

Première figure. — *Sub-præ.* — Si m représente le moyen, T le
   M. T.   grand terme, et т le petit terme, la for-
   T. M.   mule ci-contre peint aux yeux les disposi-
   т. T.   tions respectives des trois termes, dans les

syllogismes de la première figure, où le moyen est sujet de la majeure et attribut de la mineure.

Exemple : Tout *bien* est aimable.
    Or, toute vertu est un *bien*.
    Donc, toute vertu est aimable.

Les règles de cette première figure sont contenues dans ce vers :
    Sit minor affirmans, major verò generalis.

Deuxième Figure. — *Præ-præ*. — La formule ci-contre représente les syllogismes de la seconde figure.

T. M.
T. M.
T. T.

Exemple : Nulle vertu n'est *nuisible*.
    Or, certaine indulgence est *nuisible*.
    Donc, certaine indulgence n'est pas vertu.

Les règles de la seconde figure sont exprimées en ce vers :
    Una negans esto, nec major sit specialis.

Troisième Figure. — *Sub-sub*. — La formule ci-contre représente les syllogismes de la troisième figure.

M. T.
M. T.
T. T.

Exemple : Tout *homme* a un corps.
    Or, tout *homme* pense.
    Donc, quelque être pensant a un corps.

Les règles de la troisième figure sont contenues dans ce vers :
    Sit minor affirmans, conclusio particularis.

Quatrième Figure. — *Præ-sub*. — Les syllogismes de la quatrième figure sont représentés dans la formule ci-contre.

T. M.
M. T.
T. T.

Exemple : Tout mensonge est *péché*.
    Or, nul *péché* n'est aimable.
    Donc, nul mensonge n'est aimable.

Cette figure est due aux disciples d'Aristote, qui rangeait les modes de la quatrième figure parmi ceux de la première, en les qualifiant de *modes indirects*.

Les règles de la quatrième figure sont contenues dans ces vers :
    Major ubi affirmat, generalem sume minorem.
    Si minor affirmat, conclusio sit specialis.
    Cumque negans modus est, major generalis habetor

(FARGES.)

§ II. — MODES DU SYLLOGISME.

I. — Notion des Modes du Syllogisme. — On appelle *Modes* du syllogisme *les diverses combinaisons de ses trois propositions, sous le rapport de la qualité et de la quantité.*

II. — Nombre des Modes du Syllogisme. — Les quatre propositions indiquées précédemment par les voyelles A, E, I, O, donnent lieu à *soixante-quatre* combinaisons syllogistiques, dont *dix* seulement sont concluantes et logiques.

Les *dix* modes concluants peuvent, à leur tour, se trouver dans les quatre figures dont nous avons parlé. D'où il résulte quarante nouvelles combinaisons, dont *dix-neuf* seulement aboutissent à des conclusions logiques.

De ces dix-neuf modes concluants, *quatre* peuvent exister dans la première figure, *quatre* dans la seconde, *six* dans la troisième, et *cinq* dans la quatrième.

III. — Expression des Modes syllogistiques en vers. — Les Scolastiques, plaçant la quatrième figure après la première, ont exprimé ces dix-neuf modes en quatre vers mnémoniques, que nous reproduisons avec les modifications qu'on y a faites :

1. *Barbara, Celarent, Darii, Ferio.* 4. *Bamalipton,*
Camentes, Dimatis, Fresapno, Fresisonorum.
2. *Cesare, Camestres, Festino, Baroco.* 3. *Darapti,*
Felapton, Disamis, Datisi, Bocardo, Ferison.

La dernière syllabe de *Bamalipton* et les deux dernières de *Fresisonorum* ne servent qu'à compléter la mesure du vers.

Pour avoir l'intelligence de ces formules, les remarques suivantes sont nécessaires : 1° Les trois premières voyelles de chaque mot indiquent, par leur nature et par leurs positions respectives, la nature des propositions et le mode du syllogisme. Ainsi, *Barbara* indique un syllogisme dont les trois propositions sont universelles affirmatives.

2° Les quatre modes de la première figure étant les quatre formes principales du syllogisme, et étant appelés pour cela modes parfaits, tous les modes des autres figures peuvent être ramenés à ces quatre types, sans rien perdre de leur vérité et de leur valeur. Or, la réduction de ces autres modes aux quatre premiers est indiquée par la consonne initiale du mot, qui répond à l'une des consonnes initiales des modes parfaits. Ainsi, le syllogisme *Dimatis*, et tous ceux qui commencent par D, sont susceptibles d'être réduits au syllogisme *Darii*.

3° Les lettres S, P, C, M, indiquent les opérations à effectuer pour faire cette réduction dans les modes où elles se trouvent. S, P, C, marquent que la proposition désignée par la voyelle qui précède une de ces lettres doit être convertie, soit simplement S, soit par accident P, soit par une réduction spéciale, dite par l'absurde, C. Quant à la lettre M, elle signifie que, dans le mode où elle se trouve, la majeure et la mineure doivent être transposées.

Donnons un exemple de conversion syllogistique. Soit à réduire le mode *Fresisonorum* :

FRES   Nul malheureux n'est content.
IS   Il y a des personnes contentes qui sont pauvres.
ONORUM.   Donc, il y a des pauvres qui ne sont pas malheureux.

Il se réduit au mode *Ferio* :

FE   Nul homme content n'est malheureux.
RI   Il y a des pauvres qui sont contents.
O.   Il y a donc des pauvres qui ne sont pas malheureux.

(FARGES.)

§ III. — ESPÈCES DU SYLLOGISME.

Il y a trois espèces de syllogisme : *le simple*, *le complexe* et *le composé*. Les deux premières espèces se ramènent à une seule.

I. — **Syllogisme simple.** — Le syllogisme *simple* est celui *dont les deux extrêmes sont entièrement et successivement comparés avec le moyen dans les prémisses.* C'est le syllogisme type de tous les autres. Jusqu'ici, il n'a été question que du syllogisme simple, qui est aussi appelé *catégorique*.

Le syllogisme *complexe* est celui *dont la conclusion a un terme complexe, qui, paraissant en partie dans l'une des prémisses, et en*

partie dans l'autre, n'est pas intégralement comparé avec le moyen.
Citons pour exemple :

Le soleil est une chose inanimée.
Or, les Perses adoraient le soleil.
Donc, les Perses adoraient une chose inanimée.

L'attribut *adorant une chose inanimée* paraît en partie dans la majeure, et en partie dans la mineure.

Le syllogisme complexe se ramène au syllogisme simple. Ainsi, on dira :

Qui adore le soleil, adore une chose inanimée.
Or, les Perses adoraient le soleil.
Donc, les Perses adoraient une chose inanimée.

Le syllogisme complexe, ramené au syllogisme simple, suit absolument les mêmes règles que celui-ci.

II. — **Syllogisme composé.** — Le syllogisme *composé*, appelé aussi *conjonctif*, est *celui dont la majeure renferme toute la conclusion.* On en distingue de trois sortes : le *conditionnel*, le *disjonctif* et le *copulatif*.

1° *Syllogisme conditionnel.* — Le syllogisme conditionnel est ainsi appelé, parce que la *majeure est une proposition conditionnelle.* Cette proposition contient deux parties, dont l'une, c'est-à-dire, celle où la condition est exprimée, se nomme *antécédent* et l'autre *conséquent*.

Exemple : Si Dieu est juste, il récompense la vertu.
Or, Dieu est juste.
Donc il récompense la vertu.

Règles du Syllogisme conditionnel. — Ce syllogisme a deux règles. 1° Si *l'antécédent* est affirmé dans la mineure, *le conséquent* doit être affirmé dans la conclusion ; 2° Si *le conséquent* est nié dans la mineure, *l'antécédent* doit être nié dans la conclusion. Ces deux règles découlent de la nature même de la proposition conditionnelle, qui forme la majeure.

2° *Syllogisme disjonctif.* — Le syllogisme *disjonctif* est ainsi appelé, parce que *la majeure est une proposition disjonctive.* Il ne doit point y avoir de milieu entre les parties de la proposition disjonctive.

Exemple : La terre est en repos ou elle se meut.
Or, la terre n'est pas en repos.
Donc elle se meut.

Règles du Syllogisme disjonctif. — Ce syllogisme a deux règles. 1° Quand une partie de la majeure est *affirmée* dans la mineure, l'autre doit être niée dans la conclusion ; 2° quand une partie de la majeure est niée dans la mineure, l'autre doit être affirmée dans la conclusion.

3° *Syllogisme copulatif.* — Le syllogisme *copulatif* est ainsi appelé, parce que la majeure est une proposition copulative-négative, c'est-à-dire, une *proposition déclarant l'incompatibilité des deux qualités qu'elle exprime.*

Exemple : Personne ne peut servir Dieu et l'argent.
Or, l'avare sert l'argent.
Donc il ne sert pas Dieu.

Règles du Syllogisme copulatif. — On compte deux règles. 1° Si la mineure *affirme l'une des qualités* comme existant dans le sujet, la conclusion doit nier l'autre ; 2° *de la négation* de l'une des qualités dans la mineure, on ne peut affirmer l'autre dans la conclusion, le sujet pouvant manquer des deux qualités. Cette seconde règle admet une exception : c'est le cas où les deux qualités ou parties contenues dans la majeure sont opposées *contradictoirement*, n'ayant entre elles aucun milieu.

Exemple pour l'exception : Rien ne peut être en même temps substance et accident.
Or, l'âme humaine n'est pas un accident.
Donc elle est une substance. (ZIGLIARA.)

§ IV. — SYLLOGISMES IRRÉGULIERS.

I. — **Diverses irrégularités de la forme syllogistique.** — Le raisonnement déductif n'a pas toujours la forme régulière et complète du syllogisme. Il prend souvent, surtout chez les orateurs et chez les poètes, une autre forme, qui n'est qu'une abréviation ou un développement de la forme syllogistique, et sous laquelle un esprit exercé découvre sans peine les trois idées qui sont comme le fond de cette sorte de raisonnement. Parmi les formes irrégulières du raisonnement déductif, on signale d'ordinaire celles dont nous allons parler.

II. — **Enthymème.** — L'enthymème est un *syllogisme dont l'une des prémisses n'est pas exprimée*, mais, comme le dit le mot, reste dans l'esprit. La proposition omise est facilement suppléée.

Dieu nous comble de biens ;
Nous devons donc l'aimer.

Ici, c'est la majeure qui est sous-entendue : *Nous devons aimer ceux qui nous comblent de biens.*

III. — **Epichérème.** — L'épichérème est un *syllogisme dont l'une des prémisses, au moins, est une proposition causale*, c'est-à-dire, accompagnée de sa preuve. Pour apprécier la légitimité de l'épichérème, il faut le ramener au syllogisme simple et le juger d'après les règles qui ont été exposées.

Un discours bien fait est un épichérème. Le plaidoyer de Cicéron pour Milon se réduit à l'épichérème suivant :

Il est permis de tuer quiconque nous tend des embûches, pour nous ôter la vie : la loi naturelle, le droit des gens, les exemples le prouvent.

Or, Clodius a dressé des embûches à Milon : ses armes, ses manœuvres, ses soldats le démontrent.

Donc il a été permis à Milon de tuer Clodius.

IV. — **Prosyllogisme.** — Le prosyllogisme, qu'on appelle aussi *polysyllogisme* et *épisyllogisme*, est un *argument composé au moins de cinq propositions*, et par là même de deux syllogismes coordonnés, de telle sorte que la conclusion du premier soit la majeure du second, et ainsi de suite.

Ce qui est simple ne peut périr par décomposition.
Or, la substance spirituelle est simple.
Donc, la substance spirituelle ne peut périr par décomposition.
Mais l'âme humaine est une substance spirituelle.
Donc, l'âme humaine ne peut périr par décomposition.

V. — **Sorite.** — Le sorite, appelé aussi *gradation*, est *une argumentation formée de plusieurs propositions liées entre elles, de* *sorte que l'attribut de la première devient le sujet de la seconde, et ainsi de suite, jusqu'à la conclusion, qui a le même sujet que la première et le même attribut que la dernière.*

L'ambitieux a beaucoup de désirs ;
Celui qui a beaucoup de désirs est tourmenté ;
Celui qui est tourmenté n'est jamais satisfait ;
Celui qui n'est jamais satisfait n'est pas heureux ;
Donc, l'ambitieux n'est pas heureux.

Le sorite équivaut à autant de syllogismes qu'il contient de propositions, moins deux. Pour qu'il soit légitime, il faut : 1° que toutes les propositions soient vraies ; 2° que tous les termes conservent la même signification. Un moyen facile d'apprécier la légitimité d'un sorite, c'est de le réduire en syllogismes simples, en prenant les propositions deux à deux et tirant la conclusion immédiate.

VI. — Dilemme. — Le dilemme est un *syllogisme dans lequel les deux parties de la prémisse disjonctive sont prises successivement pour servir à la conclusion générale.* Si la majeure disjonctive a trois membres, l'argumentation est appelée *trilemme* ; si elle a quatre membres, elle est appelée *quadrilemme.*

On peut citer comme exemple de *dilemme* cette argumentation de saint Augustin pour prouver la divinité du Christianisme.

Le Christianisme s'est établi par des miracles, ou il s'est établi sans miracles.

S'il s'est établi par des miracles, il est divin.

S'il s'est établi sans miracles, c'est un éclatant miracle qu'il se soit ainsi établi. Donc encore il est divin. Donc, quel que soit le sentiment que vous admettiez, vous devez confesser la divinité du Christianisme.

Règles du Dilemme. — Pour que le dilemme soit concluant, il faut : 1° Qu'il n'y ait pas de milieu entre les parties de la majeure disjonctive. 2° Que chaque conclusion particulière soit nécessaire ; autrement la conclusion générale n'aurait elle-même rien d'absolu et l'adversaire pourrait retorquer l'argument. Le dilemme suivant pèche contre cette dernière règle. Pour dissuader quelqu'un d'accepter le gouvernement de l'État, on lui dit :

Ou vous gouvernerez bien, ou vous gouvernerez mal.

Si vous gouvernez mal, vous déplairez à Dieu. Donc, n'acceptez pas.

Si vous gouvernez bien, vous déplairez aux hommes. Donc, n'acceptez pas. Vous devez donc, en tous cas, refuser le gouvernement de l'État.

Celui qu'on voulait dissuader, répondit par ce dilemme :

Ou je gouvernerai bien ou je gouvernerai mal.

Si je gouverne mal, je plairai aux hommes. Donc, je dois accepter.

Si je gouverne bien, je plairai à Dieu. Donc, je dois accepter.

Je dois donc, en tout cas, accepter le gouvernement.

Ce qui fait le vice du premier dilemme, c'est qu'il n'y a pas de connexion nécessaire entre ces deux choses : *bien gouverner* et *déplaire* aux hommes. Celui qui gouverne bien, ne peut déplaire à l'homme qui écoute la raison.

VII. — **Argument personnel.** — L'argument personnel, appelé aussi *ad hominem*, consiste à se servir contre un adversaire de son propre raisonnement et des maximes, vraies ou fausses, qu'il a mises en avant.

VIII. — **Argument à pari, à fortiori, à contrario.** — Quand un raisonnement repose sur une comparaison, il peut donner lieu à trois sortes d'arguments, selon qu'il exprime un rapport *de ressemblance*, un rapport *de supériorité* ou un rapport *d'opposition*.

Argument *à pari*. — Dieu a pardonné à David repentant.

Donc, il vous pardonnera pareillement, si vous vous repentez.

Argument *à fortiori*. — Un homme mûr a besoin de conseils.

Donc, et à plus forte raison, un enfant en a besoin.

Argument *à contrario*. — L'intempérance nuit à la santé.

Donc, au contraire, la sobriété lui est favorable.

§ V. — SYLLOGISME DÉMONSTRATIF.

I. — **But de la Méthode déductive.** — Le but de la méthode déductive, dont nous avons étudié la nature, le point de départ et la marche, est de nous donner la connaissance certaine des vérités non évidentes d'elles-mêmes, auxquelles nous pouvons atteindre sans le secours du témoignage, et que le procédé inductif est impuissant à nous faire connaître.

La méthode déductive atteint son but, en dégageant la vérité de ce qui nous empêchait de la bien saisir et de la voir clairement. C'est là précisément ce qu'on appelle *la Démonstration* de la vérité.

II. — **Notion de la Démonstration.** — Que la démonstration se produise dans la forme oratoire ou dans celle de l'école, elle repose nécessairement sur un syllogisme. Mais tout syllogisme n'est pas démonstratif. Bien que les règles de l'argumentation soient exactement observées, un syllogisme peut aboutir à une conclusion *erronée* ou à une conclusion *probable*. Il s'agit donc ici de savoir ce qui constitue le syllogisme vraiment démonstratif, qui mène à une conclusion *certaine*, et engendre ainsi une démonstration inébranlable de la vérité.

1° *Définition de la Démonstration.* — La démonstration est une *argumentation syllogistique, qui consiste à déduire une conclusion de prémisses certaines et évidentes*. Si l'une des prémisses est fausse, la conclusion sera fausse. Si l'une des prémisses est simplement probable, bien que l'autre soit certaine et évidente, la conclusion ne dépassera pas les limites de la probabilité. Mais si les deux prémisses sont certaines et évidentes, la conclusion qui en est tirée, conformément aux règles de l'argumentation syllogistique, sera certaine et évidente.

Si la vérité des prémisses ou de l'une d'elles n'est pas *intuitive*, il faut qu'elle soit établie par des preuves qui la rendent évidente, sans quoi la conclusion manquerait de l'évidence qu'elle doit avoir. Il peut ainsi arriver que, dans une démonstration, il y ait une série plus ou moins longue de propositions, qui relient la vérité à démontrer au premier *principe* qui a servi de point de départ. Il est nécessaire que toutes les propositions intermédiaires, qui forment comme la trame de l'argumentation, aient la certitude et l'évidence de la première, pour que la conclusion soit incontestable.

2° *Valeur logique de la Démonstration.* — Toute vérité démontrée, comme nous venons de le dire, est aussi certaine que celles qui ont servi de base à l'argumentation et dans lesquelles elle était renfermée. A son tour, elle peut servir de point de départ pour une nouvelle démonstration.

III. — Espèces de Démonstration. — La démonstration est *directe* ou *indirecte*, à *priori* ou à *posteriori*.

1° Démonstration directe et Démonstration indirecte. — 1° *Démonstration directe.* — La démonstration directe est appelée *propter quid* par les Scolastiques, car elle contient la raison de la vérité démontrée, et fait voir le motif pour lequel l'attribut de la proposition à établir doit être nécessairement affirmé du sujet. Elle consiste à prouver qu'une proposition est vraie, en montrant qu'elle est renfermée réellement dans une vérité incontestable. C'est la démonstration que nous venons d'exposer. On en trouve des exemples dans la plupart des théorèmes de géométrie.

2° *Démonstration indirecte.* — La démonstration indirecte, ou par *l'absurde*, partant de l'hypothèse contradictoire de la proposition avancée, en tire les conséquences et arrive à l'absurde ; d'où elle conclut avec certitude la vérité de la proposition, attendu que deux contradictoires ne sont jamais fausses en même temps. La fausseté de l'hypothèse prouve la vérité de la proposition qui lui est contradictoire. La démonstration indirecte est appelée *quia* par les Scolastiques, parce que, tout en prouvant la vérité de la proposition, elle ne dit pas clairement pourquoi l'attribut convient au sujet ; elle montre seulement que la proposition est vraie, parce que la contradictoire est absurde.

3° *Valeur de ces deux Démonstrations.* — Ces deux démonstrations sont également rigoureuses et donnent une égale certitude. La première, toutefois, par cela même qu'elle fait voir clairement à l'esprit la raison de la vérité de la proposition énoncée, mérite d'être préférée, lorsqu'il y a lieu de choisir entre les deux. Mais il est des cas où la démonstration *indirecte* peut seule être employée. Comment réfuter celui qui nie un principe premier, autrement qu'en lui montrant les conséquences absurdes qui ressortent de sa négation ?

2° Démonstration à priori et Démonstration à posteriori. — La démonstration à *priori* et la démonstration à *posteriori* reviennent, à les bien prendre, aux démonstrations *propter quid* et *quia*.

La démonstration à *priori* prouve les effets par les causes, les propriétés d'un être par son essence. Elle va de l'universel au particulier.

La démonstration *à posteriori* prouve les causes par les effets, l'essence d'un être par ses propriétés. Elle va du particulier à l'universel.

Ce qui donne lieu à ces deux manières de démontrer, c'est que tantôt la cause nous est mieux connue que l'effet, et tantôt l'effet est mieux connu que la cause. Notre esprit part de ce qu'il connaît, pour aller à ce qu'il connaît moins. (Sanseverino.)

IV. — **Pratique de la Démonstration directe.** — Pour faire la démonstration directe de la vérité d'une proposition, il faut : 1° trouver un principe incontestable qui la renferme ; 2° montrer qu'elle y est réellement renfermée. Si ces deux conditions sont remplies, la proposition énoncée devra être regardée comme certainement vraie.

Tout l'art de la démonstration *directe* consiste ainsi à faire intervenir légitimement le procédé déductif, pour mettre en lumière une proposition qui, à première vue, pourrait paraître contestable. On pose une première vérité, choisie avec intelligence et contenant celle qu'on veut prouver. Si cette vérité n'est pas suffisamment évidente, on l'éclaircit, de manière à la rendre incontestable. Si elle est évidente d'elle-même, ou si déjà elle a été démontrée, il n'y a plus qu'à l'affirmer, au nom de l'évidence immédiate ou médiate. On relie ensuite à cette vérité incontestable, au moyen de propositions logiquement enchaînées, le jugement énoncé tout d'abord, dont la vérité est par là même démontrée.

§ VI. — USAGE DE LA FORME SYLLOGISTIQUE.

I. — **Emploi de la Forme syllogistique au Moyen-Age.** — Dans les sciences dites de raisonnement, le syllogisme est tout à la fois une méthode de recherche et une méthode de démonstration. La nature des études qui fixaient l'attention de l'esprit humain au Moyen-Age, explique l'emploi fréquent et presque exclusif de la forme syllogistique à cette époque. La Philosophie scolastique procédant par voie de déduction, le syllogisme était et devait être son arme ordinaire, mais elle n'ignorait point, comme on l'a faussement avancé, et elle savait employer, dans les questions qui le demandaient, la méthode inductive.

II. — **Réaction contre la Forme syllogistique.** — Les sciences d'observation appellent tout d'abord, il est vrai, la méthode inductive, mais elles n'excluent point et ne peuvent exclure la forme syllogistique. Lorsque ces sciences ont commencé à être davantage en honneur et à attirer les esprits, une réaction s'est produite contre la méthode scolastique, et même elle a été violente. Cette réaction demande à être sainement appréciée.

Appréciation de la réaction contre la Forme syllogistique. — Dans la réaction qui s'est produite contre la forme syllogistique, tout homme sérieux ne peut manquer de constater trois choses.

1° La méthode syllogistique avec ses majeures, qui consistent dans des principes généraux, ne pouvait évidemment se prêter à l'étude des sciences expérimentales, qui s'élèvent au général en partant du particulier.

2° Le caractère des sciences expérimentales exigeait avant tout la méthode inductive. C'est par cette méthode principalement que ces sciences se sont constituées, en formulant leurs lois et leurs principes. Mais c'est par la méthode déductive qu'elles ont tiré les conséquences de ces principes et de ces lois, et perfectionné ainsi leurs découvertes.

3° Ceux qui, à l'imitation des philosophes impies du dix-huitième siècle, ont proscrit *d'une manière absolue* la méthode syllogistique, ont donc été doublement injustes et absurdes. D'abord, la méthode syllogistique ne peut être complètement bannie des sciences d'observation et nous avons même démontré que la méthode inductive repose sur le syllogisme comme sur le fondement dont elle a besoin. Puis, la méthode syllogistique est et sera toujours la marche nécessaire de l'esprit humain dans toutes les sciences de raisonnement.

III. — **Avantages de la Forme syllogistique.** — Leibnitz est loin de partager le sentiment de ceux qui ont proscrit le syllogisme. Dans ses *Nouveaux Essais*, ce philosophe ne craint pas d'avancer que la forme syllogistique est *une des inventions les plus belles de l'esprit humain, et même une des plus considérables.*

La méthode syllogistique présente plusieurs avantages incontestables.

1° *Elle est bonne pour démontrer la vérité.* — S'agit-il de tirer d'un principe les conséquences ou vérités particulières qu'il contient, aucun procédé n'est et ne peut être ni plus simple ni plus sûr que le procédé syllogistique. Mettant de côté les ornements du langage, pour se servir d'expressions claires ou parfaitement définies, il rattache la conséquence qu'il tire au principe évident qui la contient, par des propositions si rigoureusement enchaînées, que l'évidence du principe se communique à la conséquence.

2° *Elle sert efficacement à combattre l'erreur.* — Rien n'est plus propre que cette méthode pour démasquer le faux des sophismes que l'erreur emploie pour s'accréditer. Qu'un discours, où l'erreur emprunte les séductions de l'éloquence pour se mieux voiler, soit ramené à un syllogisme, on verra d'un côté le principe qui a servi de point de départ, de l'autre, la conséquence qui a été tirée, contrairement aux lois de la saine logique. L'erreur apparaîtra aux esprits les moins clairvoyants.

3° *Elle habitue l'esprit à une grande précision.* L'art syllogistique, a dit Cousin, est tout au moins une escrime puissante, qui donne à l'esprit l'habitude de la précision et de la vigueur. C'est à cette mâle école que se sont formés nos pères. Il n'y a que de l'avantage à y retenir la jeunesse actuelle.

IV. — **Abus de la Forme syllogistique.** — Quels que soient les avantages de la méthode syllogistique, il faut avouer que, si l'emploi n'en est réglé, il peut devenir un abus. 1° Ainsi ce serait un véritable abus de vouloir introduire, d'une manière dominante, cette méthode dans les sciences d'observation, dans la littérature et dans la poésie. Si le syllogisme est la langue de l'intelligence, comme on l'a dit, il n'est pas celle du cœur et de la sensibilité. — 2° La méthode syllogistique, exclusivement ou trop fréquemment employée, mène à un excès de subtilité. C'est là un défaut que l'on reproche avec raison à quelques philosophes du Moyen-Age, dans les ouvrages desquels on trouve des distinctions quelquefois fort abstraites et presque insaisissables. — 3° Enfin, elle peut engendrer, par l'abus, une sorte de mécanisme logique, dans lequel des formules sont substituées au travail propre de l'esprit, dont les élans doivent être dirigés, sans doute, mais non comprimés.

§ VII. — APPLICATION DE LA MÉTHODE DÉDUCTIVE AUX SCIENCES.

La méthode déductive est applicable à toutes les sciences *dites de raisonnement*, soit *cosmologiques*, soit *noologiques*.

I. — **Méthode déductive dans les Sciences cosmologiques.** — Si la méthode inductive a son application dans les sciences *physiques* et *naturelles*, la méthode déductive a pour objet les sciences *mathématiques*.

1° *Sciences mathématiques.* — Les Mathématiques étudient la matière, non pas dans ses propriétés accessibles aux sens, comme le font les sciences physiques et naturelles, mais dans *ses propriétés abstraites*, que l'intelligence seule peut saisir. Les propriétés abstraites de la matière, qui forment l'objet propre des Mathématiques, sont : *le nombre*, qui est l'objet de l'arithmétique et de l'algèbre ; *l'étendue*, qui est l'objet de la géométrie et de la trigonométrie ; *le mouvement*, qui est l'objet de la mécanique.

2° *Méthode déductive dans les Sciences mathématiques.* — Toutes les sciences mathématiques, appelées sciences exactes, à cause de leur objet abstrait et spéculatif, et de la rigueur de leurs conclusions, ont *un point de départ* commun. Ce point de départ, ce ne sont plus des faits, comme pour les sciences physiques et naturelles, mais ce sont des vérités évidentes d'elles-mêmes, des conclusions générales obtenues par le procédé inductif ou des définitions, d'où la raison descend aux vérités moins générales qui y sont renfermées. Une méthode leur est donc applicable à toutes également, mais non d'une manière exclusive : c'est la méthode qui dirige l'esprit humain dans sa marche du général vers le particulier, c'est-à-dire, *la méthode déductive*.

II. — **Méthode déductive dans les Sciences noologiques.** — Si les sciences noologiques qui ont le caractère expérimental emploient la méthode inductive, celles qui ont *le caractère rationnel* emploient la méthode déductive. Ces dernières sont généralement connues sous la dénomination de sciences *métaphysiques* : telles sont *l'Ontologie*, la *Psychologie rationnelle*, la *Théodicée rationnelle*, etc.

Comme les mathématiques, les sciences *métaphysiques* ont à leur point de départ des principes intuitifs, des vérités générales, des définitions, d'où elles tirent, par une argumentation rigoureuse, les vérités qui y sont contenues. N'est-ce pas là ce que nous avons fait tout spécialement pour la psychologie rationnelle, où, nous basant sur les conclusions générales de la psychologie expérimentale, nous avons démontré la spiritualité et l'immortalité de l'âme ?

§ VIII. — APPLICATION DE LA MÉTHODE DÉDUCTIVE ET DE LA MÉTHODE INDUCTIVE A LA MÊME SCIENCE.

I. — **Double Caractère de plusieurs Sciences morales.** — La plupart des sciences *noologiques*, dites aussi sciences *morales*, ayant tout à la fois le caractère expérimental et le caractère rationnel, doivent être étudiées par *le procédé inductif* et par *le procédé déductif*, aidés souvent de la *méthode d'autorité*, dont nous parlerons bientôt.

Quelques-unes des sciences morales, la psychologie et la théodicée, par exemple, ont deux parties bien tranchées. A chacune de ces parties, il faut savoir appliquer la méthode qui convient. — Dans les autres, l'étude des faits est compliquée de celle des règles morales, qui découlent des principes, ce qui ne permet pas de séparer *le procédé inductif* du procédé déductif. C'est à celui qui veut approfondir ces sciences à user avec discernement des moyens mis à sa disposition pour le conduire à la vérité.

II. — **Les deux Méthodes et le Droit.** — Si l'on veut étudier *le droit* avec intelligence et en acquérir une connaissance vraiment scientifique et pratique, les deux méthodes sont à employer. — Tout d'abord, il est nécessaire de bien saisir *les grands et éternels principes* sur lesquels *le droit* repose, et de remonter pour cela à sa source même, qui n'est autre que Dieu, raison de tout droit et de toute autorité. De cette source, on voit découler *le droit naturel*, immuable, universel, basé sur l'essence même des choses, et l'on comprend qu'une *loi positive* ne peut, sous peine de n'être plus une loi, contredire la loi éternelle.

Mais la science du droit ne peut être purement spéculative. Elle doit apprécier *les faits*, au point de vue de la justice, et prononcer sur le caractère d'un acte soumis à son examen. Ici, il devient nécessaire de recourir à une observation attentive, d'étudier le fait dans son objet, dans sa fin et ses circonstances, pour le confronter avec la loi. A ces conditions seulement, on sera à même de porter un jugement éclairé et sûr.

III. — Les deux Méthodes et la Politique. — La science qui a pour objet le bon gouvernement des peuples, et qui s'appelle *politique*, unit au travail propre de l'intelligence celui de l'observation expérimentale.

Pour acquérir cette science, il est nécessaire d'étudier, tout d'abord, *les lois fondamentales* d'une société quelconque, les conditions morales qui en font la prospérité et la force, le but auquel elle doit tendre, sous la direction de l'autorité, les moyens à prendre pour l'atteindre sûrement. — Mais cette connaissance serait insuffisante, si l'on n'y ajoutait, au moyen de *l'observation et de l'expérience*, la connaissance des passions humaines, du caractère et des besoins du peuple auquel on veut être utile. Ces deux sortes de connaissances, *rationnelles* et *expérimentales*, sont indispensables pour bien gouverner.

IV. — Les deux Méthodes et l'Histoire. — Dans l'étude de quelques sciences morales, on peut indifféremment aller des faits aux principes et aux causes, ou descendre des causes et des principes aux faits. On devra employer soit *la méthode inductive*, soit *la méthode déductive*, selon le point de départ qui aura été choisi. Il en est tout particulièrement ainsi des sciences historiques.

L'histoire peut s'élever des *événements* qu'elle expose aux lois providentielles, aux principes de la morale, à la liberté de l'homme, à la connaissance du cœur humain et des mobiles qui le poussent : c'est là sa marche la plus ordinaire.

Mais aussi l'histoire peut descendre, ainsi que l'a fait Bossuet dans son *Discours sur l'Histoire Universelle*, de l'idée de la Providence et de la connaissance de la nature humaine, à l'étude et à l'appréciation des actions des individus et des événements de la vie des peuples et de l'humanité entière. Elle montre alors que ces actions et ces événements ont leur raison dans la liberté, dont l'homme use pour le bien ou pour le mal, et dans la Providence, qui, embrassant tout l'ordre créé, même la liberté humaine, qu'elle conserve, atteint ses fins avec douceur, mais toujours avec force.

A la méthode inductive et à la méthode déductive, les sciences historiques, plus que toutes les autres, unissent la méthode d'autorité. C'est sur le témoignage qu'elles s'appuient dans l'exposé des événements et des faits. Aussi est-il nécessaire à celui qui écrit l'histoire, plus qu'à tout autre, de bien connaître les règles de la critique du témoignage et d'en faire une judicieuse application.

DIX-NEUVIÈME LEÇON.

Sommaire : 1° Méthode d'Autorité. — 2° Du Témoignage en général. — 3° Autorité du Témoignage proprement dit. — 4° Autorité du Témoignage historique. — 5° Autorité du Témoignage doctrinal. — 6° Erreurs. — 7° Sophismes.

§ Ier. — MÉTHODE D'AUTORITÉ.

I. — **Importance de la Méthode d'Autorité.** — Si l'homme n'avait d'autre moyen d'instruction que ses ressources personnelles, borné comme il est à un point de l'espace et de la durée, il végéterait dans un cercle de connaissances fort restreintes. Mais à ses ressources individuelles vient s'ajouter le témoignage des autres, pour l'enrichir de précieuses connaissances expérimentales et rationnelles. Grâce au témoignage, il vit avec les hommes de tous les siècles antérieurs et de tous les pays, et il s'éclaire à leur école. Les événements passés, les conquêtes de la science, les communications de Dieu avec l'humanité, les faits contemporains, accomplis sur les théâtres les plus divers et les plus éloignés, lui sont transmis avec fidélité. Plus est étendu l'objet de ce moyen de connaissance, plus par là même est importante et digne d'un examen sérieux *la méthode d'autorité*.

II. — **Définition de la Méthode d'Autorité.** — On entend par méthode d'autorité *la méthode qui détermine dans quelles conditions le témoignage donne la certitude et s'impose à notre foi.*

§ II. — DU TÉMOIGNAGE EN GÉNÉRAL.

I. — **Notion du Témoignage.** — Le témoignage peut être défini : *la manifestation d'un fait ou d'une vérité.* Le témoignage peut donc avoir un double objet : *un fait* ou *une doctrine.*

1° Fait. — Le fait, objet du témoignage, est : 1° *contemporain* ou *ancien*, selon qu'il s'est accompli à notre époque ou dans un temps antérieur ; 2° *public* ou *privé*, selon qu'il a eu lieu devant beaucoup ou peu de témoins; 3° *important* ou *de peu d'importance* ; 4° *naturel* ou *surnaturel*, suivant qu'il a sa cause dans la nature ou dans un ordre supérieur.

2° Témoin. — On donne le nom de *témoin* à celui qui manifeste un fait, soit par la parole, soit par l'écriture. Le témoin est *oculaire* ou *auriculaire*, selon qu'il a vu le fait de ses propres yeux ou qu'il l'a seulement entendu raconter.

3° Doctrine. — La doctrine, objet du témoignage, est une vérité ou un ensemble de vérités, dont nous recevons la manifestation par l'enseignement. Celui qui enseigne est appelé, non pas témoin, mais *docteur* ou *maître*.

4° Autorité du Témoignage. — On entend par autorité d'un témoignage *le droit de ce témoignage à notre assentiment*. Or, ce droit de s'imposer à nous est acquis au témoignage, chaque fois que la raison nous montre clairement qu'il ne nous trompe pas.

5° Foi au Témoignage. — Tout assentiment à l'objet du témoignage n'est pas un acte de foi. Si ce que le témoignage enseigne est pour notre intelligence d'une *évidence intrinsèque*, nous l'admettons non à cause de l'autorité du témoignage, mais à cause de la clarté même, c'est-à-dire, de l'évidence objective de la chose qui nous est manifestée. Lorsque le maître émet devant son élève une vérité d'évidence immédiate, ou lorsqu'il lui démontre une vérité par le raisonnement, dans l'un et l'autre cas l'intelligence de l'élève se rend à l'évidence de la vérité et non à l'autorité de celui qui enseigne. Il ne *croit* pas, mais il *voit* la vérité. L'évidence intrinsèque et la foi, dit saint Thomas, ne peuvent avoir le même objet formel.

Mais lorsque l'objet du témoignage n'*est pas d'évidence intrinsèque* pour celui qui le reçoit, s'il y donne son assentiment, c'est à cause de l'autorité même du témoignage. Il croit au fait qui lui est rapporté ou à la vérité qui lui est enseignée, uniquement parce qu'il reconnaît que le témoignage ne le trompe pas. D'où il suit que *la foi, c'est l'assentiment de notre esprit à ce qui n'est pas pour nous d'évidence intrinsèque, soit immédiate, soit médiate, à cause du témoignage qui l'affirme.* La certitude de la foi est basée sur l'évidence extrinsèque de l'objet du témoignage, c'est-à-dire, sur l'évidence de la légitimité de ce témoignage. (ZIGLIARA.)

II. — **Espèces de Témoignage.** — Le témoignage est *divin* ou *humain*, selon qu'il a Dieu ou l'homme pour auteur.

1° *Témoignage divin.* — Le témoignage divin peut avoir pour objet des vérités ou des faits. Ce témoignage n'est autre que la Révélation, principalement consignée dans les livres de l'Ancien Testament et du Nouveau. L'authenticité, la véracité et l'intégrité de ces livres sont démontrées de la façon la plus péremptoire. La raison demande donc qu'on en reconnaisse l'autorité, et que par là même on admette la valeur probante des preuves qu'ils fournissent en faveur de la divinité de la Religion révélée. Le fait divin de la Révélation une fois constaté, il y a obligation, pour l'homme, de croire d'une foi ferme et inébranlable ce qu'elle contient, sûr que le témoignage de Dieu ne peut d'aucune manière l'induire en erreur.

2° *Témoignage humain.* — Le témoignage humain, dont nous avons à nous occuper plus particulièrement, a pour objet des *faits* ou des *vérités*. Mais les faits sont *contemporains* ou *passés*. De là trois sortes de témoignage : *le témoignage proprement dit*, qui a pour objet les faits contemporains ; *le témoignage historique*, qui a pour objet plus particulièrement les faits passés relativement à nous ; *le témoignage dogmatique* ou *doctrinal*, qui a pour objet quelques vérités. Voyons à quelles conditions chacun de ces témoignages fait autorité.

§ III. — AUTORITÉ DU TÉMOIGNAGE PROPREMENT DIT.

I. — **Notion du Témoignage proprement dit.** — Le témoignage *proprement dit* a pour objet les faits *contemporains* ; c'est la relation d'un évènement quelconque, faite par ceux qui en ont été témoins.

Dans le témoignage proprement dit, deux choses sont à considérer : *les faits*, qui sont l'objet du rapport, et *les témoins*, qui font le rapport. C'est sur ce double fondement que repose l'autorité du témoignage.

II. — **Autorité du Témoignage proprement dit.** — Pour que le témoignage proprement dit fasse autorité, il doit satisfaire à certaines conditions du côté *du fait relaté* et du côté *des témoins*.

1° *Conditions du côté du Fait.* — L'unique condition, pour qu'un fait soit croyable, c'est qu'il soit *possible*. Or, un fait est possible, dès lors qu'il n'est pas en contradiction avec les lois absolues de la raison.

Un *miracle* est un fait possible, car la raison dit assez, comme l'enseigne Rousseau lui-même, que Dieu a le pouvoir de déroger aux lois de la nature, qu'il a librement établies.

L'invraisemblance n'est pas un motif suffisant pour rejeter un fait d'une manière absolue, le vrai pouvant quelquefois n'être pas vraisemblable. Elle doit nous tenir en éveil, nous porter à examiner avec plus de soin et de circonspection les motifs de crédibilité et le rapport des témoins, ajourner notre assentiment, jusqu'à plus grande lumière, mais elle ne nous autorise pas à nier.

2° *Conditions du côté des Témoins.* — De la part des témoins, deux conditions sont requises, l'une relative à *leur intelligence*, et l'autre relative à *leur bonne foi*. Pour que leur relation nous donne la certitude, il est nécessaire que nous soyons sûrs qu'ils ont bien saisi le fait et qu'ils nous le rapportent fidèlement, c'est-à-dire, qu'ils n'ont pas été *trompés* et qu'ils ne sont pas *trompeurs*.

Le fait *miraculeux*, c'est-à-dire, surnaturel dans sa cause, étant accessible aux sens, se constate absolument comme un autre fait sensible, qui a sa cause dans l'ordre de la nature.

3° *Il y a des Faits qui réunissent ces deux sortes de Conditions.* — Il y a, en effet, des cas où l'on voit clairement que les témoins n'ont *pas été dupes d'une illusion* et *ne sont pas trompeurs*. Les faits, par exemple, étaient faciles à constater et les circonstances étaient telles qu'une méprise n'était pas moralement possible aux témoins. La prudence et la probité reconnues de ces témoins sont à l'abri de tout soupçon. Ils n'ont aucun intérêt à avancer et à soutenir le mensonge. — Qu'un témoignage réunisse ces conditions, il fait évidemment autorité, et ce serait aller contre la raison elle-même, que de lui refuser son assentiment.

Remarquons que le témoignage d'un seul homme, dont l'intelligence, la probité et la prudence nous sont parfaitement connues, suffit pour que nous ajoutions foi à sa relation, sans péril d'erreur. C'est à la raison à voir si, dans un cas donné, le témoignage a les qualités requises pour exclure le doute. Chaque fois qu'il lui est évident que le témoignage n'est ni une illusion ni un mensonge, elle commande d'y croire. (BÉNARD.)

§ IV. — AUTORITÉ DU TÉMOIGNAGE HISTORIQUE.

I. — **Notion du Témoignage historique.** — Le témoignage *historique*, qui *a plus particulièrement pour objet* les faits passés, contribue grandement à élargir l'horizon de nos connaissances. En nous mettant en communication avec tous les siècles écoulés, il nous rend les contemporains de tous les âges de l'humanité, et ajoute ainsi à notre expérience personnelle, enrichie déjà de celle des hommes avec qui nous vivons, l'expérience de toutes les générations qui nous ont précédés.

Nous connaissons le passé par la tradition *orale*, par la tradition *écrite* et par la tradition *monumentale*, trois moyens qui constituent le témoignage historique, et dont nous devons discuter la valeur.

II. — **Tradition orale.** — La tradition *orale* est un premier moyen de communiquer avec le passé.

1° *Définition de la Tradition orale.* — La tradition orale est *la relation d'un événement faite et transmise de vive voix*. Avant l'invention de l'écriture, la tradition *orale* était le grand moyen de transmission des faits accomplis par une génération aux générations suivantes. Aux premiers siècles, la longévité des hommes assurait à cette transmission une fidélité de détails qu'elle n'aurait pas aujourd'hui. Quelle est donc la valeur que la critique du philosophe doit attacher à cette sorte de témoignage ?

2° *Conditions requises pour la Tradition orale.* — Pour faire autorité, la tradition orale doit être : 1° *Constante*, c'est-à-dire, composée d'une suite non interrompue de témoignages, depuis l'événement qui en est l'objet ; 2° *Unanime*. Le désaccord, dans la transmission d'un fait éloigné, surtout, s'il était persévérant, prouverait que le fait en question n'a pas été établi d'une manière incontestable, même aux yeux des premiers témoins et de leurs contemporains. L'unanimité doit s'entendre d'une manière morale. Quelques contradicteurs, qui attaquent l'authenticité d'une tradition sans l'ébranler, quelques doutes émis, ne détruisent pas l'unanimité du témoignage.

3° *Autorité de la Tradition orale.* — La tradition, revêtue des deux conditions qui ont été exposées, est un motif fondé de certitude, quand elle a pour objet un *fait important*. On entend par *important*, un fait qui a pris les proportions d'un événement, dans la vie de l'humanité, ou dans la vie d'une nation. Lorsque le souvenir d'un tel événement s'est conservé toujours le même et universellement répandu au sein de la race humaine ou d'une nation, c'est une preuve certaine de vérité.

Mais il n'en est pas ainsi de *faits peu importants* ou d'une circonstance accessoire d'un grand événement. La tradition orale par elle seule ne suffit pas alors pour donner la certitude, quand surtout les faits remontent à une époque fort éloignée. Dans ce cas, pour savoir d'une manière précise à quoi s'en tenir, il faut recourir à un autre moyen et consulter surtout la tradition *écrite*. (Bouedron.)

III. — **Tradition écrite.** — La tradition écrite, qui n'est autre que l'histoire proprement dite, est, de tous les moyens de communiquer avec le passé, le plus complet et le plus sûr.

1° Importance et Utilité de l'Histoire. — Les traditions *orales* s'altèrent avec le temps, du moins en ce qui tient aux détails des grands événements et aux faits d'une importance secondaire. La tradition *monumentale*, dont nous parlerons bientôt, ne peut conserver le souvenir que de quelques faits. L'histoire *écrite*, au contraire, est, comme le dit le philosophe romain, le témoin des temps, le flambeau de la vérité : elle reproduit la vie d'un homme ou d'un peuple dans ses détails et la livre, comme un portrait peint d'après nature, à la postérité. Toutefois, ce genre de témoignage lui-même a besoin d'être soumis à un examen sévère et judicieux, pour qu'il devienne un motif de certitude.

2° Autorité de l'Histoire. — Trois conditions sont exigées, pour qu'un ouvrage historique fasse autorité. Il faut qu'il soit *authen-*

tique, intègre et *vrai*. C'est à la critique à faire voir si ces conditions sont réalisées, chaque fois qu'il s'agit d'apprécier un ouvrage en particulier.

1° Authenticité. — Un ouvrage est *authentique*, lorsqu'il est réellement de l'auteur ou de l'époque qu'on lui attribue. Jusqu'à ce que l'authenticité d'un ouvrage soit constatée, il est suspect, car on n'est pas sûr qu'il n'est point supposé. Or, *l'authenticité* se reconnaît à certaines marques, dont les unes sont *intrinsèques* et les autres *extrinsèques*.

1° *Marques intrinsèques d'Authenticité*. — Les marques *intrinsèques* d'authenticité sont prises de l'histoire elle-même, du style de l'auteur, des faits qui sont racontés. Si le style de l'historien est connu, on devra voir une marque *d'authenticité* dans l'accord du style de son histoire avec le style de ses autres ouvrages. S'il n'a laissé aucun autre ouvrage, il faut comparer son écrit avec les autres écrits de l'époque. Quant aux choses rapportées, il faut voir si elles s'accordent avec le caractère de l'auteur, avec les mœurs et l'esprit du temps.

Les marques *intrinsèques* ne prouvent pas, à elles seules, l'authenticité du travail historique où elles se trouvent, attendu qu'un imposteur habile pourrait les imiter. Mais, si elles manquent, on peut avec raison suspecter l'authenticité de l'ouvrage.

2° *Marques extrinsèques d'Authenticité*. — Les marques *extrinsèques* d'authenticité sont prises en dehors de l'ouvrage. On en compte trois principales : 1° *La tradition orale*. Lorsque constamment un ouvrage a été attribué à tel auteur ou à telle époque, c'est là une preuve d'authenticité, et une preuve d'autant plus forte que l'ouvrage roule sur un sujet plus important. L'impossibilité de l'erreur est surtout manifeste, si l'ouvrage traite des croyances religieuses de tout un peuple. 2° *Le témoignage des écrivains* contemporains et des écrivains postérieurs. Quand les écrivains contemporains citent un ouvrage comme étant de tel auteur, quand, dans les siècles suivants, le même témoignage est rendu, on doit conclure de là que l'ouvrage appartient certainement à l'auteur auquel il est attribué. 3° *L'inutilité* des efforts tentés pour détruire l'authenticité de cet ouvrage. Quand plusieurs critiques, savants et habiles, ont examiné un ouvrage et n'ont pu produire aucune preuve sérieuse pour en renverser l'authenticité, on doit voir en cela une marque certaine que l'authenticité de l'ouvrage est incontestable.

2º **Intégrité.** — Pour qu'une histoire fasse autorité, il ne suffit pas que l'authenticité en soit constatée, il faut encore qu'on soit sûr qu'elle nous est parvenue dans *son intégrité*. Comment avoir confiance dans un récit qui a été altéré ?

1º **Deux Sortes d'Intégrité.** — Il y a deux sortes d'intégrité : *l'intégrité absolue*, qui exclut absolument tout changement, et *l'intégrité substantielle*, qui exclut tout changement propre à dénaturer la substance des faits. Bien que la première soit désirable et que son absence nécessite un examen plus sérieux de l'ouvrage, en faisant craindre quelque altération substantielle, on doit se contenter de la seconde, lorsqu'elle est démontrée.

2º **Signes d'Intégrité.** — L'intégrité *substantielle* a des signes intrinsèques ou extrinsèques, auxquels on peut la reconnaître.

1º *Signes intrinsèques d'Intégrité*. — Les signes intrinsèques sont inhérents à l'ouvrage lui-même et consistent : 1º Dans la suite du même plan ; — 2º dans la connexion logique des idées, qui exclut les contradictions ; — 3º dans l'unité du style ; — 4º dans l'absence d'anachronisme. La présence de ces signes ne prouve pas, d'une manière certaine, que l'ouvrage est *intègre* ; s'ils font défaut, c'est une preuve qu'il a été altéré.

2º *Signes extrinsèques d'Intégrité*. — Aux signes intrinsèques doivent s'ajouter les signes *extrinsèques*, pris en dehors de l'ouvrage. Ces signes sont : 1º La grande diffusion de l'ouvrage, dès son apparition. Il est évident que le nombre des exemplaires est un obstacle à l'altération ; — 2º La conformité des exemplaires et des éditions ; — 3º La conformité des analyses ou des citations de l'ouvrage, faites par les autres auteurs ; — 4º Le respect religieux dont l'ouvrage est entouré. Toute altération, dans ce dernier cas, ne peut manquer de donner naissance à des réclamations, qui rendraient inefficace toute tentative de fraude.

3° **Véracité.** — Une histoire est *vraie*, lorsqu'elle rapporte les faits, tels qu'ils se sont passés. Pour constater la véracité d'un ouvrage historique, il faut examiner si l'auteur a été contemporain des faits, ou s'il a écrit plus tard.

1° *Auteur contemporain des Faits.* — Quand l'auteur a été contemporain des faits qu'il rapporte, si ces faits sont importants et publics, si les autres écrivains de l'époque ne les contredisent pas, si les qualités morales qui se font jour dans son récit, dans ses appréciations, et qu'on s'accorde généralement à lui reconnaître, sont de nature à inspirer la confiance, sa véracité ne peut être suspecte.

2° *Auteur postérieur aux Faits.* — Quand l'auteur a composé son histoire à une époque éloignée de celle des faits qu'il raconte, pour savoir s'il est véridique, il faut : 1° examiner quels sont les documents contemporains des faits qu'il a consultés pour composer son ouvrage ; 2° voir quel jugement les écrivains de l'époque en ont porté ; 3° rechercher si, dans le siècle de l'historien, on reconnaissait comme vrais les faits qu'il raconte, et si les autres écrivains du même temps n'avancent rien qui fasse suspecter sa bonne foi.

3° *La Véracité du Récit diffère de la saine appréciation des Faits.* — Un historien peut être véridique dans la narration même des faits, bien qu'il porte des jugements faux sur ces faits. L'appréciation des faits est chose fort importante dans un ouvrage : elle constitue la Philosophie de l'histoire. Elle dépend de l'esprit, du caractère, de l'éducation du narrateur, des influences qu'il peut subir, circonstances qui sont à considérer, si l'on veut faire d'une manière sérieuse la critique d'un travail historique. Mais il ne faut jamais confondre le rôle de l'historien et celui du Philosophe. (BOURDRON.)

IV. — **Tradition monumentale.** — On donne le nom de monuments aux ouvrages des hommes destinés à perpétuer le souvenir de quelques événements, comme les statues, les colonnes, les médailles, etc.

1° *Critique des Monuments.* — Les monuments peuvent être, comme l'histoire, altérés ou mensongers. Pour qu'ils donnent la certitude des faits dont ils sont destinés à transmettre la mémoire, ils doivent être soumis à une critique prudente et éclairée.

2° *Authenticité des Monuments.* — Tout d'abord, il faut s'assurer de l'authenticité des monuments. Pour cela, il est nécessaire de bien connaître le cachet de l'époque à laquelle on les attribue, et de voir si ces monuments sont d'accord avec les témoignages de la tradition orale ou de la tradition écrite.

3° *Interprétation des Monuments.* — L'authenticité constatée, il reste à interpréter les monuments. Cette interprétation demande une étude sérieuse et une grande circonspection. Si l'on ne veut pas s'exposer à l'erreur, il faut suspendre son jugement jusqu'à ce que le doute, grâce aux lumières dont on s'est entouré, soit devenu impossible.

Conclusion. — La tradition orale, l'écriture et les monuments, comme on le conclut facilement de ce qui précède, se prêtent un mutuel appui. Si, de ces divers moyens de communication avec le passé, l'histoire écrite offre les meilleures conditions de précision, de clarté et de durée, tous, pris isolément, peuvent donner la certitude. Souvent ils se réunissent pour affirmer la vérité.

§ V. — AUTORITÉ DU TÉMOIGNAGE DOCTRINAL.

Le témoignage doctrinal a *pour objet quelque vérité.* Il est *particulier* ou *général.*

I. — **Témoignage doctrinal particulier.** — Le témoignage ou enseignement particulier a pour objet, soit *une vérité* dont la raison peut saisir immédiatement ou médiatement l'évidence intrinsèque, soit *une assertion* dont la légitimité n'est pas encore clairement établie. Dans *le premier cas,* le témoignage ne fait que placer la vérité sous le regard de l'intelligence, et lorsque celle-ci donne son assentiment à la vérité, elle se rend à l'évidence elle-même, et non à l'autorité du témoignage.

Quant au *second cas,* on se demande quelle est la valeur du sentiment des hommes éclairés, et c'est précisément cette valeur qu'il s'agit ici de bien apprécier.

1° Lorsque *les savants sont unanimes* dans leur opinion sur un point qui n'est pas encore clairement établi, leur sentiment constitué une très grande probabilité, qui mérite d'être prise en considération. Jusqu'à preuve du contraire, on doit se ranger à leur opinion ; ce serait agir témérairement que de s'en écarter sans motifs sérieux et vraiment capables d'entraîner l'adhésion d'un homme prudent. Si, cependant, il devient évident qu'ils sont dans l'erreur, il ne faut jamais sacrifier à leur témoignage celui de la raison.

2° Le sentiment de *quelques savants*, ou même d'*un seul*, peut n'être pas sans valeur, et cette valeur doit s'apprécier d'après la science plus ou moins profonde de ceux qui le soutiennent, la rectitude et la portée de leur esprit, et aussi d'après les raisons dont ils l'appuient.

II. — **Témoignage doctrinal général.** — Le témoignage général, sur un point de doctrine, est appelé d'ordinaire *consentement universel*. Il n'est pas rare d'invoquer, à l'appui d'une vérité morale, la croyance du genre humain. Il s'agit ici de discuter la valeur de cette croyance et de faire voir si, lorsque les hommes s'accordent sur un point, ce *consentement universel* est un motif fondé de certitude.

1° Erreurs opposées sur l'Autorité du Témoignage doctrinal universel. — Une sage critique doit condamner également deux erreurs opposées, qui n'ont pas été sans défenseurs sur la question qui nous occupe.

La première erreur est celle des *naturalistes outrés*, qui nient toute valeur réelle au consentement général et enseignent que chaque homme pouvant, avec sa raison individuelle, connaître la vérité, ne doit tenir aucun compte des jugements des autres.

La seconde erreur est celle des traditionalistes exagérés, qui, rejetant la valeur de la raison dans chaque homme, soutiennent que *le consentement universel*, ou ce qu'ils appellent *la raison générale*, est l'unique moyen pour l'homme d'avoir la certitude.

Ce qui porte le rationaliste à préconiser la raison individuelle devrait le déterminer à attribuer une valeur incontestable au sentiment général, qui n'est que le sentiment commun, l'appréciation commune à plusieurs raisons individuelles. De même, ce qui porte le traditionaliste à proclamer l'infaillibilité de la raison générale devrait le faire reconnaître quelque valeur à la raison individuelle, sans laquelle la raison générale n'existerait pas, sans laquelle la raison générale ne peut être connue. La vérité est que le consentement universel est un moyen de certitude, mais qu'il n'est *ni l'unique, ni le suprême critérium de la vérité.*

2° **Autorité du Témoignage doctrinal universel.** — Nous avons à dire ici à quelles conditions le témoignage universel, sur une vérité morale, fait autorité, et quelle est la raison première de l'autorité de ce témoignage.

1° *Conditions de l'Autorité du Témoignage doctrinal universel.* — Pour que le consentement général, sur une vérité morale, fasse autorité, il faut : 1° Qu'il soit réellement *universel*, c'est-à-dire, commun aux peuples de tous les temps et de tous les lieux. Cette universalité requise ne s'entend pas, toutefois, d'une universalité tellement absolue qu'elle exclue toute contradiction. Il s'est trouvé, dans le cours des siècles, des voix discordantes pour nier les vérités les plus manifestes.

2° Qu'il ne puisse être attribué *à aucune cause de nos erreurs*, aux *préjugés*, aux *passions*, ou aux *intérêts.* — 1° *Préjugés.* Un préjugé est un jugement prématuré sur quelque point imparfaitement connu et pouvant par là même être faux. Si quelques préjugés sur des questions fort secondaires ont revêtu certain caractère d'universalité, avec le temps la lumière s'est faite, c'est-à-dire que la vraie solution a été connue ou que le préjugé est devenu une simple hypothèse. Mais un préjugé universel sur une vérité morale, qui impose des devoirs à l'homme, n'est pas possible, et c'est le cas de dire, avec Cicéron, que le consentement de tous les peuples doit être regardé comme l'affirmation de la loi naturelle. *Consensio omnium gentium lex naturæ putanda est.* — 2° *Passions ou intérêts.* Si les passions et les intérêts unissent quelquefois les hommes dans une même pensée, ordinairement ils les divisent et ne permettent pas à un premier accord de persévérer. Mais, quand il s'agit d'une vérité morale, qui condamne les passions, loin de les favoriser, qui réprouve tout intérêt temporel en contradiction avec l'ordre essentiel, l'accord des hommes ne peut évidemment être attribué à l'une ou à l'autre de ces sources d'erreurs. (LIBERATORE.)

2° *Raison première de l'Autorité du Témoignage doctrinal universel.* — Le consentement universel, considéré en lui-même, est une preuve certaine, mais indirecte, de la vérité qui en est l'objet. C'est un *critérium extrinsèque*, qui en suppose un autre, sur lequel il s'appuie et qui lui donne une valeur irrécusable, nous voulons dire l'évidence objective de la vérité qu'il affirme. Ainsi, la raison première de l'autorité du consentement universel, à l'appui d'une vérité morale, c'est qu'un tel consentement montre que cette vérité est ou si évidente d'elle-même, ou si facile à découvrir, que tous les esprits, dans tous les temps, en ont été frappés.

Si une vérité de consentement universel n'apparaissait pas à quelqu'un avec une parfaite évidence *intrinsèque*, le seul fait du témoignage du genre humain, qui est une preuve extrinsèque de cette vérité, doit suffire pour lui en donner la certitude. (ZIGLIARA.)

§ VI. — ERREURS.

L'esprit humain peut connaître la vérité, qui est son aliment, et avoir la certitude qu'il est en possession de la vérité. Pour cela, deux voies lui sont ouvertes, l'une directe, *l'évidence intuitive*, l'autre indirecte, *l'évidence discursive* ou *médiate*, produite par le raisonnement inductif et déductif, et par le témoignage. Quelque nombreux et sûrs que soient ses moyens de parvenir à la connaissance certaine de la vérité, l'homme peut tomber dans l'erreur. Il est donc nécessaire d'étudier ce nouvel état, qui est comme la maladie de l'intelligence, afin d'en découvrir les causes et d'en indiquer les remèdes.

I. — **Nature de l'Erreur.** — Si, d'après la définition de saint Thomas, la vérité, considérée subjectivement, consiste dans la conformité de l'acte intellectuel avec l'objet à connaître, l'erreur consistera dans la non-conformité de l'acte de l'intelligence avec l'objet auquel nous l'appliquons. L'idée inexacte de l'objet rendra inexact lui-même, c'est-à-dire, non conforme à ce qui est, *le jugement* que nous porterons, et dans lequel seul réside formellement l'erreur. Ainsi, errer, c'est affirmer d'un être une propriété qu'il n'a pas, ou entre des êtres des relations qui n'existent pas ; c'est unir dans sa pensée ce qui n'est pas identique, ou séparer ce qui doit être uni.

Il résulte de cette notion que l'erreur a pour objet non pas le faux absolu, mais le faux qui présente quelque apparence de vérité. Le faux, comme tel, ne peut être l'objet de notre intelligence, pas plus que le mal, comme tel, ne peut être l'objet de notre volonté. C'est ce qui a fait dire à Fénelon : « On peut bien se tromper, en joignant sans raison des êtres séparés, mais cette erreur est mêlée de quelque vérité, et il est impossible de se tromper en tout; ce serait ne plus penser. »

II. — **Source première de l'Erreur.** — L'intelligence humaine est déterminée à donner son assentiment par *l'objet* ou par *la volonté*. *L'objet* qui détermine l'assentiment de l'intelligence, n'est jamais qu'une vérité évidente; en cédant à l'évidence, l'intelligence ne peut tomber dans l'erreur. Mais souvent l'assentiment est déterminé par *la volonté*, bien que l'évidence n'existe pas pour notre esprit, et alors le jugement porté peut être une erreur. D'où il suit que toutes nos erreurs ont leur source première dans la motion de la volonté qui, sous une influence étrangère, provoque l'assentiment de l'intelligence, sans que l'évidence soit formée.

Il ne faut pas conclure de là que nos erreurs sont volontaires et que nous nous trompons nous-mêmes, *parce que nous le voulons bien*. Ce que nous voulons, ce n'est pas l'erreur, c'est l'assentiment précipité de l'intelligence, qui nous expose à sortir des limites du vrai.

Mais nous pouvons nous attacher volontairement à l'erreur dans laquelle nous sommes tombés et essayer de la justifier par le mensonge. Le mensonge et le sophisme de mauvaise foi, qui supposent la négation de la vérité connue, ne sont pas à confondre, nous semble-t-il, avec l'erreur. Nul homme, dit Bossuet, ne veut se tromper.

III. — **Cause adéquate de l'Erreur.** — La cause adéquate de l'erreur, d'après ce qu'on vient de dire, réside tout à la fois dans *la faiblesse de l'intelligence humaine*, qui se laisse éblouir par l'apparence du vrai, et dans *la dépravation de la volonté*, qui, sous l'empire d'une passion, presse l'intelligence de se prononcer sans connaissance suffisante de cause.

D'où il suit qu'on peut ramener à deux sources, dont l'action se fait sentir simultanément, toutes les causes de nos erreurs. Les unes ont action directe sur l'intelligence, aux yeux de laquelle le faux revêt l'apparence du vrai, tandis que les autres influent directement sur la volonté, pour la porter à son tour à déterminer, d'une manière inconsidérée, l'assentiment de l'intelligence. Les premières sont appelées *causes intellectuelles*, et les secondes *causes morales* de nos erreurs. (GRANDCLAUDE.)

IV. — **Causes intellectuelles des Erreurs.** — Les principales causes intellectuelles de nos erreurs sont : 1° *Les préjugés*, c'est-à-dire, des opinions adoptées sans examen, opinions qui peuvent être fausses, qui, pour le moins, sont exagérées, et sur lesquelles on s'appuie comme sur des principes certains. Chaque milieu a ses préjugés, qui en règlent plus ou moins les appréciations et les jugements. Il y a des préjugés de nation, de parti, de famille, etc. Inoculés avec la première éducation, ils deviennent pour le jeune homme, lorsqu'une étude sérieuse n'en a pas fait justice, une source de jugements erronés.

2° *Le défaut d'attention* et de *réflexion*, qui donne lieu à des méprises, à des oublis, à des confusions d'idées, et empêche de s'assurer si toutes les conditions voulues, pour que nos divers moyens de connaître nous donnent la certitude, ont été observées. Un esprit naturellement volage, et distrait par caractère, ne peut manquer de tomber dans une foule d'erreurs qu'évite facilement un homme sérieux et réfléchi.

3° *Le langage*, qui nous subjugue facilement par sa forme, ou qui, par l'ambiguïté de ses termes, donne lieu assez fréquemment à des méprises. Il est des mots dont le sens est équivoque. Si l'on n'a pas soin d'en préciser la signification, l'auditeur peut leur donner un tout autre sens que celui dans lequel ils sont employés et se former une fausse idée des choses.

4° Enfin, *la négligence* ou *l'oubli des règles* de la méthode *inductive* ou *déductive*, et du témoignage.

V. — **Causes morales des Erreurs.** — Les principales causes morales de nos erreurs sont : 1° *Les passions désordonnées*. Sous leur influence, nous concevons avec une plus grande facilité des préventions favorables ou désavantageuses, qui influent sur nos jugements. En aveuglant l'intelligence, elles la disposent à prononcer dans leur sens. Nous signalerons surtout l'orgueil et la paresse ; l'orgueil, qui fait qu'on se confie en ses propres lumières ; la paresse, qui met obstacle à la diligence voulue dans la recherche de la vérité. L'alliance de ces deux passions forme une des sources d'erreurs les plus fécondes.

2° *L'Imagination mal réglée.* — Vive et sans frein, l'imagination alimente les passions mauvaises et jette dans de nombreuses illusions. Aisément elle exagère le bien ou le mal, et empêche que le jugement se renferme dans les limites de la vérité.

3° *L'amour de la nouveauté, l'esprit de contradiction*, en un mot, toutes les inclinations qui peuvent agir sur la volonté et par elle arracher à l'intelligence son assentiment, avant que l'évidence de la vérité lui apparaisse.

VI. — **Classification des Erreurs, d'après Bacon.** — La classification des causes d'erreur que nous venons d'exposer, est celle qui nous a paru la plus complète, au milieu du désaccord des philosophes sur ce point. Dans son *Novum Organum*, Bacon divise les erreurs en quatre classes, en leur donnant le nom d'idoles, sans doute parce qu'elles ne sont que de vains simulacres de la vérité : 1° Les idoles de la tribu (*Idola tribûs*), erreurs qui sont communes plus ou moins à toute la tribu, à toute la famille humaine, erreurs venant des passions, de l'imagination, des sens ; 2° Les idoles de la caverne (*Idola specûs*), erreurs qui tiennent aux dispositions particulières de l'individu, venant du caractère, du tempérament, de l'éducation ; 3° Les idoles du Forum (*Idola fori*), erreurs puisées dans le commerce avec les hommes, venant des fausses maximes, des imperfections du langage ; 4° Les idoles du théâtre (*Idola theatri*), erreurs puisées dans l'école, dans les divers systèmes des philosophes, qu'il assimile à des représentations théâtrales.

La classification de Bacon est piquante d'originalité, et elle a été longtemps en honneur. Elle manque, toutefois, de précision, et elle n'est pas distincte. Le troisième membre, par exemple, rentre évidemment dans le premier. (BOUEDRON.)

VII. — **Remèdes de nos Erreurs.** — Les moyens de remédier aux causes de nos erreurs sont *particuliers* ou *généraux*.

1° *Remèdes particuliers.* — Les remèdes particuliers sont destinés à combattre, d'une façon directe et spéciale, telle ou telle cause d'erreurs. La connaissance de ces causes particulières indique clairement les moyens à prendre pour y remédier.

2° *Remèdes généraux.* — Les remèdes *généraux* conviennent pour combattre toutes les causes d'erreurs, quelles qu'elles soient, et ils ne peuvent manquer d'atteindre leur but, quand l'usage en est devenu habituel, bien que nous n'évitions pas toujours l'erreur, à cause des bornes de notre intelligence et des imperfections de notre nature. Parmi ces moyens généraux, il faut compter principalement :

1° *L'amour sincère de la vérité*, qui nous porte à rechercher et à embrasser la vérité, alors même que la vérité contrarie nos penchants et nous commande des devoirs difficiles. L'homme, nous l'avons dit, aime naturellement la vérité, qui est l'aliment de sa faculté de connaître. Mais l'amour mal entendu de soi-même l'emporte souvent chez nous sur l'amour de la vérité. Voilà pourquoi il est nécessaire que, pour éviter les séductions de l'erreur, nous nous attachions généreusement à la vérité, de manière à la préférer à tout le reste.

2° *Un doute sage et prudent*, quand il n'y a pas, sur la question à résoudre, une clarté suffisante pour exclure tout péril sérieux d'erreur. Le doute mène à un examen plus approfondi et assure la vérité au jugement que l'on portera.

3° *La lutte courageuse et constante contre les passions déréglées*, qui sont l'une des sources les plus fécondes de nos erreurs. Dans cette lutte, il faut employer les moyens naturels et les moyens surnaturels de succès, que la raison et la religion nous enseignent.

§ VII. — SOPHISMES.

I. — Sophisme et Paralogisme. — Non-seulement l'esprit humain peut tomber dans l'erreur, mais encore, trop souvent, il use du raisonnement, qui ne devrait servir qu'à la défense et à la démonstration de la vérité, pour justifier ses égarements et tromper les autres. Cet abus du raisonnement porte le nom de *Sophisme* ou de *Paralogisme*, selon que l'intention de tromper ou la bonne foi l'accompagne. Au point de vue de la vérité, ces deux sortes de faux raisonnements ne diffèrent point : aussi les confondrons-nous sous la dénomination de *sophismes*.

II. — **Définition du Sophisme.** — On définit le sophisme : *un raisonnement qui conclut le faux sous l'apparence du vrai*. Cette définition montre que, dans le sophisme, le vice du raisonnement est caché, ce qui le rend propre à séduire et à entraîner dans l'erreur.

III. — **Division des Sophismes.** — Les sophismes se divisent en sophismes de *choses* ou *d'idées*, appelés aussi sophismes de *logique*, et en sophismes de *langage* ou de *mots*, appelés aussi sophismes de *grammaire*. Les premiers consistent dans l'abus des pensées, et les seconds dans l'abus des termes.

IV. — **Sophismes de Logique.** — Les sophismes de *logique* sont relatifs à *la déduction*, à *l'induction* et à *l'analogie*.

1° *Sophismes relatifs à la Déduction.* — Les sophismes relatifs à *la déduction* sont *l'ignorance du sujet*, *la pétition de principe*, et *le cercle vicieux*.

1° *Ignorance du Sujet.* — L'ignorance du sujet (*ignorantia elenchi*) est un sophisme qui consiste à prouver autre chose que ce qui est à prouver, à déplacer la question. Il est fréquent dans les discussions, où l'on prête à l'adversaire une opinion qu'il n'a pas, où l'on détourne le sens des propositions qu'il a avancées, afin de se ménager les moyens de le réfuter plus facilement. Par exemple, vous soutenez que nous devons honorer les saints, et votre adversaire raisonne comme si vous aviez dit qu'on doit adorer les saints. Il déplace la question, il feint d'ignorer le sujet de la discussion. C'est un sophisme.

2° *Pétition de Principe.* — La pétition de principe a lieu, quand on suppose prouvé ce qui est précisément en question. Tel serait le raisonnement par lequel on voudrait établir que tel homme mérite un châtiment, parce qu'il a commis un crime, si le crime n'est pas prouvé.

3° *Cercle vicieux.* — Le cercle vicieux consiste dans une double pétition de principe. Il a lieu, quand on entreprend de démontrer l'une par l'autre deux propositions qui ont besoin de preuve. Tel serait le raisonnement de celui qui, après avoir prouvé la Providence par l'existence d'une autre vie, établirait le dogme de l'autre vie sur l'existence de la Providence. (BOUEDRON).

2° Sophismes relatifs à l'Induction. — Les sophismes relatifs à *l'induction* sont connus sous les noms de sophismes de *fausse cause*, d'*accident* et d'*énumération imparfaite*.

1° *Fausse Cause.* — Le sophisme connu sous le nom de *fausse cause* consiste à prendre pour cause ce qui n'est pas cause. Ce sophisme a lieu chaque fois qu'on explique un fait par un autre qui n'a pas avec lui un rapport de causalité, bien qu'il ait un rapport de succession ou de simultanéité. *Cum hoc* ou *post hoc*, *ergò propter hoc*. On tombe encore dans ce faux raisonnement, quand on donne comme cause productive d'un fait ce qui en est seulement la condition ou l'occasion. La sensation est la condition de la connaissance des choses matérielles, mais ce n'est pas elle qui la produit.

2° *Accident.* — Le sophisme d'accident consiste à prendre pour essentiel ou habituel ce qui est accidentel. Tel est le sophisme de Rousseau, quand il attribue aux sciences et aux lettres la corruption des peuples. Tel est le sophisme de celui qui rejette le témoignage des sens, parce que quelquefois nous nous trompons, par suite du rapport des sens.

3° *Énumération imparfaite.* — Le sophisme de l'énumération imparfaite a lieu, lorsque, d'une observation incomplète, on tire une conclusion générale, lorsqu'on attribue à une espèce ce qui n'appartient qu'à quelques individus, ou qu'on fait peser sur une corporation entière la faute de quelques membres. (BÉNARD).

3° Sophismes relatifs à l'Analogie. — Il y a plusieurs sophismes d'analogie, par exemple, le passage d'un genre à un autre, de l'espèce au genre, du relatif à l'absolu, de ce qui est dit *secundum quid* à ce qui est dit *simpliciter*, ou de ce qui est dit *simpliciter* à ce qui est dit *secundum quid*. Les raisonnements suivants seraient sophistiques de cette dernière manière : Pierre est savant (*dictum simpliciter*) ; donc, il est savant en astronomie (*dictum secundum quid*). — Paul connaît bien l'histoire ; donc, c'est un savant.

V. — **Sophismes de Grammaire.** — On peut abuser du langage de plusieurs manières pour tromper les autres.

1° *Sophisme de Division.* — Le sophisme de *division* consiste à prendre dans le sens divisé ce qui doit être pris dans le sens composé. On y tombe chaque fois qu'on rapporte à des points différents de la durée, des choses qui ne sont vraies qu'autant qu'on les considère simultanément. Tel serait le raisonnement qui conclurait de cette proposition : *le pécheur n'entre pas dans le royaume de Dieu*, que tout pécheur doit désespérer de son salut.

2° *Sophisme de Composition.* — Le sophisme de *composition* consiste à prendre dans le sens composé ce qui n'est vrai que dans le sens divisé. Tel serait le raisonnement qui soutiendrait qu'on doit prendre dans le sens composé ces paroles des Saintes Ecritures : *Les aveugles voient, les sourds entendent.*

3° *Sophisme d'Equivoque.* — On peut abuser de l'ambiguïté et de l'équivoque de certains mots. Cet abus a lieu chaque fois que, dans le même raisonnement, on emploie le même mot, dans deux sens différents. (BOUEDRON).

VI. — **Moyens de résoudre les Sophismes.** — Pour réfuter les divers sophismes qui viennent d'être exposés, il est nécessaire, tout d'abord, de voir si la fausseté de l'argumentation tient au *langage* ou à *la pensée*.

1° Si la fausseté de l'argumentation *tient au langage* employé, il faut définir les mots équivoques et en préciser la signification.

2° Si la fausseté de l'argumentation *tient à la pensée*, il est nécessaire d'examiner tout d'abord quelle est la forme du raisonnement employé.

Le sophisme a-t-il la forme d'une *induction* ? le raisonnement inductif ayant des règles, il faut voir si ces règles ont été observées, tant dans les opérations préliminaires que dans l'induction elle-même.

Le sophisme a-t-il la forme d'une *déduction* ? on doit rechercher avec soin si la fausseté de l'argumentation est due au *principe* sur lequel le raisonnement s'appuie ou à *l'enchaînement illégitime* des propositions qui le composent. Dans le premier cas, on réfute le sophisme en mettant en évidence la fausseté du point de départ ; dans le second, il suffit de confronter la marche qui a été suivie avec les règles de l'argumentation syllogistique.

VINGTIÈME LEÇON.

SOMMAIRE : 1° Signes. — 2° Du Langage en général. — 3° Diverses Espèces de Langage. — 4° Rapports de la Pensée et de la Parole. — 5°. Caractères d'une Langue bien faite. — 6° Origine du Langage.

§ Ier. — SIGNES.

Après avoir traité les deux importantes questions de *la certitude* et de *la méthode*, qui résument la logique, il est naturel de parler du *langage*, tout à la fois moyen puissant de perfectionnement pour l'esprit humain et instrument indispensable pour la transmission de ses connaissances. Mais le langage étant *le signe de la pensée*, il est nécessaire de traiter préalablement du signe.

I. — **Définition du Signe.** — On entend par signe *ce qui éveille la pensée d'une chose autre que celle qui est offerte aux sens.* Un objet lié avec un autre par quelque rapport, produit en nous, lorsqu'il nous apparaît, non-seulement l'idée de cet objet lui-même, mais encore celle de la chose qu'il est propre à rappeler. Il est *signe* relativement à cette chose. Il n'est aucun objet sensible, geste, son, image, qui ne puisse devenir un signe et servir à représenter soit ce qui est absent, soit ce qui, par sa nature, ne tombe pas sous les sens, comme la pensée.

II. — **Division du Signe.** — L'analyse de la notion de signe offre trois choses fort distinctes : *l'objet signifiant*, qui porte le nom de signe, *l'objet signifié* et *le rapport* entre les deux. Le signe peut donc être considéré à trois points de vue.

1° *Objet signifiant.* — Considéré au point de vue de l'objet signifiant, le signe est : 1° *Théorique* ou *pratique* : *théorique*, s'il n'a pas d'action sur la chose qu'il annonce, comme le mot par rapport à l'idée ; *pratique*, s'il opère sur la chose signifiée, comme le remède par rapport à la maladie.

2° *Objet signifié.* — Considéré au point de vue de l'objet signifié, le signe est : 1° *Commémoratif*, s'il rappelle le passé. Tel est le monument érigé en souvenir d'une victoire. 2° *Démonstratif*, s'il a trait à quelque chose qui existe actuellement. Telle est la fumée, par rapport au feu. 3° *Pronostique*, s'il regarde l'avenir. Tels sont les nuages précurseurs de l'orage.

3° *Rapport de l'Objet signifié et de l'Objet signifiant.* — Considéré au point de vue du rapport qui unit l'objet signifié à l'objet signifiant, le signe est : 1° *Naturel* ou *arbitraire*, selon que ce rapport est fondé sur les lois mêmes de la nature, ou vient soit d'une convention, soit d'un usage. C'est ainsi que la respiration est le signe naturel de la vie, et que la palme est le signe arbitraire de la victoire. 2° *Certain* ou *incertain*, selon qu'il donne ou non la certitude de la chose signifiée.

§ II. — DU LANGAGE EN GÉNÉRAL.

I. — **Notion du Langage en général.** — Envisagé d'une manière générale, le langage est *l'ensemble des signes propres à manifester les affections de notre âme et à nous mettre en communication avec nos semblables.*

Les faits de conscience ne sont connus que de celui qui en est la cause efficiente ; pour qu'ils arrivent à la connaissance d'autrui, il est nécessaire qu'ils soient symbolisés. Aucune société n'est possible entre les hommes qu'à la condition de la manifestation réciproque des invisibles phénomènes de l'âme. A des esprits unis à un organisme, il faut, pour qu'ils se comprennent, des signes sensibles.

II. — **Division du Langage.** — Si, par sa nature même, le langage est un signe, c'est-à-dire, la manifestation des modifications de l'âme, la révélation de ce qui se passe en elle, cette révélation peut avoir lieu de deux manières. Elle peut se faire par des *signes naturels* et par des *signes conventionnels* ou *arbitraires*. De là deux sortes de langage : le langage *naturel* et le langage *réfléchi*.

§ III. — DIVERSES ESPÈCES DE LANGAGE.

Nous avons à traiter, d'après la division précédente, du langage *naturel* et du langage *réfléchi*.

I. — **Langage naturel.** — Le langage naturel n'est autre chose que *la traduction spontanée des diverses affections de l'âme, par certaines modifications corporelles, qui les révèlent aux autres.* Il est appelé *naturel*, parce qu'il repose sur la nature même de l'homme et sur les lois qui régissent l'union de ses deux substances. Les nombreuses affections de l'âme y ont leur expression, soit par le jeu du visage ou les sons de la voix, qui varient avec les situations, soit par les attitudes du corps et le mouvement des membres.

1° *Le Langage naturel parle aux yeux et aux oreilles.* — Le langage naturel se compose de deux sortes de modifications corporelles, dont les unes agissent sur *l'œil* et les autres sur *l'oreille.* Celles qui agissent sur l'œil portent le nom de *gestes.* Un mouvement spontané, une attitude du corps, également spontanée, les diverses expressions de la physionomie, constituent *le geste naturel.* Les modifications corporelles qui agissent sur l'oreille sont les gémissements, les soupirs, les cris inarticulés, le rire bruyant.

2° *Caractères du Langage naturel.* — Le langage naturel, par cela même qu'il repose sur les lois de la nature humaine, est : 1° *Parlé et compris* de tous les hommes, sans qu'ils aient besoin pour cela de l'enseignement social. — 2° *Uniforme et invariable.* Les mêmes émotions de plaisir ou de douleur se traduisent chez tous de la même manière. — 3° *Expressif et éloquent.* Il rend nos premiers besoins, nos passions, et généralement tout ce qui affecte notre sensibilité, avec plus de promptitude et de vivacité que ne le ferait la parole. — 4° *Synthétique*, exprimant, d'une façon tranchée, mais générale, l'état présent de l'âme. Il est par là même impropre à décomposer la pensée, ce qui est le caractère du langage réfléchi. Aussi ne rend-il que vaguement les actes de la vie intellectuelle. (BÉNARD.)

II. — **Langage réfléchi**. — Le langage réfléchi est *la traduction délibérée des phénomènes dont notre âme est le théâtre*.

1° *Différences du Langage réfléchi et du Langage naturel*. — Le langage réfléchi diffère beaucoup du langage naturel. — 1° Il ne peut être parlé et compris, qu'autant qu'il a *été étudié*. — 2° Il rend avec une clarté parfaite *tous les phénomènes psychologiques*, sensations, sentiments, idées, déterminations. — 3° Il *varie* selon les pays, et même, dans un pays, il subit l'influence du temps. — 4° Il est essentiellement *analytique*, exprimant dans tous ses détails et dans toutes ses nuances le fait psychologique qui, bien que simple en lui-même, est toujours plus ou moins complexe, eu égard aux circonstances dans lesquelles il s'accomplit.

2° *Division du Langage réfléchi*. — Le langage réfléchi comprend le langage par *gestes artificiels*, le langage par *la parole* et le langage par *l'écriture*.

1° **Gestes artificiels**. — Les gestes artificiels, dépendant d'une convention, supposent dans celui qui tient ou à qui l'on tient ce langage d'action quelque développement intellectuel et un exercice préalable, sans quoi l'emploi et l'intelligence de ces signes seraient absolument inexplicables.

Les gestes artificiels, joints aux gestes naturels, qui contribuent à les faire comprendre, composent toute la langue qui peut être tout d'abord enseignée aux sourds-muets. Cette langue peut exprimer, d'une façon plus ou moins parfaite, tous les phénomènes de l'âme, mais elle est loin d'égaler sous ce rapport le langage par *la parole*.

2° **Parole**. — La parole peut être considérée comme *signe*, ou considérée *en elle-même*.

1° *Parole considérée comme signe*. — Considérée comme signe, la parole est *la manifestation transitoire des phénomènes dont notre âme a conscience et que nous voulons faire connaître*.

Ce signe n'est autre qu'un *son*, mais un son formé par une âme intelligente et libre, au moyen de son organisme. L'homme qui parle fait de sa pensée, par sa nature insaisissable pour tout autre que pour lui, un son qui retentit sur ses lèvres et va exciter, dans tous ceux qui l'entendent, la pensée dont il est le fidèle écho.

Faculté merveilleuse, qui est le privilége exclusif du roi de la création visible, et qui ne le distingue pas moins du reste des animaux que la raison elle-même !

2° *Parole considérée en elle-même.* — Dans ce qui la constitue, la parole est *un ensemble de sons articulés propres à rendre toutes les pensées de l'âme.* On appelle ces sons *articulés*, parce qu'ils sont produits par les mouvements variés des lèvres, de la langue et de tout l'appareil vocal. Ils sont bien différents du cri de l'animal, qui n'est qu'un son *inarticulé.*

Grâce aux modifications nombreuses qu'il a le pouvoir de faire subir à l'appareil vocal, l'homme est à même d'exprimer tout ce dont il a conscience, au moyen de quelques *sons simples*, diversement combinés. Ce sont ces différentes combinaisons qui donnent naissance aux *sons composés*, dont sont formés tous les mots du langage humain par la parole.

Le langage par la parole est éminemment propre à décomposer la pensée. Parler, c'est *analyser* sa pensée. De tous les signes de la pensée, la parole est sans contredit le plus important et le plus usuel, en même temps qu'il possède une lucidité admirable, que le langage d'action est loin d'atteindre.

3° *Diverses Langues.* — La faculté que l'homme possède d'exprimer ses pensées par *la parole* a donné lieu aux diverses langues qui ont été parlées depuis l'origine. On appelle *langue* un ensemble de mots et de locutions, ou associations de mots, soumis à des règles fixes et employé par un peuple entier. Les langues sont divisées en langues *mères* et en langues *dérivées*. La langue diffère de l'idiome, qui a des règles moins précises et n'est à l'usage que d'une peuplade.

3° *Ecriture.* — L'écriture est un *système de signes ou caractères propres à exprimer la pensée aux yeux, comme la parole l'exprime à l'ouïe.*

1° Utilité de l'Ecriture. — La parole est fugitive, ne laissant aucune trace après elle. Par la parole, on ne communique qu'avec les personnes présentes. Il était de la plus haute importance, on le comprend sans peine, que les hommes pussent communiquer leurs pensées à ceux de leurs semblables dont ils sont séparés par le temps et l'espace, de profiter des connaissances, des découvertes, de la conduite morale de leurs devanciers dans la vie. Cet avantage, *l'écriture* le procure au genre humain.

2º **Diverses Sortes d'Ecriture.** — On distingue deux sortes d'écriture : *l'idéographique*, qui représente directement l'idée elle-même, et *la phonétique*, qui représente directement les mots, et par les mots les idées.

1º *Ecriture idéographique.* — L'écriture idéographique comprend l'écriture *figurative* et l'écriture *symbolique*. *L'écriture figurative* exprime un objet par son image, qu'elle peint. *L'écriture symbolique* désigne un objet, non par sa représentation même, mais par un signe plus ou moins arbitraire, qui suppose une comparaison mentale entre ce signe et l'objet. Ainsi, l'œil exprime la science parfaite de Dieu, qui voit tout, le serpent, la prudence, etc. On retrouve de nombreuses traces de cette *écriture* sur les monuments orientaux. Sur plusieurs monuments égyptiens, *l'écriture idéographique* est mêlée à quelques caractères de *l'écriture phonétique* : cet assemblage constitue *l'écriture hiéroglyphique*.

2º *Ecriture phonétique.* — L'écriture phonétique n'est pas le signe immédiat de la pensée. Elle ne l'exprime qu'en fixant la parole qu'elle décompose, comme celle-ci analyse la pensée.

La décomposition ou *analyse* de la parole, qui est tout le secret de l'écriture phonétique, peut avoir lieu de deux manières. De là *l'écriture syllabique* et *l'écriture alphabétique*. La première consiste à représenter chaque son ou syllabe par un signe particulier, qui se répète chaque fois que le même son revient. La seconde consiste à décomposer chaque son en ses sons simples, qu'elle représente par les voyelles et les consonnes de l'alphabet.

3º *Supériorité de l'Ecriture alphabétique.* — De tous les genres d'écriture, *l'écriture alphabétique* est sans contredit la plus simple et la plus parfaite. *L'écriture idéographique* demande autant de signes que d'idées à représenter ; *l'écriture syllabique* suppose autant de signes que de sons composés différents, que de syllabes possibles. Mais *l'écriture alphabétique*, ne figurant que les sons simples, assez peu nombreux, n'a besoin que de vingt et quelques caractères ou lettres, susceptibles de diverses combinaisons, pour former toutes les syllabes, par les syllabes tous les mots, c'est-à-dire, pour représenter tous les sons articulés que la bouche de l'homme peut produire, et par là exprimer toutes ses pensées. (BOUEDRON).

§ IV. — RAPPORTS DE LA PENSÉE ET DE LA PAROLE.

La parole étant l'expression, et comme le corps de la pensée, il y a entre l'une et l'autre une union étroite et une relation nécessaire, la relation qui existe entre le corps et l'âme. La pensée influe sur la parole et elle en est la raison d'être ; à son tour, la parole n'est pas sans influence sur la pensée. C'est cette double et mutuelle influence qu'il s'agit présentement d'étudier.

I. — **Influence de la Pensée sur la Parole.** — La pensée est la raison d'être de la parole, et, conséquemment, les lois essentielles de la pensée doivent se reproduire dans le langage qui en est l'expression.

1° *Grammaire générale.* — Pour connaître le Code du langage humain, il n'est donc pas nécessaire d'étudier toutes les langues, et de recueillir ce qu'elles peuvent avoir de commun entre elles ; il suffit d'étudier la pensée. De la connaissance approfondie de la pensée, on déduit logiquement les lois fondamentales du langage, lois qui ont leur application nécessaire à toutes les langues possibles, quelque différentes qu'elles soient. On conçoit, dès lors, une grammaire universelle, ayant pour objet les règles générales du langage, qui ne sont autres que les lois invariables de la pensée. (AULARD).

2° *Les Règles générales du Langage dépendent des lois fondamentales de la pensée.* — L'acte principal de l'intelligence, celui à qui tous les autres se rapportent, c'est évidemment *le jugement*, qui affirme les rapports de convenance ou de disconvenance entre les idées. *Le raisonnement*, nous l'avons dit, n'est qu'un jugement continué. *Les idées* sont les éléments du jugement, qui les réunit, et, sans lui, les notions incohérentes de notre esprit offriraient la confusion du chaos primitif.

Le jugement est exprimé dans le langage par *la proposition*, qui occupe dans le discours une place analogue à celle du jugement dans les opérations de l'intelligence. Tous les éléments de ce dernier devront donc avoir en elle leur fidèle expression.

Dans le jugement, apparaissent trois éléments distincts : l'idée dont on affirme, l'idée qui est affirmée, et l'affirmation du rapport entre les deux. De même, il y a trois éléments dans la proposition : *le sujet*, qui exprime l'idée dont on affirme, *l'attribut*, qui exprime l'idée affirmée, et *le verbe*, qui affirme le rapport entre le sujet et l'attribut.

Idée de Substance et Substantif. — La première idée du jugement est une idée de substance ou de chose prise substantiellement. Dans la proposition, le sujet, exprimant la première idée du jugement, est un nom *substantif*, ou pris *substantivement*. La première idée du jugement présente soit un caractère d'individualité, soit un caractère de généralité plus ou moins étendue. Le sujet de la proposition reproduit ce double caractère, au moyen du nom propre et du nom commun.

Idée de Qualité et Adjectif. — La seconde idée du jugement est une idée abstraite ; c'est l'idée d'une qualité ou d'une manière d'être de la substance. Dans la proposition, l'attribut qui exprime cette seconde idée est un nom *adjectif*, qui est, par rapport au substantif, ce qu'est la qualité par rapport à la substance.

Affirmation et Verbe. — L'affirmation du rapport entre les deux idées du jugement est exprimée dans la proposition par *le Verbe*. Le jugement affirme soit l'existence, soit la qualité, ou manière d'être de la substance. A ces deux sortes d'affirmation répondent, dans le langage, le verbe *substantif*, qui exprime l'existence, et le verbe *adjectif* ou *attributif*, qui exprime en plus l'existence d'une qualité ou d'une manière d'être de la substance.

La pensée unit une substance à une autre, une qualité à une autre, un jugement à un autre jugement. Le langage reproduit fidèlement toutes ces modifications de la pensée, au moyen des *conjonctions* et des *prépositions*.

Ce que les jugements sont, sous le double rapport de *la qualité* et de *la quantité*, les propositions le sont elles-mêmes. Il faut donc reconnaître que, dans ses lois fondamentales, le langage humain présente absolument les mêmes caractères que la pensée dont il est le symbole.

3° *Le Langage subit les modifications accidentelles de la Pensée.*
— Ce n'est pas seulement au point de vue de ses lois fondamentales, que la pensée influe sur le langage. La pensée subit des modifications *accidentelles*, qui tiennent au génie, au caractère, au développement intellectuel et moral des individus, des générations et des peuples. Le langage reflète nécessairement toutes ces nuances variées. La pensée spontanée et synthétique du poète lui donne un langage plein de richesse, d'éclat et de vives couleurs. Chez le savant, la pensée est réfléchie et analytique; voilà pourquoi la langue du savant a pour caractère la clarté, la simplicité et l'analogie. Chez le vulgaire, la pensée est commune et sans caractère bien déterminé ; aussi la langue du vulgaire se compose-t-elle de termes ordinaires et communs. (FARGES.)

L'expérience montre qu'une langue suit les vicissitudes du peuple qui la parle. Elle se perfectionne, elle brille de tout son éclat ou elle décline avec lui. En modifiant ses pensées et ses sentiments, les divers états par lesquels il passe, modifient par là même son langage.

Les langues créées sous l'influence de l'esprit scientifique, de plus en plus avide de clarté et de précision, n'offrent ni le caractère, ni les propriétés des langues anciennes. Disposant les mots dans l'ordre indiqué par le sentiment, plutôt que par le jugement, les langues anciennes sont plus propres à la poésie et parlent davantage à l'imagination. C'est le contraire généralement pour les langues modernes, qui placent les mots dans l'ordre des idées, ce qui leur donne une grande clarté, et les rend plus propres aux études scientifiques. Il reste donc démontré que la pensée a une haute influence sur la parole. (GOURJU.)

II. — **Influence de la Parole sur la Pensée.** — A son tour, la parole exerce une influence incontestable sur la pensée et devient un puissant auxiliaire du développement intellectuel de l'homme. Mais jusqu'où va cette influence ? C'est ce qu'il s'agit de préciser.

1° *La Parole transmet-elle par elle-même la Pensée ?* — La première question à étudier, pour bien apprécier l'influence de la parole sur la pensée, est la question de savoir si réellement la parole transmet par elle-même la pensée. Nous n'hésitons point à répondre que la parole est par *elle-même impuissante* à transmettre la pensée.

La parole, en effet, considérée en elle-même, n'est qu'un son. Ce son, dans l'intention de celui qui l'émet, est destiné à être le signe d'une chose insaisissable aux sens, de sa pensée. Mais pour que ce son signifie réellement quelque chose, il faut que celui qui l'entend soit à même de l'interpréter, c'est-à-dire, connaisse l'idée qui y répond ; autrement la parole ne serait plus un signe pour lui. — D'un autre côté, la pensée étant une modification de l'âme, est par sa nature même *intransmissible*.

On emploie donc des expressions pour le moins fort inexactes, et propres même à tromper sur l'influence réelle de la parole, quand on dit que la parole *transmet* la pensée, que la parole est *le véhicule* de la pensée, comme si la parole avait la puissance de créer la pensée dans l'intelligence humaine. (GOURJU.)

2° *La Parole est le signe de la Pensée.* — Si la parole ne transmet pas par elle-même la pensée, elle en est le signe, et, comme tout signe, elle éveille dans celui qui la comprend l'idée qu'elle est destinée à représenter. Elle fixe son attention sur cette idée, c'est-à-dire, elle fait naître dans celui qui écoute, une pensée identique à la pensée de celui qui parle. Elle est non le véhicule, mais *l'excitateur* de la pensée. Réduite à ce rôle, qui est le véritable, la parole n'en remplit pas une fonction de moindre importance dans nos communications avec nos semblables. Habilement maniée, elle devient une puissance à laquelle il est difficile de résister. (BÉNARD.)

3° *Dans quelle mesure la Parole contribue-t-elle au développement intellectuel de l'Homme ?* — Sans l'usage des signes, et surtout sans la parole entendue et comprise, l'homme *n'atteint pas tout son développement intellectuel.* Cette assertion ne peut être contestée.

En effet, 1° *L'enseignement est l'excitateur de la pensée.* Privée de ce précieux concours, qui la fait participer aux lumières des autres, l'intelligence humaine n'aurait que la culture qu'elle se donnerait à elle-même isolément. — 2° L'expérience montre que les mots contribuent puissamment *à fixer les idées,* qui facilement nous échappent, quand nous n'avons pas soin de les formuler. Notre intelligence a besoin de donner comme un corps à sa pensée, en

25

s'attachant à quelque chose de sensible, et lorsqu'il s'agit des réalités purement intelligibles, elle semble donner la préférence, pour fixer son attention, aux mots qui les expriment. — 3° *La parole éclaircit et analyse l'idée.* A sa naissance en nous, toute idée est synthétique, et par là même plus ou moins confuse. Si la parole intervient, elle l'élucide, et en donnant une forme précise aux éléments de notre pensée, elle les range dans un ordre parfait, qui nous permet d'en saisir clairement l'ensemble. La parole a donc sur la pensée une véritable influence. (BÉNARD.)

4° *Le Langage est-il nécessaire à la Pensée?* — De ce qu'on vient de dire, faut-il conclure que le langage est nécessaire à la pensée, comme la pensée est nécessaire au langage et que, sans le langage, l'homme ne peut avoir d'idée ?

De Bonald prétend, dans ses *Recherches Philosophiques*, que, sans le langage, l'homme ne peut avoir aucune idée de ce qui ne tombe pas sous les sens. — Contrairement à ce sentiment, les philosophes qui enseignent que l'homme a inventé le langage, soutiennent que, sans le langage, il peut atteindre à sa perfection intellectuelle.

Ces deux opinions nous semblent extrêmes. La vérité, c'est que, sans le langage, l'homme peut penser et avoir l'idée de choses qui ne tombent pas sous les sens ; mais l'enseignement social, qui se fait par la parole ou par les signes qui la remplacent, est nécessaire pour hâter et pour perfectionner le développement de son intelligence.

§ V. — CARACTÈRES D'UNE LANGUE BIEN FAITE.

Le langage étant l'expression des pensées de l'âme, une langue sera d'autant plus parfaite, qu'elle se prêtera davantage à bien rendre les multiples formes de la pensée avec les rapports qui les unissent. S'il n'est point de langue qui n'accuse la faiblesse de l'esprit humain, on apprécie généralement la perfection d'une langue par le degré dans lequel elle possède ces trois qualités indispensables : *la clarté, la richesse* et *l'analogie.*

I. — **Clarté.** — Une langue tire sa *clarté* des mots et de leur association dans la phrase. La clarté existe dans les mots, quand chaque mot représente avec précision une seule idée. Le multiple sens d'un même mot est opposé à cette qualité. La langue grecque et la langue latine n'ont pas, sous ce rapport, toute la précision désirable. La clarté existe dans les phrases, lorsque les mots se suivent conformément aux lois de l'intelligence ou, au moins, lorsque les inversions n'empêchent pas de saisir facilement le sens des phrases. La langue française l'emporte sur la plupart des autres par la clarté, ce qui vient surtout de ce qu'elle place les mots dans l'ordre naturel des idées.

II. — Richesse. — Une langue est *riche*, quand elle possède assez de termes pour exprimer toutes les idées, les idées de genres différents, comme les idées de même genre qui diffèrent de quelque manière. La vraie richesse exclut la disette, qui oblige à recourir aux périphrases, et la surabondance, qui nuit à la clarté et à la précision. Pour être toujours riche, une langue doit créer de nouveaux termes, à mesure que les sciences se développent.

III. — Analogie. — Il y a *analogie* dans une langue, si le mot qui exprime une idée mère est la racine de tous les termes exprimant les idées qui se rattachent à l'idée mère, de sorte qu'il y ait parenté entre les mots comme entre les idées ; et, de plus, si les diverses modifications identiques des pensées sont rendues par des désinences uniformes dans les mots qui servent à les exprimer.

Quelques savants, tels que Pascal et Leibnitz, ont rêvé la formation d'une langue parfaite, mais il faut voir dans un tel projet une utopie irréalisable. (BOUEDRON.)

§ VI. — ORIGINE DU LANGAGE.

Demander quelle est l'origine du langage, c'est demander quand et comment le langage a fait sa première apparition au sein de la race humaine. Cette question, on doit l'avouer, tient de la manière la plus intime à la question de l'origine même de l'homme.

I. — Origine de l'Homme et du Langage. — L'origine de l'homme nous est attestée par l'histoire la plus authentique, histoire écrite par Moïse, qui, outre l'inspiration de l'esprit de Dieu, avait pour s'éclairer les données des traditions humaines. Cette histoire nous apprend que l'homme a été créé dans le plein exercice de ses facultés, c'est-à-dire, *pensant* et *parlant*. Elle nous le montre, dit Suarez, le jour même où il fut créé, donnant des noms aux animaux, et parlant à Ève au moment où elle vient d'être formée de sa substance.

De fait, le genre humain n'a donc pas inventé le langage. Le premier homme l'a reçu du Créateur avec la raison, dans son développement parfait, et avec les plus riches connaissances. Il lui a été communiqué par un don intérieur et une illumination soudaine, d'après le sentiment de toute la tradition catholique, et non, comme le prétend le Traditionalisme, par l'enseignement extérieur que Dieu lui aurait donné. Adam a été créé parlant, mais il n'a pas appris à parler. (CHASTEL.)

II. — **Possibilité de l'Invention humaine du Langage.** — Quant à la question de savoir si les hommes auraient pu inventer un langage articulé, se créer une langue, les philosophes ne sont pas d'accord.

1° *Solution négative.* — Les philosophes qui prétendent qu'avant d'avoir été formé par l'enseignement social, l'homme ne possède que des notions directes et irréfléchies, ne reconnaissent pas comme possible l'invention humaine du langage. Comment, disent-ils, les hommes, incapables de réfléchir, auraient-ils pu faire une invention qui suppose les combinaisons les plus compliquées ?

Ce sentiment compte parmi ses défenseurs, généralement tous les Traditionalistes, qui soutiennent avec de Bonald que, pour *parler sa pensée*, l'homme doit auparavant *penser sa parole*.

Si les hommes, dit Rousseau, ont besoin de la parole pour apprendre à penser, ils ont eu bien plus besoin encore de la pensée pour trouver l'art de la parole. Ici, ce philosophe, qui enseigne ailleurs le contraire, demeure convaincu de l'impossibilité presque démontrée que les langues aient pu naître et s'établir par des moyens purement humains.

2° *Solution affirmative.* — Contrairement à ce premier sentiment, les philosophes qui soutiennent que l'homme peut avoir des idées réfléchies avant tout enseignement social par la parole ou par des signes arbitraires, admettent qu'il aurait pu inventer un langage articulé, plus ou moins imparfait, mais de nature à rendre ses pensées. La parole, disent-ils, n'étant que le signe et comme le vêtement de l'idée, celle-ci préexiste nécessairement à la parole et elle peut être réfléchie. Avant tout enseignement social, l'âme n'a-t-elle pas la faculté native de se replier sur elle-même et sur ses connaissances ?

Mais si l'homme est capable, avant d'être enseigné, d'acquérir des connaissances réfléchies, où serait pour lui l'obstacle insurmontable à l'invention d'un langage articulé, capable de traduire ses pensées ? Comment, surtout, le premier homme et la première femme, avec l'intelligence dont Dieu les avait doués en les créant, n'auraient-ils pu attacher eux-mêmes à chaque objet connu un son articulé spécial et se former un langage. (DE BOYLESVE.)

Ce second sentiment, soutenu par plusieurs philosophes catholiques, est, nous semble-t-il, le seul qui puisse être admis.

THÉODICÉE.

VINGT ET UNIÈME LEÇON.

Sommaire : 1° Aperçu général sur la Théodicée. — 2° Connaissance de Dieu. — 3° Nature des Preuves de l'Existence de Dieu. — 4° Preuve physique de l'Existence de Dieu. — 5° Preuve morale de l'Existence de Dieu. — 6° Preuve psychologique de l'Existence de Dieu. — 7° Preuve métaphysique de l'Existence de Dieu. — 8° Athéisme.

§ Ier. — APERÇU GÉNÉRAL SUR LA THÉODICÉE.

I. — **Notion de la Théodicée.** — Le mot *Théodicée*, d'après le sens étymologique, signifie justice de Dieu (*Theos Dike*). C'est le nom donné par Leibnitz à un ouvrage qu'il avait écrit dans le but de réfuter les objections de Bayle contre la Providence. Depuis ce philosophe, l'usage a prévalu d'appeler Théodicée la partie de la Philosophie qui traite de Dieu, et qui est une véritable *Théologie naturelle.*

II. — **Définition de la Théodicée.** — La Théodicée peut se définir : *la science qui a pour objet l'étude de Dieu, à l'aide des lumières de la raison naturelle.* Elle diffère de la Théologie proprement dite, qui étudie Dieu, sa nature, ses attributs et ses œuvres, en s'appuyant sur l'enseignement révélé.

III. — **Division de la Théodicée.** — La Théodicée peut être envisagée au double point de vue de *la méthode* et de son *objet*.

1° *Méthode dans l'étude de la Théodicée.* — Envisagée au point de vue de *la Méthode*, par laquelle on l'étudie, la Théodicée est *expérimentale* ou *rationnelle*, selon qu'elle emploie le procédé *inductif* ou le procédé *déductif*, dans les questions dont elle s'occupe. A ce double procédé vient s'ajouter *le témoignage*, auquel on fait souvent appel dans l'étude de la Théodicée.

2° *Objet de la Théodicée.* — Envisagée au point de vue de son *objet*, la Théodicée traite de *l'existence de Dieu*, de *sa nature*, de *ses attributs* et de *ses opérations*. C'est cette division que nous croyons devoir adopter. En établissant la vérité sur les graves questions que la Théodicée présente à l'examen du philosophe, nous réfuterons les erreurs qui en ont combattu ou dénaturé la solution légitime.

IV. — Excellence de la Théodicée. — Par la nature même de son objet, la Théodicée touche à ce qu'il y a de plus noble et de plus élevé dans les études philosophiques. Les lumières qu'elle communique à l'homme, ne l'éclairent pas seulement sur le grand objet dont elle traite ; mais elles se répandent encore sur le reste de ses connaissances, pour lui en montrer la raison première et dernière, et les relier au principe immuable de tout ce qui existe. Dieu étant la cause suprême et la fin de toutes les existences, la source de toute vie physique, intellectuelle et morale, s'arrêter aux causes secondes sans remonter jusqu'à lui, ce serait tout à la fois découronner la science et la saper par sa base, c'est-à-dire, la rendre impossible.

V. — Rapports de la Théodicée avec les autres parties de la Philosophie. — L'âme humaine, sur laquelle nous avons concentré notre attention dans *la Psychologie*, ne connaît sa vraie grandeur qu'autant qu'elle lève les regards vers Celui dont elle est la resplendissante image. — La vérité, dont nous avons approfondi les voies dans *la Logique*, et la raison, qui la recherche et la saisit, ne se concevraient pas en dehors de Dieu, principe de tout ce qui est vrai et créateur de la raison, qui entend la vérité. — *La Morale*, dont nous aurons à nous occuper plus tard, a son fondement en Dieu lui-même, de l'essence et de la volonté duquel découlent les obligations des créatures, avec les redoutables sanctions de l'autre vie. — *L'Ontologie*, qui traite de la notion générale de l'être, de ses modes d'existence et de ses rapports, se rattache de la manière la plus intime à la connaissance de l'Être Suprême, sans qui rien n'existerait et ne serait possible. On le voit donc, la Théodicée est le point capital, et comme l'étoile polaire de la Philosophie. (BÉNARD.)

§ II. — CONNAISSANCE DE DIEU.

I. — Double Erreur sur la Nature de la Connaissance de Dieu. — Avant d'aborder la grande question de l'existence de Dieu, il est nécessaire de faire justice de certaines opinions erronées sur la manière dont Dieu est connu par la raison humaine. Ces opinions ne tendent à rien moins qu'à infirmer, et même à faire regarder comme impossible la démonstration rationnelle de l'existence de Dieu. Les défenseurs de ces fausses opinions peuvent être partagés en deux camps. Les uns exaltent trop la puissance de la raison humaine, et soutiennent que l'existence de Dieu est pour elle une vérité intuitive : ce sont *les Ontologistes*. Les autres déprécient outre mesure la puissance de la raison, et prétendent qu'elle ne peut démontrer l'existence de Dieu qu'en s'appuyant sur la Révélation : ce sont *les Traditionalistes*. (LIBERATORE.)

II. — Doctrine des Ontologistes. — D'après ces philosophes, l'existence de Dieu est une vérité d'évidence immédiate, qui ne peut être prouvée par une démonstration proprement dite. Dieu est toujours présent à notre âme. Son idée nous est tellement naturelle, qu'elle est au fond de tous nos jugements et que sans elle nous ne pouvons rien comprendre. — Aux yeux des Ontologistes, les arguments, par lesquels on établit d'ordinaire l'existence de Dieu, n'ont d'autre utilité que de mettre cette vérité dans un plus grand jour, mais ce ne sont pas ces arguments qui nous en donnent la certitude.

Réfutation de la doctrine des Ontologistes. — La doctrine des Ontologistes est contraire à l'enseignement des Scolastiques, qui soutiennent que l'existence de Dieu est *une vérité de démonstration*.

Dans *la Somme contre les Gentils*, saint Thomas discute longuement la question de savoir si l'existence de Dieu est une vérité d'évidence intuitive, et il dit que les défenseurs de cette opinion confondent ce qui est évident en soi avec ce qui est évident par rapport à nous. Si nous voyions l'essence divine, ce serait pour nous chose évidente de soi que Dieu est, puisque son essence est son être. Mais parce que nous ne pouvons voir son essence, nous ne parvenons à connaître son existence que par ses œuvres. *Ad ejus esse cognoscendum, per ejus effectus pervenimus.*

Ceux qui prétendent, dit encore l'illustre docteur, que Dieu nous est connu, non par raisonnement, mais d'une manière intuitive, se laissent prendre à une illusion facile à l'homme, qui regarde comme naturellement connue et évidente de soi une vérité dont il a été imbu dès son enfance. Rien, sans doute, n'est plus naturel à l'homme que la croyance à l'existence de Dieu. S'appuyant sur le principe de causalité, il s'élève de l'effet à la cause avec promptitude et sans effort. L'habitude de cette opération inductive la rend si facile à son esprit, qu'il est porté à la confondre avec la perception immédiate ; voilà pourquoi souvent, il considère à tort, comme d'évidence intuitive, une vérité qu'il ne connaît que par le raisonnement. Aussi saint Thomas conclut-il que l'existence de Dieu est une vérité de démonstration, et que c'est à bon droit que les philosophes s'occupent de la prouver.

III. — **Doctrine des Traditionalistes.** — Les Traditionalistes prétendent que la raison est incapable, par ses propres forces naturelles, d'établir la vérité de l'existence de Dieu, et qu'il lui faut absolument le secours de la Révélation.

Réfutation de la doctrine des Traditionalistes. — Si l'homme ne peut être certain, par les lumières naturelles de sa raison, que Dieu existe, la Révélation lui devient par là même douteuse, et la foi impossible. Comment admettrait-il la Révélation, s'il ne sait qu'elle vient de Dieu, et comment saura-t-il qu'elle vient de Dieu et que, conséquemment, elle ne peut l'induire en erreur, s'il ne connaît que Dieu existe ? — Tous les docteurs catholiques ont admis que le point de départ de la polémique religieuse ne peut être que la vérité de l'existence de Dieu, connue par la raison. Voilà pourquoi, dans le but de confondre l'incrédulité, ils ont concentré sur ce point fondamental tous les efforts de leur génie.

IV. — **Ontologisme et Traditionalisme en regard du Concile du Vatican.** — Un des décrets dogmatiques du Concile du Vatican est ainsi

conçu : « Si quelqu'un dit que le Dieu unique et véritable, notre
» créateur et maître, ne peut être connu avec certitude, par la
» lumière naturelle de la raison humaine, au moyen des choses
» créées, qu'il soit anathème. »

Il résulte de ce décret : 1° Que l'homme, par les seules lumières naturelles de sa raison, peut connaître avec certitude l'existence du Dieu unique et véritable ; — 2° Que cette connaissance n'est pas intuitive, mais est une connaissance acquise par le raisonnement, qui s'élève à Dieu en partant des choses créées. *Invisibilia ipsius (Dei) per ea quæ facta sunt intellecta conspiciuntur.* Encore qu'ils soient atteints indirectement, ni l'Ontologisme d'une part, ni le Traditionalisme et surtout le Fidéisme de l'autre, ne sauraient tenir contre la pensée du Concile du Vatican. (Mgr Pie.)

§ III. — NATURE DES PREUVES DE L'EXISTENCE DE DIEU.

De ce qu'on vient de dire, il suit que l'existence de Dieu est une vérité de démonstration. Mais il y a deux sortes de démonstration : la démonstration *à priori* et la démonstration *à posteriori*. Il s'agit de savoir si ces deux sortes de démonstration peuvent être employées pour prouver l'existence de Dieu.

I. — **L'Existence de Dieu ne peut être démontrée à priori.** — Puisque Dieu est la cause première, son existence ne peut se déduire, comme une vérité de second ordre, d'une autre vérité. L'évidence de cette proposition la rend incontestable.

II. — **L'Existence de Dieu peut-elle être démontrée à simultaneo, c'est-à-dire, par le seul concept idéal de Dieu ?** — La démonstration *à simultaneo* diffère de la démonstration *à priori*. Dans la démonstration *à priori*, on part de la cause pour arriver à l'effet. Dans la démonstration *à simultaneo*, on part de l'ordre idéal pour arriver à l'ordre réel ; or, l'ordre idéal est non *la cause*, mais seulement *la raison suffisante* de la conclusion que l'on en tire en faveur de la réalité de l'existence.

Quelle est donc la valeur de cet argument : *J'ai l'idée de l'Être parfait. Or, l'existence réelle est renfermée dans cette idée. Donc,* l'Être parfait, c'est-à-dire, Dieu, existe ? Saint Thomas et la plupart des philosophes et des théologiens ne reconnaissent à cet argument aucune valeur probante. L'idée, disent-ils, ne prouve pas par elle-même la réalité de son objet. Du concept idéal de l'Être parfait, on ne peut conclure qu'à l'existence idéale de cet Être, et non à son existence réelle.

Cet argument est connu sous le nom d'*argument de saint Anselme*, qui a été le premier à le formuler. Les Ontologistes l'ont allégué en faveur de leur système de la vue immédiate de Dieu, bien qu'il n'y ait rien de commun entre l'Ontologisme et la pensée de saint Anselme. Ce docteur, en effet, enseigne clairement, à l'occasion des attaques que, de son temps même, on dirigea contre son argument, que c'est de la considération des créatures imparfaites que notre esprit s'élève au concept de l'Être parfait. Il part de l'élément expérimental et réel pour arriver à l'idée de l'Être parfait, et, de cette idée, il conclut que l'Être parfait existe réellement, de sorte qu'en définitive son argument revient à un argument *à posteriori*. Le reproche qu'on peut lui faire, c'est d'avoir présenté son argumentation comme fondée uniquement sur l'ordre idéal. (GRANDCLAUDE).

III. — **Toutes les Preuves de l'Existence de Dieu sont à posteriori.** — C'est des effets qu'il connaît, que notre esprit s'élève à la cause qui les produit. Par l'observation, il saisit les faits soit externes, soit internes, et, de ces faits, en s'appuyant sur un principe de raison, il s'élève à Dieu, dont il affirme l'existence.

Précédemment, nous avons établi la légitimité de cette marche de l'esprit humain, quand nous avons traité des *causes* dans *l'Ontologie*, et de *l'induction* dans *la Logique*.

IV. — **Double Élément dans les Preuves de l'Existence de Dieu.** — *L'expérience et la raison* se prêtent un mutuel secours dans tous les raisonnements qui démontrent l'existence de l'Être suprême. Par *l'expérience*, nous saisissons les faits réels, qui servent de point de départ à notre esprit ; sans elle, la preuve ne mènerait pas à la certitude de l'existence réelle de l'Être infini. *La raison* ajoute à l'expérience un principe qui est de son domaine, et sans lequel notre esprit n'aurait pas un moyen de transition pour passer des faits qu'il observe à la réalité de l'existence de Dieu. En exposant les diverses preuves de l'existence de Dieu, nous ferons ressortir ce double élément expérimental et rationnel, qui en fait la solidité. (GRANDCLAUDE.)

V. — **Division des Preuves de l'Existence de Dieu.** — Nous développerons quatre des preuves les plus frappantes de l'existence de Dieu. La première est prise de l'ordre admirable de l'univers et est appelée pour cela *preuve physique*. La seconde est empruntée au témoignage du genre humain et est appelée *preuve morale*. La troisième est basée sur les faits que nous atteste notre conscience et peut être appelée *preuve psychologique*. La quatrième est tirée de la nature contingente des êtres qui composent l'univers et est appelée *preuve métaphysique*.

Ces preuves sont les plus frappantes, mais elles sont loin d'être les seules qu'on puisse alléguer. Dieu étant le principe de toutes les existences, au-dessus duquel notre raison ne conçoit rien, il suit de là que tout ce qui existe le démontre. Les preuves de son existence sont innombrables, car tout est effet par rapport à lui, et tout effet affirme la cause qui le produit.

§ IV. — PREUVE PHYSIQUE DE L'EXISTENCE DE DIEU.

I. — **Nature de la Preuve physique.** — La preuve physique de l'existence de Dieu, connue aussi sous la dénomination d'*argument des causes finales*, est tirée de l'ordre admirable et du mouvement harmonique de l'univers. Cette preuve, la plus accessible à tous les esprits, a été présentée avec toutes les richesses de l'éloquence par les plus brillants génies, par Socrate, par saint Augustin, par Bossuet, dans *la Connaissance de Dieu et de soi-même;* par Fénelon, dans son *Traité de l'Existence de Dieu*.

II. — **Forme de la Preuve physique.** — La preuve physique peut être formulée ainsi :
Fait expérimental. — Un ordre admirable existe dans l'univers.
Principe rationnel. — Cet ordre admirable prouve un ordonnateur suprême.

Conclusion. — Cet ordonnateur est Dieu, ou il prouve l'existence de Dieu.

1° **Fait expérimental.** — Un ordre admirable règne dans l'univers. L'ordre est l'harmonieux enchaînement des moyens et de la fin. Or, qu'on l'envisage dans son ensemble ou dans chacune de ses parties, l'univers offre à l'observateur le moins intelligent une incontestable harmonie, où chaque être tend à un but avec une précision merveilleuse. — Nous n'essaierons ni de prouver ni de décrire cette harmonie, qui est un fait évident. — Si l'esprit humain n'a pas pénétré tous les secrets de la nature, les découvertes qu'il a faites et qui ne se contredisent jamais, suffisent pour justifier le nom de *beau*, donné à l'univers, et autoriser cette induction, à savoir, que *tout dans l'univers a une fin arrêtée*.

2° **Principe rationnel.** — L'ordre de l'univers suppose une intelligence supérieure qui l'a conçu et réglé ; autrement il serait inexplicable. A quoi, en effet, en dehors de cette intelligence, pourrait-il être attribué ?

1° *Pourrait-il être attribué au Hasard ?* — Le hasard n'est *rien* ou il est *une cause inconnue*. S'il n'est rien, il n'a pu produire la réalité incontestable de l'harmonie de la nature. S'il est une cause inconnue, cette cause est ou inintelligente, ou intelligente. Si elle est inintelligente, comment aurait-elle produit une œuvre dont l'intelligence admire la sagesse ? Si elle est intelligente, ce n'est plus le hasard, c'est l'ordonnateur suprême, dont l'harmonie du monde affirme l'existence. (FARGES.)

2° *La Matière aurait-elle pu se donner l'existence ?* — Mais la matière est dépourvue d'intelligence et d'activité. Qui, à la lecture d'un beau poème ou à la vue d'un tableau où tout est disposé avec proportion, dans une unité parfaite, serait tenté de croire que ces chefs-d'œuvre doivent à eux-mêmes ce qui en fait un objet d'admiration ?

3° *L'Ordre serait-il essentiel à la Matière ?* — Mais nous concevons facilement que l'ordre qui se manifeste dans l'univers pourrait être autre ; nous concevons la matière à l'état de désordre et de chaos, et il n'y a même aucune contradiction à supposer qu'elle n'existe pas. Aucune de ces hypothèses ne peut être admise. (BOUEDRON.)

3° Conclusion. — L'ordre admirable de l'univers ne peut donc venir que d'une cause intelligente et supérieure, et cette cause, quelle est-elle, sinon Dieu même ? Si cette cause organisatrice n'était pas Dieu lui-même, il serait impossible d'en expliquer l'existence, l'intelligence et la sagesse, sans remonter jusqu'à Dieu.

III. — **Observation sur la Preuve physique.** — La preuve des *causes finales* démontre-t-elle *directement*, ou seulement d'une manière *indirecte*, l'existence de Dieu ? Les philosophes sont partagés sur cette question.

1° *Premier sentiment.* — Plusieurs philosophes regardent la preuve des *causes finales* comme démontrant *directement* et par elle seule l'existence de Dieu, sans avoir besoin d'aucun complément. Newton la considérait comme l'une des plus fortes et des plus capables de faire impression sur les esprits. Quelqu'un le pressait un jour de prouver l'existence de Dieu ; il se contenta de montrer le ciel et de répondre : *Voyez.* « Si l'univers, disait Diderot, que dis-je l'univers, si l'aile d'un papillon m'offre des traces mille fois plus distinctes d'une intelligence que vous n'avez d'indices que votre semblable est doué de la faculté de penser, il serait mille fois plus fou de nier qu'il existe un Dieu, que de nier que votre semblable pense... La Divinité n'est-elle pas aussi clairement empreinte dans l'œil d'un ciron, que la faculté de penser dans les ouvrages de Newton ? » (BOUEDRON).

2° *Second sentiment.* — Contrairement au premier sentiment, qui nous paraît le mieux fondé, il est des philosophes qui regardent la preuve physique comme insuffisante pour démontrer directement, et par elle-même, l'existence de Dieu. Cette preuve, disent-ils, conduit logiquement à l'existence d'une cause supérieure et très puissante, mais non de l'Être infini. Pour qu'elle établisse l'existence de Dieu, ils demandent qu'on la complète, en montrant comment, de l'ordonnateur de l'harmonie du monde, notre esprit s'élève à l'Être nécessaire et parfait.

Le sentiment de ces philosophes fait rentrer la preuve en question dans la preuve métaphysique que nous exposerons bientôt. S'il diminue le nombre des preuves qui établissent d'une manière indubitable l'existence de Dieu, il montre, d'un autre côté, que la raison, quel que soit son point de départ dans l'ordre expérimental et contingent, arrive logiquement et nécessairement à l'existence de Dieu.

§ V. — PREUVE MORALE DE L'EXISTENCE DE DIEU.

I. — *Notion de la Preuve morale.* — La preuve morale est tirée de *la croyance universelle* du genre humain à l'existence de Dieu. Nous avons établi précédemment la valeur de la preuve morale, en démontrant que le consentement du genre humain est un critérium de la vérité.

II. — *Forme de la Preuve morale.* — La preuve morale peut se formuler ainsi :

Fait expérimental. — La croyance à l'existence de Dieu a été unanime chez tous les peuples et dans tous les temps.

Principe rationnel. — Une croyance unanime, qui ne peut être attribuée à aucune des causes de nos erreurs, est l'expression de la vérité.

Conclusion. — Donc, Dieu existe.

1° **Fait expérimental.** — La croyance du genre humain à l'existence de Dieu est un fait universel et constant. Depuis l'origine, tous les peuples ont cru à l'existence d'un Être supérieur au monde, le gouvernant et ayant droit aux hommages et au culte de l'homme. Quand nous disons tous les peuples, nous ne disons pas tous les hommes ; on a vu quelques hommes révoquer en doute ou rejeter, au moins en paroles, l'existence de Dieu. Mais ces rares exceptions n'infirment pas la valeur de la preuve tirée du consentement du genre humain.

La foi de l'humanité à l'existence de Dieu est attestée par les monuments les plus authentiques et les plus nombreux. 1° Par *les témoignages des historiens et des poètes*. Moïse, Homère, Hérodote, Tacite, tous les écrivains les plus anciens comme les plus rapprochés de nous, qui nous ont transmis les croyances de leurs époques respectives, nous parlent expressément de la foi des générations avec lesquelles ils ont vécu, et des générations qui les ont précédés, à l'existence de l'Être Suprême.

2° Par *l'enseignement des philosophes*. Il n'y a point, dit Cicéron, de nation si farouche, d'hommes si barbares qui ne sachent qu'il y a une Divinité, quoiqu'ils puissent ignorer quelle en est la véritable nature. Parcourez la terre, dit Plutarque, vous pourrez trouver des villes sans remparts, sans lettres, sans magistrats..., mais vous ne trouverez nulle part une ville qui soit sans temple, sans Divinité, qui ne connaisse pas la prière. Je crois qu'il serait plus facile de construire une ville sans fondement que de constituer un État duquel serait bannie toute idée de la Divinité.

3° Par *les monuments et les usages*. Dans tous les temps et chez tous les peuples, il y a eu des temples et des autels. On trouve chez tous et partout la prière et le sacrifice, la distinction du bien et du mal, la croyance à une vie future, où la vertu est récompensée et le vice puni. Or, rien de tout cela ne s'explique sans l'idée de la Divinité et la foi à son existence.

4° Par *les athées eux-mêmes*, et cela de deux manières. Leurs attaques contre la Divinité prouvent qu'ils en avaient l'idée ; or, l'idée que nous avons de Dieu est une affirmation de son existence. De plus, leurs écrits constatent qu'ils se sont élevés contre une croyance générale. C'est ainsi que Lucrèce, qui a chanté l'athéisme dans son poème *De Naturâ Rerum*, félicite Épicure d'avoir osé le premier nier l'existence de la Divinité et lutter contre une opinion répandue par toute la terre.

Rien n'est donc mieux établi que la croyance unanime et constante du genre humain à l'existence de Dieu. Jamais, jusqu'ici, un seul peuple athée n'a existé. Si tous les peuples n'ont pas été observés, les études dont le plus grand nombre a été l'objet, autorisent à tirer l'induction avec une entière certitude, et à regarder la croyance à l'existence de Dieu comme une *loi de l'humanité*. (BOUEDRON).

2° **Principe rationnel.** — La croyance du genre humain, qui ne peut être attribuée à *aucune des causes de nos erreurs*, ne peut manquer d'être la vérité. Or, il en est ainsi de la croyance du genre humain à l'existence de Dieu. Elle ne peut être attribuée :

1° *Aux préjugés*. — Il n'y a point de préjugés unanimes, comme la croyance du genre humain à l'existence de Dieu. Un préjugé universel et constant, qui imposerait les devoirs les plus difficiles, et surtout un préjugé qui serait l'unique source de tous les devoirs, comme est la croyance à l'existence de Dieu, est un phénomène qui ne s'est jamais vu au sein de la race humaine et qui ne se verra jamais, car la raison proclame hautement qu'il est impossible. Ajoutez à cela qu'un préjugé qui est combattu par les inclinations perverses du cœur humain, eût-il obtenu le triomphe à un moment donné, ne peut manquer de disparaître en peu de temps.

2° *Aux Passions.* — Si les passions sont la principale cause de nos erreurs, n'est-il pas évident qu'elles n'ont rien de commun avec la croyance à l'existence de Dieu, puisque, d'un côté, cette croyance leur met un frein, et que, de l'autre, les passions aspirent, par leur nature même, à étouffer dans le cœur humain la croyance à l'existence de Dieu.

3° *A l'Ignorance.* — La croyance à l'existence de Dieu ne vient point de l'ignorance des lois qui régissent l'univers. Est-ce que cette croyance ne reste pas toujours vivante au sein des nations civilisées, malgré les progrès de leurs découvertes ? Elle est si peu le fruit de l'ignorance, que l'ignorance l'ébranle et l'obscurcit, tandis que la science la justifie et en met la vérité dans un plus grand jour.

4° *A la Crainte.* — Lucrèce a osé dire que c'est *la crainte* qui a fait naître la croyance à la Divinité. Il eût dit vrai si, renversant sa proposition, il avait attribué la crainte à l'idée préexistante de la Divinité. Puis, si le genre humain redoute Dieu, est-ce qu'à côté de ce sentiment, nous ne voyons pas chez tous les peuples celui de l'amour et de l'espérance ?

Nous pourrions passer en revue les autres causes de nos erreurs, et nous verrions qu'à aucune de ces causes ne peut être attribuée la croyance du genre humain à l'existence de Dieu.

D'où peut donc venir une croyance si unanime et si constante, sinon de l'évidence même de la vérité, qui a frappé également tous les esprits ? Bien que l'objet de cette croyance soit la vérité la plus haute, la connaissance de Dieu s'acquiert par l'un des procédés les plus familiers à notre esprit, procédé qui ne demande que deux choses : l'observation facile à tous et la notion du principe de causalité.

3° Conclusion. — La croyance universelle du genre humain est un indice certain de la vérité. Donc, il est vrai que Dieu existe. (BOUEDRON.)

III. — Observation sur la Preuve morale. — Cette preuve a pour objet précis *l'existence,* et non *la nature* de Dieu.

C'est donc à tort que d'Alembert a fait contre cette preuve l'objection suivante : « Croire ce que Dieu n'est pas, dit-il, c'est comme si l'on croyait qu'il n'est pas. Or, les peuples croyaient au polythéisme, et le polythéisme est opposé à la nature de Dieu. Donc, les peuples ne croyaient pas à la nature de Dieu. »

La majeure de ce syllogisme est fausse. Croire de Dieu ce qu'il n'est pas, et ne pas croire à son existence, ce n'est point la même chose. On peut savoir, de la manière la plus indubitable, que quelqu'un existe, bien qu'on se trompe sur son caractère et qu'on lui attribue des défauts qu'il n'a pas. Plusieurs peuples, dit Cicéron, se trompent sur le vrai caractère de la divinité, parce qu'ils se laissent abuser par des coutumes erronées ; mais tous croient qu'il existe une nature divine. La conclusion tirée par d'Alembert est donc erronée et ne peut ébranler d'aucune manière l'autorité de la preuve venant du consentement général du genre humain. (FARGES.)

§ VI. — PREUVE PSYCHOLOGIQUE DE L'EXISTENCE DE DIEU.

I. — Notion de la Preuve psychologique. — La preuve psychologique a son point de départ dans les faits dont notre conscience est le théâtre, qui nous apparaissent avec la même évidence et que nous affirmons avec la même certitude que l'harmonie de l'univers et les faits par lesquels s'exprime cette harmonie. Ces faits accusent une loi naturelle, la même pour tous les hommes. Cette loi, à son tour, suppose un législateur et ce législateur ne peut être que Dieu lui-même.

II. — Forme de la Preuve psychologique. — La preuve psychologique peut être ainsi formulée :

Fait expérimental. — Les faits dont la conscience humaine est le théâtre, affirment une loi naturelle.

Principe rationnel. — Cette loi suppose un législateur, qui ne peut être que Dieu.

Conclusion. — Donc, Dieu existe.

1° *Fait expérimental.* — Les faits dont notre conscience est le théâtre affirment l'existence d'une loi naturelle, qui atteint l'homme dans ses actes libres, comme les faits externes affirment l'harmonie de l'univers. Après certains actes accomplis, même à l'insu de nos semblables, nous éprouvons une satisfaction ou un remords, et cette satisfaction et ce remords n'ont rien de commun avec le plaisir et la douleur physiques qui peuvent résulter de ces actes. Ces phénomènes, dont nous constatons l'existence en nous-mêmes, ont pour théâtre toute âme humaine; il n'est aucun homme qui ne ressente ce que nous ressentons. — Ces deux états de notre nature morale ont nécessairement une cause, et cette cause ne peut être qu'une loi qui pèse sur nous et sur nos semblables, loi que notre intelligence saisit sans effort et qu'elle promulgue en nous, loi qui nous commande certains actes comme bons en eux-mêmes, et nous en interdit certains autres comme essentiellement mauvais.

2° *Principe rationnel.* — Toute loi suppose un législateur, c'est-à-dire, une raison supérieure de qui elle émane et qui, en l'imposant, fait naître pour l'être dépendant une obligation véritable. Or, il en est ainsi de la loi qui nous est révélée par les faits de notre âme. En dehors d'un législateur suprême, qui en est la raison, elle est impossible à expliquer. En effet :

1° *La Loi naturelle n'est pas notre œuvre.* — En la découvrant, nous ne la créons pas, et nous comprenons qu'elle est absolument indépendante de notre volonté. Elle est en nous sans nous et même malgré nous ; quelles que soient nos tentatives d'indépendance, nous ne pouvons ni la détruire, ni la perdre de vue, ni l'empêcher de nous atteindre.

2° *La Loi naturelle ne procède d'aucune autorité humaine.* — Ce que nous venons de dire, le prouve. Cette loi atteint tous les hommes indistinctement et elle subsiste indépendamment de toutes les législations humaines, qui, loin de la pouvoir établir, la supposent et s'appuient sur elle. — On peut se figurer abrogées toutes les lois qui procèdent de l'autorité humaine, sans que la loi naturelle subisse pour cela la moindre altération. (Farges.)

3° *La Loi naturelle n'a pas sa raison dans la beauté du bien qu'elle ordonne ou dans l'accord du bien avec notre nature.* — Dire que la loi naturelle a sa raison dans la beauté du bien, c'est substituer à la loi elle-même l'un des motifs qui nous pressent de l'observer. Il en est ainsi de l'accord du bien avec notre nature intelligente ; cet accord nous sollicite à la fidélité, mais il ne crée pas la loi. Il faut donc reconnaître que la loi naturelle émane d'une source supérieure à la beauté du bien, qu'elle nous ordonne d'aimer, et à l'accord du bien avec notre nature, qu'elle nous commande de respecter.

Quelles que soient les suppositions que nous pouvons faire, nous n'expliquerons la loi naturelle que par l'existence d'un législateur souverain, qui l'impose à l'homme dont il est l'auteur.

3° *Conclusion.* — Le législateur de la loi naturelle n'est autre que Dieu, en qui seul cette loi a sa raison et son fondement. Son intelligence souveraine a éternellement conçu entre les êtres un ordre basé sur leur essence même, et sa volonté, non moins souveraine, l'impose à tous les hommes comme la règle invariable de leur conduite et la grande loi de leurs destinées. La loi naturelle prouve donc l'existence de Dieu.

La force de cette preuve ne peut échapper à personne. La loi naturelle s'impose à notre volonté d'une manière absolue, parce qu'elle s'offre tout d'abord à notre intelligence comme étant la rectitude parfaite. Nous ne concevons pas qu'elle puisse être autrement, et elle nous apparaît avec le caractère d'immutabilité, qui est le propre de l'Être nécessaire. Il faut donc qu'elle émane de l'Être nécessaire lui-même, et ainsi elle nous en révèle *directement* l'existence. (A. de Margerie. Gille.)

III. — *Observation sur la Preuve psychologique.* — Si quelqu'un lui contestait le caractère *de preuve directe* et soutenait qu'elle démontre seulement l'existence d'un législateur supérieur à l'homme, il aurait à expliquer comment ce législateur existe, et logiquement il serait amené à confesser l'existence de Dieu.

IV. — **Autre Preuve psychologique de l'Existence de Dieu.** — La conscience nous atteste deux faits, à savoir, qu'il existe en nous un principe pensant et que ce principe pensant est imparfait. Mais si notre intelligence, quoique imparfaite, ne laisse pas d'exister, il faut donc qu'il existe une intelligence parfaite, qui lui a donné l'existence et dont elle est l'image. Cet argument peut être ainsi formulé :

Fait expérimental. — Il y a en nous une intelligence imparfaite.

Principe rationnel. — L'imparfait suppose nécessairement le parfait dans le même ordre.

Conclusion. — Une intelligence parfaite existe. Donc, Dieu existe. Nous ne développerons pas cette preuve, que l'on peut voir dans *la Connaissance de Dieu et de soi-même*. (BOSSUET).

§ VII. — PREUVE MÉTAPHYSIQUE DE L'EXISTENCE DE DIEU.

I. — **Notion de la Preuve métaphysique.** — La preuve métaphysique de l'existence de Dieu part du fait des réalités contingentes qui composent l'univers, pour conclure à l'existence d'un Être nécessaire, qui n'est autre que Dieu.

II. — **Forme de la Preuve métaphysique.** — La preuve métaphysique peut être formulée de cette manière :

Fait expérimental. — Il existe des êtres contingents.

Principe rationnel. — Les êtres contingents supposent un Être nécessaire.

Conclusion. — Donc, Dieu existe.

1° **Fait expérimental.** — L'existence de l'univers est un fait évident et incontestable. Ce qui n'est pas moins évident, c'est le caractère de contingence qu'il présente dans toutes ses parties. On entend par contingent *un être qui, bien que jouissant de l'actualité de l'existence, peut sans absurdité être conçu n'existant pas.* Ce caractère de contingence apparaît dans tous les êtres qui composent l'univers. Qu'ils soient effets ou causes, spirituels ou matériels, le concept de leur non-existence ne renferme absolument rien qui répugne à la raison. L'existence ne leur est donc pas essentielle, c'est-à-dire, ils n'existent pas en vertu même de leur essence. Mais, s'ils n'existent pas par leur essence même, ils doivent d'exister à une cause qui leur est étrangère.

2º **Principe rationnel.** — L'existence des êtres contingents suppose celle d'un Être nécessaire. Leur existence, en effet, serait absolument impossible à expliquer, en dehors de l'Être nécessaire. S'il n'y avait que des êtres contingents à exister, il n'y aurait que des causes secondes sans cause première, et comme les causes secondes ne peuvent être que des effets relativement à la cause première, il y aurait des effets sans cause, ce qu'il n'est pas moins absurde d'admettre que des conséquences sans principe. — Comme l'être contingent n'a point en lui-même la raison de son existence, s'il n'y avait que des êtres contingents, notre pensée, remontant la chaîne de leurs générations, aboutirait au néant absolu. Mais, dit Bossuet, si, à un moment donné, rien n'eût existé, éternellement rien ne serait, le néant ne pouvant produire l'être. Il faut donc que notre esprit s'arrête à une première cause non produite, de laquelle toutes les autres dépendent, à un Être qui existe par lui-même, à qui l'existence est essentielle, et par la puissance duquel s'expliquent toutes les existences qui ont commencé. Les êtres contingents prouvent donc l'existence d'un Être nécessaire.

3º **Conclusion.** — Puisqu'un Être nécessaire existe, Dieu existe, car l'Être nécessaire est celui-là même que nous appelons Dieu. (ZIGLIARA).

§ VIII. — ATHÉISME.

I. — **Notion de l'Athéisme.** — On désigne sous le nom d'*athées* ceux qui ne reconnaissent pas l'existence d'un Être Suprême, auteur de l'homme et de l'univers.

II. — **Diverses Espèces d'Athéisme.** — On distingue les athées *négatifs, positifs, sceptiques, directs* ou *indirects*.

1º *Athéisme négatif.* — L'athée négatif est *celui qui n'a pas l'idée d'un Être Suprême*. Si l'ignorance d'un Être suprême est possible à l'homme qui jouit de ses facultés intellectuelles, il faut avouer que cette ignorance n'est pas invincible, et même qu'elle ne peut être de longue durée. Les preuves qui démontrent l'existence de Dieu sont si nombreuses et si accessibles à notre intelligence, que quiconque est capable de réflexion ne peut manquer de les saisir et de s'élever à l'idée de l'Être Suprême.

2° *Athéisme positif.* — L'athée positif est celui qui, ayant l'idée de Dieu et comprenant ce que ce mot signifie, nie et rejette l'existence de Dieu. Il prend le nom de *dogmatique* ou *systématique*, quand il érige l'athéisme en système philosophique, essayant d'expliquer l'existence de l'univers indépendamment de Dieu.

Peut-il y avoir des athées positifs *de bonne foi*, c'est-à-dire, convaincus que réellement il n'y a pas un Être Suprême et nécessaire, de qui tout dépend ? Puisque l'athée positif a déjà l'idée de Dieu, on ne peut admettre que la vérité de ce dogme fondamental ne finisse par se manifester à lui avec évidence, de manière à le rendre de mauvaise foi, s'il s'obstine dans sa négation.

3° *Athéisme sceptique.* — L'athée sceptique est *celui qui doute de l'existence de Dieu.* Il n'est pas impossible qu'une raison aveuglée par les passions ou par les vaines théories de la sophistique en vienne à douter, au moins momentanément, de l'existence de Dieu. Qui ne connaît l'empire des passions et d'un raisonnement habilement présenté sur l'esprit humain et sur ses convictions même les plus profondes ? Nous ne croyons pas, néanmoins, que le sceptique, sur la question de l'existence de Dieu, puisse demeurer *de bonne foi* dans son doute.

4° *Athéisme direct ou indirect.* — Les athées *directs* sont ceux qui rejettent positivement l'existence de Dieu. Les athées *indirects*, en admettant l'Être Suprême, altèrent la vraie notion que la raison donne de la perfection de sa nature et nient ainsi indirectement son existence. (BOUEDRON).

III. — **Réfutation de l'Athéisme.** — L'athéisme peut se réfuter :

1° **Par les Arguments qui établissent l'Existence de Dieu.** — En démontrant que l'existence de Dieu est une vérité indubitable, ces arguments prouvent par là même la fausseté de l'athéisme.

2° Par les conséquences désastreuses et absurdes auxquelles il aboutit. 1° *L'athéisme combat les aspirations les plus invincibles de notre nature intelligente.* S'il n'y a pas de Dieu, c'est en vain que nous soupirons après le bonheur parfait. Ce bonheur est un rêve qui ne se réalisera jamais. — Si Dieu n'existe pas, le dogme de la vie future est une chimère, le culte religieux est un non sens, la vertu et le vice n'ont plus de sanction en dehors des sanctions imparfaites de la vie présente. A quoi revient le sort de l'homme dans un tel système ? La condition de l'être dépourvu d'intelligence ne serait-elle pas préférable ?

2° *Il sape, par leur base, l'ordre moral et l'ordre social.* — Qu'est-ce qu'une morale, de laquelle l'idée de Dieu est absente ? Le devoir n'existe plus ; l'utilité et le plaisir deviennent l'unique règle de conduite. Que serait, ce qui ne s'est jamais vu, une société sans Dieu, un peuple d'athées ? sinon la plus horrible chose qui se puisse imaginer, l'idéal du désordre, la consécration de tous les forfaits.

3° *Il anéantit l'ordre scientifique.* — En enlevant à tout ce qui existe sa raison d'être, il rend tout impossible à expliquer, et même inintelligible. L'athéisme mène donc au contradictoire et à l'absurde. De telles conséquences suffiraient à elles seules pour en montrer toute la fausseté.

VINGT-DEUXIÈME LEÇON.

Sommaire : 1° Connaissance de la Nature de Dieu. — 2° Substantialité de la Nature divine. — 3° Simplicité de la Nature divine. — 4° Personnalité de Dieu. — 5° Perfection de Dieu. — 6° Unité de Dieu. — 7° Attributs de Dieu. — 8° Panthéisme.

§ Ier. — CONNAISSANCE DE LA NATURE DE DIEU.

I. — **Différence entre la Connaissance de l'Existence et la Connaissance de la Nature de Dieu.** — Notre raison s'élève facilement à l'existence de l'Être Suprême ; elle se la démontre et elle l'affirme avec une entière certitude. Ce n'est pas à dire, pour cela, qu'elle pénètre tous les secrets de la nature divine, et qu'elle puisse donner à la question : *Qu'est-ce que Dieu ?* une réponse adéquate. *Connaître* et *comprendre* sont deux choses qui ne doivent pas être confondues.

II. — **Notre Connaissance de la Nature divine est imparfaite.** — Borné dans son être et par là même dans son intelligence, l'homme est incapable d'avoir la science parfaite de Dieu. Il y aurait de sa part plus que de l'orgueil à vouloir expliquer Dieu. Sa raison elle-même serait la première à condamner une telle prétention ; car elle lui dit que ce qui a commencé d'être est, par sa nature même, impuissant à comprendre ce qui n'est limité d'aucune manière, que le fini n'embrassa jamais l'infini.

III. — **Notre Connaissance de la Nature divine est vraie.** — Si la connaissance que nous avons de la nature divine est imparfaite, il faut se bien garder d'en conclure qu'elle est fausse.

Connaître parfaitement la nature divine, ce serait avoir une idée adéquate des perfections qui lui conviennent et les affirmer de cette nature. Si l'idée que nous avons des perfections divines se ressent des limites de notre intelligence, ces perfections sont réellement en Dieu et elles sont en lui d'une manière supérieure à notre concept, de sorte qu'en les affirmant de Dieu, nous portons un jugement vrai. (GRANDCLAUDE.)

§ II. — SUBSTANTIALITÉ DE LA NATURE DIVINE.

I. — *La Nature divine est une Essence substantielle.* — L'Être nécessaire dont nous avons établi l'existence et de qui procèdent toutes les substances, ne peut exister à la manière d'un accident. Il est de l'évidence la plus parfaite qu'il est une essence substantielle, et il est impossible à notre intelligence de s'en former une autre idée.

II. — *Essence divine.* — On entend par essence ce que notre esprit conçoit tout d'abord dans une chose, comme la distinguant de toute autre et étant la raison de toutes ses propriétés. Chercher en quoi consiste l'essence divine, c'est donc chercher ce que notre esprit conçoit en Dieu tout d'abord, comme le discernant de tous les autres êtres et étant comme la source, d'après notre concept, de toutes ses perfections.

Quelque divergence qu'il y ait entre les philosophes sur une question si haute, le sentiment le plus commun et qui paraît le mieux fondé, c'est que *l'Aséité* (*esse à se*) est l'essence divine elle-même. Ce que nous concevons en Dieu tout d'abord, c'est qu'il est *de soi* et *par soi*. *L'Aséité* le distingue de tous les autres êtres, dont l'existence et même la possibilité procèdent de lui. Elle est la raison de toutes les perfections qui lui conviennent. De ce que Dieu est *l'Être par soi*, subsistant dans toute la plénitude de l'être, il suit par une raison *à priori* qu'il a en lui-même la vie, l'intelligence, en un mot, toute perfection en genre d'être ou d'opération, parce que tout est renfermé dans la plénitude de l'être. (ZIGLIARA.)

§ III. — SIMPLICITÉ DE LA NATURE DIVINE.

I. — *Dieu n'est pas un Être composé.* — Étant l'Être *par soi*, Dieu est l'être premier et indépendant. D'où il suit rigoureusement qu'il n'est pas composé.

Tout être composé est postérieur aux éléments qui le forment, et suppose nécessairement une cause supérieure qui en a uni les parties. Il n'a et ne peut avoir qu'une perfection participée et dépendante. La raison dit donc clairement que Dieu n'est pas un être composé. (Grandclaude.)

II. — **Dieu est une Substance absolument simple.** — La nature divine exclut toute idée d'un composé quelconque.

1° Elle exclut l'idée d'un composé *physique*, formé de parties intégrantes et distinctes, comme un corps.

2° Elle exclut l'idée d'un composé *métaphysique*. Le concept de ce composé convient aux substances spirituelles, en qui l'essence et l'existence, la puissance et l'acte, la substance et les accidents sont réellement distincts.

Dans la nature divine, *l'existence est l'essence même*, puisque Dieu est *l'Être par soi*. Son concept exclut d'une manière absolue l'idée de simple possibilité, puisqu'il existe par son essence même.

Dans la nature divine, tout est activité parfaite. *Une puissance*, qui peut être ou n'être pas en acte, c'est-à-dire, avoir ou n'avoir pas ce qui la complète, est nécessairement imparfaite et doit être exclue du concept de la nature divine.

La nature divine exclut l'idée d'un composé formé par *la substance et par les accidents*. Dans cette nature, il ne peut y avoir ni accident ni mode ; en Dieu tout est substance.

3° Elle exclut l'idée d'un composé *logique*, formé par le genre et par la différence spécifique. Tout genre se divise en espèces ; toute espèce est une partie d'un genre. Dieu n'est ni un genre ni une espèce, mais bien plutôt l'essence simple et substantielle de laquelle procèdent les genres et les espèces.

III. — **Absurdité de l'Anthropomorphisme.** — Les païens se représentaient généralement leurs divinités comme des êtres ayant la forme humaine. Cette erreur grossière a été reproduite, aux premiers siècles de l'ère chrétienne, par quelques hérétiques, qui détournaient de son vrai sens le passage de l'Écriture, où il est dit que Dieu a fait l'homme à son image. C'est cette erreur qui est connue sous le nom d'*anthropomorphisme*. Aux partisans de cette erreur, nous proposons ce dilemme : Ou le corps est accidentel dans la nature divine, *ou il lui est essentiel*. S'il est accidentel, Dieu, considéré dans sa nature, n'a donc pas de corps. S'il est essentiel, la nature divine est donc le résultat d'un esprit et d'un corps réunis. Mais le composé est plus parfait que les éléments qui le constituent. Comment donc, d'éléments imparfaits et dès lors finis, l'Être souverainement parfait résulterait-il ? L'anthropomorphisme est donc d'une évidente absurdité. (Zigliara.)

§ IV. — PERSONNALITÉ DE DIEU.

I. — **Dieu est un Être personnel.** — Affirmer que Dieu est un Être personnel, c'est affirmer qu'il possède, dans la plénitude de la perfection, tout ce qui constitue une personne.

On entend par personne *une substance parfaitement subsistante, maîtresse d'elle-même, intelligente et incommunicable*. La substance est plus parfaite que l'accident ; la parfaite subsistance, par laquelle une substance est rendue maîtresse d'elle-même et incommunicable à une autre, offre un degré supérieur de perfection. Si, à la subsistance complète, vient s'unir l'intelligence, on a, dit saint Thomas, ce qu'il y a de plus parfait dans toute la nature, c'est-à-dire, *la personne*.

Or, nous avons démontré qu'il existe un premier Être, cause efficiente de toutes les substances et raison suprême de l'ordre de l'univers. Il existe donc une *première substance*, très parfaite comme substance, et dès lors maîtresse d'elle-même, souverainement intelligente et incommunicable, c'est-à-dire, réalisant toutes les conditions de la personnalité. Cette première substance, c'est Dieu lui-même, qui possède ainsi une personnalité incommunicable et séparée du reste des êtres.

II. — **Faire de Dieu un Être impersonnel, c'est le nier.** — Il n'y a pas de milieu entre la confession d'un Dieu personnel et la négation de Dieu. Reconnaître la personnalité de Dieu, c'est reconnaître que Dieu est une substance réelle, subsistant complètement par elle-même et souverainement intelligente; en autres termes, c'est confesser l'existence de Dieu. — Soutenir l'impersonnalité de Dieu, c'est lui retirer tout ce qui constitue la personne, pour en faire quelque chose d'*abstrait* et d'*indéterminé*. Mais l'abstrait et l'indéterminé, comme tels, existent seulement dans notre esprit, sans aucune action propre; les individus seuls agissent. Faire de Dieu un être impersonnel, c'est donc le nier en réalité. (ZIGLIARA).

§ V. — PERFECTION DE DIEU.

I. — **Perfection souveraine de la Nature divine.** — La perfection souveraine de la nature divine est une conséquence de sa parfaite simplicité. Nous avons dit que cette nature, étant l'activité même, repousse toute idée de *potentialité*. L'être qui a des *puissances* aspire, par l'exercice même de ses pouvoirs, à un état moins imparfait. Mais il n'en est pas ainsi de Dieu, qui est l'activité essentielle, qui par là même possède, dès le principe, avec la très pure simplicité de l'être, la plénitude de la perfection.

II. — **Dieu possède toutes les Perfections de tous les Êtres.** — Dieu est la cause unique et efficiente de tous les autres êtres, qui, par rapport à lui, sont des effets. Si tout ce qu'il y a de perfection dans l'effet doit se trouver dans sa cause, toutes les perfections des autres êtres doivent être en Dieu tout d'abord.

III. — **Comment toutes les Perfections sont-elles en Dieu ?** — Une perfection peut être possédée de deux manières : *formellement* ou *éminemment*. Un être possède *formellement* une perfection, quand cette perfection est en lui telle qu'on la conçoit et qu'on l'énonce. C'est ainsi que l'homme possède formellement la faculté de raisonner. Un être possède *éminemment* une perfection, quand cette perfection est en lui, non telle que notre esprit la conçoit, mais d'une manière plus élevée et plus complète. C'est ainsi que la qualité d'être raisonnable est en Dieu plus parfaitement que dans l'homme. Dieu voit la vérité intuitivement, sans avoir besoin de raisonner. Il est *éminemment* raisonnable.

D'après ces principes : 1° Dieu possède *formellement* toutes les perfections qui n'impliquent rien d'imparfait et qui, pour cela, sont appelées perfections *simples*, telles que la justice, l'intelligence, la sainteté, etc. Elles sont en lui dans toute leur plénitude possible.

2° Dieu possède *éminemment* les perfections qui n'excluent pas l'idée de quelque chose d'imparfait ; telle est la faculté de raisonner, qui implique une intelligence imparfaite. Ces perfections sont en Dieu, d'une manière supérieure et éminente, sans l'ombre d'une imperfection quelconque. Dieu possède ainsi toutes les perfections soit formellement, soit éminemment ; sa perfection est sans bornes, ou, pour mieux dire, il est la perfection substantielle et vivante, la perfection même.

IV. — **Conséquences découlant de la Perfection de Dieu.** — Nous indiquerons brièvement les deux principales conséquences qui découlent de la perfection de Dieu.

1° *Dieu est le bien souverain.* — Si toute créature est bonne, par cela même qu'elle est, sa bonté est de la nature même de son être ; et comme son être est imparfait et d'emprunt, sa bonté est une bonté imparfaite et participée. L'Être parfait, à cause de la perfection même de son être, au-dessus de laquelle rien ne peut être ni être conçu, est la bonté suprême, le bien souverain, duquel tout bien émane, et qui, par dessus tous les autres biens, fait appel à notre amour et aux complaisances de notre volonté.

2° *Dieu est infini.* — De ce que Dieu est parfait, il suit rigoureusement qu'il est infini. S'il pouvait être limité de quelque manière, notre esprit concevrait un Être supérieur et il ne serait plus l'Être parfait. Il est infini dans son essence, comme dans tous les genres de perfections possibles. Le concevoir autrement, ce serait l'anéantir dans sa pensée.

§ VI. — UNITÉ DE DIEU.

I. — **Notion de l'Unité de la Nature divine.** — L'unité de la nature divine peut s'entendre de la simplicité de cette nature. Considéré à ce point de vue, Dieu est un, absolument indivis et indivisible.

Mais ici nous employons le mot unité pour signifier que la nature divine n'est pas commune à plusieurs êtres substantiellement distincts, et qu'ainsi il n'y a qu'un Dieu.

II. — **Preuves de l'Unité de Dieu.** — On peut démontrer l'unité de Dieu par les preuves suivantes :

1° *Dieu est unique, parce qu'il est l'Être nécessaire.* — Un Être nécessaire explique parfaitement tout ce qui existe, et, en dehors de cet Être, notre esprit ne peut en concevoir un autre comme nécessaire. Loin d'être nécessaire, cet autre serait évidemment inutile.

2° *Dieu est unique, parce qu'il est infiniment parfait.* — Deux Êtres infiniment parfaits sont impossibles à concevoir. L'Être infiniment parfait possède la plénitude de l'être et épuise à lui seul, si l'on peut parler ainsi, tous les degrés de perfection. Comment, à côté de cet infini, en supposer un autre ? — S'il y avait deux infinis, chacun serait infiniment parfait, tout en manquant de l'infinie perfection de l'autre, ce qui est contradictoire. (GRANDCLAUDE).

3° *Dieu est unique, comme le démontrent généralement les preuves qui établissent son existence.* — Le dogme de l'unité de Dieu dit d'avance ce qu'il faut penser du Polythéisme et du Dithéisme.

III. — **Polythéisme.** — On appelle polythéistes ceux qui nient l'unité de la nature divine et admettent plusieurs divinités.

1° *Origine et espèces du Polythéisme.* — Le Polythéisme a eu pour causes principales l'oubli des traditions primitives et les passions qui ont su exploiter l'idée de Dieu, toujours vivante au sein de la race humaine, et l'instinct de religion naturel à l'homme, pour la justification de leurs excès. Il a revêtu diverses formes et pris divers noms, selon qu'il a rendu le culte divin à la nature inanimée (*Fétichisme*), aux êtres animés et inintelligents (*Zoolâtrie*), aux hommes, aux héros (*Anthropolâtrie*), aux esprits, aux génies, aux éléments (*Démonolâtrie*), aux astres (*Sabéisme*), à des représentations sensibles ou images (*Idolâtrie*). (BOUEDRON.)

2° *Idée de l'unité de Dieu chez les Païens.* — Lorsqu'on étudie les diverses théogonies des peuples idolâtres et païens, il est facile de reconnaître qu'en admettant plusieurs divinités, et en leur rendant leurs hommages, ils admettaient et adoraient un Dieu supérieur, de qui ils faisaient dépendre tous les autres. Leur *polythéisme* a été un *polythéisme* de subordination, plutôt que d'égalité entre les êtres auxquels ils rendaient les honneurs divins, de telle sorte que jamais l'idée de l'unité de l'Être Suprême, essentielle à sa nature parfaite, ne s'est perdue au sein de la race humaine.

3° *Réfutation du Polythéisme.* — Le Polythéisme a été réfuté par les deux thèses qui établissent l'*existence* et l'*unité* de Dieu.

IV. — Dithéisme ou Dualisme. — Le Dithéisme ou Dualisme, très répandu en Orient, surtout dans la Perse, a été renouvelé par Manès au troisième siècle de notre ère. Voilà pourquoi il est souvent désigné sous le nom de *Manichéisme*.

1° Notion du Dithéisme. — Le Dithéisme affirme l'existence de deux principes de toutes choses, l'un principe du bien, l'autre principe du mal. Ce système doit son origine à l'impossibilité prétendue d'expliquer autrement la coexistence du bien et du mal dans le monde.

2° Réfutation du Dithéisme. — Le Dithéisme est faux et il n'explique pas la coexistence du bien et du mal.

1° *Le Dithéisme est faux.* — L'existence de deux principes coéternels et infinis répugne à la raison. En concevant l'infini, notre raison le conçoit nécessairement un, parce qu'elle le conçoit comme supérieur à tout ce qui existe ou peut exister. Un être, si parfait qu'il soit, qui a ou peut avoir un égal, ne sera jamais l'Être souverain et infini dont nous avons l'idée.

Si l'existence de deux principes coéternels répugne à la raison, il lui répugne plus encore que l'un de ces principes soit essentiellement mauvais. L'être qui existe par soi, dont l'essence est d'être, loin de pouvoir être mauvais, est nécessairement bon, infini en perfections, ennemi absolu du mal.

2° *Le Dithéisme n'explique pas la coexistence du bien et du mal.* — En effet, ou ces deux principes éternels, l'un bon, l'autre mauvais, agiraient de concert, ou ils se combattraient. Dans le premier cas, il n'y aurait plus de principe bon, puisque le principe supposé bon consentirait au mal. Dans le second, ces principes étant égaux en puissance comme infinis, leur action serait neutralisée. Un tel système est donc incapable de rendre raison de la coexistence du bien et du mal, coexistence qui s'explique par l'abus que l'homme fait de sa liberté, sous l'empire d'un seul Être Suprême, bon et parfait. Donc, le Dualisme, comme tous les autres systèmes attaquant l'unité de Dieu, est faux et doit être rejeté. (BOUEDRON.)

§ VII. — ATTRIBUTS DE DIEU.

I. — Notion des Attributs de Dieu. — Nous avons fait connaître les perfections qui semblent tenir plus intimement à l'essence divine et qui constituent, en quelque sorte, la nature de Dieu. Il nous reste à étudier d'autres perfections qui, d'après notre manière de concevoir les choses, découlent de l'essence divine, et sont pour cela même appelées *attributs*.

II. — Les Attributs de Dieu ne sont pas distincts de son Essence. — Dieu réunit, au plus haut degré, toutes les perfections possibles. Mais ces perfections ne sont qu'une même chose avec *son essence* et il n'y a *entre elles* aucune distinction réelle. Qui pourrait connaître Dieu, comme il se connaît lui-même, verrait en lui la simplicité la plus absolue.

Notre intelligence est *incapable* de saisir Dieu dans la perfection de son essence et d'embrasser d'un regard la plénitude de son être. Voilà pourquoi nous sommes réduits à le considérer, si l'on peut parler ainsi, à différents points de vue, et c'est cette manière de l'envisager, seule possible à l'esprit imparfait, qui donne lieu à la distinction de divers attributs en lui.

Ces attributs ne sont pas, toutefois, des *fictions* de notre esprit; ils sont réellement en Dieu. Mais ils sont en lui d'une manière supérieure à celle dont nous les concevons, puisqu'ils sont son essence même. (LIBERATORE.)

III. — Division des Attributs de Dieu. — L'accord n'existe pas entre les philosophes sur la manière de diviser les attributs de Dieu.

Parmi les attributs divins, il en est qui n'impliquent formellement aucune action, tandis que les autres supposent quelque action, que cette action soit immanente ou qu'elle ait pour terme les choses contingentes. Les premiers sont appelés *absolus*; les seconds sont généralement désignés sous le nom d'attributs *moraux*; les troisièmes sont appelés *relatifs*. Nous parlerons de ces derniers, en traitant des œuvres de Dieu.

IV. — Attributs absolus. — Les attributs absolus sont l'*immutabilité*, l'*éternité* et l'*immensité*.

1° *Immutabilité de Dieu.* — Un être change, quand il est différemment de ce qu'il était, en acquérant ou en perdant quelque chose, soit sous le rapport de la *substance*, soit sous le rapport des *accidents*, soit sous le rapport des *actes*. Dieu est immuable à ces trois points de vue.

Dieu est immuable, au point de vue de *la substance*. Être nécessaire, qui existe par son essence même, il est de telle sorte que la non-existence lui répugne d'une manière absolue. Il est immuable au point de vue des *accidents*, qu'exclut sa simplicité parfaite. Il n'y a en lui ni accident ni mode. Toute modification étant une manière déterminée, l'être qui l'éprouve est de cette manière à l'exclusion de toutes les autres, ce qui répugne à l'idée de l'Être parfait. Dieu est immuable au point de vue des *actes* de son intelligence ou de sa volonté. Il ne peut y avoir en lui ni science nouvelle, ni aucun dessein qui contrarie un dessein précédent. Ce qu'il pense, ce qu'il veut, il le pense et il le veut de toute éternité.

Les *changements* qui se manifestent dans les œuvres de Dieu, n'impliquent aucune mutation dans ses desseins. C'est son plan qui se réalise tel qu'il l'a éternellement arrêté.

2° *Éternité de Dieu.* — La notion de l'éternité est parfaitement exprimée par ces paroles de Boèce : *Æternitas est interminabilis vitæ tota simul et perfecta possessio.* L'éternité n'a pas de limites, elle n'a ni commencement, ni fin, ni succession. L'éternité est donc évidemment un attribut de l'Être Suprême.

Si, en effet, l'Être Suprême avait un commencement et une fin, il ne serait ni nécessaire, ni infini, ni parfait. L'Être nécessaire, infini et parfait, dont nous avons l'idée claire et distincte, n'a pu être évidemment à l'état de simple possibilité tout d'abord, et tout ce qui s'oppose à ce que nous puissions le concevoir comme non-existant encore, s'oppose à ce que nous puissions concevoir une fin à son existence.

Il n'y a dans l'existence de Dieu *aucune succession*, puisqu'il est immuable. Toute existence successive est par là même divisible et imparfaite. Elle n'est jamais toute à la fois, une partie ne pouvant commencer avant que l'autre ait fini. L'existence de l'Être parfait est nécessairement toujours tout entière, n'ayant ni passé, ni futur. Dans l'Être parfait, rien n'a été, rien ne sera, mais tout est.

3° *Immensité de Dieu.* — L'immensité est l'attribut en vertu duquel Dieu est substantiellement présent à tout ce qui existe, sans être limité par aucun lieu.

L'immensité n'est point un composé de lieux, d'espaces et d'étendues, pas plus que l'éternité n'est un composé de successions, de durées et de temps. C'est la négation de toute mesure et de toute limite dans la présence substantielle de l'Être Suprême. Quand on dit que l'immensité consiste en ce que Dieu est présent à toutes choses, c'est moins une définition qu'une explication encore fort imparfaite que l'on donne de cet attribut. L'immensité est absolument indépendante des existences contingentes ; elle tient à la nature même de Dieu.

Dieu est *nécessairement immense.* — Si, en effet, il pouvait être mesuré de quelque manière, contenu dans un espace, au delà de cette mesure et de cet espace, il ne serait pas, et par conséquent il ne serait pas l'infini et le parfait dont nous avons l'idée. Quand on dit qu'il est dans toutes les choses et dans tous les lieux existants et possibles, on n'entend donc point par là qu'il y est d'une façon circonscrite ou qu'il y a entre les choses, les lieux et son essence une relation susceptible d'être soumise au calcul. En vertu de la simplicité parfaite de son être, il est tout entier partout, et tout entier il excède tout ce qui existe ou peut exister. *Totus ubique ut omnia totus excedat.*

Dieu, dit saint Thomas, est dans tout par *sa puissance*, en tant que tout est soumis à son pouvoir ; par *sa présence*, en tant que tout est découvert à ses yeux ; par *son essence*, en tant qu'il est présent à toutes choses, comme cause de l'être dont elles jouissent. Il est d'une manière spéciale dans la créature intelligente, qui le connaît et l'aime. (SANSEVERINO.)

V. — Attributs moraux. — Les attributs moraux sont *l'intelligence* et *la volonté*.

1° *Intelligence de Dieu.* — Dieu étant l'Être parfait, son intelligence est infinie et sa science sans borne. Chez lui, la science n'est point quelque chose d'ajouté à sa substance.

Dieu se connaît nécessairement *lui-même* par l'acte le plus simple, et la connaissance qu'il a de lui-même est aussi parfaite que son essence infinie, qui est l'objet premier de sa science.

En se connaissant lui-même dans toute la plénitude de son être, Dieu se connaît comme cause unique de *tous les possibles*, qui ont leurs types dans son essence même, et que sa puissance peut réaliser. S'il ne connaissait pas toutes les diverses manières dont son essence peut être imitée, il n'aurait pas une connaissance parfaite de lui-même.

L'intelligence de Dieu embrasse, d'un même regard, tout ce qui est actuellement, tout ce qui a été, tout ce qui sera, et même ce qui ne sera pas, mais pourrait être. Tout lui est présent à la fois. De toute éternité, il connaît ce qui est futur par rapport à nous.

De toute éternité, Dieu connaît *les futurs nécessaires*, c'est-à-dire, les effets qui résulteront nécessairement des causes posées au sein de la nature, et *les futurs contingents* ; *les futurs absolus*, qui ne dépendent d'aucune condition, et *les futurs conditionnels* ; *les futurs libres*, c'est-à-dire, les actes provenant de la libre détermination des créatures intelligentes.

Dire que Dieu connaît *tous les futurs*, c'est dire que sa science ne croît pas, à mesure que les événements se déroulent, qu'elle ne se perfectionne pas, à la manière de celle de l'homme, mais qu'elle est parfaite comme son essence, dont elle ne se distingue pas. (Sanseverino.)

2° *Volonté de Dieu.* — La volonté, dit saint Thomas, suit l'intelligence : *voluntas sequitur intellectum*. Dieu étant l'intelligence parfaite qui connaît la vérité infinie, est la volonté parfaite qui veut et aime le bien infini.

Le bien infini, comme la vérité infinie, n'étant autre que Dieu lui-même, *l'objet premier de la volonté en Dieu*, c'est sa propre essence. Il se veut lui-même et il trouve son bonheur en lui-même, puisqu'il est le bien infini. Mais, de même qu'en se connaissant lui-même, il connaît toutes les autres choses, de même, en se voulant lui-même, il veut tout ce qui est en dehors de lui et qui n'a qu'en lui seul sa raison d'être.

La volonté divine est-elle une *volonté libre* ? En autres termes, tout ce que Dieu veut, le veut-il nécessairement ? A cette question, saint Thomas répond : 1° Tout ce que Dieu veut, il le veut de toute éternité, sa volonté ne pouvant changer d'aucune manière. 2° Il ne suit pas de là qu'il le veuille nécessairement. 3° Il se veut nécessairement lui-même, puisqu'il est la bonté parfaite. 4° Il veut librement tout ce qui n'est pas lui, puisque, en dehors de son essence, rien n'est nécessaire à sa perfection. 5° Toutefois, il faut reconnaître que ce que Dieu veut librement, en dehors de lui, peut donner naissance à un nécessaire hypothétique. C'est ainsi que Dieu a voulu librement l'existence de l'homme, mais il veut nécessairement que l'homme lui rende un culte.

La volonté libre de Dieu exclut, de la manière la plus absolue, toutes les imperfections qui accompagnent la liberté dans notre nature finie. Chez lui, la liberté participe à la perfection de la volonté qu'éclaire une intelligence infinie, et qui n'aime que le bien. L'impossibilité de faire le mal, que son être repousse, loin d'amoindrir en lui la liberté, en est, au contraire, la perfection et la plénitude. (Sanseverino.)

§ VIII. — PANTHÉISME.

I. — **Notion du Panthéisme.** — Le Panthéisme est l'erreur de ceux qui, niant la distinction substantielle de l'Être nécessaire et des êtres contingents, enseignent que Dieu, c'est l'universalité même des êtres existants et possibles. D'après eux, seule la substance divine existe et peut exister. Ce qu'on appelle la nature ou le fini n'est autre chose que les divers modes de la substance divine. Cette substance et ses modes, qui en sont comme les épanouissements, ne constituent qu'un seul être complet et entier, qui est Dieu. Tenter de séparer ces deux choses, ce serait rendre tout inexplicable : la substance n'est pas sans ses modes, et les modes exigent la substance.

On le voit, la tentative du Panthéisme est d'identifier scientifiquement le nécessaire et le contingent, l'infini et le fini, la cause première et ses effets, Dieu et le monde, pour n'en former qu'un seul être substantiel, avec des évolutions incessantes, qui sont comme le rayonnement permanent de sa substance infinie.

II. — **Principales Formes du Panthéisme.** — Le Panthéisme a revêtu diverses formes, selon les développements de l'esprit humain, et c'est ce qui explique, en partie du moins, la facilité toujours croissante avec laquelle cette erreur s'est accréditée, malgré son énormité. On en compte trois principales, qui sont connues sous les noms d'*Emanatisme*, de *Formalisme* et d'*Idéalisme*.

III. — **Emanatisme.** — La forme la plus ancienne sous laquelle le Panthéisme s'est produit, c'est *l'Emanatisme* ou *l'Emanation*. On le trouve sous cette forme, bien qu'à des degrés différents, dans la plupart des systèmes philosophiques et des traditions religieuses des Orientaux, des Egyptiens et des Grecs.

D'après les enseignements de l'Emanatisme, ce n'est pas par un acte de sa volonté libre que Dieu a produit le monde. Il l'a produit, non en le tirant du néant, mais en le faisant sortir de sa propre substance inépuisable. Tous les êtres ne sont qu'un écoulement ou une expansion de l'essence divine, qui s'étend et se développe par de successives émanations. Cette première sorte de Panthéisme a été formulée d'une manière plus régulière et plus savamment sophistique par les philosophes d'Alexandrie.

IV. — **Formalisme.** — Le Formalisme, appelé aussi *Panthéisme d'immanence*, est un raffinement du grossier Panthéisme de l'Emanation. Il ne se borne pas, comme ce dernier, à admettre l'unité de la substance, mais il rejette toute *distinction réelle* entre les individualités qui composent l'univers, pour ne reconnaître entre elles qu'une *distinction de formes*, sur un même fond commun. Ce fond, c'est la substance divine, cachée sous ces formes, substance toujours une, mais multiple dans ses épanouissements.

La théorie du Formalisme a été nettement exposée par Spinoza, dans *le Traité Théologico-Politique* et dans *la Morale géométriquement démontrée*. D'après ce philosophe, il n'existe qu'une substance indivisible, éternelle, infinie, nécessaire. Mais cette substance a deux attributs essentiels, *la pensée* et *l'étendue*, qui se développent en deux séries parallèles de phénomènes ou modes variés. Ces modes, ce sont *les esprits* et *les corps*, qui forment comme les deux aspects inséparables d'une même existence. L'homme est dans l'univers comme un rouage dans un mécanisme immense, ou plutôt comme un membre dans un organisme où tout se tient. Ce qu'on appelle liberté est une chimère. La nature de Dieu est d'agir avec une nécessité absolue, qui constitue sa volonté même. Fénelon a fait ressortir les absurdités d'un tel système et les a savamment réfutées dans *le Traité de l'Existence de Dieu*.

V. — **Idéalisme**. — Le Panthéisme idéaliste, dont on trouve des traces parfaitement accusées dans la doctrine de quelques philosophes de l'antique Grèce, a reçu sa forme actuelle des philosophes de l'Allemagne, tout particulièrement de Fichte, de Schelling et de Hégel. Ce mouvement de la philosophie allemande vers le Panthéisme avait été préparé par le scepticisme de Kant, qui, en détruisant l'objectivité de la raison pure, fait de la connaissance une forme de l'esprit, quelque chose de subjectif et d'idéal.

1° *Notion générale de l'Idéalisme*. — Le point de départ de l'Idéalisme n'est pas la substance, comme dans le Spinozisme, mais *l'être*, qu'il entend à sa manière et qu'il appelle de divers noms, *le moi, l'absolu, l'idéal*. Il en vient à l'effrayante confusion de l'être et du néant, et à faire de Dieu *le devenir*, se développant nécessairement jusqu'à ce qu'il soit ce qu'il doit être.

Le but général de cette école est de trouver la cause première des choses en dehors de toute idée de création. Voilà pourquoi elle affirme *à priori* que la cause première est la substance unique, à laquelle tout doit être identifié, car elle est sans objectivité en dehors d'elle-même. Mais quelle est cette cause première? Ici se divisent, comme on va le voir, les divers systèmes de l'Idéalisme allemand.

2° *Idéalisme de Fichte*. — La cause première, d'après Fichte, est *le moi pensant*. Il est amené à cette conclusion par le raisonnement suivant, auquel revient, pour le fond du moins, toute sa doctrine. « On ne peut concevoir ce qui existe dans l'ordre réel des choses, qu'autant qu'on le pose, tout d'abord, comme existant dans l'ordre intelligible, c'est-à-dire, comme *idées*. Or, rien ne peut exister dans l'ordre intelligible ou des idées, si ce n'est dans une intelligence. Donc, tout ce qui existe dans la nature est nécessairement contenu dans un sujet pensant, dans une intelligence, qui est la forme de tout dans l'ordre intelligible et le principe efficient de tout dans l'ordre réel. » Pris en lui-même, ce raisonnement de Fichte doit être admis; mais ce philosophe le fait servir, d'une façon étrange, au triomphe de son système.

Quel est, en effet, ce sujet pensant ? quelle est cette intelligence, dans laquelle le réel existe comme intelligible, et qui en est le principe efficient ? C'est *le moi humain*. Mais le moi ne peut exister, dit Fichte, qu'autant qu'il pose son antithèse, qui est le *non-moi*; autrement il serait indéterminé. Le moi et le non-moi découlent ainsi d'un *seul et même principe* et forment par là même entre eux une synthèse dans laquelle les deux sont identifiés : d'où le philosophe tire ses conclusions panthéistes.

Mais comment Fichte essaie-t-il de justifier son assertion, à savoir que le moi humain est la condition de toutes choses ? Il distingue notre *moi absolu* du moi actuel, qui s'apparaît à lui-même sous une forme individuelle. Il ne faut pas confondre, dit-il, ce qui *est* avec ce qui *doit* être. Ce qui doit être, *l'absolu*, n'est pas un être achevé et immobile, mais l'activité qui se fait elle-même, qui tend à réaliser ce qu'elle doit être. L'absolu est le vrai moi de chaque homme, de l'humanité, du monde entier.

Le système de Fichte est appelé *idéalisme subjectif*, parce qu'il part du *moi*, considéré comme absolu et cause première.

3° *Idéalisme de Schelling.* — L'idéalisme de Schelling est connu sous le nom d'idéalisme *objectif*, parce qu'il ramène tout à ce qu'il appelle *l'absolu*, pris en dehors du moi et du non-moi, c'est-à-dire, de l'esprit et de la nature, de l'idéal et du réel. Comme Fichte, il reconnaît que *l'idéal* et *le réel* doivent être ramenés à un principe, à une cause première, qui les explique et en soit la raison, et en cela il ne peut être blâmé. Mais quelle est cette cause première ?

D'après Schelling, la cause première est quelque chose *d'impersonnel*, qui n'est ni l'idéal ni le réel, ni la nature ni l'esprit, mais l'identité des contraires, le principe neutre dans lequel tout s'unit et s'explique. C'est cette chose insaisissable qu'il nomme *l'absolu*. Notre esprit saisit l'absolu, et, en le saisissant, il s'identifie avec lui. *L'absolu* de Schelling devient ainsi *le moi* de Fichte. Cet absolu a deux aspects : *l'idéal* et *le réel*, l'esprit et la nature. C'est sous ces deux aspects que l'absolu se développe. La série de ces développements constitue l'histoire, qui n'est ainsi que l'évolution de l'absolu. Qui ne reconnaît ici la doctrine de Spinoza, avec les deux attributs essentiels de la substance ?

4° *Idéalisme de Hégel.* — Hégel place l'absolu ou la cause première dans *l'idée*, et c'est pour cela que son système est connu sous la dénomination de *Philosophie de l'idée*. L'idée est, à ses yeux, la seule réalité substantielle; mais, par idée, il entend l'être pur et abstrait, l'être transcendantal avec lequel l'idée s'identifie. Considéré dans cet état d'indétermination, l'être est le non-être pur et le non-être est l'être indéterminé. La vérité de l'être et du non-être est dans l'unité des deux, et cette unité, *c'est le devenir*. Le devenir est l'absolu, qui tout d'abord est non-être, *néant*, et qui nécessairement finit par être *tout*. Le principe de contradiction qui exclut le non-être de l'être, et réciproquement, doit être, d'après Hégel, absolument rejeté. C'est à ces quelques points que revient toute la philosophie de Hégel. (ZIGLIARA.)

Le système de Hégel repose sur un sophisme. Si l'être abstrait et transcendantal est indéterminé, c'est-à-dire, n'est pas un être générique, spécifique ou individuel, il n'est pas pour cela la négation de toute entité, le néant absolu. Dans une partie de son raisonnement, Hégel prend le non-être dans un sens *relatif*, et, dans l'autre, il lui donne le sens de néant absolu. La conclusion à laquelle il arrive par ce procédé frauduleux est précisément l'opposé de la vérité.

VI. — **Réfutation du Panthéisme.** — Puisque tous les systèmes entachés de *panthéisme*, quelles qu'en soient les divergences accidentelles, ont un point commun, à savoir, la confusion du contingent et du nécessaire, du fini et de l'infini, par l'affirmation d'une seule substance, qui est la substance divine, il suffira de les réfuter d'une manière générale. Nous disons donc que *le Panthéisme* est une des erreurs les plus évidemment fausses et les plus condamnables qui soient écloses dans l'esprit humain, sous l'influence des passions.

1° *Le Panthéisme contredit la notion de Dieu.* — Dieu est l'Être immuable, parfait, éternel, simple et un. Or, comment pourrait-on découvrir dans l'univers les perfections de la divinité? L'univers est sujet à de continuels changements; il renferme une multitude d'êtres différents, dont aucun, pas même l'âme humaine, ne réalise l'idée que nous avons de la simplicité et de la perfection absolues. — Le Panthéisme implique donc contradiction, et, en confondant Dieu avec ses œuvres, l'infini avec le fini, il détruit du même coup la notion de Dieu et la raison humaine.

2° *Il détruit toute morale.* — Si tout est Dieu, on ne conçoit pas même la possibilité de la loi naturelle, ou d'une distinction quelconque entre le bien et le mal. Le mal, qui a son expression dans toutes les langues, dont la notion existe chez tous les hommes, n'est pas et ne peut être. Le Panthéisme est l'apothéose de tous les crimes.

3° *Il est subversif de la société.* — Tous les hommes, étant l'être divin, sont égaux d'une manière nécessaire et absolue. Il n'y a plus d'autorité et il n'y a plus d'inférieurs ; toute législation est un *non-sens*. Dès lors, que deviennent les sociétés, qui reposent évidemment sur le principe d'autorité et sur les lois qui en découlent ?

4° *Il rend la certitude et la science impossibles.* — Au principe de contradiction, le Panthéisme substitue l'identité des contraires, puisqu'il fait du fini et de l'infini une même chose. Dès lors, le vrai et le faux sont confondus, et le scepticisme devient le partage de l'esprit humain.

5° *Enfin, il est en contradiction avec la pratique du genre humain.* — Si le Panthéisme est la vérité, le genre humain est convaincu de folie, puisque, depuis son origine, il adore un Être suprême différent de lui-même, il lui érige des temples, il lui adresse des prières et lui offre des sacrifices. Mais, si le genre humain est Dieu, comment a-t-il pu ignorer sa divinité, comment a-t-il pu parler et agir comme ne soupçonnant pas même la possibilité d'un titre que les panthéistes lui décernent si généreusement ? Singulière divinité que celle qui est ignorante au point de se méconnaître elle-même ! Le système des Panthéistes ne mérite donc qu'un souverain mépris. Il est le *nec plus ultrà* de l'orgueil humain.

Disons toutefois, en terminant, que, tout déraisonnable qu'il est, *le Panthéisme* nous fait voir par ses superbes égarements combien est forte et puissante l'aspiration de notre âme vers l'infini, aspiration légitime, puisque Dieu est sa fin, comme il est son principe, aspiration qui doit avoir son terme et son repos, non dans l'identification de nous-mêmes avec Dieu, mais dans la possession éternelle de Dieu, méritée par la pratique de la vertu.

VINGT-TROISIÈME LEÇON.

SOMMAIRE : 1° Attributs relatifs de Dieu. — 2° Toute-Puissance de Dieu. — 3° Création. — 4° Conservation des Êtres créés. — 5° Providence. — 6° Réfutation des Agresseurs de la Providence.

§ Ier. — ATTRIBUTS RELATIFS DE DIEU.

I. — **Notion des Attributs relatifs de Dieu.** — On appelle *attributs relatifs* les perfections qui nous apparaissent dans l'action extérieure de Dieu et qui ont leur terme dans les créatures.

II. — **Division des Attributs relatifs de Dieu.** — Les œuvres extérieures de Dieu, dans l'ordre naturel, sont *la création, la conservation* et *le gouvernement* des êtres contingents. Mais ces œuvres font reluire à nos yeux *la puissance* divine. Nous avons donc à traiter de *la toute-puissance de Dieu*, de *la création*, de *la conservation des êtres* et de *la Providence*.

§ II. — TOUTE-PUISSANCE DE DIEU.

I. — **Notion de la Puissance en général.** — On a vu dans *l'Ontologie* que la puissance peut être *active* ou *passive*. La puissance *active*, qui est le principe d'une production quelconque, *principium ad aliquid producendum*, est une perfection. La puissance *passive*, qui reçoit quelque chose, implique une imperfection dans l'être qui la possède. La puissance passive ne peut convenir à l'Être parfait. Dans l'Être parfait, la puissance active est l'acte même, puisque Dieu est l'activité essentielle : chez lui, l'action et l'essence ne sont pas en réalité distinctes. (ZIGLIARA.)

II. — Toute-Puissance de Dieu. — L'objet de la puissance active en Dieu, c'est évidemment ce que Dieu peut faire, ce qui peut être, ce qui est possible. Or, quel est le principe de tous les possibles ? C'est l'essence divine elle-même, en tant qu'imitable, et comme cette essence infinie est infiniment imitable, la puissance de Dieu est infinie, comme ses autres perfections. Ainsi Dieu est *tout-puissant*.

La toute-puissance consiste en ce que Dieu peut réaliser ce qui est conçu par son intelligence et résolu par sa volonté.

Mais comme Dieu est l'intelligence parfaite et la volonté parfaite, il ne conçoit et ne veut rien qui ne soit conforme à sa nature. Ce qui n'est pas conforme à sa nature répugne par là-même à son intelligence et à sa volonté. C'est ce qu'on appelle *l'impossible*, qui n'est pas une limite à la puissance divine, puisque l'impossible est ce qui ne sera jamais.

§ III. — CRÉATION.

L'univers, avec les substances spirituelles et matérielles qu'il contient, existe ou *par lui-même*, ou *par expansion de la substance divine*, ou *par création*.

I. — L'Univers n'existe point par lui-même. — L'univers n'existe pas par lui-même. En effet : 1° *Il est évidemment composé*. Qu'on l'examine dans son ensemble et dans ses parties, le concept que nous nous formons de l'univers est précisément celui de l'être composé. Il nous offre même tous les genres de compositions possibles, comme celles qui résultent de *la matière* et de *la forme*, de *la substance* et des *accidents*, d'une *collection de plusieurs êtres*, de *l'essence* et de *l'existence*, etc. — Or, nous l'avons vu, tout être composé est nécessairement imparfait, et dès lors il existe non *par lui-même*, mais *par un autre*.

2° *Il est essentiellement fini*. — N'est-ce pas ce que prouvent d'une façon irrécusable, pour ne parler que de ceux-là, les êtres corporels qu'il renferme ? Ces êtres sont doués de *quantité* ; or, la quantité, qui se mesure nécessairement, répugne à l'Être infini. — Et puis, par cela seul qu'il est composé, il est essentiellement fini, l'Être infini ne pouvant être que très simple.

3° *Il est contingent.* — Quelle que soit la partie de l'univers que l'on considère, la raison dit clairement que la non-existence peut en être conçue sans absurdité, et qu'ainsi elle n'implique aucun caractère de nécessité. Si cela est vrai de chacune des parties de l'univers, cela est vrai par là même de son ensemble. L'univers est donc essentiellement contingent. La possibilité d'exister et son existence actuelle étant séparables, l'univers n'est point l'être nécessaire. Il n'existe donc point par lui-même.

II. — **L'Univers n'existe pas par expansion de la Substance divine.** — La seconde supposition, qui fait de toutes les substances spirituelles et corporelles composant l'univers une expansion de la substance divine, n'est pas plus admissible que la première. C'est le Panthéisme sous l'une ou l'autre de ses formes. Il a été précédemment réfuté.

III. — **L'Univers existe par Création.** — La conclusion rigoureuse qui résulte de la doctrine précédente, c'est que l'univers, avec tous les êtres qu'il contient, existe par *création*.

1° *Notion de la Création.* — Créer, dans le sens rigoureux du mot, *c'est produire un être tout entier de son néant, en le faisant passer de la possibilité à l'existence.*

L'antiquité païenne paraît n'avoir pas eu l'idée de la création. Plusieurs philosophes, comme Aristote, croyaient et enseignaient que le monde était éternel. D'autres, comme Platon, prétendaient que Dieu, à l'aide d'une matière préexistante, dont ils ne s'expliquaient pas l'origine, avait formé le monde d'après le plan qu'il avait conçu.

2° *La Création n'implique aucune contradiction.* — Si la création pouvait impliquer contradiction, c'est-à-dire, être impossible, cette contradiction viendrait ou de *l'effet produit* ou de *la cause productive*. Or, 1° Elle ne peut venir de *l'effet*, et une preuve évidente, c'est que l'univers existe. Il n'y avait donc aucune impossibilité intrinsèque à son existence. 2° Elle ne peut venir de *la cause*. Pour qu'une cause produise l'être *tout entier*, sans matière préexistante, il faut et il suffit qu'elle possède la totalité de l'être. Mais cette totalité de l'être est en Dieu, qui est l'Être infini et parfait. — Si, pour produire un effet, Dieu avait besoin d'une matière préexistante, il ne serait pas l'Être infini, car son acte producteur n'excéderait pas infiniment le pouvoir des causes imparfaites. Loin donc de répugner à Dieu, la création *ex nihilo* est le seul mode de production qui convienne à la souveraine indépendance de son être. (ZIGLIARA.)

3° *La Création est l'acte propre de Dieu.* — Il résulte de ce qu'on vient de dire, que la création *ex nihilo* est un acte qui appartient exclusivement à Dieu.

L'acte créateur ne peut convenir à la créature, comme à la cause principale de la production *ex nihilo*. L'évidence de cette vérité la rend incontestable. — Mais, si l'être contingent ne peut rien produire du néant par sa propre vertu, *peut-il être cause instrumentale de la création?* Saint Thomas n'hésite point à dire que l'être contingent ne peut être cause instrumentale, dans l'acte créateur. Toute cause instrumentale, en effet, n'est appelée à participer à l'action de la cause principale, qu'autant qu'elle contribue, dans la mesure qui lui est propre, à l'effet à produire. Si elle doit être inutile, son emploi n'a plus de raison d'être, et en réalité elle ne serait pas cause instrumentale. Or, dans la création, il n'est aucun intermédiaire possible entre l'agent principal, qui est Dieu lui-même, et l'effet, puisque, pour la production de l'effet, il n'est besoin d'aucune matière préexistante, et par là même d'aucune cause instrumentale.

4° *La Création est un Acte libre de la part de Dieu.* — Si Dieu a voulu être créateur, c'est par une détermination libre, et non par une nécessité de sa nature. Infiniment parfait, il n'avait ni à compléter son être, ni à augmenter sa béatitude. Soutenir la nécessité de la création, ce serait tomber dans une double erreur, car ce serait nier la perfection absolue de Dieu, et par là même l'anéantir, et, d'un autre côté, reconnaître à l'ordre contingent le caractère d'une existence nécessaire, qui est le propre de l'Être parfait.

Libre de créer, Dieu était libre par là même de donner à son œuvre tel degré de perfection qu'il jugeait convenable, et, quoi qu'en aient dit les défenseurs de l'optimisme de Malebranche, l'idée que nous avons de l'Être parfait s'oppose à ce que nous admettions que la création réalisée a épuisé, sous le rapport de la perfection, sa puissance créatrice, et qu'il n'aurait pu produire un monde plus parfait. Quel que soit le bien créé, dit saint Thomas, dès lors qu'il est fini, on conçoit qu'il peut y avoir quelque chose de meilleur. *Quolibet bono creato, eo quod finitum est, potest aliquid melius esse.*

5° *La fin de la Création est Dieu lui-même.* — La création étant un acte libre de la part de Dieu, a par là même son but. Or, la fin que Dieu s'est proposée en créant ne pouvait être prise en dehors de lui-même : il a donc eu en vue la manifestation extérieure de ses perfections. Mais comme cette manifestation n'était pas nécessaire et ne pouvait rien ajouter à la perfection de son être et de sa béatitude, il y a été déterminé par son amour pour la créature intelligente, qu'il s'est proposé d'associer à son bonheur. (SANSEVERINO.)

6° *La Création n'a pas modifié l'Essence divine.* — L'acte créateur n'a modifié d'aucune manière l'essence de Dieu. Après la création, il y a un plus grand nombre d'êtres, dit l'Ecole, mais il n'y a pas plus d'être. *Sunt plura entia, non plus entis.* La création fait exister hors de Dieu, et par sa puissance, des substances qui reproduisent à des degrés imparfaits ses perfections infinies. Ces substances sont, relativement à l'Être nécessaire, ce que sont les images par rapport à celui qu'elles représentent, mais sans le modifier d'aucune manière, et l'être nécessaire est à leur égard ce qu'est le soleil, possédant toujours le même éclat, qu'il fasse partager sa lumière à des corps plus ou moins nombreux.

IV. — **L'Univers aurait-il pu exister éternellement par Création ?** — Les philosophes sont divisés dans la solution de cette question. Les uns prétendent qu'une création éternelle répugne à la raison ; les autres, avec saint Thomas et la plupart des Scolastiques, enseignent qu'on *ne peut pas démontrer d'une manière rigoureuse* que l'existence d'une créature *ab æterno* répugne à la raison. D'où il suit qu'au sentiment de ces derniers philosophes, qui nous paraît le mieux fondé, la création d'un être *ab æterno* ne présente point une impossibilité absolue. Est-ce que Dieu, en raison même de la perfection de son être, n'a pas essentiellement le pouvoir de créer, dont il use selon les desseins de sa sagesse ?

V. — **L'Univers n'est pas coéternel à Dieu.** — Quand on dit que l'univers a été créé dans le temps, on veut faire entendre qu'il n'est pas coéternel à l'Être Suprême. Cette non-coéternité de l'univers nous est attestée : 1° Par *le sentiment des auteurs sacrés et des auteurs profanes*, qui assignent à l'univers une origine relativement assez rapprochée de nous. — 2° Par *les caractères que l'univers présente*, et qui, au jugement des plus célèbres naturalistes, démontrent que l'apparition de l'homme et des autres êtres vivants sur la terre est relativement récente. De cette apparition récente de la vie sur notre globe, apparition qu'on ne peut reculer de l'époque actuelle que d'un nombre assez restreint de siècles, ces savants tirent un argument qui n'est pas sans valeur en faveur du sentiment qui assigne à la création de l'univers une date peu ancienne. Et de plus ils soutiennent qu'on ne peut s'appuyer sur aucune des découvertes de la science pour conclure, même d'une manière simplement probable, à l'éternité de la création.

§ IV. — CONSERVATION DES ÊTRES CRÉÉS.

Les êtres créés doivent à Dieu *leur conservation* et Dieu *concourt* à leurs actes.

I. — **Dieu conserve les Êtres créés.** — L'acte créateur fait passer les êtres de la possibilité à l'existence. Mais, comme l'existence ne leur devient pas pour cela essentielle, puisqu'ils n'ont qu'un être d'emprunt, ils ne sont donc pas essentiellement durables, et ils ne peuvent continuer de subsister par eux-mêmes. Si cependant l'existence a pour eux de la continuité, s'ils y persévèrent, cette permanence ne doit pas leur être attribuée, mais à Dieu qui les soutient et les conserve.

1° Définition de l'Action conservatrice. — La conservation des êtres peut se définir: *l'acte par lequel Dieu maintient les êtres créés dans l'existence.*

2° Mode de l'Action conservatrice. — Si tous les philosophes dont l'enseignement s'accorde avec les lumières de la saine raison, reconnaissent la nécessité de l'action divine pour la conservation des créatures, ils expliquent cette action diversement.

1° *Action indirecte et négative.* — Quelques-uns, dont le sentiment paraît moins bien fondé, disent que Dieu maintient les êtres dans l'existence par une *action indirecte* et négative : ce qui revient à dire qu'au premier moment de leur existence, Dieu leur donne la vertu de subsister par eux-mêmes, de sorte qu'ils dépendent de lui et qu'il les conserve en tant qu'il ne les détruit pas. Pour les anéantir, il faudrait de la part de la volonté divine un décret contraire à celui de leur création.

2° *Action directe et positive.* — Les autres enseignent que c'est par un acte conservateur direct et positif que Dieu maintient les êtres créés dans l'existence. D'après eux, si les êtres persévèrent dans l'existence, c'est que Dieu continue de vouloir la conservation de leur existence, les soutenant sans cesse, les empêchant de retomber dans le néant, de sorte que, pour les anéantir, un décret de la part de Dieu n'est pas nécessaire ; il suffit qu'il suspende son action créatrice. La conservation des êtres n'est, suivant ce sentiment, que la continuation de l'acte qui les a fait passer de la possibilité à l'existence.

Peu importe, du reste, la manière d'expliquer la conservation des créatures, dès lors qu'on reconnaît qu'elle est due à Dieu, qu'il garde son domaine souverain sur toutes les existences, et qu'il peut reprendre, quand bon lui semblera, ce qui lui appartient essentiellement.

II. — **Dieu concourt aux Actes des Êtres créés.** — Non-seulement les êtres créés sont conservés dans l'existence, ils produisent encore des actes. Dieu, qui les conserve, concourt-il à leurs actes ?

1° **Deux Sortes de Concours.** — On distingue deux sortes de concours :

1° *Concours médiat.* — Le concours médiat consiste en ce que Dieu conserve aux créatures les facultés dont elles se servent pour agir. Ce concours, personne ne peut en douter. Mais là ne se borne point, d'après l'enseignement de saint Thomas, l'action divine dans les créatures.

2° *Concours immédiat.* — Le concours immédiat consiste en ce que Dieu, comme cause première, opère avec les causes secondes dans chacun de leurs actes et le produit avec elles, sans enlever à la volonté de la créature intelligente sa détermination et sa liberté.

Le concours *immédiat* est expliqué de deux manières. Les uns disent avec saint Thomas que ce concours est *prévenant*, c'est-à-dire que Dieu donne l'impulsion première à la cause seconde et la dispose à agir, mais en lui laissant la liberté de se déterminer pour tel acte ou pour tel autre. — Les autres enseignent, avec Molina, que ce concours est seulement *simultané*, et ils entendent par là une assistance extrinsèque, qui ajoute son action à celle de la cause seconde, mais sans entraver sa liberté. Si cette dernière accepte l'assistance, l'effet est produit et l'effet appartient partiellement aux deux causes qui ont agi.

Peu importe encore ici la manière d'expliquer le concours de la cause première dans les actes des causes secondes, qui évidemment ne subsistent que par elle, dès lors qu'on admet que ce concours, loin d'entraver la liberté des causes secondes, la leur conserve avec toutes leurs facultés, et que ce concours ne fait pas la cause première auteur du mal qui peut se trouver dans les actions des causes secondes.

2º **Dieu n'est pas l'Auteur du Mal.** — Toute action défectueuse, provenant d'une cause libre et imparfaite, renferme évidemment deux choses fort distinctes, un *déploiement d'activité* et une *absence de rectitude* ou un *défaut*. En tant qu'acte, l'effet produit par la cause seconde et défaillante se rapporte à la cause première et parfaite, sans laquelle il ne se concevrait même pas, mais, en tant que défectueux, il ne se rapporte qu'à la cause seconde et imparfaite, sans laquelle le défaut ne pourrait ni exister, ni être conçu.

Lorsque la cause seconde et libre, dit saint Thomas, est dans la disposition voulue pour recevoir l'impulsion de la cause première, l'action produite est parfaite, et cette action se rapporte en même temps tout entière à la cause première, sans laquelle elle n'eût pas été possible, et tout entière aussi à la cause seconde, qui l'a posée. Lorsqu'au contraire la cause seconde n'est pas dans la disposition voulue pour recevoir l'impulsion de la cause première, l'action produite est imparfaite. Ce qu'il y a de positif, d'entité dans cette action, se réfère à Dieu ; ce qu'il y a de négatif, de défectueux, ne vient pas de Dieu, mais du libre arbitre imparfait et sujet à faillir. *Quidquid est entitatis et actionis in effectu malo reducitur in Deum sicut in causam, sed quod ibi est defectûs non causatur à Deo, sed ex causâ secundâ deficiente.* (LIBERATORE.)

§ V. — PROVIDENCE.

I. — Notion de la Providence. — Auteur des substances spirituelles et matérielles qui composent l'ordre créé, Dieu ne se borne pas à les conserver dans l'existence, mais encore il les gouverne et les conduit vers la fin qu'il s'est proposée. Ce gouvernement divin est aussi certain qu'il est admirable. Il a sa constitution arrêtée dans les éternels desseins du Créateur, son but, ses moyens, ses lois universelles et constantes, lois qui nous apparaissent avec le double caractère de nécessité ou d'obligation, selon qu'elles agissent sur les natures matérielles et inintelligentes, ou qu'elles dirigent les êtres intelligents et libres. C'est ce gouvernement, auquel ne peut se soustraire aucune créature, qui ne laisse rien au hasard, qui marche à son but avec une force invincible, qu'on appelle la Providence.

Souvent, il est vrai, on entend par Providence tout à la fois la conservation et le gouvernement de l'ordre créé, mais, dans un sens plus restreint et mieux en rapport avec l'étymologie même du mot, on exprime plus spécialement par là le gouvernement divin du monde. Ainsi entendue, la Providence se définit : *l'action constante de Dieu dirigeant, tant dans l'ordre physique que dans l'ordre moral, chaque être vers la fin qu'il lui a marquée et vers la fin commune à tous les êtres, la gloire du Créateur.*

II. — Existence de la Providence. — L'existence de la Providence peut s'établir par trois sortes de preuves tirées de l'expérience, des attributs de Dieu et de l'autorité.

1° **Preuves expérimentales.** — Les preuves expérimentales sont prises de l'ordre *physique* et de l'ordre *psychologique*.

1° **Preuve physique.** — La preuve physique, autrement appelée *argument des causes finales*, est tirée du spectacle de l'univers et revient à établir ces deux vérités, à savoir, que *l'harmonie de l'univers est permanente* et que *la permanence de cette harmonie ne peut être attribuée qu'à Dieu*.

1° *L'Harmonie de l'univers est permanente.* — S'il y a dans l'univers une harmonie évidente, ce qui n'est pas moins évident, c'est que cette harmonie se maintient depuis l'origine avec une constance qui ne s'est jamais démentie. Quelque compliqués que soient les rapports qui existent entre les êtres, quelque nombreux que soient les rouages de cette vaste machine, on n'y découvre aucune confusion, on n'y voit ni choc, ni dérangement. Chaque être, chaque élément continue, dans une régularité parfaite, de remplir son rôle primitif et de contribuer au bien-être et à la beauté de l'ensemble. Tout, en un mot, accuse une action prévoyante et sage, qui s'exerce au sein de la création.

2° *La Permanence de cette harmonie ne peut être attribuée qu'à Dieu.* — Cette action prévoyante et sage, qui conserve et dirige tout dans l'univers, à qui peut-elle être attribuée ? La raison interrogée répond qu'elle ne peut être attribuée qu'à l'Auteur même de l'univers, à Dieu, qui maintient son œuvre dans l'ordre et la fait servir à l'exécution de ses desseins. Le Créateur a donc souci du monde, et ainsi il y a une Providence divine.

Cette preuve démontre *directement* la Providence, pour l'ordre matériel. Elle la démontre *indirectement*, pour l'ordre moral. Si Dieu s'occupe des êtres matériels et inintelligents, il ne peut négliger ce qui est plus parfait dans ses œuvres.

2° **Preuve psychologique.** — Si, de la contemplation du spectacle de l'univers, nous pénétrons dans le sanctuaire de notre conscience, nous sommes en présence de faits nombreux, absolument inexplicables, si Dieu ne s'occupe pas de nous. Nous avons tous une foi instinctive et irrésistible à une Providence, qui a les yeux ouverts sur nous. N'est-ce pas là la raison première du remords et de la crainte que nous éprouvons après une faute qui n'a eu pour témoin aucun de nos semblables, et pour laquelle nous n'avons même pas à redouter la sanction de l'opinion ? Dans nos tristesses et nos dangers, notre esprit ne se porte-t-il pas de lui-même vers Dieu ? La prière se forme instinctivement sur nos lèvres. Nous cherchons en Dieu la consolation et l'appui.

Ces faits, et mille autres qu'on pourrait signaler, ont nécessairement une cause, qui en rend raison et les explique. Or, quelles que soient les hypothèses que l'on formule, il est impossible de trouver à ces faits une cause en dehors de Dieu, considéré non-seulement comme auteur de la loi naturelle, mais comme Providence veillant sur les actes de l'homme, entendant ses supplications, pouvant lui venir en aide et devant lui demander compte de ses œuvres.

2° **Preuve tirée des Attributs de Dieu.** — La raison nous dit que Dieu est l'Être infiniment *sage* et *bon*.

Infiniment *sage*, Dieu s'est nécessairement proposé un but dans la production des créatures. C'est à ce but qu'il les a ordonnées, et ce n'est qu'en atteignant ce but qu'elles peuvent avoir la perfection et le bonheur. Voulant le but, il ne peut manquer de vouloir les moyens de l'obtenir, et la sagesse exige qu'il veille à ce que ses créatures y soient dirigées.

Infiniment *bon*, Dieu ne peut abandonner à elles-mêmes ses créatures, puisqu'il a tant fait que de leur donner l'existence. Il ne peut surtout abandonner ses créatures intelligentes et libres, dont la vie terrestre doit avoir la redoutable sanction de l'éternité. Un père serait-il bon, si, sous prétexte que ses enfants sont des êtres doués de liberté, il n'avait aucun souci de leur avenir et ne s'inquiétait nullement de leurs besoins ?

Et puis, *pourquoi* Dieu laisserait-il les êtres qu'il a tirés du néant sans direction, sans secours, sans gouvernement? Ce ne pourrait être, si un tel abandon était possible, que par défaut de puissance, ou par défaut de volonté. Si c'était par défaut de puissance, il ne serait donc plus l'Être tout-puissant et parfait. Si c'était par défaut de volonté, il ne serait plus l'Être infiniment sage, juste et bon, c'est-à-dire, il ne serait pas Dieu. La négation de la Providence implique la négation de Dieu lui-même, et puisque nous admettons l'existence de Dieu créateur de tout ce qui existe en dehors de lui, nous devons, sous peine de tomber dans une inconséquence, et même dans l'absurde, admettre la Providence.

3° **Preuve d'Autorité.** — Tous les peuples ont affirmé l'existence de la Providence, c'est-à-dire, ont cru et professé que Dieu n'est pas, comme l'ont prétendu les Épicuriens de l'antiquité, et comme le disent les Déistes de nos jours, relégué au ciel dans l'oisiveté, sans souci du monde et des actions humaines.

Le Paganisme a même exagéré le dogme de la Providence, en multipliant la divinité au sein de la création, et le Polythéisme, à le bien prendre, n'est qu'une altération de l'unité de Dieu à l'avantage de sa Providence.

Chez tous les peuples nous trouvons des temples, des sacrifices, la prière. Ils invoquent la Divinité dans toutes leurs entreprises, dans leurs guerres, en présence d'un malheur qui les menace, d'un fléau qu'ils redoutent. Ont-ils obtenu le succès désiré ? remporté une victoire ? on les voit se rendre aux temples pour remercier la Divinité. Ce sont là des faits consignés dans les annales religieuses de toutes les générations humaines.

Tous les peuples ont donc été persuadés de l'existence de la Providence, ont cru que Dieu s'occupe du monde, et cette persuasion, qui a pour elle la double universalité des lieux et des temps, qui a été la base de tout culte religieux rendu à la Divinité par la race humaine, est une démonstration sans réplique. Ou il faut faire du genre humain un insensé, qui s'est mépris sur le point le plus capital, ou il faut admettre que la Providence existe.

III. — **Etendue de l'Action providentielle.** — L'action de la Providence s'étend à l'ordre *physique* et à l'ordre *moral*.

1° **Action providentielle dans l'ordre physique.** — L'action de la Providence, dans l'ordre physique, est tout à la fois *générale* et *particulière*, embrassant l'ensemble des êtres et des choses, et s'occupant des créatures les plus petites dans le plus minutieux détail.

1° L'étendue de l'action providentielle, dans l'ordre physique, *ne peut être sérieusement contestée*. L'idée que la raison nous donne de la sagesse de Dieu nous dit qu'il n'a rien fait d'inutile, et que chaque être a sa destination dans l'harmonie générale de l'univers. Si chaque être a un but à atteindre, Dieu doit s'occuper de l'y diriger.

Les progrès de la science ne constatent-ils pas de plus en plus clairement, chaque jour, que tout dans la création a son utilité, et les merveilles qu'elle découvre ne sont-elles pas un hommage rendu au dogme de la Providence ?

2° L'universalité de l'action providentielle *n'est point inconciliable avec la félicité de l'Être parfait*. Son intelligence infinie voit par intuition, et sans nul effort, tout ce qui existe, et sa puissance, également infinie, pourvoit, sans préoccupation ni fatigue, aux besoins de chaque être.

3° L'action providentielle *n'est point indigne de la majesté de Dieu.* Dieu ne s'abaisse point en prodiguant ses soins à tout ce qu'il a tiré du néant. Si l'acte créateur fait reluire extérieurement les invisibles attributs de Dieu, est-ce qu'il n'en est pas ainsi de l'acte par lequel il conserve et gouverne ce qu'il a créé ? Dans les êtres les plus infimes en apparence, la puissance divine brille avec autant d'éclat que dans ce qui nous frappe davantage. *Maximus in minimis eminet ipse Deus.* (LIBERATORE.)

2° Action providentielle dans l'ordre moral. — L'action de la Providence s'étend à l'ordre moral, non moins qu'à l'ordre physique. L'être intelligent, qui relie la création matérielle à l'Auteur commun, doit être l'objet spécial de ses soins. Si tout est fait pour lui, il est lui-même fait pour Dieu. La possession de Dieu est sa fin sublime : c'est donc sur lui tout particulièrement que se concentre l'action naturelle et surnaturelle de la Providence.

Pour se convaincre de cette vérité, que la Révélation et la raison affirment de concert, l'homme n'a besoin que d'étudier sa propre histoire et l'histoire universelle du genre humain. Il reconnaîtra sans peine qu'en s'occupant de la marche générale des événements qui intéressent les peuples, Dieu n'oublie pas l'homme, et qu'en respectant la liberté qu'il lui a donnée, il le dirige, aussi bien que les sociétés humaines, vers les fins de son éternelle sagesse.

§ VI. — RÉFUTATION DES AGRESSEURS DE LA PROVIDENCE.

I. — Adversaires du Dogme de la Providence. — Les adversaires du dogme de la Providence peuvent être rangés, nous semble-t-il, en deux classes. Les uns nient la Providence directement et absolument ; les autres la nient d'une manière indirecte, en dénaturant l'action qu'elle exerce sur l'ordre créé.

1° *Agresseurs directs de la Providence.* — Les agresseurs directs de la Providence sont : 1° *Les Athées.* — 2° *Les Fatalistes*, qui enseignent que tout dans l'univers est soumis au destin et à la nécessité. — 3° *Les Déistes*, dont plusieurs font de l'Être Suprême un Être qui, satisfait de sa félicité, ne s'occupe nullement du monde. — 4° *Les Panthéistes*, qui nient toute substance contingente. — Ces divers agresseurs ont été précédemment réfutés.

2° *Agresseurs indirects de la Providence*. — Les agresseurs indirects de la Providence sont ceux qui, par *excès* ou par *défaut*, ont dénaturé la vraie notion de l'action providentielle. Tels sont : 1° Les défenseurs de *l'Optimisme*, qui soutiennent que l'univers est le meilleur et le plus parfait que Dieu pût produire. Nous les réfuterons dans *l'histoire de la Philosophie*. — 2° Ceux qui reconnaissent l'action générale et *nient l'action particulière de la Providence*, ou qui, admettant la Providence dans l'ordre physique, *la rejettent dans l'ordre des êtres intelligents et libres*. La thèse qui établit l'existence de la Providence réfute leur doctrine. — 3° Ceux qui *attaquent par leurs sophismes la perfection du gouvernement providentiel* et essaient de faire naître des doutes sur l'existence même de la Providence. — Ce sont ces derniers principalement que nous nous proposons de combattre, en répondant aux objections qu'on fait le plus ordinairement contre la Providence.

II. — Objection contre la Providence, tirée du Mal métaphysique ou de nature. — Le mal métaphysique, ou de nature, consiste dans les imperfections inhérentes à la condition des êtres créés. Ce mal atteint tout l'ordre créé et l'atteint à des degrés différents, tous les êtres n'ayant pas les mêmes qualités et n'exprimant pas de la même manière les perfections du Créateur. Mais conclure de là ou qu'il n'y a pas de Providence ou que l'action providentielle est défectueuse, *c'est soutenir le faux et l'absurde*, comme nous allons le démontrer.

1° *L'ordre créé ne peut avoir la perfection absolue*. — La raison dit clairement que la créature est nécessairement imparfaite par rapport à Dieu, et même qu'il est impossible au Créateur de communiquer à l'être qu'il tire du néant sa perfection infinie. C'est donc tomber dans l'absurde que de s'autoriser des imperfections de l'univers pour attaquer, soit l'action créatrice qui produit, soit l'action providentielle qui conserve des êtres imparfaits.

2° *L'inégalité entre les êtres créés n'attaque aucun attribut de Dieu*. — En manifestant sa fécondité par la création, Dieu ne cesse pas d'être souverainement indépendant et libre. Propriétaire absolu de l'être, il communique l'existence selon qu'il le juge bon dans sa sagesse. — Mais la sagesse demande qu'en créant chaque être, il s'occupe de l'harmonie universelle de son œuvre; pour en faire une œuvre aussi belle par la variété des parties que par l'unité de l'ensemble. — Dieu ne doit l'existence à personne, et, s'il l'accorde, il ne doit à l'être créé qu'une chose, *les moyens d'arriver à sa fin.* Quel est l'homme qui ne puisse réaliser ses destinées ? — La vie présente n'est pour l'homme que la préparation de ses destinées immortelles, qui sont la fin même de sa création. D'où il suit que, pour apprécier sainement l'état actuel, il ne faut pas perdre de vue cet état définitif, où tout sera réglé uniquement sur la fidélité au devoir.

3° *L'inégalité entre les êtres créés est une harmonie et un avantage.* — Que toute variété disparaisse, on n'a plus, à la place des ravissantes beautés de la création, que l'uniformité et la monotonie. — La variété et l'unité, ces deux caractères des œuvres divines, ne pouvaient être exclues de la société humaine. En destinant les hommes à la vie sociale, Dieu a diversifié leurs goûts, leurs aptitudes physiques et intellectuelles, et il a ainsi établi entre eux des inégalités natives. Qui pourrait en cela accuser sa bonté et sa justice ? Ces inégalités forment entre les hommes des liens plus étroits, en les contraignant à se rapprocher les uns des autres, par le sentiment même de leurs propres intérêts. — La vie morale puise dans ces inégalités un de ses éléments les plus féconds. Si ces inégalités donnent naissance à des droits, elles enfantent des devoirs et sont l'occasion des plus sublimes vertus.

Il faut donc le reconnaître, cette première objection, loin d'attaquer en réalité la Providence, la prouve, au contraire, et la justifie. (Bouedron).

III. — *Objection contre la Providence, tirée du Mal physique.* — Si le mal métaphysique est la limite même de l'être créé, le mal physique est *ce qui manque à une chose, pour qu'elle ait le degré de perfection qui convient à sa nature*, comme serait dans l'homme le manque d'un œil, la maladie, etc. L'existence du mal physique, qui est incontestable, ne peut donner matière à une objection fondée soit contre l'existence de la Providence, soit contre sa bonté, sa justice et sa sagesse.

1° S'il y a des Maux, il y a aussi des Biens physiques. — Si l'existence des maux physiques pouvait de quelque manière fournir un argument sérieux contre la Providence, l'existence des biens, tout aussi incontestable que celle des maux, dont la somme n'égale même jamais la somme des biens, détruirait cet argument et déposerait en faveur de la Providence.

2° Difficulté de bien apprécier les Maux physiques. — Pour bien apprécier les maux physiques, qui ne sont que des détails dans l'œuvre divine, il faudrait être à même de se rendre compte de l'ensemble. Qui pourrait saisir le plan général du monde et lire en entier le discours de Dieu dont chaque être est un mot, reconnaîtrait, selon la pensée de Fénelon, que ce qu'il avait réputé d'abord une imperfection et un désordre, est une beauté et une harmonie de plus.

L'expérience constate que plus un homme se livre aux études sérieuses, avec le désir sincère de la vérité et pénètre le secret des choses, plus il sent croître en lui l'admiration pour la sagesse du Créateur et la justice de la Providence. C'est ce que reconnaissait Bacon, quand il a dit qu'une science superficielle peut mener à l'athéisme, mais que des études plus complètes ramènent à la religion et à Dieu : *Leves gustus in Philosophiâ movere fortasse possunt ad atheismum, sed pleniores haustus ad religionem reducunt.*

3° Expiation et Épreuve, double caractère des Maux physiques. — L'homme est déchu de son état primitif, et la vie présente n'est que le prélude d'une vie sans fin. A la lumière de ces deux vérités, consignées dans les annales de tous les peuples et affirmées à l'homme par le témoignage de sa conscience, comme au chrétien par celui de sa foi, les maux physiques s'expliquent sans peine et deviennent, aux yeux de tout esprit droit, une preuve en faveur de l'existence et de la justice de la Providence divine. Ces maux sont une *expiation* et une *épreuve*.

1° *Les Maux physiques sont une Expiation.* — Les maux physiques ont le double caractère d'une *expiation publique*, subie par l'humanité déchue à son origine, et d'une *expiation personnelle*, infligée à chaque homme, aucun, dit Sénèque lui-même, ne pouvant se flatter d'être exempt de faute. *Nobis suadeamus neminem* *nostrûm esse sine culpâ.* Cette expiation est *juste* et montre que Dieu n'oublie pas l'être qui abuse de sa liberté. Elle fait voir, en même temps, *la bonté* de Dieu, qui se sert des maux physiques, comme de remèdes efficaces, pour guérir le mal moral dont ils sont le résultat, pour ramener l'homme aux pensées sérieuses et le faire rentrer dans le sentier du devoir.

2° *Les Maux physiques sont une Épreuve.* — Les maux physiques sont une épreuve, alors même qu'ils sont une expiation, et si l'homme qui les subit n'avait plus de faute à expier, il serait encore avantageux pour lui d'être visité par la souffrance. C'est au sein de l'adversité que se développent les plus sublimes vertus et que le mérite le plus pur s'acquiert. Si les jouissances laissées au coupable, qui continue d'en abuser, ne doivent contribuer qu'à aggraver pour lui les châtiments de la vie future, les souffrances du juste, qui les supporte avec courage, lui donnent un droit rigoureux à une meilleure récompense.

Ainsi tombe l'objection tirée du *mal physique*, qui, d'ailleurs, ne doit pas être considéré indépendamment du *mal moral*, sans lequel il n'existerait pas. (BÉNARD.)

IV. — Objection contre la Providence, tirée du Mal moral. — Le mal moral *consiste dans l'abus de la liberté*, dont la créature intelligente se sert trop souvent, pour violer la loi divine et s'écarter de sa fin. Comment concilier le mal moral, qui, à proprement parler, est le mal unique, avec la Providence d'un Dieu bon, saint et juste ?

1° *Réponse générale à l'Objection.* — Dieu est l'Être parfait et le mal moral existe dans la création. Ce sont là deux vérités indubitables, et comme les vérités ne peuvent se contredire, la conclusion à tirer *à priori* des deux vérités en question, c'est que le mal moral de la créature n'altère aucun des attributs de Dieu.

2° *Réponse plus précise à l'Objection.* — Il s'agit, dans cette réponse, de montrer comment la création et la conservation d'êtres capables d'abuser de la liberté, qui leur a été donnée uniquement pour le bien, ne blessent ni la bonté, ni la sainteté, ni la justice de Dieu.

1° *Le Mal moral et la Bonté de Dieu.* — La création et la conservation d'êtres libres ne blessent point la bonté de Dieu. Il a donné, il est vrai, à ces êtres une liberté susceptible de défaillir, c'est-à-dire, imparfaite, comme sont d'ailleurs toutes les facultés dont il les a doués. La possibilité de mal faire, mais non le mal lui-même, est impliquée dans cette liberté, dont l'imperfection tient à la condition même de la nature créée. Pour obvier à la possibilité du mal, Dieu aurait-il dû s'interdire le droit de créer des êtres libres ? « Quoi ! dit Rousseau, pour empêcher l'homme d'être méchant, fallait-il le borner à l'instinct et le faire bête ? »

En gratifiant l'homme de la liberté, Dieu ne veut ni l'abus de la liberté, ni le mal moral, ni le malheur de l'homme. Ce qu'il veut pour lui, c'est le bonheur mérité, et si ce bonheur ne peut être qu'à la condition de la possibilité de mal faire, en voulant le bonheur de sa créature il ne veut pas le mal, qu'il permet seulement comme condition d'un bien. — Et dans le but d'éloigner de l'homme cette possibilité de mal faire, qui devait donner à sa fidélité un si haut prix, Dieu n'a rien négligé pour prévenir chez lui l'abus de la liberté et lui en faciliter le bon usage. Il a limité le temps de son épreuve à quelques jours, lui montrant la félicité parfaite comme récompense assurée du devoir accompli.

La création et la conservation d'êtres capables d'acquérir le bonheur, bien qu'ils puissent commettre le mal, ne blessent donc pas la bonté de Dieu.

2° *Le Mal moral et la Sainteté de Dieu.* — Si le mal sort de l'abus de la liberté, du bon usage de cette prérogative sortent les vertus, les mérites, tout ce qui peut le plus efficacement rapprocher l'homme de la perfection de son Auteur. La sainteté de Dieu n'est donc pas blessée par le don de la liberté fait à l'homme. — Ce qui serait opposé à la sainteté de Dieu, ce serait de vouloir ou d'approuver le mal. Mais Dieu ne veut ni n'approuve le mal ; il le défend, au contraire, le châtie dès la vie présente et lui réserve des peines sans fin dans l'autre vie. — Dieu ne concourt ainsi aux défaillances des êtres intelligents ni *moralement*, ni *physiquement*. Le mal moral laisse intacte sa sainteté parfaite.

3° *Le Mal moral et la Justice de Dieu.* — La création des êtres libres et leur conservation, malgré l'abus qu'ils font de leur liberté, ne blessent pas la justice divine. Si la justice exige que Dieu punisse en proportion des démérites, sa bonté demande qu'à l'égard des êtres qui ont abusé, il est vrai, de leur liberté, mais qui conservent toujours la liberté de revenir au bien, le châtiment définitif soit différé. La justice devant avoir pleine satisfaction dans l'autre vie, la conservation du coupable n'est point contraire à cet attribut divin. (BÉNARD.)

V. — **Objection contre la Providence, tirée du Triomphe du Vice et du Malheur de la Vertu.** — Le bonheur du méchant et le malheur du juste, c'est là, dit-on, une énigme inexplicable, s'il y a une Providence.

1° *Exagération de l'Objection.* — Il est faux de dire, d'une manière générale, que les méchants sont heureux et les justes malheureux. — Les biens et les maux, à prendre ces choses dans le sens que les hommes grossiers leur donnent, sont indistinctement distribués entre les méchants et les bons, et d'ordinaire même la prospérité des méchants est de courte durée. — Mais les véritables biens, ceux qui procurent la félicité possible sur la terre dans le calme et la tranquillité de l'âme, ne sont point et ne seront jamais la propriété du méchant, mais de l'homme vertueux. Tandis que la prospérité du méchant, si grande qu'on la suppose, est empoisonnée par les remords de sa conscience, avec lesquels la paix est incompatible, l'homme vertueux, si malheureux qu'on le suppose, a toujours pour lui le sentiment si doux du devoir accompli, qui le console de toutes ses douleurs.

2° *Réponse à l'Objection.* — Il faut bien le reconnaître, le bonheur n'est pas le partage exclusif du juste dans cette vie, pas plus que le malheur n'est le partage exclusif de l'impie. Il y a là un désordre apparent, qui ne peut d'aucune manière être retourné contre la Providence.

Tout d'abord, pour qu'on puisse avec quelque fondement arguer de ce désordre contre la justice de la Providence, la saine logique demanderait qu'il fût établi que le juste est malheureux, *parce qu'il est juste*, et que l'impie est favorisé, *parce qu'il est impie*. Sans cela, l'argumentation contre la justice providentielle étant appuyée sur un faux supposé, ne sera jamais qu'un sophisme. Or, c'est ce qu'on ne démontrera jamais. Le juste, quoique juste, est quelquefois dans l'épreuve, et l'impie, quoique impie, est quelquefois dans la prospérité.

Et puis, ce désordre apparent, si l'on veut y prendre garde, ne *témoigne-t-il pas plutôt de la sagesse de la Providence ?* — Supposons que l'on soit toujours dans la prospérité, par cela seul qu'on est vertueux, et toujours dans le malheur, par cela seul qu'on est vicieux. N'est-il pas évident qu'on fuira le mal par calcul et qu'on se portera au bien par intérêt ? Toute la morale serait dès lors réduite à l'égoïsme et il n'y aurait plus de vertu, puisque la vertu consiste précisément à accomplir le devoir, et non pas à rechercher le plaisir et les avantages de la vie présente.

La seule conclusion logique à tirer de ce désordre, c'est *la nécessité d'une autre vie,* où soit réuni, d'une manière parfaite, ce qui est aujourd'hui séparé dans une certaine mesure : la vertu et la félicité, le vice et le malheur. Or, cette autre vie existe, et pour qui l'admet avec ses récompenses et avec ses châtiments, le triomphe momentané du vice et les adversités de la vertu n'ont rien d'opposé à la justice de Dieu, qui aura l'éternité pour récompenser et pour punir.

MORALE.

VINGT-QUATRIÈME LEÇON.

Sommaire : 1° Aperçu général sur la Morale. — 2° Fin de l'Homme. — 3° Moralité des Actes humains. — 4° Principes et Conditions de l'Acte moral.

§ Ier. — APERÇU GÉNÉRAL SUR LA MORALE.

I. — **Notion de la Morale.** — La morale (*mores*), appelée aussi *Éthique*, du mot grec qui signifie mœurs, est pour la volonté ce que la logique est pour l'intelligence. La logique apprend à l'homme à diriger son intelligence vers le vrai ; la morale lui apprend de la même manière à diriger ses actes libres vers sa fin. Après lui avoir fait connaître la nature de la vérité, la Logique lui révèle les diverses voies par lesquelles il peut y parvenir; de même, après lui avoir montré sa fin, la morale lui enseigne par quels moyens il peut l'atteindre.

II. — **Définition de la Morale.** — La morale a pour objet propre l'homme considéré comme agent libre au regard de sa fin. On peut donc la définir : *la science qui apprend à l'homme à diriger ses actes libres vers sa fin dernière.* (SIGNORIELLO.)

III. — **Caractères de la Science morale.** — La morale n'est pas un *art*, parce que son action, dit Bossuet, est purement intellectuelle.

« Il est pourtant vrai, ajoute-t-il, qu'à prendre le mot *art* pour industrie et pour méthode, on peut dire qu'il y a beaucoup d'art dans les moyens qu'emploie la morale à nous faire bien vivre. »

La morale est une science *déductive* et *pratique*. Elle est une science *déductive*, car, après avoir fait connaître et établi certains principes généraux, elle en déduit les obligations de l'homme. Toutefois, l'expérience ne peut lui être étrangère, car elle a besoin des données expérimentales, pour bien apprécier le devoir de chacun et faire l'application des principes. — Elle est une science pratique, puisqu'elle tend à l'accomplissement du devoir. Cela signifie non pas que celui qui la possède accomplit toujours fidèlement le devoir, mais qu'il est éclairé sur ses obligations, et que, sous le rapport de l'intelligence, il a ce qu'il faut pour donner la rectitude voulue à ses actes libres. (FARGES.)

IV. — **Utilité de la Science morale.** — La connaissance approfondie des principes de la morale et de leur application, offre d'incontestables avantages. 1° Elle *éclaire* sur des devoirs, que le bon sens même très développé ne suffirait pas toujours pour faire connaître, en même temps qu'elle facilite l'application des principes aux cas qui se présentent. — 2° Elle *corrobore* la conscience, en donnant plus de poids aux commandements qu'elle intime. En face du sacrifice, le doute naît aisément sur la rigueur, et même sur l'existence du devoir. La science le dissipe et conserve à la voix de la conscience toute son autorité. — 3° Elle *sert* à *venger* les vérités morales des injustes attaques et à réfuter les sophismes contre les injonctions de la conscience.

V. — **Division de la Morale.** — La morale est assez ordinairement divisée en *générale* et en *spéciale*. La morale *générale* étudie les obligations de l'être libre, au point de vue de leurs principes les plus fondamentaux et les plus universels. La morale *spéciale* les étudie dans leur application, eu égard à la diversité des conditions. Ces deux parties sont inséparables et elles se complètent l'une l'autre.

§ II. — FIN DE L'HOMME.

I. — Première Question à traiter dans la Morale. — La première question dont la morale doit s'occuper, c'est évidemment celle *de la fin de l'homme*. La fin, dit saint Thomas, renferme et explique la raison de tout ce qui y est ordonné. Elle est par rapport aux actes ce qu'est le principe par rapport aux connaissances spéculatives. Vouloir traiter des actes humains, sans savoir vers quel but l'homme doit diriger son activité libre, c'est se mettre dans l'impossibilité d'en établir la moralité et de donner la vraie notion du devoir.

II. — Dans ses Actes libres, l'Homme agit toujours pour une Fin dernière. — On entend par fin dernière *ce que l'homme désire et appelle comme le complément de sa perfection et la satisfaction de tous ses besoins*. Tout le reste est voulu en vue de cette fin et cette fin n'est voulue que pour elle-même, comme rassasiant toutes les aspirations de l'être intelligent et libre.

Puisque l'homme agit toujours pour une fin, ainsi qu'on l'a vu, dans ses actes délibérés, il est évident qu'il agit par là même pour quelque fin dernière. Car, ou la fin qu'il se propose répond à toutes ses aspirations, et alors c'est sa fin dernière, ou elle ne répond pas à toutes ses aspirations, et alors il la recherche en vue d'une fin supérieure et il ne s'arrête point avant d'avoir rencontré l'objet capable d'apaiser en lui tout désir. Il est donc vrai de dire que, dans ses actes libres, l'homme agit toujours pour quelque fin dernière.

La fin dernière qui met en mouvement la volonté humaine, est *la même pour tous les hommes*, si on la considère dans son objet. Tous, en effet, ont la même nature raisonnable, qui appelle ainsi le même complément. Quelque divers que soient leurs sentiments sur la nature de la fin dernière, ils aspirent tous à la plénitude de perfection que la possession de la fin dernière peut seule procurer.

III. — Nature de la Fin dernière de l'Homme. — Il résulte de ce qui vient d'être dit, que la fin dernière de l'homme, c'est *le bonheur*, que saint Augustin définit : *Plenitudo omnium rerum optanda-*

rum. Mais en quoi consiste le bonheur ? Quel est l'objet capable de satisfaire pleinement tous les désirs de l'homme ? La solution de cette question est d'une importance absolue, puisque c'est vers cet objet que l'homme doit diriger son activité libre, sous peine de manquer sa fin et de ne pas obtenir la félicité à laquelle il aspire. Pour la bien résoudre, il est nécessaire tout d'abord de connaître quelles sont les conditions requises dans l'objet désiré, pour que sa possession donne à l'homme la béatitude.

1° **Conditions requises dans l'Objet du Bonheur.** — La raison dit clairement que quatre conditions sont requises dans l'objet du bonheur. Il faut que ce soit : 1° *un bien qui ne se rapporte à aucun bien supérieur;* autrement il ne serait ni bien souverain ni fin dernière par rapport à la volonté humaine ; — 2° *un bien qui, par sa nature, exclut un mal quelconque ;* il est impossible que l'homme soit en même temps heureux et affecté de quelque mal ; — 3° *un bien qui suffise par lui-même à éteindre tout désir dans l'homme ;* sans cela il ne serait pas sa fin dernière, c'est-à-dire, le terme des aspirations de sa volonté ; — 4° *un bien dont la possession ne soit pas exposée au changement ;* autrement le bonheur ne serait pas parfait et ce bien n'exclurait pas tout mal. (ZIGLIARA.)

Ces conditions connues, il s'agit maintenant de savoir, parmi les biens qui font appel aux désirs de l'âme humaine, quel est celui qui les réalise. Ce bien sera évidemment la fin de l'homme.

2° **Le Bonheur de l'Homme ne peut consister dans aucun Bien créé.** — Les biens créés comprennent les biens du corps, les biens de l'âme et les biens extérieurs. Aucun de ces biens ne peut donner le bonheur parfait à l'homme et être sa fin dernière.

1° *Le Bonheur de l'Homme ne consiste point dans les Biens du Corps.* — Les biens du corps, comme la santé, la force, la beauté, les plaisirs sensuels, ne constituent point la souveraine félicité de l'homme. Ces biens, en effet, sont fragiles et indépendants de la volonté ; ils n'excluent ni la souffrance ni la tristesse ; ils nous sont communs avec la brute. — Le corps n'a tous ces biens que par l'âme et pour l'âme, à laquelle ces biens se rapportent, qui possède elle-même des biens supérieurs et est douée d'immortalité. Il est donc impossible que le bonheur souverain de l'homme, composé d'un corps et d'une âme, soit dans les biens du corps.

2° *Le Bonheur de l'Homme ne consiste pas dans les Biens extérieurs.* — Les biens extérieurs, comme les honneurs, les richesses, la gloire, la puissance, ne constituent pas la souveraine félicité de l'homme. La félicité souveraine exclut l'inquiétude et la souffrance, éteint tout désir, est à l'abri de tout changement. Elle ne réaliserait aucune des conditions qui lui sont essentielles, si elle avait pour objet les biens extérieurs.

3° *Le Bonheur de l'Homme ne consiste pas dans les Biens de l'Ame.* — Les biens de l'âme, comme la science, les vertus, ne peuvent être l'objet de la parfaite félicité pour l'homme. La science ne contribue qu'à accroître le désir de connaître et elle est le privilége d'un petit nombre. Les vertus morales, loin de pouvoir donner le repos complet à l'âme humaine, se rapportent par leur nature même à autre chose. Si elles apprennent à rectifier les aspirations de l'âme, elles ne les rassasient pas.

3° Le Bonheur de l'Homme a pour objet le Bien infini, Dieu lui-même. — C'est là une conséquence de la doctrine qui précède. Si l'ordre créé ne peut donner à l'homme la béatitude parfaite, il faut donc que le bien infini soit l'objet même dont la possession lui procure le bonheur. — Il est facile de voir, du reste, que le bien infini, c'est-à-dire, Dieu, satisfait seul d'une manière parfaite aux conditions requises pour la souveraine félicité de l'homme.

La possession de Dieu qui établit l'homme dans le bonheur, en l'unissant à sa fin dernière, n'est pas de la vie présente, où la béatitude parfaite n'existe pas, mais de la vie future. Cette possession consistera-t-elle dans la connaissance *abstraite* ou dans la connaissance *intuitive* de Dieu. La connaissance *abstraite* répond aux exigences naturelles de la nature humaine. Mais la foi catholique, venant ici ajouter ses lumières à celles de la raison, nous apprend que l'homme, créé pour une fin qui est supérieure à toutes les exigences et à toutes les forces de sa nature, et qu'il ne peut atteindre que par la grâce, est destiné à voir *intuitivement* l'essence divine. Cette vue immédiate de Dieu, en contentant pleinement son désir de connaître, établira sa volonté et tout son être dans la parfaite béatitude.

§ III. — MORALITÉ DES ACTES HUMAINS.

I. — Des Actes humains par rapport à la Fin de l'Homme. — Le bien souverain et absolu, qui n'est autre que Dieu, telle est la fin dernière de l'homme. Or, l'homme, possédant la liberté, peut se porter dans ses actes vers cette fin dernière, comme il peut s'en écarter. Sa volonté est ainsi capable de deux sortes d'actes qui ne sont pas à confondre. Les actes qui le dirigent vers le bien absolu, sont appelés *bons*, de l'objet même vers lequel ils tendent ; ceux qui leur sont contradictoires et qui l'éloignent du bien absolu, sont appelés *mauvais*. C'est à cet accord ou à ce désaccord avec la fin dernière que les actes humains empruntent *la moralité*, c'est-à-dire, leur caractère de bonté ou de malice. *Actus humani honestatis vel turpitudinis rationem habent, prout ipsi ordinantur ad ultimum finem.* (Signoriello.)

Ce simple aperçu indique à l'avance la solution de la question importante que nous avons à traiter ici, à savoir quel est *le premier fondement sur lequel repose la distinction du bien et du mal*. Cette distinction est évidemment la base de tout l'ordre moral, qui ne se conçoit pas sans elle. Quelle en est donc la première raison ? D'où vient que certaines actions sont bonnes et certaines autres mauvaises ? Avant de donner la réponse seule rationnelle et vraie, nous devons faire justice des principales erreurs qui ont été émises sur ce point capital.

II. — La Moralité, c'est-à-dire, la Bonté ou la Malice des Actes humains ne dépend point d'une Convention entre les Hommes. — Hobbes fonde la distinction du bien et du mal sur une convention entre les premiers hommes se réunissant en société. — Outre que l'histoire garde le silence le plus complet sur une telle convention, qui, pourtant, aurait produit une révolution totale dans les idées et dans les mœurs, est-ce qu'une telle convention n'implique pas une évidente absurdité ? Les auteurs auraient donc créé les idées de bien et de mal, et en les appliquant à des actions déterminées, ils les auraient rendues essentiellement bonnes ou mauvaises. Mais, est-ce que l'opinion des hommes, venant ainsi après coup, peut modifier la nature intrinsèque des choses ?

Aux défenseurs de ce pacte imaginaire, on pourrait opposer le dilemme suivant : ou c'est chose bonne de l'observer, ou c'est chose indifférente. Dans le premier cas, il y a donc un bien supérieur qui ne vient pas du pacte lui-même ; dans le second, il est impuissant à à fonder la distinction du bien et du mal.

III. — **La Moralité des Actes humains ne dépend pas des Lois humaines.** — C'est une conséquence de la thèse qui précède. — Les lois humaines ne peuvent être la raison première de la différence entre le bien et le mal. Nous en apprécions la bonté à la moralité présupposée des actions qu'elles prescrivent ou défendent, c'est-à-dire, à une lumière qui est au-dessus d'elles. — Les lois humaines ne sont pas justes par cela seulement qu'elles sont des lois, car elles peuvent être injustes, et ainsi, loin d'être la règle suprême de la moralité de nos actes, elles ont elles-mêmes leur moralité. (LIBERATORE.)

IV. — **La Moralité des Actes humains ne dépend pas de l'Utilité ou de l'Intérêt.** — D'après Bentham, qui a savamment formulé *la Morale utilitaire*, la vertu est un égoïsme réfléchi : c'est *le calcul de l'intérêt bien entendu*, qui fait sacrifier une jouissance à une jouissance préférable, pour s'assurer la plus grande somme de jouissances possible. — Rien n'est plus faux que le système qui fait dériver de l'utilité la règle des actions humaines. L'utilité d'une action découle de la nature de son objet, dont elle ne modifie en rien l'essence. Ce n'est donc pas de l'utilité d'une action qu'on peut conclure à sa bonté, mais plutôt c'est de la bonté qu'on peut conclure à l'utilité.— S'il y a des intérêts honnêtes, il y en a d'autres qu'une conscience droite réprouve. Les intérêts, eux aussi, ont donc leur moralité, c'est-à-dire qu'au-dessus de tous les intérêts, il est une règle suprême à laquelle ils doivent être subordonnés. L'ordre moral ne repose donc pas sur *l'utilité privée*, ni par là même et pour les mêmes raisons sur *l'utilité publique*.

Ajoutez à cela que l'intérêt varie d'homme à homme, et il n'a même rien de constant dans le même individu. Comment pourrait-il être le fondement de l'ordre moral ? La nature d'un acte changerait donc suivant les personnes et les circonstances.

V. — La Moralité des Actes humains ne dépend pas de la Sensibilité physique, c'est-à-dire, du Plaisir ou de la Douleur. — D'après Épicure, le plaisir est la grande loi des êtres animés. La nature, dit Lucrèce, nous crie d'éviter la douleur et de jouir du plaisir sans souci ni crainte. Aux yeux de ces philosophes, le bien, c'est le plaisir, et le mal, c'est la douleur.

La raison, et les conséquences qui en découlent, condamnent *la morale du plaisir*.

1° *La Raison condamne la Morale du Plaisir.* — On entend par plaisir *la jouissance actuelle*, sous quelque forme qu'elle soit goûtée. Regarder le plaisir, avec la douleur, qui lui est opposée, comme la base de l'ordre moral, c'est assujettir la raison aux sens et transformer l'homme en un être sensuel, qui ne se meut que sous l'influence de l'attrait. — C'est donner à la morale un fondement variable et purement relatif, attendu que le plaisir et la douleur varient selon les circonstances et les personnes, et qu'ils n'ont rien de stable dans le même individu. — C'est proclamer que tout plaisir est bon et toute douleur condamnable, bien que la raison proclame le contraire et dise qu'il y a des plaisirs flétris dans l'opinion des hommes et des souffrances honorables et admirées.

2° *Les Conséquences de la Morale du Plaisir la condamnent.* — En consacrant la légitimité de toutes les jouissances, la morale du plaisir ouvre la porte la plus large à tous les excès du sensualisme, et en proscrivant comme un mal tout ce qui impose un sacrifice à la nature, elle réprouve et rend impossibles la plupart des obligations de l'être raisonnable.

La bonté ou la malice d'un acte ne vient donc pas du plaisir ou de la douleur dont il est la cause ou l'occasion. (BÉNARD).

VI. — La Moralité des Actes humains ne dépend pas de la Sensibilité morale. — *La morale du sentiment* ou *le sentimentalisme* place dans le sens moral, agréablement ou péniblement affecté, l'origine première du bien et du mal. Cette erreur, qui fait partir de la nature morale de l'homme la règle suprême de ses actes, a donné naissance à des systèmes que nous indiquerons brièvement, avant de les réfuter.

1° **Divers Systèmes de la Morale du Sentiment.** — Les sentimentalistes se partagent entre quatre théories.

1° *Système du Sens moral.* — L'écossais Hutcheson (1691-1747) enseigne qu'il y a en nous un *sens moral* se révélant par les joies et par les remords de la conscience, qui nous fait discerner le bien du mal.

2° *Système de la Beauté morale.* — Schaftesbury (1671-1713) soutient que l'ordre moral a son fondement dans *la beauté* et dans *la difformité* des actions. Le bien est ce qui éveille en nous le sentiment du *beau*, et le mal, ce qui éveille le sentiment du *laid*.

3° *Système de la Sympathie.* — Adam Smith (1723-1790) enseigne qu'il y a en nous des dispositions *sympathiques* et *antipathiques*, qui, pour se manifester, n'attendent que leur objet. Le bien est ce qui provoque la sympathie, et le mal ce qui excite l'antipathie.

4° *Système du Sentiment religieux.* — La morale du sentiment religieux, appelée aussi *morale mystique*, est le système de ceux qui prétendent que l'amour de Dieu, mais entendu à leur manière, est la base de toute la morale. Dès lors qu'elle ne perd pas ce qu'ils appellent le sentiment de Dieu, l'âme ne s'écarte pas de la voie du bien.

2° **Réfutation de la Morale du Sentiment.** — Toutes ces théories ont pour point de départ l'émotion de la sensibilité morale, et c'est sur ce phénomène qu'elles font reposer l'appréciation des actes, et par là même la différence première du bien et du mal. Elles sont doublement sophistiques : 1° parce que la sensibilité morale *varie* avec les individus et les circonstances et ne peut être ainsi la base de l'ordre moral ; 2° parce que les émotions de cette sensibilité supposent la préexistence du bien et du mal, qui se révèlent par des effets différents.

Quant au sentiment religieux, qui semble s'écarter davantage des autres théories, il est plus favorable encore peut-être à l'arbitraire et aux passions. L'amour de Dieu, sur lequel il prétend s'établir, implique l'observation de la loi. Faire de cet amour, entendu selon le caprice de chacun, la loi suprême, c'est admettre que la morale est indépendante de toute loi naturelle et positive, et que l'homme est l'arbitre souverain de sa conduite. (Farges.)

VII. — **La Moralité de tous les Actes humains ne dépend pas de la libre Volonté de Dieu.** — Quelques moralistes, philosophes ou théologiens, tels que Occam (1280-1343), Puffendorf (1632-1694), Crusius (1712-1775), assignent pour base unique à l'ordre moral la libre volonté de Dieu. D'après eux, tout ce qui est bon est bon parce que Dieu le commande, et tout ce qui est mauvais est mauvais parce que Dieu le défend. Si Dieu l'eût voulu, les rôles des choses bonnes et des choses mauvaises eussent été intervertis. Ce système, connu sous le nom d'*Institution divine* ou de *Morale théologique*, repose sur un faux supposé et est évidemment absurde.

1° *Le Système de l'Institution divine repose sur un faux supposé.* — Il suppose, en effet, que les essences des choses dépendent de la libre volonté de Dieu, et de là il infère que l'ordre moral est tel, parce que Dieu l'a voulu ainsi. Or, nous avons vu dans l'Ontologie que les essences des choses, soit physiques, soit morales, ont leur première source dans l'essence et dans l'intelligence de Dieu, qui, connaissant parfaitement son être, voit par là même et d'une manière immuable comment il peut être imité, c'est-à-dire, voit les essences des choses. En voyant ces essences, il les veut non arbitrairement, mais comme conformes à sa perfection infinie. Si les essences sont indépendantes de la libre volonté de Dieu, n'est-il pas dès lors évident qu'il est faux de dire que la moralité de tous les actes humains dépend de cette même volonté libre?

Nous disons *la moralité de tous les actes humains*, car Dieu peut librement commander à l'homme des actes qui ne découlent pas de l'essence des choses, et qu'il rend bons par le commandement même qu'il en fait.

2° *Le Système de l'Institution divine implique une absurdité.* — Si Dieu a créé l'homme très librement, il a dû nécessairement le destiner à une fin, et cette fin, nous l'avons vu, c'est Dieu lui-même. Mais la fin de l'homme étant arrêtée, dès lors, tout acte propre à le porter vers cette fin est bon par sa nature même, et tout acte propre à l'en détourner est par sa nature mauvais. Ce n'est donc pas la libre volonté de Dieu qui donne à tous les actes de la liberté humaine leur caractère de moralité.

IX. — **La Moralité des Actes humains, et par là même la distinction du Bien et du Mal, ont leur principe premier et immuable dans l'ordre objectif des choses conçu par l'Intelligence divine.** — Éternellement, l'intelligence de Dieu a conçu un ordre dans les choses, et cet ordre est essentiellement bon, puisqu'il est en harmonie avec la perfection même de son essence. Cet ordre, Dieu le veut éternellement, et il ne peut pas ne point le vouloir, car sa volonté ne peut contredire son intelligence. C'est à cet ordre que se rapportent toutes ses volontés libres, qui n'ont d'autre but que de le faire respecter.

L'ordre conçu par l'intelligence divine, si on le considère en lui-même, constitue *le bien objectif*. La créature libre peut se conformer à cet ordre dans ses actes ou s'en éloigner. D'où il suit rigoureusement que, *dans la créature*, *le bien* n'est autre chose que la conformité de ses actes libres avec l'ordre essentiel, conçu par l'intellect divin, ordre que Dieu veut nécessairement et auquel il adapte toutes ses volontés libres. *Le mal*, c'est-à-dire, la contradiction du bien, sera conséquemment le désaccord des actes libres de la créature avec l'ordre essentiel. L'acte bon, en rapprochant l'homme de Dieu, le rapproche de sa fin, où est pour lui la parfaite béatitude; l'acte mauvais, en l'écartant de Dieu, l'écarte de sa fin et par là même de la béatitude.

La distinction du bien et du mal et la moralité des actes humains ont donc leur principe dans l'ordre essentiel des choses, conçu par l'intelligence divine, et comme cet ordre est immuable, la moralité des actes humains repose sur un inébranlable fondement, et la distinction du bien et du mal est une distinction *essentielle*.

Nous dirons plus loin quel est *le critérium de la moralité des actes libres*, c'est-à-dire, le signe certain auquel l'homme connaît qu'un acte libre est conforme ou non à l'ordre essentiel, au bien objectif. (LIBERATORE.)

§ IV. — PRINCIPES ET CONDITIONS DE L'ACTE MORAL.

Maintenant que nous connaissons la source de la moralité de nos actes libres, considérés en eux-mêmes, nous avons à les étudier dans leur être concret, c'est-à-dire, dans *les principes* qui les produisent, en tant qu'actes moraux, et dans *les conditions* qui les constituent.

I. — **Principes de l'Acte moral.** — On entend par *acte moral* l'acte que fait l'homme, quand il agit avec connaissance et avec liberté.

Cet acte procède ainsi de la volonté éclairée par l'intelligence, et se déterminant par son propre choix, et voilà pourquoi *l'intelligence et la volonté* en sont, à juste titre, appelées *les principes*. Par l'intelligence, l'homme connaît l'acte à poser, il s'en rend compte, et par le consentement de la volonté il le fait sien, il se l'approprie et s'en constitue responsable.

Il résulte de cette notion de l'acte moral, que tout acte produit par l'homme n'a pas un caractère de moralité. On divise les actes produits par l'homme en *actes humains* et en *actes d'homme*. Les actes humains procèdent d'une volonté délibérée, et à eux seuls convient le caractère de moralité. Les actes d'homme ne procèdent pas de la volonté agissant avec délibération. Quels que soient ces actes, pris matériellement, ils sont comparables aux actes accomplis par la brute, et l'agent n'en est pas responsable.

Mais *tous les actes humains ont-ils un caractère de moralité*, sont-ils bons ou mauvais ? Un acte peut être considéré en lui-même et d'*une manière abstraite*, ou d'*une manière concrète*, dans l'individu qui l'accomplit. 1° Envisagé en lui-même, un acte tire sa bonté ou sa malice de son objet, selon que cet objet est conforme ou non à l'ordre essentiel, à la saine raison. Or, en réalité, il y a des objets qui, pris en eux-mêmes, ne sont ni conformes, ni opposés à la raison ; telle est *la marche*. Il y a donc des actes qui, pris abstractivement et en eux-mêmes, sont indifférents au point de vue moral. — 2° Mais envisagé dans l'agent libre qui l'accomplit, tout acte est nécessairement bon ou mauvais. L'acte humain, en effet, ne tire pas sa moralité de son objet seulement, mais encore des circonstances qui l'accompagnent et de l'intention de celui qui agit.

II. — **Conditions de l'Acte moral.** — Si la moralité de l'acte humain, considéré en lui-même et d'une manière abstraite, dépend de l'objet, on vient de dire que la moralité de l'acte, considéré d'une manière concrète, dans l'individu, dépend tout à la fois de *l'objet* même de l'acte et de ce qui vient s'y adjoindre, à savoir, *les circonstances* et *la fin* que se propose l'agent. Ce sont là les trois conditions de l'acte moral dans l'individu. Il y a, toutefois, une différence entre l'acte bon et l'acte mauvais, au point de vue de ces conditions. Un acte n'est bon qu'autant qu'il est tel, eu égard à son objet, à ses circonstances et à la fin de l'agent ; de là l'adage connu :

bonum ex integrâ causâ. Pour qu'un acte soit moralement mauvais, il suffit qu'il soit mauvais sous l'un de ces trois rapports ; de là l'autre adage : *malum ex quolibet defectu*.

1° *L'Acte humain doit sa Moralité première et essentielle à l'Objet*. — Dans tout acte humain, il y a comme un mouvement de la volonté vers ce que l'intelligence fait connaître, et c'est précisément ce terme auquel la volonté s'arrête, qu'on appelle l'objet de l'acte ; tels sont, par exemple, l'usage de son droit, le respect de la propriété d'autrui, le culte de Dieu. La première moralité de l'acte humain dépend évidemment de son objet ; l'acte est bon sous le rapport de l'objet, si celui-ci est conforme à l'ordre saisi par la saine raison, tandis qu'il est mauvais, si l'objet n'est pas conforme à la saine raison, et par là même à l'ordre. Cette première moralité est dite essentielle, parce qu'elle tient à la nature même de la chose vers laquelle se porte la volonté.

Les actes indifférents sous le rapport de l'objet ne doivent leur moralité qu'aux circonstances et à la fin de celui qui agit.

2° *La Moralité de l'Acte humain dépend aussi des Circonstances.* — Ce que les accidents sont à la substance, les circonstances le sont à l'acte humain. On entend donc par circonstances la manière dont un acte s'accomplit, tout ce qui tient au temps, au lieu, aux moyens, à l'état et à la disposition des personnes. Les circonstances modifient l'acte humain en lui donnant une bonté ou une malice *accidentelle*. Un acte bon dans son objet perd de sa bonté, s'il est fait sans discernement de temps, de lieu, de moyens. Un acte mauvais est plus ou moins coupable, selon les circonstances. Il y a ainsi des circonstances qui *augmentent* ou *diminuent* la bonté ou la malice des actes humains.

Il y a d'autres circonstances qui *changent* la moralité provenant de l'objet de l'acte, c'est-à-dire, ajoutent à cette première espèce de moralité une espèce nouvelle de bonté ou de malice, en faisant l'acte se rapporter à un autre ordre de choses. Dans ce cas, la moralité qui vient des circonstances, n'est plus simplement accidentelle.

3° *La Moralité de l'Acte humain dépend de la Fin que l'agent se propose.* — Il ne faut pas confondre la fin de l'agent avec la fin à laquelle l'acte se rapporte par sa nature même, et qu'on appelle pour cela *la fin de l'œuvre*. La fin de l'œuvre est *intrinsèque* à l'acte et se confond avec son objet.

La fin de l'agent est *extrinsèque* à l'acte, puisqu'elle vient de la volonté. Elle peut coïncider avec la fin même de l'acte, comme lorsqu'on donne l'aumône au pauvre en vue de soulager sa misère, et elle peut en être différente, comme lorsqu'on donne l'aumône en vue de satisfaire sa vanité. Mais, dans tous les cas, elle influe sur l'acte, que l'agent ordonne à la fin de sa volonté, et qui sans cela ne serait pas produit. Il est donc toujours vrai de dire que la moralité de l'acte humain dépend de la fin de celui qui le pose, en même temps que de l'objet et des circonstances.

Lorsque la fin de l'agent coïncide avec la fin de l'acte, la bonté ou la malice de l'acte ne sort pas des limites tracées par la moralité venant de l'objet et des circonstances.

Mais si la fin de l'agent est différente, on doit la considérer comme constituant l'objet même de la volonté, et dès lors l'acte n'est plus qu'un moyen dont l'agent se sert pour atteindre sa fin. Dans ce cas, quelle influence morale la fin exerce-t-elle sur l'action? c'est ce qu'il importe de savoir. — 1º Si la fin est *mauvaise*, l'acte qui s'y rapporte devient mauvais, quoiqu'il puisse être bon dans son objet. — 2º Si la fin est *bonne*, l'acte ne sera pas bon pour cela. La fin ne justifie pas les moyens. L'acte, qui n'est ici qu'un moyen d'arriver à la fin, doit être bon non-seulement dans sa fin, mais encore dans son objet et dans ses circonstances. — 3º Si la fin est bonne, elle communique sa bonté morale à l'acte *indifférent*. (SCAVINI.)

VINGT-CINQUIÈME LEÇON.

Sommaire : 1° Loi. — 2° Devoir. — 3° Responsabilité des Actes humains. — 4° Mérite et Démérite. — 5° Conscience morale.

Après avoir étudié les actes humains dans la source première de leur moralité, dans leurs principes et dans leurs conditions constitutives, nous devons les étudier dans leur règle extrinsèque, qui n'est autre que *la loi*.

§ Ier. — LOI.

I. — **Notion générale de la Loi.** — Le mot *loi* vient de *ligare*, et signifie lien. L'être soumis à la loi est en quelque sorte enchaîné par elle. Or, il y a deux sortes d'êtres, les êtres physiques ou impersonnels, dépourvus de liberté, et les êtres qui ont la liberté en partage. Il y a par là même deux sortes de lois, la loi *physique* et la loi *morale*.

La loi *physique* agit fatalement sur les êtres dépourvus de liberté et les conduit sans résistance à leur but : la nécessité est son caractère.

La loi *morale* s'impose aux êtres intelligents et libres, et les dirige vers leur fin, sans jamais violenter leur liberté. Elle ne nécessite pas, comme la loi physique, mais elle règle l'exercice de l'activité, et en présence de cette loi l'être conserve toute sa liberté, dont il peut user pour observer la loi ou pour la violer. L'obligation est son vrai caractère. Aussi la définit-on : *Regula morum obligatoria*. Nous n'avons à parler ici que de *la loi morale*.

La loi morale comprend *la loi naturelle*, qui a son fondement dans *la loi éternelle*, et *la loi positive*. Nous devons donc traiter de *la loi éternelle*, de *la loi naturelle* et de *la loi positive*.

II. — **Loi éternelle.** — Toute loi est l'œuvre de la raison avant d'être celle de la volonté. De toute éternité, Dieu connaissant les êtres que sa puissance créatrice produira dans le temps, embrasse d'un même regard leur fin, leurs mouvements et leurs rapports. Cet ordre universel des choses, son intelligence le contemple comme étant l'expression de la perfection infinie, et voilà pourquoi il le veut. C'est cette immuable intuition et cette volonté toute-puissante de Dieu, qu'on appelle *la loi éternelle*.

Saint Augustin définit la loi éternelle : *la raison et la volonté de Dieu ordonnant de conserver l'ordre naturel et défendant de le troubler*.

La loi éternelle est distincte de la Providence, bien qu'il y ait entre les deux une connexion intime. En Dieu, dit saint Thomas, la loi éternelle n'est pas la Providence, mais elle en est comme le principe.

III. — **Loi naturelle.** — Tous les êtres créés sont soumis à la loi éternelle, mais ils n'y sont pas soumis de la même manière. Cette loi agit sur les êtres dépourvus d'intelligence d'une manière purement passive ; ils sont dirigés et ils ne se dirigent pas. Ce n'est pas ainsi que la loi éternelle est dans l'homme. Doué d'intelligence et de liberté, il ne l'accomplit pas d'une façon inconsciente et passive uniquement. Il est à lui-même sa providence dans une certaine mesure ; il connaît la loi, il s'éclaire à sa lumière et il est à même de se diriger conformément aux desseins de la sagesse divine. C'est ce mode supérieur selon lequel la loi éternelle atteint l'homme, qui est connu sous le nom de *loi naturelle*.

1° **Définition de la Loi naturelle.** — On définit la loi naturelle : *la participation de la loi éternelle dans la créature raisonnable*. Elle est en nous comme un reflet de la lumière divine, à la faveur duquel nous discernons le bien du mal, et qui nous permet ainsi de diriger nos actes conformément à la fin de notre nature. En discernant le bien du mal, nous voyons clairement qu'il y a *obligation* *pour nous de faire le bien et d'éviter le mal.* C'est là le premier précepte de la loi naturelle, sur lequel tous les autres sont fondés, en même temps que le premier principe des vérités morales. Ce précepte et ce principe ont la connexion la plus intime avec la fin même de l'homme qui est le bien absolu, et qui pour cela même ne peut être atteinte que par la pratique du bien et par la fuite du mal.

2° **Existence de la Loi naturelle.** — La loi naturelle se résume tout entière dans *l'obligation de faire le bien et d'éviter le mal.* Cette obligation nous est attestée :

1° *Par le Témoignage de la Conscience.* — Il n'est, en effet, personne qui, à la simple idée d'un acte que l'intelligence lui montre être mauvais, ne se regarde comme obligé à le fuir, et en présence de certains actes qui lui apparaissent comme bons, ne voie qu'il y a obligation de les accomplir. — Un acte est-il accompli, l'homme s'approuve lui-même ou se condamne, ressent une satisfaction ou un remords, selon qu'il a la conscience d'avoir bien ou mal agi. — Comment expliquer ces phénomènes, dont nous sommes incessamment le théâtre ? Ne prouvent-ils pas que nous sommes si intimement convaincus de l'obligation de faire le bien et d'éviter le mal, que les plus pervers instincts de notre nature sont impuissants à étouffer cette conviction ? (LIBERATORE.)

2° *Par la Croyance du Genre humain.* — Il n'est pas de peuple qui, non-seulement n'ait reconnu une différence essentielle entre le bien et le mal, mais encore n'ait honoré de son estime ou flétri de son mépris les auteurs de certains actes que les lois positives n'atteignent pas ou qu'elles ne mentionnent que pour rappeler l'obligation, fondée sur la nature même, de les accomplir ou de les éviter. Une telle conduite que nous affirment les annales de tous les peuples, sans exception, ne montre-t-elle pas que tous ont cru à l'existence de la loi naturelle et que cette unanimité de croyance est due à l'évidence même de cette loi ?

3° *Par la Raison elle-même.* — La raison nous dit que Dieu n'a pu créer l'homme, même avec la liberté, sans lui assigner une fin, et qu'il n'a pu lui assigner une fin, sans lui imposer l'obligation d'y tendre et par là même de faire ce qui est nécessaire pour l'atteindre et d'éviter ce qui peut l'en détourner. Il y a donc obligation pour l'homme d'accomplir les actes conformes à sa fin et d'éviter les actes contraires. Mais les premiers sont bons, par cela même qu'ils s'accordent avec le bien suprême, qui est la fin de l'homme ; les seconds, qui leur sont contradictoires, sont nécessairement mauvais. L'existence de la loi naturelle est donc indubitable.

3° **Promulgation de la Loi naturelle.** — Pour que la loi naturelle soit obligatoire, il faut qu'elle soit promulguée comme toutes les autres lois, c'est-à-dire, manifestée à celui qui doit y être soumis. Or, la promulgation de la loi naturelle se fait dans chaque homme, par le développement même de sa raison.

La loi naturelle est dans tout homme qui a l'usage de la raison, et elle est la même chez tous les hommes, du moins, quant aux premiers préceptes, c'est-à-dire, aux préceptes que la raison naturelle de chaque homme saisit sans peine avec leur caractère obligatoire.

4° **Caractères de la Loi naturelle.** — La loi naturelle est :

1° *Immuable*. — Liée nécessairement avec l'essence même de l'être raisonnable et fondée sur la nature divine, elle n'est susceptible d'aucun changement. Elle ne peut souffrir ni *abrogation*, ni *dérogation*, ni même une *dispense* quelconque. Les obligations auxquelles les circonstances donnent lieu ne sont point de nouvelles lois qui étendent pour le fond le droit naturel ; ce sont simplement de nouvelles applications de ce droit invariable, applications qui atteignent indistinctement quiconque est placé dans ces circonstances. De même, si des circonstances différentes font cesser une obligation, en changeant les relations qui existaient entre certains êtres, la loi naturelle n'en subit aucune altération ; seulement l'application en est plus restreinte, parce qu'il n'y a plus lieu à l'étendre davantage. (FARGES.)

2° *Universelle*. — Elle embrasse tous les hommes. Du moment où des hommes sont placés dans les mêmes conditions, la loi naturelle leur impose les mêmes obligations. Si la diversité des positions sociales diversifie le devoir, le devoir d'une position est le même invariablement pour tous ceux qui l'occupent.

3° *Toujours praticable*. — Il n'en est pas de la loi naturelle comme des lois positives, dont on peut être exempté, du moins au tribunal de la conscience, par la trop grande difficulté de les accomplir. La loi naturelle, qui régit plutôt la volonté que les actes extérieurs, est praticable à tous et en toutes circonstances, et personne ne peut s'en exempter à cause des difficultés, si grandes soient-elles, qui se rencontrent parfois dans son observation.

Il faut ajouter à ces caractères ou propriétés de la loi naturelle qu'elle *est le fondement de la loi positive*, qui ne peut jamais la contredire et qui lui emprunte sa force d'obliger. La loi positive favorise l'observation de la loi naturelle, qu'elle ne fait guère que déterminer, en l'appliquant avec plus de précision. (LIBERATORE.)

5° Principe de l'Obligation de la Loi naturelle. — La loi naturelle oblige à faire le bien et à éviter le mal. Le bien est-il obligatoire, *parce qu'il est le bien*, ou *parce que Dieu l'impose*?

1° *Le Bien est-il obligatoire, parce qu'il est le Bien ?* — Quelques philosophes ont avancé que le bien est obligatoire, par cela seul qu'il existe. Intelligent et libre, l'homme le connaît; en le connaissant, il l'approuve, et sa raison l'impose à sa volonté. Il est ainsi son propre législateur, et l'obligation que Dieu lui impose d'observer la loi naturelle constate seulement un lien qui existe déjà.

Cette opinion confond le motif de la loi naturelle avec la loi elle-même. Autre chose est le bien et autre chose le commandement qui l'impose. En connaissant le bien par sa raison, l'homme saisit aussitôt le précepte divin qui lui en fait un devoir. — Cette opinion place la raison première de l'obligation de faire le bien dans la conformité même du bien avec notre nature. Mais cette conformité n'est point une base assez solide pour une loi rigoureuse comme est la loi naturelle. — Ne répugne-t-il pas d'ailleurs d'admettre que l'homme se fasse à lui-même sa loi ? Cette opinion doit donc être rejetée.

2° *Le Bien est obligatoire, parce que Dieu l'impose.* — Contrairement à l'opinion qui vient d'être discutée, les autres philosophes enseignent que la loi naturelle tire son autorité de *la volonté divine*, qui fait de la recherche du bien et de la fuite du mal une obligation à la créature intelligente et libre.

Toute loi, disent ces philosophes, suppose un législateur différent de celui qui doit l'observer. Elle est l'expression de la volonté du supérieur s'imposant à l'inférieur. La loi naturelle puise ainsi son autorité dans la volonté de Dieu. — La conformité du bien avec notre nature morale ne crée pas pour nous une obligation proprement dite ; elle ne peut donner lieu qu'à une obligation de convenance. — Dieu, sans doute, ne peut ne point vouloir la loi naturelle, puisqu'elle est conforme à sa raison souveraine. C'est précisément cette volonté nécessaire, et par là même invariable, qui donne à l'obligation de la loi naturelle son inébranlable fondement.

IV. — **Loi positive.** — La loi positive détermine et complète la loi naturelle, qu'elle suppose. Elle ne découle pas directement de l'essence des choses, mais elle est *librement établie par la volonté du législateur, pour le bien commun des hommes.*

Le but de la loi positive est de favoriser le maintien de l'ordre, et finalement d'aider l'homme à réaliser ses destinées. Une loi qui ne tendrait pas à ce but n'aurait aucun caractère obligatoire pour la conscience de l'être intelligent, qui ne peut jamais être dispensé de tendre à sa fin dernière.

1° **Division de la Loi positive.** — La loi positive est *divine* ou *humaine*, selon qu'elle est établie par Dieu lui-même ou par un législateur humain.

1° *Loi positive divine.* — La loi positive divine n'est autre que la Révélation. On compte trois phases dans la Révélation : 1° *la Révélation primitive*, faite à Adam. Les annales religieuses et philosophiques de tous les peuples montrent des traces certaines, bien que souvent altérées, de cette Révélation. 2° *La Révélation mosaïque*, qui regardait principalement, mais non exclusivement, le peuple hébreu. 3° *La Révélation chrétienne*, faite par Jésus-Christ, le fils de Dieu incarné, et le Sauveur du genre humain.

2° *Loi positive humaine.* — La loi humaine est *ecclésiastique* ou *civile*, selon qu'elle émane des dépositaires légitimes du pouvoir spirituel ou du pouvoir temporel. Tout pouvoir législatif humain a sa source en Dieu, qui veut l'ordre naturel et l'ordre surnaturel, qui veut la société religieuse et la société civile, et dans chacune de ces sociétés un pouvoir qui la gouverne par des lois. Le dépositaire de ce pouvoir est le représentant de Dieu. De là pour les sujets l'obligation d'obéir à ses lois ; de là, pour lui, l'obligation d'adapter sa législation à la loi divine, soit naturelle, soit positive. De plus, Dieu veut l'ordre naturel en vue de l'ordre surnaturel, qui l'élève et achève ainsi le plan divin. De là, pour le dépositaire du pouvoir temporel, l'obligation de conformer toutes ses lois aux lois qui émanent du pouvoir spirituel.

2° **Différences entre la Loi positive et la Loi naturelle.** — La loi naturelle et la loi positive diffèrent :

1° Dans *la nature de leur objet*. — La loi naturelle commande ou défend ce qui est essentiellement bon ou mauvais. La loi positive commande ou défend des actes qui, par eux-mêmes, sont indifférents, mais qui, par suite du commandement ou de la défense, c'est-à-dire, accidentellement, deviennent bons ou mauvais.

2° Dans *leur mode de promulgation*. — La loi naturelle a une promulgation interne dans chaque homme, et cette promulgation se fait par le développement même de sa raison. La loi positive doit être manifestée extérieurement.

3° Dans *leur sujet*. — La loi naturelle s'impose à tous les hommes. La loi positive peut n'embrasser qu'une partie du genre humain. Nous disons *peut n'embrasser qu'une partie du genre humain*, car il est évident que la loi divine, promulguée par Jésus-Christ, et par suite les lois de l'Église catholique, son organe infaillible, regardent tous les hommes.

4° Dans *leur stabilité*. — La loi naturelle est invariable. La loi positive est susceptible de subir des changements.

§ II. — DEVOIR.

I. — **Notion du Devoir.** — La loi morale, soit naturelle, soit positive, est la source de toutes les obligations de l'homme, et par là même la règle de sa liberté. Elle trace à son activité la sphère dans laquelle elle doit se déployer : elle dessine aux regards de son intelligence la voie qui peut le conduire à sa fin. L'homme est tenu de marcher dans cette voie sans décliner, ni d'un côté ni de l'autre : c'est ce qu'on appelle *le devoir*. Ainsi, le devoir, c'est *l'obligation de se conformer à la loi et de l'accomplir*.

II. — Vertu et Vice. — La pratique ou la négligence du devoir, *passée en habitude*, prend le nom de *vertu* ou de *vice*.

1° Vertu. — La vertu, qui n'est que *l'habitude du bien*, dit Bossuet, se définit : *une qualité ou habitude louable de l'âme, par laquelle on vit bien et qui ne peut servir au mal*. Les vertus dites *intellectuelles* perfectionnent l'intelligence ; les vertus *morales* perfectionnent la volonté en l'affermissant contre l'attrait des jouissances sensuelles et la disciplinant à la pratique du devoir. Toutes les vertus morales découlent de quatre vertus principales, appelées pour cela cardinales, à savoir : 1° *la Prudence*, qu'Aristote définit : *recta ratio agibilium*, et qui, en perfectionnant dans l'homme la raison pratique, le dirige dans le choix des moyens propres à la fin qu'il doit atteindre ; — 2° *la Justice*, qui est la volonté constante de rendre à chacun ce qui lui est dû ; — 3° *la Force*, qui affermit le courage pour faire ou supporter ce qui est conforme à la saine raison ; — 4° *la Tempérance*, qui apprend à mettre la mesure voulue par la raison dans l'usage de ce qui flatte les sens. (SIGNORIELLO.)

La raison étant destinée à éclairer l'homme dans ses actes libres, est par là même *la règle de ses vertus morales*. C'est elle qui, eu égard aux circonstances, détermine la mesure à garder. La vertu ne devra ni rester en deçà, ni aller au-delà de ce que la saine raison prescrit, mais elle devra se conformer dans son exercice à ce qu'exige la raison. Aller au-delà, c'est l'excès ; rester en deçà, c'est le défaut. Suivre la voie que la raison lui trace, sans s'en écarter, voilà précisément la vertu, et c'est là le sens de l'adage : *Virtus consistit in medio*. (LIBERATORE.)

2° Vice. — Le vice, opposé à la vertu, consiste dans l'habitude du mal, c'est-à-dire, dans l'habitude d'enfreindre la loi. S'il y a des vertus principales, auxquelles toutes les autres vertus morales se rapportent, il y a des vices *capitaux*, qui sont les sources de tous les autres vices.

III. — Droit et Devoir. — Le droit et le devoir ont entre eux la plus intime corrélation. Le droit est *un pouvoir moral fondé sur le vrai et sur le bien*. Avoir un droit, c'est pouvoir *faire* ou *exiger* quelque chose avec *justice*. Remplir un devoir, c'est obéir à qui a le droit de commander. Mais le droit de commander ne suppose-t-il pas lui-même une loi qui lui donne naissance et le détermine ? On peut donc se demander lequel du droit ou du devoir a la priorité.

Pour donner à la question une réponse complète, il est nécessaire de distinguer entre l'ordre *absolu* et l'ordre *relatif*.

1° *Dans l'ordre absolu, le Droit préexiste au Devoir.* — A considérer les choses d'une manière générale et absolue, le droit est antérieur au devoir ; il en est même le principe et le fondement. Qu'est-ce, en effet, que le droit dans l'ordre absolu ? N'est-ce pas le pouvoir suprême et illimité de Dieu sur les créatures ? Le droit absolu n'est que la raison et la volonté souveraine de Dieu, base nécessaire de toute loi morale, et par là même de tout devoir. Le concept du droit est donc primitif ; il précède logiquement le concept du devoir, qui n'est que secondaire et dérivé.

2° *Dans l'ordre relatif, le Devoir préexiste au Droit.* — Dans la sphère des existences créées et libres, le devoir est antérieur au droit. L'homme a des devoirs avant d'avoir des droits, ou, comme dit Gioberti, il a des droits, parce qu'il a des devoirs. Le droit dans l'homme, c'est le pouvoir qu'il a d'atteindre sa fin. Mais s'efforcer d'atteindre cette fin est avant tout un devoir pour lui, puisque c'est l'ordre que Dieu lui impose. Si l'homme a *le devoir* de tendre à sa fin en obéissant à Dieu, il a *droit* par là même aux moyens nécessaires pour réaliser ses destinées. Le droit chez lui présuppose le devoir, et l'un et l'autre ont leur fondement dans la loi naturelle, c'est-à-dire, dans l'ordre voulu de Dieu. (Farges.)

3° *Quelle est l'étendue de la Corrélation du Droit et du Devoir ?* — Tout devoir confère-t-il un droit *à celui à qui il incombe ?* Si le devoir prescrit un acte, il lui donne le droit de n'être pas entravé dans son obéissance, et même celui d'exiger le secours dont il a besoin pour accomplir son obligation. Si le devoir est prohibitif, il lui donne le droit de n'être pas contraint à faire ce qui lui est défendu.

Tout devoir à remplir envers un autre *suppose-t-il dans cet autre le droit d'en exiger l'accomplissement ?* S'il s'agit d'un devoir de justice, il est évident qu'il correspond au droit d'autrui. Quant aux autres devoirs, quelques philosophes enseignent qu'ils n'ont pas de droits correspondants dans nos semblables. Il serait plus exact de dire, nous semble-t-il, que, pour les devoirs en question, si nos semblables ne peuvent en exiger l'accomplissement au tribunal des hommes, leur droit n'en existe pas moins au tribunal de la loi naturelle, qui, en fixant le devoir d'un homme à l'égard d'un autre, établit par là même le droit de celui-ci à l'égard du premier.

IV. — **Classification du Devoir.** — Quelle que soit sa position, l'homme a des devoirs à remplir envers *lui-même*, envers *ses semblables* et envers *Dieu*. Nous devons nous borner à indiquer ici cette division du *Devoir*, qui aura son développement dans *la Morale particulière*.

§ III. — RESPONSABILITÉ DES ACTES HUMAINS.

I. — **Notion de la Responsabilité.** — L'homme est tout à la fois libre et dépendant ; mais par cela même que sa liberté s'exerce sous la direction d'une loi qui a pour but d'en régler les mouvements et d'en empêcher les écarts, *il est responsable de ses actes libres*. L'auteur de la loi, qui est en même temps l'auteur de la liberté, doit à sa justice de lui demander compte de l'usage qu'il a fait de son activité libre en face de la loi. La responsabilité, qui n'est autre que *l'obligation, pour l'agent libre, de rendre compte de ses actes au tribunal de l'autorité*, émane ainsi d'une double source, à savoir, *la liberté* et *la loi*.

II. — **La Liberté est la première source de la Responsabilité.** — La première condition de la responsabilité pour un être, c'est évidemment *la liberté*. Supprimez la liberté dans un être, les lois qui le régissent ne créeront chez lui aucune responsabilité. Celui qui agit sous l'influence d'une force nécessitante, qui obéit fatalement à une loi, n'est pas responsable d'actes qu'il n'a pas voulus. Les actes qu'il produit ne sont pas *siens* : ce sont les actes de la force supérieure dont il subit l'impulsion, et qui s'en sert comme d'un instrument passif. Il n'en est pas ainsi de l'être libre. Il ne subit fatalement aucune influence dans les déterminations de sa volonté. Maître des résolutions qu'il arrête, il est l'auteur de ses actes ; à lui doit en être imputée la valeur morale.

III. — **La Loi est la seconde Source de la Responsabilité.** — La liberté ne constitue pas à elle seule la responsabilité. Dieu est libre, et il est indépendant. La liberté imparfaite de l'homme est une liberté dépendante et dirigée. La loi morale rend bon ou mauvais l'exercice de la liberté humaine, selon que l'homme se conforme aux prescriptions de cette loi ou ose les enfreindre. La loi morale émane d'une autorité qui a le droit d'imposer sa volonté, et qui, par là même, a le droit d'examiner si sa volonté a été respectée, si ses ordres ont été exécutés, c'est-à-dire, de demander à l'homme un compte exact de ses actions, pour le récompenser ou pour le punir.

IV. — **Conséquences de la Responsabilité.** — La responsabilité de ses actes entraîne pour l'agent libre de graves conséquences. Elle le fait mériter ou démériter, elle le rend digne de récompense, ou elle appelle sur sa tête le châtiment. (BÉNARD. GILLE.)

§ IV. — MÉRITE ET DÉMÉRITE.

I. — **Notion du Mérite et du Démérite.** — Le mérite et le démérite ne sont autre chose que *le droit à la récompense ou au châtiment, selon la justice, pour le bien pratiqué ou pour le mal commis.* Or, la rétribution selon la justice suppose non-seulement que l'agent est libre, mais encore que *ses actes tournent à l'avantage ou au désavantage d'un autre.* L'homme qui agit pour lui-même, isolément, n'a pas de mérite.

II. — **Auprès de qui l'Homme peut-il mériter ou démériter ?** — L'homme peut mériter ou démériter :

1° *Auprès de ses Semblables.* — L'homme mérite auprès d'un autre homme, quand il fait pour l'avantage de celui-ci un acte auquel il n'est pas tenu, en vertu d'une convention spéciale, bien que cet acte puisse lui être prescrit par le devoir. La raison dit que celui qui a bénéficié de l'acte doit une juste compensation. L'homme démérite, au contraire, auprès de l'un de ses semblables, quand il lèse son droit, et le même principe d'ordre demande qu'il fasse une réparation proportionnée au dommage.

2° *Auprès de la Société.* — L'homme mérite ou démérite auprès d'une société, en contribuant au bien ou au mal, soit de cette société, considérée d'une manière générale, soit de quelqu'un de ses membres.

3° *Auprès de Dieu.* — Dieu est la fin dernière de l'homme et il dirige la société humaine. A ce double point de vue, les actes libres de l'être intelligent intéressent sa gloire extrinsèque, qu'ils peuvent accroître ou diminuer. Selon qu'il fait le bien ou qu'il commet le mal, l'homme mérite donc ou démérite aux yeux de Dieu. Il n'est évidemment question ici que du mérite naturel ou moral. (SIGNORIELLO.)

III. — **Quelle Intention est requise dans l'Agent pour le Mérite devant Dieu ?** — Il résulte de ce qui précède qu'un acte humain n'est méritoire, qu'autant qu'il se réfère à la gloire extrinsèque de Dieu. Mais, pour qu'il en soit ainsi, suffit-il que l'acte ne soit pas mauvais en lui-même, et si cela ne suffit pas, quelle est l'intention requise dans l'agent, pour que son acte ait du mérite ?

Dans ses actes libres, l'homme se résout par l'un de ces trois motifs, ou parce que la chose lui est *agréable,* ou parce qu'elle lui est *utile,* ou parce que *le devoir* la lui impose. S'il obéit uniquement à l'un ou à l'autre des deux premiers motifs, l'action n'implique de sa part ni soumission à la loi, ni amour de l'ordre, mais seulement une satisfaction égoïste, qui ne lui donne droit à aucune récompense. L'intention bonne, au point de vue du mérite, est celle qui a pour objet l'accomplissement du devoir.

Pour qu'un acte humain soit méritoire, il n'est pas nécessaire, toutefois, que le devoir en soit *le motif exclusif,* comme l'ont dit quelques moralistes exagérés. Un autre motif non mauvais, qui s'y ajoute secondairement, peut diminuer, mais ne détruit pas le mérite. (FARGES.)

IV. — **L'Acte accompli en vue des Récompenses ou par crainte des Châtiments de l'Autre Vie est-il méritoire ?** — Les récompenses et les châtiments de l'autre vie étant les deux termes nécessaires des actions humaines, rentrent dans l'ordre essentiel, que Dieu ne peut ne point vouloir. Remplir un devoir en vue des récompenses éternelles, c'est vouloir obéir d'abord, pour être récompensé ensuite ;

par conséquent, c'est respecter l'ordre divinement établi et faire un acte qui ne peut manquer d'être méritoire. De même, être fidèle à une obligation par la crainte des châtiments de l'autre vie, c'est éviter la désobéissance à la volonté divine, qui défend à l'être libre de s'écarter de sa fin, et par là même c'est faire un acte qui contribue à la gloire de Dieu et qui a du mérite à ses yeux. (SIGNORIELLO.)

V. — **Récompense et Châtiment.** — La récompense est *le bonheur mérité pour l'accomplissement du devoir*, et le châtiment, *la peine méritée pour l'omission du devoir*.

Le but premier et la raison d'être de la récompense et du châtiment ne sont pas d'exciter au bien et de détourner du mal. *L'ordre et la justice* demandent que celui qui observe et celui qui viole la loi divine ne soient pas confondus dans le même sort, et que la récompense et la peine soient finalement, sinon d'une manière immédiate, le partage du mérite et du démérite.

La connexion de la récompense et du châtiment avec le mérite et le démérite est attestée : 1° *par la raison*, qui dit hautement que Dieu ne serait ni sage, ni bon, ni juste, s'il traitait de la même manière celui qui observe la loi et celui qui la méprise ; 2° *par la pratique et par la croyance du genre humain*, qui a décerné des récompenses et des châtiments à la vertu et au vice, et qui professe l'existence d'une autre vie, où la vertu et le vice auront la récompense ou la peine méritée.

§ V. — CONSCIENCE MORALE.

Si la loi est la règle extrinsèque des actes humains, il est une règle intérieure et prochaine, qui fait l'application immédiate des préceptes généraux de la loi à chaque acte de l'homme : c'est *la conscience morale*.

I. — **Notion de la Conscience morale.** — Pour que la loi morale oblige l'homme, la première condition est qu'elle lui soit connue. Elle ne peut atteindre sa volonté pour en régler les mouvements, que par l'intermédiaire de son intelligence. Or, on distingue deux sortes de connaissance de la loi morale, l'une *spéculative* et l'autre *pratique*.

1° *Connaissance spéculative de la Loi morale.* — La connaissance spéculative a pour objet les principes ou préceptes généraux de l'ordre moral, que notre intelligence saisit, les uns d'une manière intuitive, les autres au moyen du raisonnement. C'est sur cette connaissance de la loi, comme sur son premier fondement, qu'est basée la conduite morale de l'homme.

2° *Connaissance pratique de la Loi morale.* — La connaissance spéculative des préceptes de la loi morale donne naissance en nous à la connaissance *pratique*, dont nous avons surtout à nous occuper. Nous ne pouvons, en effet, connaître ces préceptes, sans en faire l'application à nos actes libres. Lorsque l'idée d'une action s'offre à nous, notre intelligence se demande si cette action est permise ou défendue, si nous pouvons l'omettre, ou si elle est obligatoire. Pour résoudre la question, elle examine de près cette action et la confronte avec les préceptes connus de la loi morale. Alors elle se prononce sur sa bonté ou sur sa malice, elle nous ordonne de la faire ou de nous en abstenir, elle nous dit si elle a un caractère obligatoire, ou s'il nous est permis de l'omettre ; en un mot, elle lui fait l'application de la loi. C'est cette faculté d'appliquer la loi à un acte déterminé, qu'on appelle *conscience morale*.

3° *Définition de la Conscience morale.* — On peut définir la conscience morale : *l'acte intellectuel par lequel nous appliquons les principes moraux à nos actions libres, pour juger de la moralité de chacune.* (ZIGLIARA.)

II. — **Fonctions de la Conscience morale.** — La conscience morale remplit dans l'homme d'importantes fonctions.

1° Elle *commande* ou *défend*. Son arrêt est obligatoire pour l'homme, et cette obligation n'est autre que celle de la loi morale elle-même, que la conscience manifeste et proclame en l'appliquant à un cas déterminé. Cette manifestation du devoir, qui incombe présentement, n'enchaîne pas d'une manière irrésistible la volonté, qui conserve toujours sa liberté d'action ; mais elle ne peut aller contre la sentence portée par la conscience sans se rendre coupable.

2° Elle *excuse* ou *accuse*. L'acte sur la moralité duquel elle a prononcé est-il accompli, la conscience déclare l'homme innocent ou coupable, méritant ou déméritant, selon qu'il a obéi ou non à sa voix.

3° *Elle récompense ou châtie* par les joies intérieures ou par le remords. C'est ainsi qu'elle accomplit à l'égard de chacun les fonctions de législateur, de juge, de rémunérateur et de bourreau.

III. — **La Conscience morale ne diffère pas de l'Intelligence.** — La notion que nous avons donnée de la conscience morale, montre qu'elle ne se distingue pas de l'intelligence qui raisonne. La raison, dit Bossuet, en tant qu'elle détourne l'homme du vrai mal, qui est le péché, se nomme conscience. Chacun des arrêts de la conscience est un raisonnement par déduction. Partant des principes généraux de la morale, que l'intelligence saisit, elle les applique à un acte déterminé, en faisant voir la connexité de l'acte avec ces principes. La conscience, c'est donc la raison prononçant d'une manière pratique sur la moralité de nos actes.

IV. — **Différence entre la Conscience morale et la Conscience psychologique.** — La conscience morale se rattache, comme la conscience psychologique, à la faculté générale de connaître, dont l'homme est doué. Mais elle diffère de la conscience psychologique par les fonctions qu'elle remplit. Tout le rôle de la conscience psychologique est celui du témoin, qui voit et qui informe. Le rôle de la conscience morale est plus noble : elle apprécie et elle juge. La conscience psychologique, compagne fidèle de nos autres facultés, constate et rapporte tout ce qu'elles font ; sensations ou sentiments, pensées, désirs, déterminations, elle n'oublie rien. La conscience morale, écho de la voix de Dieu, pèse dans l'inexorable balance du devoir les faits psychologiques. Elle préside à la délibération qui les prépare, et, suivant les cas, elle les autorise, les commande ou les prohibe, puis elle les récompense ou les punit.

V. — **Quel est le Critérium suprême de Certitude pour la Conscience morale dans ses jugements ?** — La vérité pratique ne diffère point essentiellement de la vérité spéculative, dont nous avons parlé dans la Logique. L'une et l'autre doivent donc produire la certitude dans l'esprit humain, de la même manière, et avoir ainsi le même critérium suprême. Or, nous avons vu que, dans ses jugements sur les vérités spéculatives, notre esprit a pour critérium suprême de certitude *l'évidence objective* de ces mêmes vérités. Dans ses jugements sur la moralité d'un acte humain, il s'appuiera sur le même critérium, c'est-à-dire, sur *l'évidence objective* de la bonté ou de la malice de cet acte, selon qu'il est ou qu'il n'est pas conforme à la raison droite et à l'ordre voulu de Dieu. (ZIGLIARA.)

VI. — **Sentiment moral.** — Les arrêts de la conscience donnent naissance en nous au *sentiment moral*, qui est un des caractères distinctifs de l'être intelligent. Mais en quoi précisément consiste *le sentiment moral*, ou, selon plusieurs, *le sens moral*? Quelque peu d'accord que soient les philosophes dans les théories qu'ils donnent sur ce point, nous croyons que le sentiment moral consiste avant tout dans *l'appréciation pratique que fait habituellement chaque homme des jugements de sa conscience*.

Le sentiment moral est plus ou moins élevé dans un homme, selon le compte qu'il tient, dans sa conduite ordinaire, des injonctions de la conscience. S'il en fait peu de cas, il transigera plus facilement avec le devoir, et, après s'être rendu coupable, il sentira moins vivement l'aiguillon du remords ; le sentiment moral se sera affaibli dans son âme. Au contraire, sait-il respecter, comme ils le méritent, les jugements de la conscience, et se fait-il de ce respect une habitude, le sentiment moral se perfectionne chez lui en lui communiquant une plus grande horreur du mal. L'obéissance aux ordres de la conscience lui devient facile, et s'il lui arrive de les enfreindre, il est promptement ramené par le remords au sentier du devoir.

VII. — **Divers États de la Conscience morale.** — Quoiqu'infaillible sur les premiers préceptes de l'ordre moral et sur ceux qui en découlent immédiatement, la conscience peut se tromper dans l'application de ces préceptes généraux à des cas particuliers, et se trouver ainsi dans des états différents, qu'il est nécessaire de connaître.

1° *Conscience vraie ou fausse.* — La conscience est *vraie* ou *fausse*, selon que son jugement est conforme ou non à la vérité objective.

2° *Conscience droite et non droite.* — Plusieurs confondent la conscience *droite* avec la conscience *vraie*, et celle qui n'est pas droite avec celle qui est fausse. Les autres philosophes disent avec raison que ces deux divisions ne sont point à confondre, que la première ne convient à la conscience qu'autant qu'on la considère *objectivement*, et que la seconde lui convient, si on la considère *subjectivement*. La conscience *droite* est celle qui, eu égard aux éléments de connaissance qu'elle possède, juge avec loyauté, bien que le jugement soit erroné. On voit par là en quoi consiste la conscience *qui n'est pas droite*.

3° *Conscience invinciblement ou vinciblement erronée*. — La conscience est invinciblement erronée, lorsque, moralement parlant, il lui est impossible de soupçonner la fausseté du jugement qu'elle porte. Elle est vinciblement erronée, lorsqu'elle est dans l'erreur, faute d'avoir observé dans son jugement les règles tracées par la prudence.

4° *Conscience certaine ou douteuse*. — La conscience est *certaine*, quand elle se prononce sans hésiter, n'ayant aucun doute sur la bonté ou sur la malice de l'acte qu'elle apprécie. Elle est *douteuse*, quand elle n'ose se prononcer et qu'elle suspend son jugement.

5° *Conscience probable ou improbable*. — La conscience est *probable*, quand elle appuie son jugement sur des raisons qui, sans lui donner la certitude, ont cependant une vraie valeur et font qu'elle n'est pas téméraire dans sa décision. Elle est *improbable*, quand elle n'appuie son jugement sur aucune raison sérieuse.

6° *Conscience délicate, scrupuleuse, large*. — La conscience est *délicate*, quand elle tient compte de tout ce qui peut modifier, même légèrement, la valeur morale d'un acte. Elle est *scrupuleuse*, quand elle exagère le caractère d'un devoir ou la gravité d'une action mauvaise, et encore quand elle place une obligation ou une défense là où elles ne sont pas. Elle est *large* ou *relâchée*, lorsque, sans justes motifs, elle juge permis ce qui est défendu ou regarde une faute comme moins grave qu'elle ne l'est en réalité.

7° *Conscience perplexe*. — La conscience est *perplexe*, quand elle se croit astreinte en même temps à deux devoirs opposés, de sorte qu'elle ne peut accomplir l'un qu'en sacrifiant l'autre. (FARGES.)

VIII. — **Principales Règles de Conscience.** — *Première règle*. — *Il n'est jamais permis d'agir contre sa conscience*, c'est-à-dire, avec la conviction que l'acte que l'on fait est mauvais. Agir ainsi, ce serait faire ce qu'à tort ou à raison on regarde comme illicite ; or, faire ce que l'on croit illicite, c'est consentir au mal, et par conséquent se rendre coupable.

Deuxième règle. — *On peut et on doit suivre une Conscience invinciblement erronée.* — Dans le cas d'une conscience invinciblement erronée, ou il faudrait agir contre sa conscience, ce qui n'est jamais permis, ou il faudrait déposer l'erreur, ce qui n'est pas possible, puisque l'erreur n'est pas soupçonnée, ou il ne reste plus qu'à obéir à sa conscience.

Troisième règle. — *On ne peut suivre une Conscience vinciblement erronée.* — L'ignorance vincible, provenant d'une négligence volontaire, ne peut excuser. Il y a obligation de s'éclairer par les moyens dont on dispose, avant d'agir.

Quatrième règle. — *Il n'est jamais permis d'agir avec une Conscience pratiquement douteuse,* c'est-à-dire, avec une conscience qui ne sait si l'acte à poser est bon ou mauvais. Avant d'agir, on est tenu d'éclairer son doute.

Cinquième règle. — *Lorsqu'on ne peut pas avoir la certitude, il est permis de suivre une conscience vraiment probable,* c'est-à-dire, une conscience qui appuie son jugement sur des raisons sérieuses. On peut la suivre, lors même que le parti opposé à celui qu'elle prend serait également probable et serait favorable à la loi. D'après *les probabilistes,* on pourrait encore la suivre, dès lors qu'elle est réellement probable, bien que le parti favorable à la loi offrit une plus grande probabilité. Toutefois, de l'aveu de tous, le parti favorable à la loi, et appelé pour cela *plus sûr,* doit être suivi dans certains cas où l'agent est tenu de poursuivre un but, qui pourrait être compromis par le choix du parti moins sûr, bien que probable.

Sixième règle. — Si la conscience est perplexe, se croyant à tort astreinte à deux devoirs opposés, dont l'urgence est simultanée, elle doit se prononcer en faveur du devoir le plus important, et s'ils sont d'égale importance, elle peut choisir l'un ou l'autre. Nous disons *se croyant à tort,* car le devoir ne peut jamais combattre le devoir, pas plus que la vérité ne combat la vérité. Si celui dont la conscience est perplexe avait plus de lumière, il verrait que, dans la circonstance qui l'embarrasse, il n'y a pour lui qu'un seul devoir.

VINGT-SIXIÈME LEÇON.

SOMMAIRE : 1° Sanction de la Loi morale. — 2° Sanctions imparfaites de la Loi morale dans la Vie présente. — 3° Sanction éternelle de la Loi morale dans l'autre Vie. — 4° Résurrection du Corps.

§ Ier. — SANCTION DE LA LOI MORALE.

I. — **Notion de la Sanction de la Loi en général.** — On entend par sanction de la loi : l'ensemble des récompenses et des peines réservées par le législateur à ceux qui l'observent et à ceux qui la transgressent. Le droit de décerner des récompenses et des châtiments est le complément nécessaire du pouvoir législatif.

II. — **La Loi morale demande nécessairement une Sanction.** — La nécessité de la sanction pour la loi morale repose :

1° *Sur les exigences de la justice.* — L'homme, en effet, ainsi qu'on l'a démontré, mérite ou démérite devant Dieu dans ses actes libres. Si le mérite appelle une récompense, en toute rigueur de justice, le démérite appelle un châtiment. Dieu, qui commande le bien et qui défend le mal, étant la justice parfaite, ne peut confondre dans le même sort les observateurs et les transgresseurs de sa loi, ni récompenser les uns, pour laisser les autres impunis. — En démontrant que la sanction de la loi morale a son fondement dans la justice elle-même, cet argument fait voir qu'en Dieu la punition du coupable n'a pas le caractère de la vengeance et n'est que l'amour de l'ordre.

2° *Sur la sagesse de Dieu.* — N'est-il pas d'un sage législateur de pourvoir, par les moyens les plus efficaces, à l'observation de sa loi ? Si le respect ou le mépris de ses volontés lui était chose indifférente, ses ordres n'auraient, à ses propres yeux, aucun caractère obligatoire, sa loi ne serait plus une loi. Dès lors qu'il commande pour être obéi, il doit protéger sa loi, et la protection la plus puissante dont il lui soit donné de la couvrir, c'est d'assurer à ceux qui l'observeront une récompense proportionnée à leur fidélité, et, aux violateurs, la peine qu'ils auront méritée. Dieu, qui est la sagesse même, doit donc une sanction à sa loi.

3° *Sur la nature même des actes libres de l'homme.* — L'homme a une fin dernière à atteindre par ses actes libres. Ou les actes de l'homme, parce qu'ils sont bons, le conduisent à sa fin, qui est le bien souverain, et dans la possession du bien souverain, à la béatitude parfaite, ou ils l'en écartent, parce qu'ils sont mauvais, et le privent de sa fin, ce qui est la peine suprême. Les actes de l'homme impliquent ainsi nécessairement la sanction de la loi morale. (LIBERATORE.)

III. — **Caractères de la Sanction de la Loi Morale.** — La sanction de la loi morale, par cela même qu'elle est basée sur la justice, exclut l'arbitraire dans les récompenses et dans les châtiments qu'elle décerne. Elle doit être équitable, c'est-à-dire, *universelle* et *proportionnée*.

1° Elle doit être *universelle*, et par là même atteindre, sans exception aucune, tout acte bon et tout acte mauvais, pour le récompenser ou pour le punir. Si les législateurs humains ne peuvent donner à la sanction de leurs lois ce caractère de perfection, il ne peut en être ainsi de Dieu, justice infinie et puissance souveraine. La raison nous dit qu'il doit récompenser tout bien et punir tout mal.

2° Elle doit être *proportionnée* au mérite et au démérite, c'est-à-dire, non-seulement récompenser ou punir tout acte bon et tout acte mauvais, mais encore récompenser ou punir en raison même de la valeur morale de l'acte.

Ces caractères de la sanction de la loi morale montrent d'avance qu'elle ne peut avoir son complet effet que dans l'autre vie.

§ II. — SANCTIONS IMPARFAITES DE LA LOI MORALE DANS LA VIE PRÉSENTE.

I. — **Sanctions de la Loi morale dans la Vie présente.** — Dans la vie présente, la loi morale a plusieurs sanctions, qui peuvent être ramenées à quatre principales.

1° *Sanction de la Conscience.* — Cette sanction consiste dans *l'ensemble des récompenses et des peines que la conscience décerne à l'homme, selon qu'il a bien ou mal agi.* En obéissant à la loi morale, l'homme fait des actes qui sont conformes à sa nature raisonnable, et qui, par là même, ne peuvent manquer de lui être agréables et de lui procurer la paix. En la violant, au contraire, il se met en désaccord avec lui-même, et la peine est la compagne nécessaire de sa faute. A-t-il été fidèle au devoir, il éprouve une douce satisfaction, qui, en le dédommageant de ses efforts, l'encourage à persévérer dans l'obéissance à la loi. A-t-il violé le devoir, il sent l'aiguillon du remords, et, au sein même de tous les avantages de la position et de la fortune, il ne jouit pas du repos. — De toutes les sanctions de la vie présente, celle de la conscience est, sans contredit, la plus sérieuse.

2° *Sanction naturelle.* — La sanction naturelle *consiste dans les résultats physiques des actes humains,* c'est-à-dire, dans les avantages et dans les inconvénients que la vertu et le vice entraînent après eux. La chasteté, la tempérance, l'amour du travail développent la santé et la force du corps et procurent l'aisance, sinon la fortune. La paresse, l'intempérance et la débauche conduisent à la pauvreté, à la ruine de la santé, à une honteuse décrépitude.

3° *Sanction sociale.* — La sanction sociale consiste dans l'ensemble des récompenses et des peines que les autres hommes décernent à la vertu ou au vice. Elle s'exerce de deux manières : par l'opinion ou par les tribunaux. Par *l'opinion favorable* ou *désavantageuse* que les hommes conçoivent de celui qui fait le bien ou de celui qui fait le mal. Ils estiment et ils louent le premier ; ils blâment et ils méprisent le second. Par *les tribunaux*, qui prononcent sur les récompenses à accorder à certains actes de vertu, et surtout sur les châtiments à infliger à certaines fautes.

4° *Sanction providentielle.* — La sanction providentielle consiste dans les récompenses et les châtiments que Dieu accorde ou inflige souvent dans la vie présente. Cette sanction se montre quelquefois d'une manière manifeste. Le plus souvent, elle est cachée sous le voile des causes naturelles.

II. — **Imperfection des Sanctions de la Loi morale dans la Vie présente.** — En examinant les diverses récompenses ou peines de la vertu ou du vice, dans la vie présente, on reconnaît facilement que la sanction de la loi morale n'est pas complète sur la terre, et qu'elle est loin de satisfaire aux exigences d'une justice parfaite. Aucune des sanctions que nous venons de mentionner n'est ni *universelle*, ni *proportionnée*.

1° *Les Sanctions de la Vie présente ne sont pas universelles.* — La sanction de *la conscience* n'est pas universelle. En effet, elle ne s'étend point évidemment au dernier acte de la vie, qui peut être héroïque, comme celui du chrétien martyrisé pour sa foi, ou du citoyen mourant pour la défense de la patrie, ou bien un acte coupable, comme celui de l'homme qui se suicide.

La sanction *naturelle* n'est pas universelle. La pratique de la vertu coûte quelquefois de pénibles sacrifices, tandis qu'un acte injuste peut procurer ce que les hommes estiment un avantage.

La sanction *sociale* n'est pas universelle. Tous nos actes n'arrivent pas à la connaissance de nos semblables, qui ignorent le plus souvent ce qui mériterait le mieux leur estime ou leur blâme.

La sanction *providentielle* n'est pas universelle. Dieu ne permet-il pas souvent que le juste soit dans l'épreuve et l'impie dans la prospérité?

2° *Les Sanctions de la Vie présente ne sont pas proportionnées.* — La sanction de *la conscience* n'est pas proportionnée. En effet, à mesure qu'un homme se perfectionne dans la pratique de la vertu, sa conscience devient plus délicate, et dès lors plus exigeante. Au contraire, l'habitude du mal émousse l'aiguillon de la conscience. Le remords n'affecte péniblement pour l'ordinaire que les moins coupables. Quelle est, d'ailleurs, la principale cause de la joie du juste et du remords du méchant? N'est-ce pas la pensée d'une sanction ultérieure et définitive, qui n'est point de la vie présente?

La sanction *naturelle* n'est pas proportionnée. Les hommes les plus fidèles au devoir n'ont pas toujours la plus grande somme des avantages que procure la vertu, comme les hommes les plus vicieux ne subissent pas toujours ce qu'il y a de plus funeste dans les suites du vice. Puis, quel que soit le mérite d'un homme, il n'est pas à l'abri d'un grand nombre de maux qui sont la conséquence du vice, et, quel que soit son démérite, il n'est pas totalement privé d'un grand nombre de biens qui ne semblent dus qu'à la vertu.

La sanction *sociale* n'est pas proportionnée. Parmi nos actes bons ou mauvais, qui parviennent à la connaissance de nos semblables, et qui ne peuvent être jugés que d'après ce qui paraît au dehors, combien sont mal appréciés ? Que de fois n'arrive-t-il pas aux juges, même les plus intègres, d'innocenter le coupable et de punir l'innocent ? Les lois, d'après lesquelles la justice humaine s'exerce, sont loin, du reste, d'atteindre tous les vices.

La sanction *providentielle* n'est pas proportionnée. Le plus souvent cette sanction se cache sous le voile des causes naturelles, et dès lors elle rentre dans les sanctions dont nous avons parlé. Lorsque, dans certains cas, la justice divine se manifeste évidemment, et d'une façon extraordinaire et toute miraculeuse, on ne peut pas dire que, même alors, Dieu donne à la vertu et au vice tout ce qu'ils méritent. On doit même reconnaître que cette sorte de sanction, qui sort de l'ordre commun et se produit rarement, a en vue l'instruction des autres hommes, plutôt que la récompense ou le châtiment de ceux qui en sont l'objet.

III. — **Conclusion.** — Il est donc évident que la loi morale n'a pas, dans la vie présente, la sanction parfaite, qu'exige la justice infinie. Cette imperfection appelle une autre sanction, sanction rigoureuse, conforme à la stricte équité, qui ne laisse aucun acte mauvais impuni, aucun mérite sans la récompense dont il est digne. Cette sanction aura lieu dans la vie future.

§ III. — SANCTION ÉTERNELLE DE LA LOI MORALE DANS L'AUTRE VIE.

I. — **Deux Phases dans la Vie humaine.** — Les sanctions de la loi morale sont imparfaites dans la vie présente ; le bonheur souverain est la destinée de l'homme, et ce bonheur souverain est impossible sur la terre ; d'un autre côté, l'âme est immortelle. La conclusion qui découle de toutes ces vérités incontestables, c'est qu'il y a deux phases dans l'existence de l'homme, phases parfaitement distinctes, mais étroitement liées entre elles, l'une d'épreuve, l'autre dans laquelle la loi morale aura la plénitude de sa sanction.

1° *Première phase.* — La première phase de l'existence humaine, c'est la vie terrestre. L'homme est sur la terre pour choisir son sort. En le créant pour lui-même, Dieu l'a fait pour le bonheur souverain, mais il l'a créé dans la liberté, afin que l'homme mérite la félicité promise. — La conscience dit à l'homme que l'accomplissement du devoir, qui n'est autre que l'amour du bien, est la condition du bonheur, parce que c'est la voie unique de sa fin. Egalement elle lui dit que le mépris du devoir, qui n'est autre que l'amour du mal, en l'éloignant de sa fin, le mène nécessairement au malheur. — Pendant sa vie terrestre, l'homme a sous la main tous les secours nécessaires pour être fidèle au devoir, et, quel que soit le milieu où s'écoule cette première partie de son existence, l'observation de la loi morale lui est possible. S'il le veut, il peut réaliser ses destinées, c'est-à-dire, arriver au bonheur parfait. — La vie présente est la limite de l'épreuve à laquelle l'homme est assujetti, et elle est par là même la limite du temps où il peut mériter ou démériter. Cette première partie de l'existence humaine est ainsi la préparation de la seconde.

2° *Seconde phase.* — La vie future est la seconde phase de l'existence humaine. Ou l'homme aura atteint ou il aura manqué sa fin dernière. L'épreuve, dès lors, fera place à la sanction de la loi morale, sanction d'une équité parfaite, en rapport avec le mérite ou le démérite, telle, en un mot, que l'exige la justice de Dieu. — Mais les âmes, qui ont mérité ou démérité, étant immortelles, la sanction de l'autre vie sera-t-elle sans fin ? Telle est la redoutable question que nous avons à approfondir.

II. — **La Loi morale aura une Sanction sans fin dans l'autre Vie.** — Dire que la loi morale aura une sanction sans fin dans l'autre vie, c'est affirmer que les récompenses et les peines seront perpétuelles.

1° *Perpétuité des Récompenses.* — La raison humaine ne peut révoquer en doute la perpétuité de la récompense pour le juste. Cette perpétuité repose :

1° *Sur l'essence même de la Béatitude.* — On a précédemment démontré que l'homme a pour fin dernière la béatitude, c'est-à-dire, le repos complet de toutes les puissances de son être dans la possession du bien suprême. Or, ce repos complet implique la certitude parfaite de la perpétuité du bonheur, par la possession sans terme du bien qui en est l'objet. La seule prévision d'une fin, si éloignée qu'on la suppose, à cet état heureux, suffirait pour en empoisonner les joies et le transformer en une cruelle épreuve. Il est donc de l'essence de la béatitude parfaite de durer toujours. D'où il suit rigoureusement qu'on est dans l'alternative d'admettre la perpétuité de la récompense pour le juste, ou de nier que l'homme est créé pour le bonheur parfait, et par là même pour Dieu. (FARGES.)

2° *Sur la Bonté et la Justice de Dieu.* — Comment concevoir, en effet, que Dieu fasse cesser l'heureux état de l'âme juste ? Est-ce que tous les motifs qui s'opposent à ce qu'il l'anéantisse ne s'opposent pas par là même à ce qu'il la rende malheureuse ? Cette âme immortelle, qui aime Dieu et que Dieu aime, serait, après une récompense plus ou moins longue, reléguée loin de sa fin comme une âme coupable, et cela pour toujours ! S'il pouvait en être ainsi, la bonté et la justice de Dieu ne seraient-elles pas en défaut ?

Si la raison humaine, livrée à ses seules ressources naturelles, proclame l'éternité des récompenses dans l'autre vie, la Révélation divine confirme cette vérité et la met en parfaite lumière.

2° Perpétuité des Peines. — Les récompenses étant éternelles, les peines doivent l'être également. Quelque accablant que soit ce dogme, la raison ne peut refuser de l'admettre.

1° *La Perpétuité des Peines s'accorde avec la Justice parfaite de Dieu.* — Ce qui répugnerait à la justice divine, ce serait de châtier au-delà du démérite. Or, le péché, en tant qu'offense de Dieu, a une sorte de culpabilité infinie. La justice demande que cette sorte d'infinité dans la malice soit punie par une autre sorte d'infinité dans le châtiment, qui ne peut avoir lieu que sous le rapport de la durée ; ainsi, elle requiert une peine qui ne finisse point. — Aux yeux de Dieu, dit saint Thomas, la volonté est réputée pour le fait.

L'homme qui s'est détourné de sa fin dernière, dont la possession est éternelle, pour une jouissance coupable de quelques instants, a préféré cette jouissance, bien que *temporaire*, à l'éternelle possession de sa fin dernière. Il est donc évident que, dans sa volonté, il eût mieux aimé encore que cette jouissance fût éternelle, pour la goûter toujours. Au tribunal de la justice divine il doit être puni, comme si sa faute était éternelle. Un péché éternel appelle une peine de même durée. Un châtiment perpétuel est donc justement infligé à l'être libre qui se détourne de sa fin dernière. (CONTRA GENTILES.)

2° *La Perpétuité des Peines n'est pas opposée à la Bonté de Dieu.* — Le plus parfait accord existe entre les attributs divins : ce qui est conforme à la justice ne peut donc aucunement être opposé à la bonté. — Et puis, n'est-ce pas l'âme coupable qui est la cause unique de sa perte ? L'abus qu'elle a fait des dons que Dieu lui a départis en vue de la félicité éternelle, n'est imputable qu'à sa malice. Avec ces dons, si elle l'avait voulu, elle aurait mérité les récompenses éternelles.

3° *La Perpétuité des Peines est exigée par la Sagesse de Dieu.* — On ne peut nier la perpétuité des peines de l'autre vie, sans nier la sagesse du plan divin dans la création des êtres libres. Si, en effet, ces peines pouvaient finir, il arriverait nécessairement un moment où tous les êtres qui ont reçu la liberté, auraient le même sort et jouiraient de la béatitude. — Dans le temps de son existence terrestre, l'homme pourrait donc *jeter à Dieu le défi* de l'empêcher d'arriver à la félicité, quelle que soit sa conduite ici-bas. Il pourrait l'offenser impunément jusqu'à son dernier soupir, et avoir l'assurance de recevoir la récompense du juste, après une peine plus ou moins longue ; et pour un être qui a l'immortalité en partage, qu'est en réalité une peine qui certainement doit finir ? — Si tel était le plan de Dieu dans la création des êtres libres et immortels, si ces êtres pouvaient ainsi l'outrager sans compromettre leurs destinées, où serait, nous le demandons, sa sagesse ? où serait sa puissance ? — Un tel plan ne serait-il pas *l'anéantissement de toute morale*, la destruction de toute sanction de la loi, la confusion éternelle de deux choses qui se contredisent, le bien et le mal ?

De telles conséquences, notre raison les repousse, pour s'incliner avec respect, bien qu'avec effroi, devant le dogme incontestable de l'éternité des peines. Ici, du reste, comme dans le cas précédent, la Révélation vient confirmer les données de la raison et affirmer, au nom de Dieu lui-même, l'interminable durée des châtiments de l'autre vie.

III. — *Pourquoi Dieu crée-t-il le Réprouvé futur ?* — En présence de l'effrayante vérité de l'éternité des peines, la raison humaine se demande pourquoi Dieu donne l'existence à un être qui, par l'abus de sa liberté, méritera un supplice éternel.

1° *Réponse à priori.* — Puisque Dieu crée l'être qui, par sa faute, méritera les interminables supplices de l'autre vie, on doit reconnaître *à priori* que cette création, lors même que la raison bornée de l'homme ne pourrait s'en rendre compte, n'a rien de contraire à la perfection infinie de Dieu et est incontestablement légitime.

2° *Considérations qui font voir l'Equité parfaite du Plan divin.*— 1° La création de l'être qui sera réprouvé, parce qu'il l'aura voulu, *ne lèse aucun des attributs de Dieu.* En le créant, Dieu lui donne ce qu'il donne à celui qui atteindra sa fin, à savoir, l'existence, l'intelligence, la liberté, les moyens d'arriver à sa destinée, qui est la béatitude, toutes choses évidemment bonnes en elles-mêmes, qui sont le plan même de Dieu à l'égard des êtres libres. Que ce plan soit respecté, comme il peut et doit l'être, tous les êtres libres auront l'éternelle félicité, et ils l'auront, parce qu'ils l'ont voulue et méritée. Quoi de plus juste, de plus sage, et, en même temps, de meilleur pour l'homme ?

2° Parce que Dieu connaît, dans sa prescience, qu'une créature ingrate tournera ses dons contre lui-même, *pourrait-il être tenu de ne point lui accorder les bienfaits de son amour ?* Mais il serait donc tenu de se retirer à lui-même le droit de créer dans des conditions parfaitement équitables, et la malice prévue d'un être mettrait une limite à sa puissance infinie : conséquences que la raison se refuse à admettre.

3° Tous les êtres créés s'enchaînent par des rapports de dépendance et de services mutuels ; aucun n'est isolé. Dans le genre humain, en particulier, chaque homme renferme en soi une postérité dont le terme n'est pas assignable, ce qui fait des générations humaines comme un faisceau solidaire, où nul ne perdrait sa place qu'en entraînant avec lui la multitude de ses descendants. Supprimer un homme, dit Lacordaire, c'est supprimer une race ; supprimer un méchant, c'est supprimer un peuple de justes qui sortiront de lui.

Or, Dieu embrasse, de son regard éternel, toutes les générations à la fois, toutes les successions de la vie, par là même toutes les renaissances du bien dans le mal et du mal dans le bien. Aucune destinée ne peut lui apparaître solitaire. Adam prévaricateur renfermait à ses yeux toute la postérité des saints. En songeant à créer, Dieu avait présente la race humaine entière, avec ces mélanges de justes et de pécheurs, qui forment comme le tissu de ses générations. Il n'avait donc pas à choisir entre créer ou ne pas créer un être qui voudra se perdre, mais entre créer ou ne pas créer des générations entremêlées de bien et de mal, c'est-à-dire, entre créer ou ne pas créer du tout.

Telle est la question que Dieu a posée dans le conseil de sa sagesse ; et il n'a pas hésité à la résoudre en créant la race humaine dans l'intelligence et la liberté, d'où peut sortir, pour tous les membres, l'éternelle béatitude. Pourquoi chacun de nous eût-il été condamné au néant, afin que quelqu'un de nos pères n'abusât pas jusqu'au bout d'une existence qu'il n'avait reçue qu'en vue du bonheur ? Où serait en cela la justice, la sagesse, la bonté de Dieu ?

§ IV. — RÉSURRECTION DU CORPS.

Au dogme de l'immortalité de l'âme, que la perpétuité de la vie future suppose, est intimement lié celui de la résurrection du corps humain.

I. — **Convenance de la Résurrection.** — Si la Philosophie n'a pas de réponse catégorique, lorsqu'elle est interrogée sur la destinée de la partie matérielle de nous-mêmes, elle saisit du moins la convenance parfaite de la résurrection du corps et de son union nouvelle avec l'âme. Le corps n'a-t-il pas eu sa part dans les œuvres de l'âme, pendant sa vie terrestre ? Ce n'est pas l'âme seule, mais c'est l'homme, composé d'une âme et d'un corps, qui a mérité ou démérité. L'homme tout entier ne doit-il pas participer aux récompenses et aux châtiments de l'autre vie?

La raison comprend, d'un autre côté, que si Dieu, une première fois, a pu former pour l'âme un corps composé d'atomes matériels que sa puissance avait créés, il peut le former de nouveau, en le lui unissant, et que ce corps sera *sien* aux mêmes titres que le premier?

II. — **Certitude de la Résurrection.** — Ce que la Philosophie soupçonne, sans pouvoir le démontrer par de vraies preuves de raison, la Révélation l'enseigne de la manière la plus positive. Dans l'Écriture inspirée et dans la tradition catholique, rien n'est plus clair ni mieux établi que le dogme de la résurrection du corps et de sa participation sans fin aux récompenses ou aux peines de l'âme.

VINGT-SEPTIÈME LEÇON.

Sommaire : 1° Morale particulière. — 2° Devoirs de l'homme considér[é] comme individu. — 3° Devoirs de l'homme envers Dieu. — 4° Devoirs d[e] l'homme envers lui-même. — 5° Devoirs de l'homme envers ses semblables. — 6° Devoirs de l'homme considéré comme être social. — 7° Devoirs de l'homme dans la Société domestique. — 8° Devoirs d[e] l'homme dans la Société civile. — 9° Devoirs de l'homme dans la Sociét[é] religieuse. — 10° Morale indépendante.

§ Ier. — MORALE PARTICULIÈRE.

I. — **Notion de la Morale particulière.** — La morale *générale* traite du devoir, au point de vue de la fin de l'homme, en faisant abstraction des diverses conditions des individus. Elle met en lumière les principes sur lesquels tout l'ordre moral repose ; elle recherche la source première du devoir, en fait connaître la règle extrinsèque, qui est la loi, et la règle intérieure et prochaine, qui est la conscience, et en établit la sanction. — La morale *particulière* considère le devoir au point de vue des différents rapports sous lesquels l'homme peut être envisagé, et elle détermine, d'une manière précise, les obligations et les droits qui naissent de ces rapports et de la condition de chacun.

II. — **Division de la Morale particulière.** — L'homme peut être envisagé comme *individu* et comme *être social*. La morale particulière se divise donc naturellement en *morale individuelle* et en *morale sociale*.

Plusieurs philosophes divisent la morale particulière en *individuelle, sociale* et *religieuse*. La division que nous adoptons renferme la morale religieuse, l'homme étant tenu non-seulement de rendre un culte à Dieu comme individu, mais de lui rendre ce culte dans la société religieuse, que Dieu lui-même a fondée au sein de la race humaine. Cette division est donc aussi adéquate que possible, embrassant tous les devoirs de l'homme.

§ II. — DEVOIRS DE L'HOMME CONSIDÉRÉ COMME INDIVIDU.

I. — **Etendue de la Morale individuelle.** — Les devoirs de l'homme considéré comme individu embrassent les devoirs : 1° envers Dieu ; 2° envers lui-même ; 3° envers ses semblables.

II. — **L'Homme a-t-il des Devoirs à l'égard des Créatures dépourvues de la Raison ?** — Le droit et le devoir sont des facultés essentiellement morales, qui ne peuvent exister que dans les créatures douées d'intelligence et de liberté. L'un et l'autre ont leur source commune dans la loi morale, qui les fixe et les détermine ; mais la loi morale n'atteint que les êtres intelligents et libres. La brute et les créatures qui lui sont inférieures ne peuvent être *le sujet* d'un droit ou d'un devoir, et, par cela même qu'elles n'ont aucun droit à l'égard de l'homme, celui-ci n'est astreint à aucun devoir à leur égard.

Ce n'est pas à dire pour cela que l'homme puisse maltraiter à son gré les créatures qui sont au-dessous de lui. Dans le plan du Créateur, ces êtres inférieurs sont ordonnés à l'utilité de l'homme comme à leur fin. Sévir sans raison contre eux, ce n'est pas, sans doute, violer des droits qu'ils n'ont point, mais c'est se rendre coupable, en s'écartant de l'ordre que Dieu lui-même a établi, et se disposant ainsi, dit saint Thomas, à user de cruauté à l'égard des autres hommes. (CONTRA GENTILES.)

§ III. — DEVOIRS DE L'HOMME ENVERS DIEU.

I. — **Notion de la Religion.** — Quelle que soit l'étymologie du mot, que les uns font venir de *relegere* et les autres de *religare*, il est certain, dit saint Thomas, que la religion est la vertu qui porte l'homme à rendre à Dieu le culte qui lui est dû. *Virtus quâ exhibetur Deo debitus honor.*

II. — L'Homme est tenu de rendre un Culte à Dieu. — Pour que l'homme saisisse l'obligation qui lui incombe de rendre un culte à Dieu, il suffit qu'il connaisse ce qu'est Dieu et ce qu'il est lui-même par rapport à Dieu. A la faveur de cette double connaissance, il ne peut manquer de découvrir que la religion est son premier devoir. Les fondements sur lesquels ce devoir repose sont : 1° *L'excellence de la nature de Dieu*, qui l'emporte infiniment sur tous les autres êtres. 2° *Son titre de Créateur*. C'est à lui que tous les autres êtres sont redevables de l'existence. 3° *Son titre de Conservateur*. C'est l'action de sa Providence qui conserve et gouverne les êtres qu'il a créés. 4° *Son titre de fin dernière*. C'est à lui, comme à leur fin, que tendent tous les êtres. Il est le bien souverain, pour lequel l'homme comprend qu'il a été créé et dont la possession constitue le parfait bonheur.

III. — Les Devoirs envers Dieu sont les principaux Devoirs de l'Homme et la base de tous les autres. — Ils sont les principaux devoirs de l'homme, puisqu'ils naissent de l'essence même de sa nature, aussi bien que de l'essence de la nature de Dieu, et qu'ils se rapportent directement à sa fin dernière. — Ils sont la base de tous les autres devoirs. C'est à la fin de l'homme que se rapportent nécessairement tous les devoirs qui lui sont imposés et toutes les vertus morales qu'il est tenu de pratiquer. Ecarter Dieu et la religion, qui relie l'homme à Dieu, c'est supprimer pour l'homme la raison de tous les autres devoirs. (Zigliara).

IV. — L'Homme doit à Dieu deux sortes de Culte. — L'homme est composé d'une âme et d'un corps. Il doit à Dieu le culte de l'âme, qui est appelé *culte intérieur*. Mais ce n'est pas l'âme seule, c'est l'homme tout entier qui doit honorer Dieu. L'homme doit à Dieu le *culte extérieur*.

V. — Culte intérieur. — Le culte intérieur consiste dans l'hommage que l'homme fait à Dieu des facultés de son âme. Être intelligent et libre, capable d'amour et de reconnaissance, il doit se pénétrer à l'égard de Dieu de tous les sentiments que fait naître naturellement la connaissance de ses perfections infinies et de ses innombrables bienfaits, c'est-à-dire, l'adorer, l'aimer, le prier et lui offrir une juste expiation pour ses fautes.

1° *Adoration.* — Adorer Dieu, c'est le reconnaître pour le premier Être et confesser son domaine souverain sur toutes les créatures. Rien n'est plus raisonnable ni plus juste que ce premier devoir, que saint Augustin appelle le commencement de la piété. *Optime de Deo existimare... pietatis exordium.* Refuser de le remplir, ce serait aller contre les lumières de la raison, en même temps que violer le droit de Dieu dans le principe même de son autorité sur la créature.

2° *Amour.* — L'adoration, qui est l'hommage de l'intelligence, appelle *l'amour*, qui est celui de la volonté. Aimer Dieu, c'est se porter vers lui par le sentiment d'un dévouement sincère, qui fait préférer à tout le reste le respect de ses volontés. Par cela même qu'il est le bien souverain et la fin dernière des créatures, il a le droit le plus rigoureux à occuper la première place dans le cœur de l'homme et l'homme ne doit aimer aucun bien particulier que par rapport à Dieu.

3° *Prière.* — Si la prière sert à rendre à Dieu l'hommage de l'adoration et de l'amour qui lui sont dus, elle est avant tout une demande qui lui est adressée. En attestant *la dépendance*, elle affirme *la liberté* de celui qui la fait. Elle ne se concevrait pas dans l'être qui accomplit fatalement ses destinées. — La prière est, en même temps, une affirmation de la toute-puissance et de la bonté de Dieu. Elle sauvegarde ainsi tous les droits de Dieu et de l'homme. — La prière entre dans le plan divin à l'endroit des êtres libres. Si l'homme recourt à la prière, il obtiendra ce qui, sans elle, ne lui eût pas été accordé. Qui trouverait étrange que Dieu, maître absolu de ses faveurs, fasse de la prière la condition de son assistance, serait condamné par la pratique du genre humain, qui universellement et constamment a prié.

4° *Expiation.* — L'expiation est un autre devoir de l'être libre, mais imparfait. Quand il a failli au devoir et violé les droits divins, l'homme doit à sa conscience et à sa raison de réparer, dans les limites de son pouvoir, l'outrage fait à Dieu. Il le répare par un repentir sincère et par l'acceptation résignée des maux de la vie présente.

VI. — **Culte extérieur.** — Le culte extérieur n'est autre que la manifestation, par des signes sensibles, des sentiments dont l'âme est pénétrée envers Dieu. Il repose :

1° *Sur la Nature même de l'Homme.* — Composé d'une âme et d'un corps, qui sont également l'ouvrage de Dieu, l'homme doit à son auteur l'hommage de ces deux substances, et doit confesser, sous ce double rapport, son souverain domaine.

2° *Sur l'Union intime du Corps et de l'Ame.* — Cette union est si étroite, qu'instinctivement l'homme se sent porté à traduire au dehors les sentiments dont son âme est affectée.

3° *Sur les intérêts mêmes du culte intérieur*, que le culte extérieur est propre à affermir et à perfectionner, et que l'on verrait bientôt se ralentir et même disparaître, s'il n'était soutenu par des pratiques de nature à frapper les sens.

C'est donc à tort que quelques-uns voudraient réduire tout le culte dû à Dieu au seul culte de l'âme. Ce dernier trouve son expression naturelle et son complément nécessaire dans les symboles du culte extérieur. (LIBERATORE.)

§ IV. — DEVOIRS DE L'HOMME ENVERS LUI-MÊME.

I. — **Existence des Devoirs personnels.** — Que l'homme ait des devoirs à remplir envers lui-même, c'est ce qu'on ne peut contester sérieusement. Être dépendant par le fond même de sa nature, il est tenu non-seulement de se conformer à la volonté de Dieu dans ses relations avec ses semblables, mais encore de respecter *l'ordre divinement établi au sein de sa propre personnalité*, en faisant de ses facultés l'usage voulu par Celui qui les a créées. La loi morale atteint ainsi jusqu'au sanctuaire de ses opérations les plus intimes. — A quoi reviendrait la loi morale, si son rôle se bornait à donner à l'homme une *rectitude purement extérieure*, lui permettant d'abuser, selon ses caprices et ses passions, des nobles prérogatives dont il est gratifié ? A la condition de ne pas léser le droit d'autrui, il pourrait impunément s'avilir lui-même. Telle ne peut être et telle n'est point la loi morale, qui lui prescrit tout d'abord de respecter le plan divin dans son être, formé d'une double substance, et de tendre sans cesse vers sa fin par le perfectionnement de ses facultés. (CONTRA GENTILES.)

II. — **Agresseurs des Devoirs personnels.** — Les agresseurs des devoirs personnels s'appuient sur un sophisme d'une évidente fausseté. « Que l'homme, disent-ils, ait droit au respect de sa propre personne par lui-même, nous consentons à le reconnaître. Mais il peut se départir de son droit, et dès lors il n'y a plus lieu ni à violation, ni à injustice. Il consent au préjudice qu'il se cause et par là même il n'est pas répréhensible. *Scienti et volenti non fit injuria.* »

Nous répondons à cet argument : l'homme est propriétaire de lui-même, mais propriétaire dépendant. Le droit au respect de sa propre personne par lui-même est un *devoir*, avant d'être un *droit*. Que l'homme puisse se départir d'un droit qui n'est simplement qu'un droit, nous l'admettons ; mais que l'homme puisse légitimement secouer le joug du devoir, c'est ce que la saine raison repousse absolument. — Tout devoir donne naissance à un droit, qui est celui de l'accomplir sans entraves. Sous ce rapport, le droit ne fait qu'un avec le devoir, mais le devoir garde toujours et nécessairement la priorité. Prétexter le droit d'obéir, pour s'exempter du devoir de l'obéissance, c'est un sophisme, qui sape toutes les lois, pour essayer de justifier tous les désordres. C'est là précisément ce que font les agresseurs des devoirs personnels.

III. — **Division des Devoirs de l'Homme envers lui-même.** — L'homme est composé d'une *âme* et d'un *corps*, il est une *personne* et il peut posséder *des biens*. Étudions ses devoirs à ces quatre points de vue.

1° **Devoirs relatifs à l'Âme.** — Ce qui donne à l'homme une supériorité incontestable sur tous les autres êtres visibles, c'est la vie raisonnable. Perfectionner en lui cette vie, c'est là son grand devoir en sa qualité d'homme. Or, la vie raisonnable se développe par la connaissance de la vérité qui perfectionne l'intelligence, et par la pratique du bien, qui perfectionne la volonté. Mais pour que ce développement ne soit pas entravé, il est nécessaire que la sensibilité elle-même, qui est commune à l'homme et à l'animal, soit disciplinée, autant qu'elle le peut être, par l'intelligence et la volonté.

1° *Obligation pour l'Homme de cultiver son Intelligence.* — Notre intelligence étant faite pour connaître, nous devons lui donner la vérité, qui l'ennoblit et l'élève, et la prémunir contre l'erreur, qui ne peut que l'avilir et la dépraver.

Chaque homme n'est pas tenu d'être savant, mais tous sont tenus de chercher à s'éclairer sur les vérités dont la connaissance est indispensable à la bonne direction de la vie. Nul ne peut ignorer ses devoirs envers les autres hommes, envers lui-même et surtout envers Dieu. Ce sont là des connaissances de première nécessité, que le droit naturel impose, et dont l'ignorance, du moins dans la partie de ces connaissances où elle ne peut être invincible, ne saurait être excusée.

Outre ces connaissances indispensables à tous, il en est de particulières, qui regardent la situation de chacun. C'est pour tout homme une obligation rigoureuse de s'instruire des devoirs de son état.

2º *Obligation pour l'Homme de cultiver sa Volonté.* — La culture de la volonté est d'une importance souveraine. Cette faculté étant destinée à porter l'homme vers sa fin dernière, que l'intelligence lui fait connaître, sa perfection consiste évidemment à tendre, dans tous ses actes, vers cette fin, qui est le bien absolu, c'est-à-dire, Dieu lui-même. Or, par suite de la liberté qui la rend maîtresse de ses déterminations, elle peut céder aux passions mauvaises qui la sollicitent, comme elle peut obéir à la raison. D'où il suit que l'homme doit s'appliquer, d'un côté, à fortifier et à affermir sa volonté contre les entraînements coupables, de l'autre, à la rendre docile aux enseignements de la raison. Celle-ci doit toujours tenir les rênes ; la volonté doit lui être soumise : toutes les deux doivent s'aider, par un concours mutuel, à régler la sensibilité, pour la faire servir au triomphe de l'âme humaine sur le mal et à son avancement dans la voie du bien.

3º *Obligation pour l'Homme de discipliner sa Sensibilité.* — A la sensibilité physique et morale se rapportent les appétits et les passions, avec toutes les affections et tous les sentiments qui s'y rattachent, comme on l'a précédemment expliqué. Pour remplir les obligations que la loi morale lui impose à ce point de vue, l'homme est tenu non pas d'éteindre en lui les passions, comme l'enseignent les Stoïciens, ou de les satisfaire, comme le disent les Épicuriens, mais de les diriger vers sa fin dernière. Il faut, pour cela, qu'il les mette constamment sous l'empire d'une volonté ferme, qui elle-même n'obéisse jamais qu'à la raison, c'est-à-dire, il faut que la raison commande, que la volonté soit d'accord avec elle et que les passions leur soient soumises. (BÉNARD).

2° **Devoirs relatifs au Corps.** — Le corps étant dans la vie présente le compagnon obligé de l'âme, l'instrument indispensable de ses facultés, l'homme qui a des devoirs à remplir envers son âme, en a par là même à remplir envers son corps.

1° Nous devons à notre corps tous *les soins nécessaires* pour le conserver, le développer et en faire un instrument propre au service de l'âme. Il peut acquérir par des exercices réitérés plus de souplesse, d'agilité et de force. Aussi a-t-on fait, de tout temps, des exercices du corps, une partie de l'éducation de la jeunesse.

2° Toutefois, si nous sommes tenus de donner au corps les soins nécessaires, en vue de l'âme dont il est l'habitation, nous sommes également tenus d'éviter *les soins exagérés*, qui intervertiraient les rôles, faisant du corps le maître et la fin, et de l'âme l'instrument et l'esclave. L'antiquité païenne l'avait compris : aussi l'une de ses maximes était que, si l'homme doit prendre soin de son corps, il ne doit pas s'en constituer l'esclave : *corpori indulgendum, non serviendum*. Tout soin est exagéré, quand il s'arrête au corps, sans pouvoir être rapporté par la raison à des intérêts d'un ordre supérieur.

3° Lorsque les intérêts du corps sont en conflit avec ceux de l'âme, de la société ou de la religion, l'homme doit sacrifier sa santé, et même sa vie, à l'accomplissement du devoir.

3° **Devoirs relatifs à la Personne humaine.** — L'homme est composé d'une âme et d'un corps, unis par le Créateur, et de cette union résulte la personne humaine, à l'égard de laquelle nos devoirs peuvent se résumer en deux principaux préceptes, à savoir, maintenir entre l'âme et le corps la hiérarchie voulue de Dieu, qui a fait de l'âme une reine, et du corps un instrument dont elle doit se servir pour le bien ; de plus, maintenir l'union de l'âme et du corps, qui constitue ce qu'on appelle la vie, et par là même éviter le suicide.

1° *Obligation de respecter la Hiérarchie entre l'Ame et le Corps.* — Cette obligation a été suffisamment exposée dans les considérations qui précèdent.

2° *Obligation d'éviter le Suicide.* — Le suicide est *l'acte d'un homme qui se donne la mort, parce que la vie lui est devenue à charge.* Les causes du suicide sont nombreuses : nous ne nous arrêterons pas à les énumérer ; mais, quelle qu'en soit la cause, le suicide est un crime.

1° *Le Suicide est une injustice à l'égard de Dieu.* — Dieu est l'unique *propriétaire de la vie*, dont il accorde l'usage à l'homme. Celui qui s'enlève la vie, détruit une chose dont il pouvait user, mais qui ne lui appartenait pas. Il usurpe ainsi le droit de Dieu.

La vie présente, dans le plan du Créateur, est une *épreuve* à laquelle l'homme est soumis, pour mériter la félicité parfaite par le bon usage de ses facultés. Or, il est de l'essence d'une épreuve que la durée n'en soit pas laissée à l'arbitraire de celui qui la subit. Dieu a fixé, pour chaque homme, les limites de l'épreuve, de laquelle dépendent ses destinées à venir, et personne ne peut en abréger le temps à son gré, sans une coupable révolte.

2° *Le Suicide viole le droit de la Société.* — Membre de la société, l'homme doit concourir au bien commun et ne reculer jamais devant cette noble tâche. S'il est dans *le malheur*, l'exemple de sa patience et de son courage est pour les autres une école de vertu. Le type le plus admirable de la force morale, n'est-ce pas l'homme aux prises avec l'adversité ? Le suicide, au contraire, par cela même qu'il est toujours une lâcheté, est *une invitation à l'infidélité* en face du devoir, chaque fois que le devoir revêt le caractère du sacrifice. Celui qui se suicide manque ainsi doublement au devoir envers ses semblables, puisqu'il les prive d'un enseignement utile et leur donne l'exemple de la défection.

3° *Le Suicide contredit l'inclination de la nature et l'amour que l'Homme a pour lui-même.* — La propension la plus naturelle chez tous les êtres vivants, c'est l'amour instinctif de la vie, qui doit être considéré comme la voix même de la nature, à laquelle il n'est pas permis de résister. Dans l'homme, la liberté est en harmonie parfaite avec cet amour, puisqu'elle est en lui non pour contredire, mais pour perfectionner la nature. D'où il résulte que quiconque se suicide viole le droit naturel dans l'une de ses prescriptions les plus sacrées, et c'est ce qui explique comment, chez tous les peuples, on a loué le courage de celui qui supporte l'adversité et flétri, au contraire, la lâcheté de celui qui, vaincu par l'épreuve, se débarrasse de la vie comme d'un fardeau.

Ces raisons, qui établissent d'une manière péremptoire la culpabilité du suicide, montrent suffisamment le compte qu'il faut tenir des arguments sophistiques par lesquels quelques esprits égarés ont essayé d'absoudre ce crime, et même de le ranger parmi les actes les plus héroïques dont l'âme humaine soit capable. Il sera toujours vrai de dire avec Montaigne: « Il y a plus de constance à user la chaîne qui nous tient qu'à la rompre, et plus de preuve de fermeté en Régulus qu'en Caton. » (*Essais*, liv. 2, c. 3). (LIBERATORE.)

4° **Droit de Propriété.** — Au devoir de pourvoir à sa conservation et à la perfection de son être, que la loi naturelle impose à l'homme, est intimement lié *le droit de propriété*. Ce droit est attaqué, de nos jours, par les *Communistes*, ainsi appelés, parce qu'ils prétendent que, d'après la loi naturelle, tous les biens sont communs, que l'Etat en est l'unique propriétaire, pouvant en disposer comme bon lui semble, et qu'ainsi la propriété individuelle, comme l'a dit Proudhon, n'est autre chose que le vol.

1° *Notion du Droit de Propriété.* — Le droit de propriété est *la faculté de disposer à son gré, et à l'exclusion de tout autre, de quelque chose comme étant sienne et des avantages qu'elle procure.* Le droit de propriété est *parfait* ou *imparfait*. Le droit parfait, qui s'appelle aussi *domaine*, est celui que nous venons de définir. Le droit imparfait est la faculté de disposer de la chose seulement, et il est appelé *domaine direct*, ou des fruits seulement, et il est appelé *domaine utile*.

Il y a des choses dont l'usage se confond avec le domaine, comme *les aliments*, et il y en a dont l'usage est distinct du domaine, comme une *maison*, un *champ*. Ces dernières s'appellent *propriétés stables*.

2° *L'homme peut-il être propriétaire ?* — Demander si l'homme peut être propriétaire, c'est demander si l'homme peut, en vertu du droit naturel, avoir le véritable domaine de quelque chose. A cette question, nous devons répondre tout d'abord que l'homme peut avoir *le domaine des choses qui se consomment par l'usage*. Ayant droit à la conservation de sa vie, il a droit par là même aux moyens nécessaires pour que ce but soit atteint, et quand la possession de ces choses qui se consomment par l'usage est fondée sur un titre juste, il en est le légitime propriétaire, et il a le droit d'en disposer comme d'un bien qui lui appartient. Mais en est-il ainsi des *propriétés stables* ?

3° *L'homme peut-il, en vertu du droit naturel, avoir le domaine parfait des propriétés stables ?* — Que l'homme puisse acquérir le domaine parfait d'une propriété stable, c'est là une vérité affirmée :

1° *Par la voix du genre humain.* — Depuis l'origine, on n'a vu aucun peuple civilisé chez qui le droit de la propriété individuelle n'ait été reconnu et qui n'en ait puni la violation.

2° *Par la raison.* — Si l'homme a le devoir de pourvoir à sa conservation, ce devoir ne peut regarder uniquement le présent, mais il embrasse encore l'avenir avec toutes ses éventualités. Ne s'occuper de la conservation de sa vie que dans le moment actuel, ce serait agir contrairement à la plus vulgaire prudence. Doué d'intelligence et d'activité, l'homme est pour lui-même sa providence, dans une certaine mesure. Le souvenir du passé et l'intelligence du présent doivent le rendre prévoyant pour l'avenir. Il a donc le droit de se procurer des moyens stables de subvenir à ses besoins.

3° *Par la justice naturelle.* — On ne peut révoquer en doute que l'homme soit légitime possesseur de sa propre personnalité. Or, la personnalité humaine n'embrasse pas seulement la double substance dont l'homme est composé, mais encore l'expansion de son activité naturelle. Si donc l'homme est possesseur légitime de sa propre substance, il faut reconnaître qu'il est propriétaire au même titre des résultats de son activité personnelle. Que son activité s'exerce, par exemple, sur une terre qui n'appartient à personne et la rende productive, les fruits et le perfectionnement de cette terre, fécondée par son travail intelligent, sont comme une extension de sa personnalité, et il a un droit rigoureux, non-seulement sur les fruits, mais encore sur le sol qu'il a mis à même de les rapporter.

4° Ajoutez à cela que *le Communisme*, qui rejette la propriété individuelle, est *subversif de la société domestique* et de *la société civile*. Il est subversif de *la société domestique*. En enlevant le droit de posséder individuellement, il ébranle la famille, car il affaiblit, ou, pour mieux dire, il éteint, chez les parents et chez les enfants, l'amour du travail. Que l'on ne puisse regarder comme sien le fruit de ses efforts et de son industrie, le plus énergique, et, pour plusieurs, l'unique stimulant au travail disparaît du sein de la famille. Il est subversif de *la société civile*, qui se compose de familles, comme la famille d'individus. Les citoyens naturellement laborieux se relâcheraient bien vite dans leur travail, s'il fallait en partager le fruit avec des voisins sans souci et paresseux. Les lois les plus sévères seraient évidemment impuissantes à remplacer le droit de propriété, au double point de vue de la prospérité matérielle et du bien moral d'une nation.

4° *Comment l'homme peut-il acquérir une propriété stable ?* — Nous avons dit que le droit d'acquérir une propriété stable a sa source dans la nature même de l'homme et fait ainsi partie du droit naturel. Mais ce droit ne peut s'exercer que par un fait, et il s'agit précisément ici de savoir quel est le fait primitif par lequel le droit naturel de posséder est appliqué à une propriété déterminée et en livre à l'homme le domaine.

L'application du droit naturel de posséder suppose que la chose à acquérir n'appartient à personne ; autrement, l'exercice de ce droit serait une violation coupable du droit d'autrui. Cela étant, l'homme exerce librement son droit, en communiquant à l'objet quelque chose de lui-même, par le déploiement de son activité personnelle, et par là même cet objet devient sa propriété.

Qu'on appelle ce déploiement d'activité *première occupation de la chose*, avec les anciens, ou *industrie personnelle*, avec les modernes, il est toujours vrai de dire que le fait primitif qui applique le droit naturel de posséder à des choses déterminées, c'est l'exercice de l'activité humaine. — C'est sur ce fait primitif et sur ce droit naturel de posséder que sont fondés tous les titres légitimes d'après lesquels l'homme peut, *secondairement*, devenir propriétaire. (ZIGLIARA.)

§ V. — DEVOIRS DE L'HOMME ENVERS SES SEMBLABLES.

I. — *Principes sur lesquels reposent les Devoirs de l'Homme envers ses Semblables.* — Les devoirs de l'homme envers ses semblables, considérés d'une manière générale, reposent sur ces *deux principes* :

Faites à autrui ce que vous voulez qu'on vous fasse ; ne faites pas à autrui ce que vous ne voudriez pas qu'on vous fît. Les devoirs de l'homme envers ses semblables sont ainsi *positifs* ou *négatifs*.

II. — **Devoirs positifs.** — Les devoirs positifs se résument en deux grandes obligations, également affirmées par la conscience de chacun : *l'amour* et *la justice*. Ces deux obligations reviennent, on peut le dire, à une seule : *l'amour* vrai porte naturellement l'homme à pratiquer la justice envers ses semblables.

1º Amour. — Dieu a mis dans tout être, capable de connaître, une inclination qui le porte vers son semblable. C'est ce qu'affirme l'adage connu : *omne animal diligit simile sibi*. Cet adage se vérifie surtout dans l'homme, et l'on doit avouer que l'homme, obéissant aux inclinations premières de sa nature, aime ses semblables, qui sont l'image de lui-même. Si l'égoïsme, qui est un amour exagéré de soi-même, et qui porte l'homme à haïr son semblable, comme un obstacle à son propre bien, peut engendrer des inimitiés, l'homme a le devoir de le combattre comme tout ce qui est opposé à la saine raison. C'est, en effet, la raison elle même qui, tout d'abord, révèle à l'homme l'obligation d'aimer ses semblables, par l'idée même qu'elle lui donne de la société humaine, dont tous les membres ont une communauté de nature et de destinées, et qui n'est possible que par l'échange de services mutuels et de bons offices. L'amour est l'âme de la société. La justice en est la base. De la pratique de ces deux vertus résulte l'harmonie entre les hommes.

2º Justice. — La justice commande à l'homme de rendre à chacun ce qui lui est dû, c'est-à-dire, de respecter le droit.

Nous avons défini le droit *le pouvoir moral de faire ou d'exiger une chose avec justice*, c'est-à-dire, conformément à la loi naturelle ou à la loi positive qui en est comme l'extension. Le droit est un pouvoir *moral* et non *physique*. Il peut être opprimé par la force, mais alors même qu'il succombe extérieurement, il n'en est pas moins le droit aux yeux de Dieu, comme au tribunal de la raison.

Le droit a un double objet : *faire ou exiger une chose avec justice*. A ce double objet correspond chez les autres une double obligation. Lorsque l'homme agit conformément à son droit, il participe à l'inviolabilité de la loi qui le lui accorde, et dès lors il y a obligation pour autrui de ne pas s'opposer à son acte, qui est un exercice légitime de sa liberté. De même, s'il a le droit d'exiger quelque chose de l'un de ses semblables, il y a pour celui-ci obligation de fournir la chose qui est l'objet du droit. Cette double obligation constitue la justice, qui, tout en commandant de rendre à chacun ce qui lui est dû, défend par là même de léser son droit. (LIBERATORE.)

III. — **Devoirs négatifs.** — Les devoirs négatifs de l'homme envers ses semblables sont une conséquence nécessaire des devoirs *positifs* dont nous venons de parler. S'il est tenu de pratiquer la justice et la bienfaisance, il est tenu par là même d'éviter les actes que proscrivent ces deux vertus. Il lui est donc défendu de porter atteinte à la vie d'autrui par *l'homicide*, à sa propriété par *le vol*, à sa réputation par *la calomnie* ou par *la médisance*, et de violer *les contrats*.

1° **Homicide.** — *L'homicide*, qui consiste dans le meurtre d'un homme, commis d'une manière injuste, est interdit par le droit naturel. Dans tous les siècles, chez tous les peuples, on a flétri l'inhumanité de l'assassin.

2° **Duel.** — Le duel, qui consiste dans un combat entre deux hommes, à la suite d'une convention mutuelle et privée, est illicite de sa nature. On ne doit ni *le provoquer*, ni *l'accepter*.

1° *La Provocation du Duel est chose absolument mauvaise.* — Le duel, en effet, est : 1° *Contraire au droit naturel*, qui défend de s'enlever la vie, ou de l'enlever à un autre. Ne renferme-t-il pas la malice du suicide et celle de l'homicide ? Chacun des combattants s'expose volontairement et sans raison suffisante à la mort ; chacun se propose de tuer son semblable.

2° *Contraire au Bien de la Société.* — Quelle que soit l'injure reçue, elle ne donne pas le droit de la vengeance à un homme privé. Le bien de la société demande que ce droit ne réside que dans le dépositaire du pouvoir, afin qu'il soit exercé avec discrétion et équité. Le duel remplace l'autorité publique par l'autorité privée, et il tend par là même à ébranler l'une des bases de l'ordre social.

3° *Souverainement déraisonnable.* — L'offensé et l'auteur de l'offense sont également exposés à perdre la vie. Le duel n'est donc pas un moyen avoué par la raison pour se faire rendre justice de l'affront qu'on a reçu. (Signoriello.)

2° *L'Acceptation du Duel est chose absolument mauvaise.* — Toutes les raisons qui défendent de proposer le duel, défendent également de l'accepter, car il n'est permis à personne de concourir à une action injuste et mauvaise. — Si l'on a posé par sa faute la cause de la provocation, en violant le droit d'autrui, on ne se justifiera pas en s'exposant au danger de tuer son adversaire ou de recevoir la mort de sa main. La véritable grandeur d'âme et la justice demandent qu'on refuse le duel et qu'on fasse à l'offensé la réparation convenable.

Refuser le duel, ce n'est ni un déshonneur ni une lâcheté. Le courage et l'honneur consistent à remplir noblement le devoir, quelle que soit d'ailleurs l'opinion des hommes. « Gardez-vous donc de confondre, dit Jean-Jacques Rousseau, le nom sacré de l'honneur, avec ce préjugé féroce qui met toutes les vertus à la pointe de l'épée, et n'est propre qu'à faire de braves scélérats. Quand il serait vrai qu'on se fait mépriser en refusant de se battre, quel mépris est le plus à craindre, celui des autres, en faisant bien, ou le sien propre, en faisant mal ? »

C'est donc avec raison que l'Eglise Catholique a, de tout temps, condamné le duel et frappé de ses censures les plus graves non-seulement celui qui le propose ou l'accepte, mais encore tous ceux qui y prennent quelque part, ne fussent-ils que témoins ou simples spectateurs.

3° *Vol.* — L'homme ne doit pas attenter à la propriété d'autrui, qui est comme une partie de sa propre personnalité. Nous n'ajouterons rien à ce qui a été déjà dit du droit de propriété.

4° Si l'homme ne doit pas attenter à la vie et à la propriété de ses semblables, il ne doit pas non plus leur ravir injustement *leur réputation*. La réputation est une propriété des plus précieuses et comme la vie de l'homme au sein de la société. — Lorsque l'homme s'est lié par *un contrat* à l'égard de l'un de ses semblables, le droit naturel exige qu'il soit fidèle à ses engagements.

5° L'homme devant respecter le droit d'autrui, il suit de là, comme conséquence rigoureuse et logique, que tout dommage injuste, coupable et efficace, causé au prochain, appelle de sa part *la réparation proportionnée.*

§ VI. — DEVOIRS DE L'HOMME CONSIDÉRÉ COMME ÊTRE SOCIAL.

I. — **L'Homme est un Être social.** — Il n'est pas nécessaire d'étudier longtemps l'homme pour reconnaître qu'il est né pour vivre en société. Les nombreux besoins qu'il éprouve, et qui font de son éducation physique et morale une œuvre tout à la fois si longue et si difficile, les tendances les plus irrésistibles de son âme, qui lui inspirent une sorte d'horreur pour l'isolement et l'entraînent vers ses semblables, la noble prérogative de la parole, instrument de communication avec des êtres intelligents comme lui, tout prouve que l'état social, loin d'être pour lui, comme l'a rêvé Rousseau, un état contre nature, est au contraire l'état naturel. — La culture de ses facultés n'est possible, et leur perfectibilité n'est réelle qu'à la condition de l'échange de ses idées et de ses sentiments avec les autres hommes. — Le sentiment religieux, qui l'élève si haut au-dessus des autres êtres visibles, ne fait que consacrer sa destination sociale, en lui montrant en Dieu un père, et dans tous les hommes une seule et même famille.

II. — **Trois Sortes de Société.** — On distingue trois sortes de société, dont l'homme fait partie en même temps : *la société domestique, la société civile* et *la société religieuse.*

§ VII. — DEVOIRS DE L'HOMME DANS LA SOCIÉTÉ DOMESTIQUE.

La société domestique, ou famille, se compose des parents, des enfants et des serviteurs, et est constituée sous l'autorité du père, qui en est le chef. Il y a ainsi comme trois sortes de sociétés distinctes dans la famille, et les devoirs de chaque membre découlent du titre qu'il porte et de la situation où ce titre le place relativement aux autres membres.

I. — **Société conjugale.** — La société des époux repose sur le mariage, union indissoluble d'un seul homme et d'une seule femme, sanctifiée par la religion et protégée par la loi civile. Elevé par

Jésus-Christ à la dignité de l'un des sacrements de la loi évangélique, le mariage est nul entre les catholiques en dehors du sacrement. Par cela seul qu'il est de droit naturel, le mariage n'est d'aucune manière soumis, sous le rapport du lien, à la puissance civile.

La société conjugale impose aux époux des devoirs *communs* et des devoirs *particuliers*. Les devoirs *communs* aux deux membres de cette société sont l'amour mutuel, qui en est la base, la fidélité réciproque, qui en est le lien, l'assistance dévouée, qui en est le charme et qui en fait la vie.

Au *mari* appartient le commandement, mais l'exercice de son autorité doit être tempéré par la douceur et les égards. Si *la femme* doit obéir, elle n'est nullement l'esclave de l'homme ; elle est sa compagne, destinée comme lui dans le plan de Dieu à la procréation et à l'éducation des enfants, et ayant droit en cette qualité au respect et à la protection de celui dont elle partage la noble charge.

II. — Société paternelle. — Les parents et les enfants forment la société appelée *paternelle*, société qui, chez les uns et les autres, suppose des droits et impose des devoirs fondés sur la nature même. Les parents doivent aux enfants l'amour, et par là même tous les soins nécessaires à l'éducation du corps, comme à l'éducation intellectuelle, morale et religieuse de l'âme. — En retour, ils ont droit à l'amour et au respect des enfants, à leur obéissance et à leur assistance dans le besoin. Les sentiments de la nature et de la conscience disent aux enfants de la même famille qu'ils ont des obligations à remplir les uns envers les autres, qu'ils doivent s'aimer d'une affection sincère, vivre dans la concorde et la paix et s'assister réciproquement.

III. — Société hérile. — Aux membres essentiels de la famille viennent s'ajouter *les serviteurs*, ce qui donne naissance à une troisième société, ayant ses droits et ses devoirs. Les serviteurs sont soumis, en vertu de leur condition, à l'autorité de toute la famille qui les a pris à ses gages, à celle des parents, et même, dans certaines limites, à celle des enfants. Ils doivent donc respect, obéissance, fidélité et dévouement à la famille tout entière.

Mais, en retour, ils ont droit à être gouvernés avec justice et bonté, et à recevoir leur salaire. Le maître qui a l'intelligence de ses obligations ne perd jamais de vue que ses serviteurs sont des hommes, qui, pour lui être inférieurs par leur condition, ont une âme de la même nature que la sienne, et appelée aux mêmes destinées. (FARGES).

§ VIII. — DEVOIRS DE L'HOMME DANS LA SOCIÉTÉ CIVILE.

I. — **Notion de la Société civile.** — L'Etat, ou la société civile, est une réunion d'hommes soumis au même gouvernement et aux mêmes lois, ayant pour fin la sécurité et le bonheur de tous. Membre de la famille, l'homme est citoyen de l'Etat. Entre ces deux sociétés, dont l'homme fait partie, il existe une différence importante, qui ne peut échapper à personne. Dans la première, l'ordre hiérarchique qui y règne est voulu et établi par la nature elle-même, qui assigne au père le rôle du commandement et fait des enfants les sujets de ce monarque domestique. Dans la seconde, la forme et la constitution, qui ne peuvent jamais être opposées à la justice, ne sont pas réglées par la nature, et la raison reconnaît et approuve comme bonnes plusieurs sociétés politiques.

II. — **Le Pouvoir est de l'Essence de la Société civile.** — Quelle que soit la forme d'une société politique, le pouvoir lui est nécessaire comme *lien* et comme *frein*. Il lui est nécessaire comme *lien*. Sans lui, les individus resteraient isolés ; ils ne seraient ni une société, ni un corps, puisque le principe d'unité serait absent. Le pouvoir est l'âme et la vie d'une réunion d'hommes.

Il lui est nécessaire comme *frein*, pour contenir les passions individuelles qui s'entrechoquent et les empêcher de dissoudre la société. Le pouvoir est, dans l'ordre des êtres libres, ce que sont dans l'univers les forces et les lois qui le conservent, en le maintenant dans l'harmonie. (FARGES).

III. — **Deux Choses très distinctes dans le Pouvoir.** — Dans le pouvoir, il faut distinguer *l'autorité* et *le sujet*. L'autorité, c'est-à-dire, le droit de commander, vient de Dieu immédiatement. — Le sujet, c'est-à-dire, le dépositaire de l'autorité, est celui-là même en qui l'autorité réside et qui l'exerce.

La multitude ou le peuple ne peut être le sujet de l'autorité civile. Il répugne, en effet, que celui à qui l'exercice de l'autorité n'est pas possible, en soit le sujet. Si, de l'aveu de tous, la multitude ne peut par elle-même exercer l'autorité, comment admettre qu'elle en est dépositaire ? — Pour constituer une société, il faut une autorité et une multitude, un supérieur et des inférieurs. Faire de la multitude le sujet de l'autorité, c'est confondre deux éléments essentiellement distincts.

Le sujet de l'autorité est *la personne choisie*, soit directement, soit indirectement par la multitude, et c'est à cette personne que Dieu communique l'autorité d'une manière immédiate. Le droit d'élire un chef existe dans la multitude. Elle est le sujet de ce droit et non de l'autorité. L'exercice de ce droit est la condition de la communication de l'autorité, qui ne peut venir que de Dieu. Telle est évidemment, dit Zigliara, la pensée des docteurs scolastiques, quand ils enseignent qu'une nation a de Dieu même le pouvoir de se gouverner, mais que ce pouvoir ne peut être exercé que par celui qu'elle a choisi. (LIBERATORE. ZIGLIARA).

IV. — **Formes du Pouvoir.** — Dans toute société politique, un seul commande, ou plusieurs. De là deux formes principales de gouvernement : *la Monarchie* et *la République*.

1° *Monarchie*. — La Monarchie est appelée *despotique*, quand le souverain est le seul maître, sans autre loi que sa volonté ; *absolue*, quand l'autorité, bien que concentrée dans les mains d'un seul, reste soumise aux lois fondamentales de la nation ; *constitutionnelle*, lorsqu'en vertu d'une constitution ou charte, le pouvoir se partage entre le souverain et les représentants du pays. Dans ce dernier cas, le pouvoir exécutif réside dans le souverain, et le pouvoir législatif dans les représentants.

2° *République*. — La République est dite *aristocratique*, quand l'autorité est confiée aux plus distingués par la noblesse, la fortune ou l'intelligence ; *oligarchique*, quand quelques-uns seulement sont dépositaires du pouvoir et forment une aristocratie limitée ; *démocratique*, lorsque, dit saint Thomas, les dépositaires de l'autorité peuvent être pris dans les divers rangs du corps social et élus par le peuple.

3° *Trois sortes de Pouvoirs dans toute Société.* — Dans toute société, l'autorité se ramifie en trois sortes de pouvoirs, à savoir : le pouvoir *législatif*, le pouvoir *exécutif* et le pouvoir *judiciaire*. Les lois portées par le pouvoir législatif, appliquées par le pouvoir exécutif, sanctionnées par le pouvoir judiciaire, forment le droit positif d'une nation, droit qui ne doit faire, pour être légitime, que développer et déterminer la loi naturelle.

V. — **Devoirs et Droits de l'Homme dans la Société civile.** — Dans la société civile, l'homme a des devoirs et des droits.

1° Devoirs. — L'homme, considéré comme membre de la société civile, est *citoyen* et *sujet*. De là pour lui des devoirs envers la patrie et envers le souverain.

1° *Devoirs du Citoyen.* — Le citoyen a des devoirs à remplir à l'égard de sa patrie. Indépendamment du régime gouvernemental, qui peut varier, il doit : 1° Aimer la patrie, qui est pour lui la famille agrandie ; 2° Lui venir en aide de ses facultés physiques et morales, en s'employant au bien commun ; 3° La défendre, et, au besoin, faire pour elle le sacrifice de sa vie. La fidélité constante à ces devoirs constitue le vrai patriotisme, qui ne peut être séparé de la religion.

2° *Devoirs du Sujet.* — Comme sujet, l'homme a des devoirs à remplir envers le dépositaire de l'autorité. Il lui doit le respect et l'obéissance. Mais, de même que le devoir du dépositaire du pouvoir est de ne pas excéder les limites du bien, le devoir du sujet, dans son obéissance, est de se renfermer dans les mêmes limites. Une loi contraire à la loi de Dieu, qui est le souverain législateur, ne peut imposer aucune obligation, et il n'est jamais permis de s'y soumettre.

2° Droits. — Si l'homme a des devoirs à remplir, comme membre d'une société, il a aussi des droits. Il y a *les droits naturels* et *les droits politiques*. Les droits *naturels* appartiennent à l'homme, considéré comme tel, et consistent dans le développement et l'exercice de ses facultés naturelles. En devenant membre d'une société, l'homme conserve le droit d'user de ses facultés naturelles, et dès lors que cet usage est honnête dans son but et ses moyens, et qu'il ne lèse ni les droits des autres citoyens, ni les intérêts de l'Etat, il a droit à la protection du gouvernement. Les droits *politiques* sont les droits garantis par la constitution politique de l'Etat auquel l'homme appartient. Ils varient selon les diverses formes de gouvernement.

VI. — **Devoirs et Droits du Dépositaire de l'Autorité dans la Société civile.** — 1° Devoirs. — Le dépositaire de l'autorité civile doit :

1° *Favoriser la religion*, que Dieu lui-même a établie, et qui seule peut contribuer efficacement au bien de l'individu, de la famille, des peuples et des gouvernements, c'est-à-dire, la Religion Catholique, qui, par cela même qu'elle est la vérité, a, en principe, un droit absolu, universel et exclusif, à la protection de tous les gouvernements humains.

2° *Protéger ses sujets* dans leur personne, dans leur propriété et dans leurs droits légitimes. Il ne peut violer ces droits, ni permettre qu'aucune atteinte y soit portée.

3° Employer les moyens efficaces dont il dispose pour *augmenter* de plus en plus le bien-être matériel et *développer* la vie intellectuelle et morale, source première de bonheur pour l'individu, de prospérité pour la famille et de force pour l'Etat.

4° Enfin, *donner le bon exemple*, en raison même de la position éminente qu'il occupe. *Regis ad exemplar totus componitur orbis.*

2° Droits. — Le dépositaire de l'autorité a des droits en rapport avec les devoirs de sa charge. Il a le droit : 1° *De porter des lois* pour l'intérêt public et de les faire exécuter ; — 2° *De juger ses sujets* et de terminer les différends qui peuvent s'élever entre eux ; — 3° *De punir tout attentat* contre la religion, contre l'autorité, contre la société et les particuliers, et il peut infliger la peine de mort ; 4° Enfin, d'exiger que les citoyens remplissent à son égard *tous les devoirs de respect et d'obéissance* dus à l'autorité. (FARGES).

§ IX. — DEVOIRS DE L'HOMME DANS LA SOCIÉTÉ RELIGIEUSE.

I. — **La Société civile doit à Dieu un Culte public.** — Le culte public consiste dans l'ensemble des cérémonies qui se pratiquent dans les temples et en commun, pour honorer la Divinité.

1° *Accord du genre humain sur le Devoir social du Culte public.* — L'histoire montre que le culte public a existé, depuis l'origine, chez tous les peuples. Chez tous, en effet, nous trouvons des temples, des autels, des sacrifices, des prières publiques, un sacerdoce. Un consentement si constant et si unanime affirme que le genre humain a vu dans le culte rendu en commun à la Divinité un devoir social, aussi impérieux que sacré, basé sur *la nature même de la société.*

2° *Le Culte public repose sur la nature de la Société.* — La société, comme les membres qui la composent, vient de Dieu, et c'est par elle que l'homme reçoit les avantages dont il jouit. La raison dit donc que Dieu, auteur de la société et de tous les biens qui nous viennent par elle, a un droit rigoureux à un hommage social et public. — Si l'individu a besoin de l'assistance divine, la société en a un égal besoin, et elle est soumise à l'action providentielle, qui s'exerce, à son égard, par des faveurs ou par des châtiments.

II. — **Le Culte public implique une Société religieuse.** — Pour que la société civile rende à Dieu le culte public qui lui est dû, une société religieuse, ayant son sacerdoce, ses cérémonies et ses rites, ses enseignements et ses pouvoirs, en un mot, son autonomie, est indispensablement nécessaire. Cette assertion, nous semble-t-il, n'a pas besoin d'être prouvée.

III. — **Par sa nature, l'homme est destiné à la Société religieuse.** — Nous avons fait voir que l'homme est essentiellement un être social. Mais le penchant, tout à la fois si fort et si doux, qui le porte vers ses semblables et le dispose à s'unir à eux par une communauté d'efforts et de dévouements, ne peut avoir pour raison et pour fin uniquement ses intérêts temporels. Il a un but plus élevé, et ce but n'est autre que la perfection intérieure de l'homme, par rapport à sa fin dernière, c'est-à-dire, à Dieu. Le culte intérieur et extérieur, qu'il est tenu de rendre à Dieu, appelle nécessairement le culte public, et par là même une société religieuse, c'est-à-dire, une religion constituée dans une forme sociale. Rien n'est propre comme l'exemple de ses semblables et les pompes du culte à entretenir et à élever dans son âme le sentiment religieux et la piété envers Dieu. Que le culte public cesse dans une nation, bientôt on verra s'affaiblir et s'éteindre, au sein de cette nation impie, le culte intérieur lui-même.

IV. — Il existe une Société religieuse divinement fondée. — Il existe, sur la terre, une société religieuse divinement fondée, dans laquelle Dieu reçoit le culte qu'il a lui-même établi : c'est l'Eglise de Jésus-Christ.

Le caractère divin de l'Eglise de Jésus-Christ, c'est-à-dire, de l'Eglise Catholique, est incontestable au tribunal de la raison, et il y a obligation pour tout homme, sous peine de manquer sa fin dernière, d'en devenir membre et de conformer sa foi et sa conduite à ses infaillibles enseignements.

L'Eglise Catholique embrasse l'humanité entière, les individus et les nations, les sujets et les gouvernements. Tous lui doivent le respect, l'obéissance et la protection. Elle a le droit de s'attacher les personnes et d'acquérir les choses qui lui sont nécessaires. Loin de pouvoir se séparer d'elle, l'Etat est tenu d'adapter les moyens qu'il emploie, pour assurer le bonheur temporel de ses sujets, à la fin surnaturelle de l'Eglise. Dans les limites de sa fin surnaturelle, l'Eglise est indépendante de toutes les sociétés humaines, et toutes les sociétés humaines lui sont subordonnées. (LIBERATORE).

§ X. — MORALE INDÉPENDANTE.

I. — Notion de la Morale indépendante. — L'importance qu'a prise de nos jours la question de *la morale indépendante,* c'est-à-dire, de *la morale sans Dieu,* ne nous permet pas de la passer sous silence.

« La morale, comme toutes les sciences, disent les partisans de ce système, a son domaine propre et isolé. C'est une science positive, uniquement fondée sur l'observation de *la personnalité humaine,* qui est le principe de tous nos devoirs et de tous nos droits. Ces devoirs et ces droits, la conscience nous les révèle, et son autorité est absolue. Tous les problèmes que la métaphysique soulève sur *Dieu, l'âme, la religion, la vie future,* sont et doivent rester étrangers à la morale, qui devient vraiment ainsi la morale universelle. »

D'après cet exposé succinct des principes qu'elle professe, la morale indépendante est la morale séparée de tout dogme philosophique et religieux, et surtout de la religion révélée : c'est la morale sans Dieu.

II. — **Réfutation de la Morale indépendante.** — La raison réprouve la morale indépendante :

1° Au point de vue de son *principe générateur*. — D'après les moralistes indépendants, chaque science a son autonomie, qui lui permet d'exister et de se développer par elle-même, sans que le concours des autres sciences lui soit nécessaire. Rien n'est plus évidemment faux qu'une telle assertion, qui n'a été mise en avant que pour légitimer le mépris des défenseurs de la morale indépendante pour les croyances, surtout pour les pratiques religieuses.

2° Au point de vue de *la source qu'elle reconnaît au devoir*. — D'après les partisans de cette morale, tous les devoirs de l'homme ont leur principe suprême dans la personnalité humaine, saisie par la conscience. — Mais, parce que l'homme est une personnalité intelligente et libre, il n'est pas pour cela le maître absolu et la règle suprême de ses destinées. En le créant, Dieu s'est proposé une fin, et le devoir de l'homme est de tendre à cette fin par la voie que son auteur lui a tracée. Si sa nature est adaptée à cette fin, elle n'est pas le principe de ses obligations, qu'elle lui fait seulement connaître. — La source des devoirs et des droits de l'homme est plus haute que sa personnalité : c'est la loi morale, c'est-à-dire, la volonté souveraine de Dieu, d'accord avec sa raison parfaite. Ne pas remonter jusqu'à Dieu, c'est admettre des lois sans législateur, des conséquences sans principe, c'est nier tous les devoirs.

3° Au point de vue de *la pratique du bien*. — Si le système des moralistes indépendants est impuissant à faire connaître le devoir, il n'est pas moins impuissant à le faire pratiquer. La morale sans Dieu est une morale sans lumière pour l'intelligence et sans force pour la volonté. Qui sépare la religion de la morale est réduit à dire avec le poète :

> *Video meliora proboque.*
> *Deteriora sequor.*

4° Au point de vue de *la sanction*. — A quoi se réduit la sanction de la morale indépendante ? A rien ou presque à rien. La sanction de la conscience ne se conçoit guère, ou est chose fort insignifiante dans le système en question. Le remords, par exemple, quel ascendant peut-il avoir sur la nature humaine, s'il n'a pour tout stimulant que l'horreur de ce qui n'est pas en harmonie avec la dignité de l'homme ? s'il n'entrevoit pas derrière le mal commis les redoutables châtiments d'une inexorable justice ? — L'opinion défavorable des hommes, le Code Pénal ? le moraliste indépendant ne peut en faire grand cas. Avec un peu d'habileté, il saura se soustraire à cette sanction, qui n'atteint du reste que les actes extérieurs. — Disons mieux, la morale indépendante n'a pas de sanction ; c'est une justice sans tribunaux, ou, pour mieux dire encore, c'est la destruction de tous les devoirs, c'est le règne absolu de l'arbitraire, sans règle autre que soi-même, sans responsabilité, sinon au tribunal de sa propre conscience.

La morale indépendante, qui, au fond, n'est que la négation de la religion révélée et de la civilisation par le Christianisme, doit donc être rejetée comme une monstrueuse erreur, sous le rapport des principes, et, au point de vue pratique, comme une école d'immoralité. (BÉNARD.)

HISTOIRE DE LA PHILOSOPHIE.

VINGT-HUITIÈME LEÇON.

Sommaire : 1° Aperçu général sur l'Histoire de la Philosophie. — 2° Méthode à suivre dans l'Histoire de la Philosophie. — 3° Division de l'Histoire de la Philosophie. — 4° Première Époque. — Temps anciens. — 5° Première Période. — Philosophie Orientale. — 6° Deuxième Période. — Philosophie Grecque. — 7° Troisième Période. — Philosophie Greco-Orientale ou Alexandrine.

§ Ier. — APERÇU GÉNÉRAL SUR L'HISTOIRE DE LA PHILOSOPHIE.

I. — **Objet de l'Histoire de la Philosophie.** — L'histoire de la Philosophie est l'exposition des doctrines enseignées par les philosophes qui se sont fait un nom. Elle a un triple objet : *les hommes, les systèmes et l'appréciation des systèmes*.

1° *Les Hommes.* — L'histoire de la Philosophie fait connaître les hommes qui se sont signalés, dans le cours des siècles, par leur étude approfondie des grandes questions que se pose notre intelligence.

2° *Les Systèmes.* — L'histoire de la Philosophie expose les systèmes qui ont eu quelque retentissement et contribué soit à favoriser, soit à entraver le progrès de la raison humaine. On entend par *système* ou *théorie* un *enseignement méthodiquement présenté, dans le but de mettre en lumière quelque point de doctrine vraie ou erronée.*

3° *L'Appréciation des Systèmes.* — L'histoire de la Philosophie ne se borne pas à exposer les divers systèmes qui, à certaines époques, ont exercé une bonne ou une fâcheuse influence sur les esprits. Mais encore, et c'est ici sa tâche principale, elle les approfondit, les discute avec impartialité, les compare entre eux, pour émettre sur chacun une appréciation éclairée et judicieuse. Ce n'est même qu'à cette condition qu'elle peut être utile.

II. — **Utilité de l'Histoire de la Philosophie.** — L'histoire bien faite de la Philosophie offre autant d'intérêt que d'utilité à celui qui veut, à la grande école du passé, acquérir la science de l'homme, en même temps qu'elle contribue au progrès de la Philosophie elle-même et au triomphe de la vérité religieuse.

1° *Elle est utile au Néophyte.* — Devant celui qui débute dans l'étude de la Philosophie, elle *ouvre la voie qui a mené à d'importantes découvertes.* Elle lui enseigne les moyens et les méthodes qui ont valu le succès à ses devanciers, et ainsi elle lui facilite et lui abrège le travail.

Elle le *prémunit contre l'erreur*, en lui découvrant les causes qui ont conduit les penseurs du passé à de regrettables égarements. Le faux d'une doctrine n'apparaît pas toujours à première vue. L'histoire qui suit cette doctrine dans ses développements et dans les conséquences qu'on en tire, le met en pleine lumière.

Elle lui apprend à se *mettre en garde contre la séduction* des noms célèbres et des brillantes théories et lui fait contracter la précieuse habitude de peser longtemps ses conceptions personnelles, avant de les livrer au public.

2° *Elle est utile à la Philosophie elle-même.* — Elle contribue à la faire progresser. Elle éclaire sa marche des lumières des âges antérieurs, perfectionne de plus en plus ses méthodes et règle ainsi le mouvement général de l'esprit humain.

3° *Elle est utile au Triomphe de la Vérité religieuse.* — Rien n'est plus propre que l'histoire de la Philosophie à montrer, dans une parfaite évidence, qu'il n'y a et qu'il ne peut y avoir de philosophie complète et donnant la vraie science de l'homme, en dehors de la Révélation et par là même en dehors de l'Église Catholique, qui est tout à la fois la fidèle gardienne et l'infaillible interprète des vérités révélées. (M***, PROF. A SAINT-SULPICE.)

§ II. — MÉTHODE A SUIVRE DANS L'HISTOIRE DE LA PHILOSOPHIE.

I. — **Trois Manières de diviser l'Histoire de la Philosophie.** — Les écrivains qui se sont occupés de l'histoire de la Philosophie n'ont pas tous suivi la même marche, ni adopté le même plan. On conçoit, en effet, que les divers systèmes, qui forment comme la trame de cette histoire, peuvent être considérés à trois points de vue principaux, sous le rapport de l'objet même de ces systèmes, sous le rapport des peuples chez qui ces systèmes se sont produits, et sous le rapport des époques auxquelles ils se rattachent. De là trois manières de diviser l'histoire générale de la Philosophie, selon l'ordre *logique*, selon l'ordre *ethnographique*, et selon l'ordre *chronologique*.

II. — **Ordre logique.** — L'ordre *logique* consiste à exposer séparément tous les systèmes philosophiques, suivant leurs rapports de similitude et d'affinité. En adoptant cet ordre dans le plan d'une histoire de la Philosophie, on prendrait successivement chaque système à part : par exemple, le sensualisme, l'idéalisme, etc., dont on exposerait les diverses phases depuis sa première apparition jusqu'à l'époque actuelle.

III. — **Ordre ethnographique.** — L'ordre *ethnographique* consiste à étudier à part toutes les doctrines philosophiques qui se sont produites chez un peuple. En suivant cet ordre, on aurait à faire autant d'histoires de la Philosophie qu'il y a eu de nations à s'occuper de cette science. Cette méthode est peu rationnelle, attendu que les travaux philosophiques ne se circonscrivent pas dans les limites des organisations politiques. Il y a entre les peuples un perpétuel échange d'idées et de doctrines. Pour bien apprécier un système qui a eu du retentissement au sein d'une nation, il est nécessaire d'étudier le mouvement intellectuel auquel il a donné lieu chez les autres peuples.

IV. — **Ordre chronologique.** — L'ordre *chronologique* consiste à exposer les systèmes philosophiques suivant les époques auxquelles ils ont paru dans l'histoire du genre humain. Cet ordre est le plus naturel ; aussi a-t-il été généralement adopté par les auteurs qui ont écrit l'histoire de la Philosophie. La méthode chronologique présente, d'ailleurs, les avantages des autres méthodes, sans en avoir les inconvénients.

Dans les limites d'une période, il est facile, en suivant la méthode *chronologique*, de faire un état comparatif de la Philosophie chez les principaux peuples, et même cette comparaison est nécessaire pour bien apprécier le mouvement de l'esprit humain dans le siècle que l'on étudie.

En suivant la méthode *chronologique*, il est également aisé de faire ressortir le lien logique des systèmes qui émanent d'une source commune et qui ont apparu avec des nuances diverses, dans les limites d'une même période. C'est même là l'unique moyen de bien faire saisir la filiation des idées qui forment comme le fond de ces systèmes. Nous adopterons la méthode chronologique dans notre histoire de la Philosophie. (BARBE.)

§ III. — DIVISION DE L'HISTOIRE DE LA PHILOSOPHIE.

I. — **Époques.** — Ceux qui adoptent la méthode chronologique divisent généralement l'histoire de la Philosophie en trois grandes époques, à savoir, *les Temps anciens*, *le Moyen-Age* et *les Temps modernes*.

II. — **Périodes.** — Chaque époque de l'histoire de la Philosophie renferme des *périodes*, qui, tout en se rattachant à l'époque par leurs caractères généraux, sont distinctes entre elles par les tendances particulières de leurs enseignements.

III. — **Écoles.** — Les Périodes, à leur tour, présentent diverses Écoles, qui diffèrent entre elles sur quelques questions importantes de la Philosophie. (BÉNARD.)

§ IV. — PREMIÈRE ÉPOQUE. — TEMPS ANCIENS.

I. — **Epoque des Temps anciens.** — L'époque des Temps anciens, dont il serait difficile de préciser le commencement, s'étend jusqu'à la seconde moitié du VIII° siècle de notre ère.

II. — **Périodes de l'Epoque des Temps anciens.** — L'époque des Temps anciens comprend trois Périodes, qui correspondent à trois développements très distincts de l'esprit humain et sont connues sous les noms de Période *Orientale*, de Période *Grecque*, et de Période *Greco-Orientale* ou *Alexandrine*. La première eut pour théâtre l'Orient ; la seconde, l'Asie-Mineure, la Grèce et Rome (600 ans avant Jésus-Christ) ; la troisième, Alexandrie, où elle prit naissance au second siècle de notre ère.

§ V. — PREMIÈRE PÉRIODE. — PHILOSOPHIE ORIENTALE.

La Philosophie proprement dite a fait sa première apparition en Orient. C'est là, en effet, que les nations se sont formées tout d'abord autour du berceau du genre humain. Il n'est donc pas surprenant que les sciences, et tout particulièrement la Philosophie, aient eu leur premier épanouissement au sein des populations orientales.

I. — **Philosophie des Hébreux, des Egyptiens et des Perses.** — Nous ne voulons dire qu'un mot de ces trois peuples, attendu qu'en dehors des dogmes religieux, sur l'existence de Dieu, l'origine des choses, et la destinée de l'homme, on ne trouve pas chez eux de systèmes philosophiques proprement dits.

1° *Hébreux*. — Les Hébreux n'ont point eu de Philosophie, selon le sens qu'on attache d'ordinaire à ce mot. Ce qu'ils connaissaient de Dieu et de ses attributs, de l'origine de la race humaine et de la genèse de l'univers, n'était l'œuvre ni de la réflexion, ni du raisonnement, ni d'un procédé philosophique quelconque, mais le fruit d'une révélation divine, principalement consignée dans *le Pentateuque* de Moïse, ouvrage extraordinaire, dit Cousin, devant lequel on s'incline, et qui expose la création avec une simplicité et une profondeur qui étonnent la science moderne.

2° *Egyptiens.* — L'Egypte était assurément un puissant empire, en possession d'une civilisation florissante, et on ne peut douter qu'il n'y ait eu des pensées sérieuses sous les mystérieux symboles qui couvrent encore l'intérieur de ses temples, sous ces hiéroglyphes, qui ont résisté aux siècles, comme à tous les efforts de l'érudition. Mais on n'a que des documents fort incomplets sur la science des Egyptiens.

Les prêtres, qui possédaient le dépôt sacré de cette science, avaient, au rapport d'Hérodote, de Diodore de Sicile et de plusieurs autres, une double doctrine : l'une *exotérique*, ou extérieure, qu'ils enseignaient publiquement ; l'autre *ésotérique*, ou secrète, qu'ils ne communiquaient qu'aux initiés.

Autant qu'on en peut juger à travers le voile allégorique qui la recouvre, la science secrète avait pour objet les points suivants : 1° Il y a un Être suprême, principe caché de tout ce qui est. Tout ce qui a vie et mouvement dans la nature sort de lui par émanation. 2° L'âme humaine est immortelle. Après s'être séparée du corps, elle est jugée, puis elle est soumise à plusieurs transmigrations, passant dans des corps d'hommes ou d'animaux, ou dans les astres. 3° Après toutes les épreuves, elle subit un dernier jugement, qui la met en possession de la béatitude ou l'en exclut pour toujours.

3° *Perses.* — Les doctrines religieuses et philosophiques des Perses sont contenues dans *le Zend-Avesta*, ouvrage dû, en partie du moins, au réformateur Zoroastre, qui vécut, croit-on, sous le règne de Darius, fils d'Hystaspe, au sixième siècle avant notre ère.

D'après le savant orientaliste Anquetil-Duperron, qui a traduit en français *le Zend-Avesta*, voici les principaux points de la doctrine des Perses : 1° Au commencement était le temps sans borne, désigné sous le nom de *Zervane*, l'unité première, la source des êtres. 2° *Zervane* produit deux principes contraires : *Ormuzd*, père de la lumière et du bien, et *Ahriman*, père des ténèbres et du mal. Ces deux principes sont toujours en guerre. 3° Les âmes qui suivent *Ahriman* vont dans l'abîme ténébreux, séjour des supplices. Celles qui écoutent *Ormuzd* vont au séjour de la lumière et de la félicité. 4° Finalement, *Ahriman* sera purifié et le mal vaincu, et alors disparaîtra l'antagonisme. (BARDE).

II. — **Philosophie de l'Inde.** — Nous avons à parler du *Brahmanisme* et du *Bouddhisme*.

1° *Brahmanisme.* — La religion de l'Inde est contenue principalement dans les Védas (*science, loi*), révélés par Brahma lui-même et rédigés par Vyasa. Ces livres sacrés, au nombre de quatre, sont comme la Bible ou le Coran des Hindous. Sur eux repose toute la société, avec ses institutions politiques, ses lois et ses mœurs.

Des travaux faits par les savants sur le texte plus ou moins obscur et énigmatique des Védas, sont sortis de volumineux commentaires, et, par suite, des systèmes philosophiques qui, à leur tour, ont donné naissance à plusieurs *Ecoles*. Parmi ces Ecoles, on en compte six plus célèbres, dont l'une porte le nom de *Védanta*.

1° **Philosophie Védanta.** — L'Anglais Colebrooke (1837) a consacré au *Védanta* un savant et laborieux mémoire. Il y fait voir que l'enseignement de cette Ecole, la seule dont nous parlerons, a un double objet : d'un côté, Dieu et l'origine du monde; de l'autre, la béatitude de l'âme et les moyens de l'obtenir.

1° *Dieu et Origine des Choses.* — D'après le Védanta, qui a plusieurs points communs avec les autres systèmes philosophiques de l'Inde, il existe un Être suprême et éternel, *Brahma*. Il est tour à tour producteur et destructeur de l'univers. Il produit tout ce qui existe, et il le produit de sa propre substance. S'éveille-t-il du sommeil inactif dans lequel il était primitivement plongé ? il communique la vie et le mouvement ; l'univers vivant et se mouvant est sa pensée à l'état de veille. Passe-t-il de la veille au sommeil ? l'univers disparaît et *Brahma* le résorbe. L'Être infini a donc une double force. La première de ces forces, ou *Wichnou*, est le dieu conservateur, et la seconde, ou *Siva*, est le dieu destructeur. *Brahma*, *Wichnou* et *Siva* forment *la Trimourti*, ou Trinité indienne.

2° *Béatitude de l'Ame.* — L'âme est une partie de la substance divine, et *Siva* ne peut la détruire. En quittant le corps, elle est soumise à diverses transmigrations; à moins qu'elle n'ait mérité d'être unie à Brahma, pour jouir de sa béatitude. — Affranchir l'âme de la nécessité de ces transmigrations et lui obtenir le bonheur par l'union immédiate avec l'Être suprême, tel est l'objet que poursuit le Védanta dans la partie morale de ses enseignements.

2° Appréciation de la Philosophie Védanta. — Nous ne ferons que trois observations. — 1° Le Panthéisme fait le fond de la philosophie Védanta, et, généralement, avec des nuances diverses, de toutes les Ecoles brahmaniques. — 2° L'idée de *la création ex nihilo*, qui établit une différence essentielle entre l'Être infini et l'être contingent, n'y paraît pas soupçonnée. — 3° Malgré toutes ses absurdités et ses inconséquences, la philosophie indienne n'a pu échapper à l'idée de la loi morale et elle professe que l'âme ne revient à son principe que par la pratique du bien, que la raison lui révèle.

2° Bouddhisme. — Une philosophie indépendante attaqua violemment les systèmes philosophiques sortis des Védas. — Les excès de cette philosophie donnèrent lieu à une réaction dans le sens moral, connue sous le nom de *Bouddhisme*.

1° *Bouddha.* — La réaction contre la philosophie indépendante eut pour auteur *Sakya-Mouni*, surnommé *Bouddha*, c'est-à-dire, le savant. Si sa doctrine s'est transformée en système religieux dans plusieurs contrées de l'Asie, Bouddha s'est donné simplement comme philosophe.

2° *But du Bouddhisme.* — Le but que poursuit Bouddha est d'enseigner à l'homme la voie la plus expéditive de la béatitude, en délivrant son âme de la loi des transmigrations, enseignée par la philosophie brahmanique.

3° *Moyens d'arriver au but.* — Bouddha ramène toute sa doctrine « à *quatre vérités sublimes.* » La première, c'est que l'existence soumise à des changements, ou transmigrations, a pour conséquence *la douleur*. La seconde, c'est que *le désir*, pour une telle existence, est la cause de la douleur. La troisième, c'est que la douleur et le désir peuvent cesser par *l'anéantissement de l'existence mobile* au sein de l'Être immuable. L'existence mobile est le vide ; l'anéantissement de ce vide, c'est la plénitude. La quatrième vérité, c'est que, pour arriver directement à cette plénitude de vie, où il n'y a ni douleur, ni désir, il faut savoir renoncer à soi-même et *pratiquer la vertu*.

III. — Philosophie de la Chine. — L'antique philosophie des Chinois comptait deux Ecoles principales : l'une *métaphysique*, et l'autre *morale*.

1° *Ecole métaphysique.* — L'Ecole métaphysique eut pour fondateur *Lao-Tseu*, qui vécut au sixième siècle avant notre ère. Sa doctrine est contenue dans l'ouvrage intitulé : *Le Livre de la Raison Suprême et de la Vertu*. Il y enseigne que le principe de toute existence est l'Être souverain, qu'il appelle la Raison suprême. Dans cette Raison suprême, il reconnaît une sorte de Triade, ou Trinité, qui a tout produit, par la contemplation d'elle-même. Le bonheur de l'homme consiste dans l'identification de son âme avec l'Être suprême. Or, l'homme arrive à cette identification par l'exercice de la vertu, qui consiste dans la conformité de ses actions avec la Raison suprême.

2° *Ecole Morale.* — L'Ecole *morale* a été fondée par *Confucius*, qui a vécu de l'an 551 à l'an 479 avant notre ère. *Confucius* est regardé comme le prince de la Philosophie dans la Chine. Mettant de côté, dans ses leçons et dans ses livres, toutes les questions de métaphysique, il ne s'occupe que de la morale et de la politique.

D'après Confucius, *le grand devoir de l'homme* est de travailler à se perfectionner lui-même et à perfectionner ceux avec qui il vit. Or, ce perfectionnement consiste à agir conformément à la bonté essentielle et à la justice, c'est-à-dire, à l'Être suprême, qu'il appelle *Tien*. Parmi les devoirs spéciaux de l'homme, Confucius recommande la justice et la charité, auxquelles il ramène toutes les autres obligations. *Mencius* (200 *ans après Confucius*) renouvela et perfectionna sa doctrine, en y ajoutant une politique, d'après laquelle le prince est inférieur au peuple.

On *reproche avec raison* à *Confucius* de ne parler ni du fondement, ni de la sanction des préceptes moraux qu'il inculque. Moraliste et législateur, il n'est pas métaphysicien, ni profond penseur. Il a revu et corrigé dans plusieurs passages les livres sacrés de la Chine, connus sous le nom de *Kings*.

§ VI. — DEUXIÈME PÉRIODE. — PHILOSOPHIE GRECQUE.

I. — Trois Phases de la deuxième Période. — On peut distinguer trois *phases* dans la deuxième période de la Philosophie des temps anciens, qui s'appelle *Philosophie grecque*.

1° *Première phase.* — La première phase voit la Philosophie naître en Ionie, dans les îles de l'Archipel et sur les côtes de l'Italie.

2° *Deuxième phase.* — Dans la seconde phase, la Philosophie passe sur le continent grec, s'y établit et porte ses plus beaux fruits à Athènes.

3° *Troisième phase.* — La troisième phase de la Philosophie grecque suit cette Philosophie, depuis son introduction à Rome, jusqu'à la fin de la deuxième période.

La Philosophie grecque *commence* environ 600 ans avant Jésus-Christ, pour *finir* au second siècle de notre ère. Elle embrasse ainsi près de huit cents ans. Dans le cours de cette période, Socrate opéra une révolution dans les études philosophiques. Voilà pourquoi la première phase est désignée d'ordinaire sous le nom de *Philosophie grecque avant Socrate*; la seconde, sous le nom de *Philosophie grecque après Socrate*; et la troisième, sous le nom de *Philosophie grecque à Rome*.

II. — **Première Phase de la Philosophie grecque, ou Philosophie grecque avant Socrate.** — La phase antésocratique est une phase d'essai, où n'apparaît aucune méthode régulière, où les problèmes difficiles, abordés dans les Ecoles, ne reçoivent que des solutions hypothétiques et sans valeur, où la conduite morale de l'homme et la grande question du devoir semblent ne pas préoccuper les esprits.

1° *Caractère cosmologique de la Philosophie avant Socrate.* — Le caractère dominant de la Philosophie avant Socrate est *le caractère cosmologique*. Les systèmes qui remplissent cette première phase portent généralement l'empreinte du génie oriental, tant pour le fond que pour la forme, et ils ont tous cela de commun qu'ils ont bien plus pour objet le monde, la nature, l'origine des choses, que l'homme et la société civile.

2° *Double tendance de la Philosophie avant Socrate.* — La nature peut être étudiée au point de vue *concret* ou au point de vue *abstrait*. De là deux tendances parfaitement accusées dans les Ecoles de la première phase de la Philosophie grecque. Si toutes sont des Ecoles de Philosophie naturelle, les unes sont plus spécialement des *Ecoles de physiciens* et les autres des *Ecoles de mathématiciens et d'astronomes*.

3° *Principales Ecoles Antésocratiques.* — Quatre principales Ecoles se partagent la phase antésocratique de la Philosophie grecque : l'Ecole *Ionienne*, l'Ecole *Atomistique*, l'Ecole *Italique*, et l'Ecole *Eléatique*. Des débats entre ces Ecoles naquit l'Ecole *Sophistique*, s'il est permis de lui donner ce nom, puisqu'elle professe n'admettre aucun principe.

1° **Ecole Ionienne.** — L'Ecole *Ionienne* eut pour fondateur *Thalès*, que l'on croit originaire de Phénicie. Après avoir visité la Crète, une partie de l'Asie et de l'Egypte, ce savant, contemporain de Crésus et de Solon, vint (vers 587 avant notre ère) se fixer définitivement à Milet, qu'on lui donne quelquefois pour patrie, et là il réunit autour de lui de nombreux disciples.

Caractère de l'Ecole Ionienne. — Ce qui domine dans la doctrine de l'Ecole ionienne, c'est évidemment *le caractère physique.* Thalès commence la série des *physiciens dynamistes* qui conçoivent l'univers comme produit par les évolutions et les transformations d'une substance primitive. D'après ce philosophe, *l'eau* est la substance universelle des êtres, le principe du mouvement et de la vie, le divin. On ne voit pas qu'il ait admis, pour expliquer l'origine du monde, l'existence d'un principe supérieur, tirant toutes choses de l'humide.

Philosophes célèbres de l'Ecole Ionienne. — Disciple de Thalès, *Anaximandre* concevait le monde, à son origine, comme un vaste mélange de tout ce qui entre dans sa composition actuelle, et pour expliquer le passage de cette confusion primitive à l'ordre qui y règne, il n'employait que des causes physiques, c'est-à-dire, la nature. La nature prise dans sa totalité vague et indéterminée était à ses yeux l'infini, et c'est cet infini qui, d'après Aristote, était pour lui le divin.

Anaximène enseignait que *l'air*, par ses alternatives de condensation et de dilatation, était le principe infini et vivant de tout ce qui existe.

Anaxagore, se rapprochant de la doctrine d'Anaximandre, qu'il a perfectionnée, admettait, outre la matière et le mouvement, qui, à ses yeux, était simplement un effet, une cause motrice, une *intelligence* simple et indépendante, qui a tout ordonné.

Héraclite (500 ans avant Jésus-Christ) plaçait la cause première de toutes choses dans *le feu vivant et intelligent*, qui gouverne tout sans s'éteindre jamais. Le feu vivifie et détruit ; les contraires ont en lui leur conciliation, d'où sort l'harmonie générale. Nos âmes sont des étincelles de ce feu divin, ayant deux facultés, les sens et la raison.

2° Ecole Atomistique. — L'Ecole atomistique fut fondée à Elée, dans la Grande-Grèce, par Leucippe, et eut pour principal représentant son disciple, *Démocrite*, natif d'Abdère.

Caractère de l'Ecole Atomistique. — L'Ecole atomistique supprime l'intelligence motrice, reconnue de quelques philosophes de l'Ecole ionienne, et elle a pour caractères dominants le *Matérialisme* et *le Fatalisme*. — D'après cette Ecole, le monde a été formé par des atomes, en nombre infini, et doués d'un mouvement éternel. Rien n'a lieu sans cause ; mais tout se fait par nécessité, et la nécessité est une loi interne de la nature elle-même. L'âme est formée d'atomes subtils, ne connaissant que ce qu'elle sent par le moyen des effluves qui émanent des corps et produisent dans notre cerveau les images des corps. En morale, le sensualisme était la conséquence d'une telle psychologie.

3° Ecole Italique. — L'Ecole *italique* eut pour fondateur Pythagore, né à Samos (584 avant Jésus-Christ), qui, après de longues pérégrinations, dans le but d'agrandir le cercle de ses connaissances, vint s'établir à Crotone, dans la Grande-Grèce, où il se vit bientôt entouré de nombreux disciples. Ce philosophe, le plus illustre de la phase que nous parcourons, exigeait de ses disciples un long et rigoureux silence, et leur imposait la vie commune. On compte parmi les principaux pythagoriciens : Timée, de Locres ; Archytas, de Tarente, et Philolaüs, de Tarente, selon les uns, ou de Crotone, selon les autres.

Caractère de l'Ecole Italique. — Le caractère de l'Ecole italique, c'est l'idéalisme. Contrairement aux deux Ecoles précédentes, elle prenait *l'abstrait* pour objet de ses enseignements. On l'a souvent désignée sous le nom d'*Ecole mathématique*.

Doctrine Pythagoricienne. — La théorie pythagoricienne des *nombres* a préparé la théorie platonicienne des *idées*. La maxime fondamentale de l'Ecole italique, c'est que *les nombres sont les principes éternels des choses*, qui ont été formées à leur image. *Dieu* est l'unité absolue, et, dès lors, principe des nombres et des choses. — *L'âme* est une émanation de l'âme de l'univers ; elle est *l'harmonie du corps*. Il y a en elle deux parties : l'une raisonnable, qui a le cerveau pour siège ; et l'autre irraisonnable, dont le siège est le cœur. — *La vertu* est l'harmonie des deux parties de l'âme, sous la loi de la raison. — Quand le corps se dissout, l'âme retourne à Dieu, si elle est pure ; autrement, elle est condamnée à se purifier par une série de transmigrations dans divers corps, ce qui est connu sous le nom de *Métempsycose*.

La doctrine de l'Ecole italique l'emporte de beaucoup sur le sensualisme de l'Ecole ionienne. Pythagore a laissé une grande mémoire dans l'antiquité. Il a donné à la langue grecque et à l'humanité deux mots immortels, celui de *Philosophie* et celui de *Monde* (*beau*), pour désigner l'harmonieux ensemble des choses visibles. (Cousin.)

4º **Ecole Eléatique.** — L'Ecole *éléatique* fut établie par Xénophane, qui de Colophon, ville ionienne et sa patrie, alla, déjà vieux, se fixer dans la Grande-Grèce, à Elée, vers l'an 536 avant Jésus-Christ. Elle n'a fait que compromettre l'Ecole italique, en l'exagérant. Puisque Dieu est l'unité, l'univers, offrant une unité pleine d'harmonie, dit Xénophane, n'est pas distinct de Dieu, son principe. Par une voie différente, l'Ecole éléatique arrive, comme l'Ecole atomistique, à l'abîme du *Panthéisme*.

Parménide. — Successeur de Xénophane, Parménide ne fit qu'exagérer de plus en plus les conséquences qui ressortaient des principes enseignés par son maître, soutenant que rien de ce qui existe n'a pu commencer, mais que tout est éternel.

Zénon. — Zénon, natif d'Elée, alla plus loin encore. Il sacrifia l'expérience aux abstractions, et, niant la multiplicité des êtres aussi bien que la possibilité du mouvement, il alla se perdre dans *le Panthéisme idéaliste*, qui a été reproduit dans les temps modernes.

5º **Ecole Sophistique ou Sceptique.** — De l'antagonisme entre les Ecoles dont nous venons de parler, on vit sortir une secte de faux sages connus sous le nom de *Sophistes*. N'admettant aucune différence essentielle entre le bien et le mal, le vrai et le faux, prétendant que la vérité est impossible à connaître, ces sophistes parcouraient les villes de la Grèce, pour y vendre à prix d'or l'art de rendre tout vraisemblable, et faire ainsi métier et marchandise de l'Eloquence et de la Philosophie.

Principaux Sophistes. — Parmi les sophistes les plus célèbres de cette époque, on compte Protagoras, d'Abdère, qui admettait comme principe fondamental qu'il n'est aucune proposition dont on ne puisse affirmer et soutenir la contradiction, — et Gorgias, de Léontium, en Sicile, le plus célèbre de tous, déclamateur brillant, qui enseignait qu'on ne peut rien connaître, et que, si l'on connaît quelque chose, il est impossible de le démontrer par la parole.

Vulgarisation du Scepticisme. — Les attaques de ces faux sages, en ébranlant la certitude, vulgarisèrent *le scepticisme* et rendirent finalement un véritable service à la Philosophie. Les esprits sérieux ne tardèrent pas à sentir le besoin de recherches nouvelles mieux dirigées et plus approfondies. C'est alors que parut Socrate.

§ III. — DEUXIÈME PHASE DE LA PHILOSOPHIE GRECQUE OU PHILOSOPHIE GRECQUE APRÈS SOCRATE.

Nous parlerons : 1° de Socrate; 2° des petites Ecoles sorties de ses enseignements; 3° des grandes Ecoles socratiques.

1° *Socrate.* — Né à Athènes l'an 469 avant Jésus-Christ, et mort l'an 399, Socrate était fils du sculpteur Sophronisque et d'une sage-femme nommée Phénarète. La lecture du livre d'Anaxagore, où ce philosophe reconnaît l'intelligence comme la cause première de toutes choses, fit sur lui une impression profonde et détermina la direction nouvelle qu'il donna à sa vie. Ayant renoncé à la profession de son père, il s'appliqua tout entier à la Philosophie. Dans sa vie privée, il se montra irréprochable, extérieurement du moins; il aima la vérité et il travailla à la répandre. Dans plusieurs circonstances, il fit preuve d'une grande bravoure, et, élu au Sénat sous les Trente, il sut résister à la multitude. Trois de ses ennemis, Anytus, homme puissant et populaire, Mélitus, poète obscur, et

Lycon, orateur politique, se réunirent pour l'accuser de corrompre la jeunesse et d'introduire des divinités nouvelles. Socrate refusa de se défendre, et il accepta avec un calme héroïque la sentence qui le condamnait à boire la ciguë.

1° *Caractère de la Philosophie de Socrate.* — Socrate a ouvert une ère nouvelle pour la Philosophie grecque. Non-seulement il la releva du discrédit où l'avaient fait tomber les sophistes, mais il lui imprima une impulsion nouvelle, en communiquant aux esprits un ardent amour de la vérité et de toutes les connaissances les plus réellement utiles. — De *cosmologique* qu'il était avant lui, Socrate a donné à la Philosophie un caractère *anthropologique* et *moral*, et, par là même, *pratiquement métaphysique*. Comme précédemment, la Philosophie tend à la connaissance raisonnée du système universel des choses, mais elle y tend en partant de l'homme, et dans le but d'élever en lui la vie morale. C'est un incontestable progrès, qui a fait dire à Cicéron, dans ses *Tusculanes*, que Socrate a fait descendre la Philosophie du ciel sur la terre. L'orateur-philosophe a voulu donner à entendre par là que Socrate a détourné la Philosophie des hypothèses cosmologiques, pour l'appliquer à la connaissance de l'homme et à la pratique du devoir.

2° *Les deux Procédés de Socrate.* — Socrate ne tenait pas École ; il n'enseignait même pas, à proprement parler : il conversait familièrement. Il s'adressait à ceux qu'il rencontrait, et surtout aux beaux esprits et aux prétendus savants de l'époque. La méthode qu'il employait renferme comme deux parties : *la Réfutation de l'Erreur* et *la Découverte de la Vérité*. C'est ce qu'on a appelé l'Ironie et l'Analyse ou Maïeutique socratiques.

Ironie. — Socrate employait l'ironie, surtout dans ses discussions avec les sophistes qu'il se proposait de confondre. Sous prétexte de s'instruire lui-même, il posait à son interlocuteur une question habilement choisie, qui donnait à ce dernier l'occasion de lui découvrir le fond même de sa pensée. S'emparant de la réponse qui vient de lui être donnée, Socrate en déduit logiquement les conséquences, et, par l'absurdité même de ces conséquences, il montre à l'adversaire la fausseté du principe qui lui a servi de point de départ.

Analyse ou Maïeutique. — Dans ses entretiens avec les auditeurs qu'il avait entrepris d'instruire et qui faisaient difficulté de se rendre à quelque point de sa doctrine, il les amenait adroitement à émettre une vérité qu'ils regardaient comme indubitable. Puis, profitant de leur aveu, il les contraignait, par une suite d'interrogations, à produire analytiquement, comme d'eux-mêmes, la vérité qui, tout d'abord, leur avait paru contestable, et à reconnaître qu'ils l'admettaient déjà, à leur insu. Voilà pourquoi il a appelé ce procédé *l'Art d'accoucher les Esprits*, ou *Maïeutique*. (LÉVÊQUE.)

3° *Objet de la Philosophie Socratique*. — Les enseignements de Socrate ne peuvent être appréciés d'une manière bien précise, et, par là même, impartiale, attendu que ce philosophe n'a laissé aucun écrit. Ce que nous connaissons de la doctrine de Socrate, nous le devons à Platon et à Xénophon, qui ont pu modifier, en nous les transmettant, les enseignements de leur maître. Il résulte des ouvrages de ces deux auteurs que la Philosophie de Socrate était avant tout une Philosophie morale, contenant de sages conseils pour la direction de la vie, mais sans établir la différence fondamentale et essentielle du bien et du mal. A ses yeux, le bien est plutôt le bien de l'homme que le bien absolu : ce qui enlève à ses conclusions et à ses préceptes leur véritable base, et donne pour caractère à sa morale *l'égoïsme*.

La doctrine de Socrate avait pour objet : 1° L'existence de Dieu et sa Providence. En admettant un Être suprême, il reconnaissait des dieux inférieurs. 2° L'immortalité de l'âme ; ses récompenses ou ses châtiments dans l'autre vie. 3° La vertu, inséparable de la science, avec laquelle il paraît la confondre. Il recommande plus particulièrement la modération en toutes choses, la justice envers ses semblables, l'observation des lois et des coutumes, le respect de la voix de la conscience, qui est comme un intermédiaire entre Dieu et l'homme, et que Socrate appelait son *démon*.

4° *Écoles Socratiques*. — La Philosophie de Socrate a donné naissance à de nombreuses Écoles, que l'on divise, d'ordinaire, en deux catégories : les *petites* et les *grandes*.

2° **Petites Écoles Socratiques.** — Les *petites* Écoles socratiques, ainsi appelées parce qu'elles ont été moins remarquables que les autres, soit par le nombre ou la renommée de leurs disciples, soit par leur durée, sont au nombre de trois principales, que nous voulons seulement signaler.

1° *Ecole Cyrénaïque.* — L'Ecole *cyrénaïque*, fondée par Aristippe dans Cyrène, ville d'Afrique, sa patrie (vers 380 avant Jésus-Christ), compta parmi ses principaux représentants : Aristippe, petit-fils de son fondateur, Hégésias et Théodore, à qui son *Traité des Dieux*, où il essaie de prouver que la Divinité n'existe pas, mérita le surnom d'*Athée*. Cette Ecole fut, comme celle de Socrate, une Ecole de morale, qui, toutefois, dénatura bien vite les principes du philosophe d'Athènes. Selon Socrate, le but de la vie est le bonheur atteint par la raison et par la vertu. L'Ecole cyrénaïque identifia le bonheur avec le plaisir, en proscrivant les excès, et elle prépara ainsi la voie à *l'Epicurisme*.

2° *Ecole Cynique.* — L'Ecole *cynique* fut fondée par Antisthène, né à Athènes (vers 424 avant Jésus-Christ), et disciple de Socrate, dont il exagéra la doctrine, mais dans un sens opposé à la Philosophie cyrénaïque. Diogène en est un des principaux représentants. Pensant qu'il n'y a de beau que la vertu et de laid que le vice, les Cyniques faisaient profession de s'affranchir des bienséances sociales et de vivre indépendants des usages reçus. Suivre en tout la nature, telle était, à leurs yeux, la vertu. C'est à cette règle spécieuse et élastique, dont il est facile d'abuser, qu'ils prétendaient adapter leur conduite, en affectant extérieurement une grande austérité, qui n'était, comme Socrate le leur reprochait, qu'une ostentation pleine d'orgueil.

3° *Ecole Mégarique.* — L'Ecole *mégarique* eut pour fondateur Euclide (vers 400 avant Jésus-Christ), natif de Mégare. Elle essaya de combiner la doctrine de Socrate avec la Philosophie éléatique. La subtilité de sa dialectique finit par la faire retomber dans les disputes des sophistes : ce qui la fit nommer Ecole *éristique*, c'est-à-dire, *disputante*. (Barde.)

3° Grandes Ecoles Socratiques. — Les grandes Ecoles socratiques sont, à proprement parler, celle de Platon et celle d'Aristote. A ces Ecoles viennent s'ajouter l'Ecole d'Epicure et celle de Zénon. Vaincue par Socrate, la sophistique reparaît dans l'Ecole sceptique de Pyrrhon. Nous parlerons de ces cinq Ecoles.

1° École Platonicienne ou Académie. — De tous les disciples directs de Socrate, le plus célèbre par l'étendue et la hauteur des conceptions, comme par la piété filiale envers son maître, dont il s'est fait en quelque sorte l'historien, c'est, sans contredit, Platon.

1° *Notice sur Platon.* — Platon naquit (l'an 430 avant Jésus-Christ) dans l'île d'Égine, alors soumise aux Athéniens, d'Ariston, descendant du roi Codrus et de Périctyone, de la famille de Solon. Il se nommait Aristoclès ; son maître de palestre, croit-on communément, lui donna le nom de Platon, à cause de la largeur de ses épaules. Son génie philosophique se développa dans ses rapports intimes avec Socrate, dont il suivit les entretiens pendant près de dix années. Après la mort de son maître, il se retira chez Euclide, à Mégare, visita ensuite les Pythagoriciens d'Italie, l'École de Cyrène, l'Égypte, travaillant à agrandir et à asseoir ses connaissances sur des bases de plus en plus solides. Revenu à Athènes, il commença à y enseigner la Philosophie dans un gymnase voisin de la ville, et appelé Académie, du nom, croit-on, de l'un de ses anciens propriétaires. De là est venu à ses disciples le nom d'*Académiciens*, et à son École philosophique, celui d'*Académie*. Il mourut en 347.

Imitateur de la méthode socratique, Platon a composé tous ses ouvrages sous forme de dialogues. Si cette méthode offre des avantages, surtout pour l'enseignement oral, elle est peu favorable, à cause des digressions qu'elle entraîne, comme nécessairement, à une claire et précise exposition de la doctrine dans une œuvre écrite.

2° *Philosophie de Platon.* — La Philosophie platonicienne peut être ramenée à cinq chefs principaux : *La Dialectique, la Cosmologie, la Psychologie, la Morale* ou *Éthique*, et *la Politique*.

Dialectique. — La *Dialectique*, selon Platon, est l'art de bien penser et de bien connaître. Or, l'objet de la pensée et de la connaissance, c'est l'être. L'être est *nécessaire* ou *contingent* : de là deux parties dans *la dialectique platonicienne*. L'une de ces parties traite de la connaissance du nécessaire, et par suite du général, et l'autre de la notion du contingent et du particulier.

C'est dans *la Dialectique* que Platon expose sa *Théorie des Idées*, qui est comme le fondement de toute sa Philosophie. — Considérées en elles-mêmes, *les idées* sont les types invariables des choses et les formes éternelles de la pensée divine. Elles sont l'objet même de la science. — Tout ce qui existe dans l'univers, est l'expression sensible des idées. — Les impressions du dehors que les sens nous apportent, sont pour notre intelligence l'occasion de s'élever au monde des idées, qui est sa véritable sphère. — Pour que notre âme ait le merveilleux pouvoir de s'élever du contingent au nécessaire, du particulier à l'universel, il faut, dit Platon, que, dans une vie antérieure, elle ait contemplé la vérité pure et saisi directement les idées. Condamnée à la prison du corps, elle se reporte, par la vue de l'image, à l'original qu'elle a connu dans un état meilleur. Les idées ne sont ainsi que des *réminiscences.*

Dans *la Cosmologie*, Platon enseigne que la matière est éternelle et que Dieu s'en est servi pour former le monde, d'après le modèle qui est en lui, c'est-à-dire, d'après les idées. Voulant rendre le monde aussi parfait que possible, il lui a uni une âme raisonnable, qui est répandue dans chacune de ses parties, et communique à toutes le mouvement et la vie. C'est de cette âme que toutes les âmes émanent, comme tous les corps ont leur origine dans la matière.

La Psychologie de Platon reconnaît deux éléments dans l'âme humaine, l'un divin, qui est *la raison*, et l'autre mortel, qui est *l'appétit*. Ces deux éléments sont unis par un troisième, qu'il désigne sous le nom d'*énergie*, qui doit obéir à la raison, mais qui peut être entraîné par l'appétit. — L'âme possède la liberté ; elle peut choisir entre la vertu et le vice. — Elle est immortelle. — De l'immortalité de l'âme, le philosophe déduit l'existence d'une autre vie, mais sans donner sur la nature de cette vie aucun enseignement constant et uniforme.

L'Éthique de Platon contient l'Éthique proprement dite, et la politique. Dans *l'Éthique*, ou *Morale*, il enseigne que le souverain bien de l'âme consiste dans la vertu. Il y a trois vertus principales et premières : *la prudence*, qui règle la raison ; *la force*, qui dirige l'énergie ; *la tempérance*, qui modère l'appétit. A ces trois vertus, il ajoute *la justice*, destinée à régler chacune des autres et à les ordonner entre elles.

La Politique de Platon est intimement liée aux principes de sa morale. Si dans l'homme il distingue la raison, l'énergie et l'appétit, dans l'Etat il distingue les magistrats ou dépositaires de l'autorité, les guerriers et le peuple. De l'union et de l'harmonie de ces trois éléments sociaux découle le bien de l'Etat. Platon admet dans sa Politique plusieurs principes, que l'humanité et la morale réprouvent à bon droit.

3° *Appréciation de la Philosophie de Platon.* — Le spiritualisme est le caractère de la Philosophie de l'Académie. Platon distingue nettement l'âme du corps ; il en montre l'excellence et les hautes destinées, sans donner, toutefois, comme une vérité certaine, l'éternelle sanction de la loi morale dans l'autre vie. Sa notion de Dieu l'emporte de beaucoup sur toutes les conceptions grossières des Grecs, qui trouvant la forme humaine la plus belle de toutes les formes, l'attribuaient à la Divinité. De tous les philosophes païens, c'est lui qui, sous ce rapport, s'est le plus rapproché de l'idée chrétienne.

Il faut, toutefois, observer que le spiritualisme de Platon est exagéré jusqu'à *l'idéalisme*. Les corps ne sont à ses yeux que des images, et en quelque sorte des fantômes ; il n'en tient pas un compte suffisant, et il semblerait parfois réduire à l'état de problème la réalité de leur existence. (M***, PROFESSEUR A SAINT-SULPICE.)

4° *Diverses phases de la Philosophie platonicienne.* — La Philosophie de Platon compte plusieurs phases.

Académie ancienne. — L'Ecole elle-même de Platon est connue sous le nom d'*Académie ancienne*, et c'est ainsi qu'elle est désignée durant toute sa première phase, où elle fut fidèle aux principes de son fondateur. Cette phase compte quelques noms célèbres, parmi lesquels on doit citer Speusippe et Xénocrate, les deux premiers successeurs de Platon dans la chaire de l'Académie.

Bientôt les enseignements de Platon s'altérèrent, et l'on vit se fonder une autre Ecole, qui est appelée par les uns *nouvelle Académie*, et par les autres *seconde*, ou *moyenne* Académie. Ce qui, croyons-nous, occasionne aujourd'hui une divergence de sentiments sur le nom de cette Ecole, c'est que, tout d'abord, elle dut être appelée *nouvelle Académie*, et qu'elle ne s'appela *seconde*, ou *moyenne* Académie, qu'après la fondation d'une troisième Ecole, qui reçut à son tour le nom de nouvelle Académie, comme étant la plus récente.

Seconde ou moyenne Académie. — La seconde Académie eut pour fondateur Arcésilas, né en Éolie (vers 316 avant Jésus-Christ). Ne se contentant pas de dire avec Socrate : « Je sais que je ne sais rien, » il ajoutait : Cela même, je ne le sais pas d'une science certaine. Il recommandait *le doute* comme le principe de toute Philosophie. Son École eut ainsi pour caractère un *scepticisme plus ou moins mitigé.*

Troisième Académie. — La troisième Académie, qui est plus spécialement désignée sous le nom d'*Académie nouvelle*, qu'elle a conservé, fut établie par Carnéade, né à Cyrène, en Afrique (vers l'an 215 avant Jésus-Christ). D'après ce philosophe, la vérité est entourée de tant de nuages que notre esprit ne peut la connaître d'une manière certaine. Nous ne connaissons que *le vraisemblable*. Le scepticisme de Carnéade s'arrête au *probabilisme*.

Quatrième Académie. — Quelques-uns comptent une *quatrième Académie*, qui aurait été établie par Philon de Larisse et développée par Antiochus d'Ascalon, mort l'an 69 avant Jésus-Christ. Cette École revint peu à peu au *dogmatisme* de Platon, qu'elle essaya de concilier avec la doctrine du Lycée et du Portique. (M***, PROF. A SAINT-SULPICE.)

2° **École Aristotélicienne ou Lycée.** — Si Platon est le disciple le plus illustre de Socrate, Aristote est le disciple de Platon qui a laissé la plus grande renommée.

1° *Notice sur Aristote.* — Aristote naquit à Stagire, en Macédoine (an 384 avant Jésus-Christ), de Nicomaque, médecin d'Amyntas, roi de ce pays et père de Philippe. À l'âge de dix-sept ans, il vint étudier à l'Académie d'Athènes, qu'il ne quitta qu'après la mort de Platon. La réputation qu'il s'était acquise le fit choisir par Philippe, roi de Macédoine, pour être le précepteur de son fils, Alexandre. L'éducation du jeune prince l'occupa huit années. Il revint ensuite à Athènes, où il fonda une École rivale de celle de Platon. Cette École est connue sous le nom de *Lycée*, ainsi appelée de la promenade où il donnait ses leçons, près du temple d'Apollon Lycéen. On l'appelle encore École *péripatéticienne* ou *péripatétisme*, parce que le philosophe enseignait en se promenant. Accusé d'athéisme par les Athéniens, il se réfugia dans l'île d'Eubée, où il mourut (322 avant Jésus-Christ.)

2º *Philosophie d'Aristote.* — Nous n'avons point à parler ici de toutes les œuvres d'Aristote. L'étonnante variété des sujets qu'il a traités, et la profonde érudition qu'il a déployée dans la plupart de ses ouvrages, lui ont mérité, aux yeux de plusieurs, la première place parmi les savants de l'antiquité. Ses œuvres philosophiques, qui doivent seules nous occuper, comprennent *la Logique, la Métaphysique, la Physique, la Morale* et *la Politique.*

La Logique, connue sous le nom d'*Organon*, contient la théorie d'Aristote sur la connaissance et les idées. — Contrairement à Platon, il enseigne que l'âme humaine est tout d'abord comme une table sur laquelle aucun caractère n'est imprimé. — Il y a dans l'âme des sens, au moyen desquels elle connaît l'ordre extérieur, et, au-dessus des sens, une faculté plus noble, l'intellect, tout à la fois actif et passif, par lequel l'âme s'élève à l'ordre intelligible, que les sens sont incapables d'atteindre. — La connaissance du sensible, par l'image qu'elle s'en forme, est pour l'âme la condition de la connaissance de l'intelligible, ainsi que nous l'avons expliqué dans la Psychologie.

Cette théorie de la connaissance exigeait qu'Aristote s'appliquât d'une façon toute spéciale à l'étude des opérations de l'entendement. C'est ce qu'il a fait dans sa logique, en formulant avec une précision admirable les règles du raisonnement déductif. A la théorie de la déduction il n'a pas joint celle de l'induction, dont il s'est borné à indiquer le principe avec une clarté parfaite et qu'il a pratiquée admirablement dans son histoire des *Animaux.* (LÉVÊQUE.)

Dans *la Métaphysique*, Aristote traite de l'Être suprême, dont il démontre l'existence par la nécessité d'un premier moteur, qui meut tout, en restant immobile. Ce premier moteur est une substance immatérielle, intelligente, toujours en acte, possédant la perfection absolue. Dieu est un « *Vivant éternel et parfait.* »

Dans *la Physique générale*, Aristote traite de l'existence du monde. Il admet l'éternité de la matière, que la cause motrice première a organisée et mise en mouvement. — Dans *la physique spéciale*, il parle des animaux et de l'homme. L'âme est la forme substantielle du corps. Dans l'homme, l'âme est le principe de la vie végétative, de la vie sensitive, de la vie raisonnable et elle jouit de la liberté.

La morale d'Aristote enseigne que le but final de la vie est le bonheur et que le bonheur consiste dans la vertu. Or, la vertu n'est autre chose que le bon usage de la liberté, qui fait l'homme garder le milieu entre deux vices, entre le trop et le trop peu.

Si, dans la Politique, il rejette quelques-uns des faux principes de Platon, il admet *l'utilité* comme règle fondamentale et il arrive ainsi à des conséquences que la raison condamne comme opposées à l'humanité et aux mœurs. (M***, PROFESSEUR A SAINT-SULPICE. — BARBE.)

3° *Appréciation de la Philosophie d'Aristote.* — Notre appréciation de la Philosophie aristotélicienne consistera à répondre aux trois questions suivantes :

Qu'y a-t-il à louer dans la Philosophie aristotélicienne ? — 1° La Philosophie d'Aristote se recommande par l'alliance de la méthode expérimentale avec la méthode rationnelle. En partant des faits, pour s'élever aux principes, elle assure aux principes une irrécusable certitude.

2° Une des principales gloires d'Aristote est d'avoir créé, en quelque sorte, la science de la logique, en formulant les lois du raisonnement déductif.

3° Sa doctrine de la matière et de la forme substantielle, dans les êtres corporels, joint à une beauté incontestable une admirable fécondité et une solidité d'enseignement que les théories subséquentes n'ont point ébranlée.

4° Si l'idée qu'il a de Dieu est loin d'être comparable à la notion que nous en donne le Christianisme, elle est d'une saine métaphysique. Il conçoit Dieu comme étant l'activité parfaite, dans laquelle il n'y a rien de *potentiel*.

Qu'y a-t-il à blâmer dans la Philosophie aristotélicienne ? — 1° Aristote est tombé dans une erreur fondamentale, en enseignant que la matière est éternelle et douée de propriétés indépendantes de la puissance de Dieu.

2° Il nie l'immortalité des âmes des individus, et par là il enlève à la loi morale ses sanctions de l'autre vie. A ses yeux, l'intellect actif qui, dans chaque homme, éclaire l'intellect passif, est l'intellect divin lui-même, éternel et immuable.

3° Il permet la destruction des enfants mal nés et plusieurs choses réprouvées par la morale. (M***, PROF. A SAINT SULPICE).

Que faut-il penser de la Philosophie d'Aristote en regard de celle de Platon ? — Platon et Aristote sont les deux premières gloires de la Philosophie grecque, qu'ils ont élevée à son point le plus culminant, mais par des voies différentes.

Platon part des idées que l'âme humaine possède, indépendamment de l'expérience, bien que les sens en occasionnent en elle le réveil, pour s'élever à Dieu, qui en est le principe substantiel, et descendre au contingent, qui en est l'image. Aristote, adversaire de la théorie de Platon sur les idées, proclame comme lui que la connaissance du général et de l'absolu est la condition de la science, mais il prend son point de départ dans le particulier et le contingent, dont la connaissance est, à ses yeux, non pas seulement l'occasion, mais la condition de l'intelligence de l'universel et du nécessaire.

Le premier est le génie de l'intuition et des conceptions brillantes ; il semble aspirer à sortir du monde. Le second s'y enfonce, en quelque sorte, l'étudiant sous toutes ses formes ; il est le génie de la classification et de l'analyse. Platon se sert davantage de l'induction, Aristote de la déduction. L'un a plus de vivacité et d'élévation ; l'autre, plus de solidité et d'étendue.

On a reproché à l'Aristotélisme sa *propension au sensualisme.* Ce reproche a été grandement exagéré, si même il a une raison d'être bien fondée. Aristote distingue avec netteté et précision les sens de l'entendement. Il n'enseigne point que toutes nos connaissances nous viennent des sens, comme l'entendent les philosophes sensualistes, mais, ce qui est fort différent, que la connaissance du sensible est, pour l'âme humaine, le point de départ et la condition de la connaissance de l'intelligible. Il ne serait pas juste de rendre Aristote responsable des fausses interprétations auxquelles sa théorie de la connaissance a donné lieu, et des systèmes qui en ont été la suite. (Cousin.)

4° *Successeurs d'Aristote dans l'Ecole péripatéticienne.* — Les continuateurs les plus célèbres de la Philosophie d'Aristote ont été : 1° *Théophraste,* choisi par Aristote lui-même pour le remplacer au Lycée. Il est connu par son livre des *Caractères.* Son premier nom était Tyrtame. L'éloquence de ses discours lui valut le glorieux surnom de Théophraste (*divin parleur*). — 2° *Straton,* de Lampsaque, qui succéda à Théophraste dans la direction du Lycée. Il donna à son enseignement un caractère exclusivement physique et sensualiste, qui le fit appeler *le Physicien.* — 3° *Andronicus*, né à Rhodes, au premier siècle avant Jésus-Christ, qui revit et publia, par ordre de Sylla, les ouvrages d'Aristote et de Théophraste, dont les originaux venaient d'être retrouvés par Apellicon. — 4° Plus tard, *les Philosophes chrétiens* devaient, en le perfectionnant, mettre le dernier sceau à la gloire de l'Aristotélisme. (M***, PROFESSEUR A SAINT-SULPICE.)

3° Ecole Epicurienne. — La Philosophie, portée si haut par Platon et par Aristote, ne tarda pas à déchoir de la hauteur où l'avaient élevée ces deux puissants génies. Les recherches philosophiques semblèrent tendre à se restreindre, et les études morales acquirent une prépondérance trop exclusive sur les questions spéculatives. C'est là l'un des caractères de l'Epicurisme et du Stoïcisme, dont nous allons parler.

1° *Notice sur Epicure.* — Né à Gargette, bourg de l'Attique (337 avant Jésus-Christ), Epicure passa sa jeunesse dans l'île de Samos, où son père, maître d'école, était allé s'établir. Après avoir étudié la Philosophie à Athènes, il ouvrit lui-même, à Lampsaque, une Ecole, qu'il transporta, quelques années après, à Athènes. Il enseignait dans un jardin et n'admettait point le public à ses leçons, mais seulement ceux qu'il jugeait dignes de sa confiance. Ses disciples formaient entre eux une société, et chacun contribuait à payer la dépense commune. Il ne reste des nombreux écrits d'Epicure que *quelques Lettres*, un *Choix de Maximes*, et des fragments de son livre *Sur la Nature*, retrouvés dans les ruines d'Herculanum.

2° *Philosophie d'Epicure.* — D'après ce qui nous reste des ouvrages d'Epicure, sa Philosophie contenait trois grandes parties : *la Canonique* ou *Logique*, *la Physique*, et *l'Éthique* ou *Morale.* *La Canonique* et *la Physique* forment comme une introduction, et ne sont que le préliminaire de la morale, qui est la partie principale de sa Philosophie.

Dans *la Canonique*, Epicure expose la théorie de la connaissance humaine, qui est, pour le fond, celle de Démocrite, dont nous avons parlé. La sensation nous fournit toutes *les notions* qui ont pour objet les corps. Le souvenir de plusieurs sensations passées produit l'idée générale, qu'Epicure appelle *Anticipation*, qui était déjà contenue dans les sensations et qui rend le raisonnement possible. La notion et l'anticipation se confondant avec la sensation, sont vraies ; l'erreur ne peut exister que dans leur union. Dans ce système, toutes les connaissances proviennent des sens et n'ont rien d'absolu.

La Physique d'Epicure n'est qu'une reproduction modifiée du système de Démocrite sur la formation du monde. Pour expliquer la rencontre des atomes tourbillonnant éternellement dans le vide, il ajoute au mouvement en ligne droite de son devancier le mouvement oblique, ou *clinamen*. Grâce à ce mouvement, les atomes ont pu se grouper pour former différents corps, et ils sont l'unique cause de l'existence et de l'harmonie du monde, sans Dieu spirituel ni Providence. Si Epicure admet des dieux, ce sont des *phantômes de forme humaine*, très subtils et affranchis de nos besoins, vivant heureux sans nul souci des hommes qui doivent, cependant, les honorer. L'âme est composée d'atomes très fins et elle périt avec le corps. (Lévêque.)

La Morale d'Epicure est une conséquence des principes exposés dans la Canonique et dans la Physique. Puisque toute la destinée de l'homme se renferme dans les limites de la vie présente, pendant laquelle il n'a rien à redouter de la divinité, qui ne s'occupe pas de lui, il n'y a évidemment pour lui qu'un moyen de goûter tout le bonheur dont il est capable, et ce moyen, c'est d'éviter, autant que possible, *la douleur*, et de se procurer *les jouissances sensibles*. C'est en cela que consiste pour lui *le souverain bien*, et sa *vertu* sera d'autant plus recommandable, qu'il saura user de son intelligence, pour arriver à une plus grande somme de plaisir.

Le fondement d'une telle morale est *l'intérêt sensuel bien entendu*, qui porte à renoncer quelquefois à des plaisirs, parce qu'ils engendreraient la douleur, et à subir quelques peines qui seront suivies de plaisirs plus grands. La vertu n'est qu'un égoïsme sensuel, se mouvant sous l'action de l'attrait, calculé par la raison. Si, pour dissimuler l'obscénité de sa morale, Epicure débite de belles maximes sur la vertu, invite à préférer les plaisirs calmes aux plaisirs agités, à aimer surtout les plaisirs de l'âme, à pratiquer la force et la tempérance, il n'y a point à se méprendre sur le vrai sens de sa doctrine, qui est la négation de la vertu et la consécration de la volupté.

Le plaisir, règle souveraine de l'homme, considéré comme individu, est aussi sa règle, si on le considère comme membre de la famille et de la société. (Lévêque.)

3° *Appréciation de la Philosophie épicurienne.* — 1° La Philosophie d'Epicure, éliminant l'absolu de la connaissance humaine, ne peut être considérée comme une science sérieuse. — 2° Elle a pour caractères dominants le Sensualisme, le Matérialisme et l'Athéisme. — 3° Sa morale détruit la notion du devoir et de la vertu ; elle n'a ni règle, ni sanction.

4° Ecole Stoïcienne ou Portique. — L'Ecole stoïcienne fut une réaction contre la morale d'Epicure.

1° *Notice sur Zénon.* — Le fondateur de l'Ecole stoïcienne fut Zénon, natif de Citium, dans l'île de Chypre (340 avant notre ère). Vers l'âge de trente ans, il se rendit à Athènes, où, après avoir fréquenté plusieurs Ecoles de Philosophie pendant dix années, il fonda lui-même une Ecole dans le plus beau portique d'Athènes. Du lieu où il donnait ses leçons est venu à son Ecole le nom de *Portique*, ou d'*Ecole Stoïcienne*. Il ne reste aucun des ouvrages de Zénon, dont la doctrine s'est développée successivement dans les luttes des principaux représentants de son Ecole avec les Epicuriens. Ce philosophe se concilia l'estime des Athéniens par la beauté de sa morale et par sa conduite.

2° *Philosophie de Zénon.* — La Philosophie de Zénon comprend *la Logique, la Physique* et *la Morale*.

Dans *la Logique*, Zénon confond la raison avec les sens et soutient que de la sensation dérive toute la connaissance humaine. C'est à son Ecole qu'appartient l'adage connu : *Nihil est in intellectu quod non prius fuerit in sensu.*

La Physique de Zénon traite du monde, de Dieu et de l'homme. Le matérialisme y domine, comme le sensualisme dans la Logique. — Dans tout être, il y a deux éléments, l'un *passif*, et l'autre *actif*. L'élément *passif*, imparfait, principe du mal, n'est autre que la matière. L'élément *actif*, principe de la vie, c'est l'esprit, mais cet esprit est lui-même corporel. — Dans l'univers, dont Dieu a tiré la matière de lui-même, ces deux éléments subsistent, unis d'une façon inséparable, et l'élément actif répandu dans tout l'univers, âme du monde, c'est Dieu. — L'homme est composé d'un corps et d'une âme, mais l'âme elle-même est corporelle et une partie de l'âme du monde. Lorsque le corps se dissout, ou elle périt, ou elle retourne à l'âme universelle, pour jouir de la béatitude.

La Morale, partie importante de la Philosophie stoïcienne, contredit les autres parties et combat d'une manière outrée la doctrine d'Épicure. — Zénon ne voit dans l'homme que la raison, dont il exagère les droits et la puissance. Sa maxime fondamentale, c'est que l'homme doit *vivre selon la nature*, c'est-à-dire, *conformément à la raison*, puisqu'il est par sa nature un être raisonnable. — Il n'y a de bien que ce que la raison approuve. Or, le plaisir et la douleur n'étant ni conformes, ni non conformes à la raison, ne sont ni un bien ni un mal. — Mais comme le plaisir et la douleur, et, en général, les passions sont propres à troubler le calme de l'âme, le sage doit s'y rendre inaccessible. *Sustine, abstine*, il supporte la douleur, il s'abstient du plaisir; il s'établit, en un mot, dans une parfaite impassibilité. — Parvenu à cet état, il n'en peut déchoir et il est impeccable. — Le sage a le droit de se donner la mort, lorsque la raison lui dit qu'il est bon pour lui de quitter la scène du monde. — (M***, PROF. A SAINT-SULPICE).

3° *Appréciation de la Philosophie Stoïcienne.* — La morale stoïcienne, en contradiction avec le sensualisme et le matérialisme professés dans la Logique et dans la Physique de cette École, est la plus austère de l'antiquité païenne. On y trouve des maximes que la sagesse chrétienne ne désavouerait pas. Mais, à côté de ce qu'il y a de bon dans cette morale, il est beaucoup de points qui doivent être condamnés. Outre qu'elle est *impossible à pratiquer*, dans l'obligation qu'elle impose de détruire les passions, elle ne donne au devoir ni base solide ni *caractère objectif*, le faisant dépendre uniquement de la raison humaine. — Elle n'a point de *sanction* dans la vie future, puisqu'elle admet ou que les âmes périront dans la dissolution du corps, ou qu'elles seront nécessairement heureuses. — Elle est *incomplète*, puisqu'elle réduit tous les devoirs à ces deux points négatifs : supportez, abstenez-vous, *sustine, abstine*. — Elle est *dangereuse et immorale*, par ce qu'elle dit de la prétendue immutabilité du sage, quand il est arrivé à la vertu, c'est-à-dire, à un état où il ne se trouble de rien.

5° **École Sceptique ou Pyrrhonisme.** — L'École sceptique eut pour fondateur Pyrrhon, natif d'Élis (375 avant Jésus-Christ), dans le Péloponèse, où il exerça d'abord la profession de peintre, avant de se livrer à la Philosophie.

1° *Philosophie de Pyrrhon.* — Après avoir étudié les systèmes des diverses Écoles, Pyrrhon n'y trouva qu'un dogmatisme qui lui semblait basé sur des hypothèses, et il en conclut que la certitude scientifique étant absolument impossible, le philosophe ne devait s'occuper que de la morale et de la vertu. — Le sage doit suspendre son jugement sur le vrai et sur le faux, sur le bien et sur le mal, n'affirmant rien au-delà des phénomènes. Les Pyrrhonniens énumèrent dix raisons principales d'agir de la sorte, et ces raisons sont connues sous le nom de *motifs d'indépendance.* D'après eux, rien n'est absolu, tout est relatif. — Dans ce système, qui enlève à la morale tout fondement, la sagesse consiste à se conformer aux apparences sensibles et aux usages établis, pour arriver à la tranquillité d'âme, c'est-à-dire, à l'indifférence dans la spéculation et à l'apathie dans la pratique. (BARBE. LÉVÈQUE.)

2° *Continuateurs du Pyrrhonisme.* — Pyrrhon eut pour disciple *Timon*, de Phlionte, qui essaya de propager la doctrine de son maître dans ses poésies satiriques ou Sylles, qui lui ont valu le nom de *syllographe;* mais, malgré tous ses efforts, le Pyrrhonisme fut loin d'avoir l'écho des Écoles fondées par Socrate. — Dans la seconde moitié du dernier siècle avant Jésus-Christ, *Œnésidème*, de Gnosse, en Crète, remit le scepticisme en honneur, en présentant les motifs du doute scientifique sous des formes plus rigoureuses. — Plus tard (deuxième siècle après Jésus-Christ), la Philosophie sceptique eut un ardent défenseur dans Sextus Empiricus, natif de Mitlène. D'après ce médecin empirique, le procédé fondamental du scepticisme consiste à mettre aux prises les données des sens et les conceptions de l'esprit, pour arriver, par cette contradiction, à la négation de toute certitude et à la suspension de tout jugement. Il a fait une exposition complète du système sceptique dans deux grands ouvrages, *les Hypotyposes pyrrhonniennes* et les onze livres contre *les Mathématiciens* et *les Logiciens*. Il est impossible de mieux défendre une mauvaise cause que ne l'a fait Sextus dans ces ouvrages, où Montaigne est allé puiser tous ses arguments. (COUSIN).

IV. — Troisième Phase de la Philosophie grecque, ou Philosophie grecque à Rome. — Rome, bien qu'elle fût le centre du monde civilisé, n'eut jamais de Philosophie à elle. Pendant longtemps, elle éloigna de ses murs les philosophes, dont elle redoutait les discussions, comme un danger pour ses citoyens. Elle aimait mieux agir que de se livrer aux spéculations de la métaphysique. Aussi, les systèmes philosophiques de la Grèce n'ont-ils pris aucun nouveau développement à Rome, qui, sous le rapport de la Philosophie, plus encore que de la littérature, n'a guère été que l'interprète et l'imitatrice d'Athènes.

Trois Écoles grecques principalement ont compté chez les Latins d'assez nombreux sectateurs : *la nouvelle Académie, le Stoïcisme* et *l'Épicurisme.*

1° *Académie nouvelle.* — La gloire de l'Académie nouvelle, à Rome, est sans contredit Cicéron, le seul homme dont le génie, a-t-on dit, ait égalé la grandeur de l'empire romain. Le caractère saillant de la Philosophie de Cicéron, c'est une sorte d'éclectisme. En métaphysique, l'orateur-philosophe adopte *le probabilisme* de la nouvelle Académie, comme il est facile de s'en convaincre, en lisant les ouvrages qu'il nous a laissés. En morale, il se rapproche généralement du *Stoïcisme*, dont il tempère les principes de plusieurs points de doctrine empruntés à Platon et à Aristote.

2° *Stoïcisme.* — Les principaux représentants du Stoïcisme à Rome furent Sénèque et Épictète. — *Sénèque*, né à Cordoue (an 3 de Jésus-Christ), est un moraliste distingué, mais un moraliste à qui la métaphysique fait défaut. Aussi n'est-il pas toujours constant avec lui-même. Il s'occupe presque exclusivement des devoirs personnels, semblant attacher peu d'importance aux devoirs sociaux, et même aux devoirs religieux. — *Épictète*, né à Hiérapolis, en Phrygie, et esclave à Rome, se concilia par sa science et ses vertus l'estime d'Adrien et de Marc-Aurèle. Il ne nous reste aucun ouvrage écrit par lui-même, mais Arrien, historien grec et son disciple, a fidèlement consigné la doctrine de son maître dans plusieurs *Dissertations*, et surtout dans *le Manuel d'Épictète.* (*Diction. Univer. d'Histoire.*)

3° *Épicurisme.* — Le principal représentant de l'Épicurisme, chez les Latins, c'est le poète Lucrèce, né dans le dernier siècle avant

Jésus-Christ. Il a exposé la doctrine épicurienne dans son poème *de Naturâ Rerum*, en six chants.

§ VII. — TROISIÈME PÉRIODE. — PHILOSOPHIE GRÉCO-ORIENTALE.

I. — **Divers Noms de la Philosophie gréco-orientale.** — On appelle *gréco-orientale* une philosophie qui, vers la fin du second siècle de notre ère, entreprit de raviver les doctrines philosophiques de la Grèce, en y infusant certains points des doctrines orientales. Les savants qui conçurent et réalisèrent cette alliance, fondèrent une Ecole qui a pris le nom d'*Ecole Néoplatonicienne*, ou de Néoplatonisme, attendu que la philosophie de Platon est la base principale de ses enseignements. Ce nouveau mouvement de la pensée humaine eut pour théâtre la ville d'Alexandrie, en Egypte, d'où lui est venu le nom de *Philosophie Alexandrine*.

La philosophie alexandrine eut certain renom pendant près de trois siècles, mais, quelque éclat qu'elle ait jeté, il faut bien le reconnaître, elle fut un mouvement rétrograde. Un nouveau foyer de lumières éclairait l'esprit humain sur plusieurs des grandes questions qui, trop souvent, l'avaient dévoyé dans les âges précédents ; c'était la Révélation chrétienne. Les philosophes d'Alexandrie ne voulurent pas le comprendre, et, au second siècle de notre ère, affectant de mettre de côté l'idée chrétienne, ils tentèrent de relancer l'esprit humain au sein des aberrations du passé.

II. — **Notice sur l'Ecole néoplatonicienne d'Alexandrie.** — L'Ecole néoplatonicienne dut sa première origine à Ammonius Saccas, qui la fonda vers l'an 193 après Jésus-Christ. Il donnait ses leçons de vive voix, à quelques disciples choisis, parmi lesquels se fit remarquer Plotin, qui fréquenta son Ecole pendant onze années.

Plotin. — Le développement que Plotin donna à la philosophie néoplatonicienne le fait regarder comme la gloire, sinon comme le fondateur de l'Ecole où elle était enseignée. Né à Lycopolis, en Egypte (*l'an 205*), Plotin n'enseigna pas dans la ville d'Alexandrie, où il avait étudié, mais à Rome, où il ouvrit une Ecole qui vit affluer de nombreux disciples (*vers l'an 245*). Dans sa vieillesse, il se retira en Campanie, où il mourut en 270, laissant cinquante-quatre traités sur la doctrine qu'il avait enseignée.

Porphyre. — Porphyre révisa les traités de Plotin, son maître, et les publia sous le nom d'*Ennéades* (neuvaines), de leur division en six sections, contenant chacune neuf traités. Il composa lui-même plusieurs ouvrages, entre autres une *Introduction à la Logique d'Aristote*, où il expose les opinions des anciens sur la nature des Universaux. Cet ouvrage donna naissance, au Moyen-Age, à la célèbre dispute des *Réalistes* et des *Nominaux*.

Jamblique. — Jamblique, disciple de Porphyre, enseigna dans la ville d'Alexandrie. Livré à la magie et à la théurgie, il imprima à la philosophie gréco-orientale une direction mystique et devint un dangereux ennemi du Christianisme. Sa mort arriva l'an 333.

Œdésius. — Œdésius, né en Cappadoce, après avoir étudié sous Jamblique, forma à Pergame une Ecole célèbre, d'où sortit Julien l'Apostat. Devenu empereur, Julien, ennemi acharné du Christianisme, fut par là même le protecteur de la philosophie alexandrine et de ses représentants

Proclus. — Proclus, né à Constantinople (412), enseigna la philosophie à Athènes, où il mourut (485). Après Plotin, il fut la grande célébrité du Néoplatonisme. Initié aux mystères religieux des différents peuples et aux secrets de la théurgie, il combattit avec acharnement les enseignements du Christianisme.

Le Néoplatonisme eut le sort du Paganisme, auquel il s'était identifié. On le vit s'éteindre, à mesure que les conquêtes du Christianisme s'étendirent, et perdre faveur définitivement en 529, lorsqu'un décret de l'empereur Justinien ferma les écoles païennes. (Barde).

III. — **Philosophie néoplatonicienne.** — On peut réduire aux suivants les principaux points de la philosophie néoplatonicienne : 1° Le principe de tout ce qui existe est *l'unité absolue*. De cette unité pure émane *l'intelligence*, qui en est l'image, et dont les opérations sont immanentes. De l'intelligence émane, à son tour, *l'âme du monde*, qui est le principe du mouvement, et comme cette âme n'a jamais été dans l'inaction, l'univers, qui est son œuvre, est éternel. *L'unité pure*, *l'intelligence* et *l'âme motrice* forment la Trinité alexandrine.

2° L'âme de l'homme procède de l'âme du monde, qui l'a tirée de sa propre substance. Sa perfection consiste dans son *unification* avec l'unité pure.

3° Pour arriver à cette unification, qui est pour elle la perfection et le bonheur, l'âme a besoin de l'action divine, mais elle doit y tendre elle-même par la science et par la vertu.

4° Elle obtient que l'action divine se fasse sentir par la prière et par les pratiques de la théurgie. La science qui produit l'unification n'est pas la science acquise méthodiquement par les procédés de la raison, c'est l'unification ou *l'extase*, à laquelle l'âme est préparée par la mortification de la sensualité et par l'abstinence de la chair des animaux.

5° La purification parfaite, sans laquelle l'âme n'arrive pas à l'unification avec son principe, peut exiger plusieurs vies successives et le séjour de l'âme dans différents corps. (M''', PROF. A SAINT-SULPICE.)

IV. — **Caractères de la Philosophie néoplatonicienne.** — L'analyse imparfaite que nous venons de faire de la Philosophie néoplatonicienne, suffit pour montrer qu'elle eut pour principaux caractères :

1° *L'Eclectisme.* L'idée de recueillir ce qu'il y avait de meilleur dans les systèmes philosophiques pour en faire un corps de doctrine, ne peut être blâmée. Mais, pour bien choisir, il faut une règle sûre, qui guide et éclaire. Les Néoplatoniciens ne voulurent pas accepter la Révélation comme la règle de leurs recherches, et voilà pourquoi leur *Eclectisme* les précipita dans de nouveaux abîmes.

2° *Le Panthéisme.* — L'émanation du fini de l'infini, l'émanation de la matière de l'ordre intelligible, dont elle est l'image, forme le fond de cette Philosophie. Dérivant de la substance absolue, les âmes y retournent, pour s'identifier avec elle.

3° *Le Mysticisme.* — Les âmes se préparent à retourner à leur principe par les extases, les évocations, les communications avec les êtres spirituels, par toutes les pratiques de la théurgie. Le Mysticisme est comme le point culminant de la Philosophie néoplatonicienne. Voilà pourquoi elle fait son objet principal de Dieu et de ses rapports avec le monde. A ce point de vue, elle est une imitation dérisoire du Christianisme, dont elle avait rêvé la ruine.

VINGT-NEUVIÈME LEÇON.

Sommaire : 1. Philosophie des Pères de l'Eglise. — 2. Transition de la Philosophie ancienne à la Philosophie du Moyen-Age. — 3. Deuxième Epoque de la Philosophie, ou Moyen-Age. — 4. Première Période de la Scolastique. — 5. Deuxième Période de la Scolastique. — 6. Troisième Période de la Scolastique. — 7. Période de Transition.

§ Ier — PHILOSOPHIE DES PÈRES DE L'ÉGLISE.

I. — A quelle Epoque se rattache la Philosophie des Pères de l'Eglise ? — D'après la division que nous avons adoptée pour l'Histoire de la Philosophie, les Pères de l'Eglise appartiennent aux *Temps Anciens* par l'époque à laquelle ils ont vécu ; mais, par leur enseignement, ils se rattachent à la Philosophie du *Moyen-Age*, qui, profondément chrétienne, accepta la doctrine révélée dans toutes les questions mixtes.

II. — **Méthode Oratoire des premiers Disciples du Christianisme.** — La Révélation de Jésus-Christ venait d'éclairer le genre humain. Ses divins enseignements fixaient les intelligences sur une foule de points, objet d'ardentes controverses jusque-là. En les mettant sur ces points à l'abri de toute incertitude possible, ils leur donnaient, sur beaucoup d'autres questions, le moyen d'arriver à des solutions plus sûres et plus complètes que toutes les solutions du passé. Les premiers disciples du Christianisme acceptèrent ces enseignements avec reconnaissance et avec amour, comme répondant à toutes les exigences de l'esprit le plus passionné pour le vrai, et à tous les besoins de la société humaine. Ils les exposaient comme ils les avaient reçus, sans avoir la pensée de les revêtir des formes didactiques des anciennes Ecoles de Philosophie.

III. — Polémique Chrétienne. — Bientôt les philosophes païens firent appel à toutes les ressources du raisonnement pour essayer de discréditer et de battre en brèche la doctrine chrétienne. La défense était devenue nécessaire, et de cette nécessité est née la Philosophie chrétienne, qui eut ainsi, à son début, le caractère d'une polémique religieuse. On donne le nom de Pères à ceux qui se distinguèrent dans cette glorieuse lutte, et, suivant la langue dont ils se servaient, ils sont rangés en deux classes : *les Pères grecs* et *les Pères latins*.

IV. — Pères Grecs. — Parmi les Pères grecs des premiers siècles, les principaux sont :

1° *Saint Denys l'Aréopagite.* — Converti par saint Paul, Denys l'Aréopagite fut le premier évêque d'Athènes, et plus tard il devint évêque de Paris. Il a laissé plusieurs ouvrages estimés.

2° *Saint Justin.* — Saint Justin, surnommé le Philosophe, né en Palestine et adepte de la Philosophie platonicienne, se convertit au Christianisme et vint à Rome, où il ouvrit une Ecole de Philosophie chrétienne. Ses enseignements le firent condamner par le préfet de Rome (168). Il a laissé, entre autres ouvrages, deux admirables *Apologies* en faveur du Christianisme.

3° *Saint Irénée.* — Né dans l'Asie-Mineure et venu dans les Gaules, pour y prêcher la foi, saint Irénée fut élevé sur le siège épiscopal de Lyon, où il subit le martyre en 202. Il a laissé un *Traité des Hérésies* en cinq livres, qui prouve une profonde érudition.

4° *Clément d'Alexandrie.* — Clément naquit à Alexandrie, selon les uns, à Athènes, selon les autres. Converti au Christianisme par saint Pantène, dont il fréquentait l'Ecole dans la ville d'Alexandrie, il devint plus tard directeur de la même Ecole chrétienne, et il continua d'y enseigner jusqu'à sa mort (217.) Au jugement de saint Jérôme, il était un des hommes les plus érudits de son temps. Le plus célèbre de ses ouvrages porte le titre de *Stromates* (*Tapisseries*), et contient une quantité considérable de sentences relatives à la Philosophie, mais sans un ordre bien logique. Il enseigne que l'âme est immatérielle par sa nature, et immortelle dans son existence. Dans l'âme, il distingue deux facultés générales : l'une qui a rapport au corps et qui est le principe des sensations, de la concupiscence et de tous les phénomènes de la vie animale, et l'autre, supérieure et indépendante de la matière, qui conçoit et juge. La doctrine morale de Clément d'Alexandrie repose sur les préceptes évangéliques.

5° *Origène.* — Origène vit le jour à Alexandrie, l'an 183. Disciple tout à la fois de Clément et d'Ammonius, puis successeur de Clément dans l'Ecole chrétienne de sa ville natale, versé dans toutes les sciences divines et humaines, il fut, selon le mot de saint Jérôme, un grand homme dès son enfance, *vir magnus ab infantiâ*. Sa haute renommée lui amena une foule prodigieuse de disciples, parmi lesquels il comptait plusieurs païens.

Les ouvrages d'Origène sont si nombreux qu'on a dit qu'il a plus écrit qu'un autre ne pourrait lire. Un de ses traités les plus remarquables concernant la Philosophie, est intitulé : *Peri Archôn (de principiis)*. Sa réfutation de Celse est regardée comme l'une des meilleures apologies de la religion chrétienne.

Quelques-uns ont reproché à Origène d'avoir admis *le système de l'émanation* dans l'explication de l'origine des choses. Si quelques passages des ouvrages d'Origène sont favorables à ce système panthéiste, on est autorisé à croire que ces passages ont été altérés par les hérétiques, car, dans plusieurs autres endroits de ses écrits, il enseigne de la façon la plus explicite que Dieu a tout créé de rien.

Quant à *l'origine de l'âme* humaine, il admet, comme Platon, que l'âme préexiste au corps, et qu'elle est unie au corps en punition de fautes commises dans une vie antérieure, afin de se purifier et d'être ensuite admise à la parfaite béatitude. Cette doctrine, prise dans le sens rigoureux dont elle est susceptible, et qui ne devait pas être celui de l'auteur, si encore les passages qui la contiennent n'ont pas été falsifiés, ne s'accorde pas avec le dogme de l'existence de l'enfer, ni avec celui de l'éternité des peines.

V. — **Pères Latins.** — Parmi les Latins qui se sont fait un nom, on doit citer :

1° *Tertullien.* — Tertullien (162-245), né à Carthage, de parents païens, se convertit au Christianisme par la vue de l'héroïque patience des martyrs. Il a composé plusieurs ouvrages, parmi lesquels on doit signaler son *Apologétique* et son *Traité contre les Spectacles*. L'orgueil le précipita dans le Montanisme.

2° *Arnobe*. — Natif de Sicca, en Numidie, et d'abord professeur de Philosophie païenne, Arnobe embrassa le Christianisme (vers l'an 300), et écrivit comme gage de sa foi un *Traité contre les Gentils*.

3° *Lactance*. — Lactance, né vers 250, probablement en Afrique, fut élève d'Arnobe, en Numidie. Son style l'a fait surnommer, par saint Jérôme, *le Cicéron chrétien*. Il a laissé plusieurs traités importants : *les Institutions Divines*, où il combat le Polythéisme et la Philosophie païenne, *de la Mort des Persécuteurs*, etc.

4° *Saint Augustin*. — Saint Augustin est l'un des plus brillants génies qui aient illustré l'Eglise Catholique. Il naquit à Tagaste, en Afrique, l'an 354. Imbu des faux principes du Manichéisme, il fut converti à la foi par saint Ambroise, évêque de Milan, et il devint lui-même évêque d'Hippone, où il mourut en 430.

Parmi les nombreux ouvrages que saint Augustin a composés, il en est plusieurs qui traitent plus spécialement de la Philosophie. Il y enseigne que : 1° Dieu est la dernière raison de toutes choses dans l'ordre physique et dans l'ordre moral, qu'il est le principe et la fin de toute existence ; 2° Le monde a été créé de rien par la puissance divine ; 3° Dieu a créé le monde librement ; 4° Dieu n'est pas l'auteur du mal moral, qui est une privation de rectitude dans la volonté libre de la créature ; 5° L'âme est une substance incorporelle, raisonnable, unie au corps pour le régir, douée de liberté et immortelle ; 6° Le libre-arbitre a été lésé dans l'homme, mais non détruit par la chute originelle, etc. Quel contraste entre la Philosophie de ce penseur chrétien et les ténébreux systèmes de l'antiquité païenne !

VI. — **Appréciation de la Philosophie des Pères.** — On ne trouve pas chez les Pères de l'Eglise un système méthodique et proprement dit de Philosophie. Eclairés de la Révélation divine, qui fixait l'esprit humain sur bon nombre de questions fondamentales, ils l'ont adoptée comme la règle suprême de leur intelligence, et c'est d'après ses enseignements qu'ils ont dirigé leurs spéculations rationnelles. Tel est le caractère dominant qui se remarque dans les ouvrages qu'ils nous ont laissés. Ils s'y montrent tout à la fois chrétiens et philosophes, s'appliquant à faire ressortir, sur les points les plus importants et les plus dénaturés par l'erreur, le parfait accord de la raison et de la foi. Ils ont ainsi jeté les fondements de la Philosophie chrétienne, qui devait briller de tout son éclat au Moyen-Age. (BARBE. — M***, PROF. A SAINT-SULPICE.)

§ II. — TRANSITION DE LA PHILOSOPHIE DES TEMPS ANCIENS A LA PHILOSOPHIE DU MOYEN-AGE.

I. — **Durée de cette Transition.** — L'espace de temps qui s'écoule depuis le sixième siècle jusque vers la fin du huitième, forme la transition de la Philosophie ancienne à la philosophie du Moyen-Age. Le commencement de cette époque est marqué par l'interruption des études philosophiques, déterminée par les invasions des Barbares. Durant cette période agitée, on compte plusieurs savants illustres en *Occident* et en *Orient*.

II. — **Philosophes d'Occident.** — 1° *Boèce*. — Natif de Rome (470), Boèce, après avoir rempli plusieurs charges importantes sous Théodoric, roi des Ostrogoths, fut injustement condamné à la prison et mis à mort. Philosophe distingué autant qu'homme d'Etat, Boèce a traduit et commenté plusieurs traités d'Aristote. Son génie chrétien s'est surtout révélé dans son livre : *De la Consolation de la Philosophie*, qu'il composa au fond de sa prison.

2° *Cassiodore.* — Ami de Boèce, dont il évita le sort, en se retirant à temps de la cour de Théodoric, Cassiodore passa les dernières années de sa vie dans un monastère de la Calabre, où il s'occupa d'études littéraires et philosophiques. On a de lui un traité de *l'Ame* et quatre livres des *Arts Libéraux*.

3° *Saint Isidore.* — Saint Isidore, archevêque de Séville, a laissé, entre autres ouvrages, vingt livres d'*Origines* ou *Étymologies*, véritable encyclopédie des sciences de son temps.

4° *Bède le Vénérable.* — Bède, dit le Vénérable, anglais d'origine (672-735), a composé plusieurs ouvrages qui ont été d'un très grand secours, surtout son *Manuel de Dialectique*, pour l'enseignement de la philosophie dans les siècles suivants.

III. — **Philosophes d'Orient.** — 1° *Jean Philopon.* — Jean, surnommé Philopon (*ami du travail*), enseignait à Alexandrie, lorsque cette ville fut prise par les Musulmans. On a de lui divers *Commentaires* sur Aristote, et sept livres sur *la Cosmogonie de Moïse*. Il mourut vers 660.

2° *Saint Jean Damascène.* — Saint Jean Damascène ou de Damas, né en 676, a laissé une *Théologie*, où il démontre par la raison l'existence et les attributs de Dieu, une *Dialectique* et une *Physique*, selon les principes d'Aristote.

§ III. — DEUXIÈME ÉPOQUE DE LA PHILOSOPHIE, OU MOYEN-AGE.

I. — **Origine et Nom de la Philosophie du Moyen-Age.** — La Philosophie du Moyen-Age est née, on peut le dire, au premier siècle de l'ère chrétienne ; mais elle n'a obtenu son complet épanouissement qu'avec le triomphe même de son principe. Le monde romain avait disparu, et il était remplacé par les Barbares. Une lutte terrible s'engagea entre les instincts farouches de ces peuples et les austères prescriptions de l'Evangile, mais la victoire ne pouvait être douteuse. A peine l'Eglise eût-elle fait sentir à ces natures, jusque-là indomptées, son influence civilisatrice, qu'on vit se manifester dans tout l'Occident le goût des fortes études.

Des Écoles sont fondées de toutes parts ; chaque cathédrale a la sienne, et l'on peut dire que chaque monastère est un collège autant qu'un couvent. C'est le réveil des lettres et des sciences et la renaissance, sous une forme nouvelle, des enseignements philosophiques et théologiques des Pères de l'Eglise. Ces enseignements, méthodiquement présentés, ont pris le nom de *scolastiques (école)*, du lieu même où la jeunesse venait s'en nourrir. (BARBE. — DE BOYLESVE.)

II. — **Caractères de la Philosophie scolastique.** — Pour bien apprécier la Philosophie du Moyen-Age, il est nécessaire de se mettre soigneusement en garde contre certains jugements exagérés, qui en ont faussé la notion et dénaturé le caractère.

Toute philosophie, sous peine de sortir des voies de la sagesse, doit être soumise aux *dogmes divinement révélés* et aux *principes rationnels.* Ce sont là précisément les deux caractères dominants de la Philosophie scolastique : c'est ce qui en fait la gloire et la force.

1° *Soumission de la Philosophie scolastique aux dogmes révélés.* — Partant de cet incontestable principe, à savoir, que tout enseignement révélé est nécessairement vrai, la Philosophie scolastique ne contredit jamais la Révélation dans toutes les questions mixtes. Elle la prend, et avec raison, pour la lumière qui doit la diriger dans ses investigations et ses raisonnements. Usant de toutes les ressources de l'intelligence humaine, elle s'applique à faire resplendir le côté rationnel du dogme révélé, qu'elle défend contre les agressions de l'ignorance, des préjugés et de la mauvaise foi. Elle remplit en cela une légitime et noble fonction, que le rationalisme moderne a essayé de tourner contre elle, en l'accusant de servilisme à l'égard de la théologie. Ce qui vient d'être dit suffit pour montrer dans quel sens il faut prendre le titre d'*auxiliaire de la théologie* (*ancilla theologiæ*), qui est donné à la Philosophie scolastique.

2° *Soumission de la Philosophie scolastique aux principes rationnels.* — Accepter les enseignements révélés comme une règle infaillible, pour tous les points qu'ils ont éclairés d'une lumière divine, c'est faire un acte que la saine raison approuve et commande. Conséquemment, même à ce premier point de vue, la Philosophie scolastique est fidèle aux principes rationnels. — Mais, en dehors des questions sur lesquelles la Révélation s'est prononcée, il en est un très grand nombre d'autres qu'elle a laissées à l'étude de l'esprit humain. Or, à ce second point de vue, on doit reconnaître qu'aucune Philosophie, à l'égal de la scolastique, n'a su mettre à contribution la raison de l'homme, pour arriver, d'une manière tout à la fois efficace et sûre, à la possession de la vérité. C'est ce que prouvent, jusqu'à l'évidence la plus irrécusable, les profonds ouvrages que nous ont légués les penseurs chrétiens du Moyen-Age. (DE BOYLESVE.)

III. — **Méthode Scolastique.** — A proprement parler, la Philosophie des Pères, ornée des charmes de l'art oratoire, ne se rattachait, d'une manière exclusive, à aucune des Écoles philosophiques du passé. La Philosophie du Moyen-Age fut principalement *aristotélicienne* dans sa méthode. Elle emprunta, dès le principe, à l'École du Lycée sa logique, et fit du syllogisme la forme ordinaire de son argumentation. Rien, d'ailleurs, n'était plus légitime ni plus rationnel que cet emprunt, vu la nature des questions qui concentraient alors toute l'activité de l'esprit humain. Plus tard, elle emprunta au philosophe de Stagire sa métaphysique, mais avec les modifications exigées par l'objet même de ses enseignements.

Faut-il conclure, avec quelques esprits prévenus, que la Philosophie scolastique n'a pas connu *la méthode inductive*, ou qu'elle l'a rejetée comme incapable de conduire l'esprit humain à la certitude ? Ce serait là une double erreur, démentie par les remarquables travaux que nous a transmis le Moyen-Age. Si la méthode inductive a été moins fréquemment employée, cela tient à la nature des études qui étaient alors en honneur.

IV. — Division de l'Epoque Scolastique. — L'époque scolastique, sous le rapport de la Philosophie, commence vers la fin du huitième siècle, pour finir au milieu du quinzième. Elle se divise ordinairement en trois *périodes*.

La première période s'étend de la fin du huitième siècle à la fin du douzième : c'est le commencement et l'enfance de la Philosophie scolastique.

La deuxième période embrasse le treizième siècle et une partie du quatorzième : c'est la virilité et l'apogée de la Philosophie scolastique.

La troisième période comprend une bonne partie du quatorzième siècle et la moitié du quinzième : c'est le déclin et la décadence de la Philosophie scolastique.

§ IV. — PREMIÈRE PÉRIODE DE LA PHILOSOPHIE SCOLASTIQUE.

I. — Commencement de la première Période. — La première période de la Philosophie scolastique commence à la fin des invasions des Barbares. Rentrés dans le calme à la suite des plus violentes commotions, les peuples d'Occident s'adonnent à la culture intellectuelle, sous l'influence du Christianisme, et s'occupent de formuler scientifiquement leurs connaissances. Le grand mouvement qu'on vit alors se produire eut dans Charlemagne l'un de ses plus puissants instigateurs. Ce prince, défenseur dévoué de l'Eglise romaine, s'entoura de savants distingués, dont les efforts réunis contribuèrent aux progrès rapides que firent les lettres et les sciences, et avec elles la philosophie.

II. — **Alcuin**. — Parmi les hommes illustres de cette première période, nous devons citer tout d'abord Alcuin, diacre de l'Eglise d'York, en Angleterre, que Charlemagne appela à sa cour. L'impulsion qu'il donna aux études, plus encore que la puissance de son génie, lui a valu la place distinguée qu'il occupe dans l'histoire de la Philosophie. Alcuin a laissé une *Dialectique* et un traité des *Sept Arts Libéraux*. *Les Arts Libéraux* ont pour objet *l'Eloquence* et *les Mathématiques*, c'est-à-dire, *le Trivium* et *le Quadrivium*. Le Trivium comprend la grammaire, la rhétorique et la dialectique. Le Quadrivium comprend la musique, l'arithmétique, la géométrie et l'astronomie.

III. — **Jean Scot**. — Jean Scot, surnommé Erigène, parce qu'il était Irlandais, fut appelé à la cour de Charles le Chauve, qui le protégea. Il traduisit les œuvres de saint Denys l'Aréopagite, et composa lui-même divers traités, entre autres, un traité intitulé : *De Divisione Naturæ*. Mais il ne sut pas se renfermer toujours dans les limites de l'orthodoxie catholique. Sa doctrine, empreinte de néoplatonisme, accuse des tendances panthéistes. Par *nature*, il entend l'unité primitive, qui, d'après lui, est la seule réalité véritable, se multipliant et prenant une forme individuelle dans les phénomènes qui frappent nos sens. L'enseignement de Scot, repoussé par la doctrine catholique, tomba bientôt dans l'oubli.

Vers la fin du douzième siècle, les erreurs de Scot Erigène furent reprises par Amaury de Chartres, qui enseignait la théologie à Paris, et qui formula nettement le Panthéisme, en soutenant que le Créateur et la Créature sont un même être. Son disciple, David, de Dinant, se fit le défenseur de sa doctrine. Tous les deux furent censurés par l'autorité ecclésiastique.

IV. — **Saint Anselme**. — Le plus célèbre métaphysicien de cette période est, sans contredit, saint Anselme. Natif d'Aoste, en Piémont (1034), il étudia sous Lanfranc, à l'abbaye du Bec, en Normandie, succéda à son maître et mourut archevêque de Cantorbéry, en Angleterre (1109).

Parmi les écrits philosophiques de saint Anselme, il en est deux plus remarquables, intitulés, l'un : *Monologium seu Exemplum Meditandi de Ratione Fidei*, et l'autre : *Proslogium seu Fides quærens intellectum*. Dans le premier, il expose la manière dont on peut arriver, avec les seules lumières de la raison, à la connaissance de plusieurs des vérités qui sont l'objet de la foi. Dans le second, il suppose la vérité connue et crue, et il essaie de s'en rendre compte. On trouve dans *le Proslogium* la preuve de l'existence de Dieu, tirée de l'idée même que nous avons de Dieu, preuve que Descartes a développée au dix-septième siècle, et dont nous avons parlé dans la Théodicée. (Cousin.)

V. — **Controverse sur les Universaux.** — La célèbre controverse sur la nature des Universaux, ou idées générales, commença dans la première période de la Philosophie scolastique. Elle passionna vivement les esprits et donna naissance à trois systèmes, connus sous les dénominations de *Nominalisme*, de *Conceptualisme* et de *Réalisme*.

1° *Nominalisme*. — Roscelin, chanoine de Compiègne, est regardé comme l'auteur du premier système, connu sous le nom de *Nominalisme*. Sa doctrine sur le mystère de la Trinité le fit condamner au Concile de Soissons (1092). Il fut exilé de la France, où il revint finir ses jours.

Roscelin soutenait que les êtres individuels sont les seules réalités véritables, et que les genres et les espèces sont de simples abstractions de notre esprit. Allant même jusqu'au bout de son opinion, il enseigna que ces idées générales sont des mots vides de sens, *flatus vocis*. La tentative d'appliquer un tel système au concept de la Trinité le fit tomber dans *le Trithéisme*. (Cousin.)

Le nominalisme ainsi entendu est évidemment faux. Si l'universel n'est qu'un mot, les réalités sensibles sont le seul objet de la connaissance humaine. Qui ne voit, dès lors, l'affinité du nominalisme avec le sensualisme et avec le matérialisme lui-même ?

2° *Conceptualisme*. — L'auteur du *Conceptualisme* est Abélard, né à Palais, près de Nantes (1079). Après avoir achevé ses études sous Guillaume de Champeaux, dont nous parlerons bientôt, il enseigna lui-même avec le plus grand éclat à Melun, à Corbeil et à Paris, où il réunit autour de sa chaire plus de trois mille auditeurs. On connaît sa funeste passion pour Héloïse, nièce du chanoine Fulbert, à laquelle il donnait des leçons. Devenu moine de Saint-Denis, il rouvrit bientôt une Ecole, à la sollicitation de ses disciples ; mais les erreurs théologiques qu'il avança dans son enseignement et dans ses écrits le firent condamner au Concile de Soissons (1122), puis au Concile de Sens, où il eut saint Bernard pour adversaire (1140). Il alla finir sa carrière agitée au monastère de Cluny, où il mourut en 1142.

Abélard transforma le nominalisme en conceptualisme, dans la pensée de combattre le réalisme avec plus de succès. Il accorde au nominalisme que les idées universelles n'ont aucune objectivité réelle *en dehors de nous*, mais il refuse de reconnaître qu'elles n'existent que dans les mots, et il enseigne que l'objet de ces idées existe réellement, mais *d'une manière tout idéale*, dans notre esprit. De là est venu à son système le nom de conceptualisme. Notre esprit conçoit l'universel, mais l'universel n'est pas dans les choses.

Le conceptualisme ne peut être admis, car il implique une absurdité. En effet, il est absurde de ne reconnaître qu'une existence idéale à ce qui est affirmé d'un être qui existe réellement. Or, l'universel est affirmé des réalités individuelles, comme existant véritablement en elles de quelque manière. Ainsi, quand on dit d'*Auguste* qu'il est *homme*, on affirme que l'attribut *homme* est réellement dans le sujet. Mais cet attribut est quelque chose d'universel, puisqu'il convient à toutes les individualités humaines, en qui l'on trouve tout ce qui constitue l'homme. L'idée universelle est donc réellement, *de quelque manière*, c'est-à-dire, par sa *compréhension*, dans l'individu, et elle a ainsi une réalité objective en dehors de notre esprit.

3° *Réalisme*. — Guillaume, né à Champeaux et appelé pour cela Guillaume de Champeaux, est regardé comme le principal défenseur, sinon comme l'auteur même du *Réalisme*. Après avoir enseigné avec éclat à l'Ecole de Notre-Dame de Paris et à celle de Saint-Victor, il devint évêque de Châlons et mourut dans l'abbaye de Citeaux (1121).

D'après Guillaume de Champeaux, les genres et les espèces sont loin d'être simplement des mots ou des conceptions de notre esprit; ils répondent à des réalités objectives, distinctes des individus. Il en vint même jusqu'à soutenir que ces réalités sont des natures subsistantes, sont les seules entités réelles, formant l'essence des individus qui n'existent que par elles, et qui en sont comme les accidents.

Le seul exposé du réalisme *exagéré* de Guillaume de Champeaux montre qu'il conduit au panthéisme, si l'on en tire les dernières conséquences.

4° *Solution de la Controverse sur les Universaux*. — La vraie solution de la controverse sur les Universaux est dans *le Réalisme mitigé* de saint Thomas, tel que nous l'avons exposé dans la Psychologie. Sous le rapport de *la compréhension*, l'universel existe *objectivement* dans les individus. Sous le rapport de *l'étendue*, l'universel a une existence idéale dans l'intellect divin, qui a, de toute éternité, conçu les genres et les espèces. Ces concepts de l'intellect divin sont comme les types d'après lesquels les individus se multiplient et qui permettent à notre intelligence de rattacher les individus, quelles que soient leurs différences accidentelles, aux genres auxquels ils appartiennent en réalité. (ZIGLIARA.)

VI. — **Ecole Mystique.** — Vers la fin de la première période de la Scolastique, il se forma une réaction contre les disputes de l'Ecole et l'abus de la dialectique. Elle eut pour auteurs deux abbés de Saint-Victor, Hugues et Richard. Ces deux docteurs manifestèrent toujours de l'éloignement pour les disputes qui agitaient les esprits. Sans exclure les moyens ordinaires par lesquels l'esprit humain arrive à la connaissance de la vérité, ils y ajoutent une vue immédiate des réalités intelligibles et de Dieu, ce qui donne à leur enseignement un caractère assez prononcé de mysticisme.

C'est dans le cours de cette période qu'eurent lieu les premiers essais de l'application de la méthode scolastique à l'enseignement de la théologie. Pierre Lombard, né à Novare et mort évêque de Paris en 1164, se distingua entre tous par son ouvrage intitulé : *Sententiarum Libri Quatuor*. Cet ouvrage peut être considéré comme la première *Théologie Scolastique* qui ait paru, et longtemps il a servi de texte aux commentaires des professeurs dans les écoles. (Barde.)

§ V. — DEUXIÈME PÉRIODE DE LA PHILOSOPHIE SCOLASTIQUE.

I. — **Mouvement intellectuel au XIII**[e] **siècle.** — La seconde période de la Philosophie scolastique est, sans contredit, la plus brillante. Au commencement du treizième siècle, on vit se produire un mouvement extraordinaire dans les Ecoles de l'Europe, où venaient de s'introduire, par l'intermédiaire des Arabes d'Espagne, les œuvres complètes d'Aristote, qui, jusque-là, n'était connu que par sa Logique.

Ce mouvement fut favorisé par l'établissement régulier des *Universités*, ces foyers de lumières, ces encyclopédies parlantes, qui enseignaient toutes les connaissances humaines, sous la haute tutelle de la foi. Mais c'est en France, à Paris, dans l'Université fondée par Philippe-Auguste, qu'a jeté son plus vif éclat cette seconde période, qu'on peut appeler la période classique du Moyen-Age dans la Philosophie comme dans tout le reste. La France devint l'Ecole de l'Europe entière. Si elle n'a pas donné naissance à tous les maîtres illustres de ce temps, c'est elle qui les a formés ou attirés, et mis en lumière. Le treizième siècle est notre grand siècle, presque à tous les points de vue ; il a laissé d'immortels monuments, et produit des hommes supérieurs.

Une circonstance contribua fort au rapide développement de la Philosophie : ce fut l'apparition des deux nouveaux ordres de saint Dominique et de saint François. Par leur entrée dans l'Université parisienne, ils activèrent le mouvement des esprits et concoururent merveilleusement à réaliser l'idée de la Scolastique, l'alliance intime de la raison et de la foi.

Nous ne pouvons citer que quelques-uns des noms illustres de cette période.

II. — **Alexandre de Halès.** — Alexandre de Halès, ainsi appelé du monastère du comté de Glocester, où il fut élevé, vint étudier à Paris, entra dans l'ordre des Franciscains, enseigna à Paris la Philosophie scolastique, et mérita le surnom de *docteur irréfragable*

(1245). Il a laissé une *Somme Théologique* et des *Commentaires* sur les sentences de Pierre Lombard.

III. — **Vincent de Beauvais.** — Vincent, né à Beauvais, vers l'an 1200, mort en 1264, entra dans l'ordre de saint Dominique, jouit de la confiance de saint Louis et fut chargé par ce prince de rédiger un résumé des sciences qu'on cultivait alors. Il composa, dans ce but, une sorte d'encyclopédie, sous le nom de *Miroir Général*, contenant quatre parties : *le Miroir naturel, le Miroir moral, le Miroir scientifique* et *le Miroir historique*.

IV. — **Albert-le-Grand.** — Albert, né en Souabe, en 1205, entra dans l'ordre de saint Dominique, enseigna à Paris, puis à Cologne, où il compta saint Thomas parmi ses élèves, fut promu à l'évêché de Ratisbonne, dont il se démit bientôt pour aller terminer sa carrière à Cologne, dans l'étude et dans la prière (1280). Albert, surnommé le Grand à cause de sa vaste érudition, a laissé des preuves éclatantes de son savoir dans ses ouvrages, qui forment vingt et un volumes *in-folio*. On a de lui plusieurs commentaires sur les principaux traités d'Aristote.

V. — **Saint Bonaventure.** — Jean Fidanza, né à Bagnaréa, en Toscane, en 1221, et connu sous le nom de saint Bonaventure, illustra l'ordre des Franciscains, dont il devint général, fut honoré de la pourpre romaine par Grégoire X, et mourut à Lyon, où il s'était rendu pour le Concile œcuménique, en 1274.

Saint Bonaventure a mérité d'être surnommé *le docteur séraphique*, à cause de l'onction et de la piété de ses ouvrages. « Il est,
» dit Cousin, le séraphin de la Philosophie, comme son compa-
» triote, Fra-Angelico, est le séraphin de la peinture. Il a défini le
» but de la science, ainsi que de la vertu, l'union la plus intime de
» l'âme avec Dieu. C'est un mystique, mais le mystique le plus
» doux et le plus éclairé. Son *Itinerarium mentis ad Deum* est un
» des livres les plus profonds et les plus touchants avant *l'Imi-*
» *tation de Jésus-Christ.* »

VI. — **Saint Thomas d'Aquin.** — La gloire de la seconde période de la Philosophie scolastique est saint Thomas d'Aquin, né au royaume de Naples, en 1227. Il étudia successivement à Cologne et à Paris, où il eut bientôt les plus grands succès. Désintéressé jusqu'à l'héroïsme, il déclina toutes les dignités et ne voulut être que professeur, mais il fut, dit Cousin, un professeur incomparable. Aussi l'appela-t-on *le docteur angélique*, l'ange de l'Ecole. Il professa à Paris et à Naples. Il se rendait au Concile de Lyon, lorsqu'il mourut à Fosse-Neuve (1274).

Saint Thomas n'est point un homme éloquent, c'est un maître accompli, dont l'enseignement est d'une clarté parfaite. Son style, sans éclat, est d'une rigueur et d'une précision qui ne fléchissent jamais. Grand théologien, il ne cesse jamais d'être fidèle à l'esprit philosophique. Il a montré, dans ses profonds écrits, ce que peut la raison humaine, quand elle sait ajouter à ses lumières naturelles les lumières de la Révélation, et marcher, sous la direction de la Foi, à la recherche et à la démonstration de la vérité. Saint Thomas a laissé plusieurs ouvrages, dont les plus remarquables sont sa Philosophie, intitulée *Summa contrà Gentiles*, et surtout sa *Somme Théologique*, où chaque thèse est un chef-d'œuvre, par l'ordre admirable qui y règne et par la solidité de l'enseignement.

L'illustre Pontife Léon XIII a fait un magnifique éloge de la doctrine thomiste, en recommandant instamment de s'y conformer dans les écoles.

VII. — **Roger Bacon.** — Roger Bacon, né en 1214, à Ilchester, en Angleterre, mort en 1294, entra dans l'ordre des Franciscains, après avoir étudié à Oxford et à Paris. Son goût prononcé pour les mathématiques, et surtout pour la physique, lui acquit une renommée de science qui arma contre lui la jalousie. On lui décerna le nom de *docteur admirable*. Son plus célèbre ouvrage a pour titre *Opus Majus*; il fut suivi de deux autres : *Opus Minus*, et *Opus Tertium*. Il y traite des obstacles qui s'opposent à la vraie sagesse, et de l'utilité de la science. Ce savant comprit que la méthode syllogistique, telle qu'elle était employée de son temps, ne pouvait être fructueusement appliquée aux sciences physiques.

VIII. — **Duns Scot.** — Jean Duns Scot, né, selon les uns, à Dunse, en Ecosse, selon les autres à Dunston, en Angleterre, dans le Northumberland, vers l'an 1274, étudia à Paris, embrassa l'ordre des Franciscains, enseigna à Paris, puis à Cologne, où il mourut en 1308.

Duns Scot fut le plus célèbre représentant de l'Ecole franciscaine et l'un des plus habiles disputeurs de son temps, ce qui lui valut le surnom de *docteur subtil*. Quoique sa carrière n'ait pas été de longue durée, il a laissé une étonnante quantité d'écrits qui ont été réunis en douze volumes *in-folio*. En Philosophie et en Théologie, il ne partageait pas le sentiment de saint Thomas sur certaines questions controversées.

En *Philosophie*, Duns Scot admettait le réalisme exagéré de Guillaume de Champeaux, soutenant que les Universaux, seuls êtres réels, forment les individus par l'intervention d'un principe particulier, qu'il appelait principe d'*individuation*.

En *Théologie*, dans la question des rapports de la volonté libre de l'homme avec Dieu, il se préoccupe principalement de maintenir intacte la liberté humaine, sans attaquer le domaine souverain de Dieu, tandis que saint Thomas se préoccupe davantage du domaine parfait de Dieu, tout en sauvegardant la liberté de l'homme. Les partisans de Scot, qui étaient, pour la plupart, de l'ordre des Franciscains, ont été appelés *Scotistes*, et on a donné le nom de *Thomistes* à ceux qui ont continué et défendu les enseignements de saint Thomas.

§ VI. — TROISIÈME PÉRIODE DE LA PHILOSOPHIE SCOLASTIQUE.

I. — **Caractère de la troisième Période.** — La troisième période, qui commence presque avec le quatorzième siècle, pour se continuer jusqu'à la moitié du quinzième, fut une période de décadence pour la Philosophie scolastique. On vit se renouveler, plus ardente que jamais, dès le commencement du quatorzième siècle, la querelle des *Universaux*, qui semblait s'être apaisée sous l'action puissante de la lumineuse parole de saint Thomas. Toute cette période, témoin d'interminables disputes et d'inutiles débats, n'offre presque aucun nom célèbre.

II. — **Résurrection de la Controverse sur les Universaux.** — Le nominalisme, battu en brèche par les plus illustres docteurs du treizième siècle, ne releva la tête qu'au début du siècle suivant. Duns Scot avait préparé la réaction en renouvelant les exagérations de Guillaume de Champeaux, dans ses attaques contre l'enseignement de l'ange de l'Ecole. Un de ses disciples, Guillaume d'Occam, fut l'auteur de cette réaction.

1° Camp Nominaliste. — Parmi les nouveaux nominalistes, nous citerons :

1° *Guillaume d'Occam.* — Né à Occam, dans le comté de Surrey, en Angleterre (vers 1270), Guillaume embrassa l'ordre des Franciscains et enseigna à Paris. Il mourut à Munich en 1347, après avoir essayé de soutenir Philippe-le-Bel et Louis de Bavière dans leurs injustes prétentions contre le Saint-Siège.

Ennemi déclaré du réalisme de Scot, Guillaume d'Occam nia toute réalité objective dans les Universaux, et avança plusieurs erreurs fondamentales. Sous prétexte que nous ne connaissons que les individualités, il soutint que nous ignorons d'une manière absolue la nature des substances, et que nous ne pouvons savoir si l'âme est spirituelle ou matérielle. Selon lui, nous ne connaissons Dieu que par la foi divine ; la différence entre le bien et le mal n'a rien d'essentiel et dépend uniquement de la libre volonté de Dieu. A cause de la violence de sa polémique, il fut surnommé *le docteur invincible*.

2° A la suite de Guillaume d'Occam, le nominalisme compte d'ardents et de nombreux défenseurs, parmi lesquels nous citerons seulement Pierre d'Ailly, chancelier de l'Université de Paris, et Jean Buridan, natif de Béthune, en Artois.

2° Camp Réaliste. — Le réalisme eut, lui aussi, plusieurs défenseurs, qui, comme philosophes et comme théologiens, attaquèrent la doctrine d'Occam. On remarque principalement Walter Burleigh, surnommé *doctor planus et perspicuus*, et Thomas Bradwardin, mort en 1348, qui fut appelé *doctor profundus*.

3° Excès des deux Partis. — Les débats entre les deux partis furent souvent poussés jusqu'à la passion, et parfois même ils dégénérèrent en rixes sanglantes. Ce fut en vain que les réalistes obtinrent, en 1474, une ordonnance de Louis XI, qui condamnait la doctrine d'Occam. En 1481, l'ordonnance fut retirée et les luttes recommencèrent pour achever de discréditer la Scolastique.

III. — **École Mystique.** — Le représentant principal de l'École contemplative ou mystique, pendant cette troisième période, est Jean Charlier de Gerson, né à Gerson, près de Réthel, en 1363, et successeur de Pierre d'Ailly dans la charge de chancelier de l'Université de Paris. Il est mort à Lyon, au couvent des Célestins, en 1429. Il a composé plusieurs ouvrages, entre autres une *Théologie Mystique*, où il fonde la vraie Philosophie sur la Théologie et sur l'intuition des choses divines par l'âme humaine. On lui attribue, mais à tort, *l'Imitation de Jésus-Christ*. Il paraît aujourd'hui démontré que l'auteur de *l'Imitation* est un moine bénédictin d'Italie, du nom de Jean Gersen. Gerson a été surnommé *le docteur très chrétien*.

§ VII. — PÉRIODE DE TRANSITION.

I. — **Caractère de la Période de Transition.** — La période de transition du Moyen-Age aux Temps modernes va du milieu du quinzième siècle au commencement du dix-septième. La Scolastique venait d'expirer au milieu des disputes de l'École, qui, en la couvrant d'un discrédit immérité, disposaient les esprits à faire l'essai de méthodes différentes de la méthode aristotélicienne. Cette disposition fit accueillir avec faveur en Occident les ouvrages de Platon, apportés par les Grecs, fuyant devant les Turcs, maîtres de Constantinople (1453). On vit donc renaître, dans les contrées occidentales, les principales Écoles philosophiques de la Grèce, mais sans un grand éclat.

Cette période, bien que ce soit celle de la Renaissance, n'a rien fondé en Philosophie. Elle offre plutôt le dégoûtant spectacle d'une étrange confusion, qui devait aboutir au scepticisme, en attendant l'apparition de quelque système capable de rallier les esprits. Signalons brièvement les noms qui émergent de ce chaos.

II. — **Philosophie Aristotélicienne.** — Malgré le discrédit dans lequel elle était tombée, par l'abus qu'on avait fait de sa méthode, la Philosophie aristotélicienne ne cessa point pour cela d'avoir des représentants. Mais elle se divisa en deux partis : *les Alexandristes* et *les Averroïstes*.

Les Alexandristes sont ainsi appelés d'Alexandre, né à Aphrodisie, en Carie, vers la fin du second siècle, qui, dans ses enseignements à Alexandrie, avait rétabli dans sa pureté primitive la doctrine d'Aristote, sur laquelle il a laissé d'excellents commentaires. Au douzième siècle, Averroës, philosophe arabe, natif de Cordoue (1120), commenta, lui aussi, les écrits d'Aristote, mais en y mêlant plusieurs points de l'ancienne Philosophie néoplatonicienne. Les partisans de sa doctrine formèrent, à l'époque où nous sommes arrivés, un camp opposé à celui des Alexandristes.

Le principal représentant du parti des Alexandristes fut Pierre Pomponace, né à Mantoue en 1462. Malgré ses protestations de soumission à l'Eglise, les propositions plus que téméraires qu'il a avancées sur la liberté humaine, sur la Providence et l'immortalité de l'âme, ont fait regarder son orthodoxie comme suspecte. — La doctrine d'Averroës fut soutenue contre Pomponace par Achillini, de Bologne, et par Césalpini, d'Arezzo. Le système de ce dernier est au fond un véritable panthéisme. (BARDE.)

III. — **Philosophie Platonicienne.** — Après Gémistus, dit Pléthon (1452), qui avait fait un traité de *la Différence entre la Philosophie de Platon et celle d'Aristote*, le cardinal Bessarion est celui qui a le plus puissamment contribué à introduire en Europe la Philosophie platonicienne. Né à Trébizonde, en 1395, et mort à Ravenne, en 1472, ce savant a composé quatre livres *contre les Calomniateurs de Platon*.

La Philosophie platonicienne eut pour protecteurs, en Italie, Côme et Laurent de Médicis. Le premier fonda à Florence une Académie, véritable Ecole platonicienne (1460), où se firent remarquer Marsile Ficin, auteur d'un traité intitulé *Theologia Platonica*, les deux Pic de La Mirandole, qui ont composé eux-mêmes plusieurs ouvrages. L'enthousiasme de ces savants pour la doctrine de Platon ne sut pas toujours se renfermer dans de justes limites, et l'autorité de l'Eglise romaine dut intervenir pour modérer et éclairer leur fiévreuse admiration.

A cette Ecole se rattache Pierre Ramus, ou La Ramée, né en Picardie, en 1515, qui, dans une thèse publique, à Paris, attaqua avec force le Péripatétisme, et s'attira par là une violente persécution de la part des péripatéticiens, qui dominaient dans l'Université de cette ville.

IV. — **Systèmes divers.** — Au milieu de tous les travaux qui se firent à cette époque pour reproduire les systèmes de l'antiquité, on vit paraître quelques essais de Philosophie originale.

1° *Bernardin Télésio*, né en 1508, à Cosenza, au royaume de Naples, étudia à Padoue et se prononça de bonne heure contre Aristote et contre Platon. Ne voulant relever que de sa propre raison, il se fit un nouveau système, qu'il appela Philosophie de la nature, et qui n'est qu'un tissu d'absurdités. La Philosophie de Télésio est une combinaison de la théorie des émanations et de celle des atomes ; ce qui y domine, c'est un caractère prononcé d'empirisme et de sensualisme.

2° *François Patrizzi*, né en 1529, dans l'île de Cherso, et mort en 1597, professa la Philosophie à Ferrare, à Padoue et à Rome. Adversaire acharné d'Aristote, mais sans embrasser pour cela la pure doctrine de Platon, il tenta de faire revivre le néoplatonisme alexandrin.

3° *Thomas Campanella*, né en 1568, en Calabre, mort à Paris en 1639, entra dans l'ordre des Dominicains, où la hardiesse de ses opinions lui attira de nombreux désagréments. Il avait entrepris de réformer la Philosophie et de la ramener à l'étude de la nature, qu'il appelait *le manuscrit de Dieu*. Trop faible pour une si vaste entreprise, il tomba dans de nombreuses erreurs. Dans son ouvrage : *Philosophia Sensibus Demonstrata*, il défend les dogmes de Télésio et enseigne que toutes nos connaissances dérivent de la sensation.

4° *Jordano Bruno*, natif de Nole, en Campanie, entra dans l'ordre des Dominicains, qu'il abandonna bientôt, pour mener une vie fort aventureuse qu'il vint finir à Venise, où il fut condamné à la peine capitale. Il a formulé le Panthéisme, que Spinoza devait développer plus tard. Selon lui, Dieu est la substance même et la vie de toutes choses (*natura naturans*), et l'univers est un animal immense, dont Dieu est l'âme.

V. — **Philosophes Sceptiques.** — 1° *Michel de Montaigne* naquit au château de ce nom, en Périgord (1533), et est mort en 1592. Il s'est immortalisé par ses *Essais*, où il traite les sujets les plus divers, avec une facilité de style justement admirée. La considération de la faiblesse humaine et de la contradiction des jugements développa en lui une tendance marquée vers le scepticisme. Il avait pris pour devise : *Que sais-je ?*

2° *Pierre Charron*, né à Paris, en 1541, fut d'abord avocat, puis il entra dans l'état ecclésiastique, où il se signala par ses prédications. A Bordeaux, il se lia avec Montaigne, dont il adopta bientôt la Philosophie. Il est mort à Paris, en 1603. Charron a composé plusieurs ouvrages, entre autres un *Traité de la Sagesse*, où les idées sceptiques de Montaigne sont reproduites, ce qui l'a fait mettre à *l'index*. (BARBE.)

TRENTIÈME LEÇON.

SOMMAIRE : 1. Troisième Époque de la Philosophie, ou Temps modernes. — 2. Première Période (XVIIᵉ siècle). — 3. Bacon. — 4. Descartes. — 5. Leibnitz.

§ Iᵉʳ. — TROISIÈME ÉPOQUE DE LA PHILOSOPHIE OU TEMPS MODERNES.

I. — **Caractère général de la Philosophie moderne.** — Le trait le plus général qui distingue la Philosophie moderne, dit Cousin, est le goût de plus en plus marqué de l'indépendance. Cette parole, qui caractérise avec une vérité saisissante la Philosophie depuis trois siècles, nous en révèle en même temps les dangereuses tendances et nous dit dans quels profonds abîmes elle peut précipiter la raison humaine, après l'avoir émancipée.

II. — **Différence entre la Philosophie moderne et la Philosophie du Moyen-Age.** — 1° La Philosophie moderne s'est affranchie du *culte de l'antiquité*, qui, jusque-là, avait éveillé et animé l'esprit humain. Elle rompt avec le passé, pour lequel elle affecte un superbe dédain, ne songe qu'à l'avenir, et paraît se sentir la force de le tirer d'elle-même. Elle dit à la raison : Tu n'as pas besoin de consulter les grands maîtres des siècles antérieurs. Grâce aux progrès de l'esprit humain, tu peux te suffire à toi-même; étudie dans la nature et dans ta conscience.

2° Avec l'autorité de l'antiquité, la Philosophie moderne a rejeté une autre autorité, qui avait régné pendant tout le Moyen-Age, nous voulons dire *l'autorité de la Foi et de l'Église*. Par là, elle a séparé deux choses qui devaient demeurer intimement unies, pour constituer une saine et complète Philosophie : les données de la raison divine, confiées à un interprète incorruptible, et les données de la raison humaine. Ce divorce a diminué ses lumières sur d'importantes questions que la raison de l'homme, livrée à elle-même, est impuissante à résoudre, et a été pour elle une cause féconde d'aberrations.

III. — **Différence entre la Philosophie moderne et la Philosophie ancienne.** — 1° La Philosophie moderne l'emporte sur la Philosophie ancienne par une *méthode plus exacte et plus rigoureuse*, avantage dont elle est redevable au règne prolongé de la Scolastique.

2° Elle a sur la Philosophie ancienne un autre avantage non moins incontestable et plus précieux, c'est celui d'une *plus saine doctrine sur plusieurs points,* et elle doit cet avantage aux lumières répandues dans le monde par la Révélation chrétienne. Ces lumières n'ont pas peu contribué au progrès de l'esprit humain, même dans cet ordre de choses qui est l'objet propre des études philosophiques, et, quelque soin qu'ait pris la Philosophie moderne de s'isoler de la foi, elle n'a pu, heureusement pour elle, se soustraire complètement à son influence.

IV. — **Différence entre la Philosophie moderne et les Philosophies précédentes.** — Outre les différences que nous venons de signaler, il en est une autre qui distingue, d'une manière assez tranchée, la Philosophie moderne des Philosophies qui l'ont précédée, c'est *l'emploi plus fréquent de la méthode inductive.* Cette méthode était connue des Scolastiques et d'Aristote. La Philosophie moderne a senti le besoin d'en formuler les lois avec plus de précision, et ce besoin répondait à la direction des esprits vers les sciences expérimentales.

V. — **Division de la Philosophie des Temps modernes.** — L'histoire de la Philosophie moderne embrasse les trois derniers siècles. Chacun de ces siècles a un caractère suffisamment tranché pour permettre de diviser cette dernière époque de la Philosophie en trois périodes, dont la première répond au XVII° siècle, la deuxième au XVIII°, et la troisième au siècle actuel. (M***, PROF. A SAINT-SULPICE.)

§ II. — PREMIÈRE PÉRIODE (XVIIᵉ SIÈCLE).

I. — **Caractère de cette première Période.** — Dès le début de l'ère nouvelle de la Philosophie, une double tendance se manifeste. Bacon et Descartes sont à la tête du mouvement.

Tous deux débutent par l'analyse, mais pour donner à leurs investigations des directions différentes et mettre la Philosophie sur des routes diverses. L'un applique l'analyse surtout à l'étude des phénomènes de la nature, l'autre tout ensemble à l'étude de la pensée et de la nature. L'un se fie davantage au témoignage des sens, l'autre à celui de la raison. De là deux tendances, et, sur un même fond, deux Ecoles distinctes, où respire l'esprit de leur temps, l'une *sensualiste* et l'autre *idéaliste*.

II. — **Division de cette première Période.** — Cette première période se divise naturellement en deux Ecoles, l'une *sensualiste*, qui prépare tous les excès du matérialisme, l'autre *spiritualiste*, qui incline à l'idéalisme et au rationalisme. — De ces deux Ecoles se détache, plus dans la pensée de l'auteur qu'en réalité, la Philosophie de Leibnitz, qui n'a pas peu contribué à lancer les esprits, surtout en Allemagne, sur la pente d'un *idéalisme exagéré*, qui devait aboutir au panthéisme.

§ III. — BACON.

I. — **Notice sur Bacon.** — François Bacon, fils de Nicolas Bacon, garde des sceaux sous Elisabeth, naquit à Londres, en 1561. Après avoir géré plusieurs charges importantes, que sa vénalité et ses concussions lui firent perdre, il fut enfermé dans la tour de Londres et déclaré inhabile à occuper aucun poste public. Mis en liberté, il consacra les dernières années de sa vie à former un corps des divers écrits philosophiques qu'il avait fait paraître auparavant. Il mourut en 1626.

II. — **Philosophie de Bacon.** — La Philosophie de Bacon, dont les sciences physiques forment le domaine propre et exclusif, est exposée dans un ouvrage qui a pour titre : *Instauratio Magna.* Cet ouvrage devait avoir six parties. L'auteur n'en a donné que deux, et c'est pour cela qu'on dit que *l'Instauratio Magna* se divise en deux parties. La première partie fut publiée en 1605, en anglais. Traduite en latin par Bacon lui-même, avec le secours de plumes habiles, elle revit le jour en 1623, sous ce titre : *De Dignitate et Augmentis Scientiarum.* La seconde partie parut en latin, en 1620, sous le titre de *Novum Organum*, par opposition à *l'Organon* d'Aristote, contre qui la Philosophie baconnienne est dirigée.

1° *Première partie de l'Instauratio Magna.* — Dans la première partie de *l'Instauratio Magna,* Bacon divise les sciences en trois classes, selon les trois facultés qu'il reconnaît à l'homme : 1° *L'Histoire*, qui répond à la mémoire ; 2° *La Littérature et la Poésie*, qui répondent à l'imagination ; 3° *La Philosophie* et *la Théologie*, qui répondent à la raison. Cette partie, à cause des erreurs qu'elle contient et des dangers auxquels elle expose, a été mise à *l'index* et prohibée jusqu'à correction.

2° *Seconde partie de l'Instauratio Magna ou Novum Organum.* — Dans *le Novum Organum*, Bacon expose sa méthode. *Le Novum Organum* contient deux livres.

Le *premier* livre traite des obstacles au progrès des sciences, qui sont *les méthodes vicieuses* et *les causes de nos erreurs.* — Parmi les méthodes vicieuses, Bacon range en première ligne la méthode syllogistique, qui, selon lui, ne peut servir à découvrir la vérité. — Il divise les erreurs, qu'il appelle les idoles ou simulacres de la vérité, en quatre classes, que nous avons déjà fait connaître.

Le *second* livre traite de *l'Induction,* seul moyen efficace, d'après Bacon, pour arriver au vrai. Il veut qu'on interprète la nature. Or, pour interpréter la nature, il faut : 1° en *observer* les phénomènes attentivement ; 2° recourir à *l'expérimentation*, qui fait renaître les phénomènes et permet de mieux saisir les secrets de la nature ; 3° *comparer* les phénomènes étudiés, en tenant un compte exact des circonstances qui ont pu occasionner des modifications ; 4° enfin, s'élever des phénomènes à leur loi, en formulant *l'Induction.*

III. — Appréciation de la Philosophie de Bacon. — On le voit, la Philosophie de Bacon est, non pas la Philosophie telle qu'on l'avait toujours comprise, mais la Philosophie de la nature, c'est-à-dire, *la physique*. Il a préparé la voie à l'empirisme, au sensualisme et au matérialisme de ces derniers temps. Le chef d'une Ecole n'atteint pas ordinairement toutes les extrémités de ses principes, et par là il peut échapper en partie à l'extravagance des conséquences. C'est ce qui se remarque chez Bacon, dans les écrits duquel on ne voit pas formulées les déplorables et funestes théories dans lesquelles l'Ecole empirique moderne, dont il est le père, est tombée. Si Bacon ne fait pas de la méthode expérimentale l'unique méthode absolument capable de donner des connaissances certaines à l'esprit humain, l'éloge exagéré et trop exclusif qu'il lui donne, joint à la critique injuste qu'il se permet de la méthode rationnelle, devait nécessairement conduire ses disciples aux désastreuses conséquences qu'ils ont tirées de ses principes.

C'est à tort qu'on attribue à Bacon *l'invention de la méthode inductive*, qui était connue avant lui, ou qui, pour mieux dire, a été connue de tout temps. Il l'a préconisée seulement, il en a fait ressortir la nécessité dans l'étude de la nature, et il en a formulé les règles. Encore la méthode inductive, telle qu'il l'a exposée, offre-t-elle une notable lacune. Préoccupé de l'étude de la nature plus que de celle de l'homme, il n'applique l'induction qu'aux seuls phénomènes physiques, sans dire qu'elle est aussi applicable aux phénomènes de l'âme et aux faits spirituels de la conscience. (BARBE.)

IV. — Ecole Baconnienne. — On doit rattacher à l'Ecole de Bacon les philosophes qui sont entrés dans la voie qu'il venait d'ouvrir, et qui, avec des variantes plus ou moins prononcées, ont fait de l'induction l'unique et véritable méthode philosophique. On en compte trois principaux au dix-septième siècle.

1º *Hobbes.* — Thomas Hobbes naquit à Malmesbury, en Angleterre (1588). Pendant les guerres civiles, il embrassa chaudement la cause royaliste. Forcé de s'expatrier, il se réfugia en France, où il eut des relations avec Gassendi et avec Descartes, à qui il adressa des objections pressantes sur ses *Méditations*. Il rentra en Angleterre en 1653, et y mourut en 1679. Hobbes a laissé plusieurs ouvrages en latin ou en anglais. Ses principaux ont pour titres : *De*

Cive, de la Nature humaine (en anglais), *Léviathan*, ou *du Pouvoir Ecclésiastique et Civil*.

Ami et disciple de Bacon, Hobbes a tiré logiquement les conséquences du principe sensualiste de son maître, et enseigné *le matérialisme*. — D'après lui, ce qu'on appelle *âme* est un corps subtil, qui n'agit pas sur les sens, mais qui occupe une place, comme ferait l'image d'un corps visible. — En morale, il fait dériver *la volonté* du désir, et il professe ouvertement *le fatalisme*. Il nie la distinction essentielle du bien et du mal. *Le bien*, pour l'homme, c'est ce qui lui est agréable ; *le mal*, c'est ce qui lui déplaît. Tout moyen est légitime pour se procurer le bien-être. — Les conséquences *sociales* qu'il fait sortir de ses principes ne peuvent manquer d'être subversives de l'ordre. A ses yeux, la force et le succès constituent le droit. Le pouvoir de fait est toujours légitime. Tels sont les premiers fruits de la nouvelle Ecole sensualiste ; ils pronostiquent des énormités plus révoltantes encore.

2° *Gassendi*. — Pierre Gassendi, né en Provence (1592), embrassa l'état ecclésiastique, professa les mathématiques au Collège de France et eut des relations intimes avec les savants de l'époque. Ennemi du cartésianisme, il eut de vives discussions avec Descartes, et composa même contre lui deux *Traités*. Ce qu'il attaquait le plus vivement dans la Philosophie de Descartes, c'était la doctrine des idées innées, soutenant que toutes nos idées viennent des sens. Il mourut à Paris, en 1655.

Gassendi continua de développer les conséquences qui sortent naturellement des principes de Bacon. Tous ses efforts eurent pour but de faire prévaloir les doctrines d'Epicure ; c'est à cette honteuse réhabilitation qu'il consacra son talent dans de nombreux ouvrages, cherchant, à force de sophismes, à concilier l'Epicurisme avec la morale de l'Evangile.

3° *Locke*. — Jean Locke achève l'Ecole sensualiste du dix-septième siècle, et il est le chef reconnu de celle du dix-huitième. Né à Wrington, près de Bristol (1632), il se mêla aux affaires politiques de son temps, fut obligé de se réfugier en Hollande, d'où il revint (1688) avec le prince Guillaume d'Orange, qui lui confia d'importants emplois. Il mourut en 1704.

L'Essai sur l'Entendement humain, divisé en quatre livres, est

le principal ouvrage de Locke. Il fut publié à Londres, en 1690.
— Après avoir combattu les idées innées, Locke enseigne que l'âme est, à son origine, une *table rase*, et que toutes nos connaissances nous viennent de *la sensation* et de *la réflexion*. Mais la réflexion, ne faisant que combiner les données fournies par la sensation, ne peut produire que ce qu'elle a reçu. — L'âme n'étant susceptible d'être représentée par aucune image, il en conclut qu'elle ne peut nous être connue que par la Révélation divine. — Seule aussi la Révélation pourrait nous faire savoir si Dieu a donné à quelques systèmes de molécules, disposées convenablement, la faculté de penser, ou s'il a uni à la matière une substance immatérielle. De ce doute de Locke au matérialisme lui-même, il n'y a qu'un pas.

La Théodicée de Locke n'est pas moins défectueuse que sa *Psychologie*. D'après ce philosophe, l'existence de Dieu ne peut être prouvée que par la contemplation de la nature. Dieu n'est à ses yeux qu'une puissance vague et indéterminée, et non un être personnel et vivant, dont l'essence est d'être parfait.

La morale de Locke n'est pas moins répréhensible. Il confond le bien et le mal avec le plaisir et la douleur. *L'Essai sur l'Entendement humain* ne fait que reproduire les enseignements de la Philosophie sensualiste, tels que l'histoire nous les a déjà montrés.

§ IV. — DESCARTES.

I. — **Notice sur Descartes.** — René Descartes, fils d'un conseiller au Parlement de Bretagne, naquit à la Haye, en Touraine, en 1596. Après avoir fait son éducation au collège de la Flèche, dirigé par les Jésuites, il embrassa la carrière des armes, mais sans une vocation marquée pour l'état militaire, où il ne servit que quelques années. Après avoir parcouru plusieurs parties de l'Europe, il revint à Paris, pour s'y occuper d'un projet de réforme philosophique, qui le poursuivait depuis la fin de ses études. Doué d'une rare capacité de réflexion, qui lui avait déjà mérité, de la part de ses condisciples, le surnom de *Philosophe*, il était porté à se demander la raison des choses, plutôt qu'à y prendre une part active. Son esprit méditatif ne s'accommoda pas mieux du bruit de Paris que du tumulte des camps. Aussi prit-il le parti de se retirer en Hollande, afin d'y trouver la solitude et de s'y livrer avec plus de liberté à ses pensées et à ses recherches.

C'est à Leyde qu'il publia en français son *Discours de la Méthode*, en 1637. Quatre années après, il mit au jour ses *Méditations Métaphysiques*, qu'il écrivit en latin, les destinant aux savants, et qu'il dédia à la Sorbonne. En 1643, il fit paraître ses *Principes de Philosophie*, qui furent traduits en français par l'abbé Picot, l'un de ses amis. Ce sont là les trois grands ouvrages de Descartes, qui exposent sa méthode philosophique. Retiré en Suède auprès de la reine Christine, sa protectrice, Descartes, toujours despotique dans sa doctrine, aigre dans la polémique, peu indulgent envers ses contradicteurs, mais cependant attaché à la foi catholique, y mourut en 1650.

II. — **Descartes considéré comme Mathématicien.** — Considéré comme mathématicien et comme physicien, Descartes occupe un des premiers rangs parmi les savants du dix-septième siècle. Il est l'auteur de l'application de l'algèbre à la géométrie, pas immense, qui n'a pas peu contribué au progrès et au développement de cette seconde branche des sciences mathématiques. Il a frayé la route à la mécanique céleste, en établissant le premier que le système du monde est un problème de mécanique. Ce problème, il ne l'a pas résolu, mais c'est lui qui l'a posé, et il reste à savoir s'il ne fallait pas autant de hardiesse et de pénétration pour le poser que pour le résoudre.

III. — **Philosophie de Descartes.** — Ami passionné de la vérité, qu'il désire établir par le raisonnement dans son intelligence, Descartes fait avec le passé le divorce le plus radical, et conçoit le projet de se créer une méthode philosophique absolument neuve, afin de construire à nouveau, d'après les principes de cette méthode, tout l'édifice de ses connaissances. Craignant de s'égarer dans ce gigantesque projet, dont il ne se dissimule ni les difficultés, ni les dangers, il commence par se tracer des règles pour la direction de son esprit. Elles sont au nombre de quatre ; nous les avons exposées dans la Logique. A ces règles il en ajoute quelques autres, pour la direction de sa volonté et de sa conduite, afin de ne pas demeurer irrésolu, durant le grand travail intellectuel auquel il va se livrer. Parmi les règles de sa morale provisoire, nous citerons celle par laquelle il se propose d'obéir aux lois et aux coutumes de son pays, retenant constamment la religion dans laquelle il a été élevé.

Ces précautions prises, le philosophe se met à l'œuvre. Il révoque en doute toutes ses connaissances, sans rien excepter, et il se demande s'il ne peut aussi mettre en doute qu'il doute, afin d'arriver au scepticisme absolu. Il ne le peut. Il reconnaît que, puisqu'il doute, il faut nécessairement que lui qui doute soit quelque chose, et il formule son fameux principe : « *Je pense, donc je suis,* » principe qui va servir de point de départ à tout son système philosophique.

Si Descartes admet comme vrai : « *Je pense, donc je suis,* » c'est qu'il voit très clairement que, pour penser, il faut exister. De là il juge qu'il doit admettre comme règle générale et indubitable que *les choses que nous concevons fort clairement et fort distinctement sont toutes vraies.* La claire perception, ou l'évidence, tel sera *le critérium* de certitude dont il se servira pour relever l'édifice de ses connaissances, en partant de la pensée et de l'existence renfermée dans la pensée.

Mais quel est, se demande-t-il, le caractère de ma pensée ? C'est d'être indivisible, inétendue et simple. Or, si de l'attribut au sujet la conclusion est bonne, la pensée étant donnée comme l'attribut fondamental du sujet que je suis, la simplicité de l'une renferme la simplicité de l'autre. Puis je peux supposer que mon corps, que tout ce qui m'apparaît en dehors de moi n'existe pas, mais je ne puis supposer que ce qui pense en moi n'existe pas. Ce qui pense en moi est donc distinct du corps, est spirituel, par cela même qu'il est simple. Descartes en conclut avec assurance la spiritualité de l'âme.

En réfléchissant sur ma pensée, je la trouve bien souvent faible et imparfaite. Puisque je doute, je suis un être borné. Mais je ne puis penser aux limites et aux imperfections de mon être, sans m'élever immédiatement à quelque chose de parfait et d'infini. Si l'idée que j'ai du parfait et de l'infini ne supposait pas l'existence réelle d'un Être parfait et infini, ce ne pourrait être que parce que je serais moi-même l'auteur de cette idée. Mais, si je l'avais faite, je pourrais la défaire ou la modifier ; or, je ne puis ni la défaire ni la modifier. Elle se rapporte donc en moi à un modèle étranger à moi et qui lui est propre. D'ailleurs, puisque l'imparfait existe, je ne puis supposer que le parfait n'existe pas. De là le philosophe conclut à l'existence de l'Être parfait et infini, de Dieu.

Descartes se demande ensuite ce qu'il doit penser de l'existence des corps. Dans le phénomène complexe de la pensée, il rencontre la sensation. Il ne la nie pas, il ne nie pas que ce phénomène doive avoir une cause. Mais cette cause, quelle est-elle? L'homme n'est-il pas trompé par les apparences ? Non, répond Descartes, car il sait que Dieu existe et qu'il est parfait. Etant parfait, il est véridique, et il n'a pu mettre en nous une inclination à croire à l'existence des corps, qui ne serait qu'une déception. La véracité divine nous est donc le suprême garant de la légitimité de notre persuasion naturelle.

Nous venons d'esquisser la méthode cartésienne dans ses traits les plus saillants, et nous en avons dit assez, nous semble-t-il, pour en donner une idée exacte. Il nous reste à l'apprécier.

IV. — **Appréciation de la Philosophie de Descartes.** — La Philosophie cartésienne ne peut être acceptée par un esprit droit, pour quatre raisons principales.

1° *Elle favorise le Scepticisme.* — La Philosophie cartésienne place l'esprit humain sur la pente glissante du Scepticisme, par la nature même de sa méthode, qui fait du doute la condition première et générale pour que l'homme arrive à la certitude. Du doute méthodique au doute absolu, il n'y a qu'un pas. Celui qui peut douter sérieusement de son existence, au point de ne vouloir l'admettre qu'après se l'être démontrée, ne peut-il pas aussi bien douter de son doute lui-même, douter de sa pensée, et alors où sera le point d'appui de son intelligence pour sortir de son doute et parvenir à la certitude ?

Est-il rationnel de faire du doute la condition générale, pour arriver à la vérité ? Est-ce qu'il n'y a pas des vérités évidentes d'elles-mêmes, qui s'imposent invinciblement à l'esprit humain ? Pourquoi prescrire, sur toutes ces vérités, un doute impossible à l'homme qui écoute la raison, pour le faire en essayer la démonstration non moins impossible ? — On conçoit qu'un philosophe érige en méthode le doute à l'égard de toute vérité obscure ; mais, ce qui ne se conçoit guère, ce qui paraît anormal et contraire aux tendances les plus fortes de l'esprit humain, c'est de révoquer en doute, ne fût-ce que pour un moment, les vérités les plus éclatantes, pour n'admettre comme chose certaine que la réalité de son doute.

2° *Elle mène au Rationalisme.* — La Philosophie cartésienne, en renonçant systématiquement à l'enseignement du passé, en disant à l'homme de ne penser que par lui-même, et de n'admettre comme vrai que ce qu'il reconnaîtra évidemment être tel, favorise l'indépendance de l'esprit et prépare les voies au *rationalisme*, qui, du reste, ne tardera pas à en sortir, et qui s'étaiera du nom et de l'autorité de Descartes.

Il n'est aucun philosophe sérieux qui ne voie dans l'évidence *le critérium de la certitude.* Mais la notion que Descartes donne de l'évidence n'est propre qu'à égarer l'esprit. A la manière dont il en parle, le philosophe ne se croit-il pas autorisé à ne recevoir pour évidentes et certaines que les vérités qu'il atteint par lui-même, qu'il peut comprendre et se démontrer ?

« Je vois, dit Bossuet, un grand combat se préparer contre
» l'Eglise, sous le nom de la Philosophie cartésienne. Je vois naître
» de son sein et de ses principes, à mon avis mal entendus, plus
» d'une hérésie, et je prévois que les conséquences qu'on en tire
» contre les dogmes que nos pères ont tenus la vont rendre odieuse
» et feront perdre à l'Eglise tout le fruit qu'elle en pouvait espérer,
» pour établir dans l'esprit des philosophes la Divinité et l'immorta-
» lité de l'âme. Sous prétexte qu'il ne faut admettre que ce qu'on
» entend clairement, ce qui, réduit à certaines bornes, est très véri-
» table, chacun se donne la liberté de dire : « J'entends ceci et je
» n'entends pas cela, et, sur ce seul fondement, on approuve et on
» rejette tout ce qu'on veut. »

Il n'est pas possible de mieux juger la Philosophie cartésienne que l'a fait l'Aigle de Meaux dans ces paroles, extraites d'une lettre adressée à l'un des disciples de Malebranche.

La Philosophie cartésienne, par la manière dont elle présente l'évidence et la certitude, en partant du doute, paraît consacrer *l'autonomie* absolue de la raison, ce qui constitue essentiellement *le Rationalisme.* Aussi tous les rationalistes modernes, non moins que les sceptiques, se glorifient-ils, et non sans raison, d'appartenir à l'Ecole de Descartes.

3° *Elle tend à l'Idéalisme.* — En n'admettant pas comme immédiate la certitude du témoignage des sens et de l'existence des corps, Descartes a placé son système sur la pente de l'Idéalisme.

4° *Elle implique contradiction.* — Descartes révoque en doute, au moins hypothétiquement, le principe de contradiction, dans la méditation où il parle de *l'Esprit Malin*, qui pourrait se plaire à le tromper. Il n'a plus dès lors le droit d'affirmer comme principe certain : *Je pense, donc je suis.* Si la même chose peut être et n'être pas en même temps, il tombe dans un illogisme évident, en soutenant comme certain qu'*il pense* et, par suite, qu'*il existe*. Le principe de contradiction étant écarté, en vertu même de son hypothèse, il reste nécessairement dans le doute sur la réalité de sa pensée et sur la réalité de son existence. (ZIGLIARA.)

Pour toutes ces raisons et pour plusieurs autres, que nous passons sous silence, l'Eglise catholique, gardienne de la vérité et protectrice de la raison, effrayée des dangers que renferme le système dont nous venons de faire la critique, a cru devoir inscrire au catalogue des livres prohibés toutes les œuvres philosophiques de Descartes.

V. — **Ecole Cartésienne.** — Dans les circonstances où elle parut, la Philosophie cartésienne détermina une heureuse et puissante réaction contre le sensualisme de l'Ecole baconienne, qui préparait les voies au plus dégoûtant matérialisme et, par suite, à la négation de la liberté humaine et de l'existence de Dieu. Il n'est donc pas étonnant qu'elle ait envahi, en quelque sorte, le dix-septième siècle, et obtenu une prépondérance marquée. Tous les grands hommes de l'époque ne furent pas, toutefois, admirateurs et partisans au même degré de la Philosophie cartésienne, contre laquelle on formula, dès lors, les objections les mieux fondées. L'Ecole de Descartes compte ainsi, au dix-septième siècle, deux classes de disciples, les uns qui admettent sa Philosophie, telle qu'il l'a formulée, les autres qui en admettent seulement quelques principes. Nous ne parlerons que de ceux de ces derniers qui se sont fait un nom.

1° **Antoine Arnauld.** — Antoine Arnauld, né à Paris, en 1612, et surnommé le grand Arnauld par les Jansénistes, dont il était le plus ferme appui par l'étendue de ses connaissances, fut un des solitaires de Port-Royal-des-Champs, monastère que son père, Antoine Arnauld, avait restauré. C'est à Port-Royal qu'il composa, avec la collaboration de Nicole, de Lancelot et de Pascal, ses ouvrages de Théologie, de Philosophie, de Géométrie et de Grammaire, qui firent la réputation de son Ecole et où respire l'esprit cartésien. Son principal ouvrage philosophique est *la Logique* dite *de Port-Royal*, précédée de deux discours, où les allures indépendantes de la Philosophie moderne se montrent dans tout leur jour.

2° Pascal. — Blaise Pascal naquit à Clermont-Ferrand, en 1623. Ecrivain distingué, géomètre célèbre et profond penseur, mais intimement lié aux chefs du parti janséniste, il se rattacha à l'Ecole de Descartes, bien qu'il ait attaqué ce philosophe. Quoiqu'il ne soit pas possible de porter un jugement définitif sur ses *Pensées*, fragments épars d'un grand ouvrage qu'il méditait en faveur de la religion, et que la mort ne lui permit pas d'achever, on y remarque les tendances cartésiennes, le dédain de l'antiquité, l'appel constant à la raison individuelle. Si, parfois, il exalte d'une manière un peu exagérée la puissance de la raison, dans certains passages il la déprécie outre mesure, et semble abonder dans le sens des sceptiques. Ses dix-huit lettres, connues sous le nom de *Provinciales*, sont autant de plaidoyers éloquents, d'une dialectique serrée, mais sophistique, en faveur du Jansénisme, et principalement dirigés contre la Société des Jésuites. Après avoir passé la plus grande partie de sa vie dans des souffrances qui semblaient parfois lui enlever le libre usage de ses facultés intellectuelles, Pascal mourut en 1662.

3° Bossuet. — Jacques-Bénigne Bossuet naquit à Dijon, en 1627, et mourut en 1704. Le regard pénétrant de l'Aigle de Meaux découvrit bien vite les dangers que présentait la Philosophie cartésienne. Nous avons vu le jugement qu'il en porta. Bossuet ne rejeta pas, cependant, tous les principes du cartésianisme. Dans sa Philosophie, il unit le cartésianisme à la doctrine d'Aristote et de la Scolastique. Comme Descartes, il est d'avis que la Philosophie ait pour point de départ l'étude de l'âme ; comme Descartes, il reconnaît dans l'évidence le critérium de la vérité, mais sans admettre son doute méthodique pour arriver à la certitude ; comme lui, il prouve l'existence de Dieu par l'idée que nous avons de l'Être parfait, bien que nous soyons imparfaits, ainsi que tout ce qui nous entoure. Avec Descartes, il suppose dans l'organisme humain des esprits animaux, qui expliquent le mouvement et les fonctions vitales. Il expose, sans se prononcer, le sentiment de Descartes et celui des Scolastiques sur les opérations des animaux. Comme Aristote et les Scolastiques, il divise les facultés de l'âme en *sensitives* et en *intellectuelles*. Par facultés intellectuelles, il entend, ainsi qu'il l'explique clairement, l'entendement et la volonté, qu'il se garde bien de confondre, comme on le lui a injustement reproché. Les principaux traités philosophiques de Bossuet sont *la Connaissance de Dieu et de soi-même*, et *la Logique*.

4° **Spinoza**. — Benoît Spinoza, né à Amsterdam (1632), de parents juifs, et mort à La Haye (1677), avait été initié à la Philosophie par l'étude de Descartes. Il a pris de ce philosophe, dont la Hollande n'oubliait pas le souvenir, sa *physique* presque tout entière, avec la passion des démonstrations géométriques, qu'il a poussées jusqu'à l'abus. Mais c'est dans son *Éthique* qu'il est arrivé aux conséquences extrêmes, et qu'il a formulé son système, qui n'est autre que le Panthéisme. Comment a-t-il pu aller du système cartésien à cette lamentable extrémité? Il a déduit logiquement, nous aimons mieux dire, il a abusé de certaines propositions équivoques contenues dans les ouvrages de Descartes, pour en déduire le panthéisme. Il s'est appuyé principalement sur la définition que Descartes donne de *la substance*.

Descartes avait défini la substance *ce qui de soi est capable d'exister, sans le secours d'aucun autre être*. Spinoza, exagérant la pensée de Descartes, conclut que, si la substance est ce qui est de soi et par soi, et n'a besoin de rien autre pour être, la substance ne peut être produite et est cause de soi-même. Une telle substance est infinie, et, étant infinie, elle est nécessairement une. Cette substance unique est Dieu. Une substance infinie ne peut avoir que des attributs infinis et éternels. Les deux attributs éternels et infinis de Dieu sont *la pensée* et *l'étendue*. Il n'y a rien de contingent. Tout est nécessaire, tout est Dieu.

Appliquant à l'homme sa fausse notion de la substance, Spinoza enseigne que l'âme et le corps ne sont pas des substances, mais seulement des *modes* de la substance une et indivisible, qui, seule, existe par elle-même. L'âme n'étant pas une substance, n'est que l'ensemble ou la collection des idées que l'homme acquiert. Si ces idées ont des objets susceptibles de périr, elles périront avec eux, et l'âme avec ces idées. Si, au contraire, l'objet des idées est éternel et immuable, elles ne pourront périr et l'âme sera immortelle. D'où il conclut que celui-là seul sera immortel qui donne pour objet à ses idées l'infinie et impérissable substance de Dieu.

Nous ne nous arrêterons pas à réfuter cet absurde système, dont nous avons parlé dans la Théodicée, et que Fénelon a renversé d'une manière si victorieuse dans son *Traité de l'Existence de Dieu*.

5° **Malebranche.** — Nicolas Malebranche se rapproche par certains côtés de sa Philosophie de l'Ecole cartésienne, qu'il abandonne en beaucoup de points. Né à Paris, en 1638, il entra, en 1660, dans la Congrégation de l'Oratoire, où il fit de la Philosophie et de la Théologie l'objet habituel et presque exclusif de ses études, comme le prouvent les ouvrages qu'il a composés et dont les plus importants sont : *la Recherche de la Vérité* et *les Entretiens sur la Métaphysique*. Il mourut en 1715.

L'idée fondamentale de toute la Philosophie de Malebranche, c'est que Dieu est la cause universelle de tout ce qui arrive dans les créatures. C'est de cette idée que sont nées ses principales théories, au nombre de trois, à savoir : 1° *la théorie de l'Occasionalisme*, dont nous avons parlé dans la Psychologie. D'après ce philosophe, les substances créées ne peuvent agir les unes sur les autres, comme causes efficientes, mais seulement comme causes occasionnelles, et l'intervention de Dieu est nécessaire pour produire tel phénomène dans l'âme ou dans le corps. Ces rapports de l'âme et du corps expriment les rapports de toutes les substances créées. Aucune n'a d'action sur une autre substance, aucune n'est cause. C'est Dieu qui opère tous les changements qui se produisent dans les substances, et celles-ci n'en sont que les occasions.

2° *La théorie de la Vision* en Dieu, que nous avons appréciée, quand nous avons traité la question de l'origine des idées.

3° *La théorie de l'Optimisme*, dont il nous reste à parler. Malebranche reconnaît que la création a été de la part de Dieu un acte parfaitement libre. Mais, dit-il, Dieu se déterminant à créer, sa sagesse demandait que la création exprimât ses attributs de la manière la plus parfaite, et qu'ainsi le monde fût aussi parfait que possible. D'où il conclut la nécessité de l'incarnation, indispensable pour exalter l'œuvre de la puissance créatrice.

L'optimisme est un système erroné, qui implique une contradiction choquante. Si, en effet, Dieu a pu choisir librement, sans blesser aucune de ses perfections, entre créer et ne pas créer, comment Malebranche peut-il ensuite soutenir que Dieu, se déterminant à créer, a dû faire nécessairement et a fait le monde le plus parfait possible ? De plus, n'est-il pas évident que cette théorie de l'Oratorien, si l'on en pressait les conséquences, conduirait directement au Panthéisme. Qu'est-ce qu'un monde aussi parfait que possible, sinon un monde à la perfection duquel rien ne peut être ajouté, et qui, par là même, possède la perfection souveraine et absolue ?

En lisant les écrits de Malebranche, il est facile de reconnaître qu'il s'est intimement pénétré des principes cartésiens. Si sa Philosophie a de brillants aperçus, qui dénotent une intelligence élevée, elle est absolument incapable de satisfaire un esprit sérieux. (M***, PROF. A SAINT-SULPICE.)

6° Bayle. — Pierre Bayle, né à Carlat (1647), dans le comté de Foix, de parents calvinistes, embrassa à vingt ans le Catholicisme, pour revenir bientôt après à sa première religion. La versatilité de Bayle, sous le rapport des croyances religieuses, se manifeste dans ses opinions philosophiques. Le scepticisme est le caractère saillant des ouvrages qu'il a laissés. C'est ce qui apparaît surtout dans son *Dictionnaire Historique et Critique*, dont la première édition date de 1697, et dans lequel il se plaît à exhumer les opinions les plus paradoxales et à les fortifier de nouveaux arguments, sans les avouer pour son propre compte. Ce n'est pas qu'il soutienne bien formellement que la raison humaine ne peut être certaine de quelque vérité ; mais il élève contre toutes les vérités des difficultés et des doutes. Il est, ainsi qu'il le disait lui-même, *protestant*, car il proteste contre tout ce qui se dit et se fait. Il oppose un système à un autre système, et, dans le même système, il s'applique à découvrir des contradictions. Pour donner plus de poids à ses objections, il a soin de les rattacher à quelqu'un des principes cartésiens. Ce sceptique, d'un genre à part, mourut en 1706.

7° **Fénelon.** — François de Salignac de la Mothe-Fénelon naquit au château de Fénelon, en Quercy (1651), fut promu à l'archevêché de Cambrai en 1694, et mourut en 1715, après avoir eu la douleur de voir expirer son élève, le duc de Bourgogne, petit-fils de Louis XIV.

Fénelon, qui s'est moins occupé de Philosophie que Bossuet, a poussé plus loin que l'évêque de Meaux la sympathie pour le cartésianisme. Dans la seconde partie de son *Traité de l'Existence de Dieu*, qu'il composa la première, et à un âge encore peu avancé, il semble embrasser sans réserve la Philosophie cartésienne et pousser pour le moins aussi loin que Descartes le doute méthodique. Comme Descartes, il fait de l'évidence le critérium de la vérité, et il établit l'existence de Dieu par l'idée que nous avons de l'Être parfait. Dans la première partie de ce traité, s'il ne marche pas constamment sur les traces de Descartes, il laisse voir dans plusieurs passages qu'il est profondément imbu des principes de sa Philosophie. Il s'en écarte, toutefois, quand il prouve l'existence de Dieu par l'aspect général de l'univers, c'est-à-dire, par l'argument des causes finales, que le philosophe de La Haye a eu le tort de dédaigner.

VI. — **Parallèle de Descartes et de Bacon.** — Nous ne voulons qu'indiquer les points de vue principaux auxquels on peut se placer pour comparer la Philosophie cartésienne à la Philosophie baconienne.

1° *Points de départ des deux Philosophes.* — L'un part du *doute* et l'autre de *l'observation*. Le premier a exagéré le doute, en l'étendant à toutes les vérités, au moins d'une manière hypothétique. Le second a exagéré l'observation, en faisant de l'observation la cause efficiente de toutes les connaissances humaines.

2° *Méthodes des deux Philosophes.* — Bacon recommande la méthode inductive, comme seule capable de conduire à la vérité d'une manière certaine. Descartes préconise le raisonnement déductif et semble ne vouloir admettre comme certain que ce qu'il a pu se démontrer à lui-même.

3° *Les deux Philosophes sous le rapport de l'origine des Idées.* — D'après Bacon, l'homme n'a aucune idée qui ne provienne originairement de la sensation et qui ne soit acquise. D'après Descartes, il y a dans l'âme humaine des idées innées, et ces idées ont pour objet ce qui dépasse la perception expérimentale, aidée de la réflexion s'exerçant sur les données de l'expérience.

4° *Les deux Philosophes sous le rapport de la Certitude.* — D'après les principes de la Philosophie baconnienne, l'esprit humain ne peut avoir la certitude que des connaissances de l'ordre expérimental. En prenant le doute pour base de son système, Descartes a ébranlé la certitude dans tous les ordres de connaissances.

5° *Tendances et résultats des deux Philosophies.* — Les deux Philosophies dédaignent l'autorité et les enseignements du passé, pour se frayer des voies nouvelles. L'une mène au matérialisme, et Bacon doit être regardé comme le père des faux systèmes qui, depuis trois siècles, ont été entachés de cette grossière erreur, parvenue, de nos jours, à ses dernières limites. — L'autre mène au rationalisme, et Descartes doit être regardé comme le père de la plupart des faux systèmes qui, en dehors du matérialisme, ont, depuis le dix-septième siècle, attaqué la vérité philosophique et religieuse.

§ V. — LEIBNITZ.

Bacon et Descartes partageaient les esprits, au dix-septième siècle, par leurs systèmes philosophiques, où l'on remarque les deux tendances opposées que nous avons constatées dans l'antique Philosophie de la Grèce. La fin de ce siècle fut témoin d'une réaction qui atteignait à peu près également l'un et l'autre. Elle eut pour auteur Leibnitz.

I. — *Notice sur Leibnitz.* — Godefroy-Guillaume Leibnitz naquit à Leipsick, dans le royaume de Saxe (1646). Après avoir voyagé en France, où il séjourna quatre ans, et en Angleterre, il alla se fixer à Hanovre. Génie universel, il faisait marcher de front la politique, les mathématiques, la littérature, l'histoire et la Philosophie. Il était en rapport avec tous les savants de l'Europe. Longtemps il travailla de concert avec Bossuet, mais inutilement, à réunir les protestants aux catholiques. Il se vit rechercher par les souverains eux-mêmes, entre autres, par le czar Pierre-le-Grand, qu'il détermina à fonder une Académie à Saint-Pétersbourg. Il mourut, toujours attaché au protestantisme, à Hanovre, en 1716. Ses principaux ouvrages philosophiques sont ses *Essais de Théodicée*, dans lesquels il réfute les attaques de Bayle contre la Providence, et ses *Nouveaux Essais sur l'Entendement Humain*, où il critique le traité de Locke sur le même sujet.

II. — **Philosophie de Leibnitz.** — Leibnitz n'appartient précisément ni à l'École cartésienne, ni à l'École sensualiste. Voyant la Philosophie de son temps partagée entre ces deux Écoles, il entreprit de les combattre l'une et l'autre, pour leur substituer une Philosophie meilleure, retranchant ce qu'elles avaient de défectueux, conservant ce qu'elles avaient de bon, les réduisant, sans les détruire, à la mesure de la vérité. L'idée était bonne, mais l'exécution est loin d'avoir répondu à l'idée. Après avoir tant critiqué les autres, et prétendu se tenir à une égale distance de tous les excès, le grand éclectique a fini par tomber lui-même dans un système excessif, dans un idéalisme outré.

Quoi qu'il en soit, Leibnitz tient, par sa méthode et par les tendances générales de sa Philosophie, à l'École cartésienne, bien qu'il l'ait combattue sur plusieurs points avec une sorte d'acharnement, qu'on ne remarque pas dans la critique qu'il a faite de la doctrine de Locke.

Nous signalerons les principaux points de l'enseignement philosophique de Leibnitz.

1° *Théorie de la Substance, ou Monadologie.* — Descartes avait conçu la substance comme *pensée* ou comme *étendue*. Ses disciples, ne pouvant s'expliquer comment la substance pensante agit sur la substance étendue, avaient imaginé l'hypothèse des *causes occasionnelles*, qui ôte l'activité à l'âme et au corps, pour l'attribuer uniquement à Dieu. Leibnitz fait de l'activité l'essence même de la substance et enseigne que *toute substance est une force*.

Appliquant sa théorie aux êtres créés, Leibnitz ne voit dans l'univers que des substances simples, indivisibles, inétendues, essentiellement actives, capables de se modifier elles-mêmes et d'entrer en action. Le philosophe leur donne le nom de *monades*. De ces *monades*, les unes sont douées d'aperception, les autres en sont dépourvues. *Les monades* douées d'aperception, ce sont les âmes, qui sont raisonnables ou ne le sont pas, selon qu'elles ont une conscience claire ou une conscience obscure de leurs aperceptions. *Les monades* dépourvues d'aperception forment les éléments des corps. Agrégées entre elles, ces *monades*, ou forces, composent le phénomène de l'étendue. Ces monades, ayant en elles-mêmes le principe de toutes leurs actions, qui se succèdent et s'enchaînent sans solution de continuité, sont sans action extérieure les unes sur les autres. Si, cependant, leurs mouvements s'harmonisent, cela tient, dit Leibnitz, au plan primitif du Créateur, qui, en leur donnant l'existence, a pourvu à la constante harmonie de leurs mouvements. De là *l'harmonie préétablie*, dont il va être question.

La théorie de la substance, d'après Leibnitz, est une conception qui est pleine de hardiesse, mais qu'il ne paraît pas possible de justifier. Il résulte de cette théorie qu'il n'y a qu'une seule espèce de substance dans l'ordre créé. *Les monades* qui constituent les êtres ne diffèrent pas les unes des autres par leur *essence*, mais seulement par leurs *propriétés* plus ou moins parfaites. Ainsi, la matière ne diffère qu'accidentellement de l'esprit, et il en est ainsi de ce qui est simple et inétendu, par rapport à ce qui est étendu et composé. Nous demanderons comment concevoir que la matière et l'esprit ne sont pas de nature différente, et que des *monades*, ou forces simples et inétendues par leur essence, peuvent constituer l'étendue que nous admettons dans les corps. (M***, PROFESSEUR A SAINT-SULPICE.)

2° *Théorie de l'union de l'Ame et du Corps, ou Harmonie préétablie.* — La théorie de Leibnitz sur la substance devait nécessairement le conduire à *l'harmonie préétablie*, seul moyen d'expliquer l'accord des monades entre elles et, par suite, l'accord de l'âme et du corps dans l'homme. Dieu a réglé d'avance cet accord, et pourvu à ce qu'il se maintienne. Cette théorie a été appréciée dans la Psychologie.

3° *Théorie de l'origine des Idées.* — La théorie de l'origine des idées découle de celle de la substance. Si toute substance possède en elle-même toute la raison de ses modifications successives, notre intelligence a donc virtuellement en elle-même le principe et le germe de toutes les connaissances qu'elle acquerra. Loin d'être une *table rase*, elle possède, dès le premier instant de son existence, mais d'une manière latente et indéterminée, ce qui sera plus tard, grâce à son développement successif, une lumière, une connaissance précise, comme le bloc de marbre contient la statue qui en sera tirée.

Précédemment, nous avons dit ce qu'il faut penser du système des idées innées, dans lequel rentre la théorie de la connaissance, d'après Leibnitz.

4° *Théorie de la création ou Optimisme.* — Selon Leibnitz, Dieu, en vertu de sa sagesse infinie et de sa bonté parfaite, est nécessairement déterminé à choisir le meilleur dans toutes ses œuvres. Comme il est meilleur de créer que de ne pas créer, la création ne pouvait ne pas avoir lieu, et, en manifestant sa puissance créatrice, Dieu a fait le monde le plus parfait qu'il pût concevoir. Une telle doctrine est destructive de la liberté de Dieu dans ses œuvres extérieures, et conduit directement au Panthéisme.

III. — **Conclusion sur Leibnitz.** — Leibnitz, qui appartient au dix-septième siècle et au dix-huitième, puisqu'il n'est mort qu'en 1716, a exercé une haute et funeste influence sur la direction de la Philosophie en Allemagne. Il a précipité la Philosophie allemande dans l'abîme d'un idéalisme exagéré et absurde, au fond duquel elle devait trouver tôt ou tard les plus délirantes théories, l'identification du fini et de l'infini, en un mot, le Panthéisme sous ses formes les plus abstraites et les plus mystiques, et dans ses conséquences les plus extrêmes.

TRENTE ET UNIÈME LEÇON.

SOMMAIRE : 1. Deuxième Période (XVIII° siècle). — 2. Ecole Sensualiste. — 3. Ecole Spiritualiste. — 4. Ecole Sceptique. — 5. Troisième Période (XIX° siècle). — 6. Ecole Allemande. — 7. Ecoles Anglaises. — 8. Ecoles Françaises. — 9. Ecole Italienne. — 10. Conclusion.

§ I". — DEUXIÈME PÉRIODE (XVIII° SIÈCLE).

I. — **Chute rapide du Cartésianisme.** — La Philosophie cartésienne avait obtenu un triomphe presque absolu au dix-septième siècle, et porté le coup suprême à la Scolastique, qui dut paraître oubliée pour toujours. L'Angleterre seule échappa à son influence, pour suivre la voie ouverte par Bacon. Les doctrines sensualistes de Gassendi eurent peu d'écho en France. Le dix-septième siècle expirait donc en décernant la palme à Descartes, qui était devenu le nouvel Aristote de la Philosophie. Ce triomphe ne fut pas de longue durée, et Descartes eut le sort de la Scolastique, qu'il avait traitée avec dédain.

Il ne faut pas croire, toutefois, que l'esprit cartésien s'éteignît tout à fait avec le dix-septième siècle ; il conserva d'assez nombreux représentants. (COUSIN.)

II. — **Motifs du Discrédit du Cartésianisme.** — 1° *La corruption des mœurs*, qui était allée grandissant, ne pouvait que dégoûter d'une Philosophie spiritualiste, et assurer la prépondérance à un système qui menait plus ou moins directement à la négation de l'âme et, par suite, à l'exemption de toute responsabilité morale.

2° *L'esprit d'indépendance*, que Descartes avait préconisé lui-même, en matière de Philosophie, devait inévitablement se retourner contre ses doctrines et secouer le joug presque tyrannique que sa Philosophie avait imposé au dix-septième siècle. Puis, par delà la Philosophie de Descartes, qui avait cru faire de ses enseignements un rempart à la Religion catholique, l'orgueil de l'esprit et les mauvaises passions du cœur sentaient cette Religion révélée qui impose des mystères à croire et une austère morale à pratiquer. Tôt ou tard, on devait se demander et on se le demanda au XVIII° siècle, pourquoi ne pas essayer contre le Catholicisme lui-même les armes fournies par Descartes et acceptées dans toutes les autres luttes intellectuelles.

3° *Les célèbres découvertes* de l'anglais Newton (1642-1727) ébranlèrent les principes de la physique de Descartes, en conviant l'esprit humain à l'étude des grandes lois de l'équilibre de l'univers.

III. — **Caractère de la Philosophie du XVIII° siècle.** — Le caractère dominant de la Philosophie, au dix-huitième siècle, est évidemment le *sensualisme*, qui n'a pas régné, toutefois, sans contradiction. (Cousin.)

IV. — **Division de la Philosophie du XVIII° siècle.** — La Philosophie du dix-huitième siècle comprend trois principales écoles : l'*Ecole sensualiste*, l'*Ecole spiritualiste*, et l'*Ecole sceptique*.

§ II. — ECOLE SENSUALISTE.

Locke est le père de l'Ecole sensualiste du dix-huitième siècle. Sa Philosophie sortit de bonne heure du pays où elle avait vu le jour, pour passer en France, où elle se répandit rapidement. Condillac a été un des premiers et des plus zélés propagateurs de cette Philosophie. Les Encyclopédistes la vulgarisèrent.

I. — **Condillac.** — Etienne Bonnot de Condillac naquit à Grenoble, en 1715. Ayant embrassé l'état ecclésiastique, et devenu déjà célèbre par ses ouvrages philosophiques, il fut nommé précepteur du duc de Parme, petit-fils de Louis XV. L'Académie française le reçut au nombre de ses membres. Il mourut en 1780. On compte parmi ses principaux ouvrages philosophiques : *l'Essai sur l'Origine des Connaissances Humaines*, *le Traité des Systèmes*, *le Traité des Sensations*, et une *Logique*.

1° Philosophie de Condillac. — La grande question philosophique étudiée spécialement par Condillac, celle qui est comme le point central de tout son système, c'est la question de l'origine de nos connaissances. Dans l'étude de cette question, il s'attache de préférence à *l'Analyse*, qu'il ne cesse de recommander comme moyen unique d'acquérir des connaissances certaines.

S'éloignant de Locke, qui reconnaissait deux sources de nos idées, *la sensation* et *la réflexion*, Condillac fait de la sensation la source unique de toutes les connaissances humaines. Dans son *Traité des Sensations*, il s'applique à démontrer que toutes les facultés de l'âme, et la réflexion elle-même, doivent être ramenées à la faculté de sentir, et que nos idées et nos volitions ne sont que des *sensations transformées*.

Pour faire voir comment tout en nous s'explique par la sensation, Condillac imagine une statue de marbre, organisée intérieurement comme nous, qui devient successivement ce que nous sommes, à mesure qu'on soulève les diverses parties de l'enveloppe qui la couvre et qu'on laisse par là arriver jusqu'à elle l'impression des objets extérieurs. De l'impression sensible naît la sensation. Or, la sensation est *représentative* et *affective*.

Sensation représentative. — En tant que représentative des objets, la sensation devient successivement *l'attention*, qui n'est qu'une sensation prédominante, — *la mémoire*, parce qu'elle laisse une trace dans l'âme, — *la comparaison*, lorsque l'âme éprouve une seconde sensation, tout en gardant le souvenir de la première, — *le jugement*, qui suit naturellement la comparaison, — *le raisonnement*, — par le rapprochement des jugements portés. C'est ainsi que la sensation constitue tout l'entendement humain.

Sensation affective. — En tant qu'affective, la sensation devient *le plaisir* ou *la douleur*, selon qu'elle est ou n'est pas agréable, — *le désir* ou *l'aversion*, selon que l'âme en appelle ou en redoute la réapparition, — *la volonté*, lorsque nous savons qu'il nous est utile et possible de satisfaire un désir. D'où il résulte finalement que l'âme humaine n'est qu'un instrument à sensation, se mouvant sous l'action de la sensation qui prédomine.

A cette théorie sur l'origine des connaissances, Condillac en ajoute une autre sur *le langage*, sans lequel, d'après lui, l'homme ne pourrait ni réfléchir, ni abstraire, ni raisonner, en un mot, ne serait pas intelligent. (BARBE.)

2° *Appréciation de la Philosophie de Condillac.* — Ce que nous avons dit, dans *le Cours de Philosophie*, de l'origine des idées, du rôle du langage et de son origine réelle et possible, nous dispense d'une longue critique du système étrange de Condillac.

Nous nous bornerons aux observations suivantes : 1° Le vice le plus radical peut-être de la théorie de Condillac sur l'origine des idées, c'est de ne pas admettre que l'homme a la faculté d'acquérir des connaissances qui n'ont pas leur principe dans la sensation. Par là il lui enlève toute véritable activité intellectuelle. — 2° En voulant expliquer toutes nos connaissances par la sensation, il est tombé dans un système psychologique essentiellement faux, qui confond deux ordres de facultés très différentes, à savoir, les facultés passives et les facultés actives. — 3° Il identifie la volonté avec le désir. — 4° Enfin, il porte beaucoup trop loin l'influence de la parole sur la pensée.

Le système de Condillac, en ramenant toutes les facultés de l'âme au pouvoir de sentir, qui rapproche davantage l'esprit du corps, a été comme la transition du sensualisme aux dégoûtantes énormités du matérialisme et du fatalisme, qui se firent jour avant la fin du XVIII° siècle.

II. — **Encyclopédistes.** — La Philosophie sensualiste eut de zélés vulgarisateurs dans les Encyclopédistes. On donne ce nom aux philosophes qui, vers le milieu du XVIII° siècle, formèrent en France une société, dans le but de battre en brèche la Religion catholique et d'émanciper définitivement la raison humaine. De leurs efforts réunis sortit *l'Encyclopédie*, dont la première idée avait été conçue par Jean Lerond, né à Paris en 1717, et connu sous le nom de d'Alembert. Ce fut lui qui composa le discours préliminaire de *l'Encyclopédie*. Il eut pour principal auxiliaire Denis Diderot, né à Langres en 1712, qui n'avait pas été étranger à son projet, et qui se réserva tous les articles sur la Philosophie ancienne. Parmi les autres écrivains qui collaborèrent à cet ouvrage, nous ne citerons que Voltaire et Rousseau.

1° *Voltaire.* — François-Marie Arouet de Voltaire naquit à Châtenay, près de Paris, en 1694, et est mort à Paris en 1778. Sa haine acharnée contre le Catholicisme le fit adopter de bonne heure la Philosophie de Locke. Ce n'est pas qu'il ait ajouté quelque chose à cette Philosophie, mais il trouvait en elle ce qu'il lui fallait, un système ennemi des abstractions, sceptique sans trop d'excès, et surtout une arme commode, dont il pouvait avantageusement se servir contre la Philosophie du siècle précédent et contre la Religion catholique. Pour ces motifs, il propagea avec chaleur le sensualisme de Locke, affectant de professer partout l'admiration la plus sincère pour l'auteur de *l'Essai sur l'Entendement Humain*.

2° *Rousseau*. — Jean-Jacques Rousseau naquit à Genève, en 1712, et mourut à Ermenonville, en 1778. Ce philosophe pourrait être réfuté par lui-même, tant il y a peu de consistance dans ses idées ; c'est l'homme paradoxal par excellence. Dans son *Contrat Social*, il fonde la société sur un contrat imaginaire, il proclame l'égalité absolue, et développe avec tous les charmes d'un style séduisant qui lui a valu en grande partie du moins sa célébrité, les principes d'où sortit la Révolution. Dans son *Emile*, il propose un système d'éducation où l'élève n'aurait pour maître que la nature.

Préconisée par de tels hommes, qui avaient pour eux un incontestable talent, dont ils ont fait le plus révoltant abus, la Philosophie sensualiste ne pouvait manquer de prévaloir, dans un siècle passionné et peu sérieux, comme est celui que nous étudions.

III. — **Matérialisme**. — Le matérialisme devait suivre de près la Philosophie de la sensation. Parmi ceux qui se signalèrent davantage par leurs doctrines matérialistes, nous citerons :

1° *Helvétius*. — Né à Paris, en 1715, et mort en 1771, Helvétius a nié, dans son livre de *l'Esprit*, l'existence d'un principe spirituel dans l'homme. La supériorité de l'intelligence humaine s'explique, d'après lui, par la perfection de l'organisme, seule différence qui existe entre l'homme et la brute. Le bien, c'est le plaisir; le mal, c'est la douleur. Les passions sont le fond et la source de toute activité ; tous les motifs qui nous portent à agir se réduisent à l'intérêt. Helvétius nie ainsi la liberté et la vertu.

2° *D'Holbach*. — Le baron d'Holbach (1723-1789) enseigne, dans *le Système de la Nature*, qu'il n'y a dans le monde que deux choses, la matière et le mouvement, et que la matière est éternelle.

3° *Saint-Lambert*. — Le marquis de Saint-Lambert, natif de Lorraine (1717-1803), a mis la morale d'Helvétius en préceptes dans une sorte de manuel, connu sous le nom de *Catéchisme Universel*.

§ III. — ECOLE SPIRITUALISTE.

La Philosophie spiritualiste, au dix-huitième siècle, compte deux principales Écoles; mais ces Écoles ont des caractères distincts et parfaitement tranchés. L'une est *l'Ecole écossaise*, qui est *psychologique*, et l'autre, *l'Ecole allemande*, qui est *idéaliste*.

I. — **Ecole Ecossaise.** — L'Ecole écossaise, dit Cousin, est la protestation du sens commun de l'humanité contre les excès de l'Ecole sensualiste. Elle eut pour principal fondateur Thomas Reid.

1° *Notice sur Reid*. — Thomas Reid, vrai Socrate du dix-huitième siècle, naquit à Strachan, en Ecosse (1710), professa la Philosophie à l'Université d'Aberdeen, puis à celle de Glascow, résigna sa charge pour s'occuper de ses ouvrages, et mourut en 1796. Ses travaux les plus remarquables sont: *les Recherches sur l'Entendement Humain, l'Essai sur les Facultés Intellectuelles,* et *l'Essai sur les Facultés Actives.* Il y combat le matérialisme et le scepticisme. La vie de cet illustre philosophe a été écrite par Dugald Stewart, son disciple, mort en 1828.

2° *Philosophie de Reid*. — La connaissance humaine, dit Reid, peut se ramener à deux chefs généraux, l'esprit et la matière, les choses incorporelles et les choses corporelles.

Etude de l'Ame. — Pour bien connaître l'âme, il faut étudier les phénomènes dont elle est le théâtre, par une attentive et scrupuleuse observation. Or, ces phénomènes se rapportent évidemment à deux classes de facultés, les unes *intellectuelles* et les autres *actives.*

Dans *le Traité des Facultés Intellectuelles*, Reid soutient que l'esprit humain débute par des *jugements naturels*, qui emportent la certitude absolue de leur propre légitimité et de la réalité de leurs objets. Il distingue les jugements primitifs de *l'ordre contingent,* et les jugements primitifs de *l'ordre nécessaire.* — C'est sur ce fondement solide que s'élève peu à peu, par diverses opérations soit inductives, soit déductives, l'édifice de nos connaissances.

— Reid combat les images intermédiaires entre les objets et notre âme, comme propres à ébranler la certitude de l'existence des corps. Toutefois, il n'admet pas comme immédiate la certitude de l'existence des objets perçus par les sens.

Dans *le Traité des Facultés Actives*, Reid admet des *jugements moraux*, qui dirigent tous les hommes dans la pratique du bien, comme les jugements naturels les dirigent dans la recherche du vrai. La bonté morale d'une action est basée sur la rectitude qui lui est inhérente, et que notre esprit saisit aussi facilement qu'il saisit l'existence d'un corps.

3° **Appréciation de la Philosophie de Reid.** — Par l'examen attentif qu'il a fait des phénomènes internes, Reid a contribué au progrès de *la Psychologie expérimentale*. S'il n'a pas conçu le premier l'idée d'appliquer la méthode inductive à l'étude de l'esprit humain, il est du moins le premier qui en ait fait dans ses ouvrages l'application suivie avec quelque succès. Malheureusement, l'influence de la réaction de l'Ecole écossaise contre le matérialisme a été assez restreinte ; toutefois, par la solidité et la clarté de ses enseignements, elle a inspiré à plusieurs le goût des études psychologiques. — Si Reid n'est pas au rang des philosophes qui ont jeté un plus grand éclat, dans le cours des siècles, il vient après eux immédiatement. Toutefois, il est à regretter que, dans sa Philosophie, la métaphysique ne soit pas à la hauteur des études psychologiques qui ont tout particulièrement attiré son attention. (BARBE. COUSIN.)

II. — **Ecole Allemande.** — Kant résume la Philosophie allemande au dix-huitième siècle.

1° **Notice sur Kant.** — Emmanuel Kant, né à Kœnigsberg, en Prusse (1724), passa sa vie entière dans sa ville natale, où il demeura longtemps obscur, remplissant les fonctions de simple répétiteur. La régularité de sa conduite et sa réputation de science, qui commençait à percer, le firent nommer professeur de logique et de métaphysique à l'Université de Kœnigsberg, dont il devint plus tard recteur. Il mourut en 1804. Il a laissé plusieurs ouvrages, parmi lesquels nous pouvons citer : *La Critique de la Raison pure*, où il expose son système sur l'origine et la légitimité de nos connaissances : *la Critique de la Raison pratique*, qui contient son système de morale, et *la Critique du Jugement*, où il traite du beau et du sublime.

2° **Philosophie de Kant.** — Kant est l'auteur d'un système qui a opéré, dans la Philosophie allemande, une véritable révolution. Son but, qu'il est loin d'avoir atteint, est d'établir la métaphysique sur d'incontestables fondements, afin de rendre le scepticisme impossible. On donne à son système le nom de *Criticisme*, parce qu'il y soumet à une critique rigoureuse nos moyens de connaître. Cette critique a trois parties, indiquées par les titres des trois ouvrages que nous avons cités, et dans lesquels il s'efforce d'approfondir la valeur *à priori* de la raison humaine.

1° *Critique de la Raison pure*. — Le but de Kant dans *la Critique de la Raison pure* est de découvrir les lois essentielles de notre faculté de connaître, considérée en elle-même, indépendamment des objets qu'elle saisit. Or, notre faculté de connaître comprend *la sensibilité, l'entendement* et *la raison*. Des lois à *priori*, tenant à leur nature même, régissent ces trois pouvoirs de notre intelligence, et c'est conformément à ces lois qu'ils s'appliquent aux choses pour nous les faire connaître. Ainsi *la sensibilité* renferme tout ce qui est de son ressort dans *le temps* et dans *l'espace*. Ce sont là ses *formes subjectives*; elle les impose nécessairement aux choses. — *L'entendement* a ses lois ou formes exigées, d'après lesquelles il opère. Kant en compte douze, contenues trois à trois dans *la quantité, la qualité, la relation* et *la modalité*. Mais la sensibilité et l'entendement ne peuvent réduire la connaissance humaine à son unité la plus haute, ce qui est l'œuvre de la raison. — *La raison*, elle aussi, a donc sa loi. Elle ramène la totalité des choses à *l'unité*, en les renfermant dans ces trois termes, *l'âme, le monde* et *Dieu*.

C'est d'après ces formes subjectives de notre intelligence que nous portons tous nos jugements. Notre pensée ne se règle pas sur les choses, mais ce sont les choses qui sont réglées par notre pensée, en tant du moins qu'elles nous sont connues. Notre intelligence appliquant ses propres formes aux objets, nous les fait connaître tels qu'ils lui apparaissent d'après ses formes et non tels qu'ils sont en eux-mêmes. Kant appelle *noumènes* les objets pris en eux-mêmes, et *phénomènes* les mêmes objets, tels qu'ils nous sont connus. En confondant *le phénomène* avec *le noumène*, notre intelligence tombe dans ce que le philosophe appelle *les antinomies* de la raison. (Barbe. Fouillée.)

Il résulte de cette critique que rien n'autorisant notre intelligence à affirmer que ses *formes subjectives* sont l'expression fidèle des choses, le passage du subjectif à l'objectif est d'une impossibilité absolue pour la raison humaine, qui se voit ainsi condamnée au scepticisme.

2° *Critique de la Raison pratique.*— Dans la critique de la raison pratique, Kant essaie d'échapper à l'abîme du doute universel, que la raison théorique vient de creuser. Par une contradiction inexplicable, cette même raison, qui s'avoue incapable de certitude en métaphysique, se prétend tout-à-coup fort capable en morale d'arriver à des connaissances certaines. Elle prescrit à chaque homme d'*agir d'après une règle qui puisse devenir une loi universelle pour tous les hommes, en tout lieu et en tout temps.* Kant appelle ce commandement *impératif catégorique*, parce qu'il prescrit d'accomplir le devoir pour lui-même et indépendamment de tout motif puisé dans la sensibilité et de tout avantage. Or, l'observation de ce commandement suppose dans l'homme *la liberté*, sans laquelle il ne pourrait obéir, et *l'immortalité de l'âme*, sans laquelle il ne jouirait pas de la récompense méritée, que la vie présente ne donne pas ; ce commandement suppose donc aussi un être juste, qui récompense le mérite, c'est-à-dire, Dieu. La raison pratique relève ainsi tout ce que la raison spéculative avait renversé.

En analysant la doctrine du philosophe, on reconnaît qu'il fait reposer la certitude du devoir sur le témoignage de la conscience morale. On pourra donc toujours lui opposer ce dilemme : ou la conscience est sans valeur, quand elle affirme le devoir, ou l'on n'a pas le droit d'en récuser le témoignage dans ses autres affirmations.

3° *Critique du Jugement.* — Dans cette partie, Kant s'applique à combler d'une manière plus complète l'abîme du scepticisme qu'a ouvert sa raison spéculative et à faire voir que les concepts de la raison pure répondent à des réalités.

3° Appréciation de la Philosophie de Kant. — On doit le reconnaître, Kant se donne beaucoup de mal pour réédifier ce qu'il a imprudemment détruit. Il a voulu follement étudier la raison en la séparant de son objet, et mettre de côté l'expérience ; il est arrivé au scepticisme, et à un scepticisme dont il s'est lui-même effrayé. Pour revenir du subjectif à l'objectif, il s'est vu contraint de condamner sa raison spéculative. Les philosophes qui le suivront dans la voie dangereuse qu'il vient de frayer, trouveront plus simple, pour ne pas rester dans le doute, de faire une même chose de l'objectif et du subjectif, du moi et du non-moi, et ils iront se perdre dans les délirantes théories du Panthéisme.

§ IV. — ECOLE SCEPTIQUE.

Quelques philosophes du XVIIIe siècle, partant des principes que Locke avait préconisés, aboutirent au scepticisme. Deux d'entre eux se sont fait un nom : Berkeley et Hume.

I. — **Berkeley.** — Georges Berkeley, natif d'Irlande (1684-1753), entreprit de combattre le matérialisme, dans un ouvrage qui a pour titre : *Principes de la Connaissance humaine*. Mais, en combattant le matérialisme, il tomba lui-même dans l'erreur et soutint que l'homme ne peut avoir la certitude immédiate de l'existence des corps. Si cette certitude est possible pour l'esprit humain, ce n'est qu'à l'aide du raisonnement. Berkeley passe en revue les diverses preuves données par les philosophes, surtout par Descartes et par Malebranche, pour démontrer l'existence des corps, mais n'en trouvant aucune convaincante, il conclut qu'on ne peut savoir si les corps existent ou non. Il va plus loin, et croyant voir une contradiction entre l'idée qu'il a de la substance et la notion de corps, c'est-à-dire, d'une substance étendue, il affirme non-seulement qu'il n'y a point de corps, mais que l'existence des corps est même impossible.

II. — **Hume.** — David Hume, natif d'Edimbourg (1711-1776), et auteur d'une *Histoire d'Angleterre*, dans le sens du Protestantisme, a composé quelques ouvrages philosophiques, dont le principal est un *Traité sur la Nature Humaine*.

Toute la Philosophie de Hume n'est qu'un scepticisme établi sur les plus larges bases. Berkeley, partant de la théorie des idées intermédiaires entre l'esprit humain et les corps, en était venu à la négation de toute existence corporelle. Généralisant le raisonnement de Berkeley, Hume nie l'existence de toute substance, soit spirituelle, soit matérielle, pour ne reconnaître comme certaines que les idées. Nous sommes certains, dit-il, d'avoir des idées. Mais, pour que ces idées, qui sont la représentation des choses, pussent nous donner la certitude qu'elles sont conformes aux choses, il faudrait que nous fussions à même de connaître les choses et de les voir tout d'abord sans le secours des idées, afin de juger si ces dernières en sont les images fidèles. Or, nous ne percevons immédiatement que les idées ; c'est par elles que nous pouvons atteindre ce qu'elles représentent. Nous ignorons donc si tout ce que nos idées représentent, ou sont censées représenter, existe réellement, et ainsi nous n'avons le droit d'affirmer que l'existence de nos idées.

§ V. — TROISIÈME PÉRIODE (XIX° SIÈCLE).

I. — **Deux Courants philosophiques au XIX° Siècle.** — Le dix-neuvième siècle offre deux tendances philosophiques, qui vont se prononçant de plus en plus. L'une peut être désignée par la dénomination de *Rationalisme indépendant*, et l'autre par celle de *Philosophie chrétienne*.

II. — **Rationalisme indépendant.** — Le caractère dominant de la plupart des systèmes philosophiques *propres* au XIX° siècle, est celui d'une indépendance de plus en plus accentuée. Les auteurs de ces systèmes ne se bornent pas, comme précédemment, à isoler la raison de la foi, à séparer l'ordre philosophique de l'ordre religieux, mais ils tendent à *substituer* la Philosophie aux dogmes révélés, la science à la foi, la raison humaine à Dieu. Démontrer scientifiquement que tout, dans l'homme et dans l'univers, a sa parfaite explication en dehors des vieux préjugés d'un Être Suprême, d'un acte créateur, d'une Providence, d'une Révélation, telle est l'audacieuse tentative de la Philosophie de notre époque. C'est au nom de la raison elle-même qu'elle s'arroge le droit d'égarer la raison et qu'elle la convie à s'affranchir de tout joug que la raison ne s'imposerait pas à elle-même librement. — Il est vrai, quelques savants distingués ont essayé de prévenir ces effrayants écarts de la raison humaine, mais ils n'ont pas su eux-mêmes se prémunir contre l'erreur et ils ont méconnu les véritables rapports de la raison et de la foi.

III. — **Philosophie Chrétienne.** — En présence des funestes tendances de la science actuelle, qui tire les dernières conséquences des principes préconisés par Descartes et par Bacon, des philosophes, aussi dévoués aux intérêts de la science qu'à ceux de la société et de la religion, s'occupent avec zèle de réconcilier la raison avec la foi. Ils s'inspirent des grands et profonds enseignements des docteurs du Moyen-Age et ils font voir que la Philosophie qui s'éclaire de la Révélation, sans la contredire jamais, loin d'être un obstacle au développement de l'esprit humain, sous quelque rapport que ce puisse être, est seule capable de le bien diriger et de le prémunir contre l'erreur. C'est à cette Ecole que doivent se rattacher tous les amis sincères de la saine et vraie Philosophie.

IV. — **Principales Ecoles Philosophiques du XIXe Siècle.** — L'histoire de la Philosophie au XIXe siècle offre quatre principales Ecoles : l'Ecole *Allemande*, les Ecoles *Anglaises*, les Ecoles *Françaises* et l'Ecole *Italienne*.

§ VI. — ECOLE ALLEMANDE.

I. — **Caractère général de l'Ecole allemande.** — Le Criticisme de Kant avait déterminé un grand mouvement philosophique en Allemagne. A force de s'attacher à l'étude des phénomènes de la pensée, Kant en était venu à révoquer en doute les existences elles-mêmes, sinon en tant que les rendait nécessaires l'idée du devoir, dernière base subsistante de toute certitude.

Kant avait maintenu la distinction du *subjectif et de l'objectif*, s'efforçant, bien qu'avec peine, du faux principe d'où il était parti, de passer de l'un à l'autre Trois systèmes essayèrent de résoudre la question du passage du *subjectif* à *l'objectif*, et ces trois systèmes ont abouti, par des voies différentes, à *l'identification de l'un et de l'autre*, c'est-à-dire, au Panthéisme. Le premier, dû à Fichte, est appelé *Idéalisme subjectif* ; le second, dû à Schelling, est appelé *Idéalisme objectif*, ou *Philosophie de l'absolu* ; le troisième, dû à Hégel, est appelé *Philosophie de l'idée*. Nous avons exposé ces systèmes, quand nous avons réfuté le Panthéisme, dans la Théodicée. Il n'y a plus qu'à donner des notices biographiques sur les auteurs de ces systèmes.

II. — *Notice sur Fichte.* — Jean Fichte naquit en 1762, à Ramenau, en Lusace, dans le nord de la Bohême. Les bizarreries de son caractère et de son esprit lui attirèrent de nombreux désagréments au collége de la part de ses condisciples, et plus tard ce ne fut que difficilement qu'il obtint la chaire de Philosophie dans l'Université d'Iéna. Accusé d'athéisme, il se vit contraint de donner sa démission en 1799, et il se retira à Berlin, où il devint recteur de l'Université. Ses discours à la nation allemande, pendant l'invasion française, produisirent une grande impression sur l'esprit public. Il mourut à Berlin en 1814. Ses ouvrages les plus renommés sont : *l'Idée de la Doctrine de la Science*, et *les Principes fondamentaux de la Doctrine de la Science*, où il expose son système philosophique.

III. — *Notice sur Schelling.* — Frédéric Schelling naquit à Leonberg, dans le Wurtemberg, en 1775, professa la Philosophie dans les Universités de Wurtzbourg, de Munich et de Berlin, et mourut en 1854.

L'éloquence de Schelling gagna à sa Philosophie, qui est souvent désignée sous la dénomination de *Philosophie de la nature*, et aussi de *Philosophie de l'identité*, tout ce qu'il y avait d'esprits jeunes et ardents en Allemagne.

IV. — *Notice sur Hégel.* — Georges Hégel naquit à Stuttgard, en 1770. Après avoir enseigné dans diverses Universités, il fut nommé professeur de Philosophie à Berlin, où il mourut en 1831. Ses principaux ouvrages sont : *la Logique*, *la Philosophie de la Nature*, *la Philosophie de l'Esprit*. Son système est exposé avec tout l'appareil de la déduction la plus abstraite. (BARDE.)

Pendant plus d'un demi-siècle, dit Cousin, l'Allemagne a assisté à ce qu'on pourrait appeler les guerres civiles du Panthéisme.

Après tant de bruit, le silence s'est fait, et depuis il n'a paru sur la scène aucun homme qui, par la nouveauté de ses pensées, ait conquis le rang et l'autorité d'un chef d'Ecole.

§ VII. — ECOLES ANGLAISES.

Les caractères généraux de la Philosophie anglaise au XIXᵉ siècle sont *le sensualisme* et *le matérialisme*, comme on peut le voir en étudiant les principales écoles qu'elle a produites sous la double influence de la Philosophie allemande et du Positivisme français.

I. — **Ecole Utilitaire.** — Jérémie Bentham, né à Londres, en 1747, et mort en 1832, a consacré une partie de sa vie à l'étude de la législation et de la politique, avec la pensée de les constituer sur de nouvelles bases. Imbu des doctrines sensualistes, il pose comme principe fondamental, qu'en législation, comme en morale, on ne doit admettre d'autre règle que *l'utilité* : ce qui a fait donner à son Ecole le nom *d'utilitaire*.

Pour Bentham, la morale n'est que la régularisation de l'égoïsme, et le critérium du bien n'est que le calcul du plus grand plaisir. Il veut qu'une fois la balance faite entre les divers plaisirs que l'on peut se procurer, on choisisse celui qui est supérieur en quantité, et il nie toute qualité de nos actions qui ne se réduirait pas à une quantité supérieure de plaisir. D'après lui, l'intérêt particulier ne peut jamais être opposé à l'intérêt général, car, entre les intérêts, il y a une identité naturelle, et l'intérêt bien entendu se trouve toujours d'accord avec la justice. (FOUILLÉE.)

Dans *la Morale*, nous avons réfuté la doctrine utilitaire, qui non-seulement enlève au devoir son caractère désintéressé, mais encore favorise toutes les injustices.

II. — **Ecole de l'Association.** — L'Ecole dite de l'association n'a fait que développer la doctrine de Hamilton, en tirant les conséquences qu'elle renferme.

1º *Hamilton*. — Hamilton, né à Glascow, en 1788, et mort en 1856, enseigna d'abord le droit, puis la logique et la métaphysique à l'Université d'Edimbourg.

Pénétré de la doctrine de Kant, Hamilton soutient que la pensée étant une relation de l'objet pensé au sujet pensant, l'objet ne peut être connu que d'une manière purement relative, et il conclut de là que nous sommes dans *l'impossibilité de penser l'absolu.* Penser, dit-il, c'est conditionner, c'est déterminer, c'est limiter, mais il est impossible de soumettre l'inconditionné à des conditions, et ainsi l'absolu n'est même pas susceptible d'une affirmation subjective.

Ainsi toute la Philosophie consiste dans *l'observation* des phénomènes et dans *la généralisation* qui en infère les lois. Nous n'avons aucun moyen de voir par delà les faits et de connaître les choses en soi. Hamilton veut, cependant, que l'on conserve *la foi* à l'absolu pour des raisons purement morales et religieuses, bien que la connaissance en soit métaphysiquement impossible.

Une telle doctrine enlève toute consistance à la morale, fait de la religion un mysticisme aveugle, et détruit le fondement de toutes les sciences.

2° *Stuart-Mill.* — John Stuart-Mill est né à Londres, en 1806, et est mort en 1873. Ses relations avec Comte, auteur du positivisme, dont nous parlerons bientôt, contribuèrent à le pénétrer de ses doctrines, comme on peut le voir dans les ouvrages qu'il a laissés. Ses principaux ouvrages sont un *Système de Logique* et un *Examen de la Philosophie de Hamilton.*

La science, d'après Stuart-Mill, exclut tout élément *à priori*, c'est-à-dire, tout principe. Elle consiste à observer les phénomènes et à en déterminer les rapports. Aussi l'âme n'a-t-elle que deux facultés, celle d'observer les faits, et celle d'associer ses observations. Les substances et les causes sont, à ses yeux, des êtres chimériques. Ce qu'on appelle principes, ce sont des associations d'idées faites depuis longtemps, mais qui n'ont rien d'absolu. L'âme n'est que la série de nos faits internes, un récipient inconnu de sensations.

Dans l'évaluation des plaisirs, Stuart-Mill est d'avis qu'à *la quantité* de Bentham, on ajoute *la qualité.* Par là, il introduit dans la morale utilitaire la notion de la véritable moralité et de la dignité de l'être raisonnable, mais cette notion, il ne parvient pas à la justifier avec les principes purement utilitaires.

Nous ne suivrons pas ce philosophe dans les absurdes théories qu'il édifie sur de tels principes, et dans l'application qu'il en fait, soit à la conduite de l'homme, soit à la société.

III. — **Ecole du Transformisme.** — On peut définir le transformisme : *un système qui substitue la nature à un Dieu créateur, en affirmant la non-existence des espèces, et la dérivation de tous les êtres vivants, par voie d'évolution, de quelques prototypes rudimentaires, directement produits par les forces physico-chimiques de la matière éternelle.* (Pesnelle.)

Le transformisme est appelé *Darwinisme*, du nom de l'anglais Darwin, qui l'a vulgarisé par son livre de l'*Origine des Espèces* (1859). Dans cet ouvrage, il expose la théorie, antérieurement préparée par plusieurs naturalistes, tels que de Maillet et Lamarck, de la transformation lente et graduée des êtres.

Comment s'opère cette transformation ?

Si l'homme, par des *sélections* ou *choix arbitraires* de sujets, produit des variétés, la nature peut réaliser les mêmes effets. Elle les réalise sous diverses influences, qui sont, d'après Darwin : 1° la *lutte pour la vie* ou la concurrence vitale, loi en vertu de laquelle les êtres vivants les mieux organisés doivent l'emporter et les autres périr; 2° l'*action des circonstances externes* du milieu, de l'alimentation, de la température. Les sélections faites naturellement sous ces influences sont l'unique cause de ce qu'on est convenu d'appeler *espèces*, et ainsi les espèces ne sont que des variétés, qui sont passées ensuite à l'état de races permanentes par la fixité des croisements entre individus de même variété.

L'espèce humaine, dans ce système, ne fait point exception à la loi générale de la transformation. En effet : 1° Il y a entre l'homme et le singe, résultat lui-même de nombreuses transformations, des *ressemblances*, qui indiquent une dérivation commune; 2° Parmi les *différences* qui se remarquent entre eux, il n'y en a aucune qui soit assez caractéristique pour détruire l'induction en faveur de la communauté d'origine.

Réfutation du Transformisme dans son application à l'espèce humaine. — 1° Nous ne contestons point le fait des *ressemblances* entre le singe et l'homme, bien que les darwinistes les aient grandement exagérées. Ces ressemblances sont constatées par les physiologistes, qui admettent un Dieu créateur et la différence essentielle des espèces qu'il a voulu établir entre les êtres. Dieu, disent ces physiologistes, a relié toutes ses œuvres par des points de contact, pour les harmoniser, et entre deux espèces qui se suivent, il y a des rapports qui rapprochent l'une de l'autre, mais ces *rapports sont accessoires* et n'autorisent point à identifier les deux espèces dans une même origine. Nous nous bornons à cette réponse succincte au premier argument des darwinistes.

2° Le second argument des darwinistes porte sur les *différences* de l'espèce simienne et de l'espèce humaine.

Les physiologistes différencient les espèces par des *caractères essentiels, qui constituent des types parfaitement distincts, et dont les traits fondamentaux demeurent inaliénables dans toute la descendance.*

Or, ces traits fondamentaux et inaliénables qui différencient les types et par là même les espèces, existent entre le singe et l'homme sous le rapport physique et sous le rapport psychique.

Rapport physique. — Les principales dissemblances qui séparent radicalement l'homme du singe, sous le rapport physique, sont :

1° *Le trou occipital.* — Le trou occipital se trouve dans la partie inférieure-postérieure du crâne et il est traversé par la moelle épinière et par les nerfs spinaux. Chez *l'homme*, ce trou est placé de manière à ce que la tête, pour être en équilibre sur la colonne vertébrale, exige que le corps soit dans la position verticale. Chez *le singe*, il est disposé de manière à ce que le même effet ne puisse se produire, dans la position verticale, naturellement et sans effort. *L'axe de l'œil* est disposé chez les deux en conformité parfaite avec cette différence dans la position du trou occipital. — Il y a là une première dissemblance organique, qui ne permet point d'admettre l'évolution darwinienne.

2° *Le volume du crâne.* — Le plus petit crâne chez l'homme est à peu près double du plus grand chez le singe. Cette énorme disproportion apparaît aux physiologistes sans idées préconçues comme un incontestable caractère spécifique.

3° *La disposition du squelette.* — L'étude du squelette humain constate que l'homme est conformé pour se tenir debout sur ses pieds. Chez le singe, au contraire, tout montre que cet animal est destiné à marcher à quatre pieds.

4° *Le poil et la queue chez le singe.* — Toutes les raisons que les darwinistes ont inventées pour démontrer que l'homme fut velu autrefois et qu'il put avoir une queue, sont marquées au coin du ridicule.

Rapport psychique. — Sous le rapport psychique, la dissemblance entre l'homme et le singe s'accentue davantage. 1° C'est par *l'âme* surtout que l'homme est distinct du singe, et alors même qu'on fût parvenu à établir une parfaite ressemblance entre les deux sous le rapport du corps, on n'aurait rien prouvé à l'endroit de la communauté d'origine. C'est au point de vue des facultés intellectuelles et morales que le darwinisme devrait prouver la ressemblance du singe avec l'homme, pour pouvoir faire légitimement à ce dernier l'application de sa thèse transformiste.

2° Remarquons, tout d'abord, qu'il y a une *gradation* dans les êtres et que chacun, en s'élevant dans la hiérarchie, possède les prérogatives de ceux qui lui sont inférieurs. Dès lors, il n'est pas étonnant que l'homme ait avec le singe toutes les ressemblances qui tiennent à la faculté de sentir, commune à l'un et à l'autre. C'est précisément sur le terrain de la sensibilité que se placent les darwinistes, pour essayer de prouver leur thèse. De leur part, c'est là un évident sophisme. Ce qu'ils ont à démontrer, s'ils veulent réussir à assimiler l'homme et le singe, ce sont leurs ressemblances intellectuelles. Or, c'est ce qu'ils n'ont pas fait et ne feront jamais.

Pour s'en convaincre, il suffira de passer en revue les caractères les plus incontestés de l'intelligence, caractères qui éclatent dans l'homme et qui sont étrangers à la nature simienne.

1° *Le Progrès.* — Chez le singe, tout se produit invariablement de la même manière, et aucune innovation ne se révèle dans la race. Ce qu'il apprend de l'homme, il le fait mécaniquement, et cette opération mécanique n'est jamais chez lui le début d'un perfectionnement intellectuel. Il résiste à tous les efforts tentés pour le développer par l'éducation. C'est ce qui ne s'est jamais vu chez l'enfant des races humaines les plus dégradées.

2° *La Parole.* — Les darwinistes disent que, si le singe pouvait parler, il manifesterait les facultés mentales de l'homme. Cela revient à dire que, si le singe avait de l'intelligence, il manifesterait de l'intelligence. S'il ne manifeste aucune idée, c'est qu'il n'a aucune idée, malgré son contact avec l'homme, et qu'il ne s'élève pas au-dessus des sensations.

3° *Le libre Arbitre et la Moralité.* — Le libre arbitre ne se sépare point de l'intelligence, dont il est une conséquence nécessaire. Démontrer que le singe n'a pas le libre arbitre, c'est prouver une nouvelle fois qu'il n'est pas intelligent. Or, le singe agit invariablement de la même manière dans les mêmes circonstances, et, dans ses apparences de volitions, on reconnaît qu'il obéit toujours à la sensation actuelle ou rappelée par un objet auquel elle est associée dans son souvenir. — Un être moral est celui qui, ayant l'idée du bien et du mal, peut se déterminer pour l'un ou pour l'autre, est capable de remplir des devoirs et susceptible de recevoir des lois. Qui serait tenté d'appliquer au singe cette définition de l'être moral ?

4° *La Sociabilité.* — La sociabilité suppose nécessairement des êtres capables de se lier par des obligations réciproques, consacrées par des lois et ayant une sanction. Elle n'est possible qu'à des êtres intelligents. En vivant en société régulière, les hommes attestent leur sociabilité ; les singes ne forment que des agglomérations purement instinctives.

5° *La Religiosité.* — Le sentiment religieux, qui suppose, outre les notions morales, celle de l'Être Suprême et de la dépendance à son égard, n'est possible qu'à un être intelligent. Il apparaît dans l'homme d'une manière éclatante, tandis que le singe y est absolument étranger.

Donc, en résumé, l'application que l'on essaie de la théorie darwinienne à l'homme ne soutient pas la critique scientifique. « La » théorie qui fait descendre l'homme du singe, dit M. de Quatre- » fages, n'est fondée sur aucun fait et elle est insoutenable sous » tous les rapports. Ce n'est qu'une pure rêverie, qui ne mérite pas » d'être prise au sérieux. » (PESNELLE. — *La Science Contemporaine.*)

IV. — **Théorie de l'Évolution.** — Le transformisme généralisé constitue la théorie de l'évolution, telle qu'elle a été exposée par Herbert Spencer. (*Les Premiers Principes ; Essais*, 1868-1874.)

§ VIII. — ÉCOLES FRANÇAISES.

La Philosophie française de ce siècle peut, nous semble-t-il, être divisée en cinq Écoles : *le Traditionalisme, le Sensualisme, le Rationalisme* ou *Eclectisme, le Sociologisme* et *le Positivisme.*

I. — **Traditionalisme.** — Sous le nom général de traditionalistes, nous réunissons les philosophes qui, amoindrissant outre mesure les forces naturelles de la raison humaine, placent dans la foi au témoignage le critérium de la certitude. Nous n'en signalerons que trois : De Bonald, de Lamennais et Bautain.

1° *De Bonald.* — Louis de Bonald naquit près de Milhau, dans le Rouergue, en 1753. Pendant la Révolution, il passa le temps de son émigration à Heidelberg, où il s'occupa de l'éducation de ses deux fils aînés. Rentré définitivement en France vers le commencement de l'Empire, il accepta la place de conseiller de l'Université en 1810, fut élu député (1815), nommé pair (1823), se retira des affaires en 1830, et mourut dix ans après. Ses principaux ouvrages sont : *la Législation Primitive* et *les Recherches Philosophiques* sur les premiers objets des connaissances humaines. Sa théorie fondamentale a pour objet *l'origine du langage.*

Nous avons exposé et apprécié le traditionalisme, tel qu'il a été exposé par Louis de Bonald, en traitant de *l'origine des idées*, dans la Psychologie.

2° *De Lamennais.* — Félicité de Lamennais est né à Saint-Malo, en 1782. Élevé dans des sentiments de piété qu'il ne tarda pas à perdre après la mort de sa mère, il nourrit son esprit, naturellement indépendant, de lectures funestes, puisant au hasard dans une bibliothèque laissée à sa disposition, et devint incrédule. Ramené aux croyances religieuses par son frère aîné, Jean-Marie de Lamennais, il entra dans l'état ecclésiastique et fut ordonné prêtre en 1816. L'année suivante, il publia son premier volume de *l'Essai sur l'Indifférence en Matière Religieuse*, qui eut un retentissement immense et groupa autour de l'auteur les esprits les plus brillants de l'époque, entre autres, Lacordaire et Montalembert. De concert avec ces hommes d'élite, il fonda le journal *l'Avenir*, dans lequel, tout en se proposant de combattre pour le Pape et pour la liberté, il réclamait la séparation de l'Eglise et de l'Etat.

L'apparition du second volume de *l'Essai sur l'Indifférence* fit naître des craintes dans les esprits sérieux. C'est dans ce volume et dans *la Défense de l'Essai* que Lamennais expose son système philosophique du *sens commun*, dont il a été parlé dans la Logique, quand on a traité du scepticisme.

La division que les doctrines de Lamennais amenèrent dans le clergé de France attira l'attention du Chef de l'Eglise, et, en 1832, Grégoire XVI les condamna par une encyclique. Répudiant alors toutes ses anciennes croyances, Félicité de Lamennais fit paraître une série de publications, où il attaquait tout à la fois l'Eglise et la Monarchie. Nous ne citerons que ses *Paroles d'un Croyant*, qui sont un appel à la révolte, et *l'Esquisse d'une Philosophie*, qui est un mélange confus d'idées platoniciennes et alexandrines, avec des idées chrétiennes, où il nie plusieurs dogmes fondamentaux de la religion. Il est mort à Paris, en 1854, sans s'être réconcilié avec l'Eglise.

3° *Bautain*. — Louis Bautain, né à Paris, en 1796, fut disciple de Cousin, dont il adopta les idées. Il était professeur à la Faculté des lettres de Strasbourg, quand il embrassa l'état ecclésiastique (1828), sans se détacher de l'Université. Successivement supérieur du Petit Séminaire de Strasbourg et vicaire général de Paris, où il professa la morale à la Faculté de Théologie. Il est mort en 1867.

Après avoir renoncé au rationalisme de Cousin, Bautain adopta le système des traditionalistes, plaçant le critérium de la certitude dans la Révélation divine et l'autorité des livres saints. Il se soumit à la condamnation de son système, portée par l'évêque de Strasbourg.

II. — **Sensualisme**. — La Philosophie sensualiste de Locke compte en France, au XIX° siècle, de nombreux partisans, dont les uns, plus modérés et moins conséquents, ont enseigné un *sensualisme mitigé*, et les autres se sont précipités dans l'abîme du matérialisme.

1° Sensualisme mitigé. — Pierre Laromiguière, né en 1756, dans le Rouergue, entra dans la Congrégation de la Doctrine Chrétienne, où il remplit des charges importantes jusqu'à la Révolution, fut membre de l'Institut et du Tribunat, professeur de Philosophie à la Faculté des lettres de Paris et bibliothécaire de l'Université. Il est mort en 1837. Pendant quelque temps, Laromiguière a joui d'une assez grande célébrité dans les Écoles françaises. Dans son ouvrage : *Leçons de Philosophie*, il a essayé de tenir le milieu entre les enseignements de Descartes et ceux de Condillac. Il se rapproche davantage du dernier, et sa Philosophie est un *sensualisme mitigé*.

Deux théories principalement caractérisent la Philosophie de Laromiguière : *la classification des facultés* de l'âme et *l'origine des idées*. Il distingue dans l'âme deux attributs, *la passivité* et *l'activité*. Il fait dériver de l'activité toutes les facultés de l'intelligence et de la volonté. L'activité peut se diriger vers le vrai ou vers le bien. Dirigée vers le vrai, elle est *attention*, *comparaison*, et enfin *raisonnement*. Dirigée vers le bien, elle est *désir*, *élection* et *liberté*. Les trois premières opérations constituent l'intelligence, et les trois dernières la volonté.

Laromiguière fait venir toutes les idées des sens, et il les divise en quatre classes, à savoir : celles qui viennent des sensations proprement dites, celles qui viennent du sens intime, celles qui sont dues au sentiment de relation, et enfin celles qui dérivent du sens moral.

La première de ces théories est, à plusieurs points de vue, arbitraire ; la seconde est entachée de sensualisme.

2° **Matérialisme.** — Dès le dix-huitième siècle, les principes de la Philosophie sensualiste avaient conduit au matérialisme le plus grossier. Plusieurs philosophes du XIX° siècle semblent avoir entrepris de justifier par leurs sophismes les erreurs de leurs devanciers.

1° *Cabanis.* — Georges Cabanis, médecin et physiologiste, né près de Brives (Corrèze), en 1757, et mort en 1808, a été l'un des plus grands vulgarisateurs des doctrines matérialistes, au commencement de ce siècle. Il a exposé ses principes dans un ouvrage très faible, d'ailleurs, sous le rapport des connaissances médicales, qui a pour titre : *Rapports du Physique et du Moral dans l'Homme*. L'enseignement qu'il y donne peut se résumer ainsi : L'homme est un être moral, parce qu'il est doué de sensibilité, et il est doué de sensibilité, parce qu'il a des nerfs. Les nerfs sont ainsi la cause efficiente, et par suite l'explication seule rationnelle de toutes les opérations de l'être pensant.

2° *Broussais.* — Victor Broussais, né à Saint-Malo, en 1772, et mort à Paris, en 1838, est un ardent adversaire des doctrines psychologiques et spiritualistes. Il a laissé plusieurs ouvrages, entre autres, un *Traité de l'Irritation et de la Folie*, où il attaque la spiritualité et même l'existence de l'âme, et essaie de prouver que ce qu'on appelle vulgairement âme n'est autre chose que l'organisme même du corps humain. Il est impossible, d'après lui, qu'une substance spirituelle ait quelque action sur un corps : d'où il conclut que tous les phénomènes de la vie intellectuelle et morale dans l'homme procèdent uniquement du cerveau, comme l'effet de sa cause.

Malheureusement, les doctrines matérialistes sont loin d'avoir disparu des cours de médecine en France.

III. — **Rationalisme ou Eclectisme.** — La doctrine de Laromiguière commença en France une réaction contre le matérialisme. Cette réaction fut continuée, avec un caractère nouveau, toutefois, par l'Ecole éclectique.

1° *Notion de l'Eclectisme.* — L'Eclectisme se propose *d'extraire des divers systèmes philosophiques ce qu'ils renferment de vérité, de les concilier entre eux et de former ainsi un système qui soit l'expression complète de la vérité.*

Pour atteindre ce but, l'Eclectisme ne pouvait employer qu'une méthode, et il l'a employée : c'est *la critique* raisonnée de tous les systèmes, tant anciens que modernes. Il les examine, il les juge, il admet ce qu'il croit devoir trouver bon, d'après les seules lumières de la raison naturelle, et il rejette le reste. L'Ecole éclectique a donné par là même une forte impulsion aux études historiques, qui ont pour objet la Philosophie.

2° *Appréciation de l'Eclectisme contemporain.* — Si un sage *Eclectisme* est bon en Philosophie, il faut reconnaître que l'Eclectisme contemporain a dépassé toute limite et n'est à le bien prendre que l'apothéose de la raison humaine. Il a pour caractère un rationalisme exagéré et indépendant, qui aboutit à la négation de la Révélation divine et du surnaturel.

L'Eclectisme contemporain admet comme un principe incontestable qu'il n'y a et qu'il ne peut y avoir de religion établie par Dieu au sein de l'humanité. Dès lors, il s'arroge le droit de citer au tribunal de la raison, sans tenir compte des preuves qui en démontrent la divinité, le Christianisme, avec ses mystères et ses dogmes. Il en fait la critique comme d'un simple système philosophique, recevant ce que la raison peut expliquer avec ses seules lumières, dénaturant ou rejetant le reste comme une vieillerie surannée.

Aux yeux de l'éclectique, le Christianisme est susceptible de perfectionnement, mais c'est à la raison à le dégager de ses ténèbres, et à établir le genre humain dans la lumière par la pleine possession de la vérité. « Quand viendra ce jour d'illumination parfaite ? se
» demande Cousin. Ce n'est pas demain qu'il luira sur le monde.
» La Philosophie est patiente ; heureuse de voir les masses entre
» les bras du Christianisme, elle se contente de lui tendre douce-
» ment la main et de l'aider à s'élever plus haut encore. » On le voit, le dernier mot d'une telle Philosophie, si féconde en séductions pour l'esprit et surtout pour le cœur, c'est la déification même de la raison humaine. (M***, PROF. A SAINT-SULPICE.)

3° *Cousin.* — Le fondateur de l'Eclectisme est Victor Cousin. Né à Paris, en 1792, il fut un des brillants disciples de Royer-Collard, qui s'est fait un nom dans la réaction spiritualiste contre le sensualisme de Condillac, et qui l'un des premiers a introduit en France la Philosophie écossaise. Cousin remplaça son maître à la Faculté des lettres de Paris dans l'enseignement de l'histoire de la Philosophie. Sa réputation le fit nommer conseiller d'Etat, membre de l'Académie Française, directeur de l'Ecole normale, grand-maître de l'Université. Il est mort en 1867, laissant plusieurs ouvrages philosophiques, parmi lesquels nous indiquerons son *Cours d'Histoire de la Philosophie*, et son *Traité du Vrai, du Beau et du Bien*.

Faire l'histoire des systèmes et les critiquer en exposant ses propres idées, c'est là toute la Philosophie de Cousin. Aussi n'a-t-il laissé aucun traité philosophique complet. C'est, a dit un écrivain spirituel, un critique et un arrangeur ; c'est là, d'ailleurs, le caractère distinctif du philosophe éclectique.

Dans son éclectisme, Cousin combat tout à la fois *le sensualisme* et *la Révélation*, pour laquelle cependant il a des égards. Si, d'un côté, il établit les droits et la prééminence de la raison contre les doctrines sensualistes, de l'autre, il l'exalte outre mesure et l'affranchit rapidement du joug de la foi. Son enseignement revêt parfois toutes les formes du Panthéisme, quand surtout il expose les rapports par lesquels le fini se relie à l'infini.

4° *Jouffroy.* — Théodore Jouffroy naquit aux Pontets (Doubs), en 1796. Il commença ses études sous la direction d'un ecclésiastique, son parent, et les acheva au Lycée de Dijon. En 1814, il entra à l'Ecole Normale, où il eut pour maître Cousin, qui guida ses premiers pas dans la carrière philosophique. Le temps que Jouffroy passa à cette Ecole eut une influence décisive sur sa destinée. Avec la foi, il y perdit la paix de l'âme, tomba dans le scepticisme, d'où l'orgueil l'empêcha de sortir, malgré les agitations et les remords d'une âme foncièrement croyante et chrétienne. Il a raconté lui-même ces luttes intestines qu'il avait à soutenir, et qui l'avaient jeté dans une profonde mélancolie. Il aurait voulu résoudre, avec les seules lumières de la raison, toutes les questions qui se posaient devant lui et surtout *la destinée de l'homme.* Mais plutôt que de revenir à la foi qu'il gémissait de ne plus avoir, et qui aurait fini ses doutes, il préféra vivre dans ses tortures, que toute sa Philosophie fut impuissante à calmer. Son *Cours de Droit naturel,* un de ses principaux ouvrages, est consacré à l'étude de la destinée humaine. Jouffroy est mort en 1842.

IV. — Sociologisme. — Nous comprenons sous le nom de sociologisme les systèmes qui ont pour objet la réorganisation de la société. On en compte deux principaux, *le communisme* et *le socialisme.*

1° **Communisme.** — Le communisme est le rêve d'une société parfaite qui serait basée sur l'unité. D'après ce système, il n'y a point d'autre Dieu que la nature. — La nature a fait les hommes égaux : tout est pour tous. — Ce qui divise les hommes, ce sont leurs intérêts, et les intérêts sont divers, parce que chacun veut posséder quelque chose en propre. *La propriété* est la cause de tous les maux depuis l'origine. — Le remède est de supprimer la propriété ; la vie commune est l'unique moyen d'établir la paix et le bonheur entre les hommes, sous la direction d'un pouvoir absolu, propriétaire unique et régulateur des volontés individuelles.

Telles sont les idées qui servent de base au Communisme, et qu'on retrouve dans tous les systèmes où paraît cette utopie, depuis Platon, qui l'a formulée dans sa *République*, jusqu'à Rousseau et aux communistes de notre temps.

Réfutation du Communisme. — On peut faire du Communisme deux sortes de réfutation, l'une *directe* et l'autre *indirecte*. — La réfutation *directe* consiste à discuter le principe même qui sert de base au Communisme, à savoir, *l'unité excluant toute variété*. — Avec un tel principe, toute liberté est supprimée et la société qui est, par son essence même, composée d'êtres intelligents et libres, devient impossible, l'ordre moral est réduit à l'ordre physique et la société humaine est assimilée à une agglomération d'animaux. — Loin d'écarter aucun des inconvénients qu'il signale, le Communisme n'est propre qu'à les aggraver et à les multiplier.

La réfutation *indirecte* consiste à déduire logiquement les conséquences absurdes, à tous les points de vue, qui découlent de l'application du principe communiste. — Le droit de propriété est enlevé à l'individu, la famille est détruite, la dignité de la femme anéantie, l'éducation des enfants compromise... etc... (BÉNARD.)

2° Socialisme. — A la différence du Communisme qui veut *l'abolition* de la propriété, le Socialisme veut seulement, prétend-il, la *transformer*. Il laisse subsister la famille et il ne songe qu'à la perfectionner. Loin de porter atteinte à la liberté, il a pour but de l'étendre. — Ce langage est celui du *Socialisme relativement modéré*. Mais quelque belles que soient ses maximes, il suffit d'examiner de près ses principes et d'en sonder les conséquences, pour voir que le *Socialisme* n'est qu'un *Communisme déguisé et inconséquent*.

1° *Saint-Simon.* — Le Socialisme a eu pour premier chef Henri de Saint-Simon. Né à Paris, en 1760, il servit en Amérique dans la guerre de l'indépendance, fut à son retour nommé colonel à vingt-trois ans, puis quitta le service pour s'occuper des questions d'utilité publique. Étant parvenu à s'attacher quelques disciples, il résolut avec eux de travailler à l'amélioration du sort de l'humanité, et surtout des classes les plus nombreuses et les plus pauvres.

2° *Doctrines de Saint-Simon.* — Aux yeux de Saint-Simon, le Christianisme, après avoir exercé une heureuse influence sur la civilisation, avait fait son temps ; c'était à la raison, désormais émancipée, à organiser sur de meilleures bases tout l'ordre social. Partant de ce faux principe, Saint-Simon rêve le plan d'une société nouvelle, dans laquelle la chair, frappée au Moyen-Age d'un injuste anathème, doit être, ainsi qu'il le dit, réhabilitée, la femme associée à l'homme dans l'exercice de tous les droits civils et politiques, le droit d'hérédité aboli. Nous ne le suivrons point dans ses monstrueuses utopies, qui sont autant d'insultes à la morale, et qui, loin de pouvoir constituer un ordre social quelconque, ne seraient propres qu'à rendre toute société absolument impossible.

3º *Disciples de Saint-Simon.* — Les disciples de Saint-Simon, connus sous le nom de Saint-Simoniens, formèrent une secte qui développa avec talent ses doctrines sur l'économie sociale, et qui obtint un succès momentané. Mais ils perdirent bientôt tout crédit, lorsqu'ils voulurent passer de la théorie à la pratique, créer une nouvelle hiérarchie, instituer un nouveau culte. Couverts de ridicule et accusés d'attentat à la morale publique, ils furent dissous par sentence judiciaire en 1833.

4º *Erreurs du Socialisme.* — Le point de départ de toutes les théories socialistes, c'est que le vice de l'organisation sociale est la cause principale des maux de l'humanité. Aussi toutes annoncent-elles une époque, où la société constituée sur de nouvelles bases permettra à l'homme de jouir de toute la félicité dont sa nature est capable sur la terre.

Mais n'est-il pas évident que la plupart des maux que les théories socialistes énumèrent, sont indépendants de toute organisation sociale et tiennent aux *conditions mêmes de la nature humaine?* Si de nouvelles institutions pouvaient les atténuer, sans les faire disparaître totalement, ce ne seraient certes point les absurdes utopies des humanitaires. — Loin de s'occuper du perfectionnement moral de *l'individu*, qui est une des conditions essentielles du bonheur de la famille et de la paix de la Société, le socialisme le néglige et il y met même d'insurmontables obstacles. A quoi peut aboutir une réforme dans les lois, si elle n'est accompagnée de la réforme des mœurs ? — Le remède aux maux que les socialistes semblent déplorer si fort, c'est le Christianisme qu'ils repoussent et qui seul a le secret de la véritable civilisation.

V. — Positivisme. — Le positivisme pourrait être rangé parmi les systèmes qui rêvent une rénovation sociale en dehors des influences de la religion révélée, puisque c'est là le but qu'il a en vue. Il a, toutefois, un caractère à part, se proposant d'arriver à la réforme de la Société par la *réforme de la science*.

1° **Auguste Comte.** — Auguste Comte est le fondateur du positivisme. Né à Montpellier, en 1798, il entra à l'Ecole Polytechnique en 1814, à laquelle il resta attaché comme répétiteur d'abord, puis comme examinateur d'admission jusqu'en 1844. Disciple de Saint-Simon, il avait embrassé avec ardeur les doctrines de son maître sur la réforme sociale; mais, dès 1824, il s'en sépara et publia sous le titre de *Système de Politique Positive* le programme d'une doctrine nouvelle. Il a développé ce programme dans trois ouvrages, à savoir : *Cours de Philosophie Positive* (1839), *Catéchisme Positiviste* (1850), et *Politique Positiviste* (1851-1854). Auguste Comte est mort en 1857.

2° **Philosophie Positiviste.** — Pour que l'ordre social soit renouvelé, d'après Comte, il est nécessaire de connaître *la loi* du développement des connaissances humaines et d'avoir une *idée* vraie de la science. Cette *loi* et cette *idée* sont l'objet des enseignements positivistes.

1° *Loi du développement des connaissances humaines.* — Le développement successif de la pensée, au sein de l'humanité, présente *trois états*, le *Théologique*, le *Métaphysique* et le *Positif*.

Dans *l'état théologique*, on attribuait à des agents invisibles et supérieurs à l'homme, tous les phénomènes de la nature. On supposa d'abord que ces agents étaient en très grand nombre, et peu à peu, en passant par les diverses phases du polythéisme, on les ramena à l'unité, pour proclamer l'existence d'un seul Être suprême.

L'état métaphysique fit justice de toutes ces divinités de l'époque théologique, mais il eut le tort de les remplacer par d'autres êtres invisibles, qu'il supposa exister dans la nature même, et qu'il appela de différents noms, âme, principe vital, force plastique, âme végétative, etc. Ce n'étaient là que de pures abstractions, sans réalité.

Dans *l'état positif*, qui est l'état actuel, on examine plus à fond les choses ; aussi a-t-on banni de la science toutes ces conceptions imaginaires, soit métaphysiques, soit théologiques, pour s'appuyer uniquement sur le réel.

2° *Vraie idée de la Science.* — La science vraie a pour objet unique *le réel*, qui seul est positif, et le réel, c'est ce que nous percevons par les sens. Les phénomènes externes sont seuls observables, et ces phénomènes sont nécessairement relatifs à notre faculté de connaître. Nous ne connaissons donc pas les choses en soi, mais relativement à nous. Ainsi, le seul réel pour nous, c'est l'existence des phénomènes tels que nous les saisissons.

Partant de cette notion de *la science*, Comte en exclut *l'absolu*. S'occuper de la cause efficiente ou finale, de Dieu, de la substance ou de l'essence, ce serait s'occuper de choses qui n'ont rien de réel pour nous, parce qu'elles n'ont rien de positif. De telles questions sont étrangères à l'objet de la science et doivent être soigneusement écartées.

La science ainsi conçue n'a qu'une méthode possible, c'est-à-dire, la méthode inductive, appliquée aux faits externes, dont elle constate l'existence et dont elle affirme les lois. En dehors des *faits* et de leurs *lois*, la science n'a aucun objet.

La science, dit Comte, n'est pas pour cela *matérialiste* et *athée*. Elle n'est pas *matérialiste*, puisqu'elle supprime toutes les questions qui ont fait accuser certains systèmes de matérialisme. — Elle n'est pas *athée*. L'athée pose la question de Dieu, pour la résoudre négativement, mais la science ne la pose même pas, expliquant tout, sans se préoccuper des causes.

3° Appréciation du Positivisme. — Le Positivisme est un chef-d'œuvre de sophistique. 1° *Le point de départ est faux*, à savoir, qu'il n'y a de réel que ce qui est observé et saisi par les sens. La fausseté du principe atteint d'autant mieux le système entier, que l'auteur a recours à une logique plus serrée.

2° *Il implique contradiction.* — Si le réel est uniquement ce qui est constaté par les sens, pourquoi, en dehors des faits, affirmer des lois, que la raison est seule capable de saisir ? Pourquoi admettre l'autorité de la raison dans la constatation des lois pour la rejeter dans l'étude de la cause ?

3° *Il sape la Science par ses fondements.* — En supprimant les questions d'essence, de substance, d'origine et de fin, le Positivisme rend la science impossible ; il en fait un édifice construit dans le vide. Les grands principes que le philosophe positiviste essaie d'écarter, reviennent forcément sous sa plume et dans son langage.

4° *Le Positivisme est le Matérialisme sous une forme nouvelle.* — Quelque précaution que prenne Comte pour se soustraire à l'accusation de matérialisme, il est évident que si jamais système mérita d'être, à juste titre, appelé matérialiste, c'est celui qui déclare que les phénomènes sensibles sont *l'unique réel*, qui fait de l'âme l'ensemble de l'organisation, qui nie la création et soumet tout à la loi du développement continu.

5° *Le Positivisme est l'Athéisme même.* — Biffer, ainsi qu'on a osé le dire, le nom et même l'idée de Dieu, l'évincer du monde et le reconduire aux frontières, selon le langage de Comte, n'est-ce pas là le langage du pur athéisme ? Nier Dieu dans ses droits sur le monde et dans sa Providence, n'est-ce pas l'anéantir dans sa pensée ?

Il est facile de conclure de là que la morale du Positivisme ne peut être que la morale indépendante, que nous avons précédemment réfutée.

VI. — Nihilisme. — Nous croyons devoir dire ici un mot du *Nihilisme*.

Le Nihilisme est la conséquence dernière et rigoureuse du Positivisme et du Panthéisme.

1° *Le Positivisme* rejette l'absolu, pour ne reconnaître que des faits et des lois. Mais *les faits* et *les lois*, qu'il appelle *le réel*, que sont-ils dans ce système ? *Le fait* ou phénomène est, par sa nature, variable, mobile, fugitif ; il paraît et disparaît, pour être remplacé par un autre. — *La loi* est le mode du phénomène ; elle est relative comme lui, puisque l'absolu doit être banni de la connaissance humaine.

Ainsi, au fond, rien ne subsiste, sinon *le moi* qui contemple et saisit les phénomènes et leurs lois. Mais comment *le moi* jouirait-il de la prérogative refusée à son objet, d'être en lui-même quelque chose qui dure et subsiste ? N'est-ce point plutôt une ombre en présence d'une autre ombre ?

Le positivisme mène donc logiquement à un *scepticisme* si complet, qu'on a pu lui donner le nom de *nihilisme*.

2° *Le panthéisme* aboutit à la même conclusion sceptique, par une voie diamétralement opposée. Dans ce système, le réel et le vrai, ce n'est ni le phénomène ni la loi, mais c'est la substance ou *le principe absolu*.

Or, l'absolu, c'est l'abstrait, *l'indéterminé pur*, tout à la fois néant et être. Dans son évolution éternelle, il passe d'un état à un autre, d'une forme à une autre. Pour lui, non plus, il n'y a rien de fixe ; sa loi est l'instabilité. — Quant aux êtres particuliers en qui cet absolu est censé vivre, comment voir en eux de véritables réalités ? Il ne reste que le scepticisme le plus absolu, que *le nihilisme*.

3° Au sein de cette instabilité de toutes choses, également confessée par les deux systèmes, quoi qu'en disent leurs défenseurs, la seule *morale* possible à l'homme, c'est de se procurer la plus grande somme de jouissances dans le court instant qui se nomme la vie. *Utere deliciis ; omnia mors adimit.*

§ IX. — ÉCOLE ITALIENNE.

L'Italie a vu paraître, dans ce siècle, plusieurs philosophes qui se sont fait un nom. Nous ne parlerons que de quelques-uns.

I. — Rosmini. — Antonio Rosmini-Serbati naquit à Roveredo, dans le Tyrol, en 1797. Devenu prêtre, il ne songea pas seulement à exercer son zèle par la pratique des bonnes œuvres et par la fondation de Congrégations charitables, comme *l'Institut de Charité* (1828) et *les Sœurs de la Providence;* il voulut encore utiliser ses vastes connaissances, en s'efforçant de ramener les savants à la Religion et de réveiller parmi les catholiques le goût des saines études philosophiques. Nommé cardinal, il refusa cette dignité et entra comme ministre de l'instruction publique des États Romains dans le ministère Rossi, sous Pie IX. Il ne remplit pas longtemps les fonctions de cette charge. Revenu à ses chères études, il continua d'écrire jusqu'à sa mort, arrivée en 1855.

Rosmini a été l'un des premiers à initier l'Italie aux principaux systèmes contemporains, qu'il avait sérieusement étudiés. C'est dans ce but qu'il composa *l'Histoire comparée des Systèmes Philosophiques*. Il a laissé des traités d'*Anthropologie*, de *Psychologie*, de *Logique*, de *Morale*, de *Théodicée*, un *Nouvel Essai sur l'Origine des Idées*. Ses ouvrages forment plus de trente volumes.

Dans son *Nouvel Essai*, Rosmini fait la critique des principaux sentiments des philosophes sur l'origine des idées, et il expose son propre système. Sans admettre l'innéisme de Descartes, il reconnaît que *l'idée d'être est innée* dans l'âme humaine. Il paraît, d'après le contexte, qu'il entend par là *l'idée abstraite* de l'être en général, idée qui suffit, prétend-il, pour rendre compte de toutes celles que nous acquérons, et expliquer comment, en se combinant avec les données des sens, élaborées par la réflexion et fécondées par l'analyse, elle opère le développement de l'intelligence humaine.

II. — Gioberti. — Vincent Gioberti est né à Turin, en 1801. Il embrassa la carrière ecclésiastique, enseigna la théologie dans sa ville natale, et fut choisi pour chapelain par le roi de Sardaigne, Charles-Albert. La hardiesse de ses opinions libérales, qu'il ne craignait point d'exprimer en toute circonstance, le fit exiler. Il se retira en France, puis en Belgique, où il ouvrit, à Bruxelles, un cours public d'histoire de Philosophie et publia plusieurs ouvrages de polémique, qui causèrent une vive sensation en Italie. Ramené dans sa patrie par les événements de 1848, il fut appelé par Charles-Albert à la direction des affaires, et devint président du conseil. Il proposa de faire rétablir le Pape par une armée piémontaise, et n'ayant pu faire adopter cette proposition, il résigna le pouvoir, et se retira à Paris, où il est mort en 1852. Il a laissé quelques ouvrages philosophiques : *Essai sur le Beau, Introduction à l'Etude de la Philosophie*. Il doit surtout sa réputation à ses écrits sur la politique de son temps, à laquelle il prit une part active.

Gioberti a été, sur plusieurs points, l'adversaire de Rosmini. Ce dernier, nous l'avons dit, tire le développement de l'intelligence de l'idée innée de l'être en général. Gioberti, renouvelant le système de la vision en Dieu de Malebranche, enseigne que l'âme a primitivement l'intuition de l'Être absolu, intuition qui n'atteint pas Dieu uniquement, mais en Dieu toutes les existences qui sont comme le terme de son action créatrice et libre. De là ce qu'il appelle la formule idéale : *l'Etre crée les existences*, qui contient en germe tout ce que nous pouvons apprendre, et qui est par là même le point de départ et le principe de tout notre développement intellectuel. Cette intuition primitive de l'Être absolu est tout d'abord *directe*, et dès lors plus ou moins vague et confuse. Pour qu'elle soit *réfléchie*, l'enseignement social nous est indispensablement nécessaire. La parole qui nous instruit a pour résultat de nous faire nous replier sur nous-mêmes, et ainsi de rendre réfléchie et distincte une connaissance qui tout d'abord était directe et confuse. Sous ce rapport, Gioberti se rapproche du système des traditionalistes.

III. — **Sanseverino.** — Cajétan Sanseverino, chanoine de la métropole de Naples, où il a professé, durant plusieurs années, avec distinction, les diverses parties de la Philosophie, semble n'avoir été préoccupé que de ramener les études philosophiques, évidemment égarées, à leur véritable voie. C'est à cette noble entreprise qu'il a consacré toute sa carrière. Il a laissé un remarquable ouvrage, le meilleur peut-être en ce genre qu'ait produit le XIX° siècle, qui a pour titre : *Éléments de la Philosophie Chrétienne, comparée à l'ancienne et à la nouvelle*. Ce titre exprime le but que l'auteur s'est proposé. Sur les nombreuses questions qu'il traite, il oppose la solution de la Philosophie scolastique aux solutions, soit de l'ancienne Philosophie, soit de la Philosophie moderne, et il en démontre l'incontestable supériorité. Son ouvrage contient six parties : *la Logique, la Dynamilogie* ou *Psychologie, l'Ontologie, la Cosmologie, l'Anthropologie* et *la Théodicée*. Cet ouvrage a reçu les plus grands éloges de Pie IX, qui, dans un bref en date du 22 janvier 1870, déclare que Sanseverino, mort quelque temps auparavant, a travaillé au rétablissement de la vraie Philosophie.

Sanseverino a compris que, pour que la Philosophie sorte des voies dangereuses où elle est entrée depuis quelques siècles, et se prémunisse contre de nouvelles aberrations, il est nécessaire qu'elle revienne, pour le fond du moins, aux doctrines scolastiques, et qu'elle accepte la tutelle de la foi. Son œuvre a été continuée par plusieurs philosophes, entre autres Tiongiorgi, et Liberatore, de la Compagnie de Jésus, et le dominicain Zigliara, que Léon XIII a décoré de la pourpre romaine. Puisse cette École, par des travaux de plus en plus appropriés aux besoins de l'époque, dissiper les préjugés que plusieurs esprits, d'ailleurs éclairés et amis des études philosophiques et scientifiques, nourrissent contre la Philosophie catholique ! Puisse la doctrine thomiste qu'elle professe, devenir, selon le vœu de Léon XIII, celle de toutes les écoles, pour la résurrection de la saine Philosophie et le triomphe de la vérité !

§ X. — CONCLUSION DE L'HISTOIRE DE LA PHILOSOPHIE.

I. — **Leçon donnée par l'Histoire de la Philosophie.** — L'histoire de la Philosophie, qui est celle de la pensée humaine, offre généralement, ce court aperçu le prouve, un assez lamentable spectacle. A côté de nobles et fécondes théories, que de systèmes faux et stériles, que d'autres où l'extravagance le dispute à l'impiété ! L'histoire de la Philosophie doit être une leçon Un système philosophique n'évitera à l'avenir les errements du passé qu'à la condition de se prémunir contre les causes qui les ont fait naître.

II. — **Causes des faux Systèmes.** — Nous n'hésitons point à le dire, les erreurs fondamentales de tous les faux systèmes qui se sont produits dans le cours des siècles, et ont ouvert devant l'esprit humain d'épouvantables abîmes, sont dues à une notion inexacte, soit de Dieu, soit de l'homme, soit de leurs relations. Savoir ce qu'est Dieu, ce qu'est l'homme par rapport à Dieu, c'est bien l'objet principal, sinon unique, de toute Philosophie digne de son nom. Toute erreur sur de telles questions aboutit aux plus désastreuses conséquences.

III. — **La Philosophie ne doit pas s'isoler de la Révélation.** — La raison humaine, livrée à ses seules ressources naturelles, est impuissante à donner une solution adéquate à plusieurs questions capitales que se pose la Philosophie. — Dieu seul a la connaissance parfaite de lui-même et de ses œuvres. Dès lors qu'il est constaté qu'il a donné lui-même une solution, la raison doit l'accepter avec reconnaissance comme un bienfait signalé. — D'où il résulte que la Philosophie qui s'obstine à repousser les lumières de la Religion révélée, sera nécessairement : 1° *incomplète* dans son ensemble ;

2° *fausse* en beaucoup de points ; 3° *propre ainsi à égarer l'homme et à le rendre malheureux.*

IV. — **La Philosophie doit accepter la direction de l'Eglise Catholique.**
— Quelque brillantes et sûres que soient les lumières répandues par la Révélation chrétienne sur les points les plus essentiels de l'enseignement philosophique, l'esprit humain ne laisse pas d'être imparfait et exposé par là même à se tromper. — Au sein des lumières révélées, il a besoin d'une règle qui le dirige, d'une *autorité infaillible*, qui, en lui signalant le danger d'une doctrine, l'empêche de s'égarer. — Cette règle et cette autorité existent : c'est l'Eglise catholique, apostolique-romaine, qui est tout à la fois la gardienne incorruptible des vérités révélées et l'intelligente protectrice de la raison humaine. — D'où il faut définitivement conclure que, pour remplir sa noble mission, tout en demeurant dans le domaine qui lui est propre, la Philosophie doit tenir compte des lumières de la Révélation et des enseignements de l'Eglise.

TABLE

INTRODUCTION

	PAGES
1re LEÇON. — § Ier. — Définition de la Philosophie.	5
§ II. — Rapports de la Philosophie avec les autres Sciences.	8
§ III. — Alliance de la Raison et de la Foi.	11
§ IV. — Utilité de la Philosophie.	13
§ V. — Parties de la Philosophie.	14
§ VI. — Division de l'Ouvrage.	17

ONTOLOGIE

2me LEÇON. — § Ier. — Aperçu général sur l'Ontologie.	20
§ II. — Universel.	21
§ III. — Être.	22
§ IV. — Possibilité.	24
§ V. — Essence.	26
§ VI. — Existence.	30
§ VII. — Propriétés de l'Être.	31
3me LEÇON. — § Ier. — Aspects généraux de l'Être.	38
§ II. — Substance.	39
§ III. — Suppôt et Personne.	42
§ IV. — Infini et Fini.	45
§ V. — Substance incorporelle et Substance corporelle.	48
Composition des Corps.	49

		PAGES
	§ VI. — Êtres vivants.	54
	§ VII.— Accidents.	58
4me Leçon. —	§ Ier. — Qualité.	61
	§ II. — Quantité.	62
	§ III. — Rapports des Êtres.	63
	§ IV. — Temps.	65
	§ V. — Espace.	67
	§ VI. — Causes.	71
	Cause efficiente.	74
	Cause finale.	77

PSYCHOLOGIE

5me Leçon. —	§ Ier. — Notions préliminaires sur la Psychologie.	81
	§ II. — Psychologie et Physiologie.	82
	§ III. — Caractère scientifique de la Psychologie.	84
	§ IV. — Division de la Psychologie.	86
	§ V. — Diverses théories des Facultés de l'Ame.	87
	Théorie des Philosophes modernes.	90
	Théorie des Scolastiques.	93
	§ VI. — Harmonie des Facultés de l'Ame.	95
	§ VII.— Développement des Facultés de l'Ame.	96
6me Leçon —	§ Ier. — Notion de la Sensibilité.	98
	§ II. — Division de la Sensibilité.	102
	§ III. — Sensibilité physique.	103
	§ IV. — Sensibilité morale.	107
	§ V. — Différence entre la Sensibilité physique et la Sensibilité morale.	113
7me Leçon. —	§ Ier. — Notion de l'Intelligence.	115
	§ II. — Perception externe.	118
	Théorie scolastique sur la genèse de la Connaissance de l'Ordre corporel.	120

	Connaissances provenant de la Perception externe.	124
§ III. —	Perception interne.	126
	Conscience sensitive et Conscience intellective.	127
	Méthode d'Observation interne.	129
	Connaissances rationnelles provenant de la Perception interne.	131
§ IV. —	Perception intellectuelle.	132
	Acte de l'Intellection, d'après les Scolastiques.	133
	Objet de la Perception intellectuelle.	135
§ V. —	Mémoire.	137
	Conservation des Connaissances.	138
	Rappel de nos Connaissances.	140
	Association des Idées.	140
§ VI. —	Imagination.	143
	Imagination reproductrice.	144
	Imagination créatrice.	146
8me Leçon. — § Ier. —	Opérations de l'Intelligence.	150
§ II. —	Attention.	150
§ III. —	Comparaison.	153
§ IV. —	Abstraction.	154
§ V. —	Généralisation.	156
§ VI. —	Jugement.	160
§ VII. —	Raisonnement.	162
9me Leçon. — § Ier. —	Notion générale de l'Idée.	165
§ II. —	Division des Idées.	167
§ III. —	Origine des Idées.	170
	Empirisme.	171
	Innéisme.	173
	Ontologisme.	175
	Traditionalisme.	177
	Système Scolastique.	180
§ IV. —	Notions et Vérités premières.	182
10me Leçon. — § Ier. —	Activité ou Faculté appétitive.	186
§ II. —	Activité spontanée ou Faculté appétitivo-sensitive.	188

		PAGES
	Instinct.	188
	Appétit sensitif.	189
	Passions.	190
§ III. —	Activité volontaire ou Appétit rationnel..	195
§ IV. —	Liberté.	199
§ V. —	Erreurs sur la Liberté.	202
	Fatalisme..	202
	Déterminisme.	205
	Libéralisme.	207
§ VI. —	Habitude..	209
§ VII.—	Faculté locomotrice..	212
11me LEÇON.— § Ier. —	Psychologie rationnelle.	215
§ II. —	Substantialité de l'Ame.	215
§ III. —	Simplicité de l'Ame.	217
§ IV. —	Identité de l'Ame.	219
§ V. —	Spiritualité de l'Ame.	220
§ VI. —	Réfutation du Matérialisme.	222
§ VII.—	Immortalité de l'Ame.	228
§ VIII—	Origine de l'Ame.	233
12me LEÇON. — § Ier. —	Union de l'Ame et du Corps...	236
	Diverses Théories erronées sur l'Union de l'Ame et du Corps.	238
	Doctrine Scolastique.	240
§ II. —	Unité de l'Ame dans l'Homme.	242
	Réfutation du Vitalisme.	243
	Animisme.	245
§ III. —	Siège de l'Ame.	246
§ IV. —	Définition de l'Homme.	248
§ V. —	Animal.	250
§ VI. —	Différence entre l'Homme et l'Animal..	252

LOGIQUE

13me LEÇON.— § Ier. —	Aperçu général sur la Logique.	256
§ II. —	Vérité..	259

	PAGES
§ III. — Etats de l'esprit humain relativement à la Vérité.	260
Certitude.	262
§ IV. — Moyens d'arriver à la Vérité.	265
§ V. — Critérium suprême de la Vérité ou Evidence.	265
§ VI. — Tout moyen de connaître donne-t-il l'Evidence ?	268
14me Leçon. — § Ier. — Faux systèmes sur la Certitude.	273
§ II. — Dogmatisme rationaliste.	274
§ III. — Probabilisme.	276
§ IV. — Scepticisme.	278
Scepticisme universel.	278
Scepticisme particulier.	283
15me Leçon. — § Ier. — Notion de la Méthode en général.	289
§ II. — Procédés de la Méthode. — Analyse. — Synthèse.	291
§ III. — Règles de la Méthode.	294
§ IV. — Opérations liées à la Méthode.	296
Définition.	296
Division.	299
Classification.	301
16me Leçon. — § Ier. — Méthodes particulières.	304
§ II. — Méthode inductive.	306
§ III. — Application de la Méthode inductive aux sciences cosmologiques.	310
§ IV. — Application de la Méthode inductive aux sciences noologiques.	312
§ V. — Analogie.	314
§ VI. — Hypothèse.	316
17me Leçon. — § Ier. — Méthode déductive.	319
§ II. — Point de départ de la Méthode déductive.	320
§ III. — Eléments du Raisonnement déductif.	321
Termes.	323
Propositions.	323

		PAGES
	Propriétés absolues des Propositions.	324
	Propriétés relatives des Propositions.	326
	§ IV. — Nature du Syllogisme.	331
	§ V. — Règles du Syllogisme.	333
18me Leçon.—	§ Ier. — Figures du Syllogisme.	337
	§ II. — Modes du Syllogisme.	339
	§ III. — Espèces du Syllogisme.	340
	§ IV. — Syllogismes irréguliers.	342
	§ V. — Syllogisme démonstratif.	345
	Notion de la Démonstration.	346
	§ VI. — Usage de la Forme syllogistique.	348
	§ VII. — Application de la Méthode déductive aux sciences.	351
19me Leçon.—	§ Ier. — Méthode d'Autorité.	355
	§ II. — Du Témoignage en général.	355
	§ III. — Autorité du Témoignage proprement dit.	357
	§ IV. — Autorité du Témoignage historique.	359
	Tradition orale.	359
	Tradition écrite.	360
	Tradition monumentale.	363
	§ V. — Autorité du Témoignage doctrinal.	364
	§ VI. — Erreurs.	367
	§ VII.— Sophismes.	371
20me Leçon.—	§ Ier. — Signes.	376
	§ II. — Du Langage en général.	377
	§ III. — Diverses espèces de Langage.	378
	Langage naturel.	378
	Langage réfléchi.	379
	Ecriture.	380
	§ IV. — Rapports de la Pensée et de la Parole.	382
	§ V. — Caractères d'une Langue bien faite.	386
	§ VI — Origine du Langage.	387

THÉODICÉE.

		PAGES
21ᵐᵉ Leçon.—	§ Iᵉʳ. — Aperçu général sur la Théodicée.	390
	§ II. — Connaissance de Dieu.	392
	§ III. — Nature des Preuves de l'Existence de Dieu.	394
	§ IV. — Preuve physique de l'Existence de Dieu.	396
	§ V. — Preuve morale de l'Existence de Dieu.	399
	§ VI. — Preuve psychologique de l'Existence de Dieu.	402
	§ VII.— Preuve métaphysique de l'Existence de Dieu.	405
	§ VIII — Athéisme.	406
22ᵐᵉ Leçon.—	§ Iᵉʳ. — Connaissance de la Nature de Dieu.	409
	§ II. — Substantialité de la Nature divine.	410
	§ III. — Simplicité de la Nature divine.	410
	§ IV. — Personnalité de Dieu.	412
	§ V. — Perfection de Dieu.	413
	§ VI. — Unité de Dieu.	414
	§ VII. — Attributs de Dieu.	417
	Attributs absolus.	417
	Attributs moraux.	419
	§ VIII — Panthéisme.	421
23ᵐᵉ Leçon.—	§ Iᵉʳ. — Attributs relatifs de Dieu.	427
	§ II. — Toute Puissance de Dieu.	427
	§ III. — Création.	428
	L'Univers existe par création.	429
	L'Univers n'est pas coéternel à Dieu.	431
	§ IV. — Conservation des Êtres créés	432
	Dieu concourt aux Actes des Êtres créés.	433
	§ V. — Providence.	435
	§ VI. — Réfutation des Agresseurs de la Providence.	439

MORALE.

		PAGES
24ᵐᵉ Leçon. — § Iᵉʳ. — Aperçu général sur la Morale...		447
§ II. — Fin de l'Homme.		449
§ III. — Moralité des Actes humains...		452
La Moralité des Actes humains ne dépend ni d'une convention, ni des lois humaines, ni de l'utilité ou de l'intérêt, ni de la sensibilité physique ou morale...		452
La Moralité de tous les Actes humains ne dépend pas de la libre volonté de Dieu.		456
La Moralité des Actes humains a son principe premier et immuable dans l'ordre objectif des choses conçues par l'Intelligence divine.		456
§ IV. — Principes et Conditions de l'Acte Moral.		457
25ᵐᵉ Leçon. — § Iᵉʳ. — Loi.		461
Loi Éternelle.		462
Loi Naturelle.		462
Loi Positive.		466
§ II. — Devoir.		467
Droit et Devoir.		468
§ III. — Responsabilité des Actes humains.		470
§ IV. — Mérite et Démérite.		471
§ V. — Conscience Morale.		473
26ᵐᵉ Leçon. — § Iᵉʳ. — Sanction de la Loi Morale.		479
§ II. — Sanctions imparfaites de la Loi Morale dans la vie présente.		481
§ III. — Sanction éternelle de la Loi Morale dans l'autre Vie.		483
Perpétuité des Récompenses.		484
Perpétuité des Châtiments.		485

		PAGES
	Pourquoi Dieu crée-t-il le réprouvé futur?.	487
	§ IV. — Résurrection du Corps.	488
27me Leçon.—	§ Ier. — Morale particulière.	490
	§ II. — Devoirs de l'Homme considéré comme Individu..	491
	§ III. — Devoirs de l'Homme envers Dieu.	491
	Culte intérieur.	492
	Culte extérieur.	493
	§ IV. — Devoirs de l'Homme envers lui-même.	494
	Devoirs relatifs à l'Ame.. . . .	495
	Devoirs relatifs au Corps. . . .	497
	Devoirs relatifs à la Personne humaine.	497
	Droit de Propriété.	499
	§ V. — Devoirs de l'Homme envers ses semblables..	501
	§ VI. — Devoirs de l'Homme considéré comme Être social.	503
	§ VII. — Devoirs de l'Homme dans la Société domestique.	505
	§ VIII — Devoirs de l'Homme dans la Société civile.	507
	§ IX. — Devoirs de l'Homme dans la Société religieuse.	510
	§ X. — Morale indépendante.	512

HISTOIRE DE LA PHILOSOPHIE

28me Leçon.—	§ Ier. — Aperçu général sur l'Histoire de la Philosophie.	515
	§ II. — Méthode à suivre dans l'Histoire de la Philosophie..	517
	§ III. — Division de l'Histoire de la Philosophie.	518

		PAGES
§ IV. —	Première Epoque. — Temps anciens.	519
§ V. —	Première Période. — Philosophie Orientale.	519
	Hébreux. — Egyptiens. — Perses.	519
	Philosophie de l'Inde.	521
	Philosophie de la Chine.	522
§ VI. —	Deuxième Période. — Philosophie Grecque.	523
	Philosophie Grecque avant Socrate.	524
	Ecole Ionienne.	525
	Ecole Atomistique.	526
	Ecole Italique.	526
	Ecole Eléatique.	527
	Ecole Sophistique.	527
	Philosophie Grecque après Socrate.	528
	Socrate.	528
	Petites Ecoles Socratiques.	530
	Grandes Ecoles Socratiques.	531
	Ecole Platonicienne ou Académie.	532
	Ecole Aristotélicienne ou Lycée.	535
	Ecole Epicurienne.	539
	Ecole Stoïcienne ou Portique.	541
	Ecole Pyrrhonnienne.	543
	Philosophie Grecque à Rome.	544
§ VII. —	Philosophie Greco-Orientale.	545
29me Leçon.— § Ier. —	Philosophie des Pères de l'Eglise.	548
§ II. —	Transition de la Philosophie des Temps Anciens à la Philosophie du Moyen-Age.	552
§ III. —	Deuxième Epoque de la Philosophie ou Moyen-Age.	553
§ IV. —	Première Période de la Philosophie Scolastique.	555
§ V. —	Deuxième Période de la Philosophie Scolastique.	560
	Saint Bonaventure. Saint Thomas d'Aquin.	561

TABLE.

		PAGES
	Roger Bacon. Duns Scot. . . .	562
§ VI. —	Troisième Période de la Philosophie scolastique,.	563
§ VII. —	Période de Transition.	565
30me LEÇON. — § Ier. —	Troisième Epoque de la Philosophie, ou Temps Modernes. . .	569
	Différence entre la Philosophie moderne et la Philosophie du Moyen-Age.	569
	Différence entre la Philosophie moderne et la Philosophie ancienne.	570
§ II. —	Première Période (XVIIe siècle). .	571
§ III —	Bacon.	571
	Ecole Baconnienne. Hobbes. . .	573
	Gassendi. Locke.	574
§ IV. —	Descartes.	575
	Pascal. Ecole Cartésienne. . . .	580
	Bossuet.	581
	Spinoza.	582
	Malebranche.	583
	Bayle.	584
	Fénelon.	585
	Parallèle de Descartes et de Bacon.	585
§ V. —	Leibnitz.	586
31me LEÇON. — § Ier. —	Deuxième Période (XVIIIe siècle).	590
§ II. —	Ecole Sensualiste. Condillac. . .	591
	Encyclopédistes.	593
	Helvétius. D'Holbach.	594
§ III. —	Ecole Spiritualiste.	595
	Ecole Ecossaise. Reid.	595
	Ecole Allemande. Kant. . . .	596
§ IV. —	Ecole Sceptique.	599
	Berkeley. Hume.	599
§ V. —	Troisième Période (XIXe siècle). .	600
§ VI. —	Ecole Allemande.	601
	Fichte. Schelling. Hégel. . .	602
§ VII. —	Ecoles Anglaises.	603

		PAGES
	Ecole Utilitaire. Bentham.	603
	Ecole d'Association. Hamilton.	603
	Stuart-Mill.	604
	Ecole du Transformisme. Darwin.	605
§ VIII —	Ecoles Françaises.	609
	Traditionalisme. — De Bonald. Lamennais.	609
	Bautain.	610
	Sensualisme.	610
	Matérialisme.	611
	Rationalisme ou Eclectisme.	612
	Cousin.	613
	Jouffroy.	614
	Communisme.	614
	Socialisme.	615
	Positivisme.	617
	Nihilisme.	619
§ IX. —	Ecole Italienne.	620
	Rosmini.	620
	Gioberti.	621
	Sanseverino.	622
§ X. —	Conclusion de l'Histoire de la Philosophie.	623

Dinan : J. Bazouge, imprimeur breveté.

ERRATA

Pages.	Lignes.	Au lieu de :	Lisez :
36	9	dans les formes	dans les choses.
38	15	l'être transcendantal	non transcendantal
179	12	qu'elle exprime	qu'il exprime
179	25	du bien, du mal	du bien et du mal
264	21	son assentiment	notre assentiment
291	21	décompose	recompose
299	19	exprimant une idée	exprimant une espèce
350	18	vigueur	rigueur
528	19	§ III. — Deuxième phase	III. — Deuxième phase
540	14	phantôme	fantôme
543	29	Mitlène	Mitylène

www.ingramcontent.com/pod-product-compliance
Lightning Source LLC
Chambersburg PA
CBHW071153230426
43668CB00009B/932